**Regulação do Sistema
Financeiro Nacional**

Regulação do Sistema Financeiro Nacional

DESAFIOS E PROPOSTAS DE APRIMORAMENTO INSTITUCIONAL

2015

Marlos Lopes Godinho Erling

REGULAÇÃO DO SISTEMA FINANCEIRO NACIONAL
DESAFIOS E PROPOSTAS DE APRIMORAMENTO INSTITUCIONAL
© Almedina, 2015

AUTOR: Marlos Lopes Godinho Erling
DIAGRAMAÇÃO: Almedina
DESIGN DE CAPA: FBA
ISBN: 978-858-49-3029-6

Dados Internacionais de Catalogação na Publicação (CIP)
(Câmara Brasileira do Livro, SP, Brasil)

Erling, Marlos Lopes Godinho
Regulação do sistema financeiro nacional : desafios e propostas de aprimoramento institucional / Marlos Lopes Godinho Erling. -- São Paulo : Almedina, 2015.
ISBN 978-85-8493-029-6
1. Direito econômico - Brasil 2. Instituições financeiras - Brasil 3. Regulação 4. Sistema financeiro nacional I. Título.

15-03742   CDU-34:33(81)

Índices para catálogo sistemático:
1. Brasil : Sistema financeiro nacional : Direito econômico 34:33(81)

Este livro segue as regras do novo Acordo Ortográfico da Língua Portuguesa (1990).

Todos os direitos reservados. Nenhuma parte deste livro, protegido por copyright, pode ser reproduzida, armazenada ou transmitida de alguma forma ou por algum meio, seja eletrônico ou mecânico, inclusive fotocópia, gravação ou qualquer sistema de armazenagem de informações, sem a permissão expressa e por escrito da editora.

Setembro, 2015

EDITORA: Almedina Brasil
Rua José Maria Lisboa, 860, Conj.131 e 132, Jardim Paulista | 01423-001 São Paulo | Brasil
editora@almedina.com.br
www.almedina.com.br

Dedico esta obra à minha família e aos amigos que a vida me proporcionou, tornando-me uma pessoa melhor a cada dia.

PREFÁCIO

O livro que tenho a honra de prefaciar, intitulado *Regulação do Sistema Financeiro Nacional – desafios e propostas de aprimoramento institucional*, da lavra de Marlos Lopes Godinho Erling é uma obra intelectual verdadeiramente extraordinária. Apresentado, em versão original, como dissertação de conclusão do curso de Mestrado em Direito Público da Faculdade de Direito da Universidade do Estado do Rio de Janeiro – UERJ, o texto foi ainda aprimorado pelo autor e vem agora à luz, com o respeitado selo da Editora Almedina.

Aprovada com grau máximo, louvor e distinção, por Banca Examinadora formada por mim (na qualidade de orientador e presidente), ao lado dos Professores Patrícia Ferreira Baptista (UERJ) e Carlos Ari Sundfeld (FGV/SP), a dissertação de Marlos Erling representa uma substanciosa contribuição ao estudo da regulação do Sistema Financeiro, tanto ao nível nacional, como no plano global, supraestatal e paraestatal. Aliando conhecimentos teóricos como economista e jurista, à experiência prática como Procurador do Banco Central do Brasil, o autor costura, com maestria, os saberes do Direito, da Ciência Política e da Economia em um texto erudito, informativo e repleto de bons *insights*.

O Direito Administrativo, como nenhuma outra disciplina jurídica, tem experimentado transformações radicais em seus alicerces teóricos, pelo menos desde o segundo pós-guerra. Num esforço de simplificação didática, é possível falar-se em duas vertentes de transformação, nem sempre coordenadas ou concatenadas: de um lado, verifica-se um *giro democrático-constitucional*; de outro lado, um *giro pragmático*, como molas propulsoras das aludidas mutações.

Se Otto Mayer, fundador do moderno Direito Administrativo alemão, afirmou que "as Constituições passam, o Direito Administrativo fica", o chamado giro democrático-constitucional desafia tal constatação do passado como uma tendência inexorável das estruturas da Administração Pública. A começar pela elevação das bases axiológicas da disciplina ao nível constitucional, passando pelo reconhecimento da centralidade dos direitos fundamentais e da democracia como nortes de toda a ação administrativa, fato é que a dogmática do Direito Administrativo foi – e ainda hoje, a bem dizer, está sendo – reescrita com a gramática do Direito Constitucional. Os pilotis do velho edifício teórico que ainda resistem aos novos ventos – como, no Brasil, o poder de polícia e o direito expropriatório – são apenas esqueletos persistentes, com os dias contados para ruir.

De outra parte, verifica-se um movimento pragmatista, cujas preocupações fundamentais centram-se na adoção de estruturas, conceitos e procedimentos administrativos que sejam aptos a produzir os melhores resultados. Dá-se uma ruptura parcial com a Administração Pública burocrática, de matriz *weberiana*, com ênfase no *antifundacionalismo*, no *contextualismo* e no *consequencialismo*, que permeiam o pensamento com viés pragmático. No bojo de tal movimento, emergem fenômenos como a *economicização* e a *tecnicização* da gestão do Estado, que passam a ditar o rumo das escolhas administrativas. Especialmente no campo da regulação econômica e social, da defesa e promoção da concorrência, do desenho de editais de licitação em setores de infraestrutura, os raciocínios técnicos e econômicos, pautados por argumentos pragmáticos, exercem enorme influência sobre o novo Direito Administrativo.

Pois o livro de Marlos Erling alcança a proeza de atender aos reclames tanto do giro democrático-constitucional, como do giro pragmático do Direito Administrativo, aplicando-os, com notável pertinência, à regulação setorial do Sistema Financeiro. Neste sentido, o autor procura justificar a estabilidade financeira sustentável ao longo do tempo como uma questão de justiça básica, que deve influenciar o desenho político-institucional em sociedades democráticas constitucionais. A obra sustenta, nesta toada, um consenso sobreposto, segundo o ideal de razão pública, quanto à necessidade de estabelecimento de instituições, "relativamente descoladas dos ciclos político-eleitorais e dotadas de especialização técnica, responsáveis pelo planejamento e acompanhamento público e transparente da sustentabilidade da execução da política monetária e da regulação financeira sistêmica propriamente dita no longo prazo".

O texto discorre ainda sobre o papel dos organismos internacionais de regulação financeira (redes globais de governo), instituídos para definir padrões de regulação sistêmica, analisando, por fim, o surgimento daquilo que tem sido chamado de "Direito Administrativo Global". Na vertente mais propriamente pragmática, o livro preconiza o uso da razão prática para lidar com as *falhas de mercado e falhas de Estado*, a justificar os remédios regulatórios e institucionais mais adequados. A chamada *better regulation* surge como paradigma para a avaliação concreta dos resultados regulatórios, mediante uso da metodologia da análise de custo-benefício. No seu último capítulo, o livro enfrenta ainda as possibilidades e limites do controle jurisdicional da regulação financeira sistêmica de mercados. Destacam-se, aqui, a necessidade de parâmetros materiais e institucionais para o exercício do nível adequado de controle, numa busca por compatibilizar a *expertise* dos reguladores com o dever de observância da juridicidade pelos administradores públicos.

Concluo com uma referência de ordem pessoal: Marlos Lopes Godinho Erling foi uma dos mais obstinados e brilhantes alunos que tive em minha carreira docente. Sua empreitada intelectual resultou na produção de uma valiosa contribuição ao estudo do Direito Administrativo econômico – especialmente para os interessados na regulação financeira – de uma perspectiva interdisciplinar, pragmática, mas profundamente comprometida com os valores constitucionais que estruturam o Estado democrático de direito.

Assim, sem maiores delongas, ao cumprimentar a Editora Almedina pela iniciativa da publicação da obra, exorto os cultores do Direito ao desfrute intelectual da sua leitura.

Rio de Janeiro, maio de 2015.

GUSTAVO BINENBOJM
Professor de Direito Administrativo da Faculdade de Direito da Universidade do Estado do Rio de Janeiro – UERJ

SUMÁRIO

INTRODUÇÃO 15

CAPÍTULO 1 – A ATIVIDADE FINANCEIRA COMO ELA É:
DOS PRIMÓRDIOS AO CENÁRIO CONJUNTURAL MUNDIAL
PÓS-CRISE SUBPRIME NORTE-AMERICANA 45
    1.1 – Os bancos nos primórdios da História e o surgimento da moeda ... 54
    1.2 – A ascensão definitiva do capitalismo e o surgimento dos Bancos
        Centrais: o início da regulação bancária 60
    1.3 – Evolução do sistema financeiro na segunda metade do século XX
        e perspectivas preliminares para o sistema financeiro global 67
    1.4 – Estudo de caso: a crise no mercado imobiliário norte-americano
        subprime 74
        1.4.1 – Razões de estratégia política: uma "captura inversa"? 98
        1.4.2 – Razões comportamentais: a análise econômica dos incentivos.. 104
        1.4.3 – Razões de teoria econômica: a culpa é de quem?. 113
        1.4.4 – Razões técnicas 118
    1.5 – Virtudes dos processos regulatórios no Brasil:
        uma apresentação histórica da regulação financeira sistêmica
        brasileira contemporânea em evolução 125

CAPÍTULO 2 – FUNDAMENTOS POLÍTICO-FILOSÓFICOS
DE REGULAÇÃO FINANCEIRA: A ESTABILIDADE
FINANCEIRA SUSTENTÁVEL AO LONGO DO TEMPO
COMO QUESTÃO DE JUSTIÇA BÁSICA 143
    2.1 – Pressupostos do liberalismo político de John Rawls 158

2.2 – Pontos fundamentais da filosofia política liberal de John Rawls: a estabilidade financeira como questão de justiça básica 166
    2.2.1 – Ideias fundamentais e o construtivismo político 167
    2.2.2 – A formação de um consenso sobreposto razoável e a razão pública na regulação financeira sistêmica da democracia constitucional brasileira 174
2.3 – O Direito dos Povos como extensão internacional do liberalismo político de John Rawls: limites e possibilidades da razão pública nos organismos financeiros internacionais 189
    2.3.1 – Banco de Compensações Internacionais (BIS) 215
        2.3.1.1 – Comitê de Supervisão Bancária de Basiléia (BCBS) . 217
        2.3.1.2 – Comitê de Sistema Financeiro Global (CGFS) 230
        2.3.1.3 – Comitê de Sistemas de Pagamentos e Infraestruturas de Mercado (CPMI) 231
        2.3.1.4 – Comitê de Mercados 232
        2.3.1.5 – Fórum de Governança de Bancos Centrais (CBGF). . 233
        2.3.1.6 – Comitê Irving Fisher de Estatísticas de Bancos Centrais (IFC) 234
    2.3.2 – Fundo Monetário Internacional. 235
    2.3.3 – Grupo dos Vinte (G-20) 241
    2.3.4 – Conselho de Estabilidade Financeira (FSB) 242
2.4 – Parâmetros político-filosóficos para a definição de estratégias financeiras regulatórias sistêmicas em sociedades constitucionais democráticas: uma síntese conclusiva 244

CAPÍTULO 3 – REGULAÇÃO FINANCEIRA SISTÊMICA: FUNDAMENTOS ESPECÍFICOS E PARÂMETROS INSTITUCIONAIS DE DESENHO REGULATÓRIO PARA O BRASIL ... 251

3.1 – Better regulation: o equilíbrio entre as "falhas de mercado" e "falhas de Estado" por instrumentos eficazes e transparentes de mensuração de impacto regulatório 267
    3.1.1 – Do mito dos mercados racionais à razão prática regulatória como o melhor parâmetro de estratégia regulatória 269
    3.1.2 – Falhas de mercado 277
        3.1.2.1 – Poder de mercado: concorrência e regulação sistêmica de conglomerados financeiros. 277
        3.1.2.2 – Assimetrias de informação financeira 284
        3.1.2.3 – Externalidades 287
        3.1.2.4 – Bens públicos 288

3.1.2.5 – Regulação pública não estatal e a autorregulação stricto sensu nos mercados financeiros: limites e possibilidades 289
3.1.3 – Falhas de Estado: limitações e incentivos comportamentais dos políticos e burocratas 293
3.1.4 – Conclusões parciais: better regulation como paradigma de avaliação concreta dos resultados regulatórios 300
3.2 – Juridicidade administrativa e a regulação financeira sistêmica brasileira: os fundamentos de legitimidade constitucional de atuação regulatória 310
    3.2.1 – Legitimidade democrática das agências reguladoras financeiras 322
    3.2.2 – O poder normativo regulatório no Sistema Financeiro Nacional 331
3.3 – O modelo institucional de estrutura da regulação financeira sistêmica no Brasil 342
    3.3.1 – Conselho Monetário Nacional (CMN)............... 349
        3.3.1.1 – Banco Central do Brasil 354
            3.3.1.1.1 – Estabilidade monetária................. 360
            3.3.1.1.2 – Estabilidade financeira propriamente dita: a regulação do risco sistêmico 363
        3.3.1.2 – Comissão de Valores Mobiliários (CVM) 374
    3.3.2 – Conselho Nacional de Seguros Privados (CNSP) 378
        3.3.2.1 – Superintendência de Seguros Privados (SUSEP) ... 381
    3.3.3 – Conselho Nacional de Previdência Complementar (CNPC) .. 383
        3.3.3.1 – Superintendência Nacional de Previdência Complementar (PREVIC) 385
    3.3.4 – Comitê de Regulação e Fiscalização dos Mercados Financeiro, de Capitais, de Seguros, de Previdência e Capitalização (COREMEC) 388
    3.3.5 – Conselho Administrativo de Defesa Econômica (CADE)............................. 390
3.4 – Propostas de aprimoramento institucional da regulação financeira sistêmica do Brasil 395

CAPÍTULO 4 – O CONTROLE JURISDICIONAL DA REGULAÇÃO FINANCEIRA SISTÊMICA DOS MERCADOS 413
4.1 – A interface entre o Direito Constitucional e políticas econômicas: a Constituição Econômica como base normativa de conexão 421

4.2 – Parâmetros institucionais e materiais para um controle jurisdicional adequado da regulação financeira sistêmica: separação de poderes e diálogos constitucionais 435
4.3 – Uma análise da jurisprudência selecionada dos Tribunais brasileiros sobre regulação financeira sistêmica: o teste dos parâmetros 457
    4.3.1 – A eficácia normativa da expressão "taxas de juros reais" do revogado § 3º do art. 192 da Constituição brasileira: uma autocontenção judicial em face do Poder Constituinte Originário? 459
    4.3.2 – Reestruturações regulatórias no Sistema Financeiro Nacional em momentos de instabilidade financeira sistêmica: relevar formalismos constitucionais e gerir a pauta de julgamentos é uma "virtude judicial passiva"? 469
    4.3.3 – Juridicidade dos planos econômicos de estabilização monetária: a jurisdição constitucional está preparada para se sujeitar ao "ônus do regulador financeiro"? 478
    4.3.4 – A interpretação do art. 25, §1º, I, do ADCT da Constituição pelo Supremo Tribunal Federal: o risco sistêmico pode resultar de decisão judicial? 485
    4.3.5 – Desenho institucional e blindagem de dirigentes de autoridades reguladoras financeiras: o caso do Ministro--Presidente do Banco Central do Brasil e a eficácia argumentativa dos Core Principles do Comitê de Supervisão Bancária de Basiléia 490
    4.3.6 – A exigência de reputação ilibada para agentes do sistema financeiro nacional: presunção de não culpabilidade e o controle de proporcionalidade de autorizações administrativas para atuação no mercado financeiro 491

CONCLUSÃO 497

REFERÊNCIAS 519

INTRODUÇÃO

Ao longo dos últimos anos da história econômica brasileira, notadamente a partir da década de 1990 do século passado, o Brasil tem passado por transformações institucionais significativas resultantes de políticas públicas implementadas no âmbito do sistema financeiro, as quais permitem dizer que, atualmente, em termos de diagnóstico quanto a resultados, o país atingiu e usufrui de um nível razoável de estabilidade financeira.

Aliás, pode-se dizer, sem receio, que a situação atual de estabilidade financeira vivida pelo Brasil constitui um novo paradigma econômico na história nacional, haja vista a cultura política de instabilidade monetária, fiscal e orçamentária em quase toda a sua História, desde o período colonial até meados das últimas décadas do século XX,[1] que qualifica o país, historicamente, como um "caloteiro serial".[2]

---

[1] Detalhes da trajetória de instabilidade econômica do Brasil podem ser consultados em diversas obras sobre a história econômica do Brasil. De todas, para fins de destaque, v. PRADO JUNIOR, Caio. *Histórica econômica do Brasil*. São Paulo: Brasiliense, 2008; FURTADO, Celso. *Formação econômica do Brasil*. São Paulo: Companhia Editora Nacional, 1998; e ABREU, Marcelo de Paiva (org.). *A ordem do progresso*: dois séculos de política econômica no Brasil. 2. ed. Rio de Janeiro: Elsevier, 2014.

[2] Além da falta de comprometimento financeiro do Brasil com contratos internacionais de dívida soberana em diversos momentos históricos, é razoável afirmar que o aspecto mais intenso de imoralidade política na condução de políticas públicas ligadas à estabilidade financeira nacional diz respeito aos impactos negativos sobre seus cidadãos, principalmente em razão da excessiva complacência com níveis altos de inflação, conforme ressaltado por Gustavo Franco, *in verbis*: "*Calotes declarados são raros; mesmo um devedor reconhecidamente mal comportado para os padrões internacionais como o Brasil registra apenas nove episódios de calote em nossa dívida externa – a*

A propósito, antes mesmo da década de 1990, a Constituição brasileira de 1988 havia definido marcos normativos importantes à estabilidade financeira, ao afirmar o Banco Central como entidade dotada de competência administrativa exclusiva para a emissão de moeda, vedada a possibilidade de financiamento do Tesouro Nacional, com vistas a impedir o financiamento público através do uso de instrumentos monetários, sem prejuízo da permissão específica para o uso legítimo do mercado aberto interbancário de títulos públicos federais para fins de política monetária.[3]

que é contraída junto a não residentes e denominada em moeda estrangeira – nos 170 anos posteriores à nossa Independência. A despeito de os compêndios históricos nos colocarem entre os 'caloteiros seriais', isso não é nada comparado ao que fizemos com a dívida interna, contra nossos próprios cidadãos, e com a ajuda da hiperinflação, inclusive para ocultar a natureza da expropriação que esta produz" (FRANCO, Gustavo. *As leis secretas da economia*: revisitando Roberto Campos e as leis do Kafka. Rio de Janeiro: Zahar, 2012, p. 144).

[3] Quanto ao sistema financeiro, a Constituição brasileira de 1988 prescreve a competência da União, através do Congresso Nacional (art. 48, II, XIII e XIV), para emitir moeda (art. 21, VII), bem como "administrar as reservas cambiais do País e fiscalizar as operações de natureza financeira, especialmente as de crédito, câmbio e capitalização, bem como as de seguros e de previdência privada" (art. 21, VIII), o que, logicamente, leva à atribuição constitucional de competência legislativa da União para legislar sobre "sistema monetário e de medidas, títulos e garantias dos metais" (art. 22, VI), "política de crédito, câmbio, seguros e transferência de valores" (art. 22, VII) e "sistemas de poupança, captação e garantia da poupança popular" (art. 22, XIX). Especificamente no que diz respeito à política monetária, o *caput* do art. 164 da Constituição brasileira de 1988 preceitua que a "competência da União para emitir moeda será exercida exclusivamente pelo Banco Central", sendo "vedado ao Banco Central conceder, direta ou indiretamente, empréstimos ao Tesouro Nacional e a qualquer órgão ou entidade que não seja instituição financeira" (art. 164, §1º), observada a possibilidade de o Banco Central do Brasil "comprar e vender títulos de emissão do Tesouro Nacional, com o objetivo de regular a oferta de moeda ou a taxa de juros" (art. 164, §2º), que ocorre no âmbito do Sistema Especial de Liquidação e de Custódia (SELIC), cujo Regulamento está contido no Anexo à Circular nº 3.587 do Banco Central do Brasil, de 2012, com alterações pela Circular nº 3.610, também de 2012. Tendo em vista a necessidade de reforçar as limitações constitucionais pertinentes à interação entre Tesouro Nacional e Banco Central do Brasil, principalmente no tocante à definição dos limites de atuação do Banco Central do Brasil no mercado primário de títulos públicos federais, foi editado o art. 39 da Lei Complementar nº 101, de 2000, *in verbis*: "Art. 39. Nas suas relações com ente da Federação, o Banco Central do Brasil está sujeito às vedações constantes do art. 35 e mais às seguintes: I – compra de título da dívida, na data de sua colocação no mercado, ressalvado o disposto no § 2º deste artigo; II – permuta, ainda que temporária, por intermédio de instituição financeira ou não, de título da dívida de ente da Federação por título da dívida pública federal, bem como a operação de compra e venda, a termo, daquele título, cujo efeito final seja semelhante à permuta; III – concessão de garantia. § 1º O disposto no inciso II, *in fine*, não se aplica ao estoque de Letras

INTRODUÇÃO

Nesse sentido, em concomitância ao início de um processo de abertura do Brasil ao comércio internacional no Governo Collor, foram executadas políticas públicas progressistas muito importantes destinadas ao objetivo de criar e manter um ambiente econômico de razoável equilíbrio e austeridade financeira, no qual os agentes econômicos pudessem planejar e firmar relações financeiras com maior segurança.

Dentre as políticas públicas bem sucedidas, destacam-se, principalmente: (i) o projeto de estabilidade monetária[4] inaugurado pelo Plano Real (Leis nº 8.880, de 1994[5], e 9.069, de 1995[6]), conjugado, inicialmente, com um regime de bandas cambiais, e posteriormente reforçado pela adoção institucional de um sistema de metas de inflação, definidas por Resoluções periódicas editadas pelo Conselho Monetário Nacional, em atenção ao Decreto nº 3.088, de 21 de junho de 1999,[7] atualmente atrelado a um regime cambial flutuante

do Banco Central do Brasil, Série Especial, existente na carteira das instituições financeiras, que pode ser refinanciado mediante novas operações de venda a termo. § 2º O Banco Central do Brasil só poderá comprar diretamente títulos emitidos pela União para refinanciar a dívida mobiliária federal que estiver vencendo na sua carteira. § 3º A operação mencionada no § 2º deverá ser realizada à taxa média e condições alcançadas no dia, em leilão público. § 4º É vedado ao Tesouro Nacional adquirir títulos da dívida pública federal existentes na carteira do Banco Central do Brasil, ainda que com cláusula de reversão, salvo para reduzir a dívida mobiliária". Sobre a trajetória histórica do mercado de títulos públicos federais no Brasil, v. SANTOS, Selma Oliveira Silva dos. *A posse e a propriedade de títulos públicos federais nas operações de mercado aberto*. Rio de Janeiro: Banco Central, do Brasil, 2012.

[4] A Lei nº 4.595, de 1964, que traz a estrutura original do Sistema Financeiro Nacional (SFN), estabelece a competência do Conselho Monetário Nacional para a formulação das diretrizes de política monetária no Brasil (art. 2º), com vistas à adaptação dos "meios de pagamento às reais necessidades da economia nacional e seu processo de desenvolvimento" (art. 3º, I), especialmente "prevenindo ou corrigindo os surtos inflacionários ou deflacionários de origem interna ou externa, as depressões econômicas e outros desequilíbrios oriundos de fenômenos conjunturais" (art. 3º, II), em conformidade com o ideal de estabilidade financeira, que é atingido através da análise coordenada das "políticas monetária, creditícia, orçamentária, fiscal e da dívida pública, interna e externa" (art. 3º, VII).

[5] A Lei º 8.880, de 1994, é resultado da conversão da Medida Provisória nº 482, de 1994, que constitui reedição das Medidas Provisórias de nº 434 e 457, editadas no mesmo ano.

[6] A Lei º 9.069, de 1995, é resultado da conversão da Medida Provisória nº 1.027, de 1995, que constitui reedição das Medidas Provisórias de nº 542, 566, 596, 635, 681, 731, 785, 851, 911, 953, 978 e 1.004, editadas entre 1994 e 1995.

[7] O Decreto nº 3.088, de 1999, editado pelo Presidente Fernando Henrique Cardoso com fundamento no art. 4º, *caput*, da Lei nº 4.595, de 1964, estabeleceu, pela primeira vez na história econômica brasileira, um procedimento público, transparente e organizado de definição de

que subsiste até hoje; (ii) a instituição legal de instrumentos regulatórios mais efetivos, com destaque para o advento da Lei nº 9.447, de 1997,[8] e a execução de programas de reestruturação do sistema bancário brasileiro[9] através do PROER e do PROES,[10] além do criação do Fundo Garantidor de

diretrizes de política monetária de longo prazo. Desse modo, criou-se um Sistema de Metas para a Inflação – SMPI (art. 1º), em que as metas são definidas anualmente no âmbito do Conselho Monetário Nacional, segundo índices oficiais de preços (art. 3º) e com intervalos de tolerância ("bandas"), em conformidade com proposta do Ministro da Fazenda e antecedência de "até 30 de junho de cada segundo ano imediatamente anterior". Definida a meta de inflação, compete ao Banco Central do Brasil executar a diretriz de política monetária, nos termos dos arts. 9º e 10, inciso XII, da Lei nº 4.595, de 1964, e art. 2º do Decreto nº 3.088, de 1999, através do Comitê de Política Monetária do Banco Central do Brasil (COPOM). A meta é tida por cumprida "quando a variação acumulada da inflação (...) relativa ao período de janeiro a dezembro de cada ano calendário – situar-se na faixa do seu respectivo intervalo de tolerância" (art. 4º), sob pena de o Ministro-Presidente do Banco Central do Brasil assumir o dever de divulgar, publicamente, as razões do descumprimento, por meio de carta aberta ao Ministro da Fazenda, na qual constará: (i) a descrição detalhada das causas do descumprimento; (ii) as providências consideradas adequadas para assegurar o retorno da inflação aos limites estabelecidos; e (iii) o prazo no qual se espera que as providências produzam efeito. Por fim, o decreto impõe, por razões republicanas, o dever de elaboração pelo Banco Central do Brasil, até o último dia de cada trimestre civil, de "Relatório de Inflação abordando o desempenho do regime de 'metas para a inflação', os resultados das decisões passadas de política monetária e a avaliação prospectiva da inflação" (art. 5º). Pode-se dizer que o SMPI representa uma concretização do dever constitucional de planejamento público das atividades do Estado, com caráter vinculante, nos termos da parte final do art. 174 da Constituição brasileira de 1988.

[8] A Lei nº 9.447, de 1997, é resultado da conversão da Medida Provisória nº 1.182, de 1995.
[9] Com a estabilidade monetária após o Plano Real, houve uma natural "perda de receita inflacionária" – ou *floating* – pelos bancos, o que comprometeu a situação financeira-patrimonial de diversas instituições financeiras no país, sobretudo aquelas cuja solvência se baseava nesse tipo de receita financeira. Nada obstante, a estabilidade monetária permitiu uma significativa melhora na transparência nos balanços contábeis, o que facilitou a identificação de instituições financeiras mais expostas a "créditos de liquidação duvidosa".
[10] O Programa de Estímulo à Reestruturação e ao Fortalecimento do Sistema Financeiro Nacional (PROER), criado no contexto do processo de estabilização monetária com o objetivo de sanear instituições financeiras incapazes de funcionar diante do novo paradigma monetário, foi instituído pela Resolução nº 2.208, de 1995, do Conselho Monetário Nacional, conjuntamente com a edição da Medida Provisória nº 1.179, de 1995, posteriormente convertida na Lei nº 9.710, de 1998. O Programa de Incentivo à Redução do Setor Público Estadual na Atividade Bancária (PROES), destinado, basicamente, ao saneamento financeiro de bancos estaduais para fins de posterior privatização, foi instituído pela Medida Provisória nº 1.514, de 1996, com última reedição sob o nº 2.192-70, de 2001, cuja eficácia se mantém em razão do art. 2º da Emenda Constitucional nº 32, de 2001, juntamente executado com a Resolução nº

Créditos (FGC)[11] e o advento de um novo Sistema de Pagamentos – SPB;[12] (iii) a realização de um amplo ajuste fiscal federativo, com a reorganização da dívida pública de Estados e Municípios e a edição da Lei de Responsabilidade Fiscal (Lei Complementar nº 101, de 2001), no nítido propósito de controle e gestão transparente da dívida pública, em prol de um endividamento público sustentável,[13] [14] com o estabelecimento de metas de superávit primá-

---

2.365 do Conselho Monetário Nacional, de 1997. A título ilustrativo, as operações financeiras de execução do PROER demandaram, naquele momento, dispêndios financeiros de R$20,4 bilhões ou, aproximadamente, 2,7% do PIB, no triênio de 1995 a 1997.

[11] A constituição do Fundo Garantidor de Créditos (FGC) foi inicialmente autorizada pela Resolução nº 2.197 do Conselho Monetário Nacional, de 1995, com a finalidade de criação de uma entidade privada, sem fins lucrativos, destinada, originariamente, à gestão de um sistema de seguro de depósitos (créditos) com abrangência sobre as instituições financeiras bancárias captadoras de depósitos, com a aprovação do seu estatuto e regulamento pela Resolução nº 2.211 do Conselho Monetário Nacional, de 1995. Atualmente, o estatuto e o regulamento do FGC foram remodelados pela Resolução nº 4.222 do Conselho Monetário Nacional, de 2013, com alterações pela Resolução nº 4.312 do Conselho Monetário Nacional, de 2014, que, dentre diversas modificações, autorizou, expressamente, o uso do FGC como meio de suporte a operações eventuais de assistência financeira às instituições associadas. Adicionalmente, houve a autorização para a criação de um FGC específico (FGCoop) para cooperativas singulares de crédito e bancos cooperativos integrantes do Sistema Nacional de Crédito Cooperativo (SNCC) através da Resolução nº 4.150 do Conselho Monetário Nacional, de 2012, cujo estatuto e regulamento foram aprovados pela Resolução nº 4.284 do Conselho Monetário Nacional, de 2013, com alterações pela Resolução nº 4.312 do Conselho Monetário Nacional, de 2014.

[12] Ver Lei nº 10.214 e Resolução nº 2.882 do Conselho Monetário Nacional, ambas de 2001.

[13] A ideia de uma agenda fiscal para o Brasil, a ser definida de forma pública e transparente para os próximos anos em reforço à ideia de endividamento público sustentável, seria um grande avanço institucional para o país, conforme Antônio Delfim Netto, *in verbis*: "(...) *faz sentido pensar uma 'agenda fiscal' para construir um Estado-indutor eficiente, livremente escolhido pelos cidadãos e constitucionalmente limitado, que é a melhor ferramenta com que até agora pode contar a sociedade para estimular o seu desenvolvimento social e econômico. Ele deve fortalecer as inovações que nascem da liberdade individual e as instituições que melhoram o funcionamento dos 'mercados' competitivos, que precisam ser regulados e harmonizados com políticas públicas que reduzem a desigualdade de oportunidades*" (DELFIM NETTO, Antônio. *A agenda fiscal*. In: GIAMBIAGI, Fábio; BARROS, Octavio (org.). *Brasil pós-crise*: agenda para a próxima década. Rio de Janeiro, Elsevier, 2009, p. 27). Detalhes da trajetória, em série histórica, da Dívida Bruta e Líquida do Governo Federal, a partir de 2008, podem ser obtidos no seguinte endereço eletrônico: http://www.bcb.gov.br/?dividadlsp08. Acesso em 31.08.2014.

[14] Conforme o documento *"Budget Institutions in G-20 countries: an update"* – ver páginas 14 a 20 –, elaborado no âmbito do Fundo Monetário Internacional em abril de 2014, nada obstante os elogios à importância fundamental da Lei de Responsabilidade Fiscal (Lei Complementar nº 101, de 2000) e da recente Lei de Acesso à Informação (Lei nº 12.527, de 2011) para o

rio;[15] (iv) a adoção, conforme já mencionado, de um regime cambial flutuante em uma economia formalmente aberta ao comércio internacional;[16] e, por fim, (v) um processo de acumulação substancial de reservas internacionais com lastro em moedas fortes[17] nos últimos anos.

Em decorrência das políticas públicas acima mencionadas, pode-se perceber, respectivamente: (i) a institucionalização de um ambiente econômico de razoável previsibilidade aos agentes econômicos com a obtenção da estabilidade monetária,[18] que consiste, simultaneamente: (i.a) em incentivo muito

controle orçamentário e fiscal sustentável no Brasil, foram formuladas algumas propostas de aprimoramento das instituições orçamentárias brasileiras, dentre as quais se destacam: (i) dar maior flexibilidade decisória aos Poderes Executivo e Legislativo, pois a existência de diversas hipóteses normativas de vinculação orçamentária e/ou de afetação de receitas a determinadas finalidades compromete a eficiência na alocação de recursos públicos; (ii) definir, de forma mais transparente, prioridades estratégicas no planejamento orçamentário de médio prazo; (iii) criar mecanismos institucionais de estímulo à formação de consensos entre os Poderes Executivo e Legislativo sobre alocações orçamentárias, com foco na estruturação e execução das leis orçamentárias; e (iv) fomentar a inserção de instrumentos transparentes de mensuração da eficácia das decisões sobre alocações orçamentárias *vis-à-vis* as políticas públicas subjacentes. O referido documento está disponível em: http://www.imf.org/external/np/pp/eng/2014/040714c.pdf. Acesso em: 01.07.2014.

[15] Em suma, o superávit primário ocorre quando as receitas públicas superam as despesas públicas em determinado ano-base, expurgados os juros e a correção monetária da dívida pública.

[16] É importante mencionar que o uso ostensivo de instrumentos financeiros no mercado de câmbio para um controle estatal forte de fluxos monetários nunca foi bem sucedido no Brasil. Ao contrário, tal postura política quase sempre produziu distorções negativas ao sistema financeiro nacional, com geração de fortes pressões inflacionárias e benefícios privados apropriados, sobretudo, pelos setores exportadores em detrimento da sociedade como um todo, o que evidencia a frágil legitimidade do uso da política cambial para fins de política comercial, industrial ou de emprego para o país. Nesse sentido, a estratégia regulatória brasileira de adoção do regime de câmbio flutuante, também aplicada pela grande maioria dos países, mostrou-se a mais adequada à estabilidade financeira do país, o que vai ao encontro das recomendações internacionais do Fundo Monetário Internacional (FMI), que é entidade internacional ligada à Organização das Nações Unidas (ONU). Por fim, é importante esclarecer ser economicamente impossível ter, ao mesmo tempo, câmbio fixo, política monetária autônoma e mobilidade de capitais (Dilema de Triffin), cf. FRANCO, Gustavo. *As leis secretas da economia*: revisitando Roberto Campos e as leis do Kafka. Rio de Janeiro: Zahar, 2012, p. 198. Sobre o tema, v. FERGUSON, Niall. *A lógica do dinheiro*. Trad. Maria Teresa Machado. Rio de Janeiro: Record, 2007, p. 393.

[17] Dentre as moedas fortes que lastreiam a carteira de ativos que compõem as reservas internacionais, destaca-se, obviamente, o dólar norte-americano.

[18] As desvantagens sociais dos efeitos sistêmicos da inflação são evidentes. Conforme expõe Rosa Maria Lastra, *"a inflação é considerada uma doença grave para o bem-estar econômico de um país;*

positivo à livre iniciativa econômica das pessoas para empreender e planejar suas vidas, (i.b) em incentivo positivo ao endividamento público sustentável, (i.c) dentro de um arranjo institucional de proteção reforçada dos menos favorecidos quanto aos efeitos negativos de fenômeno inflacionário,[19] os quais, geralmente, não têm recursos excedentes para poupar e usam, principalmente, o papel-moeda ou "dinheiro" para a aquisição de bens básicos, (i.d) além de contribuir para um processo gradual e mais seguro de elevação da concessão de crédito às pessoas em geral (inclusão financeira), com prazos tendencialmente mais longos e taxas de juros tendencialmente menores;[20]

---

ela aumenta a incerteza, desencoraja investimentos e cria conflitos nas relações industriais. Ela também possui perniciosos efeitos sociais, incluindo: a redistribuição arbitrária da renda e riqueza, a erosão e desincentivo à poupança" (LASTRA, Rosa Maria. *Banco Central e regulamentação bancária*. Belo Horizonte: Livraria Del Rey, 2000, p. 25).

[19] Em 2010, o Banco Central do Brasil realizou pesquisa denominada "O brasileiro e sua relação com o dinheiro". Nela se constatou que mais da metade – 55 (cinquenta e cinco) % – da população economicamente ativa (PEA) recebe sua remuneração salarial diretamente em dinheiro, principalmente os mais jovens e os menos favorecidos. Disponível em: http://www.bcb.gov.br/htms/mecir/MECIRpesq-2010.pdf. Acesso em 01.12.2012. Tal pesquisa foi realizada, novamente, no ano de 2013 e as conclusões são semelhantes, pois ainda um pouco mais da metade da PEA recebe a remuneração pelo trabalho exclusivamente em dinheiro em espécie, principalmente os mais jovens e os menos favorecidos. Disponível em: http://www.bcb.gov.br/htms/mecir/Apresentacao-PopulacaoEComercio-2013.pdf. Acesso em 31.08.2014. Paralelamente, o grau de exclusão bancária no Brasil é alto. Segundo o Instituto de Pesquisa Econômica Aplicada (IPEA), no âmbito do programa de Sistema de Indicadores de Percepção Social (SIPS), em pesquisa intitulada "Bancos: Exclusão e Serviços", feita com base em dados da Pesquisa Nacional por Amostragem de Domicílios (PNAD) realizada pelo Instituto Brasileiro de Geografia e Estatística (IBGE) em 2008, é possível afirmar que o Brasil tem uma quantidade expressiva de excluídos do sistema bancário, sobretudo a população de baixa renda e pouca escolaridade. Fonte: http://www. ipea.gov.br/portal/images/stories/PDFs/SIPS/110112_sips_bancos.pdf. Acesso em: 02.03.2013.

[20] Com relação à interação entre crescimento econômico, nível de emprego e inflação de um país ao longo do tempo, a despeito de alguma divergência política ainda presente no espaço público, é amplamente majoritária a noção, baseada em evidências históricas e empíricas, de que, no longo prazo, a estabilidade monetária promove, simultaneamente, crescimento econômico sustentável e emprego, cf. DURAN, Camila Villard. *A moldura jurídica da política monetária*: um estudo do Bacen, do BCE e do Fed. São Paulo: Saraiva, 2013, p. 54-55. Na economia, a síntese exposta acima é representada pela denominada "curva de Phillips", que evidencia uma indeferença relativa do nível de emprego vis-à-vis a inflação em períodos longos (a inflação não afeta o nível de emprego no longo prazo), mesmo que, no curto prazo, em tese, quanto maior o inflação, menor pressão à taxa de desemprego e, quanto menor a inflação, maior a tensão sobre a taxa de desemprego. Portanto, o que fica evidente é que uma postura política

(ii) a existência de instrumentos normativos aptos a sanear instituições financeiras que se mostrem inviáveis de permanecer no mercado, adicionalmente à instituição de um sistema de seguro de depósitos bancários e um ambiente seguro de infraestrutura financeira para pagamentos que respeita as melhores práticas internacionais; (iii) o reconhecimento de que os gastos públicos pressionam a inflação e podem gerar grandes distorções na alocação dos recursos sociais, o que impõe controle e gestão da dívida pública, com destaque especial para a previsão de vedação, imponível ao Banco Central e salvo lei específica, no sentido de não poder socorrer instituições do Sistema Financeiro Nacional com recursos públicos;[21] (iv) o funcionamento de um regime cambial flexível, cujos preços seguem os fluxos cambiais de mercado, sem prejuízo de intervenções pontuais em contratos de câmbio no curto prazo;[22]

---

leniente com a inflação não gera, necessariamente, maior crescimento econômico e taxas menores de desemprego ao longo do tempo, sendo mais provável ocorrer o efeito inverso, isto é, maior desemprego e menor crescimento econômico tendo em vista a insegurança gerada pela inflação, tal como se verificou, em diversos países, na década de 1970.

[21] Prescreve o artigo 28 da Lei Complementar nº 101, de 2001 (Lei de Responsabilidade Fiscal – LRF), *in verbis*: "Art. 28. Salvo mediante lei específica, não poderão ser utilizados recursos públicos, inclusive de operações de crédito, para socorrer instituições do Sistema Financeiro Nacional, ainda que mediante a concessão de empréstimos de recuperação ou financiamentos para mudança de controle acionário. § 1º A prevenção de insolvência e outros riscos ficará a cargo de fundos, e outros mecanismos, constituídos pelas instituições do Sistema Financeiro Nacional, na forma da lei. § 2º O disposto no *caput* não proíbe o Banco Central do Brasil de conceder às instituições financeiras operações de redesconto e de empréstimos de prazo inferior a trezentos e sessenta dias."

[22] O regime jurídico de regulação do mercado de câmbio e de capitais internacionais no Brasil não está sistematizado em uma única lei, mas em disposições normativas esparsas contidas, principalmente, no Decreto n° 23.258, de 1933, Lei n° 4.131, de 1962, Lei n° 10.755, de 2003, e Lei nº 11.371, de 2006. No âmbito normativo do Sistema Financeiro Nacional, o mercado de câmbio é disciplinado pela Resolução nº 3.568 do Conselho Monetário Nacional, de 2008, posteriormente alterada pelas Resoluções nº 3.657, de 2008, 3.661, de 2008, 3.810, de 2009, 3.911, de 2010, 3.954, de 2011, 3.997, de 2011, 4.051, de 2012, e 4.113, de 2012, todas do Conselho Monetário Nacional. Nada obstante, o controle de registro de capital estrangeiro no país pelo Banco Central do Brasil é normatizado através da Resolução nº 3.844 do Conselho Monetário Nacional, de 2010, alterada pela Resolução nº 3.967 do Conselho Monetário Nacional, de 2011, que se conjuga com a Resolução nº 4.373 do Conselho Monetário Nacional, de 2014, com vigência a partir de 30 de março de 2015, que trata das regras relativas às aplicações de investidor não residente no mercado financeiro brasileiro. Tais resoluções foram complementadas, constantemente, por disposições normativas contidas em Circulares editadas pelo Banco Central do Brasil que dispuseram sobre o regime jurídico cambial e de

INTRODUÇÃO

e (v) um estoque confortável de reservas internacionais lastreadas em moedas fortes,[23] que são idôneas: (v.a) a trazer maior segurança a investimentos estrangeiros no país, (v.b) além de permitir a emissão de dívida externa pública e privada com menores taxas de juros, (v.c) dar suporte à política cambial e (v.d) garantir, eventualmente, liquidez aos agentes econômicos domésticos em caso de choques ou crises cambiais.[24]

No âmbito doméstico, sem prejuízo desse conjunto de políticas públicas, soma-se a iniciativa recente do governo federal, amplamente divulgada nos meios de comunicação, em utilizar bancos públicos – Banco do Brasil S.A.[25]

---

registro de capitais estrangeiros no país, consolidadas, até o final de 2013, no Regulamento do Mercado de Câmbio e de Capitais Internacionais (RMCCI). Em dezembro de 2013, o RMCCI foi substituído por quatro circulares editadas pelo Banco Central do Brasil, a saber: (i) a Circular nº 3.688, de 2013, que dispõe sobre o Convênio de Pagamentos e Créditos Recíprocos (CCR); (ii) a Circular nº 3.689, de 2013, que dispõe sobre o capital estrangeiro no País e sobre o capital brasileiro no exterior; (iii) a Circular nº 3.690, de 2013, que divulga os códigos de classificação das operações de câmbio; (iv) e a Circular nº 3.691, de 2013, com alterações pela Circular n° 3.702, de 2014, e 3.750, de 2015, que trata da regulamentação geral operacional do mercado de câmbio.

[23] O Brasil terminou o ano de 2014 com reservas internacionais no montante de US$374.051 milhões, conforme informação disponível em: http://www.bcb.gov.br/?RP20141231. Acesso em 05.03.2015.

[24] Quaisquer crises financeiras internacionais geram algum desequilíbro cambial de curto ou médio prazo devido aos impactos nos fluxos internacionais de acesso e movimento de capital, cujos efeitos se agravam, especialmente, nos países significativamente comprometidos com dívida pública e/ou privada nacional emitida com lastro em moeda estrangeira.

[25] A história do Banco do Brasil confunde-se com própria história do sistema financeiro nacional, pois é a instituição financeira mais antiga do país e desempenhou, durante muito tempo, funções típicas de um Banco Central. Historicamente, o "primeiro" Banco do Brasil foi criado por ordem de Dom João VI através da expedição de alvará, em 12 de outubro de 1808, com o propósito de ser um banco financiador dos gastos do governo, e o início do seu funcionamento se deu em 11 de dezembro de 1809. Devido a ingerências de toda ordem e dificuldades operacionais ligadas, sobretudo, a problemas de capitalização, o banco foi liquidado em 11 de dezembro de 1829. Uma nova tentativa de instituição do Banco do Brasil ocorreu em 1833, mas também enfrentou dificuldades de capitalização. Posteriormente, sob a iniciativa do visconde de Itaboraí, instituiu-se, pelo Decreto nº 1.222, de 31 de agosto de 1853, o "segundo" Banco do Brasil, emergente da fusão entre o homônimo Banco do Brasil, criado anteriormente pelo barão de Mauá, e o Banco Comercial do Rio de Janeiro. Um "terceiro" Banco do Brasil surgiria em 1893, alguns anos após a proclamação da república, com a fusão do Banco do Brasil e do Banco da República dos Estados Unidos do Brasil, criando-se o Banco da República do Brasil. Por fim, o Decreto nº 1.455, de 30 de dezembro de 1905, deu ensejo à liquidação do Banco da República do Brasil e a incorporação de seu patrimônio a

e a Caixa Econômica Federal[26] – para a redução de tarifas bancárias e taxas de juros cobradas para a concessão de crédito às pessoas,[27] com impacto no *spread* bancário[28] e, consequentemente, nas margens de retorno do capital no curto prazo, interferindo diretamente no lucro das instituições financeiras.

Com efeito, é importante ressaltar que isso só foi possível em razão da participação relevante de mercado (*market share*) dessas duas empresas estatais, que, no segundo semestre de 2012, ultrapassou o *market share* dos bancos privados nacionais.[29] A propósito, em 2012, a Caixa Econômica Federal obteve lucro

---

um "quarto" e atual Banco do Brasil. Hoje, o Banco do Brasil S.A. é sociedade de economia mista federal vinculada ao Ministério da Fazenda, está constituído sob a forma de sociedade anônima e é companhia aberta integrante do segmento "Novo Mercado" da BM&F Bovespa. Todo esse processo histórico é narrado, com riqueza de detalhes, na seguinte obra: "Diretoria de Marketing e Comunicação do Banco do Brasil. História do Banco do Brasil. 2. ed. rev. Belo Horizonte: Del Rey, 2010". Disponível em: http://www.bb.com.br/docs/pub/inst/dwn/LivroBB1.pdf?codigoMenu=1426&codigoRet=14954&bread=2. Acesso em 31.08.2014.

[26] A constituição da Caixa Econômica Federal (CEF), empresa pública federal vinculada ao Ministério da Fazenda, foi autorizada pelo Decreto nº 2.723, de 12 de janeiro de 1861, editado pelo Imperador Dom Pedro II, atualmente regulada pelo Decreto-Lei nº 759, de 1969. A CEF realiza operações ativas e passivas próprias de instituições financeiras bancárias, além de atuar na gestão de penhores e de depósitos judiciais e/ou extrajudiciais relativos à União, dos recursos do Fundo de Garantia do Tempo de Serviço (FGTS), do Programa de Integração Social (PIS) e do Programa de Seguro-Desemprego, além de ser o agente oficial de programas sociais e de unidades lotéricas, sem prejuízo da participação significativa da CEF no mercado de financiamento habitacional no âmbito do Sistema Financeiro da Habitação (SFH – Lei nº 4.380, de 1964), notadamente após ter incorporado o Banco Nacional de Habitação (BNH) em 1986.

[27] O tema sempre causou intenso debate social, haja vista, por exemplo, a controvérsia instaurada a respeito da limitação das taxas de juros reais em 12% ao ano, nos termos do §3º do texto original do artigo 192 da Constituição brasileira de 1988, revogado pela Emenda Constitucional nº 40, de 2003. Tal discussão será retomada, com maior profundidade, no último capítulo da obra, tendo em vista a judicialização da questão no âmbito do Supremo Tribunal Federal.

[28] Em linhas gerais, o *spread* bancário significa a diferença entre a taxa média ponderada dos empréstimos feitos por uma instituição financeira bancária (custos médios dos tomadores) em relação à taxa média ponderada de captação financeira, medida pela média ponderada das taxas de captação de Certificados de Depósito Bancário (CDBs) emitidos pelas instituições financeiras bancárias. Assim, o *spread* bancário é definido segundo essa diferença de taxas e compõe-se, basicamente, considerada a metodologia corrente, de tributos, despesas com inadimplência, despesas operacionais e administrativas, além do lucro financeiro da instituição bancária.

[29] Tal informação encontra-se no Relatório de Estabilidade Financeira do Banco Central do Brasil, referente ao segundo semestre de 2012 (páginas 45 a 47). Disponível em: http://www.

INTRODUÇÃO

histórico recorde, conjugado com uma baixa taxa relativa de inadimplência de crédito,[30] assim como o Banco do Brasil S.A.[31]

Em relação ao ponto, pode-se dizer que a utilização de bancos públicos, do Banco Nacional de Desenvolvimento Econômico e Social (BNDES)[32] e bancos

bcb.gov.br/ htms/estabilidade/2013_03/refP.pdf. Acesso em 03.04.2013. Segundo o Relatório de Estabilidade Financeira do Banco Central do Brasil relativo ao segundo semestre de 2013, a participação dos bancos públicos permaneceu superior a dos bancos privados nacionais em 2013, devido à liderança daqueles exercida no mercado de concessão de créditos com recursos direcionados, especialmente financiamentos habitacionais. Fonte: http://www.bcb.gov.br/htms/estabilidade/2014_03/refP.pdf. Acesso em: 01.07.2014.

[30] Segundo matéria veiculada na Folha de São Paulo, intitulada "Caixa tem maior expansão de crédito do mercado e lucra R$ 6,1 bi em 2012", a Caixa Econômica Federal teve um lucro líquido de R$ 6,1 bilhões em 2012, que consiste em resultado 17,1% maior do que no ano anterior e recorde histórico do banco estatal. Além disso, a taxa de inadimplência permaneceu em patamar confortável, haja vista a maior concentração da carteira da instituição no crédito imobiliário, que, historicamente, tem baixo risco de crédito. Por fim, ressaltou-se que a instituição adquiriu 6,7 milhões de novos correntistas e poupadores. Fonte: http://www1.folha.uol.com.br/mercado/1233020-caixa-tem-maior-expansao-de-credito-do-mercado-e-lucra-r-61-bi-em-2012.shtml. Acesso em 19.02.2013. Em 2013, houve novo aumento do lucro líquido para R$ 6,7 bilhões, representando, com ajustes contábeis, um aumento de 19,2% em relação ao ano anterior. Fonte: http://economia.estadao.com.br/noticias/negocios,lucro-da-caixa--economica-federal-cresce-19-2-em-2013-para-r-6-7-bi,180451e. Acesso em 31.08.2014.

[31] O Banco do Brasil S.A., atualmente, é a maior instituição financeira do país em termos de valor total de ativos e valor da carteira de crédito. A instituição obteve o lucro histórico recorde de R$12,2 bilhões em 2012, segundo matéria veiculada na Folha de São Paulo ("*Lucro do Banco do Brasil atinge recorde de R$ 12,2 bilhões em 2012*"). Disponível em: http://www1.folha.uol.com.br/mercado/1234286-lucro-do-banco-do-brasil-atinge-recorde-de-r-122-bilhoes--em-2012.shtml. Acesso em 21.02.2013. Em 2013, considerado o impacto financeiro positivo da abertura de capital da "BB Seguridade", houve novo lucro líquido histórico recorde no valor de R$15,8 bilhões. Fonte: http://g1.globo.com/economia/negocios/noticia/2014/02/banco-do-brasil-tem-lucro-liquido-de-r-158-bilhoes-em-2013.html. Acesso em 31.08.2014.

[32] O Banco Nacional de Desenvolvimento Econômico e Social (BNDES) **é uma agência federal de fomento, ou seja,** não é uma instituição bancária em termos conceituais porque não pratica a atividade de captação de depósitos, seus recursos financeiros originários são gerados, em essência, pela via fiscal-orçamentária e a União, se houver necessidade, atuará, provavelmente, como entidade garantidora de última instância. De toda sorte, importa dizer que o BNDES foi criado, em 1952, como autarquia federal, e, posteriormente, foi legalmente enquadrado como empresa pública federal, com personalidade jurídica de direito privado e patrimônio próprio (Lei nº 5.662, de 1971). O BNDES é vinculado ao Ministério do Desenvolvimento, Indústria e Comércio Exterior (MDIC) e seu objeto social principal consiste no fomento a empreendimentos que contribuam para o desenvolvimento econômico do país.

de desenvolvimento estaduais[33] ou agências de fomento[34] na história econômica brasileira não é novidade, já que são concebidos para facilitar o acesso ao financiamento de setores econômicos reputados socialmente relevantes. Quanto ao BNDES, por exemplo, os empréstimos têm crescido, substancialmente, desde 2007, atingindo o volume de R$156 bilhões em 2012.[35]

---

[33] Os bancos de desenvolvimento têm por objeto social o fomento de projetos privados importantes ao desenvolvimento econômico e social do respectivo Estado, à semelhança do BNDES. Nos termos da Resolução nº 394 do Conselho Monetário Nacional, de 1976, tais bancos devem ser constituídos sob a forma de sociedade anônima, com sede na capital do Estado que deter seu controle acionário, devendo adotar, obrigatória e privativamente, em sua denominação social, a expressão "Banco de Desenvolvimento", seguida do nome do Estado em que tenha sede. Atualmente, existem três bancos de desenvolvimento regionais: o Banco Regional de Desenvolvimento do Extremo Sul (BRDE), o Banco de Desenvolvimento de Minas Gerais (BDMG) e o Banco de Desenvolvimento do Espírito Santo (Bandes).

[34] As agências de fomento, em síntese, têm como objeto social a concessão de financiamento de capital fixo e de giro associado a projetos na Unidade da Federação onde tenham sede. Devem ser constituídas sob a forma de sociedade anônima de capital fechado e estar sob o controle de Unidade da Federação, sendo que cada Unidade só pode constituir uma agência. Tais entidades têm status de instituição financeira, mas não podem captar recursos junto ao público, recorrer ao redesconto, ter conta de reserva no Banco Central, contratar depósitos interfinanceiros na qualidade de depositante ou de depositária e nem ter participação societária em outras instituições financeiras. De sua denominação social deve constar a expressão "Agência de Fomento" acrescida da indicação da Unidade da Federação Controladora. É vedada a sua transformação em qualquer outro tipo de instituição integrante do Sistema Financeiro Nacional. As agências de fomento devem constituir e manter, permanentemente, fundo de liquidez equivalente, no mínimo, a 10% do valor de suas obrigações, a ser integralmente aplicado em títulos públicos federais. (Resolução nº 2.828 do Conselho Monetário Nacional, de 2001). Essa definição encontra-se no sítio eletrônico do Banco Central do Brasil. Disponível em: http://www.bcb.gov.br/pre/composicao/af.asp. Acesso em 31.08.2014. Hoje, há 16 (dezesseis) agências de fomento no Brasil, conforme se vê do Relatório de Evolução do Sistema Financeiro Nacional do mês de julho de 2014, elaborado pelo Banco Central do Brasil. Disponível em: http://www.bcb.gov.br/htms/deorf/d201407/Quadro%2001%20-%20 Quantitativo%20de%20institui%C3%A7%C3%B5es%20por%20segmento.pdf. Acesso em 31.08.2014.

[35] Conforme informações obtidas no sítio eletrônico da aludida instituição referentes a 2013, "os desembolsos do BNDES atingiram R$ 190,4 bilhões, com alta de 22% na comparação com 2012" e houve o registro de "lucro líquido de R$ 8,150 bilhões no exercício de 2013, valor semelhante ao ano anterior", conjugado com "redução do nível de inadimplência, que atingiu a mais baixa taxa histórica do Banco", além de uma "melhora na provisão para risco de crédito". Fonte: http://www.bndes.gov.br/SiteBNDES/bndes/bndes_pt/Institucional/ Relacao_Com_Investidores/Desempenho/Desempenho_2013.html. Acesso em 31.08.2014.

INTRODUÇÃO

No entanto, é a primeira vez nos últimos anos em que se evidencia, de forma clara, uma estratégia política estatal de influência no custo financeiro de serviços bancários e de crédito às pessoas, com a modificação do processo de formação de preços de mercado através da intervenção indutiva específica de empresas estatais. Por um lado, facilitou-se o acesso sistêmico ao crédito, mas, por outro lado, acelerou-se um processo de endividamento das famílias brasileiras, em uma conjuntura econômica atual de baixo nível de desemprego.

Paralelamente, observou-se uma certa inconsistência na execução da política monetária nos últimos anos, pois, após um forte movimento, iniciado em 2012, de diminuição na meta para a taxa SELIC,[36] que é definida pelo Comitê de Política Monetária no Banco Central do Brasil (COPOM),[37] os sinais de intensificação da inflação impuseram uma inflexão na trajetória que levou a aumentos sequenciais nessa mesma meta para a taxa SELIC posteriormente, gerando críticas destinadas a questionar a eficiência do atual governo na coordenação entre os objetivos de política monetária *vis-à-vis* a expansão do crédito e o aumento dos gastos públicos no período em questão.

---

[36] A meta para a Taxa SELIC corresponde ao alvo que o Banco Central do Brasil deve buscar, no mercado aberto interbancário, para a realização de operações diárias envolvendo títulos públicos federais negociados no SELIC. Isto é, a meta consiste na taxa média de referência das operações diárias, com lastro em títulos públicos federais no SELIC, aplicável durante todo o período correspondente às reuniões do COPOM, nas quais as metas são fixadas, com ou sem viés. Vale frisar, para fins de esclarecimento, que a atuação do Banco Central do Brasil no mercado aberto interbancário é o principal instrumento de política monetária, pois a aquisição ou venda de títulos públicos federais influencia a quantidade de moeda e o crédito na economia. As regras de funcionamento do SELIC estão contidas no Regulamento Anexo à Circular n° 3.587 do Banco Central do Brasil, de 2012, com alterações pela Circular n° 3.610, também de 2012. A metodologia de cálculo da taxa SELIC está disposta na Circular n° 3.671 do Banco Central do Brasil, de 2013.

[37] O COPOM foi criado pela Circular nº 2.698 do Banco Central do Brasil, de 1996, com alterações por circulares subsequentes de nº 1.980, de 2000, e 3.297, de 2005. Recentemente, essa Circular foi revogada, com a instituição de um novo regulamento pela Circular nº 3.593 do Banco Central do Brasil, de 2012. O objetivo essencial do COPOM é estabelecer, de forma pública e transparente, diretrizes de política monetária, à semelhança do modelo norte-americano, alemão, europeu e britânico, essencialmente pela fixação da meta da taxa SELIC, o respectivo viés, incluindo-se a análise do Relatório de Inflação elaborado pelo próprio Banco Central do Brasil.

Por fim, há de se ressaltar o processo contínuo, gradual e exitoso de regulação prudencial[38] gerido pelos órgãos e entidades regulatórias no âmbito do Sistema Financeiro Nacional, que foi executado em concomitância a todo o conjunto de políticas públicas até agora citadas, com destaque especial nesse processo para a Resolução nº 2.099 do Conselho Monetário Nacional, de 1994, através da qual se fez a integração normativa de diretrizes internacionais de regulação do "Acordo de Basiléia – Basiléia I" no sistema jurídico pátrio, as quais são estabelecidas, principalmente, pelo *soft law* produzido no Comitê de Supervisão Bancária da Basiléia (BCBS),[39] no âmbito do Banco de Compensações Internacionais (BIS).[40]

---

[38] É preciso esclarecer o sentido do termo "prudência" no âmbito da regulação financeira sistêmica. Concepções filosóficas mais antigas identificavam a prudência como a principal virtude racional ativa e contingente de tomar a decisão certa. Assim, a prudência, enquanto resultado da razão prática, seria a "reta razão aplicada ao agir" (TOMÁS DE AQUINO, Santo. *A prudência*: a virtude da decisão certa. Trad. Jean Lauand. São Paulo: Martins Fontes, 2005, p. 5). Aristóteles, por sua vez, ao distinguir a sabedoria filosófica (teórica) da prática (prudência ou *phronesis*), afirmava que a sabedoria prática (prudência) é a verdadeira capacidade racional para agir, cf. ARISTÓTELES. **Ética a Nicômaco**. São Paulo: Martin Claret, 2011, p. 129. Alguns doutrinadores identificam a prudência (saber prático ou *phronesis*) como a essência da interpretação jurídica, cf. GRAU, Eros Roberto. *O Direito Posto e o Direito Pressuposto*. 7. ed. São Paulo: Malheiros, 2008, p. 40. Atualmente, a prudência está ligada, essencialmente, à noção de previdência ou prevenção diante de eventos futuros e incertos de natureza contingente, a fim de evitar a ocorrência de danos ou a acentuação de riscos pelo uso antecipado da razão prática. A propósito, embora a complexidade social contemporânea tenha dado ensejo ao desenvolvimento de teses acadêmicas que pregam a pós-modernidade como novo paradigma social apto a lidar com as incertezas e riscos do mundo globalizado contemporâneo, cf. BECK, Ulrich. *World Risk Society*. Cambridge: Polity Press, 1998, a lógica da gestão de riscos face à globalização financeira dos mercados nada mais é do que um desdobramento lógico do processo de escolha racional inerente às estratégias de gestão financeira das pessoas e instituições. Se as pretensões científicas não são absolutas e a racionalidade humana é dinâmica, cf. BECK, Ulrich. *Sociedade de risco*: rumo a uma outra modernidade. São Paulo: 34, 2010, p. 237-238, não é necessário substituir o paradigma moderno da racionalidade por um "paradigma pós-moderno", o que vai ao encontro do conteúdo da razão prática de John Rawls, apresentada adiante, com detalhes, em momento oportuno. Esse é o sentido fundamental da regulação prudencial, qual seja, uma regulação metodologicamente fundada em riscos financeiros, medidos por critérios técnicos criados racionalmente para atender às necessidades práticas de gestão financeira de ativos.

[39] Em inglês, a denominação atual é *Basel Committee on Banking Supervision (BCBS)*.

[40] O Banco de Compensações Internacionais – BIS (*Bank for International Settlements*), sediado na cidade de Basiléia, na Suíça, foi constituído em 17 de maio de 1930 e é a mais antiga organização internacional para tratar de assuntos relacionados à estabilidade financeira. Dentre

A propósito, os resultados decorrentes dessa política regulatória, que manifesta aderência às diretrizes normativas internacionais elementares sobre regulação prudencial, mostram-se muito satisfatórios ao objetivo de manter a segurança e solidez do sistema financeiro nacional.

A despeito de todos os efeitos negativos gerados pela grave crise financeira internacional de 2007 até hoje, decorrentes, sobretudo, do colapso no mercado imobiliário *subprime* norte-americano e da subsequente crise da dívida pública de alguns paises integrantes da União Européia,[41] o Brasil vem demonstrando uma grande capacidade de resiliência financeira, sem apresentar quaisquer focos de risco sistêmico. Nesse século não houve, por exemplo, nenhuma intervenção significativa do Banco Central do Brasil em instituições financeiras sistemicamente importantes.

Nada obstante, é bom frisar que essa trajetória bem sucedida foi alvo de intensa controvérsia durante todo o seu percurso. Passo a narrar, então, três controvérsias importantes e frequentes a respeito o sistema financeiro de um modo geral.

Em primeiro lugar, é notória a existência de um sentimento social hostil,[42] imerso no inconsciente coletivo e perceptível na história mundial, que muitas pessoas e organizações sociais nutrem em relação ao sistema financeiro e seus participantes, na medida em que o vêem como um ambiente de especuladores e expropriadores de recursos sociais sem qualquer contrapartida, na economia real, em termos de bem-estar.

---

seus objetivos institucionais destaca-se o de viabilizar um espaço público internacional de cooperação entre bancos centrais para definir diretrizes de regulação financeira sistêmica, com foco na regulação prudencial. Maiores considerações sobre esse assunto serão trazidas ao longo da obra.

[41] À evidência, os Estados Unidos da América enfrentam, também, problemas fiscais relacionados à dívida pública. No entanto, a economia norte-americana está melhor organizada do que a grande maioria das economias europeias e apresenta sinais de crescimento econômico nos últimos anos. Ademais, é incontestável o fato de que a titularidade do poder de emissão sobre a moeda mais importante do mundo permite aos norte-americanos maior margem de gestão econômica relativamente aos demais países e à União Europeia.

[42] Há uma interessante passagem de Martin Wolf sobre o ponto, *in verbis*: "*Todo o mundo adora odiar as finanças. O 'especulador', ou pior, o usurário sanguessuga, é um eterno vilão. Não foi à toa que Shylock – rotulado de forasteiro, por ser ao mesmo tempo judeu e emprestador – foi o vilão de Shakespeare, em O Mercador de Veneza*" (WOLF, Martin. *A reconstrução do sistema financeiro global*. Trad. Afonso Celso da Cunha. Rio de Janeiro: Elsevier, 2009, p. 11).

Esse sentimento negativo é bem descrito por Niall Ferguson, ao afirmar haver uma ideia, socialmente disseminada, de que *"aqueles que ganham a vida emprestando dinheiro são, de alguma maneira, parasitas das verdadeiras atividades econômicas da agricultura e da indústria"*.[43]

Portanto, a funcionalidade do mercado financeiro é controversa sob o ponto de vista moral, sendo, muitas vezes, taxado de antidemocrático no âmbito politico,[44] o que impõe aos formuladores de políticas públicas financeiras um ônus de justificação pública racional das estratégias regulatórias cuja prioridade deve ser a estabilidade financeira sustentável no longo prazo, sem apego, portanto, a sentimentos pessoais de toda ordem, clientelismos políticos variados, apelos midiáticos e/ou apelos populares imediatistas, que são, quase sempre, irracionais, parciais e egoístas.[45]

Aliás, é bom que se afirme, peremptoriamente, a legitimidade moral da cobrança de juros em sistemas capitalistas. Com efeito, os juros representam a remuneração que se paga pela disponibilização imediata de recursos gerados pela formação de poupança privada pelas pessoas, que decidem não exercer o consumo próprio e imediato desses recursos atraídas pela compensação

---

[43] FERGUSON, Niall. *A ascensão do dinheiro*: a história financeira do mundo. Trad. Cordelia Magalhães. São Paulo: Planeta do Brasil, 2009, p. 10.

[44] Tal controvérsia moral também se manifesta no âmbito político, razão pela qual é importante afirmar que o funcionamento em si do mercado financeiro não é antidemocrático, pois a capacidade de livre ação e reação de milhões de agentes financeiros em julgar, imediatamente e simultaneamente, os impactos das decisões políticas nos mercados é uma consequência clara do ideal democrático. Tal ideia é compartilhada, dentre outros, por Gustavo Franco, que, enfaticamente, diz o seguinte, *in verbis*: "*os políticos preferem reduzir o mercado a uma conspiração de bancos ou a um espetáculo. E, por todos esses motivos, segundo alegam, o mercado estaria a limitar as possibilidades dos governantes legitimamente eleitos, ainda que isso seja verdadeiro apenas no que se refere à capacidade das Autoridades para desarrumar a economia. Dessa forma, mesmo quando o mercado dificulta os comportamentos idiotas por parte dos governos, sempre será possível sofismar que mercado diminui a democracia*" (FRANCO, Gustavo. *As leis secretas da economia*: revisitando Roberto Campos e as leis do Kafka. Rio de Janeiro: Zahar, 2012, p. 25).

[45] As questões morais relativas ao sistema financeiro se mostram particularmente importantes no contexto dos países emergentes, que são mais frágeis e, portanto, mais suscetíveis a crises, o que acentua, evidentemente, tensões contra o capitalismo e a globalização. Conforme Martin Wolf, "*os desastres financeiros também têm exercido consequências diretas e funestas sobre a política das economias emergentes. Por causa do vagalhão de crises financeiras devastadoras, o ânimo público na America Latina se voltou acentuadamente contra o tão condenado 'neoliberalismo' no continente*" (WOLF, Martin. *A reconstrução do sistema financeiro global*. Trad. Afonso Celso da Cunha. Rio de Janeiro: Elsevier, 2009, p. 2).

econômica que advém dos juros. Abre-se mão, portanto, do consumo presente para a fruição de um consumo futuro sob uma base maior de recursos porque agregada dos juros.

Dito de outro modo, em termos sistêmicos, se não há juros, não há incentivo à poupança e não há a geração de recursos privados para o financiamento de investimentos. Além disso, baixos incentivos à poupança privada tendem a deslocar a atividade econômica de financiamento dos investimentos produtivos ao Estado via aumento de tributação ou concessão de subsídios,[46] o que distorce, de forma expressiva, os processos de formação de preços nos mercados financeiros.

É o caso notório do Brasil, cuja poupança privada interna é baixa em relação à grande maioria dos países, o que gera um incentivo ao endividamento externo, sendo certo que os investimentos produtivos, em grande parte, ainda dependem do Estado através dos bancos públicos e agências de fomento, o que resulta, infelizmente, em um incentivo tácito forte a um mercado específico de *lobby* para a obtenção dos financiamentos públicos.[47]

---

[46] Conforme estudo recente da Fundação Getúlio Vargas (FGV) – Carta do Ibre, de agosto de 2011 –, o Brasil tem apresentado um volume relativamente muito baixo de poupança interna nos últimos anos, inferior ao da década de 1970 (20% do PIB). Segundo tal estudo, "*de 1995 a 2009, quando flutuou entre um máximo de 18% e um mínimo de 12%, a poupança nacional ficou praticamente todos os anos abaixo da média de cada um dos continentes*" e "*em 2009 a poupança dos países mais pobres estava quatro percentuais do PIB acima da brasileira*". Informações disponíveis no artigo de Maílson da Nóbrega, intitulado "*O drama da baixa poupança interna do Brasil*". Disponível em: http://blogs.estadao.com.br/radar-economico/2011/08/29/mailson-o-drama--da-baixa-poupanca-interna-do-brasil/. Acesso em 01.04.2013.

[47] Tal incentivo é grave no Brasil, cuja tradição histórica é de claro patrimonialismo, clientelismo e corrupção. Ademais, diversos estudos técnicos e acadêmicos produzidos para o país apontam evidências fortes de que a presença muito ampla do Estado brasileiro no financiamento de atividades econômicas privadas tem gerado pouco desenvolvimento econômico e muita concentração de renda. Alguns estudos serão apresentados ao longo da obra, com ênfase da questão no tópico sobre "falhas de Estado".

Por fim, deve-se ressaltar o baixo grau de educação financeira e a postura excessivamente paternalista do brasileiro em relação ao Estado,[48] o que dificulta o exercício da cidadania quanto ao tema.[49]

Em segundo lugar, a estratégia institucional de atribuição de autonomia reforçada e poder normativo aos reguladores financeiros e Banco Central[50] gera desconforto a alguns políticos e grupos políticos bem organizados, especialmente porque a transparência e a prestação pública de contas, bem como a *expertise* técnica desses reguladores, não lhes parecem ser essenciais à execução de políticas públicas que repercutem no âmbito do mercado financeiro.[51]

---

[48] O paternalismo estatal não é um fenômeno exclusivo do Brasil e representa uma postura que ultrapassa a lógica temporal dos ciclos econômicos, conforme evidencia Robert Shiller, *in verbis*: "*Os períodos de bonança tendem a ser épocas de excesso de otimismo e complacência. Desenvolve-se o senso de que o governo consertará quaisquer problemas que possam ocorrer e reforça-se a percepção de segurança, à medida que milhões de pessoas aumentam seu endividamento. Depois a bonança, quando paira grande dívida pendente, ainda se manifesta a tendência de considerar o governo o salvador de última instância e de entrar em modo de espera, na expectativa de ajuda, como um avião que sobrevoa em círculos um aeroporto, aguardando instruções da torre de comando. O modo de espera em si agrava as dificuldades econômicas*" (SHILLER. Robert. *Finanças para uma boa sociedade*: como o capitalismo financeiro pode contribuir para um mundo mais justo. Trad. Afonso Celso da Cunha Serra. Rio de Janeiro: Elsevier, 2012, p. 160). De todo modo, sociedades excessivamente paternalistas em relação ao Estado mostram-se relativamente imaturas, pois os custos de financiamento das atividades estatais são expressivos e serão arcados, essencialmente, por todos os seus cidadãos.

[49] Quanto ao tema, o objetivo institucional de responsabilidade social do Banco Central do Brasil em estimular a inclusão financeira tem impulsionado estudos sobre a educação financeira no Brasil. De todos os trabalhos, v. ARAÚJO, Fábio de Almeida Lopes; SOUZA, Marcos Aguerri Pimenta. *Educação Financeira para um Brasil Sustentável – Evidências da necessidade de atuação do Banco Central do Brasil em educação financeira para o cumprimento de sua missão*. Banco Central do Brasil. Trabalhos para Discussão nº 280, Julho 2012. Disponível em : http://www.bcb.gov.br/pec/wps/port/td280.pdf. Acesso em 01.04.2013.

[50] Segundo Niall Ferguson, muitos consideram a década de 1990 como "a era dos dirigentes de bancos centrais" porque a partir dela mais de cinquenta bancos centrais adotaram sistemas de metas de inflação e mais de noventa por cento (90%) dos países membros das Organizações das Nações Unidas (ONU) passaram a ter um banco central. V. FERGUSON, Niall. *A lógica do dinheiro*. Trad. Maria Teresa Machado. Rio de Janeiro: Record, 2007, p. 198-199.

[51] Exigências de transparência e de prestação pública de contas sobre as atividades financeiras do Estado são historicamente recentes. Conforme ressalta Gustavo Franco, "*ao longo do muitos séculos, em face da ausência da mídia e da devida publicidade para os atos do Príncipe (por exemplo, ao reduzir o percentual de ouro da moeda, ou emitir dinheiro às escondidas, para ficar apenas nos delitos clássicos associados à moeda e cometidos em silêncio), os poderosos puderam praticar toda espécie de desatino econômico sem risco de enfrentamento com a opinião pública. A consequência estava prudentemente distante da vilania em sua origem, tudo era mais lento e as más notícias chegavam a*

Em decorrência, é comum observar que os reguladores financeiros e o Banco Central são constantemente usados como bodes expiatórios quando a situação econômica conjuntural de um país não atravessa um bom momento, o que tende a transformar discussões sobre a eficácia e os resultados práticos de um desenho institucional regulatório em um debate – às vezes irresponsável – sobre questões imediatistas e parciais envolvidas em lutas políticas episódicas por poder.

Um exemplo recente do incômodo político com o amplo poder normativo atribuído a reguladores financeiros foi a afirmação do ex-candidato à Presidência da República, José Serra, em meados do mês de maio de 2010, durante a campanha presidencial, no sentido de que *"o Banco Central não é a Santa Sé"*,[52] com vistas a defender mudanças na política econômica executada pelo então Presidente Luís Inácio Lula da Silva e a atacar a ideia de autonomia operacional do Banco Central do Brasil.

Outro exemplo interessante noticiado pela mídia era a preocupação do ex-Ministério da Fazenda Guido Mantega, após reuniões com representantes do setor bancário, acerca dos impactos da implementação de "Basiléia III" nos planos de expansão de crédito dos principais bancos nacionais.[53]

Em relação ao tema, é imprescindível afirmar que a inércia política brasileira em progredir no processo de outorga de autonomia legal reforçada[54]

---

cavalo" (FRANCO, Gustavo. *As leis secretas da economia*: revisitando Roberto Campos e as leis do Kafka. Rio de Janeiro: Zahar, 2012, p. 23).

[52] O título da matéria é o seguinte: "'*O Banco Central não é a Santa Sé*', afirma Serra", publicada em 10 de maio de 2010 no Jornal Estado de São Paulo. Disponível em: http://www.estadao.com.br/noticias/nacional,o-banco-central-nao-e-a-santa-se-afirma-serra,549583,0.htm. Acesso em 10.10.2012.

[53] A matéria, publicada na Folha de São Paulo, tem o seguinte título: "*Governo teme que nova regra para bancos trave crédito*". Disponível em: http://www1.folha.uol.com.br/mercado/1208539--governo-teme-que-nova-regra-para-bancos-trave-credito.shtml. Acesso em 02.01.2013.

[54] A ideia de "autonomia reforçada" é tributária dos estudos profundos de Alexandre Santos de Aragão sobre o tema. De acordo com o aludido professor, é mais adequado tratar a atribuição de "autonomia reforçada" na instituição de "agências reguladoras" como um *plus* em relação a uma "autonomia geral" que constitui a regra em estratégias de descentralização administrativa através da criação de autarquias. Compreendida a questão dessa forma, infere-se inadequado falar em "independência das agências reguladoras", na medida em que nenhum poder regulatório é ou pode ser "independente" no Estado democrático de Direito, com fundamento no princípio da separação de poderes. Assim, são elementos de autonomia reforçada das agências reguladoras: (i) a impossibilidade de exoneração *ad nutum*

às autoridades regulatórias financeiras no Brasil, principalmente em face da ausência de autonomia reforçada legal do Banco Central do Brasil, especialmente quanto à política monetária, é extremamente prejudicial e, por isso, custa caro ao país.

Não há dúvidas de que a insegurança jurídica gerada por esse fato político afeta, negativamente, a mensuração do "risco-Brasil", a avaliação do *rating* soberano e encarece o custo de captações financeiras externas públicas e privadas, a ser considerado, conjuntamente, com a tradição inflacionária do país, que ainda persiste tendo em vista questões sistêmicas de indexação que pressionam a inflação.[55]

Para constatar essa última afirmação, basta perceber que as demandas sociais por aumentos ou reajustes de salários, vencimentos, pensões e proventos, etc., oriundas de setores sociais e econômicos politicamente bem representados, seguem uma lógica distorcida de "aumento real" ou de "correção monetária",[56] como se houvesse um direito fundamental à inflação pela "recomposição do valor real", o que, economicamente, não têm fundamento

---

dos dirigentes e estabelecimento de mandatos a termo; (ii) organização colegiada; (iii) formação técnica; (iv) competências regulatórias bem definidas; e (v) impossibilidade de recursos hierárquicos impróprios. V. ARAGÃO, Alexandre Santos de. *Agências reguladoras e a evolução do direito administrativo contemporâneo*. Rio de Janeiro: Forense, 2009, p. 9-10.

[55] Ao longo da história econômica brasileira no século XX, percebe-se, claramente, que a indexação foi concedida a setores politicamente bem representados como instrumento normativo de proteção de renda e patrimônio, em detrimento daqueles que sofrem os efeitos da inflação nas suas relações jurídicas, cf. DURAN, Camila Villard. *Direito e moeda*: o controle dos planos de estabilização monetária pelo STF. São Paulo: Saraiva, 2010, p. 28. Dito isso, é importante frisar que a desindexação econômica de contratos é pressuposto para ummuma estabilidade monetária duradoura porque a indexação realimenta o processo inflacionário, constantemente, ao longo do tempo, cf. DURAN, Camila Villard. *Op. Cit.*, p. 50-53, *passim*.

[56] Sobre a trajetória do instituto da correção monetária e dos projetos de desindexação na história econômica do Brasil até o Plano Real, v. JANSEN, Letácio. *Esboço de uma História Jurídica do Real*. Disponível em: http://www.economiajuridica.com/historia-juridica-do-real/. Acesso em: 01.05.2014. Letácio Jansen, que pode ser considerando o grande defensor do monetarismo no Brasil, chega a sustentar a tese de que as normas jurídicas pátrias sobre a aplicação de correção monetária violam a Constituição brasileira de 1988, pois "*não pode existir, juridicamente, num sistema monetário centralizado, valor algum superior à moeda nacional*" (JANSEN, Letácio. *A Moeda na Fronteira da Economia e do Direito*. Rio de Janeiro. 2013. Disponível em: http://www.economiajuridica.com/a-moeda-na-fronteira-da-economia--e-do-direito/. Acesso em: 01.05.2014, p. 22)

e prejudica todos os demais cidadãos desprotegidos da indexação, principalmente os menos favorecidos.[57]

Nada obstante, diversos contratos no Brasil – contratos de locação e contratos administrativos são ótimos exemplos – sofrem indexação, como se não fosse possível incluir na álea contratual os riscos de mudança da inflação esperada durante a execução do contrato. Por fim, os títulos de dívida pública interna de maior prazo, para ter atratividade financeira, são lançados no mercado atrelados a índices de preços.

Em suma, todos esses são fatores pressionam a inflação e decorrem, em algum grau, da desconfiança social com atitudes voluntaristas do Estado brasileiro na execução da política monetária.

Nesse sentido, a necessidade imperativa de iniciar-se um processo mais amplo de desindexação econômica no Brasil somente será bem sucedido se houver o fortalecimento institucional antecedente de autonomia legal do Banco Central do Brasil para a execução da política monetária, a fim de inibir posturas estatais voluntaristas e gerar maior confiança sistêmica na busca da estabilidade monetária do país.

Portanto, deve-se perder o medo em instituir-se agências reguladoras financeiras, com vistas a garantir maior eficiência e transparência na gestão regulatória da estabilidade financeira no longo prazo. Ademais, é importante frisar que, além da intensa participação indireta nos debates legislativos e na assessoria econômica interna e externa do governo, as autarquias que integram o sistema financeiro nacional são submetidas a controle pelo Poder Legislativo, Tribunal de Contas da União, Controladoria Geral da União e, por provocação, pelo Poder Judiciário.[58]

---

[57] Em suma, *"a inflação termina sendo um imposto sobre os que carregam dinheiro desprotegido por indexação, categoria geralmente sub-representada quer no contexto dos grandes embates sindicais, quer nos debates da Comissão Mista de Orçamento no Congresso Nacional"* (FRANCO, Gustavo. *As leis secretas da economia*: revisitando Roberto Campos e as leis do Kafka. Rio de Janeiro: Zahar, 2012, p. 132).

[58] A título ilustrativo, conforme exposto no Relatório de Administração de 2012, o Banco Central do Brasil atua em parceria com o Poder Legislativo porque "acompanha o andamento de cerca de oitocentas proposições legislativas sobre matérias da sua competência, fornecendo pareceres com análise de cada assunto". Sem embargo, essa autarquia participa de "reuniões realizadas em sua sede concedidas pelos dirigentes da autarquia a parlamentares, e de audiências realizadas nas Casas do Congresso Nacional com participação de representantes da instituição". Ademais, o Ministro-Presidente do Banco Central do Brasil participa

Por fim, há de se ressaltar uma controvérsia de ordem dogmática ou estritamente jurídica que ainda encontra eco no Brasil, oriunda das concepções mais tradicionais do Estado de Direito ou das raízes clássicas do Direito Administrativo desenvolvido no Direito Continental Europeu, notadamente em França e Itália, que é refratária da possibilidade de qualquer enfraquecimento dogmático do princípio da legalidade estrita para a atuação administrativa, cuja decorrência é um desenho institucional ideal rígido de separação de poderes e unitário quanto à Administração Pública.

Com relação ao tema, Luís Roberto Barroso, ao se referir às delegações legislativas de poder normativo a órgãos e entes responsáveis pela regulação financeira do país, faz questão de problematizar tal questão. A propósito, diz o aludido doutrinador: *"prática antiqüíssima, mas intermitentemente questionada, diz respeito às delegações legislativas, notadamente as que envolvem a ampla e poderosa competência normativa do Banco Central do Brasil e do Conselho Monetário Nacional".*[59]

---

de audiências públicas trimestrais na Comissão de Assuntos Econômicos (CAE) do Senado Federal e de reuniões conjuntas em diversas comissões temáticas da Câmara dos Deputados e do Senado Federal. Nesses encontros, são feitas exposições sobre o cumprimento dos objetivos e das metas das políticas monetária, creditícia e cambial, evidenciando-se o impacto e o custo fiscal das operações realizadas, bem como apresentados os resultados contidos nos seus balanços, nos termos da Lei n° 9.069, de 1995, e da Lei Complementar n° 101, de 2000. Não obstante, tem a autarquia prestado esclarecimentos regulatórios a requerimentos formais e informais do Poder Legislativo, com destaque para os requerimentos de informação de autoria dos deputados e senadores, sem prejuízo da colaboração institucional em Comissões Parlamentares de Inquérito (CPIs) estaduais e federais. Além disso, sem deixar de mencionar a judicialização de questões regulatórias em todo o país, o que representa um controle importante de suas atividades, o Banco Central do Brasil está sujeito ao controle externo do Tribunal de Contas da União (TCU) e da Controladoria Geral da União (CGU), do que resultou, no ano de 2012, em 460 demandas e, no ano de 2013, em 537 demandas de órgãos externos de controle que ficaram a cargo de sua auditoria interna, que as responde de forma tempestiva. Em suma, a autarquia é submetida à auditoria interna e externa de suas contas. O Relatório de Administração de 2012 está disponível em: http://www.bcb.gov.br/Pre/Surel/RelAdmBC/2012/pdf/bcb_relatorio_da_adminis tracao_2012.pdf. Acesso em 01.05.2013. O Relatório de Administração de 2013 está disponível em: http://www.bcb.gov.br/Pre/Surel/RelAdmBC/2013/pdf/bcb_relatorio_da_administracao_2013.pdf. Ac esso em: 01.07.2014.

[59] BARROSO, Luís Roberto. *Curso de Direito Constitucional Contemporâneo: Os conceitos fundamentais e a construção do novo modelo*. 1. ed., São Paulo: Editora Saraiva, 2009, p. 135. A atribuição de capacidade normativa a órgãos e entes da Administração Pública, no âmbito do Sistema Financeiro Nacional, no período anterior à Constituição brasileira de 1988, também é tratada por Carlos Ari Sundfeld da seguinte forma, *in verbis*: "É um fato a tendência à ampliação da competência normativa de órgãos e entes administrativos, sobretudo nos setores

INTRODUÇÃO

Nesse sentido, a afirmação da legitimidade da regulação financeira sistêmica, no contexto das transformações progressistas de desenho institucional da Administração Pública ocorridas em razão do fenômeno da constitucionalização do Direito Administrativo, demanda considerações sobre os seguintes aspectos: (i) a legitimidade democrática quanto à criação e atribuição de poder normativo às agências reguladoras, dotadas de especialização institucional e aptas a trazer os melhores resultados sociais possíveis no longo prazo (*better regulation*); e (ii) a importância de um desenho institucional regulatório democrático, que busque sua afirmação pública por intermédio da legitimação discursiva própria do ideal de razão pública (*accountability*),[60] permitindo, com isso, uma interação democrática mútua virtuosa com os demais Poderes da República.

Quanto ao ponto, é importante ter "cuidado com os profissionais de Direito!".[61] Explico. Se, antes, o discurso jurídico em prol da legalidade formal fazia algum sentido como "trunfo" em momento anterior à Constituição brasileira de 1988, onde as razões de Estado prevaleciam sobre os direitos fundamentais, hoje a realidade democrática impõe uma nova lógica de avaliação substancial e procedimental da juridicidade dos atos regulatórios fundada em capacidades institucionais, isto é, a realidade constitucional contemporânea subjacente é completamente distinta.

Portanto, são essas as três grandes controvérsias fundamentais.

Sinteticamente, o ideal de estabilidade financeira de longo prazo, que constitui o objeto da regulação financeira sistêmica, envolve a análise conjunta de

---

regulados. A criação das agências reguladoras no Brasil durante a década de 1990 levou a um reconhecimento formal, pelas leis – com a aceitação relativamente tranquila de nossa Corte Constitucional e demais instâncias do Judiciário –, de que a Administração Pública pode ter capacidade normativa, desde que legalmente atribuída. Nas décadas anteriores, isto, em geral, não era reconhecido de maneira tão clara ou tão explícita, embora desde o início da década de 1960 já existisse uma autoridade reguladora dotada de poderes normativos extremamente importantes: o Banco Central do Brasil e seu Conselho Monetário Nacional" (SUNDFELD, Carlos Ari. *Direito Administrativo para Céticos*. São Paulo: Malheiros, 2012, p. 148-149).

[60] O ideal da razão pública, que será abordado, especificamente, no segundo capítulo da obra, é tributário dos trabalhos de John Rawls, com destaque referencial para a seguinte obra: RAWLS, John. *O liberalismo político*. Trad. Álvaro de Vita. São Paulo: WMF Martins Fontes, 2011.

[61] A expressão é de Carlos Ari Sundfeld, com ênfase nos riscos práticos de comprometimento dos resultados regulatórios pelo uso excessivo de argumentos dogmáticos formais pelos operadores jurídicos. V. SUNDFELD, Carlos Ari. *Op. Cit.*, p. 35.

37

questões de ordem social, política e jurídico-dogmática, daí a importância de: (i) estudar-se a essência, a complexidade e a funcionalidade da atividade financeira para a economia; (ii) estabelecer as diretrizes políticas de indagação filosófica a respeito do modo pelo qual a estrutura básica da sociedade deve ser moldada para se atingir o ideal de estabilidade financeira dentro do contexto de globalização; (iii) demonstrar, segundo a ideia de razão prática regulatória e o paradigma da *better regulation*, os fundamentos constitucionais de legitimidade na concessão de autonomia reforçada e poder normativo aos reguladores financeiros, sucedida por uma análise descritiva e propositiva quanto ao desenho da regulação financeira sistêmica brasileira; e, ao final, (iv) definir parâmetros para o controle jurisdicional dos atos regulatórios financeiros.

Em outras palavras, há fatores relevantes que devem ser necessariamente abordados para um estudo adequado da regulação financeira sistêmica, quais sejam: (i) a atividade financeira no mundo contemporâneo é muito dinâmica, o que impõe o acompanhamento regulatório constante das inovações financeiras, das estruturas institucionais e dos incentivos criados nos mercados financeiros; (ii) a escolha de uma filosofia política capaz de fundamentar e influenciar o desenho político-institucional do país para a proteção e promoção da estabilidade financeira ao longo do tempo é essencial e a atuação institucional deve ser devidamente legitimada por razões públicas (*accountability*), o que é inerente ao estado de democracia deliberativa vivida e aprimorada no Brasil desde a Constituição brasileira de 1988; (iii) a necessidade de efetuar, adequadamente, um desenho institucional capaz de responder aos objetivos e resultados regulatórios pretendidos, observada a história e a experiência brasileira, tem impacto real no progresso econômico do país; e (iv) a importância na definição de parâmetros adequados de controle jurisdicional de atos praticados nos processos de regulação financeira sistêmica é apta a garantir uma relação equilibrada entre os Poderes, promovendo e valorizando, de forma eficiente, o diálogo e as capacidades institucionais.

Pois bem. O primeiro capítulo está destinado a apresentar as características principais e a evolução da atividade financeira na história econômica mundial, com uma abordagem especial sobre os fatores relacionados à crise do mercado imobiliário *subprime* norte-americano em 2007 e o atual estágio da regulação financeira sistêmica brasileira. Sem dúvidas, essa crise constitui um *leading case* extremamente útil ao estudo da regulação econômica, especialmente a regulação financeira sistêmica.

À evidência, a regulação financeira recai sobre o mercado financeiro, que pode ser definido, em linhas gerais, como o ambiente no qual são negociados instrumentos financeiros ou são estabelecidos vínculos de natureza financeira, cujo objeto principal é o gerenciamento de riscos e o financiamento da atividade econômica de pessoas, inclusive do Estado.

Nessa linha, é importante frisar que a regulação financeira interessa a toda a sociedade e não somente ao sistema financeiro. Em pesquisa realizada por Carmen Reinhart e Kenneth Rogoff em 66 países, constatou-se que crises financeiras também repercutem, negativamente, sobre a arrecadação tributária e no aumento sistêmico do percentual de juros cobrados a todas as pessoas e aos Estados pela perpeção mais elevada de risco.

Segundo esses pesquisadores, em média, a dívida pública aumenta em 86% nos três anos seguintes às crises bancárias e as consequências fiscais, geralmente, são muito maiores do que *"custos típicos das operações de socorro de bancos"*, com relativa similitude de efeitos para países avançados e periféricos.[62]

Nada obstante, é importante dizer que, atualmente, todas as relações econômicas contém um substrato financeiro subjacente lastreado em moeda, vale dizer, o conteúdo financeiro das relações econômicas está sujeito ao fenômeno da monetização ou monetarismo, eis que que o valor de qualquer ativo na economia pode adquirir expressão monetária ao ser oferecido no mercado, isto é, o sistema financeiro é o setor nuclear para a economia de um país porque a moeda e as finanças, de modo geral, têm a aptidão de representar o valor nominal de todos os bens sociais e através delas as relações econômicas são concretizadas.[63]

Assim, a eficiência de um sistema financeiro sólido e estável deve ser avaliada de acordo com a capacidade institucional do Estado em praticar uma gestão equilibrada e transparente da política monetária, apta a garantir, razoavelmente, o poder econômico da moeda, enquanto referência nominal do valor dos ativos econômicos.

---

[62] REINHART, Carmen M.; ROGOFF, Kenneth S. *Oito séculos de delírios financeiros*: desta vez é diferente. Trad. Afonso Celso da Cunha Senra. Rio de Janeiro: Elsevier, 2010, p. 142.
[63] Cf. WOLF, Martin. *A reconstrução do sistema financeiro global*. Trad. Afonso Celso da Cunha. Rio de Janeiro: Elsevier, 2009, p.1.

Além de uma política monetária responsável e sustentável, há o outro pilar fundamental, qual seja, a regulação financeira sistêmica propriamente dita, que se serve, principalmente, da regulação prudencial.[64] É a partir dela que os reguladores financeiros atuam no sentido de efetuar restrições de estrutura e comportamento às instituições financeiras, baseados em critérios técnicos de mensuração de risco.

A propósito, observada a história econômica mundial e a despeito da virtude do ideal de estabilidade financeira sustentável ao longo do tempo, não é de todo equivocado um certo grau de ceticismo a respeito da eficácia da regulação financeira estatal, que pode ser posta em xeque com muita facilidade.

A título ilustrativo, conforme dados extraídos por Niall Ferguson de estudo feito em 2007, baseado no produto interno bruto (PIB) e consumo desde 1870, foram identificadas 148 crises mundiais em que países sofreram um declínio cumulativo do PIB de, pelo menos, 10%, e 87 crises nas quais o consumo caiu na mesma intensidade, *"subentendendo a probabilidade de desastre financeiro de cerca de 3,6% ao ano"*.[65]

Em estudo similar do Banco Mundial realizado em 2001, foram identificadas 112 crises bancárias sistêmicas em 93 países entre o fim da década de 1970 e o final do século XX.[66] Nesse sentido, pergunta-se: será que não há nada que possa ser feito para evitar crises financeiras? A regulação financeira sistêmica sempre estará equivocada ou será surpreendida? A incerteza dos mercados financeiros é incontrolável, ou seja, faz parte da evolução capitalista? O primeiro capítulo é o início de resposta a tais questões.

O segundo capítulo, por sua vez, introduz o marco político-filosófico da presente obra que é extraído da obra *O Liberalismo Político* de John

---

[64] Em essência, a regulação financeira sistêmica divide-se em: (i) regulação prudencial e (ii) regulação de condutas. Embora ambas estejam interconectadas e sejam importantes, há uma relativa predominância da regulação prudencial no âmbito da regulação financeira sistêmica devido ao seu objeto, que consiste em impor restrições regulatórias aos agentes financeiros a fim de atenuar ou anular riscos sistêmicos, evitando, com isso, crises financeiras.

[65] FERGUSON, Niall. *A ascensão do dinheiro*: a história financeira do mundo. Trad. Cordelia Magalhães. São Paulo: Planeta do Brasil, 2009, p. 319.

[66] Cf. WOLF, Martin. *A reconstrução do sistema financeiro global*. Trad. Afonso Celso da Cunha. Rio de Janeiro: Elsevier, 2009, p. 34.

Rawls,[67] devidamente complementada pelo artigo *A ideia de razão pública revista*.[68]

Em síntese, a filosofia política liberal de John Rawls, aplicável a democracias constitucionais, permite sustentar a possibilidade de geração de consensos sobrepostos para a proteção de elementos constitucionais essenciais e questões de justiça básica, devidamente fundamentados em razões públicas. Posto isso, a tese defendida na presente obra é a de que o ideal de estabilidade financeira no longo prazo é questão de justiça básica apta a gerar um consenso sobreposto entre doutrinas abrangentes razoáveis, o que dá fundamentação ao desenho de instituições, pautadas pelo ideal de razão pública, capazes de gerir, com razoável segurança e transparência, desequilíbrios financeiros nos processos alocativos e distributivos de recursos sociais ao longo do tempo.

Ademais, também se fará uso do livro *O Direito dos Povos*[69] do mesmo autor, pela sua tentantiva de aplicação dos princípios liberais de justiça e do ideal de razão pública no âmbito internacional.

Quanto ao ponto, a intenção é ampliar o debate sobre a aplicação do liberalismo político de John Rawls nos organismos financeiros internacionais, destacando-se os Comitês instalados no âmbito do Banco de Compensações Internacionais (BIS), sobretudo o Comitê de Supervisão Bancária da Basiléia (BCBS), além do Fundo Monetário Internacional (FMI), do Conselho de Estabilidade Financeira (FSB) e do G-20. Adicionalmente, haverá a análise específica de eficácia normativa das deliberações e do *soft law* produzido por essas organizações internacionais nos ordenamentos jurídicos internos dos Estados, com ênfase na controvérsia a respeito da existência de um incipiente Direito Administrativo Global.

O terceiro capítulo está dividido em duas partes, quais sejam: (i) o desenvolvimento da ideia de razão prática regulatória, com ênfase no estudo das "falhas de mercado" e "falhas de Estado", além de considerações acerca dos limites e possibilidades da regulação pública não estatal ou autorregulação

---

[67] RAWLS, John. *O liberalismo político*. Trad. Álvaro de Vita. São Paulo: WMF Martins Fontes, 2011.
[68] RAWLS, John. A ideia de razão pública revista. In: RAWLS, John. *O direito dos povos*. São Paulo: Martins Fontes, 2004.
[69] RAWLS, John. *O direito dos povos*. São Paulo: Martins Fontes, 2004.

financeira,[70] com vistas à defesa de projetos institucionais voltados à melhor regulação possível (*better regulation*) segundo a perspectiva de análise de custo-benefício; e (ii) um estudo específico sobre o desenho institucional da regulação financeira sistêmica brasileira, em que são explicitados os fundamentos de legitimidade constitucional na concessão de autonomia reforçada e de poder normativo às autoridades regulatórias financeiras, com uma análise descritiva e propositiva de aprimoramento do atual desenho institucional, com maior enfoque no Conselho Monetário Nacional e no Banco Central do Brasil.[71]

Por fim, o último capítulo pretende, principalmente, definir parâmetros de controle jurisdicional da atuação regulatória financeira sistêmica. A propósito, os marcos analíticos apresentados estão definidos de modo a considerar a Constituição brasileira de 1988 e o processo de redemocratização a ela correlato como marco histórico.[72]

Por sua vez, a ascensão do ideal de democracia deliberativa, fundado na filosofia política, na racionalidade dialógica (com ênfase no processo de argumentação jurídica) e na máxima da proporcionalidade dos atos regulatórios,[73] [74] estará disposto como marco filosófico.[75]

---

[70] Conforme será ressaltado, a esfera pública, que é deliberativa e tem por objeto necessidades coletivas ou intersubjetivas, não se confunde, necessariamente, com a esfera estatal, ou seja, o espectro da democracia deliberativa extravaza os limites de atuação estatal propriamente dita, daí a legitimidade da regulação pública não estatal ou autorregulação em determinadas circunstâncias.

[71] Essa assertiva é importante porque o protagonismo sistêmico de atuação regulatória tem sido exercido pelo Conselho Monetário Nacional e Banco Central do Brasil, o que não constituirá fator impeditivo de análise dos demais órgãos e entes que compõem o Sistema Financeiro Nacional (SFN). Ademais, é incontestável que os riscos à estabilidade financeira sistêmica concentram-se no sistema bancário, sobretudo nos conglomerados bancários (bancos múltiplos), que podem agregar, por exemplo, instituições bancárias, fundos de investimento, fundos de previdência complementar, seguradoras, etc.

[72] BARROSO, Luís Roberto. *Curso de Direito Constitucional Contemporâneo:* Os conceitos fundamentais e a construção do novo modelo. 1. ed., São Paulo: Editora Saraiva, 2009, p. 245.

[73] Segundo Robert Alexy, a proporcionalidade possui laços estreitos com a eficácia essencial dos direitos fundamentais. Devido à natureza axiológico-normativa dos princípios, extraídos de preceitos de direitos fundamentais, a máxima da proporcionalidade surge como elemento essencial de conexão normativa necessário à integridade do sistema de princípios, o que repercute na interpretação e aplicação da Constituição. V. ALEXY, Robert. *Teoria dos Direitos Fundamentais*. Tradução de Virgílio Afonso da Silva. São Paulo, Malheiros, 2008, p. 116.

[74] A noção de razoabilidade não será utilizada na presente obra. Nesse sentido, importa consignar que há controvérsia doutrinária e jurisprudencial notória acerca da natureza jurídica da

INTRODUÇÃO

Por derradeiro, o marco teórico[76] é a força normativa da Constituição, cuja compreensão exige considerações sobre interpretação constitucional e capacidades institucionais, em conformidade com uma concepção dinâmica de separação de poderes fundada em diálogos constitucionais que fundamentará a formulação de um conjunto de parâmetros aplicáveis ao controle jurisdicional de atos e processos regulatórios financeiros, os quais serão testados em seis grupos de precedentes, julgados, principalmente, pelo Supremo Tribunal Federal.

---

proporcionalidade e da razoabilidade. Quanto ao ponto, sabe-se também que a razoabilidade deriva da doutrina do devido processo legal substantivo, construída no âmbito jurisprudencial norte-americano, e a proporcionalidade advém da jurisprudência do Tribunal Federal Constitucional alemão, ou seja, há origens jurídicas distintas. No entanto, há autores, dentre os quais se destaca Luís Roberto Barroso, que tratam a razoabilidade ou proporcionalidade como princípios de natureza semelhante, haja vista a inexistência de diferenciação ontológica significativa claramente aferível e em razão do exame de precedentes do Supremo Tribunal Federal ao lidar com ambos os aludidos princípios de forma idêntica, cf. BARROSO, Luís Roberto. *Curso de Direito Constitucional Contemporâneo: Os conceitos fundamentais e a construção do novo modelo*. 1. ed., São Paulo: Editora Saraiva, 2009, p. 255. Sendo assim, por se entender que a distinção terminológica e a categorização normativa da razoabilidade ou proporcionalidade (se regra, princípio ou postulado normativo) não são questões metodológicas e práticas importantes, o presente trabalho adotará a "máxima da proporcionalidade" ou, simplesmente, proporcionalidade, como expressão designativa do propósito de afirmar o dever estatal de legitimação adequada de suas decisões sob o ponto de vista substancial, a partir do manejo prático dos três sub-vetores da adequação, necessidade e proporcionalidade em sentido estrito, o que vai ao encontro da sugestão de Virgílio Afonso da Silva, em "Nota do Tradutor", à obra *Teoria dos Direitos Fundamentais* de Robert Alexy. Para isso, v. ALEXY, Robert. *Teoria dos Direitos Fundamentais*. Tradução de Virgílio Afonso da Silva. São Paulo, Malheiros, 2008, p. 10.

[75] BARROSO, Luís Roberto. *Op. Cit.*, p. 249.
[76] BARROSO, Luís Roberto. *Op. Cit.*, p. 262.

CAPÍTULO 1 – A ATIVIDADE FINANCEIRA COMO ELA É: DOS PRIMÓRDIOS AO CENÁRIO CONJUNTURAL MUNDIAL PÓS-CRISE SUBPRIME NORTE-AMERICANA

O mercado financeiro, em uma concepção simplificada, pode ser definido como o *locus* no qual os agentes econômicos realizam contratos, através de intermediários, com o objetivo de concretizar relações econômicas com substrato financeiro.

Sendo assim, via de regra, no mercado financeiro, os agentes superavitários poupadores (captadores) ofertam recursos a agentes deficitários tomadores de recursos para investimento ou consumo (demanda), com a promessa de pagamento de contrapartida financeira remuneratória, que deve, em tese, compensar a disponibilização imediata do recurso oferecido e o risco de inadimplemento assumido, utilizando-se de intermediários financeiros nos mercados mais organizados, os quais, à evidência, exigem alguma remuneração pelo serviço financeiro prestado.

Portanto, do ponto de vista subjetivo, a relação financeira básica é composta de três agentes econômicos: (i) o tomador, que necessita de recursos para fazer investimentos e consumir e, por isso, assume uma dívida; (ii) o captador, que disponibiliza recursos poupados aos tomadores com a promessa de pagamento de remuneração cuja taxa de retorno deve levar em consideração o preço da perda imediata de disponibilidade dos recursos emprestados bem como a capacidade de pagamento do tomador, enquanto atitude de gestão de risco;

e (iii) o intermediário financeiro, que presta o serviço de intermediação da operação financeira.

Quanto ao intermediário financeiro, as instituições financeiras bancárias ou bancos comerciais ou, simplesmente, bancos, são o exemplo mais conhecido de intermediário financeiro, pois, além de exercer a atividade de intermediação propriamente dita, é a instituição social, por excelência, capaz de agregar captadores e tomadores para o fim de viabilizar o estabelecimento de relações financeiras entre pessoas, auferindo, com isso, lucros resultantes do serviço financeiro de intermediação.[77]

A propósito, a integridade do sistema bancário cumpre uma função social de extrema relevância para o funcionamento adequado da economia de um país, notadamente como intermediador dos recursos financeiros necessários ao crescimento e desenvolvimento econômico, sobretudo mediante a concessão de crédito aos agentes econômicos.

Nada obstante, sob uma perspectiva fundada na eficiência, o sistema bancário, devidamente operacionalizado através do mercado, funciona como intermediário especializado de recursos com vistas a prover instrumentos financeiros e facilitar pagamentos no âmbito econômico, do que resulta na redução de custos e no estímulo à ampliação das relações entre os agentes econômicos, além de ser possível supor que a especialização das instituições financeiras bancárias tende a melhorar a gestão de riscos existentes na atividade de intermediação de recursos, especialmente para a concessão de crédito, o que proporciona ganhos de eficiência sistêmica para o financiamento da produção e do consumo de bens e serviços.[78]

---

[77] Os bancos são a espinha dorsal de qualquer sistema financeiro no mundo e, atualmente, a noção contemporânea de "banco" se expande para abranger as atividades financeiras dos grandes conglomerados bancários. Mesmo assim, pode-se dizer que *"os bancos ainda são o núcleo das atividades financeiras"* (WOLF, Martin. *A reconstrução do sistema financeiro global*. Trad. Afonso Celso da Cunha. Rio de Janeiro: Elsevier, 2009, p. 17).

[78] A propósito da função das finanças, destaca Martin Wolf, *in verbis*: *"As finanças permitem que as pessoas constituam empresas com o dinheiro de outras pessoas, participem do lucro das ideias de outras pessoas, distribuam a riqueza ao longo de toda a vida e façam o seguro da própria vida e de suas propriedades. As finanças conferem aos indivíduos liberdade e segurança e proporcionam às economias dinamismo e flexibilidade. No nível mais básico, as finanças fornecem mecanismos para a transferência de recursos de quem tem, mas não sabe usá-las com produtividade, para quem não tem, mas sabe usá--las com produtividade. Ideias sem financiamento são estéreis"* (WOLF, Martin. *A reconstrução do sistema financeiro global*. Trad. Afonso Celso da Cunha. Rio de Janeiro: Elsevier, 2009, p. 11).

CAPÍTULO 1 – A ATIVIDADE FINANCEIRA COMO ELA É

Por fim, o sistema bancário tem a importante facilidade estrutural de desenvolver instrumentos de crédito sem incorrer em despesas substanciais, além de não estar sujeito a limitações físicas para o oferecimento do crédito.[79]

Logo, a lógica geral dos mercados financeiros está centrada na relação financeira básica e se expande, hoje, para incluir a oferta de diversos instrumentos, produtos e serviços financeiros criados através de inovações financeiras, aptos permitir uma gestão financeira de riscos de ativos mais eficiente, que não se adequam, exatamente, no esquema básico de relação financeira acima descrito.[80]

Paralelamente, atrelado à dinâmica dos mercados financeiros, há um componente indispensável destinado a servir de padrão de referência nas transações financeiras entre as pessoas: a moeda.

A moeda é o lastro financeiro representativo do valor nominal do objeto de qualquer relação econômica entre pessoas, isto é, a concretização das relações econômicas está sujeita ao fenômeno da monetização ou monetarismo, que possibilita a mensuração e comparabilidade do valor dos ativos – ou bens sociais –, a fim de viabilizar as relações econômicas interpessoais de troca.

No mesmo sentido: STIGLITZ, Joseph E. *O mundo em queda livre*: Os Estados Unidos, o mercado livre e o naufrágio da economia mundial. Trad. José Viegas Filho. São Paulo: Companhia das Letras, 2010, p. 41.

[79] Maria Cristina Penido de Freitas traça algumas características do sistema bancário que o diferencia dos demais setores da atividade econômica. Dentre as características apontadas, cabe destacar, além da instabilidade intrínseca própria da atividade bancária e da natureza distinta dos lucros gerados (a rigor, bancos obtêm lucros sem produzir nada fisicamente), a circunstância de que os principais produtos e serviços oferecidos por instituições financeiras bancárias, em regra, não estão sujeitos a patentes ou a limitações físicas, tais como, por exemplo, custos tangíveis e limites de capacidade operacional para a concessão de crédito. Portanto, o sistema bancário não incorre em despesas substanciais para a expansão da oferta de crédito propriamente dito ou novos instrumentos de crédito, cf. FREITAS, Maria Cristina Penido de. *Racionalidade da Regulamentação e Supervisão Bancária*: Uma interpretação Heterodoxa. In: SOBREIRA, Rogério (Org.). *Regulação Financeira e Bancária*. São Paulo: Atlas, 2005, p. 27.

[80] A definição básica de relação financeira não inclui a noção de "inovações financeiras", tais como, por exemplo, os instrumentos, produtos e serviços oferecidos no mercado de securitização de ativos financeiros e o de derivativos. Conforme Robert Shiller, a expressão "inovações financeiras" era muito pouco usado até fins das décadas de 1970 e 1980 (v. SHILLER. Robert. *Finanças para uma boa sociedade*: como o capitalismo financeiro pode contribuir para um mundo mais justo. Trad. Afonso Celso da Cunha Serra. Rio de Janeiro: Elsevier, 2012, p. 13). As características desses mercados serão expostas ao longo do capítulo.

Com isso, evidencia-se que a relação financeira básica (tomador, captador e banco) serve-se do elemento monetário, cujo valor pode estar vinculado a um outro ativo socialmente valorizado, haja vista, por exemplo, a utilização do ouro como padrão financeiro de lastro ou conversibilidade ao longo da história econômica mundial.

Atualmente, quanto ao elemento monetário, o valor da moeda varia conforme a credibilidade ou a confiança depositada na capacidade financeira do seu emissor – leia-se, do Estado emissor[81] –, ou seja, o valor intrínseco da moeda está ligado, diretamente, à expectativa dos mercados financeiros a respeito da manutenção do conteúdo financeiro da obrigação assumida monetariamente. Em nível internacional, essa é a realidade contemporânea após a extinção do uso do padrão ouro-dólar com o fim do Acordo de *Bretton Woods*, em 1971.[82]

Portanto, a relação financeira básica interage, necessariamente, com o emissor da moeda que servirá de base ou lastro à relação financeira. Nesse sentido, surge daí um dos problemas centrais de estabilidade financeira – talvez o maior de todos –, que consiste na tensão entre o Estado que emite moeda ("Estado monetário") e o "Estado fiscal-orçamentário", que atua essencialmente quando se altera a carga tributária ou são emitidos títulos de

---

[81] Conforme será enfatizado, a regra básica é o monopólio estatal de emissão de moeda exercido por um Banco Central, embora se saiba da ocorrência de algumas experiências históricas de emissão privada de moeda. Sem embargo, por exemplo, é interessante notar a existência de experiências paralelas ao monopólio estatal de emissão de moeda, tal como a experiência de emissão de moedas sociais, lastreadas em moedas nacionais. No Brasil, o Banco Central do Brasil reconhece moedas sociais como complementares ao real, desde que o banco comunitário possua um real em caixa para cada moeda social emitida. A propósito, os bancos comunitários brasileiros já criaram, pelo menos, 81 moedas alternativas ao real, segundo a Secretaria Nacional de Economia Solidária (SENAE) do Ministério do Trabalho e Emprego (MTE), conforme a matéria veiculada no sítio eletrônico da UOL, em 04 de junho de 2012, cujo título é: "Brasil tem 81 moedas além do real; veja algumas delas". Disponível em: http://economia.uol.com.br/ultimas-noticias/redacao/2012/06/04/brasil-tem-81-moedas--alem-do-real-veja-algumas-delas.jhtm. Acesso em 01.09.2014. Importante citar, também, a experiência do Euro, enquanto moeda única emitida pelo Banco Central Europeu (BCE), cuja aderência se deu em caráter facultativo à época, que abrange quase todos os países integrantes da União Europeia.

[82] Considerações sobre o acordo de *Bretton Woods* serão feitas a seguir, mas o importante é saber, por ora, que os Estados Unidos da América, no governo Nixon, suspenderam a conversibilidade do dólar norte-americano em ouro, o que ia de encontro ao que preconizava o referido acordo.

dívida pública interna ou externa (política de endividamento público),[83] cuja superação só é possível pela adoção de uma política monetária razoavelmente justa e sustentável,[84] a fim de atenuar ou anular efeitos de *senhoriagem*.[85]

Adicionalmente, é importante fazer alusão à existência do fenômeno de criação de moeda escritural pelo multiplicador bancário,[86] enquanto inovação financeira[87] importante e socialmente útil ao mercado financeiro que impõe, em contrapartida, prudência na gestão de riscos pelos bancos, de modo a

---

[83] Em relação ao ponto, é notório que pretensões estatais de financiamento público através do aumento de carga tributária (tributação) são impopulares e, por isso, há uma tendência estatal forte a preferir o financiamento público através da emissão de títulos públicos de dívida no mercado interno ou internacional. No entanto, conforme enfatiza Gustavo Franco, *"a dívida pública hoje é o imposto de amanhã, e não há como escapar disso se vamos lutar numa guerra ou migrar para um nível mais elevado de gasto público"* (FRANCO, Gustavo. *As leis secretas da economia*: revisitando Roberto Campos e as leis do Kafka. Rio de Janeiro: Zahar, 2012, p. 142).

[84] A estabilidade monetária como questão de justiça básica será tratada no capítulo seguinte.

[85] O termo "senhoriagem", "imposto inflacionário" ou "inflação fiscal" representa, em linhas gerais, o fenômeno de "financiamento indireto" do Estado que ocorre quando há a emissão excessiva de moeda na economia, com efeitos mais intensos sobre as pessoas menos favorecidas. Quanto ao tema, a opinião de Niall Ferguson é extremamente relevante, *in verbis*: *"A emissão de moeda visando a provocar uma subida inesperada no nível de preços opera em muitos sentidos como instrumento fiscal. Em primeiro lugar, ela permite ao governo trocar papéis (ou seus equivalentes eletrônicos) intrinsecamente destituídos de valor por bens e serviços reais. O setor privado paga a transferência real, ou 'senhoriagem', ao governo com o declínio do valor real dos seus saldos monetários provocado pela inflação gerada pela política. Em segundo lugar, fazer os preços 'imprimindo' dinheiro reduz o valor real de salários, de transferências e resgate da dívida oficial paga pelo governo sem indexação. A inflação simplesmente reduz o valor real da dívida do governo, posto que denominada na moeda local. Em terceiro lugar, a inflação permite ao governo taxar a população em faixas mais elevadas de impostos. Historicamente, é assim que a maioria dos Estados tem enfrentado os grandes desequilíbrios fiscais. O 'imposto da inflação' cobrado dos que têm dinheiro e ativos financeiros não foi invenção do século XX, muito embora tenha sido usado nesse século de modo mais generalizado e cruel"* (FERGUSON, Niall. *A lógica do dinheiro*. Trad. Maria Teresa Machado. Rio de Janeiro: Record, 2007, p. 180).

[86] O fenômeno da criação de moeda escritural será explicado a seguir.

[87] O processo de desenvolvimento da intermediação financeira é viabilizado pelas inovações financeiras, atreladas, em maior ou menor grau, a um ativo ou moeda. Inovações financeiras podem atender a diversas necessidades, tais como: (i) a transferência de riscos, (ii) o aperfeiçoamento de condições de liquidez e negociabilidade ou (iii) o incremento de acesso a serviços financeiros. Conforme Otávio Yazbek, *"a inovação financeira consiste na criação de instrumentos ou estratégias, alterando padrões vigentes, apresentando soluções, e, consequentemente, gerando resultados distintos daqueles que se esperaria originariamente. Por outro lado, a frequência dessas inovações e a sua intensidade estão relacionadas ao peso das atividades financeiras, à configuração do mercado, ao papel dos intermediários e ao arcabouço institucional existentes"* (YAZBEK, Otávio. *Regulação do mercado financeiro e de capitais*. 2. ed. Rio de Janeiro: Elsevier, 2009, p. 57).

que riscos financeiros[88] não comprometam, excessivamente, a sua situação jurídica patrimonial-contábil de solvência e/ou a do sistema como um todo, com potencialidades de contágio e/ou propagação dos riscos sistêmicos.[89]

Quanto ao ponto, há dois aspectos importantes mutuamente interligados, relativos à estrutura empresarial financeira e um pouco mais próximos do âmbito microeconômico,[90] quais sejam: (i) a liquidez e (ii) a solvência das instituições financeiras.

Quanto à liquidez, partindo-se da relação financeiro básica, é importante ressaltar que os bancos possuem uma estrutura patrimonial-contábil própria, afetada pelo descasamento temporal de liquidez financeira existente entre ativos e passivos constantes dos seus balanços, o que afeta a exigibilidade das obrigações contraídas no tempo de forma assimétrica, além do fato da criação de moeda escritural, que resulta em responsabilidades financeiras superiores às reservas financeiras efetivas dos bancos.

Em outras palavras, ao mesmo tempo, os bancos, que se utilizam do multiplicador bancário, detêm, além do capital próprio, créditos de longo prazo no seu ativo, exigíveis no vencimento, e passivos de curto prazo exigíveis de imediato – depósitos à vista são o exemplo principal –, o que pode gerar situações críticas de iliquidez em circunstâncias de maior instabilidade

---

[88] Conforme Rachel Sztajn, o sistema financeiro é afetado pelos seguintes riscos: (i) risco de crédito, ligado à falta de pagamento, total ou parcial, dos credores pelos devedores; (ii) risco de contraparte, ou risco de liquidação de obrigações, sobretudo quanto à possibilidade de a outra parte se tornar insolvente; (iii) risco monetário, que representa a possibilidade de perda do poder de compra da moeda; (iv) risco de mercado, que representa os impactos de mudanças de preços nos fluxos de mercado; (v) risco de liquidez, ligado ao equilíbrio do fluxo financeiro para atender aos vencimentos das obrigações exigíveis; (vi) risco operacional, ou de empresa, quando os resultados são insuficientes para compensar custos, despesas e remunerar o capital; e (vii) risco sistêmico, quando há contaminação sistêmica. V. SZTAJN, Rachel. *Sistema Financeiro*: entre estabilidade e risco. Rio de Janeiro: Elsevier, 2011, p. 66.

[89] Há riscos sistêmicos nos mercados financeiros porque as instituições financeiras mantêm diversos relacionamentos financeiros mútuos, diretos e indiretos, em diversos segmentos específicos do mercado, de modo que a confiança entre elas é elemento essencial para o adequado funcionamento social do sistema e qualquer ruptura mais intensa pode gerar consequências multidimensionais relativamente imprevisíveis.

[90] Retrações de liquidez também podem ocorrer no âmbito macroeconômico – essencialmente no mercado de câmbio – e são resolvidas, via de regra, pela oferta de moeda estrangeira pelos Bancos Centrais nacionais, com eventual assistência multilateral através de organismos financeiros internacionais.

econômica, tendencialmente agravadas por retrações sistêmicas de liquidez no mercado interbancário, o que, em última instância, pode levar o banco a recorrer a mecanismos institucionais de assistência à liquidez[91] ou se sujeitar a "corridas bancárias".[92]

Quanto à solvência dos bancos, além de fatores gerais relacionados à má gestão empresarial, há dois elementos fundamentais desencadeadores de situações críticas, a saber: (i) a alavancagem financeira excessiva e (ii) a concentração relativamente alta de créditos de baixa qualidade no ativo dos bancos.

A propósito, o nível de alavancagem é definido pela proporção em que a instituição financeira assume posições em ativos financeiros no mercado em comparação com o seu capital próprio disponível, o que gera riscos proporcionais que se espera sejam compensados, haja vista a expectativa de taxas de retorno correspondentes relativamente maiores.

No entanto, se o banco estiver excessivamente alavancado e as expectativas não se efetivam, os riscos de insolvência aumentam em razão da desproporção significativa das perdas financeiras obtidas em relação ao patrimônio da instituição bancária.

---

[91] A função de prestamista de última instância é uma das funções típicas atribuídas aos Bancos Centrais, conforme será explicado a seguir, no momento oportuno.

[92] "Corridas bancárias" são caracterizadas quando há um fluxo anormal e intenso de demandas por resgates imediatos de créditos (depósitos à vista) pelos clientes de instituições financeiras, o que afeta a situação financeira-patrimonial de cada instituição afetada. Em razão disso, haverá uma pressão para que obrigações sejam liquidadas de forma antecipada e imprevista, o que poderá repercutir, em algum grau, na solvência dessa instituição, já que liquidações não planejadas de operações financeiras carregam, quase sempre, deságio no preço de venda. Não obstante, corridas bancárias podem ser evitadas por uma adequada regulação prudencial e desincentivadas por sistemas de seguros de depósitos, tal como o FGC no Brasil. Em relação ao tema, pertinentes são as considerações de Robert Shiller, *in verbis*: "*O sistema geralmente corresponde às expectativas, embora seja vulnerável a acessos de pânico ou a corridas bancárias: se os depositantes começam a desconfiar dos bancos, muitos dos clientes podem pedir o resgate de seus depósitos, ao mesmo tempo, esgotando a disponibilidade de fundos líquidos pelo banco. Mesmo nessas condições, e ainda que não haja garantia de depósitos, se o governo permitir que o banco suspenda a liquidez temporariamente, os depositantes, com toda a probabilidade, acabarão recebendo de volta a totalidade ou grande parte de seus depósitos, à medida que o banco converte parte de seus ativos ilíquidos em dinheiro*" (SHILLER. Robert. *Finanças para uma boa sociedade*: como o capitalismo financeiro pode contribuir para um mundo mais justo. Trad. Afonso Celso da Cunha Serra. Rio de Janeiro: Elsevier, 2012, p. 41).

Nada obstante, a alta concentração de créditos de baixa qualidade existentes nos ativos dos bancos está ligada, principalmente, a falhas de gestão financeira de riscos creditórios, o que dificulta a recuperação integral e imediata do crédito caso haja inadimplementos dos devedores, além de impactar a capacidade institucional de concessão de crédito.

É evidente que, em regra, o inadimplemento isolado de um devedor não causa impactos significativos, mas inadimplementos sistêmicos sim, máxime em situações de crise, nas quais as falhas pretéritas de gestão financeira de riscos de crédito, atreladas, por exemplo: (i) a processos imperfeitos de formação de preços ("bolhas"), (ii) à concessão de crédito a pessoas com pouco patrimônio ou histórico negativo no mercado, (iii) à atuação concentrada em mercados marginais de crédito ou (iv) a garantias colaterias contratuais ilíquidas ou superestimadas, passam a conviver com os riscos de mercado,[93] onde os preços e a liquidez dos ativos, normalmente, diminuem, dificultando, como fator adicional, a recuperação patrimonial imediata e integral dos bancos com carteiras ruins de crédito. Esse é um cenário típico, diga-se de passagem, que a regulação financeira prudencial pretende evitar.

Posto isso, mostra-se importante descrever, com detalhes, o processo evolutivo que culminou no sistema financeiro global hoje existente. A despeito de sua importância na história econômica mundial, ainda se percebe uma intensa falta de compreensão acerca da funcionalidade do sistema financeiro na vida concreta das pessoas, muito embora seja claro que o consumo e o investimento precisam de financiamento econômico e de instrumentos financeiros de gerenciamento de riscos, sendo ambos viabilizados pelo sistema financeiro.

Além disso, nas últimas décadas, o mundo assistiu a dois processos evolutivos de extrema relevância, a saber: (i) um processo intenso de criação de novos instrumentos financeiros (inovações financeiras) e surgimento de novos tipos de mercados financeiros, dentro de um contexto político e econômico favorável à desregulação financeira, o que adicionou, em demasia, complexidade técnica à regulação financeira dos mercados; e (ii) a formação, interação e expansão de mercados financeiros em nível global, sem que houvesse, paralelamente, o estabelecimento de consensos internacionais relativamente

---

[93] Os riscos de mercado estão ligados, principalmente, à necessidade de liquidação imediata e não planejada de ativos financeiros com algum desconto.

mais amplos sobre qual é, afinal, a estrutura regulatória adequada aplicável aos mercados financeiros nacionais e internacionais.

Em suma, o foco de presente capítulo é explicar por que a atividade financeira é tão relevante à sociedade, descrever os aspectos funcionais envolvidos na atividade de intermediação financeira realizada, principalmente, por bancos, sem prejuízo da existência da moeda, enquanto padrão financeiro de reciprocidade utilizado na atuação dos agentes econômicos no mercado.

Em seguida, examina-se, dentro do contexto histórico de ascensão definitiva do capitalismo, o processo de constituição dos primeiros Bancos Centrais no mundo e o desenho político-institucional de suas funções típicas, conjuntamente ao surgimento do papel-moeda e da moeda escritural no âmbito do sistema bancário tradicional, assim como a descrição do início do processo de regulação bancária. Nada obstante, apresenta-se a expansão do sistema financeiro global ocorrida após a Segunda Guerra Mundial, com destaque para o processo de internacionalização da atividade financeira iniciado em meados da década de 1960 e 1970 do século passado.

Em especial, realiza-se uma análise das circunstâncias relativas à última crise mundial, iniciada em 2007, causada pelo colapso do mercado imobiliário norte-americano *subprime*, que consistirá em estudo de caso importante aos próximos capítulos, a fim de demonstrar como fatores sociais da natureza política, econômica, comportamental e técnica, que interagem mutuamente, podem gerar crises financeiras e, por isso, devem ser considerados na formulação de políticas regulatórias para o setor.

Por fim, são descritos os principais progressos regulatórios efetuados pelo Brasil nos últimos anos, a fim de apresentar as principais medidas regulatórias concretas que contribuíram para o sucesso do país na execução da regulação financeira sistêmica até hoje.

1.1 – Os bancos nos primórdios da História e o surgimento da moeda

A despeito de alguma divergência histórica, pode-se afirmar, conforme ampla doutrina, que os bancos,[94] intermediários financeiros por excelência, surgem em concomitância com a própria moeda,[95] sendo percebidos na história econômica desde os Fenícios, assim como na Grécia Antiga e entre os Romanos.[96]

---

[94] Quanto ao surgimento da expressão "banco", a versão histórica mais difundida é a de que foi criada, por volta do século XV, como derivação de *banca*, do italiano antigo, conforme explicado por Robert Shiller, *in verbis*: "*A atual metáfora de banco é um cofre ou caixa-forte para o armazenamento de ouro ou dinheiro. O tropo se arraigou de tal maneira em nossa mentalidade que ainda se vê o banco como instituição que, pela própria natureza, oferece opção de investimento segura e prática. Na realidade, a moderna palavra banco deriva não de cofre ou caixa-forte, mas, por volta do século XV, de banca, do italiano antigo, que se referia às mesas onde os banqueiros contavam o dinheiro na frente de seus clientes*" (SHILLER. Robert. *Finanças para uma boa sociedade*: como o capitalismo financeiro pode contribuir para um mundo mais justo. Trad. Afonso Celso da Cunha Serra. Rio de Janeiro: Elsevier, 2012, p. 39).

[95] Conforme frisado por Paul Krugman, a suposição acerca do surgimento simultâneo dos bancos e da moeda é extraída, provavelmente, da atividade dos ourives, cujo negócio de fazer joias se expande, historicamente, no sentido do desenvolvimento de locais para a custódia de moedas metálicas e, em seguida, do empréstimo dessas moedas custodiadas a terceiros. V. KRUGMAN, Paul. *A crise de 2008 e a economia da depressão*. Trad. Afonso Celso da Cunha Serra. Rio de Janeiro, Elsevier, 2009, p. 161-162. Segundo enfatiza Robert Shiller, deixar o ouro em custódia com "emprestadores de dinheiro" é costume presente desde a Antiguidade e vale consignar o registro histórico de que "*na velha Roma, esses estabelecimentos eram denominados tabernae argentariae (lojas de dinheiro). Pagavam juros sobre os depósitos e lucravam cobrando juros mais altos sobre os empréstimos. Cerca de sete exemplos de tabernae argentariae, pouco mais que pequenas lojas de frente para a rua, foram encontradas, ainda com algumas moedas, perto do Panteão, nas ruínas de Pompeia*" (SHILLER. Robert. *Finanças para uma boa sociedade*: como o capitalismo financeiro pode contribuir para um mundo mais justo. Trad. Afonso Celso da Cunha Serra. Rio de Janeiro: Elsevier, 2012, p. 40).

[96] V. CARVALHO, Luís Paulo Figueiredo de. *Os Sistemas de Supervisão Prudencial na União Européia*. Coimbra: Almedina, 2003, p. 17. Fábio Nusdeo, de igual modo, enfatiza que a moeda surge na Pré-História. V. NUSDEO, Fábio. *Curso de Economia*: Introdução ao Direito Econômico. 6. ed. São Paulo: RT, 2011, p. 50. Quanto à cunhagem de moedas, Rachel Sztajn afirma o seguinte, *in verbis*: "*Moedas cunhadas parecem ser fenômeno de origem grega, país em que algumas cidades as adotam no século VII a.C., de onde se espalham para a Sicília e para o sul da Itália. Com as conquistas de Alexandre Magno, há notícia de moedas na Ásia central e no norte da Índia, bem como entre celtas e ibéricos. Na China adotou-se, originalmente, moedas como conchas e miniaturas de espadas e facas feitas de bronze. Nos dois casos, a função era a mesma, diferindo os metais empregados, prata e ouro no ocidente e bronze no oriente*" (SZTAJN, Rachel. *Sistema Financeiro*: entre estabilidade e risco. Rio de Janeiro: Elsevier, 2011, p. 14). Sobre o tema, v. FERGUSON, Niall. *A lógica do dinheiro*. Trad. Maria Teresa Machado. Rio de Janeiro: Record, 2007, p. 180.

CAPÍTULO 1 - A ATIVIDADE FINANCEIRA COMO ELA É

A propósito, desde a sua origem, a atividade financeira exercida por banqueiros é uma atividade extremamente controversa sob o ponto de vista moral.[97] Dentre diversas manifestações de reprovação moral, pode-se trazer, a título exemplificativo, o cenário contextual europeu durante a Idade Média, face à proibição da usura pela Igreja Católica.

Conceder crédito a terceiros era pecado grave no mundo cristão-ocidental, tanto que os usurários – pessoas que emprestavam dinheiro a juros – foram excomungados pelo III Concílio de Latrão, em 1179, e, em seguida, considerados hereges pelo Concílio de Viena, em 1312.[98]

Não obstante, tal reprovação moral a respeito dos intermediários financeiros na Idade Média era relativamente hipócrita,[99] eis que os agentes econômicos recorriam, frequentemente, a empréstimos para atender suas necessidades econômicas.

Em outras palavras, embora a moral cristã predominante não respaldasse a necessária atividade econômica de concessão de crédito face o desenvolvimento significativo das relações produtivas e comerciais do emergente sistema capitalista,[100] a atividade financeira, à evidência, já se mostrava essencial à expansão das atividades econômicas.

---

[97] A propósito da questão, Niall Ferguson traz os seguintes comentários, *in verbis*: "*A noção de que é o dinheiro que faz o mundo girar – como canta o mestre-de-cerimônias no musical Cabaret – é uma idéia antiga, mas de uma resistência extraordinária. Está lá na Bíblia, tanto no Velho – "... e o dinheiro responde a tudo" (Eclesiastes 10: 19) – quanto no Novo Testamento – "Porque a raiz de todos os males é o amor ao dinheiro" (I Timóteo, 6: 10). O pecado da avareza foi, sem dúvida, condenado pela lei de Moisés. Mas, na doutrina cristã, como sugere o segundo aforismo, até a costumeira motivação pecuniária é condenada. Parte do apelo revolucionário dos ensinamentos de Cristo estava na perspectiva de que os ricos estariam excluídos do Reino dos Céus: era mais fácil 'o camelo entrar pelo buraco da agulha do que o rico entrar no Reino de Deus' (Mateus 19: 24)*" (FERGUSON, Niall. *A lógica do dinheiro*. Trad. Maria Teresa Machado. Rio de Janeiro: Record, 2007, p. 21).

[98] FERGUSON, Niall. *A ascensão do dinheiro*: a história financeira do mundo. Trad. Cordelia Magalhães. São Paulo: Planeta do Brasil, 2009, p. 38.

[99] Diz-se relativamente hipócrita porque não se pode esquecer da existência – manifestamente reprovável sob o ponto de vista moral – dos agiotas, que atuam em mercados marginais e informais de crédito mediante empréstimo de dinheiro a juros extorsivos, com o uso de meios escusos e/ou violentos para a cobrança e recuperação dos créditos.

[100] Digna de nota é a aceitação moral, à época, dos serviços financeiros no mercado cambial (que não eram gratuitos) porque não envolviam a cobrança de juros. À evidência, tais serviços, assim como os empréstimos, eram essenciais ao desenvolvimento eficaz das relações econômicas e dos pagamentos pertinentes ao comércio exterior de mercadorias. A respeito da atuação dos Medici no mercado cambial italiano na época, v. FERGUSON, Niall. *A ascensão*

A propósito, digno de realce era a utilização da moral cristã como justificativa para o inadimplemento de obrigações financeiras contraídas, além de movimentos de expropriação de direitos creditórios em relação aos principais intermediários financeiros à época, especialmente os judeus, que constituem, historicamente, uma minoria étnica impopular.[101]

De todo modo, antes do advento dos bancos modernos no século XVII, já se percebia a importância econômica das atividades financeiras e da moeda para o progresso econômico, principalmente por permitir a constituição eficaz de relações de produção e consumo de bens e serviços ou circulação financeira de ativos na economia.

Não se pode perder de vista que a atividade financeira, com ênfase na concessão de crédito, é uma conquista civilizatória do homem no sistema capitalista, capaz de propiciar o consumo de agentes sem recursos econômicos imediatos e, ao mesmo tempo, remunerar, adequadamente, o agente que se dispõe a abrir mão de sua renda imediata (poupança) em troca de uma contrapartida financeira previamente estabelecida entre as partes através dos juros. Os juros, ou taxa de juros, nada mais são do que o preço do acesso imediato à moeda no sistema financeiro.

No que diz respeito à moeda,[102] a sua importância para o funcionamento dos mercados é percebida desde a Antiguidade clássica.

Aristóteles, ao tratar da reciprocidade no Livro V de Ética a Nicômaco, exalta o papel da moeda como meio justo e eficiente de troca nas relações econômicas, porque permite a comparabilidade do valor dos bens no mercado segundo um padrão único,[103] tornando-os comensurá-

---

do dinheiro: a história financeira do mundo. Trad. Cordelia Magalhães. São Paulo: Planeta do Brasil, 2009, p. 44-48.
[101] FERGUSON, Niall. *Op. Cit.*, p. 39-41. Note-se que, até mesmo entre judeus, os axiomas religiosos determinavam a proibição da usura, mas havia uma exceção, prevista em cláusula do livro do Deuteronômio, do Velho Testamento, que permitia empréstimos a "estrangeiros" não-judeus, o que dava legitimidade moral religiosa para a concessão de empréstimos a cristãos, o que, em certa medida, causou reações morais intensas cujo resultado foi a exclusão social, cf. FERGUSON, Niall. *Op. Cit.*, p. 39.
[102] Moeda é a expressão mais técnica para descrever meios de pagamento, embora o sentido comum seja descrito pela palavra "dinheiro".
[103] Segundo Aristóteles, *"as coisas que são objetos de troca devem ser comparáveis de algum modo, e para essa finalidade foi instituído o dinheiro, o qual, em certo sentido, se torna um meio-termo, visto que mede todas as coisas e, por consequência, também o excesso e a falta (...) todos os bens devem, portanto,*

veis,[104] além de representar uma garantia de preservação do valor dos bens para o futuro.[105]

Tais virtudes da moeda percebidas por Aristóteles representam as funções da moeda para os teóricos da economia monetária. No contexto das sociedades complexas e descentralizadas em decorrência da divisão do trabalho,[106] a moeda se presta a ser: (i) meio eficiente e seguro de troca,[107] (ii) unidade de conta para a realização de pagamentos e (iii) reserva de valor,[108] enquanto ativo mais líquido da economia.[109]

---

ser medidos por um só e único padrão" (ARISTÓTELES. **Ética a Nicômaco**. São Paulo: Martin Claret, 2011, p. 109).

[104] Confira-se, *in verbis*: *"Dessa forma, agindo o dinheiro como uma medida, ele torna os bens comensuráveis e os equipara entre si; e não haveria associação se não houvesse troca, nem troca se não houvesse igualdade, nem igualdade se não houvesse comensurabilidade. Na verdade, é impossível que coisas tão diferentes entre se se tornem comensuráveis, mas com referência à procura elas podem tornar-se comensuráveis em grau suficiente. Deve haver, portanto, uma unidade, e esta deve ser estabelecida mediante acordo (por isso ela se chama dinheiro); é ele que torna todas as coisas comensuráveis, uma vez que todas são medidas pelo dinheiro"* (Ibid. p. 109-110).

[105] Em continuação, Aristóteles ressalta que *"o dinheiro também é, de certa forma, a nossa garantia quanto às trocas futuras; se não necessitamos de alguma coisa agora, ele assegura a realização da troca quando tal coisa venha a fazer-se necessária; com efeito, o dinheiro garante a possibilidade de obter o que queremos em troca de dinheiro"* (Ibid. p. 109).

[106] Segundo Fernando Cardim de Carvalho, a *"moeda é necessidade social decorrente da divisão do trabalho"*, mesmo em sociedades não muito organizadas (CARVALHO, Fernando Cardim de (et. al.). *Economia monetária e financeira*: teoria e prática. Rio de Janeiro: Campus, 2000, p. 2). Em seguida, o aludido doutrinador complementa a assertiva para frisar a função de viabilização de trocas, ao dizer que *"em uma economia monetária, os agentes recebem suas remunerações em moeda e podem, portanto, fazer planos mais flexíveis. Adquirem liberdade para comprar o que desejarem e quando desejarem, em geral, sem qualquer perda de tempo ou o desgaste físico e mental com as dificuldades em realizar transações que requerem coincidências muito específicas"* (CARVALHO, Fernando Cardim de (et. al.). *Op. Cit.*, p. 2).

[107] Quanto ao ponto, o poder liberatório da moeda quanto a obrigações é inerente ao sistema econômico, daí a necessidade de previsão normativa de aceitação compulsória da moeda pelos agentes econômicos.

[108] CARVALHO, Fernando Cardim de (et. al.). *Op. Cit.*, p. 1. Além de meio de troca e unidade de conta, a função de reserva de valor é importante porque a moeda tem valor irrelevante de estocagem.

[109] A liquidez é definida como o *"atributo que qualquer ativo possui, em maior ou menor grau, de conservar valor ao longo do tempo e de poder ser convertido em moeda"* (CARVALHO, Fernando Cardim de (et. al.). *Economia monetária e financeira*: teoria e prática. Rio de Janeiro: Campus, 2000, p. 1).

Portanto, a moeda é instituto social eficiente, dotada de reciprocidade, que pode ser considerada a primeira grande inovação financeira mundial,[110] pois permitiu a substituição do sistema de troca direta de bens, que contém evidentes desvantagens sociais relacionadas a dificuldades na coincidência recíproca de necessidades econômicas, por um sistema monetário que assegura e incentiva a divisão social do trabalho. A moeda é, sem dúvida, a medida adequada de dimensão social do valor dos bens no mercado.

Ao viabilizar as relações de troca dos agentes econômicos de forma clara e transparente, ela atenua, sensivelmente, os custos de transação[111] nas relações econômicas e permite um processo mais eficaz de formação de preços, enquanto unidade de valor aceita por todos, servindo como meio de pagamento e de administração de riscos, além de possibilitar a reserva de valor para relações econômicas futuras.

Nesse sentido, vale enfatizar o fato de que a moeda é instituto que não se limita ao sistema capitalista, eis que a história econômica mundial mostra que até mesmo os Estados "comunistas" constituídos no século XX não acharam conveniente dispensar a moeda ou substitui-la por outro instituto, o que evidencia sua eficiência ou imensa vantagem social.[112]

À evidência, a moeda não garante o valor intrínseco dos bens, pois os preços são medidas monetárias que variam em termos nominais ao longo do tempo, vale dizer, o poder aquisitivo da moeda tem eficácia material e temporal variável, eis que dependente da estabilidade monetária interna e externa, assim como dos processos de formação de preços no mercado.

Pode-se dizer, de outro modo, que existe uma "ilusão da moeda estável" ou "véu monetário" no valor monetário nominal dos bens, na medida em que a realidade econômica é afetada, inevitavelmente, pelos fenômenos da

---

[110] Cf. YAZBEK, Otávio. *Regulação do mercado financeiro e de capitais*. 2. ed. Rio de Janeiro: Elsevier, 2009, p. 64.

[111] Os custos de transação estão associados aos custos existentes nas relações econômicas que transcendem os limites do mecanismo de formação dos preços nos mercados. Um exemplo de custo de transação evitado pela moeda é o custo de estocagem de bens para troca direta entre pessoas no mercado. A noção de custos de transação será apresentada, com detalhes, ao longo do capítulo.

[112] FERGUSON, Niall. *A ascensão do dinheiro*: a história financeira do mundo. Trad. Cordelia Magalhães. São Paulo: Planeta do Brasil, 2009, p. 22.

inflação/deflação ou pelo mercado de câmbio[113] no contexto dos processos de formação de preços no mercado.

Não obstante, isso não desnatura sua notória eficiência social, pois os agentes econômicos podem, a partir da própria moeda, planejar a gestão dos riscos monetários.

Quanto ao ponto, a moeda, para ser eficiente, deve ser segura, isto é, seu valor deve ser garantido por alguns atributos, notadamente: (i) a disponibilidade, (ii) a durabilidade, (iii) a fungibilidade, (iv) a portabilidade e, principalmente, (v) a confiabilidade.[114] Moeda, em essência, é questão de confiança.[115]

Nas sociedades primitivas, a moeda era instrumentalizada através de mercadorias de aceitação social generalizada.[116] Com o tempo, metais passam a servir de material para a moeda devido à grande durabilidade, com a consagração do ouro como mercadoria universalmente utilizada face seu valor intrínseco.

Nesse sentido, é importante fazer referência ao processo do qual resultou na criação do papel-moeda. Inicialmente, os bancos, na Idade Moderna, depositários de moeda por excelência, passam a emitir certificados representativos de depósitos bancários de moeda metálica para facilitar sua custódia e dar maior segurança aos depositantes.

No entanto, com o tempo, tais certificados passam a circular entre os agentes econômicos, dando ensejo a transferências interpessoais na titularidade dos depósitos bancários e, ao final, devido à ampla aceitação social fiduciária

---

[113] NUSDEO, Fábio. *Curso de Economia*: Introdução ao Direito Econômico. 6. ed. São Paulo: RT, 2011, p. 305-306.

[114] NUSDEO, Fábio. *Op. Cit.*, p. 28. Fábio Nusdeo destaca aspectos similares de segurança da moeda, a saber: a manuseabilidade, a divisibilidade, a fungibilidade e a capacidade de reserva de valor. V. NUSDEO, Fábio. *Op. Cit.*, p. 49.

[115] Assim como a moeda, o crédito é uma manifestação social ou intersubjetiva de confiança. Isso se demonstra pela etimologia da palavra crédito, que deriva da palavra latina credo.

[116] A propósito do tema, curiosa é a origem da palavra salário, conforme relatado por Fábio Nusdeo, *in verbis*: "*A promoção do sal de simples produto a moeda – daí, talvez, a palavra salário – deveu-se a algumas características peculiares: o fato de ser geralmente aceito, poder conservar as suas características físico-químicas por muito tempo, facilidade de guarda, de transporte, sobretudo de fracionamento*" (NUSDEO, Fábio. *Curso de Economia*: Introdução ao Direito Econômico. 6. ed. São Paulo: RT, 2011, p. 49).

dos certificados, cria-se a moeda-papel,[117] dotada de fungibilidade em relação à integralidade dos depósitos existentes nos bancos.

À época, tais bancos, baseados na confiança dos depositantes e na experiência de custódia e conversibilidade dos depósitos em moeda metálica, já percebiam que seus depositantes não realizavam saques integrais, o que os incentivava a emitir certificados de depósitos bancários sem lastro monetário.

Isso dará ensejo, posteriormente, conforme será visto a seguir, ao controle de emissão de papel-moeda (meio circulante) pelos Estados, eis que os modelos de emissão de papel-moeda por vários emissores bancários privados ou por um único banco privado emissor autorizado serão abandonados, sucessivamente, ao longo da história, em prol da instituição de um modelo de exclusividade estatal no controle da emissão de moeda.

1.2 – A ascensão definitiva do capitalismo e o surgimento dos Bancos Centrais: o início da regulação bancária

A história econômia mundial assistiu ao surgimento dos primeiros bancos modernos no século XVII e, a despeito da relevância do Wisselbank,[118] de Amsterdã, fundado em 1609, que geria um sistema inovador e eficaz de pagamentos através do qual os agentes econômicos usavam uma única moeda padronizada para realizar transações comerciais que envolviam diversas moedas, os estudiosos costumam apontar o *Riksbank* da Suécia, de 1668, e o Banco da Inglaterra, de 1694,[119] como os primeiros bancos privados modernos que assumiram características institucionais próprias de um Banco Central.[120]

---

[117] O termo "moeda-papel" difere do "papel-moeda". Enquanto o "papel-moeda" é representativo do meio circulante nas sociedades modernas, a "moeda-papel" é o nome dado ao certificado que contém o direito à conversibilidade integral desse título em moeda metálica.
[118] O Wisselbank foi criado para resolver problemas decorrentes da liquidação de operações cambiais relacionadas às transações com moedas múltiplas das províncias holandesas e moedas estrangeiras. O Wisselbank não é citado como marco institucional de Banco Central em algumas obras tão somente porque operava sem alavancagem, já que o coeficiente de depósitos e reservas monetárias era próximo a 100%, cf. FERGUSON, Niall. *A ascensão do dinheiro*: a história financeira do mundo. Trad. Cordelia Magalhães. São Paulo: Planeta do Brasil, 2009, p. 50.
[119] A título de esclarecimento, o Banco da Inglaterra é o Banco Central do Reino Unido.
[120] A propósito da ascensão dos Bancos Centrais, o modelo institucional padrão de uma autoridade monetária é o seguinte, *in verbis*: "A origem desta instituição denominada banco central remonta

A propósito, o *Riksbank* sueco é resultante da estatização do *Stockholms Banco*, fundado em 1656, que, embora atuasse no mercado cambial à semelhança do Wisselbank holandês, foi o banco pioneiro na criação de moeda escritural, que consiste no processo financeiro de utilização do fato da improbabilidade de retirada integral imediata dos depósitos bancários para, constituindo-se reservas destinadas aos pedidos imediatos de resgate – estratégia financeira de "reserva fracional dos negócios bancários" –, conceder empréstimos em caráter multiplicador, sobre os quais, evidentemente, cobrava juros.[121]

Isto é, pela primeira vez, fez-se uso da "reserva fracional dos negócios bancários" ou encaixe bancário. A lógica é simples: o banco, ciente da evidência empírica de que os depositantes efetuam, em regra, apenas resgates parciais, sem prejuízo de constituir reservas para atender pedidos imediatos de resgate relativamente previsíveis e cobrir seus próprios custos, empresta o restante dos depósitos a terceiros, mediante a cobrança de juros.

Ademais, a experiência mostrou que os mutuários realizam pagamentos com o valor dos empréstimos concedidos, sendo que esses pagamentos, em algum momento posterior, retornam ao sistema bancário através de depósitos, em que o novo ou idêntico banco receptor do depósito agirá da mesma forma, e assim sucessivamente, criando, com isso, moeda escritural, pois o sistema

---

aos séculos XVII e XVIII, quando, em alguns países europeus, um banco comercial privado destacou-se dentre os demais. Em virtude de suas relações com o Tesouro, esses receberam o direito principal ou exclusivo de emissão da moeda fiduciária. As principais funções desempenhadas por esses bancos, conhecidos inicialmente como bancos especiais de emissão, eram controlar a circulação da moeda-papel, garantir a conversibilidade de seus bilhetes em ouro e financiar as atividades do Estado. Todavia, paralelamente ao desenvolvimento dos sistemas bancários nacionais, essas instituições foram assumindo novas atribuições, as quais são hoje consideradas típicas de um banco central: a função de gestor dos meios de pagamentos, de banco dos bancos, de controlador da moeda e do crédito, de prestamista em última instância e de regulador e supervisor do sistema bancário" (FREITAS, Maria Cristina Penido de. Op. Cit., p. 29). Dito de outro modo, a consagração histórica gradual do modelo de Bancos Centrais ocorreu da seguinte forma, *in verbis*: *"Em sua origem, bancos centrais foram instituições privadas, fundadas como bancos comerciais. Os primeiros bancos centrais, sobretudo aqueles constituídos durante o século XIX, passaram a desenvolver funções regulatórias e de supervisão de forma natural e evolucionária, e não por meio da adoção dessas funções no momento de sua constituição. (...) A 'metamorfose' ocorreu gradualmente e com certa dificuldade, tendo em vista os conflitos de interesse que o acúmulo de funções envolvia"* (DURAN, Camila Villard. *A moldura jurídica da política monetária*: um estudo do Bacen, do BCE e do Fed. São Paulo: Saraiva, 2013, p. 42-43).

[121] FERGUSON, Niall. *A ascensão do dinheiro*: a história financeira do mundo. Trad. Cordelia Magalhães. São Paulo: Planeta do Brasil, 2009, p. 51.

bancário multiplicou, escrituralmente, a moeda inicialmente depositada no primeiro banco,[122] de modo que ajustes no montante global de depósitos e saques são resolvidos pelos sistemas interbancários de compensação e liquidação para a concretização dos pagamentos.[123]

No que diz respeito à criação do Banco da Inglaterra, instituído sob a forma privada de sociedade por ações,[124] é importante destacar sua atuação inicial como financiador oficial das despesas estatais de guerra (banqueiro do governo), em razão do que passou a fazer uso de privilégios na emissão de

---

[122] A descrição simplificada do fenômeno é dada por Fábio Nusdeo. V. NUSDEO, Fábio. *Curso de Economia*: Introdução ao Direito Econômico. 6. ed. São Paulo: RT, 2011, p. 307.

[123] Numericamente, a fim de descrever o fenômeno de criação de moeda escritural, imagine-se, por exemplo, que o sistema monetário disponibilize R$1.000,00 para fins de depósito e que os agentes econômicos efetuem depósitos neste montante no sistema bancário, sem considerar exigências regulatórias de depósito compulsório e custos, no qual o percentual de reservas para atendimento a pedidos de resgate imediato seja da ordem de 20%. Com a disponibilização do valor inicial de R$1.000,00, são constituídas reservas no montante de R$200,00 e restam R$800,00 (80% de R$1.000,00), os quais podem ser emprestados já como moeda escritural. Dos R$800,00 emprestados, o agente econômico receptor poderá, por exemplo, efetuar o pagamento de uma dívida de R$300,00, mantendo o crédito de R$500,00 em depósito. Recebido o pagamento da dívida por outro agente econômico, com reversão da quantia em depósito, separa-se R$60,00 (20% de R$300,00) a título de reservas e se empresta os R$240,00 restantes, assim como pode ser concedido novo empréstimo pela instituição financeira bancária com relação àqueles R$500,00 mantidos em depósito, do qual serão emprestados R$400,00, com o recolhimento de R$100,00 (20% de R$500,00) para fins de reserva, gerando, nesse segundo momento, moeda escritural no montante de R$640,00 (R$240,00 + R$400,00, que representa 80% dos R$800,00) e reservas da ordem de R$160,00 (R$60,00 + R$100,00, que representa 20% dos R$800,00), e assim sucessivamente. Feitas tais considerações exemplificativas, verifica-se que, a partir de um montante monetário inicial de R$1.000,00, se o nível de reserva feito para atendimento a pedidos de resgates imediatos é da ordem de 20%, o sistema monetário, mediante a soma de valores correspondentes a cada novo momento subsequente de concessão de crédito, gera um valor superior ao montante monetário inicial, pois da soma de R$1.000,00 + R$800,00 + R$640,00 + (...), no exemplo ora trazido, obtém-se o valor de R$5.000,00, cinco vezes maior àquele montante inicial, portanto. É claro que esse é um esquema exemplificativo e simplificado, mas serve para demonstrar como ocorre a criação de moeda escritural no sistema bancário.

[124] A título informativo, o Banco da Inglaterra foi estatizado somente em 1946. Em 1997, foi-lhe outorgada independência institucional para definir a política monetária, embora a competência para a regulação financeira no Reino Unido tivesse sido deslocada para um novo órgão, qual seja, a *Financial Services Authority (FSA)*. A propósito, após a última crise mundial, o *Banking Act* de 2009 instituiu o *Financial Stability Committee* em substituição à FSA, sendo esse também posteriormente substituído pelo *Financial Policy Committee*, em 2012, no âmbito do atual desenho institucional do Banco da Inglaterra.

notas bancárias, enquanto atividade equivalente à emissão de moeda (moeda--papel),[125] além de usufruir de um monopólio de fato das atividades de prestação de serviços bancários.[126]

Nesse momento, é importante diferenciar a criação de moeda escritural, própria dos depósitos bancários, da atividade de emissão de moeda ou meio circulante (papel-moeda). Enquanto a moeda escritural decorre do aproveitamento do descasamento temporal de exigibilidades dos depósitos bancários inerente à estrutura dos depósitos bancários, a emissão de moeda diz respeito à gestão dos agregados monetários.[127]

Quanto ao ponto, deve-se dizer que a atividade de emissão de moeda passou a integrar a lógica funcional das atividades financeiras de diversos países, com o desenvolvimento de três modelos, assim enunciados: (i) o modelo de vários bancos privados emissores ou *free banking system*;[128] (ii) o modelo de autoridade emissora única; e (iii) o modelo de monopólio exclusivo de emissão estatal ou *central banking system*, que se mostrou o mais apto e utilizado

---

[125] FERGUSON, Niall. *A ascensão do dinheiro*: a história financeira do mundo. Trad. Cordelia Magalhães. São Paulo: Planeta do Brasil, 2009, p. 51.

[126] Em relação ao tema, Robert Shiller esclarece que, após pressões políticas, as barreiras à entrada no setor de prestação de serviços bancários foram atenuadas em 1826 e, em 1844, totalmente abolidas. Nesse sentido, a estratégia política de liberalização do setor "*resultou em expansão das atividades bancárias e, em duas décadas, a Inglaterra assistiu à proliferação das atividades bancárias até para pequenas cidades*" (SHILLER. Robert. *Finanças para uma boa sociedade*: como o capitalismo financeiro pode contribuir para um mundo mais justo. Trad. Afonso Celso da Cunha Serra. Rio de Janeiro: Elsevier, 2012, p. 49). A reforma estrutural no sistema bancário do Reino Unido ocorrida em 1844 (*The Bank Charter Act of 1844* ou *Peel's Act*), nada obstante ter acabado, formalmente, com o monopólio de prestação de serviços bancários pelo Banco da Inglaterra, outorgou-lhe o monopólio exclusivo de emissão de moeda no Reino Unido, o que consiste na primeira iniciativa mundial de concessão do poder exclusivo de emissão de moeda a um Banco Central (*central banking system*).

[127] A processo de criação de moeda escritural é distinto da noção de meio circulante ou de agregados monetários. A divisão dos agregados monetários no Brasil é feita da seguinte maneira: (i) meio circulante é a moeda emitida ou base monetária; (ii) moeda em poder do público é meio circulante menos as reservas bancárias exigíveis; (iii) M1 é a moeda em poder do público e os depósitos à vista; (iv) M2 é integrado por M1 e títulos públicos federais; (v) M3 é M2 e depósitos de poupança; (vi) M4 consiste em M3 e depósitos a prazo; e (vii) M4 ampliado agrupa M4 e depósitos a ordem do Banco Central do Brasil.

[128] O modelo de pluralidade de bancos privados emissores de moeda já foi adotado na história do Brasil, notadamente a experiência mal sucedida do Ministro da Fazenda Souza Franco em 1857, cf. AGUILLAR, Fernando Herren. *Direito econômico*: do direito nacional ao direitosupranacional. 2. ed. São Paulo: Atlas, 2009, p. 109.

já no século XIX, haja vista o modelo inglês ter inspirado os demais países europeus e o Japão.

Em linhas gerais, o Reino Unido atribuiu ao seu Banco Central o monopólio de emissão de moeda e o controle do padrão-ouro,[129] além de consolidar em si a prestação das atividades de liquidação e compensação interbancária, atuando como banco dos bancos e, eventualmente, como prestamista de última instância, em uma estrutura bancária relativamente concentrada em poucas e grandes instituições.[130]

Paralelamente, o modelo norte-americano, inicialmente avesso a qualquer intervenção estatal (*free banking system*), após a Guerra Civil, é modificado pelos *National Bank Acts* de 1863 e 1864,[131] que representaram um movimento político inicial de reforço e centralização regulatória.[132] Devido a diversas

---

[129] A razão regulatória fundamental subjacente à utilização do padrão-ouro é a de limitar a 'senhoriagem' e a gestão da emissão de moeda pelos bancos centrais, cf. FERGUSON, Niall. *A lógica do dinheiro*. Trad. Maria Teresa Machado. Rio de Janeiro: Record, 2007, p. 189.

[130] Conforme narra Niall Ferguson, "*embora existisse variação, as economias mais avançadas seguiram, em essência, a liderança britânica quando chegou a hora da regulamentação, através de um banco central monopolista que controlava o padrão-ouro, e da concentração dos depósitos bancários em poucas instituições relativamente grandes. O Banco de França foi instituído em 1800, o Reichsbank da Alemanha em 1857, o Banco do Japão em 1882, e o Swiss National Bank em 1907. Na Grã-Bretanha, como no continente europeu, houve tendências acentuadas quanto à concentração bancária, exemplificada pelo declínio no número de bancos rurais, de um total de 755 em 1809, para dezesseis, em 1913*" (FERGUSON, Niall. *A ascensão do dinheiro*: a história financeira do mundo. Trad. Cordelia Magalhães. São Paulo: Planeta do Brasil, 2009, p. 58).

[131] FERGUSON, Niall. *Op. Cit.*, p. 59. Após o *National Currency Act*, de 1863, tornou-se possível a constituição de bancos nacionais nos Estados Unidos da América; anteriormente, só havia bancos estaduais, regulados pelos Estados correspondentes. A autorização para a constituição de bancos nacionais passou a ser dada pelo *Office of the Comptroller of the Currency* (OCC), responsável pela regulação dos bancos nacionais, e foi criada uma "nota bancária nacional padronizada". O sistema dualista norte-americano (bancos estaduais e nacionais) persiste até hoje.

[132] A síntese histórica do período é muito bem exposta por Camila Villard Duran, *in verbis*: "*Até 1862, os Estados Unidos passaram por período de free banking, pois não havia autoridade central com prerrogativas monetárias. Em 1863 e 1864, a promulgação dos National Banking Acts buscou centralizar, em âmbito federal, a regulação dos bancos emissores, e o Tesouro norte-americano foi transformado também em autoridade monetária com a criação do Office of the Comptroller of the Currency. Um dos fatores que levaram à promulgação desses dispositivos foi a crise financeira provocada pela guerra civil em 1861. Entre 1863 e 1879, ano em que o padrão-ouro foi adotado, seguiu-se período de desenvolvimento do sistema bancário norte-americano e de formação da estrutura institucional que, de forma geral, foi mantida até a criação do Federal Reserve (Friedman e Schwartz, 1993). A originalidade desse período*

CAPÍTULO 1 - A ATIVIDADE FINANCEIRA COMO ELA É

crises financeiras ocorridas no final do século XIX e início do século XX, percebe-se a necessidade de consolidação definitiva do processo de reforço e centralização regulatória, que dá ensejo à criação do *Federal Reserve System* (FED) em 1913,[133] o Banco Central norte-americano.

Em suma, o mundo sofreu mudanças financeiras significativas durante os séculos XVII a XIX. Em primeiro lugar, foram criadas e executadas inovações financeiras importantes, quais sejam: (i) a possibilidade de liquidações e compensações internas aos próprios bancos sem o uso de moeda metálica; (ii) o desenvolvimento de ambientes interbancários de negociação; e (iii) a moeda escritural.[134]

Em segundo lugar, assistiu-se à atribuição de funções típicas a Bancos Centrais, quais sejam: (i) o monopólio na emissão de notas bancárias ou moeda, com o descolamento relativo do volume de reservas metálicas *vis-à-vis* o volume de meios de pagamento, embora o padrão-ouro pudesse ser utilizado pela autoridade monetária; (ii) a ascensão formal da função de banqueiro do governo;[135] e (iii) a coordenação dos sistemas financeiros de pagamentos, enquanto banco dos bancos, sem prejuízo da atribuição de ser prestamista de última instância em situações de crise financeira.

---

histórico estava na inauguração de um sistema fiduciário baseado na emissão de uma moeda escritural (os greenbacks) sem vinculação a objeto de valor intrínseco. Esse sistema somente foi retomado em 1933" (DURAN, Camila Villard. *A moldura jurídica da política monetária*: um estudo do Bacen, do BCE e do Fed. São Paulo: Saraiva, 2013, p. 148-149).

[133] Segundo Paul Krugman, o FED, integrado pelos doze *Federal Reserve Banks* regionais dos Estados Unidos da América (circunscrições geográficas específicas), foi criado com o *"objetivo de obrigar todas as instituições depositárias a manter reservas adequadas e a abrir suas contas à inspeção pelos reguladores"*, o que deu ensejo à padronização e centralização das reservas bancárias, com a viabilização do *open market* como principal instrumento de política monetária. V. KRUGMAN, Paul. *A crise de 2008 e a economia da depressão*. Trad. Afonso Celso da Cunha Serra. Rio de Janeiro, Elsevier, 2009, p. 165. Sobre a trajetória histórica de atuação do FED, v. DURAN, Camila Villard. *A moldura jurídica da política monetária*: um estudo do Bacen, do BCE e do Fed. São Paulo: Saraiva, 2013, p. 150-160.

[134] V. FERGUSON, Niall. *A ascensão do dinheiro*: a história financeira do mundo. Trad. Cordelia Magalhães. São Paulo: Planeta do Brasil, 2009, p. 53.

[135] Hoje, a autoridade monetária mantém funções de banqueiro do governo, tais como, por exemplo, ser o depositário de contas oficiais e o gestor das reservas internacionais, mas sua função original de agente financiador do Estado foi abandonada nos países mais avançados, que prezam por um nível mínimo de estabilidade financeira ao longo do tempo.

Em relação ao ponto, tais funções típicas de um Banco Central, interdependentes por natureza e exercidas com fundamento no poder normativo que lhe é comumente atribuído pelos Estados, conjuntamente à função clássica de assessor econômico do governo, podem ser consolidados em dois pilares fundamentais: a estabilidade monetária e a regulação financeira sistêmica propriamente dita.

A estabilidade monetária diz respeito à gestão do monopólio interno de controle da emissão de moeda (monopólio de emissão),[136] atrelada à execução da gestão cambial do país (execução da política cambial e administração de reservas internacionais). Por sua vez, a regulação financeira sistêmica propriamente dita é executada com propósitos de estabilização das estruturas dos sistemas financeiros de pagamentos e de liquidez dos mercados – banco dos bancos[137] –, devidamente atrelada a processos de regulação financeira prudencial, com foco em riscos sistêmicos relacionados à liquidez e solvência de instituições financeiras. Em suma, essa é a estrutura regulatória básica vitoriosa para aplicação aos mercados financeiros.

Por fim, é relevante destacar a importância econômica histórica do Reino Unido no contexto mundial do século XIX e início do século XX, o que deu ensejo, no âmbito do mercado internacional de câmbio, à adoção do padrão ouro-libra de 1870 a 1914, que, após um período de intensas contestações e

---

[136] A política monetária é exercida com vistas a adequar a quantidade de moeda em circulação, a fim de zelar pela estabilidade no nível geral de preços. Em linhas gerais, tal objetivo se serve de alguns mecanismos, dentre os quais se destacam: (i) o encaixe legal ou o depósito compulsório, de natureza mais rígida, que altera o montante de moeda disponível ao sistema bancário para oferta na economia, com impacto na liquidez e na capacidade de multiplicação de moeda escritural; (ii) o uso do redesconto, mais relacionado à função de prestamista de última instância, que afeta a oferta monetária por significar um acréscimo de liquidez no sistema bancário; e (iii) operações no mercado aberto (*open market*), no qual a autoridade monetária controla, de forma flexível, a oferta e a demanda de títulos públicos em circulação, do que resulta no aumento ou diminuição de liquidez na economia, com impacto na oferta monetária na economia. Adicionalmente, é importante frisar que os objetivos de política monetária são afetados pela emissão de dívida pública, pelo resultado do balanço de pagamentos e pela política cambial.

[137] Por exemplo, atuar como "banco dos bancos" significa: (i) constituir estruturas de depósitos de reservas bancárias; (ii) assegurar o funcionamento adequado do mercado interbancário de pagamentos; e (iii) coordenar estruturas de custódia, liquidação e compensação de pagamentos.

CAPÍTULO 1 – A ATIVIDADE FINANCEIRA COMO ELA É

inutilização no início do século XX[138] em uma conjuntura de extrema instabilidade mundial, foi substituído pelo sistema do acordo de *Bretton Woods*, de 1944, após o fim da segunda Guerra Mundial, no qual se passou a contemplar o padrão ouro-dólar.

Os desdobramentos dessa mudança histórica, bem como o início de um processo intenso de internacionalização financeira, serão detalhados a seguir.

1.3 – Evolução do sistema financeiro na segunda metade do século XX e perspectivas preliminares para o sistema financeiro global

Conforme exposto, durante os séculos XVII a XIX, são introduzidas diversas inovações financeiras características do sistema financeiro atual, concomitantemente ao início e evolução de um processo de instituição de Bancos Centrais nos principais países mundiais, dando ensejo às primeiras iniciativas efetivas dos Estados no sentido da sistematização das diretrizes fundamentais de regulação bancária, em prol da estabilidade financeira sistêmica.

Desde então, percebe-se que o sistema financeiro esteve centrado, essencialmente, nas atividades bancárias, sem prejuízo, evidentemente, da existência de mercados financeiros marginais de intermediação financeira com pouca importância. O mercado de capitais, tal como o conhecemos hoje, ainda não tinha se desenvolvido.[139]

---

[138] Detalhes históricos específicos do período não serão comentados porque não são essenciais e para não alongar o ponto em demasia. Sobre a questão, v. FRANCO, Gustavo. *O desafio brasileiro*: ensaios sobre desenvolvimento, globalização e moeda. São Paulo: 34, 1999, p. 47.

[139] Com relação à trajetória histórica do mercado de capitais no mundo, Robert Shiller faz as seguintes considerações, *in verbis*: "*A ideia de emitir ações de um empreendimento é provavelmente tão antiga que não pode ser datada. Sabe-se que, na Roma Antiga, as ações das empresas eram negociadas perto do Templo de Castor, no velho Fórum Romano. Os registros dos preços das ações não chegaram aos nossos dias, mas há evidências de que esses preços eram comentados. (...) A participação em empreendimentos por meio da propriedade de títulos mobiliários representativos de seu capital social só ganhou impulso no Renascimento italiano, porém mesmo então ainda não estava bem desenvolvido. Avanço notável ocorreu em 1602, com a fundação da Companhia Holandesa das Índias Orientais, em Amsterdã, pois essa sociedade anônima logo desenvolveu um mercado para facilitar negociações diárias com suas ações*" (SHILLER. Robert. *Finanças para uma boa sociedade*: como o capitalismo financeiro pode contribuir para um mundo mais justo. Trad. Afonso Celso da Cunha Serra. Rio de Janeiro: Elsevier, 2012, p. 48).

Ademais, mesmo no século XX e a despeito da intensificação do comércio internacional, o grau de internacionalização dos bancos mostrava-se baixo, tendo em vista o controle rígido exercido pelos Estados sobre a atividade bancária, o que era explicado, sob o aspecto macroeconômico, pela observância estrita do padrão-ouro durante o século XIX e XX e, especificamente, após a segunda Guerra Mundial, pela adoção do padrão ouro-dólar instituído no acordo de *Bretton Woods*.[140]

Em outras palavras, a regulação bancária estatal imposta pelos Bancos Centrais, em termos cambiais, era intensa a ponto de inibir iniciativas financeiras efetivas no âmbito internacional, o que ocorre, basicamente, até a década de 1950.[141]

Não obstante, na década de 1960, além do desenvolvimento interno mais intenso do mercado de capitais nos Estados Unidos da América e na Europa, observa-se o efetivo começo de um processo de internacionalização dos bancos capitaneado pelos bancos norte-americanos, na medida em que acompanhavam a expansão mundial de suas corporações multinacionais, o que também ocorreu com alguns bancos europeus em relação às suas respectivas empresas, embora em menor intensidade[142].

Na década de 1970, esse processo de internacionalização financeira se consolida e ganha novos contornos, com destaque especial para a extinção

---

[140] No âmbito da Conferência de *Bretton Woods*, foram criados o Fundo Monetário Internacional (FMI) e o Banco Internacional para a Reconstrução e Desenvolvimento (BIRD ou Banco Mundial), além da formulação do Acordo Geral sobre tarifas e comércio (GATT). A propósito, Rachel Sztajn descreve o momento histórico da seguinte forma, *in verbis*: *"Subjacente à iniciativa estava a ideia de que crescimento econômico e equilíbrio financeiro eivtariam outras guerras e, portanto, era preciso criar organizações que formulassem políticas de desenvolvimento – Banco Internacional de Reconstrução e Desenvolvimento (BIRD) –, políticas monetárias – Fundo Monetário Internacional (FMI) – e políticas comerciais – Acordo Geral sobre tarifas e comércio (GATT) –, que se encarregariam de aplicar os recursos, resolver disputas, e fiscalizar a implementação das recomendações feitas aos países beneficiários dos recursos. Para isso adotar-se-iam políticas monetárias visando a manter a paridade das moedas nacionais. O lastro ouro, então existente, facilitava o controle da quantidade de moeda em circulação e eventuais desequilíbrios negativos da balança de pagamentos seriam compostos mediante adiantamento feito pelo Fundo Monetário Internacional, evitando-se a desvalorização da moeda"* (SZTAJN, Rachel. *Sistema Financeiro*: entre estabilidade e risco. Rio de Janeiro: Elsevier, 2011, p. 165).
[141] CARVALHO, Luís Paulo Figueiredo de. *Os Sistemas de Supervisão Prudencial na União Européia*. Coimbra: Almedina, 2003, p. 19.
[142] CARVALHO, Luís Paulo Figueiredo de. *Op. Cit.*, p. 19.

do modelo cambial rígido instituído no acordo do Bretton Woods[143] e a consagração do modelo de câmbio flutuante, que provocou, em consequência, a instituição de um grande mercado interbancário internacional de câmbio de moedas estrangeiras lastreado em derivativos de câmbio.[144] Estava constituída uma nova era na economia global, baseada em moedas internacionais fiduciárias.[145]

Em razão disso, a circulação financeira de capitais foi extremamente facilitada, haja vista a desvinculação financeira das transações internacionais a um padrão rígido de conversão atrelado a reservas nacionais de ouro, com

---

[143] A ascensão progressiva do mercado de eurodólares e petrodólares, em meados da segunda metade de década de 1960, dentro de um contexto de maior crescimento econômico da Europa e do Japão em relação aos Estados Unidos da América, tensionou, em demasia, o padrão ouro-dólar, principalmente porque os Estados Unidos da América, em especial, passavam por um momento de recessão, desequilíbrio no balanço de pagamentos e endividamento público para o custeio da Guerra do Vietnã. Isto é, era perceptível, na época, o esgotamento do padrão cambial de *Bretton Woods*. Além disso, políticas cambiais particulares de alguns países contribuíram para a aceleração da extinção do acordo de *Bretton Woods*, conforme narra Rachel Sztajn em relação ao caso francês, *in verbis*: "*Embora a França fosse signatária do Acordo de Bretton Woods, o governo de Gaulle, apelando para o nacionalismo, manipulou a taxa de câmbio, concedeu subsídios aos produtores e, com isso, atingiu posição no mercado internacional que lhe permitiu acumular grande reserva em ouro. Em novo lance do jogo político, o governo francês pleiteou para o país o papel até então desempenhado pelos Estados Unidos da América no comércio internacional, no qual a até então predominância da moeda norte-americana era incontestável. Ante a ameaça da França, o governo norte-americano adota, em 1968, decisão radical de abandonar a paridade entre o dólar norte-americano e o ouro, e transforma sua moeda em reserva do tesouro. Nessa mesma ocasião, o governo norte-americano conferiu ao Federal Reserve Board, banco central norte-americano, competência para fixar a quantidade de moeda emitida e em poder das 'famílias' e, por via de conseqüência, de determinar o montante de crédito disponível na economia. A política monetária ganhou novas feições; o presidente daquele banco central, em comunicado ao Congresso norte-americano e à sociedade, comunica as decisões da autoridade monetária quanto à quantidade de moeda disponível na economia*" (SZTAJN, Rachel. *Sistema Financeiro*: entre estabilidade e risco. Rio de Janeiro: Elsevier, 2011, p. 27). Em linhas gerais, pode-se dizer que "*Bretton Woods, que subordinou o resto do mundo à política monetária dos Estados Unidos, revelou-se intrinsecamente instável durante todo o período*", cf. FERGUSON, Niall. *A lógica do dinheiro*. Trad. Maria Teresa Machado. Rio de Janeiro: Record, 2007, p. 394-395.

[144] Cf. YAZBEK, Otávio. *Regulação do mercado financeiro e de capitais*. 2. ed. Rio de Janeiro: Elsevier, 2009, p. 62.

[145] A década de 1970 não foi boa para a maioria dos países. Considerada a década da "estagflação", enquanto termo que designa a combinação de estagnação e inflação, nela também ocorreram duas crises do petróleo em 1973 e 1979, o que afetou a estabilidade macroeconômica mundial.

a ascensão das moedas nacionais fortes, sobretudo o dólar norte-americano, como padrão fiduciário de operações financeiras em nível internacional.

No mesmo período histórico, há o advento de inovações financeiras, desenvolvem-se mercados financeiros paralelos ao sistema bancário tradicional e há a ascensão internacional de grandes conglomerados financeiros internacionais, com a consumação substancial desse processo na década de 1980.

É nessa época, por exemplo, que se consolidam, respectivamente, os mercados de derivativos cambiais, instituições com estrutura dos fundos globais de investimentos[146] e bancos com atuação financeira mundial.

Em síntese, pode-se dizer que o processo de internacionalização financeira foi caracterizado pelos seguintes acontecimentos: (i) a ascensão de mercados financeiros internacionais e o surgimento dos conglomerados financeiros mundiais; (ii) a facilitação da intermediação financeira, em razão da revolução tecnológica nos meios de comunicação e na informática, com influência na atuação das instituições financeiras, sobretudo na comunicação entre mercados e na difusão ampla de informações; (iii) a desregulação; (iv) o aumento da concorrência entre integrantes do sistema financeiro mundial; e (v) o novo enquadramento macroeconômico após o fim de *Bretton Woods*.

No âmbito político, é importante frisar a ascensão ao poder da líder liberal-conservadora Margareth Thatcher na Grã-Bretanha, em 1979, e do republicano Ronald Reagan na presidência dos Estados Unidos da América, em 1980.

Em síntese, a conjugação de todos fatos ora mencionados é representativa do marco histórico de uma concepção política denominada "neoliberal", fundada em propósitos de promoção de estratégias de liberalização dos mercados e de diminuição do grau de intervenção do Estado na economia,[147] conforme

---

[146] Mencionar os fundos de investimento como exemplo é útil ao propósito de demonstrar a criação de estruturas financeiras paralelas ao sistema bancário tradicional, que podem ser desenhadas com o intuito de oferecer recursos a diversos tomadores sem a necessidade de qualquer vínculo direto com o sistema bancário ou sujeição a restrições regulatórias a ele inerentes.

[147] Em termos de idealização do papel econômico do Estado na economia, houve a formulação do conhecido Consenso de Washington, em 1989, considerado um "código de boas práticas liberais" extraído das ideias teóricas de John Williamson, do qual são extraídas as seguintes diretrizes estatais de atuação: (i) a imposição de responsabilidade fiscal e monetária; (ii) a execução de reformas institucionais para simplificação e redução de carga tributária; (iii) a liberalização das taxas de juros; (iv) o foco dos gastos públicos em saúde e educação; (v) a proteção dos direitos de propriedade privada; (vi) a privatização de empresas estatais;

influência significativa da escola monetarista da Universidade de Chicago, o que deu legitimidade política a todo o processo de globalização financeira internacional e repercutiu, politicamente, em diversos países no mundo, no contexto histórico de decadência mundial dos países e ideais "socialistas".

De fato, a implementação e disseminação mundial da estratégia política neoliberal trouxe resultados notáveis aos países em termos de crescimento e desenvolvimento econômico, devidamente acompanhada pela evolução substancial do sistema financeiro global, que ocorreu conjuntamente a reformas regulatórias.

A despeito de assimetrias e distorções macroeconômicas existentes no cenário mundial durante e após a década de 1980, acreditava-se que tal estratégia se mostraria sempre eficiente ao propósito de atenuar e corrigir desequilíbrios econômicos ao longo do tempo, preservando-se, assim, um nível razoável de estabilidade financeira mundial.

Entretanto, ainda que o mundo tivesse passado por crises financeiras tópicas e regionais de baixa intensidade no período,[148] a eclosão de crise do mercado imobiliário norte-americano *subprime* em 2007, cujos efeitos financeiros se manifestaram de forma intensa e avassaladora nos mercados financeiros mundiais, nos orçamentos estatais e balanços de Bancos Centrais,[149] pôs em xeque, no espaço público, a estratégia política neoliberal ou as estratégias políticas de desregulação.

Vista a questão sob outra perspectiva, questões políticas, comportamentais, econômicas e técnicas relacionadas a tal crise são aptas a provocar reflexões relevantes para a compreensão do que deve ser efetivamente considerado

---

(vii) a execução de projetos polítcos de desregulamentação dos mercados; (viii) a adoção de taxas de câmbio flutuantes; (ix) a remoção de barreiras comerciais; e (x) a remoção de barreiras ao investimento estrangeiro direto. V. FERGUSON, Niall. *A ascensão do dinheiro*: a história financeira do mundo. Trad. Cordelia Magalhães. São Paulo: Planeta do Brasil, 2009, p. 288.

[148] Conforme ressalta Alan Greenspan, "*o período de quase um quarto de século entre 1983 e 2007 foi de recessões muito superficiais e de uma estabilidade aparentemente extraordinária. Mas a estabilidade econômica prolongada é exatamente a lenha que alimenta as bolhas. Basta que uma pequena proporção dos atores de mercado considere que a mudança é estrutural. Um quarto de século de estabilidade é racionalmente intoxicante. O comportamento de manada toma conta das pessoas para reforçar a tendência positiva*" (GREENSPAN, Alan. *O mapa e o território*: risco, natureza e o futuro das previsões. São Paulo: Portfolio-Penguin, 2013, p. 55).

[149] Conforme será ressaltado a seguir, os custos sociais envolvidos na crise financeira do *subprime* foram excessivamente elevados para o Tesouro americano, além de ter agravado a situação orçamentária e fiscal de diversos países europeus.

e valorizado para fins de definição de um desenho regulatório eficiente ao objetivo simultâneo de estimular a livre iniciativa financeira sem o comprometimento de uma razoável estabilidade do sistema financeiro.

Não é de hoje que os estudiosos e a própria ciência econômica admitem a existência de falhas de mercado na estrutura do sistema financeiro, principalmente relacionadas a externalidades e assimetrias de informação, que são aptas a comprometer o elemento fundamental das relações financeiras: a confiança.

Em relação ao ponto, digno de ênfase é que grande parte dos adeptos do liberalismo reconhecem que o Estado tem legitimidade, embora limitada, para corrigir falhas de mercado quando necessário. Logo, a questão essencial que se põe é saber por que tais falhas de mercado foram desconsideradas pelos formuladores de políticas públicas norte-americanos. Nada obstante as falhas de mercado, é importante dizer que a política pública habitacional efetivada nos Estados Unidos da América nas últimas décadas representou claro fator de interferência excessiva e/ou irresponsável no funcionamento alocativo dos mercados, gerando incentivos perversos na intermediação de produtos financeiros relativos ao aludido setor econômico.

Ora, se o Direito é, simultaneamente, o principal regulador social de comportamentos e o instrumento da política com aspirações de justiça, uma estratégia regulatória eficiente no âmbito financeiro deve ser moldada sob as seguintes premissas: (i) as instituições políticas devem prezar pela estabilidade financeira sustentável ao longo do tempo, cientes de que distorções causadas pela captura, poder burocrático excessivo ou pressões parciais de grupos políticos específicos podem afetar, negativamente, tal estado ideal de coisas pretendido; (ii) os agentes econômicos, que atuam, em tese, como maximizadores racionais de seus próprios interesses, reagem aos incentivos dados pelo sistema financeiro, isto é, o alinhamento razoável dos interesses individuais e coletivos só é obtido quando a estratégia regulatória, focada em políticas públicas de longo prazo, disciplina, de forma adequada, os incentivos econômicos que influenciam o comportamento dos agentes financeiros, seja para restringi-los ou estimulá-los quando negativos ou positivos, respectivamente; (iii); não existe resposta inequívoca, baseada na ciência econômica ou na experiência, a respeito de qual é o tamanho ótimo do Estado na economia, especialmente em setores econômicos mais relevantes, o que também é influenciado por fatores históricos e conjunturais; e (iv) a regulação deve ser feita com respeito ao estado da arte técnica, vale dizer, os métodos técnicos de regulação da atividade financeira mais eficazes não podem ser negligenciados, sob pena de comprometer os resultados regulatórios.

No que diz respeito à principal mudança regulatória realizada nos Estados Unidos da América, qual seja, a edição do *Dodd–Frank Wall Street Reform and Consumer Protection Act* (*Dodd-Frank Act*), de 21 de julho de 2010,[150] sem prejuízo da necessidade complementar de regulamentação de diversas prescrições normativas, há críticas fortes sobre o seu conteúdo, que é taxado de extremamente complexo, longo, restritivo, burocrático, ineficiente ou confuso.[151]

À evidência, em termos objetivos, toda crítica é válida e deve ser filtrada de forma adequada para o progresso das políticas regulatórias. O que parece ser consenso, não obstante, é a necessidade de construção de um desenho regulatório financeiro que seja um pouco mais abrangente, efetivo e dinâmico, em que os reguladores sejam capazes de acompanhar de modo mais eficiente, a evolução dos mercados financeiros.

A rigor, propostas de reformas regulatórias, em geral, são bem intencionadas. Nada obstante, aprender com a experiência histórica é essencial, razão pela qual se mostra importante analisar os fatores de geração da última crise mundial, cujas nuances são muito ricas ao debate sobre estratégias regulatórias.

---

[150] Para uma visão geral e críticas às reformas regulatórias pretendidas pelo *Dodd-Frank Act*, v. CAMILO JUNIOR, Ruy Pereira. *A reforma do sistema financeiro norte-americano*. Revista de Direito Bancário e do Mercado de Capitais, ano 14, v. 54, 2011, p. 79-92.

[151] É comum ler na mídia internacional especializada, a exemplo da *The Economist*, referências ao tamanho de páginas do *Dodd-Frank Act* ou ao número excessivo de regras nele contido, bem como críticas à burocratização excessiva. A propósito, v. "The Dodd-Frank act: Too big not to fail", publicado na *The Economist*. Disponível em: http://www.economist.com/node/21547784. Acesso em 11.12.12; e *"Deconstructing Dodd-Frank"*, publicado no *The New York Times*. *Disponível em:* http://dealbook.nytimes.com/2012/12/11/deconstructing-dodd-frank/. Acesso em 11.12.12. Diversos economistas, inclusive Alan Greenspan, são céticos quanto aos resultados sociais pretendidos através do aumento de intensidade regulatória que decorre das diretrizes normativas do *Dodd-Frank Act*. Sobre o tema, v. GREENSPAN, Alan. *A era da turbulência*: aventuras em um novo mundo. Epílogo. Trad. Afonso Celso da Cunha Serra. Rio de Janeiro: Elsevier, 2008, p. 60. Quanto às prescrições normativas contidas no *Dodd-Frank Act*, duas diretrizes normativas têm sofrido as maiores críticas, a saber: (i) *Section 619 (Prohibitions of proprietary trading and certain relationships with hedge funds and private equity funds) – Volcker rule –,* que significa, em linhas gerais, um retorno à diretriz regulatória de segregação das estruturas financeiras de *private equity* e *hedge funds* das estruturas de capital dos conglomerados financeiros; e (ii) *Section 716 (Prohibition against federal government bailouts of swap entities).*

1.4 – Estudo de caso: a crise no mercado imobiliário norte-americano subprime

Estudar a crise no mercado imobiliário norte-americano *subprime* em 2007 é, em essência, uma tarefa que demanda uma análise de correlação entre a conjuntura macroeconômica e microeconômica norte-americana nas últimas décadas, que deve ser conjugada com uma análise das políticas públicas habitacionais e dos processos regulatórios efetuados em prol da liberalização dos mercados financeiros.

Não há nada de equivocado, frise-se, em liberalizar mercados, desde que o processo seja corretamente desenhado e sua evolução acompanhada pelos legisladores e reguladores em termos sistêmicos para fins de correção ou adaptação, se for o caso. No entanto, o que se mostra constrangedor é a verificação de que os grandes impulsos de regulação estatal só ocorrem após a instalação concreta das crises financeiras, quando o objetivo deveria ser o de evitá-las.

Infelizmente, John Welch está correto ao afirmar, baseado em estudos empíricos, que "uma rápida análise da história da regulação nos Estados Unidos durante os últimos cinquenta anos mostra uma sequência dialética hegeliana de esforços regulatórios sendo sistematicamente destruídos pela crise financeira posterior".[152]

Será que a experiência, enquanto fonte de conhecimento retrospectivo, não consegue conviver com prognósticos econômicos ou estratégias regulatórias voltadas à gestão de riscos financeiros?

Embora a experiência norte-americana de regulação financeira remonte ao século XIX, a compreensão do caso sob análise pode ser feita a partir dos desdobramentos da Grande Depressão norte-americana, cujo marco histórico é o famoso *crash* da Bolsa de Nova Iorque em 1929, que pode ser atribuído, segundo opinião amplamente majoritária, a falhas graves cometidas pelo FED na condução da política monetária dos Estados Unidos da América.[153]

---

[152] WELCH, John H. *Futurologia financeira global*: implicações do pós-crise. In: GIAMBIAGI, Fábio; BARROS, Octavio (org.). *Brasil pós-crise*: agenda para a próxima década. Rio de Janeiro: Elsevier, 2009, p. 43.

[153] Segundo expõe Camila Villard Duran, "*o Fed foi responsável pela depressão econômica decorrente da crise de 1929, por não ter socorrido diversos bancos membros do sistema e ter optado, ao invés, por preservar as reservas de ouro. As políticas conservadoras, praticadas pelos banqueiros no controle dos*

CAPÍTULO 1 - A ATIVIDADE FINANCEIRA COMO ELA É

Em reação à crise mencionada foram editadas disposições normativas voltadas à remodelação da regulação bancária, dentre as quais se destacaram as normas integrantes do *Banking Act of 1933*, mais conhecido como *Glass-Steagall Act*, que criou o *Federal Deposit Insurance Corporation (FDIC)* e instituiu o *Federal Open Market Committee (FOMC)*,[154] além de limitar o uso de alguns instrumentos financeiros, regular a atuação de determinados intermediários financeiros e, principalmente, delimitar uma segregação rígida entre atividades bancárias e atividades de investimento.

Nesse sentido, o *Glass-Steagall Act*[155] distinguiu duas categorias de bancos: (i) os bancos comerciais, que aceitavam depósitos, e (ii) os bancos de investimento. Enquanto os bancos comerciais estavam sujeitos a restrições

bancos regionais, teriam sido as 'culpadas' pela grande depressão pós-crise" (DURAN, Camila Villard. *A moldura jurídica da política monetária*: um estudo do Bacen, do BCE e do Fed. São Paulo: Saraiva, 2013, p. 153). Sobre o mesmo tema, Niall Ferguson disserta o seguinte, *in verbis*: "O fato de que as autoridades monetárias dos Estados Unidos cometeram erros crassos na década de 1930 é hoje contestado por poucos historiadores. A esterilização do influxo de ouro na década de 1920, a reação exacerbada à sua fuga em setembro de 1931 e a incapacidade de garantir a continuidade das operações do mercado aberto em 1932 tiveram efeitos catastróficos não só nos Estados Unidos, mas em todas as economias com moedas ancoradas no dólar" (FERGUSON, Niall. *A lógica do dinheiro*. Trad. Maria Teresa Machado. Rio de Janeiro: Record, 2007, p. 394).

[154] O *FED* e o *FOMC* foram reforçados, em termos institucionais, pelo *Banking Act* de 1935, que viabilizou as seguintes mudanças estruturais, *in verbis*: "Em 1935, o *Banking Act* retirou o secretário do Tesouro e o *comptroller of currency* da composição do conselho diretor do Fed. O mandato dos diretores foi majorado (de 10 para 14 anos), e eles somente poderiam ser removidos pelo presidente 'for cause'. O chefe do Executivo passou também a indicar, dentre os sete diretores, um presidente e um vice-presidente para o conselho (*chairman* e *vice-chairman*), sem a necessidade, no desenho original, de confirmação pelo Senado. O *FOMC* transformou-se em uma instância decisória composta pelos sete membros do conselho e por cinco representantes dos bancos regionais. Os diretores do conselho central formavam a maioria da entidade. Nesse desenho, as decisões do *FOMC* vinculavam os bancos regionais. O Fed tornou-se, de fato e de direito, um sistema centralizado a partir da criação desse instrumento normativo. O *Banking Act* de 1935 ainda introduziu requisitos de informação e prestação de contas, exigindo que o conselho diretor do Fed mantivesse registro de sua tomada de decisões, inclusive no âmbito do *FOMC*. Esses registros deviam constar do relatório anual destinado ao Congresso" (DURAN, Camila Villard. *A moldura jurídica da política monetária*: um estudo do Bacen, do BCE e do Fed. São Paulo: Saraiva, 2013, p. 154).

[155] Quanto ao ponto, é pertinente citar Joseph Stiglitz, *in verbis*: "a Lei Glass-Steagall de 1933 era uma pedra angular do edifício da regulação. Ela separou os bancos comerciais (que emprestam dinheiro) dos bancos de investimento (que organizam a venda de títulos e ações) de modo a evitar os claros conflitos de interesses que surgem quando um mesmo banco emite ações e empresta dinheiro. A lei Glass-Steagall tinha ainda um segundo propósito: assegurar que os responsáveis por cuidar do dinheiro alheio nos bancos comerciais não se dedicassem às atividades de risco típicas dos bancos de investimento – que visam primordialmente a maximizar os ganhos das pessoas ricas" (STIGLITZ, Joseph E. *O mundo em queda livre*:

regulatórias prudenciais quanto à assunção de riscos financeiros, mas com acesso ao canal de liquidez através do redesconto pelo FED, os bancos de investimento sofriam regulação mais branda, sobretudo porque tais instituições não estariam, segundo a lógica distintiva, sujeitas a corridas bancárias.[156]

Com o tempo, as restrições regulatórias contidas no *Glass-Steagall Act* foram abrandadas, o que se mostrava justificável na medida em que o país usufruía de um ambiente de razoável estabilidade financeira e de crescimento econômico, tão somente afetado por crises macroeconômicas externas alheias às suas possibilidades políticas, tais como as crises internacionais do petróleo de 1973 e 1979.

Na década de 1980, assiste-se à intensificação do processo de reformas regulatórias liberais norte-americanas. Em 1980, o *Monetary Control Act* extingue uma das balizas principais do *Glass-Steagall Act*, qual seja, a Regulação Q (*Regulation Q*).

Tal regulação, em especial, permitia ao FED fixar as taxas de juros nos depósitos de poupança dos bancos comerciais e das associações de poupança e empréstimo (*Savings and Loans – S&L*), eis que se pretendia, com a Regulação Q, induzir os bancos regionais a emprestar às comunidades locais com propósitos de desenvolvimento econômico local – evitando o depósito dos valores em grandes bancos –, o que, por outro lado, diminuía a competição bancária e elevava o lucro desses segmentos bancários.[157]

Com a aludida extinção, a competitividade das associações de poupança e empréstimo foi extremamente afetada em relação aos grandes bancos norte-americanos.[158] Neste contexto, adveio a grande crise da década: a famosa crise

---

Os Estados Unidos, o mercado livre e o naufrágio da economia mundial. Trad. José Viegas Filho. São Paulo: Companhia das Letras, 2010, p. 244-245).

[156] KRUGMAN, Paul. *A crise de 2008 e a economia da depressão*. Trad. Afonso Celso da Cunha Serra. Rio de Janeiro, Elsevier, 2009, p. 165.

[157] NOBREGA, Mailson. Origens da Crise. In: GIAMBIAGI, Fábio; GARCIA, Marcio (org.). *Risco e regulação*: por que o Brasil enfrentou bem a crise e como ela afetou a economia mundial. 3. ed. Rio de Janeiro: Elsevier, 2010, p. 4.

[158] É importante frisar que *"até o final da década de 1960, a estrutura de financiamento imobiliário nos EUA era constituída, essencialmente, pelos bancos de poupança e empréstimo (Savings and Loans – S&L). A atividade dessas instituições financeiras, que operavam com elevado grau de descasamento de liquidez de prazos dos ativos, foi fortemente atingida pela mudança no cenário macroeconômico mundial na década de 1970, que trouxe à tona problemas associados a fatores como inflação, elevação da taxa de juros e desregulamentação. Nesse novo contexto, houve o esgotamento do modelo de financiamento imobiliário*

das *S&Ls* (*Savings and Loans*), cujo custo final estimado, entre 1986 e 1995, foi de US$153 bilhões ou cerca de 3% do PIB norte-americano à época, sendo pagos pelo Tesouro norte-americano o valor de US$124 bilhões.[159] Segundo Niall Ferguson, "para os contribuintes americanos, o desastre das associações Savings and Loans foi uma lição imensamente cara sobre os perigos da desregulamentação mal formulada".[160]

Na mesma década, os primeiros impulsos no sentido da utilização de mecanismos de securitização de obrigações derivadas de contratos imobiliários garantidos por hipotecas já eram percebidos, mas encontravam travas regulatórias significativas.[161]

Na década de 1990, uma ampla reforma financeira foi feita nos Estados Unidos da América, estimulando-se a formação de bancos nacionais[162] e conglomerados bancários, acompanhada por um processo intenso de fusões e aquisições bancárias.[163]

Adicionalmente, pressões políticas relacionadas à perda de participação de mercado dos bancos comerciais para os bancos de investimento e bancos estrangeiros não sujeitos ao *Glass-Steagall Act* levaram, em 1999, à revogação do *Glass-Steagall Act* pelo *Gramm-Leach-Billey Act* ou *Financial Services Modernization Act*, especificamente para extinguir a segregação rígida entre atividades bancárias e atividades de investimento.

---

americano baseado em bancos de poupança, o que levou a uma crise nesse segmento no final dos anos 1980" (LEITE, Karla Vanessa; FILHO, Paulo Fernando. *Crise do Euro*: origem, desdobramentos e a nova ordem financeira global. In: MODENESI, André de Melo et. al. (orgs.). *Sistema financeiro e política econômica em uma era de instabilidade*: tendências mundiais e perspectivas para as economia brasileira. Rio de Janeiro: Elsevier, 2012, p. 81).

[159] Cf. FERGUSON, Niall. *A ascensão do dinheiro*: a história financeira do mundo. Trad. Cordelia Magalhães. São Paulo: Planeta do Brasil, 2009, p. 242.

[160] FERGUSON, Niall. *Op. Cit.*, p. 242.

[161] Cf. FERGUSON, Niall. *A ascensão do dinheiro*: a história financeira do mundo. Trad. Cordelia Magalhães. São Paulo: Planeta do Brasil, 2009, p. 243.

[162] Em 1994, houve a revogação do *McFadden Act*, de 1927, pelo *Riegal-Neil Act*, através do qual foram atenuadas diversas restrições geográficas, no âmbito dos Estados federados, à atuação operacional dos bancos nacionais norte-americanos.

[163] Cf. WELCH, John H. *Futurologia financeira global*: implicações do pós-crise. In: GIAMBIAGI, Fábio; BARROS, Octavio (org.). *Brasil pós-crise*: agenda para a próxima década. Rio de Janeiro: Elsevier, 2009, p. 44.

Enfim, esse é o quadro regulatório norte-americano no final da década de 1990, caracterizado por uma estrutura regulatória mais liberal e pela ascensão significativa do sistema bancário paralelo ou *shadow banking system*,[164] haja vista o fim da segregação mencionada,[165] o que instaurou um novo paradigma de maior concorrência nos mercados financeiros.

Nada disso era considerado um problema, pois se acreditava na capacidade de autorregulação dos mercados e na diminuição dos riscos sistêmicos em razão do domínio aparente da arte de calcular riscos econômicos através de modelos econométricos de mensuração de risco.

A despeito de crises episódicas, os formuladores de políticas públicas nos Estados Unidos da América, que detêm a maior economia mundial e a moeda internacional mais forte e universalmente aceita, sentiam-se confortáveis com o grande período de estabilidade financeira e crescimento econômico ao longo das últimas décadas, sobretudo a partir da década de 1980, no qual a presidência do *Federal Reserve Board* ficou sob a responsabilidade de Alan Greenspan.[166]

---

[164] Segundo definição institucional do Conselho de Estabilidade Financeira (FSB), *shadow banking system* pode ser definido como o conjunto de entidades que efetuam a administração e a intermediação de recursos financeiros fora do sistema bancário tradicional. Disponível em: http://www.financialstabilityboard.org/publications/c_130129y.pdf. Acesso em 01.08.2013. No entanto, de componente acessório do sistema financeiro, o *shadow banking system* tornou-se, em 2007, maior do que o sistema bancário tradicional. Conforme será ressaltado a seguir, "*o que ficou claro em 2008 – e que deveria ter sido percebido muito antes – foi que os bancos paralelos impõem os mesmos riscos dos bancos convencionais. Como instituições depositárias, eles são altamente alavancados; como os bancos convencionais, eles podem ser derrubados por pânicos autorrealizáveis. Portanto, à medida que se tornava importante, a atividade bancária paralela deveria ter sido submetida a uma regulação semelhante à que se aplica à atividade bancária convencional*" (KRUGMAN, Paul. *Um basta à depressão econômica!*: propostas para uma recuperação plena e real da economia mundial. Trad. Afonso Celso da Cunha Serra. Rio de Janeiro: Elsevier, 2012, p. 57).

[165] Os motivos do crescimento significativo do *shadow banking system* serão detalhados a seguir.

[166] A gestão de Alan Greenspan durou mais de dezoito anos, correspondendo ao período de maio de 1987 a janeiro de 2006. Segundo Paul Krugman, o mandato de Alan Greenspan coincidiu com um período de boa conjuntura econômica norte-americana. O autor atribui a Paul Volcker, antecessor de Alan Greenspan, o grande mérito de restaurar o "*controle sobre a inflação, alcançando esse resultado por meio de políticas monetárias restritivas, que acarretaram forte desaceleração econômica, mas que acabaram quebrando a espinha dorsal da psicologia inflacionária*" (KRUGMAN, Paul. *A crise de 2008 e a economia da depressão*. Trad. Afonso Celso da Cunha Serra. Rio de Janeiro, Elsevier, 2009, p. 146).

CAPÍTULO 1 - A ATIVIDADE FINANCEIRA COMO ELA É

Tamanha era a força da confiança nos mercados que o período foi taxado de Era da "Grande Moderação"[167] por seu sucessor, Ben Bernanke, em famoso discurso proferido em 20 de fevereiro de 2004.[168] Estavam os norte-americanos certos em pensar assim?

Em verdade, pode-se dizer que o período reputado moderado é um momento de complacência norte-americana[169] com distorções financeiras percebidas na economia do país.

A despeito do desfrute conjuntural de um ambiente de baixa inflação, taxas de juros relativamente baixas nos principais países mundiais e alta liquidez internacional desde a década de 1990 e durante a primeira década do século XXI,[170] os Estados Unidos da América definiram uma política financeira relativamente insustentável ao longo do tempo.

---

[167] Quanto à força dos ciclos econômicos, Ben Bernanke argumentava na época que *"a política macroeconômica moderna havia resolvido o problema dos ciclos econômicos – ou, mais exatamente, reduzido a magnitude da questão, que agora não seria mais que mero contratempo, em vez de alta prioridade"* (KRUGMAN, Paul. *Op. Cit*, p. 10).

[168] A íntegra do discurso se encontra disponível no seguinte endereço eletrônico: http://www.federalreserve.gov/boarddocs/speeches/2004/20040220/default.htm. Acesso em 01.11.2012.

[169] Cf. MALAN, Pedro Sampaio. *Uma visão abrangente sobre a crise e o processo de sua superação*. In: GIAMBIAGI, Fábio; GARCIA, Marcio (org.). *Risco e regulação*: por que o Brasil enfrentou bem a crise e como ela afetou a economia mundial. 3. ed. Rio de Janeiro: Elsevier, 2010, p. 50.

[170] O período em questão foi marcado pela queda das taxas de inflação no mundo, em um momento de abertura dos mercados (globalização) e, simultaneamente, de crescimento econômico global dos países emergentes, que, relativamente descompassado do crescimento do consumo doméstico, levou a um aumento de poupança mundial. Tal processo de elevação da poupança mundial gerou um aumento de liquidez internacional e uma pressão forte nas taxas de juros no longo prazo, o que provocou forte alta no preço dos ativos, inclusive o aumento no preço dos bens imóveis em quase todo o mundo, inclusive no Brasil. Sobre o tema, v. GREENSPAN, Alan. *A era da turbulência*: aventuras em um novo mundo. Epílogo. Trad. Afonso Celso da Cunha Serra. Rio de Janeiro: Elsevier, 2008, p. 11-14, *passim*; e SHILLER. Robert. *Finanças para uma boa sociedade*: como o capitalismo financeiro pode contribuir para um mundo mais justo. Trad. Afonso Celso da Cunha Serra. Rio de Janeiro: Elsevier, 2012, p. 157. Alan Greenspan resume o período de 2000 a 2007 da seguinte forma, *in verbis*: *"Entre 2000 e 2007, a taxa de crescimento real do PIB do mundo em desenvolvimento foi quase o dobro da do mundo desenvolvido. (...) Como o consumo no mundo em desenvolvimento estava baixo, talvez por razões culturais, por causa do acesso inadequado ao crédito de consumo ou como reação à crise asiática, ele não acompanhou o aumento de renda. Em conseqüência, a taxa de poupança do mundo em desenvolvimento passou de 23% do PIB nominal em 1999 para 33% em 2007, ultrapassando de longe a taxa de investimento. Diante da lenta retomada do investimento no restante do mundo, o resultado foi uma queda pronunciada nas*

Em linhas gerais, o plano político de atuação financeira norte-americana alicerçou as bases do crescimento econômico em estratégias simultâneas de redução de tributos e incentivos ao consumo das famílias, de um lado, e aumento de despesas públicas por outro lado, haja vista o financiamento extremamente custoso de guerras externas.

Com isso, assumiu o Tesouro norte-americano o ônus de suportar sucessivos déficits fiscais, às custas do poder de emissão de dívida pública em dólares norte-americanos, com fortes impactos orçamentários, dentro de um contexto de baixa inflação mundial, sendo isso possível porque havia um movimento forte de deslocamento da poupança mundial gerada no período histórico em questão para a aquisição de ativos lastreados em dólares norte-americanos, sobretudo títulos do Tesouro norte-americano.

Portanto, a questão que resulta disso é se a estratégia política de tornar-se o grande tomador e o principal gastador de última instância seria sustentável ao Estados Unidos da América.[171]

Paralelamente, foram assumidos déficits em conta corrente no balanço de pagamentos,[172][173] já que o consumo não estava relacionado à produção nacional, mas, em grande parte, a produtos importados, principalmente da China.[174]

---

taxas de juros de longo prazo no mundo inteiro, entre 2000 e 2005" (GREENSPAN, Alan. *O mapa e o território*: risco, natureza e o futuro das previsões. São Paulo: Portfolio-Penguin, 2013, p. 63).

[171] Dessa forma, tem-se presente que *"a conclusão é que os Estados Unidos acomodam e compensam ou absorvem qualquer coisa que o mundo lhe atire, pois, como emissor da principal moeda do planeta, não está sujeito a restrições externas: os Estados Unidos têm sido capaz, pelo menos até agora, de tomar emprestado tanto quanto quiser, em sua própria moeda, a taxas de juros baixas (nominais e reais). O mercado parece não recear o colapso inflacionário do dólar – ou, mais exatamente, age como se acreditasse (provavelmente, à luz da experiência) que os governos externos entrarão em cena para amparar o dólar sempre que os financiamentos privados se mostrarem inadequados"* (WOLF, Martin. *A reconstrução do sistema financeiro global*. Trad. Afonso Celso da Cunha. Rio de Janeiro: Elsevier, 2009, p. 101).

[172] Simplificadamente, o balanço de pagamentos é um instituto que representa a circulação de relações econômicas de um país com o resto do mundo, através do qual se contabiliza tudo que ingressa no país e é remetido para o exterior, o que inclui, principalmente, fluxos financeiros pertinentes ao comércio exterior de produtos e serviços, bem como fluxos financeiros de transferências de capital.

[173] A título ilustrativo, Ben Bernanke justificava ser possível manter sucessivos déficits de contas correntes no balanço de pagamentos norte-americanos devido a uma *"superabundância de poupança global"* que migrava para os Estados Unidos da América, cf. WOLF, Martin. *Op. Cit.*, p. 60.

[174] Conforme Martin Wolf, *"a China, hoje, desempenha, em condições singulares, duplo papel na economia mundial: é, ao mesmo tempo, a maior exportadora de capital (como o Reino Unido, em fins do*

No entanto, ainda que houvesse uma intensa demanda externa por ativos financeiros negociados no país e títulos do Tesouro norte-americano,[175] [176] mesmo com a conversão da poupança mundial em ativos lastreados em dólares norte-americanos, mostrou-se, com o tempo, a dificuldade em cobrir os déficits constantes no balanço de pagamentos.

Ademais, a Era da "Grande Moderação" negligenciou questões importantes: (i) o excessivo endividamento das famílias e a correspondente redução da poupança interna, com base na crença da valorização permanente dos ativos norte-americanos e manutenção da inflação em patamares baixos; (ii) a possibilidade de enfraquecimento do crescimento econômico e do declínio do nível de emprego; (iii) a complacência estatal em estruturar estratégias sistêmicas de regulação prudencial, inclusive para o *shadow banking system*; e (iv) as limitações de eficácia da política monetária do FED.

Em relação a tais questões, pode-se dizer que um grande aprendizado decorrente dessa crise é que, atualmente, em razão da ampla globalização do sistema financeiro, não faz muito sentido separar aspectos macroeconômicos e microeconômicos da análise de eficiência da estratégias regulatórias financeiras sistêmicas.

---

século XIX) e o gigante emergente em mais rápido crescimento (como os Estados Unidos, naquela época)" (WOLF, Martin. *Op. Cit.*, p. 82).

[175] O período em questão assistiu à consumação de estratégias estatais de vários países no sentido de adquirir ativos financeiros norte-americanos, especialmente títulos do Tesouro norte-americano, seja para dar destino aos recursos decorrentes dos superávits em conta corrente – tal como a China – ou como estratégia de gestão de incremento de reservas internacionais, com vistas a criar um colchão de liquidez cambial para proteção contra choques externos. Ademais, não se pode deixar mencionar a atuação dos fundos soberanos, instituídos por diversos países, na aquisição intensa de ativos financeiros negociados no sistema financeiro norte-americano.

[176] A demanda por títulos de longo prazo do Tesouro norte-americano era tão elevada a ponto de o mercado aceitar taxas de retorno menores para títulos da maior prazo relativamente aos títulos de menor prazo, o que evidenciava uma assimetria gritante se considerado que maiores prazos envolvem maiores riscos e, portanto, as taxas de retorno tendem, fortemente, a ser maiores. Ademais, não faz sentido, sob a ótica econômica, haver taxas de juros relativamente baixas em cenários de expansão econômica, o que ocorria à época. Essa insensibilidade do mercado à política monetária do FED na metade da década passada foi apelidada de *"conundrum"* ou "charada" por Alan Greenspan. V. FERGUSON, Niall. *A ascensão do dinheiro*: a história financeira do mundo. Trad. Cordelia Magalhães. São Paulo: Planeta do Brasil, 2009, p. 113-114.

Nesse sentido, os diversos fatores macroeconômicos e microeconômicos conjunturais de expansão econômica narrados interagiram e deveriam ter sido considerados pelos formuladores de política pública norte-americanos, quais sejam: (i) a ocorrência conjunta da alta liquidez internacional e da elevada demanda externa por ativos financeiros norte-americanos, sem que houvesse repercussão significativa na inflação de preços em geral e desinfluente o preço dos imóveis,[177] eis que o núcleo de inflação (*PCE core*) medido pelo FED expurgava os preços de alimentação, energia e casa própria;[178] (ii) o nível de taxas de juros relativamente baixos para títulos do Tesouro norte-americano, o que incentiva o consumo e a assunção de maiores riscos; (iii) o elevado endividamento das famílias norte-americanas, acompanhado pela redução no nível de poupança interna e quedas graduais do nível de emprego ao longo dos anos; e (iv) a arbitragem regulatória gerada pela revogação do *Glass-Steagall Act* no âmbito do sistema financeiro norte-americano, o que deu ensejo ao crescimento expressivo do *shadow banking system*, que não foi acompanhado por restrições regulatórias prudenciais correspondentes e estudos de impacto regulatório idôneos que pudessem apontar potencialidades de riscos sistêmicos.

Quanto ao ponto, em primeiro lugar, é importante dizer que estratégias de desregulação podem trazer resultados eficientes. O que não se pode aceitar são estratégias de desregulação desacompanhadas de esforços regulatórios de monitoramento quanto a resultados.

Em segundo lugar, a migração dos riscos financeiros para os mercados financeiros menos regulados, enquanto atitude de arbitragem regulatória, era consequência comportamental natural que foi ignorada pelas autoridades regulatórias norte-americanas.

---

[177] O relaxamento da política monetária pelo FED se mostrou viável em razão da destinação da poupança mundial aos Estados Unidos da América, em um cenário baixa de juros no mundo inteiro, o que incentivou o mercado imobiliário, conforme será visto a seguir. V. TAYLOR, John. *Risco sistêmico e papel do governo*. In: GIAMBIAGI, Fábio; GARCIA, Marcio (org.). *Risco e regulação*: por que o Brasil enfrentou bem a crise e como ela afetou a economia mundial. 3. ed. Rio de Janeiro: Elsevier, 2010, p. 21.

[178] Cf. CASTRO, Marcelo. *O que aprendemos com a crise?* In: GIAMBIAGI, Fábio; GARCIA, Marcio (org.). *Risco e regulação*: por que o Brasil enfrentou bem a crise e como ela afetou a economia mundial. 3. ed. Rio de Janeiro: Elsevier, 2010, p. 85. A explicação para a incidência do expurgo, segundo Marcelo Castro, era a sazonalidade dos preços nesses segmentos econômicos, o que tenderia a distorcer a medição do índice.

Em terceiro lugar, assumir riscos relativamente maiores, em termos sistêmicos, significa interagir com setores econômicos marginais, onde a qualidade do devedor e do crédito em si são inferiores aos riscos normais de crédito e de mercado. Além disso, permitir a alavancagem financeira para o financiamento desses setores é ingrediente apto a gerar uma crise financeira de grande escala,[179] tal como ocorreu no caso sob análise.

Por fim, é mais provável que escolhas de mercado que envolvem riscos financeiros maiores tendam a ser direcionadas a setores econômicos com maiores garantias estatais implícitas e/ou forte apelo político.

Nesse sentido, como a promessa política de casa própria a todos os norte-americanos faz parte do discurso e da plataforma de governo tanto dos democratas quanto dos republicanos, não haveria escolha melhor: entra em cena o mercado imobiliário do segmento *subprime*.

A propósito, se há algum setor que serve como exemplo recorrente no sentido de ser gerador de "bolhas de preços"[180] e fonte de instabilidade financeira, esse é o setor imobiliário habitacional. Sem por um lado, "encorajar a compra da casa própria vale a pena e é um objetivo nacional admirável",[181] por outro lado, não podem ignorados os riscos de pagamento, sobretudo em mercados marginais de crédito.

---

[179] Conforme John Welch, *"A alavancagem excessiva é o denominador comum de todas as crises financeiras conhecidas. O desenvolvimento progressivo da complexidade foi fomentado pelas sucessivas reformas regulatórias que foram, na sua natureza, retrospectivas, isto é, combatiam sempre 'a última guerra', e não a seguinte. A alavancagem, se não foi o causa, foi, com certeza, o explosivo usado em cada uma dessas crises financeiras"* (WELCH, John H. *Futurologia financeira global*: implicações do pós-crise. In: GIAMBIAGI, Fábio; BARROS, Octavio (org.). *Brasil pós-crise*: agenda para a próxima década. Rio de Janeiro, Elsevier, 2009, p. 42).

[180] A propósito do processo estouro de bolhas de preços, Alan Greenspan o descreve do seguinte modo, *in verbis*: *"As bolhas estouram quando determinada massa crítica de participantes do mercado constata que as projeções de rendimentos futuros que servem de base para os preços dos ativos – títulos podres com altas taxas de juros, por exemplo, ou seus derivativos – são inatingíveis. Nesse momento, a realidade se reafirma com intensidade surpreendente"* (GREENSPAN, Alan. *A era da turbulência*: aventuras em um novo mundo. Epílogo. Trad. Afonso Celso da Cunha Serra. Rio de Janeiro: Elsevier, 2008, p. 39).

[181] SHILLER, Robert J. *A solução para o subprime*: saiba o que gerou a atual crise financeira e o que fazer a respeito. Trad. Eliana Bussinger. Rio de Janeiro: Elsevier, 2009, p. 5.

Nos Estados Unidos da América, em termos institucionais, o suporte financeiro no mercado habitacional é dado por entidades integrantes das denominadas *Government-Sponsored Enterprises (GSEs)*, instituídas pelo Congresso norte-americano e constituídas com objetivos de fomento aos financiamentos habitacionais de longo prazo, com destaque para a *Federal National Mortgage Association (FNMA) – Fannie Mae* e a *Federal Home Loan Mortgage Corporation (FHLMC) – Freddie Mac*.

A despeito de não ser a *Fannie Mae* e *Freddie Mac* entidades estritamente públicas,[182] assemelhando-se a agências de fomento com capital misto (público e privado), o suporte político às suas finalidades sempre foi marca institucional.

O mercado imobiliário norte-americano é constituído por segmentos específicos, delimitados de acordo com graus respectivos de risco de crédito. Em todos eles, a avaliação racional dos riscos de crédito deve seguir a lógica dos "cincos Cs", a saber: (i) o caráter, (ii) as condições, (iii) a capacidade, (iv) o capital e (v) o colateral.[183]

Seguida tal lógica, o sistema financeiro, ao conceder crédito, deve avaliar a reputação subjetiva do tomador no mercado (caráter), as tendências de conjuntura econômica (condições), a capacidade econômica de pagamento do tomador (capacidade), a situação econômico-patrimonial do tomador (capital) e a garantia contratual atrelada ao crédito, que geralmente envolve a constituição de hipoteca sobre o imóvel objeto de financiamento habitacional (colateral).

De todos os segmentos, o mercado imobiliário *subprime* é o segmento habitacional que envolve maior risco de pagamento, eis que direcionado a pessoas com pouco patrimônio, menores níveis de renda ou histórico problemático de crédito, o que envolve, em contrapartida, taxas de retorno maiores.

Notadamente, o sistema bancário tradicional, sujeito à restrições regulatórias prudenciais, não teria muitos incentivos econômicos à concessão de financiamento habitacional ao segmento *subprime*, devido aos altos riscos de crédito.

---

[182] A natureza e a composição do capital das *GSEs* foram modificadas ao longo do tempo, embora inicialmente tivessem sido constituídas à semelhança do formato societário das empresas públicas brasileiras.
[183] Cf. GUIMARÃES, André Luiz de Souza; LIMA, Jorge Cláudio Calvalcante de Oliveira. *Avaliação do risco de crédito no Brasil*. In: GIAMBIAGI, Fábio; GARCIA, Marcio (org.). *Risco e regulação*: por que o Brasil enfrentou bem a crise e como ela afetou a economia mundial. 3. ed. Rio de Janeiro: Elsevier, 2010, p. 209.

Assim, a solução financeira encontrada foi utilizar uma estrutura financeira paralela ao sistema bancário tradicional para financiamentos imobiliários nesse segmento que fosse atrativa aos investidores e surge daí o mecanismo de securitização de recebíveis imobiliários, atrelado a derivativos.[184]

Segundo Niall Ferguson, desde a década de 1980,[185] o sistema financeiro norte-americano já usava processos de securitização de obrigações derivadas de contratos imobiliários garantidos por hipotecas.[186] A título ilustrativo, o volume de títulos garantidos por hipotecas imobiliárias geridas no âmbito das *GSEs* cresceu de US$200 milhões para US$4 trilhões entre 1980 e 2007,[187] com ênfase no fato de que o volume desse mercado triplicou entre 2002 e 2005.[188]

Tratava-se, portanto, de um mercado atrativo e em intensa expansão, sobretudo porque o mercado imobiliário crescia em ritmo forte, conjuntamente à progressiva valorização dos imóveis nos Estados Unidos da América. Se a securitização imobiliária funcionava muito bem no segmento *prime* de crédito, por que não estendê-la ao segmento *subprime* em troca de maiores retornos financeiros, já que os valores dos imóveis norte-americanos encontravam-se em tendência de alta por décadas e as taxas de juros relativamente baixas nos últimos anos?

A lógica financeira básica de um processo de securitização é simples. Inicialmente, o agente financeiro efetua a reunião ou o agrupamento de diversas

---

[184] Em sua formulação conceitual simples, derivativos são ativos cujo lastro financeiro é oriundo de outro ativo preexistente. Especificamente com relação aos derivativos de crédito, Otávio Yazbek expõe que tais instrumentos financeiros surgiram, principalmente, como decorrência de regimes regulatórios prudenciais mais rigorosos a partir do fim da década de 1980, notadamente o início de execução dos Acordos de Basileia, cf. Yazbek. YAZBEK, Otávio. *Os Derivativos e seu Regime Jurídico* – Modalidades Contratuais, Problemas de Interpretação e Riscos Legais. In: CANTIDIANO, Luiz Leonardo; MUNIZ, Igor (Org.). *Temas de Direito Bancário e do Mercado de Capitais*. Rio de Janeiro: Renovar, 2014, p. 463.

[185] De acordo com Robert Shiller, as primeiras emissões de recebíveis imobiliários (processos de securitização) nos Estados Unidos da América foram feitas pela Freddie Mac e Fannie Mae, respectivamente, em 1971 e 1981. V. SHILLER. Robert. *Finanças para uma boa sociedade*: como o capitalismo financeiro pode contribuir para um mundo mais justo. Trad. Afonso Celso da Cunha Serra. Rio de Janeiro: Elsevier, 2012, p. 55.

[186] FERGUSON, Niall. *A ascensão do dinheiro*: a história financeira do mundo. Trad. Cordelia Magalhães. São Paulo: Planeta do Brasil, 2009, p. 243.

[187] *Ibid.*, p. 243.

[188] Cf. GREENSPAN, Alan. *A era da turbulência*: aventuras em um novo mundo. Epílogo. Trad. Afonso Celso da Cunha Serra. Rio de Janeiro: Elsevier, 2008, p. 16.

obrigações imobiliárias garantidas por colaterais (hipotecas, em regra) e as consolida em um único agregado patrimonial-financeiro representativo da totalidade dos créditos exigíveis. Em seguida, o processo de securitização permite o fracionamento dos direitos de crédito, transformando-os em títulos de investimento para distribuição no sistema financeiro a potenciais adquirentes. Tais produtos financeiros ficaram mais conhecidos sob o rótulo de *Asset-Backed Securities* (ABS).[189]

O título de investimento gerado pelo processo de securitização pode ser uma alternativa financeira interessante. Além de a reunião de diversos créditos securitizados consistir em elemento de diversificação de riscos isolados de inadimplência de crédito, o adquirente recebe remunerações correspondentes aos pagamentos das obrigações imobiliárias, além da valorização do título na medida em que os imóveis securitizados aumentam seu preço de mercado e, em último caso, os créditos securitizados estão garantidos por colaterais.

No entanto, o processo de securitização não era tão simples assim. Através de inovações financeiras, criou-se a possibilidade de divisão dos ABS em faixas (ou *tranches*) ordenadas segundo a prioridade para o recebimento das taxas de retorno do investimento, sobretudo juros.

Assim, o adquirente de *tranches* superiores, de menores riscos, tinha maior garantia de recebimento dos juros, embora os juros fossem menores em relação às *tranches* inferiores. A tais *tranches* superiores, representativos de novos títulos de investimento, era comum que as grandes agências de *rating* atribuíssem grau máximo de investimento: o famoso "AAA". Mas as inovações financeiras não paravam por aí.

Posteriormente, todas as *tranches*, inclusive as medianas e menores, decorrentes do processo de securitização inicial, passavam por novo processo financeiro, dando origem a novos ABSs reestruturados e divididos em *tranches*, gerando derivativos de crédito em relação ao ABS original, conhecidos como *Collateralized Debt Obligations* – CDOs,[190] os quais, muitas vezes, também recebiam das agências de *rating*, com o passar do tempo, grau máximo de investimento.

---

[189] Uma denominação alternativa é *Mortgage Backed Securities (MBS)*.
[190] Havia títulos com as mesmas características, mas nomes diferentes: os *Collateralized Mortgage Obligations* (CMOs) e os *Collateralized Loan Obligations* (CLOs).

Como fator adicional, foram criados derivativos de seguros de crédito (*swap* de créditos) – ou *Credit Default Swaps* (CDSs) –, oferecidos, sobretudo, pela American International Group (AIG), caso o adquirente de CDOs quisesse se proteger dos riscos de *default* de crédito relativos a esses títulos de investimento.

Ademais, a estrutura patrimonial-financeira interna dos ABSs não era padronizada, eis que sua composição continha empréstimos imobiliários diferentes uns dos outros. Conforme observado por Mailson da Nóbrega, havia "ofertas de empréstimos exóticos, com baixa exigência de documentação, amortizações negativas nos primeiros anos e outras opções de pagamento que disfarçavam seus riscos".[191]

Logo, os processos de securitização tornavam-se cada vez mais complexos e arriscados. Além disso, diversas distorções eram geradas pela atuação dos intermediários financeiros e tomadores dos empréstimos, a saber: (i) os contratos imobiliários hipotecários eram firmados com base em valores superestimados de mercado dos imóveis financiados e (ii) havia cláusulas de pagamento de principal e juros em diversos formatos, inclusive com a permissão para o pagamento de parcelas do financiamento a título somente de juros, sem amortização do principal, ou o pagamento de valores relativamente baixos nas parcelas iniciais.[192] Definitivamente, "não são as velhas hipotecas de trinta anos com juros fixos inventadas no *New Deal*".[193]

Toda essa engenharia financeira era alimentada pelos diversos fatores econômicos já mencionados. A Era da "Grande Moderação", de fato, foi um período histórico duradouro de inflação mundial relativamente baixa e de taxas de juros dos títulos do Tesouro norte-americano igualmente baixas, em um contexto de alta liquidez internacional, de grande demanda por ativos financeiros norte-americanos e de crença no enfraquecimento da força dos ciclos econômicos, que estava relacionada tanto ao reconhecimento do sucesso relativo da gestão macroeconômica efetuada pelos Bancos Centrais e demais

---

[191] NOBREGA, Mailson. *Origens da Crise*. In: GIAMBIAGI, Fábio; GARCIA, Marcio (org.). *Risco e regulação*: por que o Brasil enfrentou bem a crise e como ela afetou a economia mundial. 3. ed. Rio de Janeiro: Elsevier, 2010, p. 13.
[192] FERGUSON, Niall. *A ascensão do dinheiro*: a história financeira do mundo. Trad. Cordelia Magalhães. São Paulo: Planeta do Brasil, 2009, p. 248.
[193] *Ibid.*, p. 248.

reguladores financeiros quanto à capacidade de autorregulação eficiente dos mercados, razão pela qual havia incentivos intensos à busca de investimentos com maiores taxas de retorno.

No âmbito doméstico norte-americano, o consumo e o endividamento excessivo das famílias norte-americanas não era visto como problema.[194] Ao contrário, os incentivos ao consumo e ao endividamento eram grandes, devido ao já mencionado baixo nível das taxas de juros norte-americanas e ao aparente crescimento da capacidade econômica de pagamento dos norte-americanos em razão da valorização dos seus ativos financeiros, especialmente imóveis.

Por exemplo, se o valor de mercado de um imóvel aumentava, ainda que sem quitação integral, o titular do financiamento imobiliário aumentava sua capacidade financeira para aquisição de quaisquer financiamentos, inclusive para outros financiamentos imobiliários.

Em suma, *"o aumento da demanda por imóveis formou uma bolha, enquanto as taxas de juros baixas estimulavam a realização de mais de uma hipoteca sobre o mesmo imóvel"*[195] ou a valorização do imóvel servia como garantia para novos empréstimos, o que alimentava a bolha.[196]

Nesse estado de coisas, contava-se com a manutenção do nível de emprego dos norte-americanos e a continuidade da tendência de alta dos valores dos ativos financeiros norte-americanos para a progressão da política econômica de incentivo ao consumo adotada nos Estados Unidos da América.[197]

Aliado a tudo isso, o sistema financeiro norte-americano passava por mudanças estruturais significativas. Com a revogação *Glass-Steagall Act* e a

---

[194] Segundo levantamento feito em 2007, 40% dos americanos titulares de cartão de crédito não pagavam integralmente a fatura do seu principal cartão de crédito, cf. FERGUSON, Niall. *Op. Cit.*, p. 17. De acordo com Robert Shiller, , entre 2001 e 2007, *"a dívida das famílias, inclusive a dívida hipotecária e no cartão de crédito, duplicou, de US$7 trilhões para US$14 trilhões"* (SHILLER. Robert. *Finanças para uma boa sociedade*: como o capitalismo financeiro pode contribuir para um mundo mais justo. Trad. Afonso Celso da Cunha Serra. Rio de Janeiro: Elsevier, 2012, p. 157).

[195] NOBREGA, Mailson. *Origens da Crise*. In: GIAMBIAGI, Fábio; GARCIA, Marcio (org.). *Risco e regulação*: por que o Brasil enfrentou bem a crise e como ela afetou a economia mundial. 3. ed. Rio de Janeiro: Elsevier, 2010, p. 13.

[196] NOBREGA, Mailson. *Op. Cit.*, p. 13.

[197] Conforme Niall Ferguson, *"os empréstimos subprime funcionaram lindamente enquanto as taxas de juros ficaram baixas, enquanto as pessoas mantiveram seus empregos e enquanto os preços dos imóveis continuaram a subir"* (FERGUSON, Niall. *A ascensão do dinheiro*: a história financeira do mundo. Trad. Cordelia Magalhães. São Paulo: Planeta do Brasil, 2009, p. 251).

extinção da segregação financeira das atividades bancárias e de investimento, assistiu-se ao crescimento avassalador do *shadow banking system*, que não estava sujeito à regulação financeira prudencial típica dos bancos tradicionais e, por isso, não estava limitado a níveis prudenciais de alavancagem ou sujeito a exigências regulatórias mais criteriosas sobre riscos de créditos.

Assim, os bancos de investimento – *Bear Sterns, Merril Lynch, Lehmann Brothers, Morgan Stanley* e *Goldman Sachs* eram os principais[198] – passaram a assumir participação relevante de mercado, bem como, por exemplo: (i) fundos de investimentos ou de *private equity*, (ii) *hedge funds*, (iii) fundos de pensão, (iv) veículos especiais de investimentos (*SIVs*), (v) veículos de propósito específico (*SPVs*), (vi) bancos regionais especializados em crédito hipotecário, (vii) GSEs e (viii) outros tipos de instituições financeiras não-bancárias no sistema financeiro norte-americano, sem que houvesse o desenho de uma estratégia regulatória capaz de lidar com a arbitragem gerada, eis que o *shadow banking system* não contava com a mesma intensidade regulatória imposta ao sistema bancário tradicional.[199]

Os incentivos apontavam em uma única direção: distribuir, através de processos de securitização e instrumentos financeiros dos mercados de derivativos, de forma alavancada, os riscos financeiros do sistema, sobretudo riscos do segmento imobiliário *subprime*, ao *shadow banking system*, sob a confiança de que modelos econométricos de riscos seriam capazes de permitir uma gestão adequada dos riscos financeiros. E assim foi feito.[200]

---

[198] No começo de 2007, os balanços patrimoniais dos cinco grandes bancos de investimentos norte-americanos totalizavam US$4 trilhões, enquanto os ativos totais dos cinco principais conglomerados bancários nos Estados Unidos da América, na mesma época, totalizavam US$6 trilhões e os ativos totais do sistema bancário US$10 trilhões. Portanto, a importância dos bancos de investimento no sistema financeiro norte-americano era imensa. V. KRUGMAN, Paul. *A crise de 2008 e a economia da depressão*. Trad. Afonso Celso da Cunha Serra. Rio de Janeiro, Elsevier, 2009, p. 169.
[199] V. FARHI, Maryse; PRATES, Daniela Magalhães. *O shadow banking system no "pós-crise"*. In: MODENESI, André de Melo et. al. (orgs.). *Sistema financeiro e política econômica em uma era de instabilidade*: tendências mundiais e perspectivas para as economia brasileira. Rio de Janeiro: Elsevier, 2012, p. 93.
[200] Em suma, são essas as razões principais para a explicação da bolha imobiliária norte-americana. Além da ênfase do *FED* em medir a inflação (*PCE core*) com a exclusão dos preços de alimentação, energia e casa própria, conforme já ressaltado, o desenho regulatório financeiro norte-americano permitiu, através da securitização das dívidas imobiliárias, a

O mecanismo de transferência de riscos financeiros seguia a lógica da emissão-distribuição. O sistema bancário tradicional, sujeito a restrições regulatórias prudenciais, efetuava os empréstimos imobiliários e repassava os respectivos riscos de crédito ao *shadow banking system*, via processo de securitização, sem comprometimento financeiro-patrimonial contábil (*off-balance sheet*), o que lhes permitia multiplicar suas operações sob um mesmo nível de capital regulatório exigível.[201]

Simultaneamente, o sistema bancário tradicional concedia liquidez financeira ao *shadow banking system* para a aquisição dos próprios créditos securitizados (ABSs) ou CDOs, já que as instituições financeiras não-bancárias podiam se alavancar e ainda havia a possibilidade de proteção financeira através da contratação de CDSs.

Dessa forma, os bancos tradicionais estavam, essencialmente, financiando as posições alavancadas do *shadow banking system* através de mecanismos financeiros que não comprometiam seus balanços patrimoniais-financeiros (*off-balance sheet*).[202] Ou seja, conforme John Welch, "os bancos de investimento e

transferência dos riscos a instituições não-bancárias demasiadamente alavancadas e com baixa carga regulatória. V. CASTRO, Marcelo. *O que aprendemos com a crise?* In: GIAMBIAGI, Fábio; GARCIA, Marcio (org.). *Risco e regulação*: por que o Brasil enfrentou bem a crise e como ela afetou a economia mundial. 3. ed. Rio de Janeiro: Elsevier, 2010, p. 85-86.

[201] A lógica da emissão-distribuição é assim descrita por Maryse Farhi e Daniela Magalhães Prates, *in verbis*: "No início do século XXI, esse modelo, denominado 'originar a distribuir' (títulos lastreados nos créditos concedidos), e, com isso, a natureza da atividade bancária, sofreu uma mudança quantitativa e qualitativa em função do acirramento do processo de arbitragem regulatória num ambiente de taxas de juros historicamente baixas e afrouxamento dos controles sobre as instituições e mercados financeiros. Essa mudança ocorreu quando os bancos comerciais (ou universais com carteira comercial) desenvolveram e passaram a negociar, em grandes volumes, nos opacos e desregulamentados mercados de balcão, duas inovações financeiras – os 'produtos estruturados' e os derivativos de crédito. Estas inovações financeiras possibilitaram aos bancos expandir fortemente a retirada dos riscos de crédito de seus balanços com o objetivo de alavancar suas operações sem ter de reservar os coeficientes de capital requeridos pelos Acordos de Basiléia*" (FARHI, Maryse; PRATES, Daniela Magalhães. *Op. Cit.*, p. 91-92).

[202] Operações "*off-balance sheet*" podem ser descritas da seguinte forma, *in verbis*: "A designação 'fora do balanço' refere-se, genericamente, a dois tipos de situações: por um lado, a entidades detidas a menos de 100% por uma empresa-mãe, da qual, no entanto, se autonomizam legalmente (off-balance-sheet entities) e de que os veículos de investimento estruturado (SIV – Structured Investment Vehicles) constituem exemplo de maior relevo; por outro lado, a operações como a prestação de garantias, a intermediação na realização de negócios, a prestação de serviços diversificados baseados em comissões ou a titularização de créditos, que apenas envolvem responsabilidade contingentes (off-balance-sheet activities). As entidades 'fora do balanço' visam, em geral, auxiliar o financiamento de novos empreendimentos: estas empresas

as divisões do mercado de capitais dos bancos múltiplos foram os geradores das estruturas financeiras que pouparam capital dos balanços dos bancos".[203]

Por sua vez, a regulação do sistema financeiro norte-americano mostrava-se insensível aos riscos, pois acreditava-se na autorregulação financeira dos mercados e na suposta confiança em métodos técnicos de avaliação de risco financeiro, notadamente riscos de crédito e de mercado, que seguiam informações lastreadas em notas dadas por agências de *rating* à qualidade dos ativos financeiros integrantes das carteiras das instituições financeiras.

Aparentemente, tudo corria bem enquanto o crescimento econômico norte-americano seguia sua tendência de alta, devidamente acompanhado pela valorização dos preços dos imóveis e alto nível de emprego nos Estados Unidos da América. Confiava-se no fato de que não havia uma queda generalizada nos preços dos imóveis nos Estados Unidos da América desde a depressão pós-crise de 1929.[204]

Entretanto, com a desaceleração da economia norte-americana e o aumento do desemprego, os sinais de crise financeira já eram evidenciados. O valor de mercado dos imóveis passou à tendência de queda acentuada, o que comprometia a capacidade econômica dos tomadores, já excessivamente deteriorada, bem como as possibilidades de expansão do mercado imobiliário se mostravam limitadas.

Além disso, verificou-se um aumento significativo no inadimplemento dos pagamentos relativos aos financiamentos imobiliários, o que era agravado pelo alto nível de endividamento dos norte-americanos, especialmente

---

são utilizadas para acolherem o risco do novo empreendimento que para as mesmas é transferido pela empresa-mãe, escusando esta de sujeitar os seus accionistas a esforços financeiros suplementares ou de sobrecarregar as suas responsabilidades" (FERREIRA, António Pedro A. *O Governo das Sociedades e a Supervisão Bancária* – Interacções e Complementaridades. Lisboa: Quid Juris, 2009, p. 126).

[203] WELCH, John H. *Futurologia financeira global*: implicações do pós-crise. In: GIAMBIAGI, Fábio; BARROS, Octavio (org.). *Brasil pós-crise*: agenda para a próxima década. Rio de Janeiro, Elsevier, 2009, p. 45.

[204] V. NOBREGA, Mailson. *Origens da Crise*. In: GIAMBIAGI, Fábio; GARCIA, Marcio (org.). *Risco e regulação*: por que o Brasil enfrentou bem a crise e como ela afetou a economia mundial. 3. ed. Rio de Janeiro: Elsevier, 2010, p. 14. Nesse sentido, pode-se dizer que a complacência fundamental dos reguladores norte-americanos consistiu em atuar sob a premissa de que os preços dos imóveis sempre sobem, cf. SHILLER. Robert. *Finanças para uma boa sociedade*: como o capitalismo financeiro pode contribuir para um mundo mais justo. Trad. Afonso Celso da Cunha Serra. Rio de Janeiro: Elsevier, 2012, p. 55.

no segmento *subprime*. Os norte-americanos mais pobres estavam muito endividados.[205]

Os sinais mais intensos do início da crise financeira foram percebidos no segundo semestre de 2007,[206] quando grandes prejuízos financeiros relacionados ao mercado imobiliário *subprime* foram tornados públicos. Nesse ano já era perceptível focos de problemas de liquidez nos mercados interbancários, com claros sinais de estresse e aversão ao risco.

Em 15 de setembro de 2008, o banco de investimento *Lehmann Brothers*, um dos líderes do mercado de distribuição dos produtos financeiros ligados ao segmento imobiliário *subprime*,[207] ao ser informado de que não receberia qualquer ajuda financeira do Tesouro norte-americano para reverter sua situação de insolvência, declara falência.

A propósito, trata-se da maior falência da história norte-americana e o marco temporal da última grande crise financeira mundial, cujos efeitos são sentidos até hoje e que, à época, gerou um processo de intenso abalo de confiança dos agentes financeiros uns em relação aos outros, com maior intensidade sobre o sistema bancário paralelo, o qual sofreu uma autêntica "corrida bancária contra não bancos".[208]

---

[205] Cf. STIGLITZ, Joseph E. *O mundo em queda livre*: Os Estados Unidos, o mercado livre e o naufrágio da economia mundial. Trad. José Viegas Filho. São Paulo: Companhia das Letras, 2010, p. 36.

[206] Em março de 2007, Ben Bernanke afirmou que *"o impacto dos problemas do mercado subprime sobre a economia e os mercados financeiros parece estar sob controle"*, cf. STIGLITZ, Joseph E. *O mundo em queda livre*: Os Estados Unidos, o mercado livre e o naufrágio da economia mundial. Trad. José Viegas Filho. São Paulo: Companhia das Letras, 2010, p. 59. Em agosto de 2007, a notícia de que o Banco francês BNP Paribas havia suspendido negociações em três dos seus fundos que detinham instrumentos financeiros atrelados ao mercado imobiliário norte-americano *subprime* consistiu em um dos primeiros sinais mais fortes de que a crise havia iniciado.

[207] Segundo Robert Shiller, os dois grandes líderes do mercado de distribuição dos produtos financeiros ligados ao segmento imobiliário *subprime* eram, na época, o *Countrywide Financial* e o *Lehman Brothers*. V. SHILLER. Robert. *Finanças para uma boa sociedade*: como o capitalismo financeiro pode contribuir para um mundo mais justo. Trad. Afonso Celso da Cunha Serra. Rio de Janeiro: Elsevier, 2012, p. 65.

[208] Cf. FARHI, Maryse; PRATES, Daniela Magalhães. *Op. Cit.*, p. 94. Em outras palavras, *"foram particularmente atingidos os bancos de investimento sujeitos ao tipo de corrida, da parte de seus credores, vivida muitas vezes pelos bancos comerciais antes da criação do seguro para os depósitos, em 1933"* (GREENSPAN, Alan. *O mapa e o território*: risco, natureza e o futuro das previsões. São Paulo: Portfolio-Penguin, 2013, p. 43).

O aumento de aversão ao risco de contraparte gerou uma grave crise de liquidez no sistema financeiro global, já que os ativos financeiros relativos ao mercado imobiliário norte-americano, notadamente do segmento *subprime*, haviam sido adquiridos e constavam da carteira de ativos de diversas instituições financeiras, mas não se sabia, com clareza, o grau de comprometimento financeiro de cada instituição.[209]

Embora fosse inimaginável para alguns, o risco sistêmico materializou-se, o que provocou a atuação dos Bancos Centrais do mundo, em conjunto com as autoridades de finanças públicas, a fim de atenuar os efeitos de uma crise sistêmica de insolvência e de liquidez financeira, até porque "a quarta parte das hipotecas dos Estados Unidos havia ido para o exterior".[210]

Quanto aos Estados Unidos da América, a despeito da falência do *Lehmann Brothers*,[211] o FED viabilizou a aquisição da *Merril Lynch* e da *Countrywide Home Loans* pelo *Bank of America*, bem como a do *Bear Sterns* pelo *JP Morgan Chase*, e os dois outros grandes bancos de investimento – *Morgan Stanley* e *Goldmnan Sachs* – tornaram-se bancos comerciais, em especial para acessar os canais de liquidez do FED.[212] Os cinco principais bancos de investimento, simplesmente, não existiam mais.

---

[209] A propósito da crise sistêmica de liquidez, relevantes são as considerações de Alan Greenspan, *in verbis*: "*Esse período de profundo trauma financeiro começou com a evaporação, totalmente inesperada, da oferta global de crédito de curto prazo, na esteira imediata da falência do Lehman Brothers. Uma ruptura de escala tão global não tinha precedente histórico. Uma corrida aos fundos mútuos de mercado monetário, até então considerados quase isentos de risco, começou poucas horas após o anúncio do default do Lehman, seguida poucos dias depois por uma retirada generalizada do crédito comercial que desencadeou uma espiral de contração econômica global*" GREENSPAN, Alan. *O mapa e o território*: risco, natureza e o futuro das previsões. São Paulo: Portfolio-Penguin, 2013, p. 42).

[210] STIGLITZ, Joseph E. *O mundo em queda livre*: Os Estados Unidos, o mercado livre e o naufrágio da economia mundial. Trad. José Viegas Filho. São Paulo: Companhia das Letras, 2010, p. 61. O autor arremata a informação com o seguinte comentário, *in verbis*: "*De maneira não intencional, isso acabou ajudando os Estados Unidos: se as instituições estrangeiras não houvessem adquirido tantos instrumentos tóxicos e tanta dívida, a situação do país poderia ter sido pior. Mas antes os Estados Unidos haviam exportado sua filosofia desregulatória. Sem isso os estrangeiros talvez não tivessem comprado tantas hipotecas tóxicas*" (Ibid., p. 61).

[211] Outra grande falência nesse momento foi a da instituição financeira *Washington Mutual*.

[212] Dessa forma, o *Morgan Stanley* e *Goldmnan Sachs* submeteram-se às restrições regulatórias prudenciais próprias das instituições financeiras tradicionais em troca da ajuda do FED como fornecedor de liquidez, cf. ROUBINI, Nouriel; MIHM, Stephen. *A economia das crises*: Um curso-relâmpago sobre o futuro do sistema financeiro internacional. Rio de Janeiro: Intrínseca, 2010, p. 45.

Os resgates oficiais – ou *bailouts*[213] – foram sucessivos. O Citibank recebeu ajuda financeira, a AIG, devido à sua atuação no mercado de seguros, foi salva da falência através da nacionalização de 80% do seu capital social, eis que não seria capaz de honrar todos os CDSs emitidos e isso levaria instituições detentoras desse seguro à falência.

As principais GSEs – *Freddie Mac e Fannie Mae* –, que possuíam balanços contábeis defeituosos[214] e estavam diretamente envolvidas no processo de securitização do segmento imobiliário *subprime*, também foram nacionalizadas, sob tutela especial da *Federal Housing Finance Agency* (FHFA).[215]

No que diz respeito à crise sistêmica de liquidez, a principal estratégia escolhida pelos Estados Unidos da América foi a de flexibilizar a política monetária,[216] mediante a criação de instrumentos de acesso à liquidez para

---

[213] *Bailout* – resgate ou socorro – é um termo específico para qualificar o uso de recursos externos ao sistema financeiro – no caso, recursos públicos – para o salvamento ou saneamento de instituições financeiras fragilizadas. O ônus financeiros dos *bailouts* recaem, portanto, via de regra, sobre os contribuintes. Segundo Robert Shiller, *"um bailout é um socorro prestado pelo governo ou por outra entidade a uma pessoa irresponsável ou uma entidade que tenha fracassado em seguir regras ou adotar medidas razoáveis de precaução"* (SHILLER, Robert J. *A solução para o subprime*: saiba o que gerou a atual crise financeira e o que fazer a respeito. Trad. Eliana Bussinger. Rio de Janeiro: Elsevier, 2009, p. 75-76).

[214] Robert Shiller descreve a existência de uma relevante "dimensão encoberta" nos balanços da Fannie Mae e da Freddie Mac. Segundo ele, *"A verdadeira dimensão do problema dos subprimes americanos ficou escondida durante anos pela contabilidade defeituosa das GSEs. A Fannie Mae não conseguia a certificação dos seus balanços e teve de parar de divulgá-los publicamente entre novembro de 2004 e dezembro de 2006, enquanto se esperavam esclarecimentos, constantemente adiados, a respeito de suas contas. A Freddie Mac tivera problemas semelhantes um pouco antes"* SHILLER. Robert. *Finanças para uma boa sociedade*: como o capitalismo financeiro pode contribuir para um mundo mais justo. Trad. Afonso Celso da Cunha Serra. Rio de Janeiro: Elsevier, 2012, p. 67-68).

[215] Conforme a informação trazida por Robert Shiller, *"o governo americano assumiu, por tempo indeterminado, o controle do Freddie Mac e Fannie Mae, que eram instituições privadas, gigantes do setor imobiliário, mas contavam com a garantia implícita do governo. O governo colocou US$200 bilhões nas duas financiadoras de hipotecas imobiliárias, evitando, assim, que elas se tornassem insolventes. Vários executivos foram demitidos. Os dois bancos tinham carteira ou garantiram quase metade dos empréstimos imobiliários americanos, algo em torno de US$5 trilhões"* (SHILLER, Robert J. *A solução para o subprime*: saiba o que gerou a atual crise financeira e o que fazer a respeito. Trad. Eliana Bussinger. Rio de Janeiro: Elsevier, 2009, p. 47).

[216] Segundo Paul Krugman, os empréstimos diretos feitos pelas instituições financeiras depositárias junto ao FED aumentaram de quase zero, antes da crise, para mais de US$400 bilhões. V. KRUGMAN, Paul. *A crise de 2008 e a economia da depressão*. Trad. Afonso Celso da Cunha Serra. Rio de Janeiro, Elsevier, 2009, p. 182.

CAPÍTULO 1 - A ATIVIDADE FINANCEIRA COMO ELA É

instituições financeiras, conjuntamente com estímulos protetivos aos mercados interbancários.

Sendo assim, foram criadas fontes de liquidez no mercado e anunciados, entre 2007 e 2008, dentre os principais atos públicos, o Programa de Alívio de Ativos Problemáticos (*Troubled Asset Relief Program – TARP*) pelo Tesouro norte-americano, o *Term Auction Facility – TAF*, o *Term Securities Lending Facility – TSLF*, o *Primary Dealer Credit Facility – PDCF* e o *Term Asset Lending Facility – TALP* a cargo do FED,[217] cujos valores envolviam grande volume de recursos financeiros, assim como programas de estímulos econômicos, tal como o *American Recovery and Reinvestment Act* (ARRA), em 2009.

Quanto às medidas executadas pelo FED, há de se frisar que alguns desses atos só foram possíveis de forma imediata diante do fato de que a execução da política monetária não é submetida à rigidez própria do controle orçamentário do Congresso norte-americano.[218] Em termos concretos, o FED mais do que dobrou o seu balanço quanto a empréstimos entre setembro a dezembro de 2008, de 942 bilhões de dólares norte-americanos para mais de 2 trilhões de dólares norte-americanos.[219]

Em linhas gerais, essa foi a solução[220] dada pelas autoridades norte-americanas para a resolução da crise de insolvência e liquidez do sistema financeiro

---

[217] Os atos do FED se voltaram a fornecer operações de redesconto, sobretudo para viabilizar canais especiais de acesso à liquidez às instituições financeiras, cf. AKERLOF, George; SHILLER, Robert. *O espírito animal*: como a psicologia humana impulsiona a economia e a sua importância para o capitalismo global. Trad. Afonso Celso da Cunha Serra. Rio de Janeiro: Elsevier, 2009, p. 97-102.

[218] Sob o âmbito democrático, essa prática fragiliza, em algum grau, a sujeição obrigatória dos gastos públicos à aprovação orçamentária prévia do Poder Legislativo, cf. STIGLITZ, Joseph E. *O mundo em queda livre*: Os Estados Unidos, o mercado livre e o naufrágio da economia mundial. Trad. José Viegas Filho. São Paulo: Companhia das Letras, 2010, p. 101.

[219] Cf. STIGLITZ, Joseph E. *O mundo em queda livre*: Os Estados Unidos, o mercado livre e o naufrágio da economia mundial. Trad. José Viegas Filho. São Paulo: Companhia das Letras, 2010, p. 211.

[220] Á evidência, a solução dada, se globalmente analisada, não é imune a críticas. Confira-se a opinião de Joseph Stiglitz, *in verbis*: "*Quando a crise eclodiu no final de 2007 e no início de 2008, o governo Bush e o Fed inicialmente foram indo de resgate em resgate, sem orientar-se por um plano ou por princípios discerníveis, o que acrescentou incerteza política à incerteza econômica. Em alguns dos resgates (Bear Sterns), os acionistas conseguiram algo e os credores lograram proteção total. Em outros (Fannie Mae), os acionistas perderam tudo e os credores receberam proteção total. Em outros mais (Washington Mutual), acionistas e credores perderam quase tudo. No caso de Fannie Mae, considerações de caráter*

doméstico. A Europa foi atingida com menor intensidade,[221] o que não impediu, por exemplo, a nacionalização do *Northern Rock* pelo Reino Unido após um episódio de corrida bancária.

Em síntese, o que percebe é que a crise mostrou que riscos sistêmicos podem ocorrer e surgir fora do sistema bancário tradicional. O exemplo do salvamento financeiro da seguradora AIG evidencia que a mera *"incapacidade de honrar seus credit default swaps (derivativos) provocaria falências em cadeia".*[222]

---

político (preocupações em não criar problemas com a China, importante detentor de títulos da Fannie Mae) aparenntemente predominaram. Nunca apareceu uma justificativa razoável" (STIGLITZ, Joseph E. *O mundo em queda livre*: Os Estados Unidos, o mercado livre e o naufrágio da economia mundial. Trad. José Viegas Filho. São Paulo: Companhia das Letras, 2010, p. 192). Em seguida, o autor formula críticas a respeito da falta de governança do FED na gestão da crise, *in verbis*: *"Uma das razões de o Fed não ter conseguido fazer passar sua maneira de agir provém do fato de não poder ser diretamente controlado ou responsabilizado nem pelo Congresso nem pelo governo. Não precisava da permissão do Congresso para pôr em risco centenas de bilhões de dólares dos contribuintes. Essa foi mesmo uma das razões de ambos os governos terem recorrido ao Fed: tentavam contornar os processos democráticos por saber que muitas das ações propostas tinham pouco apoio público. (...) Todos ressaltam a importância da democracia, mas quando se trata da condução da política macroeconômica e da política monetária, as decisões que afetam mais cabalmente as vidas dos seus povos são considerados importantes demais para ser deixadas ao critério dos processos democráticos normais"* (Ibid., p. 219).

[221] No que diz respeito ao Sistema Financeiro da União Européia, foi publicado o "Larosière Report" em 2009, a fim de estabelecer diagnósticos e prognósticos para a regulação financeira sistêmica européia. Em termos gerais de diagnóstico sobre a crise mundial iniciada em 2007, foram apontadas as seguintes causas de sua eclosão: (i) fatores macroeconômicos, principalmente a ampla liquidez dos mercados financeiros internacionais em um contexto de taxas de juros relativamente baixas, sem prejuízo de falhas regulatórias em estruturas de segmentos financeiros não-bancários; (ii) falhas nos métodos internos de controle de risco financeiro, que ocorreram sem o devido acompanhamento regulatório; (iii) subestimação dos riscos financeiros nas avaliações das agências de *rating*; (iv) desalinhamento de incentivos econômicos nas estruturas de governança das instituições financeiras; (v) excessiva confiança dos reguladores na capacidade de gestão de riscos pelas instituições financeiras, com foco restrito ao âmbito microeconômico; e (vi) falhas de coordenação regulatória entre os organismos financeiros internacionais. Ao final, o estudo recomenda o redesenho coordenado das estruturas regulatórias integrantes do sistema financeiro europeu, com atenção principal para o componente macroeconômico da regulação financeira sistêmica, assim como o fortalecimento da governança das instituições financeiras e da proteção do consumidor financeiro. A íntegra do estudo está disponível em: http://ec.europa.eu/internal_market/finances/docs/de_larosiere_report_en.pdf. Acesso em 01.03.2013.

[222] Cf. NOBREGA, Mailson. *Origens da Crise*. In: GIAMBIAGI, Fábio; GARCIA, Marcio (org.). *Risco e regulação*: por que o Brasil enfrentou bem a crise e como ela afetou a economia mundial. 3. ed. Rio de Janeiro: Elsevier, 2010, p. 8.

Além disso, a arbitragem regulatória era evidente e os processos de securitização, diretamente vinculados a mercados de derivativos, não sofreram regulação estatal suficiente para controlar a segurança da oferta pública dos produtos financeiros gerados.

Adicionalmente, os modelos econométricos de avaliação de risco utilizados pelos grandes *players* financeiros eram usados segundo uma base inidônea de dados, que continha valores procíclicos supermestimados de mercado e por avaliações equivocadas das agências de *rating* sobre a qualidade dos valores mobiliários, relativos, sobretudo, ao mercado imobiliário do segmento *subprime*.

Em razão disso tudo, muitos esperam uma tendência de que a atuação regulatória vá assumir força reativa, de modo que *"a inovação financeira sairá temporariamente de cena e se assistirá à primazia da transparência em relação à sofisticação das transações financeiras"*,[223] com o reforço da regulação financeira prudencial.

No entanto, não se pode perder o bom senso necessário ao ideal de estabilidade financeira ao longo do tempo no sentido de dosar, de forma adequada, as restrições regulatórias a partir de então, na busca de um equilíbrio na estratégia regulatória para o sistema financeiro que não comprometa iniciativas privadas socialmente eficientes dos agentes financeiros.

Aparentemente, a questão que se põe é de formulação simples: como desenhar, em termos político-institucionais,[224] uma estratégia regulatória sustentável ao longo do tempo que alinhe, razoavelmente, os incentivos econômicos no âmbito do sistema financeiro, em um ambiente social que preza pela livre iniciativa econômica, por um lado, mas que atribui responsabilidades aos participantes dos mercados financeiros, por outro lado? Sem embargo, como tal estratégia deve ser executada sem perder de vista que a estratégia regulatória escolhida deve ser justificada publicamente em uma democracia como a norte-americana? Como se define o alcance e o conteúdo da regulação aplicável, quer deve seguir o estado da arte técnica de mensuração adequada de riscos econômicos envolvidos?

---

[223] GIAMBIAGI, Fábio; BARROS, Octavio. *Brasil pós-crise*: seremos capazes de dar um salto? In: GIAMBIAGI, Fábio; BARROS, Octavio (org.). *Brasil pós-crise*: agenda para a próxima década. Rio de Janeiro, Elsevier, 2009, p. 6.

[224] É importante frisar que as instituições de um país são determinantes para o desempenho econômico de longo prazo, cf. NORTH, Douglass C. *Institutions, Institutional Change and Economic Performance*. Cambridge: Cambridge University Press, 2011, p. 107.

A propósito dessas questões, surgem razões políticas, comportamentais, econômicas e técnicas, que interpenetram-se de forma inevitável para a persecução desse objetivo amplo de regulação financeira sistêmica adequada à estabilidade financeira sustentável ao longo do tempo.[225]

Vejamos, então, especificamente, sem prejuízo do que já foi dito, como cada uma dessas razões interferiu na crise do mercado imobiliário do segmento *subprime*.

1.4.1 – Razões de estratégia política: uma "captura inversa"?

O exercício da política, a despeito de diversas nuances, tem como principal instrumento social o Direito[226] ou, mais propriamente, envolve a instituição de um sistema jurídico que estabeleça e proteja direitos sobre liberdades, além de disciplinar como serão efetuadas as deliberações políticas no âmbito social.

Nesse sentido, o fenômeno político é essencial à definição do conteúdo dos direitos sobre liberdades,[227] pois a sociedade está sujeita ao fenômeno da escassez relativa de recursos e, por isso, precisa-se deliberar a respeito do modo pelo qual a mesma sociedade garantirá e/ou distribuirá direitos, a fim de preservar, de forma razoável, a estabilidade social ao longo do tempo.

Em outras palavras, a escassez relativa é um fenômeno social que repercute nas atividades econômicas[228] e deve ser respeitada, inevitavelmente, no âmbito

---

[225] Em outras palavras, isso vai ao encontro da ideia de que "*a maior parte das decisões regulatórias envolve uma combinação de características estritamente legais, tecnocráticas e políticas*", cf. SUNSTEIN, Cass R. *O Constitucionalismo após o The New Deal*. In: MATTOS, Paulo (coord.). *Regulação Econômica e Democracia*: o debate norte-americano. São Paulo, 34, 2004, p. 150.

[226] NUSDEO, Fábio. *Curso de Economia*: Introdução ao Direito Econômico. 6. ed. São Paulo: RT, 2011, p. 20.

[227] Quanto ao ponto, embora a liberdade seja fundamental ao crescimento e desenvolvimento econômico de um país, o estabelecimento de algumas restrições é inerente ao convívio social. V. NORTH, Douglass C. *Op. Cit.*, p. 36.

[228] Conforme Fábio Nusdeo, "*A atividade econômica é, pois, aquela aplicada na escolha de recursos para o atendimento das necessidades humanas. Em uma palavra: é a administração da escassez. E a Economia, o estudo científico dessa atividade, vale dizer, do comportamento humano e das relações e fenômenos dele decorrentes, que se estabelecem em sociedade permanentemente confrontada com a escassez*" (Ibid., p NUSDEO, Fábio. *Curso de Economia*: Introdução ao Direito Econômico. 6. ed. São Paulo: RT, 2011, p. 28).

de deliberação política. Sociedades minimamente organizadas e democráticas precisam organizar, politicamente, a normatização da estrutura social para o exercício dos direitos sobre liberdades com conteúdo econômico, com vistas a lidar, da melhor maneira possível, com o fato da escassez relativa de recursos.[229] E aí entram em cena os burocratas, grupos sociais, partidos políticos e os políticos de modo geral.

Independentemente do estado ideal de coisas a ser perseguido, notadamente a estabilidade social sustentável ao longo do tempo, é notório que o processo político decisório ordinário de tomada de decisão contém vícios de comportamento,[230] sobretudo quando a atuação política persegue objetivos imediatos ou de curto prazo.

Assim como qualquer pessoa racional[231] que busca perseguir seus próprios interesses, os burocratas, políticos e grupos políticos tendem, em algum grau, a agir segundo os benefícios que podem usufruir a partir dos seus atos, mormente a manutenção de poder ou estratégias político-eleitorais específicas.

Se romantizar em excesso a ação humana é, evidentemente, ignorar sua imperfeição comportamental intrínseca, mais grave é romantizar a atuação de burocratas e políticos de modo geral, que, em algum grau, traçam estratégias para se beneficiar dos atos políticos dos quais participam ou são responsáveis, direta ou indiretamente.[232]

Tal forma específica de visualizar o processo político é tributária dos estudos realizados, inicialmente, nos Estados Unidos da América, com destaque especial para a obra *The Calculus of Consent: Logical Foundations of Constitutional Democracy*,[233] de James M. Buchanan e Gordon Tullock, enquanto referência

---

[229] NUSDEO, Fábio. *Curso de Economia*: Introdução ao Direito Econômico. 6. ed. São Paulo: RT, 2011, p. 28-29.

[230] Conforme expõe Juarez Freitas, *"vícios políticos, por definição, são todos os desvirtuamentos ou disfunções que afastam a política da prática continuada da gestão favorável ao bem de todos, de modo responsivo. (...) Observados com atenção, nota-se que os vícios se instauram a partir da rendição ao que se denomina 'política real', subordinada aos interesses e resultados imediatos eleitorais e, sobretudo, ao desenfreado apetite de perpetuação dos anelos particularistas"* (FREITAS, Juarez. *Sustentabilidade*: direito ao futuro. Belo Horizonte: Fórum, 2011, p. 203-204).

[231] O racional é distinto do razoável, conforme será explicado no capítulo seguinte.

[232] Logo, a perspectiva de abordagem investigativa é tratar a *"politics without romance"*, segundo expressão famosa formulada por James M. Buchanan.

[233] V. BUCHANAN, James M.; TULLOCK, Gordon. *The Calculus of Consent: Logical Foundations of Constitutional Democracy*. Ann Arbor: University of Michigan Press, 1962.

da escola da *"Public Choice"*,[234] a qual se atribui o pioneirismo na investigação das estratégias utilizadas por representantes do Estado – leia-se, burocratas e políticos de modo geral – nas instâncias políticas oficiais, o que é apta a explicar comportamerntos e atos – razóaveis ou não, falhos ou não – praticados por aqueles em nome do Estado.[235]

Em suma, o que resulta da *Public Choice Theory* (escola da escolha pública) é a necessidade de avaliar, diagnosticar e evitar efeitos dos possíveis desvios causados por comportamentos reais dos agentes políticos, que agem em nome do Estado.[236]

Conforme já exposto, o setor imobiliário, em qualquer país do mundo, é motivo de intenso apelo político e os Estados Unidos da América não fogem à regra. Incentivar e fomentar o mercado imobiliário é plataforma política de governo de democratas e republicanos. Aliás, a promessa política quanto a programas de governo que tragam facilidades à aquisição da "casa própria" sensibilizam qualquer pessoa, sobretudo as mais pobres, o que traz, à evidência, votos.

Pois bem, na segunda metade da década de 1990, diante do cenário norte--americano de baixa taxa de juros, houve o início de um processo de aceleração do crescimento do mercado imobiliário norte-americano.

Segundo narra Mailson da Nobrega, o Governo *Clinton*, em meados de 1999, passa a estimular, mais intensamente, a atuação das *GSEs*, sobretudo a Fannie Mae, no sentido da ampliação de sua atuação no mercado imobiliário *subprime*, o que era igualmente atrativo ao mercado financeiro devido às taxas de juros relativamente superiores exigíveis para o financiamento desse setor,

---

[234] O aprofundamento do estudo da *Public Choice Theory* e das falhas de Estado será feito ao longo da obra.

[235] Segundo Vasco Rodrigues, a *Public Choice Theory* é o *"estudo da forma como a escolha racional por parte dos indivíduos que exercem os poderes públicos explica o comportamento do Estado"* (RODRIGUES, Vasco. *Análise Econômica do Direito*: uma introdução. Coimbra: Almedina, 2007, p. 23).

[236] Inspirado no realismo de Maquiavel e Hobbes, a escola da escolha pública pressupõe *"que os indivíduos mantêm comportamentos em que buscam a realização de seus próprios interesses quando passam a actuar no processo político (como eleitores, eleitos, burocratas, etc.), critica a ideia de um Estado benevolente que agiria em nome de um pretenso interesse público, denuncia a existência de falhas de governo (por contraposição às falhas de mercado) e, consequentemente, procura deslegitimar a intervenção econômica dos poderes públicos ou circunscrevê-la ao mínimo possível"* (SANTOS, António Carlos dos; GONÇALVES, Maria Eduarda; MARQUES, Maria Manuel Leitão. *Direito Econômico*. 6. ed. Coimbra: Almedina, 2011, p. 8).

dotado de maior risco de crédito.[237] Vale lembrar, quanto ao ponto, que o *Glass-Steagall Act* foi definitivamente revogado, também, em 1999.

Os incentivos ao aludido segmento se mantêm no governo *Bush*, mesmo com a ocorrência de uma minicrise do *subprime*, em 2002. Niall Ferguson aponta, dentre diversas iniciativas políticas direcionadas aos tomadores de empréstimo *subprime*, pressões do *Department of Housing and Urban Development* (HUD)[238] dirigidas à *Fannie Mae e Freddie Mac* para fomentar tal mercado.[239] [240] [241]

---

[237] NOBREGA, Mailson. *Origens da Crise*. In: GIAMBIAGI, Fábio; GARCIA, Marcio (org.). *Risco e regulação*: por que o Brasil enfrentou bem a crise e como ela afetou a economia mundial. 3. ed. Rio de Janeiro: Elsevier, 2010, p. 13.

[238] A narrativa de George Akerlof e Robert Shiller é esclarecedora quanto ao ponto, *in verbis*: *"A alegação de iniquidade nas oportunidades de participar do boom provocou reação quase imediata e acrítica do governo. Andrew Cuomo, secretário do Departamento de Habitação e Desenvolvimento Urbano, respondeu com aumento agressivo nos empréstimos obrigatórios da Fannie e Freddie a comunidades desfavorecidas. Ele queria resultados. A possibilidade de queda nos preços das casas para ele não era motivo de preocupação. Ele exercia função política. A missão dele era promover a justiça econômica para as minorias, não a de opinar sobre o futuro do preço das casas. Assim, Cuomo obrigou a Fannie Mae e Freddie Mac a emprestar mais às minorias, mesmo que isso significasse redução dos padrões de crédito e relaxamento das exigências de comprovações pelos pretensos mutuários. Nunca se questionou com seriedade a premissa de que essa política pública atendia aos melhores interesses das minorias. Nesse contexto, era fácil para os mutuantes hipotecários justificar o afrouxamento de seus próprios critérios na concessão de crédito. Muitas dessas novas instituições hipotecárias se tornaram corruptas no cerne. Algumas delas se dispunham a emprestar a qualquer pretendente, sem se importar com firulas como conceito creditício e capacidade de pagamento. A exacerbação da corrupção não é incomum em épocas de altas expectativas em relação ao futuro"* (AKERLOF, George; SHILLER, Robert. *O espírito animal*: como a psicologia humana impulsiona a economia e a sua importância para o capitalismo global. Trad. Afonso Celso da Cunha Serra. Rio de Janeiro: Elsevier, 2009, p. 167). De acordo com Robert Shiller, as GSEs, em 2004, *"respondiam por quase metade dos títulos hipotecários subprime adquiridos nos balanços dos investidores"*, cf. SHILLER. Robert. *Finanças para uma boa sociedade*: como o capitalismo financeiro pode contribuir para um mundo mais justo. Trad. Afonso Celso da Cunha Serra. Rio de Janeiro: Elsevier, 2012, p. 65.

[239] FERGUSON, Niall. *A ascensão do dinheiro*: a história financeira do mundo. Trad. Cordelia Magalhães. São Paulo: Planeta do Brasil, 2009, p. 249-250.

[240] Conforme destaca John Welch, *"a tradicional pressão política populista que forçou a ampliar o número de habitações a preços atraentes levou a administração Clinton a criar incentivos para ter apenas uma documentação mínima para empréstimos sob hipoteca – o assim denominado mercado de hipotecas subprime – e autorizou os 'GSEs' (Fannie Mae, Ginnie Mae e Freddie Mac) a participar, dando liquidez aos valores mobiliários garantidos por hipotecas correspondentes. Até mesmo uma minicrise do subprime em 2002 não conseguiu encerrar as atividades dos GSEs, apesar dos esforços da administração Bush para controlar suas atividades. Ao contrário, o Congresso não só desconsiderou os esforços de Bush, mas expandiu a intermediação para a habitação para pessoas de baixa renda e para os mercados subprime"* (WELCH, John H. *Op. Cit.*, p. 46).

Além disso, o governo Bush *"usou o poder federal, inclusive atribuições obscuras do Office of The Comptroller of the Currency,*[242] *para bloquear iniciativas estaduais que buscavam submeter a alguma supervisão os empréstimos subprime"*.[243]

Aliado a isso, o aprimoramento da estrutura financeira regulatória norte-americana não era visto como prioridade, devido à formação de um consenso político forte à época quanto às virtudes da autorregulação dos mercados financeiros, o que ia ao encontro das ideias fundamentais sustentadas pelas forças políticas do *lobby* financeiro exercido no âmbito do Congresso norte-americano, sendo notório que os participantes do sistema financeiro são grandes financiadores de campanhas políticas nos Estados Unidos da América, tanto de democratas quanto de republicanos.

Ora, enquanto a aparente estabilidade econômica norte-americana ocorria em um contexto de crescimento, valorização das propriedades e ativos financeiros, bem como acesso ilimitado de crédito pelas pessoas, havia um sentimento coletivo de prosperidade sem limites. A política de expansão habitacional parecia dar certo, pois a propriedade imobiliária aumentou de forma expressiva nos Estados Unidos da América.[244]

Tal quadro conjuntural trazia claros ganhos políticos aos seus formuladores e se adequava aos interesses econômicos do sistema financeiro e seus participantes, devidamente representados no Congresso norte-americano.

Assim, tem razão Martin Wolf ao destacar, no contexto norte-americano, que *"os governos são sempre participantes especiais em qualquer conjunto de promessas*

---

[241] Paul Krugman tem opinião particular sobre o desempenho da *Freddie Mac e Fannie Mae*. Conquanto reconheça que elas foram pioneiras nos processos de securitização no segmento *subprime*, não teriam sido as responsáveis pelo *"período mais frenético da bolha habitacional, de 2004 a 2006"*, desempenhando papel meramente secundário. V. KRUGMAN, Paul. *A crise de 2008 e a economia da depressão*. Trad. Afonso Celso da Cunha Serra. Rio de Janeiro, Elsevier, 2009, p. 171.

[242] O *Office of The Comptroller of the Currency* (OCC) é o órgão do Tesouro norte-americano, criado pelo *National Currency Act* de 1863, cuja responsabilidade principal é a de regular os bancos nacionais e as sucursais de bancos estrangeiros nos Estados Unidos da América.

[243] KRUGMAN, Paul. *Op. Cit.*, p. 172.

[244] Segundo Robert Shiller, *"a taxa de posse de títulos de propriedade aumentou no período de 1997-2005 para todas as regiões, todas as faixas etárias, todos os grupos raciais e todas as faixas de renda"* (SHILLER, Robert J. *Op. Cit.*, p. 4).

CAPÍTULO 1 – A ATIVIDADE FINANCEIRA COMO ELA É

financeiras, mesmo quando não são os promitentes, exatamente por fornecerem as instituições que ajudam a garantir o cumprimento das promessas".[245]

Além disso, não se pode esquecer de uma prática política recorrente, qual seja, a de deslocar, se possível, responsabilidades políticas a instituições sem ou com pouca responsabilidade política, caso tudo dê errado. Explico.

Políticas regulatórias no âmbito do sistema financeiro requerem *expertise* e, por isso, a responsabilidade operacional quanto à execução é atribuída, geralmente, a instituições com autonomia reforçada e ampla margem discricionária de atuação.

No entanto, a menor responsabilidade política direta pelas decisões regulatórias tomadas por essas instituições torna-se um problema quando suas ações têm o potencial de repercutir, intensamente, na vida dos cidadãos, tal como ocorre no âmbito do mercado financeiro. Se há um mecanismo político de transferência de responsabilidades públicas, por que não utilizá-lo?

Nesse sentido, aquele cenário mostrava-se muito propenso à atuação populista no âmbito político, principalmente porque o ideal político predominante na época ia ao encontro da tese sustentada pelos integrantes do setor financeiro – financiadores de campanhas políticas – sobre a capacidade de atuação eficiente dos mercados.

Sendo assim, não era relevante aos agentes políticos exercer qualquer controle sobre as atividades dos reguladores financeiros norte-americanos enquanto o sentimento de prosperidade econômica e o processo de valorização de ativos persistissem. Em contrapartida e em última instância, no caso de uma crise, por que não, ao final, culpar o FED e os demais órgãos reguladores? É, sem dúvida, uma ótima estratégia política.

Por fim, o mais interessante é notar que a teoria da regulação econômica favoreceu, em alguma medida, a atuação política populista nos Estados Unidos da América para o segmento imobiliário *subprime*.

A propósito, enquanto desdobramento da *Public Choice Theory*, a teoria econômica de regulação, preconizada por George Stigler,[246] sustenta, basi-

---

[245] WOLF, Martin. *A reconstrução do sistema financeiro global*. Trad. Afonso Celso da Cunha. Rio de Janeiro: Elsevier, 2009, p. 6.

[246] Considerações sobre a teoria econômica da regulação preconizada por George Stigler e seus seguidores serão trazidas ao longo da obra, sobretudo quando analisadas as falhas regulatórias imputáveis ao Estado – "falhas de Estado". Por ora, deve-se dizer, conforme

camente, que, diante das diversas distorções causadas pelas "falhas de Estado", notadamente o processo de captura regulatória por grupos privados politicamente organizados, a estratégia regulatória estatal mais eficiente é deixar que o funcionamento dos mercados cumpra, naturalmente, a função de correção de desequilíbrios e distorções nos processos econômicos alocativos de recursos.

No entanto, ainda que a origem do impulso financeiro ao segmento imobiliário *subprime* possa ser atribuída à pressão política exercida nas *GSEs*, em razão da qual se dava garantia financeira implícita estatal a todo o processo de securitização nesse segmento, não se pode ignorar que o processo de captura regulatória pode ocorrer em sentido inverso, ou seja, a atuação política dos participantes do mercado financeiro norte-americano, através de *lobby* ou influência sobre políticos ou partidos políticos, é apta a impedir que o Estado corrija distorções evidentes ou "falhas de mercado", a fim de manter tendências de desregulação em seu favor.[247]

1.4.2 – Razões comportamentais: a análise econômica dos incentivos

Assim como os agentes políticos reagem aos incentivos próprios do sistema político na busca de "lucros políticos", os agentes econômicos traçam estratégias de acordo com os incentivos que lhes são dados pelo sistema econômico a fim de obter "lucros econômicos".

Calixto Salomão Filho, que a atuação regulatória deve ocorrer em caráter complementar ao mercado, sem distorcer os processos alocativos, somente se não houver processos de mercado mais eficientes. Por fim, vale a ressalva feita por Calixto Salomão Filho acerca da existência de dois trabalhos anteriores ao principal trabalho de George Stigler (*"The theory of economic regulation"*) que trazem a mesma abordagem sobre regulação, a saber: *"What can regulators regulate? The case of electricity"*, de G. Stigler e C. Frieland, e *"Why regulate utilities"*, de H. Demsetz. V. SALOMÃO FILHO, Calixto. *Regulação da Atividade Econômica (Princípios e Fundamentos Jurídicos)*. 2. ed. São Paulo: Malheiros, 2008, p. 28.

[247] Essa é também a opinião de Juarez Freitas, para quem *"os modelos voltados ao combate às 'falhas de governo' (na linha de George Stigler, com a 'teoria da captura') também contribuíram – ainda que involuntariamente – à desregulação alastrada, que fez parte decisiva da formação do nexo causal da grande crise de confiança mundial, não inteiramente debelada"* (FREITAS, Juarez. *Sustentabilidade: direito ao futuro*. Belo Horizonte: Fórum, 2011, p. 253-254).

Nada obstante, pressuposta a racionalidade humana como condição de compreensão dos processos individuais de escolhas *vis-à-vis* as consequências prováveis dos atos praticados de acordo com as informações disponíveis, é possível supor que os agentes econômicos agem segundo os incentivos econômicos, que podem ser afetados pelo sistema jurídico no que diz respeito ao estabelecimento normativo de responsabilidades e sanções.[248]

Tal inferência consiste no impulso metodológico fundamental da escola de análise econômica do Direito ou *Law and Economics – L&E*. Os estudos referenciais dessa abordagem têm origem na Universidade de Chicago, por influência marcante de Aaron Director na segunda metade da década de 1940, com a criação do *Journal of Law and Economics*, em 1958, no âmbito dessa universidade.[249]

A ideia principal da análise econômica do Direito é investigar e tentar prever possíveis comportamentos com base no desenho de um sistema regulatório de responsabilidades e sanções instituído para reger a atuação dos agentes econômicos em determinado mercado.

Então, responsabilidades e sanções agiriam como o preço a ser pago pelos riscos de prática de ações humanas reputadas ilegítimas[250] e as consequências dos atos efetivamente praticados de acordo com o sistema regulatório escolhido podem ser servir de parâmetro de avaliação quanto aos resultados pretendidos (análise consequencialista do desenho regulatório).[251]

---

[248] Cf. RODRIGUES, Vasco. *Análise Econômica do Direito*: uma introdução. Coimbra: Almedina, 2007, p. 7-23, *passim*.

[249] Cf. COOTER, Robert; ULLEN, Thomas. *Direito & Economia*. 5. ed. Porto Alegre: Bookman, 2010, p. 17. Sequencialmente, são publicados diversos trabalhos sobre o tema, dentre os quais se destacam: (i) *The Problem of Social Cost*, de Ronald Coase, em 1960; (ii) *Thoughts on Risk Distribution and the Law of Torts*, de Guido Calabresi, em 1961; (iii) *Crime and Punishment: An Economic Approach*, de Gary Becker, em 1968; e, por fim (iv) o trabalho mais famoso de Richard Posner, de 1973, qual seja: *Economic Analysis of Law*.

[250] Segundo tais autores, *"a economia proporcionou uma teoria científica para prever os efeitos das sanções legais sobre o comportamento. Para os economistas, as sanções se assemelham aos preços e, presumivelmente, as pessoas reagem às sanções, em grande parte, da mesma maneira que reagem aos preços"* (COOTER, Robert; ULLEN, Thomas. *Op. Cit.*, p. 25).

[251] Em relação ao ponto, pertinente a observação de Ivo Gico Junior no sentido de que *"a Análise Econômica do Direito (AED), portanto, é o campo do conhecimento humano que tem por objetivo empregar os variados ferramentais teóricos e empíricos econômicos e das ciências afins para expandir a compreensão e o alcance do direito e aperfeiçoar o desenvolvimento, a aplicação e a avaliação de normas jurídicas, principalmente com relação às suas consequências"* (GICO JUNIOR, Ivo. *Introdução ao*

Assim, todo comportamento teria um preço implícito,[252] determinável com base nos riscos de responsabilização e sancionamento no caso da prática de determinadas condutas, o que permite sejam feitas comparações entre os objetivos regulatórios, que influenciaram o desenho do sistema regulatório, e os resultados alcançados.

Em suma, supõe-se, em termos racionais, que o comportamento esperado de determinado agente econômico é o resultado razoável de uma análise ponderativa, decorrente do uso da lógica, que leva em consideração os custos e os benefícios de cada comportamento econômico possível, em uma situação regulatória previamente posta, com vistas à obtenção dos melhores retornos econômicos possíveis.

Não obstante, a análise de custos e benefícios não se isola na comparação estrita entre a eficácia dos comportamentos econômicos possíveis *vis-à-vis* os resultados pretendidos (aspectos puramente endógenos), mas também envolve juízos sobre riscos e consequências das escolhas possíveis, de acordo com o arranjo normativo e institucional aplicável ao respectivo mercado.

Logo, seria razóavel inferir que o desenho regulatório é considerado pelos agentes econômicos ao tomar decisões, o que, por um lado, traz incentivos aptos a estimular boas condutas e reprimir tentações oportunistas, assim como pode, por outro lado, gerar distorções comportamentais.

Admitido o sistema capitalista como ponto de partida, não há nenhum juízo de reprovação moral sobre o objetivo econômico de obter lucros decorrentes do exercício de uma atividade econômica.

No entanto, deve-se dar atenção ao modo pelo qual tais lucros são obtidos em uma visão complementar, pois todos os mercados carregam imperfeições se comparados ao modelo ideal de mercado em concorrência perfeita,[253] ou seja, possuem falhas de mercado com alguma intensidade que pedem

---

Direito e Economia. In: TIMM, Luciano Benetti (Org.). *Direito e Economia no Brasil*. 2. ed. São Paulo: Atlas, 2014, p. 1)

[252] COOTER, Robert; ULLEN, Thomas. *Op. Cit.*, p. 33.

[253] As características básicas do modelo de mercado em concorrência perfeita são as seguintes: (i) ampla mobilidade de fatores; (ii) pleno acesso a informações; (iii) atomização e ausência de economias de escala; (iv) ausência de externalidades negativas e positivas; (v) bens exclusivos; e (vi) homogeneidade dos produtos, cf. NUSDEO, Fábio. *Curso de Economia*: Introdução ao Direito Econômico. 6. ed. São Paulo: RT, 2011, p. 167. Tais características serão trabalhadas em momento oportuno.

alguma regulação estatal, sempre tendo em vista potenciais tendências de socialização de custos privados caso o desenho regulatório não esteja estabelecido de forma adequada. Privatizar os lucros possíveis e socializar os prejuízos são incentivos presentes no mercado financeiro.[254]

No que diz respeito ao mercado financeiro, é importante fazer alusão às "cinco verdades absolutas" comportamentais de John Welch, quais sejam: (i) as instituições financeiras e investidores se alavancam se não houver restrições regulatórias; (ii) se for possível e interessante economicamente, as instituições financeiras transferem riscos financeiros ao Estado; (iii) a regulação excessiva traz incentivos a fraudes financeiras; (iv) se os investidores perdem "dinheiro", tentarão recuperá-lo dos intermediários financeiros e do Estado; e (v) as instituições financeiras têm um forte incentivo a se tornar grandes demais para falir *(too big to fail)*.[255]

Novamente, o romantismo sobre a ação humana deve ceder. Ninguém quer perder e, caso haja a perda, que seja transferida e arcada, ainda que parcialmente, por terceiros.

Nesse sentido, os incentivos e os comportamentos têm que ser objeto de preocupação pelos reguladores financeiros, essencialmente porque o setor possui como característica evidente a existência de intensas externalidades e altos níveis de assimetria informacional, sendo que a experiência histórica mostra o grande custo social causado por crises financeiras.

A propósito, entende-se por externalidades quaisquer *"custos ou benefícios que as atividades de algum agente impõem a terceiros que não por via do sistema de*

---

[254] O risco moral é um exemplo claro dessa tendência de comportamento humano. Segundo Paul Krugman, *"o termo 'risco moral' se originou no setor de seguros. Desde muito cedo, sobretudo no ramo de incêndio, as seguradoras perceberam que os proprietários com seguro total contra perdas apresentavam a tendência curiosa de sofrerem incêndios destruidores – sobretudo quando mudanças nas condições vigentes reduziam o valor de mercado de seus prédios a nível inferior ao da cobertura do seguro. (...) Por fim, o termo passou a referir-se a qualquer situação em que alguém decide sobre o nível de riscos aceitável, enquanto outrem assume os custos, se algo der errado. (...) Cara, eu ganho; coroa, você perde"* (KRUGMAN, Paul. *A crise de 2008 e a economia da depressão.* Trad. Afonso Celso da Cunha Serra. Rio de Janeiro, Elsevier, 2009, p. 64).

[255] WELCH, John H. *Futurologia financeira global*: implicações do pós-crise. In: GIAMBIAGI, Fábio; BARROS, Octavio (org.). *Brasil pós-crise*: agenda para a próxima década. Rio de Janeiro: Elsevier, 2009, p. 43.

preços".²⁵⁶ Assim, os custos repassados a terceiros constituem externalidades negativas e os benefícios obtidos de terceiros são externalidades positivas.

A propósito, é possível inferir que externalidades, negativas ou positivas, têm a aptidão de transcender a esfera individual dos agentes que firmam relações econômicas no mercado para atingir terceiros ou a própria coletividade, ou seja, custos e benefícios, em mercados mais complexos, são, muitas vezes, arcados por aqueles que não têm nenhuma relação causal com o ato ou o fato gerador da externalidade.

A garantia da liberdade, enquanto proteção à autonomia, legitima iniciativas individuais e confere estímulos aos agentes econômicos para atuar no mercado. Assim, por um lado, é moralmente válido que a reversão do esforço individual de cada um seja privadamente apropriado, o que não significa, por outro lado, que as pessoas devem sofrer as consequências decorrentes do exercício inadequado da liberdade por terceiros.

Tal lógica, estendida ao funcionamentos dos mercados, é simples: os custos sociais ou externalidades de um mercado devem, na medida do possível, ser internalizados aos atuantes do setor econômico específico como custos privados. Consequentemente, uma das principais soluções para lidar com externalidades, conhecidas como *bail-in tools*, consiste em criar "*mecanismos aptos a promoverem a internalização de tais efeitos, ou seja, destinados a levar os custos e benefícios a incidirem sobre as próprias unidades responsáveis pela sua geração*".²⁵⁷

Em outras palavras, " *a função fundamental do direito é evitar que a existência de externalidades impeça a obtenção de resultados socialmente eficientes*",²⁵⁸ a fim de estabelecer restrições a atividades que geram externalidades sociais negativas.²⁵⁹

Quanto ao ponto, insere-se na discussão o custo social²⁶⁰ dos direitos, atrelado à atribuição adequada de regras de distribuição de direitos, responsabilidades e sanções, com propósitos de internalizar, na maior medida possível, os efeitos de externalidades mediante o estabelecimento de incentivos

---

[256] RODRIGUES, Vasco. *Análise Econômica do Direito*: uma introdução. Coimbra: Almedina, 2007, p. 41.
[257] NUSDEO, Fábio. *Curso de Economia*: Introdução ao Direito Econômico. 6. ed. São Paulo: RT, 2011, p. 159.
[258] RODRIGUES, Vasco. *Análise Econômica do Direito*: uma introdução. Coimbra: Almedina, 2007, p. 42.
[259] RODRIGUES, Vasco *Op. Cit.*, p. 42.
[260] Paráfrase do título do artigo "*The Problem of Social Cost*", de Ronald Coase, já citado.

positivos e negativos, a fim de minimizar os custos sociais.[261] Além disso, não podem ser esquecidos outros componentes comportamentais relevantes que afetam o desempenho dos agentes econômicos nos mercados financeiros, com destaque para a "preferência pelo presente na precificação de ativos"[262] e o comportamento de manada, que é influenciado pelo paradoxo de Jessel.[263]

Dito isso, percebem-se falhas regulatórias evidentes no âmbito do sistema financeiro norte-americano à época da crise. A ascensão e o crescimento exponencial do *shadow banking system*, que representou, em termos práticos, uma ampliação do mercado financeiro norte americano sob uma base regulatória menos intensa, gerou um incentivo fantástico no sentido da criação e transferência dos riscos financeiros a um segmento do mercado financeiro sem submissão a restrições regulatórias significativas de alavancagem[264]

---

[261] Os custos sociais são tratados por Ronald Coase como custos de transação, cuja noção é similar a de externalidades. Custos de transação são todos os custos incorridos além do preço transacionado e, por isso, o cenário econômico ideal para o aludido autor consiste em neutralizar ou, se impossível, minimizar os custos de transação, em prol da maximização alocativa dos recursos sociais, cf. RODRIGUES, Vasco. *Op. Cit.*, p. 50-54, *passim*.

[262] Conforme esclarece Alan Greenspan, "*a preferência pelo presente, casada à aversão ao risco e ao comportamento de manada, rege os preços de todos os ativos que produzem renda e, desde o século XIX, estabelece a proporção de renda que as famílias buscam economizar a longo prazo. A taxa de juros real (corrigida pela inflação) é ancorada pela preferência pelo presente e oscila de acordo com o balanço entre poupança e investimento da economia e o grau de intermediação financeira. O rendimento de um título mede a aversão ao risco em duas dimensões: pela nota de crédito e pela maturidade*" (GREENSPAN, Alan. *O mapa e o território*: risco, natureza e o futuro das previsões. São Paulo: Portfolio-Penguin, 2013, p. 33).

[263] Valendo-se dos comentários relevantes de Alan Greenspan sobre o tema, é importante consignar que "*o comportamento de manada é um motor-chave e uma característica essencial dos booms especulativos e do estouro das bolhas. Quando uma propensão especulativa guiada pelo comportamento da manda atinge um estágio em que a maioria esmagadora dos participantes do mercado se comprometeu com o mercado inflado, este se torna extremamente vulnerável àquilo que batizei de paradoxo de Jessel*" (GREENSPAN, Alan. *O mapa e o território*: risco, natureza e o futuro das previsões. São Paulo: Portfolio-Penguin, 2013, p. 31), isto é, o "paradoxo do Jessel" é uma circunstância própria do comportamento de manada que significa uma tendência comportamental forte à assunção de um "compromisso com o investimento" ao longo dos ciclos de expansão econômica.

[264] A alavancagem é o grande foco da "hipótese da instabilidade financeira" de Hyman Minsky. Segundo Paul Krugman, "*a grande ideia de Minsky foi concentrar-se na alavancagem – no acúmulo de dívidas em relação aos ativos ou à renda. Períodos de estabilidade econômica, argumentava ele, acarretam alavancagem crescente, pois todos se tornam complacentes em relação ao risco de os tomadores não serem capazes de pagar os empréstimos. Mas esse aumento da alavancagem acaba gerando instabilidade econômica. Com efeito, prepara o terreno para crises financeiras e econômicas*" (KRUGMAN, Paul. *Um*

e/ou requisitos mais rígidos de avaliação de risco de crédito, o que, ao mesmo tempo, possibilitava a liberação do capital regulatório próprio das instituições financeiras bancárias.[265]

Esse arranjo de incentivos, em último estágio, gerou risco sistêmico, cujos efeitos foram arcados pela sociedade norte-americana em razão das intervenções do FED e do Tesouro norte-americano.

Vale dizer, as instituições financeiras norte-americanas, ao migrar os riscos financeiros para o *shadow banking system*, principalmente através de processos de securitização de direitos de crédito oriundos do segmento imobiliário *subprime*,[266] arbitraram, facilmente, com as regras financeiras prudenciais de Basiléia I e II, notadamente para fugir aos limites de alavancagem,[267] aproveitando-se, por sinal, do desenho regulatório institucional descoordenado dos Estados Unidos da América,[268] com ganhos susbtanciais apropriados, essencialmente, pelas instituições financeiras, intermediários financeiros – através de bônus corporativos – e seus acionistas.

Logo, houve uma clara falha de alcance e coordenação regulatória, que ocorreu devido à crença de autorregulação eficiente dos mercados financeiros,[269]

---

basta à depressão econômica!: propostas para uma recuperação plena e real da economia mundial. Trad. Afonso Celso da Cunha Serra. Rio de Janeiro: Elsevier, 2012, p. 39).

[265] Um incentivo essencial no sistema bancário é a exigência de que haja recursos próprios dos bancos para compor o seu capital social. Se processos e instrumentos financeiros distorcem o incentivo, tal como ocorreu na medida em que os riscos da securitização eram transferidos a setores financeiros não-bancários, a tendência é a de assunção proporcional de maiores riscos.

[266] Alguns autores enfatizam a participação da Fannie Mae e Freddie Mac como fator adicional de incentivo à assunção de riscos no segmento *subprime*, haja vista a existência de uma garantia estatal implícita quanto ao setor habitacional, o que se liga às razões políticas mencionadas em tópico anterior.

[267] WELCH, John H. *Op. Cit.*, p. 42. Considerações sobre Basiléia I e II serão feitas a seguir. Em outras palavras, pode-se dizer que a arbitragem regulatória, em certa medida, foi mais intensa do que esperavam os formuladores dos Acordos de Basiléia até então, cf. SOBREIRA, Rogério; SILVA, Tarcisio Gouveia de. *Basiléia III*: Longe de uma panacéia. In: MODENESI, André de Melo et. al. (orgs.). *Sistema financeiro e política econômica em uma era de instabilidade*: tendências mundiais e perspectivas para as economia brasileira. Rio de Janeiro: Elsevier, 2012, p. 98.

[268] Cf. LOYOLA, Gustavo. *O futuro da regulação financeira*. In: GIAMBIAGI, Fábio; GARCIA, Marcio (org.). *Risco e regulação*: por que o Brasil enfrentou bem a crise e como ela afetou a economia mundial. 3. ed. Rio de Janeiro: Elsevier, 2010, p. 73.

[269] LOYOLA, Gustavo. *Op. Cit.*, p. 70.

o que permitiu, sob a proteção jurídica da responsabilidade social limitada,[270] a transformação de "dívida privada em dívida pública, pagando o estado garantidor, com o dinheiro dos impostos, lixo tóxico acumulado pelas instituições financeiras".[271]

Além do aspecto estrutural do sistema regulatório norte-americano, com a eclosão da crise de 2008, verificou-se uma grande leniência relativamente à disciplina normativa aplicável a diversos agentes e intermediários financeiros, bem como em relação aos processos de criação de produtos gerados pelas inovações financeiras nas últimas décadas, o que motivou a prática de condutas oportunistas.[272]

O mercado imobiliário *subprime* continha incentivos negativos em todas as etapas financeiras. Inicialmente, não havia óbices operacionais aos corretores de imóveis para atuar, que, sem prejuízo de buscar inflar suas comissões, contavam com o apoio das instituições financeiras para oferecer modalidades de empréstimo exóticas e extremamente arriscadas, sem qualquer padronização prudencial.

---

[270] Nos Estados Unidos da América, os acionistas controladores, administradores ou membros do conselho fiscal de instituições financeiras não respondem pelos prejuízos causados pelas instituições financeiras das quais participam com patrimônio próprio, tal como ocorre no Brasil, por força da Lei nº 6.024, de 1974, Decreto-Lei nº 2.321, de 1987 e Lei n° 9.447, de 1997. Isso, evidentemente, incentiva à assunção de riscos financeiros, vale dizer, a *"responsabilidade limitada desalinha os incentivos das firmas e as induz à tomada de risco maior do que o socialmente desejado"*, cf. MELLO, João Manoel Pinho de. *Estrutura, concorrência e estabilidade*. In: GIAMBIAGI, Fábio; GARCIA, Marcio (org.). *Risco e regulação*: por que o Brasil enfrentou bem a crise e como ela afetou a economia mundial. 3. ed. Rio de Janeiro: Elsevier, 2010, p. 111. No mesmo sentido, v. FRANCO, Gustavo. *As leis secretas da economia*: revisitando Roberto Campos e as leis do Kafka. Rio de Janeiro: Zahar, 2012, p. 87-89, *passim*.

[271] NUNES, António José Avelãs. *Uma leitura crítica da actual crise do capitalismo*. Coimbra: Coimbra, 2011, p. 62.

[272] A relação entre condutas oportunistas e leniência regulatória é assim trabalhada por Robert Shiller e George Akerlof, *in verbis*: *"as mudanças ao longo do tempo na extensão da corrupção ou da má-fé também são, até certo ponto, reflexo de novas oportunidades decorrentes de diferentes tipos de inovações financeiras, dependendo da extensão em que a regulação financeira admite sua implementação"* (AKERLOF, George; SHILLER, Robert. *O espírito animal*: como a psicologia humana impulsiona a economia e a sua importância para o capitalismo global. Trad. Afonso Celso da Cunha Serra. Rio de Janeiro: Elsevier, 2009, p. 40).

Na etapa de securitização dos direitos de crédito imobiliário *subprime* e de criação de produtos financeiros a ele correlatos, a promessa de alta remuneração do investimento era atrativa a muitos investidores, de um lado, e gerava bônus significativos de curto prazo a gestores de recursos financeiros, por outro lado.

Por fim, a expansão e posterior crise do mercado imobiliário *subprime* foi viabilizada, em grande medida, pela fragilidade dos regimes legais de responsabilização dos ofertantes, agentes e gestores financeiros, assim como pela frágil regulação quanto às agências de *rating*, cujas avaliações sobre ativos foram endossadas sem filtros regulatórios ou regras atributivas de responsabilidades.[273]

Embora as avaliações de tais agências não fossem, rigorosamente falando, vinculativas aos agentes financeiros, institucionalizou-se uma excessiva confiança nos seus diagnósticos,[274] máxime porque havia o óbvio interesse na manutenção de notas máximas aos produtos e instituições financeiras, sem olvidar do fato de que os destinatários das avaliações das agências de *rating* eram os seus próprios clientes. Portanto, um claro conflito de interesses que foi negligenciado pelas autoridades regulatórias norte-americanas.

---

[273] De acordo com a opinião de Alan Greenspan, segundo o qual "*os gerentes de investimento terceirizaram uma parte excessivamente grande de seu trabalho para o 'porto seguro' das classificações de risco de agências especializadas, sobretudo a Moody's, a Standard & Poor's e a Fitch. A maioria dos analistas de investimentos considerou que suas opiniões haviam se tornado desnecessárias, uma vez que, na prática, eram julgadas inofensivas diante dos juízos dessas agências de classificação de risco adotadas pelos governos*" (GREENSPAN, Alan. *O mapa e o território*: risco, natureza e o futuro das previsões. São Paulo: Portfolio-Penguin, 2013, p. 49).

[274] Em outras palavras, o sistema financeiro transferiu responsabilidades às agências de *rating* em caráter informal, aproveitando-se da ausência de regulação formal sobre a atividade. Embora a existência das agências de *rating* seja útil ao sistema financeiro, não podem ser ignorados os riscos e os conflitos de interesse que surgem na relação com os participantes do mercado. Quanto aos riscos, é evidente que, muitas vezes, "*as agências de rating prestam serviços a quem lhos paga, porque elas vivem desse negócio. Ora, segundo a sabedoria popular, quem paga ao tocador é que escolhe a música*" (NUNES, António José Avelãs. *Uma leitura crítica da actual crise do capitalismo*. Coimbra: Coimbra, 2011, p. 91).

1.4.3 – Razões de teoria econômica: a culpa é de quem?

A economia lida com o fenômeno da escassez relativa dos recursos socialmente existentes. Desde que a economia adquiriu autonomia científica no final do século XVIII, as teorias econômicas tentam explicar, basicamente, como ocorre o processo de formação dos preços e de que modo funcionam, em geral, os mercados, com foco na liberdade de iniciativa econômica e na busca da definição dos fatores que levam a um arranjo de alocação social de recursos o mais eficiente possível.

Se a economia foi inicialmente estudada com ênfase na sua conexão com a política – daí a denominação *economia política*[275] para designar os teóricos da economia clássica –, a fim de estimular processos políticos voltados à liberalização dos mercados, em prol da minimização dos desperdícios de recursos sociais e da extinção de monopólios e de privilégios econômicos ineficientes concedidos a grupos políticos determinados, a *economia neoclássica* mudou o enfoque para a análise endógena do comportamento dos mercados, tendo por objetivo precípuo estudar os fenômenos e escolhas alocativas a partir de modelos ideais, assim como os respectivos resultados em termos de bem-estar social.[276]

Ambas as abordagens teóricas têm suas virtudes e são dignas de respeito e consideração. No entanto, um fato é inquestionável: embora possa surgir como um fenômeno social espontâneo, o mercado assume o alcance e as características que lhes são dadas pelo exercício das liberdades das pessoas que o integram ou, subsidiariamente, pelo Estado.

Em outras palavras, se é verdade que todo mercado pode ser objeto de simplificação teórica, tal como ocorre pelo modelo ideal de concorrência perfeita, também é correto que o mercado é uma instituição social que pode

---

[275] Notadamente, o maior expoente da economia clássica é Adam Smith, cujas ideias de liberdade econômica nos mercados se adequavam, perfeitamente, ao sistema capitalista, cf. NUNES, António José Avelãs. *Noção e objeto da Economia Política*. Coimbra: Almedina, 2008, p. 13.

[276] Segundo esclarece António José Avelãs Nunes, *"com o êxito da 'revolução marginalista', a opção pela designação Economics revela a preocupação de apresentar a disciplina como uma teoria pura, como uma ciência teorética pura, à semelhança da Matemática (Mathematics) ou da Física (Phisycs) e, por parte de alguns autores, o propósito de pôr em relevo que o que interessa é o indivíduo e não os grupos, a sociedade ou o estado"* (NUNES, António José Avelãs. *Op. Cit.*, p. 5).

gerar distorções ou assimetrias alocativas e/ou distributivas que o tornam ineficiente sob diversas perspectivas.[277] [278]

Não obstante, se existem falhas de mercado, sobretudo externalidades, assimetrias de informação e, especificamente, concentração excessiva de poder de mercado no sistema financeiro, podem haver falhas de Estado no desenho regulatório, quando, por exemplo: (i) a complexidade e o excesso de normatização afetam os resultados sociais do setor econômico; (ii) a regulação é afetada por interesses particulares e egoísticos decorrentes da relação próxima entre regulados e reguladores (processo de captura); (iii) o processo de normatização sofre influências fortes de grupos políticos de pressão; ou (iv) há burocracia excessiva.[279]

Em termos gerais, diante de todos esses fatores que caracterizam a complexidade social e política dos principais setores econômicos, a intensidade regulatória ideal do Estado é insuscetível de resposta científica.[280]

---

[277] O mercado é uma construção afetada por diversos fatores, tal como ressalta Antônio José Avelãs Nunes, *in verbis*: "*O mercado deve antes considerar-se, como o estado, uma instituição social, um produto da história, uma criação histórica da humanidade, correspondente a determinadas circunstâncias econômicas, sociais, políticas e ideológicas; uma instituição social, destinada a regular e a manter determinadas estruturas de poder que asseguram a prevalência dos interesses de certos grupos sociais sobre os interesses de outros grupos sociais*" (NUNES, António José Avelãs. *Uma leitura crítica da actual crise do capitalismo*. Coimbra: Coimbra, 2011, p. 5).

[278] Tal como enfatiza Joseph Stiglitz, "às vezes, os mercados funcionam da maneira como Smith argumentou: as grandes elevações nos padrões de vida dos últimos dois séculos são, em parte, um testemunho de que ele tinha razão. Porém, Até Adam Smith percebeu que numa economia de mercado sem freios os incentivos privados muitas vezes não se harmonizam com os custos e benefícios sociais – e, quando isso acontece, a busca do interesse pessoal não resultará no bem-estar. Os economistas modernos chamam essas desarmonias de 'falhas de mercado'" (STIGLITZ, Joseph E. *Globalização*: como dar certo. Trad. Pedro Maia Soares. São Paulo: Companhia das Letras, 2007, p. 306).

[279] NUSDEO, Fábio. *Curso de Economia*: Introdução ao Direito Econômico. 6. ed. São Paulo: RT, 2011, p. 218-219.

[280] Dentre argumentos em prol do Estado ou do mercado em qualquer hipótese de análise econômica, quase sempre ambas terão razão em algum grau, pois o mercado é moldado e, ao mesmo tempo, influencia a regulação. Se "*os mercados financeiros são de fato arriscados, por causa do desafio de gerenciar suas dificuldades intrínsecas – assimetria de informações, seleção adversa, risco moral, comportamento de manada e assim por diante – porém, as intervenções dos governos não raro os tornam menos seguros, em vez do contrário*", cf. WOLF, Martin. *A reconstrução do sistema financeiro global*. Trad. Afonso Celso da Cunha. Rio de Janeiro: Elsevier, 2009, p. 24. Em outras palavras, se a opinião majoritária é de que os mercados podem produzir resultados inadequados, "*a*

CAPÍTULO 1 – A ATIVIDADE FINANCEIRA COMO ELA É

Conforme sustentado por Fábio Nusdeo, o alcance e o conteúdo da regulação estatal é *"opção política da sociedade e ela tenderá a combinar as parcelas de Estado e mercado nas proporções que se lhe afigurem desejáveis ao longo dos diferentes estágios de sua trajetória histórica"*.[281]

Veja-se, a título ilustrativo, o risco sistêmico no âmbito do sistema financeiro. Ele pode ser visto tanto como falha de mercado quanto como falha regulatória.

Em tese, o risco sistêmico, enquanto falha de mercado, pode surgir em decorrência de: (i) externalidades, (ii) concentração econômica excessiva de poder de mercado (*too big to fail*), (iii) alavancagem excessiva, etc. Não obstante, o risco sistêmico pode advir de falhas regulatórias, que têm a aptidão de gerar assimetrias e distorções nos processos de alocação de recursos financeiros. Se é possível atribuir culpa em crises financeiras, geralmente, a culpa é de ambos ou, melhor, a culpa é de todos os agentes financeiros envolvidos.

Entretanto, não foi essa, exatamente, a trajetória do pensamento econômico norte-americano nas últimas décadas. Em meados do final da década de 1960, já despontava com grande força teórica a escola monetarista de Milton Friedman, oriunda da Universidade de Chicago e rival teórica das concepções keynesianas,[282] que traria os fundamentos basilares da doutrina que se tornaria predominante alguns anos depois: o chamado "neoliberalismo".

As bases do pensamento econômico de Milton Friedman podem ser encontradas no famoso livro *A Monetary History of the United States, 1867–1960*,[283] lançado originalmente em 1963, em coautoria com Anna J. Schwartz, no qual

---

questão é se o governo pode melhorar essa situação" (STIGLITZ, Joseph E. *Globalização*: como dar certo. Trad. Pedro Maia Soares. São Paulo: Companhia das Letras, 2007, p. 96).

[281] NUSDEO, Fábio. *Op. Cit.*, p. 215. A conexão entre economia e política é inevitável, cf. NORTH, Douglass C. *Op. Cit.*, p. 112.

[282] John Maynard Keynes, cuja obra principal é a famosa *The General Theory of Employment, Interest and Money*, publicada em 1936, inaugurou uma escola que influenciou, substancialmente, a compreensão da teoria macroeconômica. Em linhas gerais, sua teoria se baseia na ideia de que o Estado tem legitimidade econômica para interferir nos processos alocativos de recursos sociais, mediante o uso de instrumentos fiscais e monetários no contexto dos ciclos econômicos, a fim de atenuar desequilíbrios ou distorções econômicas.

[283] V. FRIEDMAN, Milton; SCHWARTZ, Anna J. *A Monetary History of the United States, 1867–1960*. Princeton University Press, 1963. Adicionalmente, o livro *Capitalism and Freedom*, de Milton Friedman, lançado em 1962, é obra de extrema relevância ao estudo da economia no cenário contemporâneo.

se sustenta, com fundamento em profunda análise histórica da atuação do FED, que intervenções financeiras estatais, em regra, são indesejadas e, quanto à política monetária, a atuação deve cingir-se ao controle da oferta monetária segundo as variações de produtividade e crescimento econômico, sob pena de causar flutuações econômicas sérias e indevidas.[284]

Nesse sentido, expandida a lógica à economia como um todo, muitos entenderam justificados *per se*, economicamente, os propósitos fundamentais de desregulação, com a correlata restrição de intensidade regulatória na economia. Assim, os processos sociais de alocação de recursos deveriam ser atribuídos, com predominância, aos mercados. Quanto maior a presença do Estado, maior a probabilidade de distorções econômicas e oportunidades de captura por interesses privados, em afronta à livre iniciativa econômica.[285]

Ademais, com o fracasso dos projetos socialistas ao redor do mundo na década de 1980, sobretudo o colapso econômico da União Soviética, tais ideias ganharam uma força política imensa.

Paulatinamente, diversas reformas regulatórias liberalizantes foram executadas nos Estados Unidos da América a partir da década de 1980, com destaque para a já mencionada revogação da Glass-Stegall Act em 1999, geradora de um processo mais intenso de arbitragem regulatória em favor do *shadow banking system*. Tal fato não causava constrangimento, pois se confiava nos processos técnicos internos de avaliação de risco das instituições financeiras.

---

[284] Segundo Joseph Stiglitz, *"os discípulos monetaristas de Milton Friedman se valeram de modelos simplistas para apoiar uma ofensiva ideológica em prol da limitação do papel do governo. Uma prescrição simples (chamada monetarismo, que entrou em moda na década de 1970 e começo da década de 1980) de a orientação: amarrar as mãos do governo, fazendo que ele se limite a aumentar o suprimento de dinheiro a uma taxa fixa a cada ano. Com o governo sob controle, o mercado poderia, então, operar as suas maravilhas"* (STIGLITZ, Joseph E. O mundo em queda livre: Os Estados Unidos, o mercado livre e o naufrágio da economia mundial. Trad. José Viegas Filho. São Paulo: Companhia das Letras, 2010, p. 371).

[285] A síntese de Álvaro Vita é digna de realce, *in verbis*: *"De um lado, os partidários do Estado mínimo argumentaram que, quanto maior fosse a presença do Estado na economia, maiores seriam também as oportunidades de captura de recursos e capacidades estatais por parte de interesses privados (o que os economistas norte-americanos da escolha da escolha pública denominaram rent seeking). De outro, argumentaram – e agora se trata de um argumento de tipo muito distinto – que políticas públicas redistributivas de qualquer tipo, tais como as implementadas pelos welfare states, constituíam uma afronta à liberdade"* (VITA, Álvaro de. A justiça igualitária e seus críticos. 2. ed. São Paulo: WMF Martins Fontes, 2007, p. 33).

CAPÍTULO 1 – A ATIVIDADE FINANCEIRA COMO ELA É

Além disso, a Era da "Grande Moderação" denotava, aparentemente, segurança econômica, eis que a inflação norte-americana, segundo a composição do índice de preços usada pelo FED,[286] mantinha-se a níveis baixos a despeito das baixas taxas de juros dos títulos do Tesouro norte-americano. Ademais, o país crescia a taxas razoáveis, em equilibrado nível de emprego, e o ativos norte-americanos, sobretudo imóveis, valorizavam-se com o tempo.

No entanto, com o advento da crise, evidenciou-se que os processos de formação de preços no mercado financeiro estavam contaminados por fraudes, distorções ou intensas assimetrias, geradas em um ambiente regulatório descoordenado e leniente que havia incentivado a prática de condutas oportunistas pelos agentes financeiros.

Ante o exposto, não é possível apresentar argumentos conclusivos que permitam atribuir "culpa" ao Estado norte-americano ou ao mercado, exclusivamente.[287] Independentemente das diversas questões oriundas da crise que permanecem controversas até hoje,[288] é possível extrair da discussão um ponto de extrema pertinência e relevância: até mesmo estratégias regulatórias

---

[286] Segundo já ressaltado, o *PCE core* utilizado pelo FED para medir inflação expurgava o setor de alimentos, energia e o habitacional, ou seja, a inflação estava insensível ao aumento dos preços de mercado dos imóveis norte-americanos.

[287] Cf. WELCH, John H. *Op. Cit.*, p. 47.

[288] A controvérsia ainda permanece intensa, relativamente improdutiva e alinhada a segmentos políticos e acadêmicos específicos, o que é inadequado para a pretensão racional de construção efetiva de um diagnóstico e prognóstico mais pragmático sobre o caso. A propósito, as três perspectivas políticas norte-americanas sobre a crise do mercado imobiliário *subprime* são comentadas a seguir, *in verbis*: "De um modo geral, existem três perspectivas distintas sobre o tema. A primeira é a posição neoliberal radical, que pode ser rotulada como a 'hipótese de falha de governo'. Nos Estados Unidos identificam-se com esta posição o Partido Republicano e os departamentos de economia das universidades de Chicago e Minnesota. A segunda perspectiva é a posição neoliberal 'moderada', que pode ser rotulada como a 'hipótese de falha de mercado'. O governo Obama, uma ala do Partido Democrata e os departamentos de economia de universidades como Harvard, Yale e Princeton podem ser identificados com esta posição. Na Europa, ela é cara aos políticos da chamada 'Terceira Via'. A terceira perspectiva é a posição progressista, que pode ser rotulada como a 'hipótese da destruição da propriedade compartilhada'. Esta, por sua vez, pode ser associada à outra ala do Partido Democrata e ao movimento trabalhista, mas não tem eco dentro dos principais departamentos de economia americanos, uma vez que alternativas à ortodoxia econômica são reprimidas em seus corredores*" (PALLEY, Thomas. *Intepretações alternativas sobre a crise econômica*: a luta pelo futuro. In: MODENESI, André de Melo et. al. (orgs.). *Sistema financeiro e política econômica em uma era de instabilidade*: tendências mundiais e perspectivas para as economia brasileira. Rio de Janeiro: Elsevier, 2012, p. 16).

voltadas à desregulação[289] devem ser acompanhadas pelo Estado, com vistas a definir a dose regulatória adequada entre o papel dos mercados e reguladores financeiros, isto é, é necessário avaliar custos e benefícios das estratégias de desregulação para o funcionamento socialmente desejado do sistema financeiro integralmente considerado.[290]

1.4.4 – Razões técnicas

Regular mercados complexos não é fácil. Tal assertiva vale, em especial, para o mercado financeiro, onde uma grande quantidade de ativos financeiros, não necessariamente padronizados, são negociados nos mercados à vista ou de futuros, constantemente, por muitos intermediários financeiros, detentores de poder econômico com intensidade assimétrica, no âmbito de diversas câmaras de ativos financeiros, bolsas de valores ou mercados de balcão organizados ou não, ao redor do mundo.

Em linhas gerais, pretensões regulatórias abrangentes não fazem nenhum sentido e são ineficientes porque têm grande aptidão para gerar mais distorções e problemas alocativos do que as distorções próprias dos mecanismos de formação de preços no mercado financeiro. Por isso, a ênfase das

---

[289] Diz-se desregulação mas, a rigor, as ideias se voltavam à minimização do papel do Estado na economia, tido por ineficiente. Nesse sentido, Joseph Stiglitz destaca o seguinte: "*Durante 25 anos, prevaleceram certas doutrinas do mercado livre: os mercados livres e desregulados são eficientes; os erros que possam cometer são rapidamente corrigidos por eles próprios. O melhor governo é o menor governo; e a regulação só faz dificultar a inovação. Os Bancos Centrais devem ser independentes e concentrar-se apenas em manter baixa a inflação. Hoje, até Alan Greenspan, presidente do Federal Reserve Board, o Banco Central americano, sumo pontífice dessa ideologia durante o período em que esses pontos de vista predominavam, admite que havia uma falha nesse raciocínio*" (STIGLITZ, Joseph E. *O mundo em queda livre*: Os Estados Unidos, o mercado livre e o naufrágio da economia mundial. Trad. José Viegas Filho. São Paulo: Companhia das Letras, 2010, p. 10-11).

[290] Veja-se a opinião de Martin Wolf sobre a questão, *in verbis*: "*A crença em que a intervenção do governo melhora a situação depende de como se equilibram as falhas do sistema financeiro, de um lado, com os problemas oriundos da intervenção do governo, de outro*" (WOLF, Martin. *A reconstrução do sistema financeiro global*. Trad. Afonso Celso da Cunha. Rio de Janeiro: Elsevier, 2009, p. 22). Como ressalta Joseph Stiglitz, "*Um 'Estado babá' pode corroer os incentivos, inclusive os incentivos aos riscos e à inovação*" (STIGLITZ, Joseph E. *O mundo em queda livre*: Os Estados Unidos, o mercado livre e o naufrágio da economia mundial. Trad. José Viegas Filho. São Paulo: Companhia das Letras, 2010, p. 289).

estratégias regulatórias financeiras recai sobre um aspecto essencial: focos de risco sistêmico.

O risco sistêmico pode advir de diversos fatores e está ligado, em essência, à atividade exercida por grandes *players* financeiros, os quais podem ser afetados por efeitos financeiros intensos institucionalmente imprevistos até então, gerando problemas de liquidez ou de solvência ao sistema financeiro como um todo.

Dito de outro modo, o risco sistêmico pode se originar: (i) de atos estatais, essencialmente falhas regulatórias; (ii) do próprio sistema financeiro, sobretudo de instituições sistemicamente importantes; (iii) bem como de fatos alheios a ambos, como, por exemplo, acidentes naturais ou ataques terroristas.[291][292]

Nada obstante, quanto ao ponto, serão analisados, a partir de agora, os critérios técnicos de mensuração de riscos de crédito e de mercado estabelecidos em diretrizes normativas dos Acordos de Basiléia,[293] com destaque para a aplicação das diretrizes de Basiléia II no período pré-crise de 2007.[294]

---

[291] Uma boa definição de risco sistêmico é formulada por John Taylor, *in verbis*: *"Por definição, um risco sistêmico, no caso do sistema financeiro, é aquele que afeta o mesmo como um todo e, em consequência, a economia real, através dos efeitos de contágio e de reação em cadeia. O evento detonador desse impacto macroeconômico pode vir tanto do setor público – por exemplo, quando o Banco Central, subitamente, contrai a liquidez – como do sistema financeiro – em casos em que um grande banco privado vai à falência – ou ainda na forma de um fator exógeno – em situações em que um desastre natural ou um ataque terrorista paralisa o sistema de pagamentos"* (TAYLOR, John. *Risco sistêmico e papel do governo*. In: GIAMBIAGI, Fábio; GARCIA, Marcio (org.). *Risco e regulação*: por que o Brasil enfrentou bem a crise e como ela afetou a economia mundial. 3. ed. Rio de Janeiro: Elsevier, 2010, p. 20).

[292] A ideia de risco sistêmico é similar à figura do "cisne negro" de Nassim Taleb, enquanto evento altamente improvável, mas que causa imenso impacto ao ocorrer, cf. WOLF, Martin. *A reconstrução do sistema financeiro global*. Trad. Afonso Celso da Cunha. Rio de Janeiro: Elsevier, 2009, p. 14.

[293] Segundo já consignado, os Acordos de Basiléia resultam de deliberações internacionais efetuadas pelo Comitê de Supervisão Bancária da Basiléia no âmbito do Banco de Compensações Internacionais – BIS, com vistas a estabelecer, especificamente, diretrizes fundamentais ou princípios básicos de regulação financeira prudencial de riscos. Após acordos iniciais informais e pouco abrangentes, efetuados ao longo da década de 1970 e 1980, editou-se Basiléia I, posteriormente modificado por Basiléia II. Em decorrência da crise de 2007, foi efetuado um aprimoramento à Basiléia II (2.5) e iniciada a implementação de Basiléia III. Maiores detalhes serão expostos a seguir.

[294] Atualmente, a regulação financeira sistêmica se vale, amplamente, da econometria e dos modelos de gestão de riscos como ferramenta de avaliação da liquidez e solvência do sistema financeiro, bem como das instituições financeiras isoladamente consideradas. A propósito da relação entre o paradigma contemporâneo de gestão de riscos e Basiléia II, Alan Greenspan

Inicialmente, Basiléia I tinha como objetivo fundamental introduzir parâmetros básicos para uma análise técnica mais adequada de ponderação de riscos financeiros de crédito, aplicável às instituições financeiras bancárias, para fins de estabelecimento de capital mínimo regulatório, além de respeitados limites de alavancagem.

A grande crítica que se fazia à Basiléia I dizia respeito à alegação de rigidez dos critérios de mensuração dos riscos de crédito, o que consistiria em fator impeditivo a estratégias financeiras mais flexíveis de empréstimos com prazos mais longos.

Posteriormente, através de Basiléia II, efetuou-se, a título de aperfeiçoamento, uma reformulação dos critérios de requerimento de capital mínimo regulatório, com vistas a permitir que os métodos de controle de riscos de crédito, operacionais e de mercado – não só de crédito, portanto – fossem: (i) estabelecidos, internamente, pelas próprias instituições financeiras, sendo a adequação do capital regulatório sujeita à supervisão do órgão regulador responsável; ou (ii) definidos os métodos internos de mensuração de riscos de acordo com critérios básicos de adequação de capital previamente estabelecidos pela autoridade de supervisão financeira.

Em termos práticos, os riscos patrimoniais das instituições financeiras são medidos por métodos quantitativos de análise de risco financeiro uniformes aos participantes do sistema,[295] notadamente o VaR (Valor em Risco) e o Teste de Estresse,[296] que utilizam uma infraestrutura de tecnologia da infor-

---

traz os seguintes comentários, *in verbis*: "*O paradigma de gestão de risco nascido com a obra de vários ganhadores do Prêmio Nobel de Economia – Harry Markowitz, Robert Merton e Myron Scholes (e Fischer Black, que teria recebido o prêmio se tivesse vivido mais) – foi adotado de forma tão completa pela academia, pelos bancos centrais e pelos reguladores que em 2006 já se tornara o cerne dos padrões regulatórios da atividade bancária conhecidos como Basiléia II. Os bancos globais foram autorizados, dentro de certos limites, a aplicar seus próprios modelos específicos, baseados nos riscos, para avaliar suas exigências de capital*" (GREENSPAN, Alan. *O mapa e o território*: risco, natureza e o futuro das previsões. São Paulo: Portfolio-Penguin, 2013, p. 47).

[295] Decorrência importante da uniformidade é que uma inconsistência mais grave de método técnico atinge todos os agentes financeiros devido à tendência a padronizações na atividade de mensuração dos riscos. A título exemplificativo, se todos apostam no crescimento de valor de mercado dos ativos e se todos apostam na manutenção de baixas taxas de juros como aconteceu, todos e, em último grau, o sistema, ficam em situação crítica.

[296] Conforme Alexandre Lowenkron: "*as principais ferramentas quantitativas disponíveis na indústria financeira para se monitorar o risco financeiro são o VaR (Valor em Risco) e o Teste de Estresse.*

mação para avaliar a qualidade ponderada dos ativos financeiros segundo os respectivos riscos, a fim de diagnosticar o nível de higidez financeira patrimonial-contábil da instituição financeira.

A rigor, *"toda instituição deveria estabelecer um nível de perda com o qual se sente confortável em situações 'normais' (VaR) e em estresse (teste de estresse)"*[297] e, na hipótese de ultrapassar tal nível, a instituição deve reduzir suas exposições financeiras (alavancagem, principalmente), firmar proteções financeiras ou aumentar o seu capital próprio.[298]

Pois bem, Basiléia II estava alicerçado em três pilares. O Pilar I impõe a observância de um capital regulatório mínimo, que é exigido para a proteção em relação aos riscos de crédito, de mercado e operacional,[299] apurado mediante métodos de cálculo baseados na razão entre o capital próprio[300] e a qualidade dos ativos ponderados pelo risco, estabelecida a alavancagem máxima do patrimônio líquido em 8%, o que permite uma alavancagem de ativos, ajustados pelos riscos, em 12,5 vezes.

O Pilar II destina-se à verificação da adequação do capital regulatório da instituição financeira bancária. Tal propósito consiste, basicamente, na verificação dos métodos internos de controle de avaliação de riscos escolhidos pelos bancos para determinar-se o aporte de capital adicional pelo órgão regulatório supervisor, se for o caso. Por fim, o Pilar III estabelece a

---

Essas métricas, hoje tão populares entre os profissionais, surgiram apenas em meados da década de 1990, após uma série de desastres financeiros" (LOWENKRON, Alexandre. *As falhas nos modelos de gestão de risco durante a crise.* In: GIAMBIAGI, Fábio; GARCIA, Marcio (org.). *Risco e regulação*: por que o Brasil enfrentou bem a crise e como ela afetou a economia mundial. 3. ed. Rio de Janeiro: Elsevier, 2010, p. 126).

[297] LOWENKRON, Alexandre. *Op. Cit.*, p. 128.

[298] LOWENKRON, Alexandre. *As falhas nos modelos de gestão de risco durante a crise.* In: GIAMBIAGI, Fábio; GARCIA, Marcio (org.). *Risco e regulação*: por que o Brasil enfrentou bem a crise e como ela afetou a economia mundial. 3. ed. Rio de Janeiro: Elsevier, 2010, p. 128.

[299] Uma das principais críticas ao Pilar I de Basiléia II é a utilização da marcação a mercado para fins de definição do capital regulatório exigível, o que teria caráter pró-cíclico, cf. LOYOLA, Gustavo. *O futuro da regulação financeira.* In: GIAMBIAGI, Fábio; GARCIA, Marcio (org.). *Risco e regulação*: por que o Brasil enfrentou bem a crise e como ela afetou a economia mundial. 3. ed. Rio de Janeiro: Elsevier, 2010, p. 75.

[300] O Pilar I compreende o nível I e nível II. O nível I é composto, principalmente, do capital social, reservas de capital e reservas de lucros. O nível II é integrado por outras rúbricas contábeis, tais como reservas de reavaliação e para contingências, por exemplo.

disciplina de transparência de informações e a padronização dos métodos e procedimentos contábeis.[301]

Assim sendo, o Pilar II de Basiléia II consistia em estratégia regulatória flexibilizadora interessante para as instituições financeiras bancárias, pois representava um estimulo à gestão financeira de suas operações adaptada ao seu perfil de atuação. Em outras palavras, deu-se "*liberdade para os bancos gerarem seus próprios modelos de cálculo de risco, adequando-se às particularidades de suas operações, seguindo apenas alguns princípios básicos de cálculo prudencial de riscos assumidos*".[302]

Entretanto, as autoridades reguladoras norte-americanas, aparentemente, foram brandas no exercício da supervisão prudencial sobre os métodos internos de avaliação de riscos financeiros. O grande exemplo dessa assertiva é o próprio processo de securitização de recebíveis imobiliários, que inclui o segmento *subprime*.

Segundo André Morandi e Márcio Gold Firmo, Basiléia II havia dedicado seção específica para as operações de securitização. Considerada a natureza do processo de securitização, no qual há uma transferência do risco de crédito do banco para outros agentes financeiros, o que permite, em tese, o abatimento da exposição sobre a qual se calcula o capital regulatório mínimo, a autoridade reguladora deve considerar sempre a essência econômica do

---

[301] Pertinente é transcrever a síntese a seguir, *in verbis*: "*Basiléia II tem implicações para a indústria financeira como um todo, tanto para as agências classificadoras de risco, como para os órgãos de regulação bancária, e foi concebido como sendo suportado por três pilares. No Pilar I, os bancos devem observar um requerimento mínimo de capital, calculado através de uma razão entre o capital (Nível I) e os ativos ponderados pelo risco. O Pilar I descreve as diferentes abordagens que podem ser usadas para calcular os ativos ponderados pelo risco. O Pilar II requer a demonstração da adequação do capital, através da utilização de parâmetros do sistema de classificação de risco interno, e o Pilar III está relacionado ao processo de avaliação pela supervisão do órgão regulador*" (GUIMARÃES, André Luiz de Souza; LIMA, Jorge Cláudio Calvalcante de Oliveira. *Avaliação do risco de crédito no Brasil*. In: GIAMBIAGI, Fábio; GARCIA, Marcio (org.). *Risco e regulação*: por que o Brasil enfrentou bem a crise e como ela afetou a economia mundial. 3. ed. Rio de Janeiro: Elsevier, 2010, p. 207).

[302] MORANDI, André; FIRMO, Márcio Gold. *Regulação: errada, incompleta ou não aplicada?* In: GIAMBIAGI, Fábio; GARCIA, Marcio (org.). *Risco e regulação*: por que o Brasil enfrentou bem a crise e como ela afetou a economia mundial. 3. ed. Rio de Janeiro: Elsevier, 2010, p. 31.

processo e não, meramente, os seus aspectos formais.[303] Essa é a regra extraída do Parágrafo 538 de Basiléia II.[304]

Ademais, quando o banco fornece alguma forma de suporte implícito à securitização, o respectivo capital regulatório deve ser ajustado como se os créditos que constituem o objeto do processo de securitização não tivessem sido securitizados. Essa é a regra extraída do Parágrafo 564 de Basiléia II.[305]

Aparentemente, duas regras inobservadas e um efeito devastador: a transferência dos riscos financeiros criados no âmbito do setor bancário tradicional ao *shadow banking system*, intaurando-se um caso notório de arbitragem regulatória.

Dito de outro modo, a transmissão dos riscos financeiros das instituições financeiras bancárias ao setor financeiro não-bancário, além de estimular um *shadow banking system* alavancado sem restrições regulatórias prudenciais significativas, permitia uma exposição maior das próprias estruturas bancárias, já que os riscos criados e transmitidos não mais integravam seus ativos, o que liberava capital regulatório para outras operações financeiras.

A consumação desse processo era reforçado pela concessão de linhas de liquidez dos bancos fora de seus balanços (*off-balance sheet*) a instituições financeiras não-bancárias, inclusive as criadas por eles mesmos, tais como os Veículos Especiais de Investimento ou os Veículos de Propósito Específico (SIVs/SPVs), para comprar os próprios créditos securitizados, sem alocar, frise-se, capital regulatório. Com a eclosão da crise de 2007, diante dos prejuízos gerados, todo o risco transmitido, evidentemente, refletiu no sistema bancário.

---

[303] MORANDI, André; FIRMO, Márcio Gold. *Op. Cit.*, p. 36.

[304] A regra é a seguinte, *in verbis*: "*Uma vez que securitizações podem ser estruturadas de diferentes maneiras, o tratamento do capital para uma exposição securitizada deve ser estabelecido com base em sua essência econômica, e não com base nos aspectos formais. Analogamente, os supervisores bancários atentarão para a essência econômica de uma transação para determinar se ela deve estar sujeita aos requisitos regulatórios aplicáveis às securitizações, com vistas ao cálculo do capital regulatório*", cf. MORANDI, André; FIRMO, Márcio Gold. *Op. Cit.*, p. 37.

[305] Transcreve-se a regra, *in verbis*: "Parágrafo 564: "*Quando um banco oferece suporte implícito a uma securitização, deve, no mínimo, guardar capital para lastrear todas as exposições associadas com a securitização como se elas não tivessem sido securitizadas (...). Ademais, o banco é obrigado a dar transparência quanto (a) ao seu comportamento de dar suporte não contratual e (b) ao capital que deve alocar ao fazê-lo*", cf. MORANDI, André; FIRMO, Márcio Gold. *Op. Cit.*, p. 37.

Outro aspecto de leniência regulatória diz respeito às metodologias internas de cálculo do risco. Com efeito, além de desconsiderar a excessiva concentração de riscos relativos a exposições em um mesmo setor, qual seja, o de recebíveis imobiliários, principalmente do segmento *subprime*, sem prejuízo da complexidade derivada da falta de padronização dos ABSs ou CDOs, os modelos de mensuração de risco foram concebidos conforme a lógica da "marcação a mercado",[306] bem como aferida a qualidade dos ativos segundo *ratings* destoantes da realidade econômica.[307] Por fim, os Testes de Estresse, razoavelmente eficientes para fins de avaliar riscos imediatos de liquidez, foram ignorados.[308]

Especificamente quanto aos *ratings* dos ativos financeiros, nota-se como a regulação financeira prudencial é importante e a função exercida pelas agências de classificação de risco não pode ser imune a qualquer responsabilização. A mera atribuição de notas AAA (*Standard & Poors* e *Fitch*) ou Aaa (*Moody's*) a diversos ativos financeiros de baixa qualidade deu ensejo a uma base informacional equivocada que alimentou as bases de dados usadas nos modelos econômicos de mensuração de riscos.

Instaurada a crise de 2007, o Comitê de Supervisão Bancária da Basiléia (BCBS), em colaboração com outras instâncias internacionais, tem trabalhado para reformular os padrões de regulação financeira prudencial.

A tendência clara nessas instâncias, além de corrigir incentivos distorcidos, aumentar a transparência dos processos financeiros e monitorar cenários de arbitragem regulatória, é a de criar estratégias anticíclicas nos momentos

---

[306] Marcação a mercado é um termo que designa a mensuração da posição de algum agente financeiro segundo o valor de mercado de seus ativos. Não se leva em consideração o valor de aquisição, valores históricos ou valor patrimonial, por exemplo. A marcação a mercado é importante por consistir em medida transparente e atual de valor, conforme a demanda e a liquidez do ativo financeiro no mercado. No entanto, em determinadas circunstâncias ou cenários de superestimação de preços de ativos, sua consideração isolada pode ser inadequada, além da possibilidade de que cenários de intenso estresse financeiro provoquem a alienação imediata de posições financeiras no mercado em valores relativamente mais baixos.

[307] O ideal é que *ratings* considerem a probabilidade de inadimplemento baseado em dados de longo prazo (média de *default* no longo prazo), cf. MORANDI, André; FIRMO, Márcio Gold. *Op. Cit.*, p. 34.

[308] Em momento posterior à crise, o próprio Alan Greenspan reconheceu, publicamente, as limitações dos modelos econométricos de risco em captar os diversos movimentos reais da economia globalizada, cf. SHILLER, Robert J. *Op. Cit.*, p. 38.

CAPÍTULO 1 - A ATIVIDADE FINANCEIRA COMO ELA É

de conjuntura econômica mais favorável – ou de ciclo de expansão de crédito – para futura proteção em situações de retração econômica, inclusive para exigir capital regulatório de acordo com a importância sistêmica de cada instituição financeira no âmbito doméstico e internacional, assim como a modulação inversa da quantidade desse capital segundo o ciclo de crédito.[309]

No entanto, nada disso servirá à estabilidade financeira sistêmica caso não haja o efetivo comprometimento dos reguladores financeiros ao longo do tempo.

1.5 – Virtudes dos processos regulatórios no Brasil: uma apresentação histórica da regulação financeira sistêmica brasileira contemporânea em evolução

Nenhum país poderia ficar imune a uma grave crise financeira oriunda dos Estados Unidos da América, maior economia mundial, em tempos de intensa globalização financeira internacional. Mas o Brasil saiu-se bem. Por quê? A resposta pode ser dada pela conjunção de diversas atitudes políticas, regulatórias e técnicas implementadas nas últimas décadas no país em todas as etapas de regulação financeira sistêmica,[310] aliadas a fatores conjunturais próprios da realidade econômica brasileira.

O Brasil, que possui uma economia formalmente aberta ao comércio internacional, acumulou atitudes institucionais de grande relevância no âmbito macroeconômico, dentre as quais: (i) a já citada adoção de um sistema público de metas de inflação logo após a execução do Plano Real (estabilidade monetária), conjuntamente à concessão de autonomia operacional, embora sem amparo legal, ao Banco Central do Brasil, do que resultou na manutenção de um ambiente de razoável estabilidade monetária por enquanto;

---

[309] Essa última sugestão é feita no seguinte artigo: MESQUITA, Mário Magalhães Carvalho; TORÓS, Mário. *Gestão do Banco Central no pânico de 2008*. In: GIAMBIAGI, Fábio; GARCIA, Marcio (org.). *Risco e regulação*: por que o Brasil enfrentou bem a crise e como ela afetou a economia mundial. 3. ed. Rio de Janeiro: Elsevier, 2010, p. 200.

[310] Rosa Maria Lastra aponta quatro estágios ou fases de regulação financeira sistêmica, a saber: (i) autorização, (ii) fiscalização, (iii) punição e (iv) administração de crises, cf. LASTRA, Rosa Maria. *Banco Central e regulamentação bancária*. Belo Horizonte: Livraria Del Rey, 2000, p. 90. O aspecto punitivo não será diretamente abordado no presente trabalho.

(ii) a adoção de um regime cambial flutuante, reforçado pelo acúmulo de reservas internacionais em valores superiores à dívida externa brasileira (estabilidade cambial); e (iii) a instituição do dever de responsabilidade fiscal e gestão sustentável da dívida pública, que, atualmente, é predominantemente interna (estabilidade fiscal e orçamentária).

Quanto ao ponto, é evidente que essas balizas se comunicam, mas o essencial é afirmar, no presente momento, que o compromisso institucional conjunto dessas três balizas ainda constituem o lastro da credibilidade interna e externa ao país.

Além disso, durante muito tempo percebeu-se uma atuação política relativamente contida de segmentos políticos e grupos de interesse no âmbito do Conselho Monetário Nacional e do Banco Central do Brasil,[311] o que se pode atribuir, em certa medida, ao sucesso das políticas regulatórias. O conservadorismo e o tecnicismo da política regulatória no âmbito do sistema financeiro brasileiro parecem ser o motivo de sucesso do país, muito embora o Banco Central do Brasil não possua autonomia operacional prevista em lei até hoje.

Em termos regulatórios, a postura institucional brasileira é digna de elogios nos últimos anos, mas a atuação foi extremamente facilitada pelos seguintes aspectos circunstanciais: (i) as teorias de desregulação econômica sempre foram muito contestadas por aqui; (ii) o sistema financeiro brasileiro, hoje,

---

[311] A aceleração da expansão do crédito no sistema financeiro nacional nos últimos anos, induzida pelos bancos públicos e pelo BNDES, evidencia um movimento político forte de intervenção do Estado brasileiro no funcionamento do mercado financeiro. Tal tendência, oriunda, principalmente, de decisões tomadas no âmbito do Ministério da Fazenda, tem gerado alguns questionamentos públicos, sobretudo porque a expansão descontrolada do crédito é apta a: (i) pressionar a inflação; (ii) concentrar renda, pois a maioria da população brasileira não tem sequer acesso ao sistema bancário; (iii) aumentar a dívida pública, na medida em que a aludida expansão é viabilizada, financeiramente, pela captação de recursos públicos; e (iv) acentuar a concentração econômica de mercado dos bancos públicos, o que representa um aumento sistêmico de incentivos ao *lobby* político para o acesso privilegiado aos financiamentos públicos. Por outro lado, são circunstâncias atenuantes aos efeitos dessa política de expansão pública de crédito o fato de que as diretrizes normativas de regulação sistêmica de riscos financeiros no Brasil se aplicam, isonomicamente, em relação a bancos públicos e privados, sem prejuízo da gestão orçamentária e de endividamento público federal ainda encontrar-se razoavelmente equilibrada. Por fim, parece evidente que o Poder Executivo central tem influenciado as decisões do COPOM sobre a meta da taxa SELIC, haja vista diversas declarações públicas feitas pela atual Presidente da República e o Ministro da Fazenda sobre a execução da política monetária do país.

CAPÍTULO 1 - A ATIVIDADE FINANCEIRA COMO ELA É

tem um baixo grau de internacionalização se comparado com os principais países mundiais, o que diminuiu sua exposição a riscos macroeconômicos externos; (iii) o desenho institucional da regulação financeira sistêmica brasileira, centralizado, em termos regulatórios, no Conselho Monetário Nacional, tem amplo alcance regulatório e está alicerçado no protagonismo da regulação de riscos sistêmicos efetuada pelo Banco Central do Brasil quanto ao monitoramento da solvência e liquidez dos conglomerados financeiros; e (iv) a exigência regulatória específica da realidade brasileira no sentido de se exigir percentuais altos de depósitos compulsórios, dentre outras medidas tomadas pelo Estado brasileiro, facilitou a instituição de canais de liquidez nos momentos mais intensos da crise, já que os efeitos internacionais da última crise mundial no Brasil afetaram, basicamente, a liquidez do sistema financeiro brasileiro. Por fim, não há um *shadow banking system* significativo no país.

Não obstante, a estrutura de mercado do setor financeiro brasileiro está consolidada. Após passar por um intensa reestruturação de mercado (PROER e PROES) e haver a entrada de bancos estrangeiros a partir da década de 1990, o sistema bancário apresenta sinais claros de estabilidade sistêmica, o que se evidencia do fato de que as intervenções efetuadas pelo Banco Central do Brasil no mercado, nos últimos anos, ocorreram somente em instituições de menor porte, sem quaisquer impactos sistêmicos.[312]

Concomitantemente, o Brasil aderiu às diretrizes normativas internacionais de regulação financeira prudencial (Acordos de Basiléia) e as segue até hoje de forma tempestiva, com efetiva aderência aos *Core Principles* para uma regulação prudencial eficaz, também editados pelo Comitê de Supervisão Bancária da Basiléia (BCBS) no âmbito do BIS.

Digno de realce é a criação, no início da década de 2000, do novo Sistema de Pagamentos Brasileiro (SPB), que trouxe segurança e transparência à negociação de ativos financeiros no país mediante a criação de um infraestrutura

---

[312] Também contribuíram para o fortalecimento da higidez patrimonial dos conglomerados financeiros brasileiros a edição das seguintes leis: (i) Lei n° 9.514, de 1997, instituidora de um "Sistema Financeiro Imobiliário", que disciplinou e fortaleceu os mecanismos de financiamento imobiliário no país; (ii) Lei n° 10.931, de 2004, que regula o patrimônio de afetação de incorporações imobiliárias e traz regras de emissão de Letras de Crédito Imobiliário, Cédulas de Crédito Imobiliário e Cédulas de Crédito Bancário; e (iii) Lei n° 11.101, de 2005 (Nova Lei de Falências), que fortaleceu, principalmente, a recuperação de créditos financeiros com garantia real.

adequada de mercados financeiros para a concretização de transações e pagamentos, que também segue diretrizes regulatórias internacionais, editadas, principalmente, pelo antigo Comitê de Sistemas de Pagamentos e Compensações (CPSS) do BIS – atual Comitê de Sistemas de Pagamentos e Infraestruturas de Mercado (CPMI), em parceria regulatória com a *International Organization of Securities Commissions* (IOSCO).

Resumidamente, o SPB constitui um sistema de regulação de infraestrutura de mercados financeiros voltado a coordenar a atuação dos agentes financeiros em ambientes transparentes de compensação multilateral de obrigações,[313] notadamente para a uniformização de regras prudenciais de negociação de ativos financeiros e valores mobiliários em câmaras e para prestadores de serviços de compensação e liquidação onde há: (i) movimentações interbancárias (ii) ou, pelo menos, três participantes diretos para fins de liquidação, dentre instituições financeiras ou demais instituições autorizadas a funcionar pelo Banco Central do Brasil.[314]

Antes da instituição do novo SPB, o Banco Central do Brasil sujeitava-se a uma posição vulnerável quanto a riscos decorrentes de inadimplementos de instituições por ele fiscalizadas no âmbito das estruturas dos mercados financeiros, notadamente quando tais inadimplementos adquiriam algum potencial para gerar problemas de liquidez ou solvência sistêmica.

Sendo assim, a lógica básica do novo SPB é impor controles internos rígidos às câmaras e aos prestadores de serviços de compensação e de liquidação,[315] nas quais as operações financeiras devem seguir a regra de Liquidação Bruta em Tempo Real (LBTR), ou seja, a concretização dessas operações somente é efetivada se houver saldo bruto disponível para liquidação, em caráter incondicional, irrevogável e irretratável, em câmaras de compensação bilateral ou multilateral (*clearings*) autorizadas a funcionar e reguladas pelo Banco Central do Brasil e Comissão de Valores Mobiliários, nas respectivas esferas de competência.[316]

---

[313] Vide art. 3° da Lei n° 10.214, de 2001.
[314] Vide art. 2° da Resolução n° 2.882 do Conselho Monetário Nacional, de 2001.
[315] Vide art. 8° da Resolução n° 2.882 do Conselho Monetário Nacional, de 2001.
[316] Vide art. 6° e 11 da Resolução n° 2.882 do Conselho Monetário Nacional, de 2001.

CAPÍTULO 1 - A ATIVIDADE FINANCEIRA COMO ELA É

Em relação ao ponto, quando o Banco Central do Brasil é liquidante de sistema de pagamentos, a adoção da LBTR é obrigatória[317] e, nos termos do art. 4° da Lei n° 10.214, de 2001, a BM&F Bovespa S.A. atua como contraparte central (*clearing house*) no Brasil.

Pois bem. Sem prejuízo dos bons resultados de autorregulação e regulação pública não estatal financeira no âmbito do mercado de capitais,[318] dentre diversas medidas regulatórias relacionadas ao funcionamento das instituições financeiras, destacam-se as seguintes: (i) imposição de limites de alavancagem bancária, para fins de definição de capital regulatório, em nível superior ao nível internacionalmente definido pelas regras de Basiléia (11% ao invés de 8%), o que facilitará, por certo, o atual processo de implementação dos critérios técnicos mais rígidos de "Basiléia III";[319] (ii) criação de um ambiente informacional centralizado de riscos de créditos ou Sistema de Risco de Crédito, a fim de facilitar a supervisão regulatória indireta das atividades dos agentes financeiros (SCR, antigo CRC);[320] (iii) instituição de regulação financeira baseada em estruturas de conglomerados financeiros, além do monitoramento

---

[317] Vide art. 9° da Resolução n° 2.882 do Conselho Monetário Nacional, de 2001. Bons exemplos quanto à adoção da LBTR ocorrem na gestão do Banco Central do Brasil sobre o Sistema de Transferência de Reservas (STR) e no Sistema Especial de Liquidação e de Custódia (SELIC). Quanto ao assunto, também é digna de menção a criação da Central de Cessões de Crédito (C3) no âmbito do SPB, destinada a permitir o controle sobre operações de cessão de créditos e de arrendamento mercantil, nos termos da Resolução n° 3.998 do Conselho Monetário Nacional, de 2011.

[318] Refiro-me, quanto ao tema, principalmente, ao papel desempenhado pela Federação Brasileira de Bancos (FEBRABAN), Associação Brasileira das Entidades dos Mercados Financeiro e de Capitais (ANBIMA), BVM&F Bovespa S.A. e CETIP S.A. O tema será retomado, com maior profundidade, no Capítulo 3.

[319] O percentual de 11% foi estabelecido pela Circular nº 2.784 do Banco Central do Brasil, de 1997, posteriormente revogada pela Circular nº 3.360 do Banco Central do Brasil, de 2007, que, por sua vez, será revogada, a partir de 1º de outubro de 2013, pela Circular nº 3.644 do Banco Central do Brasil, de 2013, alterada pelas Circulares do Banco Central do Brasil de n° 3.679, de 2013, n° 3.696, de 2014, e n° 3.714, de 2014, no contexto de implementação regulatória de "Basiléia III".

[320] Vide a atual Resolução nº 3.658 do Conselho Monetário Nacional, de 2008, complementada pela Circular nº 3.567 do Banco Central do Brasil, de 2011. Atualmente, o SCR atinge 73 milhões de brasileiros, que são detentores de 450 milhões de operações, em um total de R$ 3,15 trilhões em volume de crédito, o que representa 99% do total do crédito financeiro concedido no Brasil. Fonte: http://www.bcb.gov.br/pt-br/Paginas/bc-aprimora-o-sistema--de-informacoes-de-creditos-11-09-2014.aspx. Acesso em 12.09.2014.

de risco sistêmico fora de estruturas bancárias com base em diretrizes de supervisão regulatória consolidada;[321] (iii) segregação da administração de atividades bancárias das de gestão de investimento de recursos de terceiros, com desvinculação estrutural (*Chinese Walls*);[322] (iv) imposições voltadas ao desenvolvimento de controles internos de risco institucional, *disclosure* e de cumprimento de normas pelas instituições supervisionadas;[323] (v) estabelecimento de regras para a classificação de operações de crédito e para constituição de provisão para créditos de liquidação duvidosa;[324] (vi) limitações regulatórias de exposição financeira por cliente;[325] (vii) regulação pertinente à prestação de serviço de auditoria independente em instituições autorizadas a funcionar pelo Banco Central do Brasil e câmaras e prestadores de serviços de compensação e liquidação;[326] (viii) estruturação de regulação para o gerenciamento do risco operacional;[327] (ix) estruturação de regulação para o gerenciamento do risco de mercado;[328] (x) disciplina regulatória de prevenção de riscos na contratação de operações e na prestação de serviços por instituições autorizadas a funcionar pelo Banco Central do Brasil;[329] (xi) estruturação de regulação para o gerenciamento do risco de crédito;[330] (xii) regulação de gerenciamento do risco de liquidez nas instituições financeiras autorizadas a funcionar pelo Banco Central do Brasil;[331] (xiii) implementação de estrutura de gerenciamento de capital;[332] (xiv) adoção da prática de audiências públicas prévias à edição de normas mais importantes; (xv) regulação sistêmica quanto à supervisão da transferência de riscos de

---

[321] Vide, principalmente, a Resolução nº 2.723 do Conselho Monetário Nacional, de 2000.
[322] Vide, originariamente, a Resolução nº 2.451 do Conselho Monetario Nacional, de 1997.
[323] Vide as mudanças regulatórias iniciadas pela Resolução nº 2.554 do Conselho Monetário Nacional, de 1998.
[324] Ver, principalmente, as Resoluções n° 2.682 e n° 2.697 do Conselho Monetário Nacional, de 1999 e 2000, respectivamente.
[325] Ver Resolução n° 2.844 do Conselho Monetário Nacional, de 2001, recentemente alterada pela Resolução n° 4.379 do Conselho Monetário Nacional, de 2014.
[326] Vide, originariamente, a Resolução n° 3.198 do Conselho Monetário Nacional, de 2004.
[327] Ver Resolução n° 3.380 do Conselho Monetário Nacional, de 2006.
[328] Ver Resolução n° 3.464 do Conselho Monetário Nacional, de 2007.
[329] Vide a Resolução n° 3.694 do Conselho Monetário Nacional, de 2009.
[330] Vide a Resolução n° 3.721 do Conselho Monetário Nacional, de 2009.
[331] Ver Resolução n° 4.090 do Conselho Monetário Nacional, de 2012.
[332] Ver Resolução n° 3.988 do Conselho Monetário Nacional, de 2011.

CAPÍTULO 1 - A ATIVIDADE FINANCEIRA COMO ELA É

crédito a intermediários financeiros não bancários; (xvi) vedação à criação de instrumentos financeiros exóticos e não padronizados, com a exigência, em especial, do registro dos contratos de derivativos em câmaras autorizadas a funcionar pelos órgãos reguladores para a sua validade jurídica;[333] (xvii) inexistência de derivativos para seguros de créditos no Brasil; (xviii) estabelecimento de diretrizes regulatórias gerais para o estabelecimento de Políticas de Responsabilidade Socioambiental e gerenciamento de riscos socioambientais pelas instituições autorizadas a funcionar pelo Banco Central do Brasil;[334] e (xix) regulação das instituições e arranjos de pagamento, nos termos do art. 6° a art. 14 da Lei nº 12.865, de 2013.[335]

[333] Nesse sentido, é importante citar a Lei nº 12.543, de 2011, que, não obstante ter autorizado o Conselho Monetário Nacional a estabelecer condições de negociação de contratos derivativos, alterou o §4º do art. 2º da Lei nº 6.385, de 1976, para prescrever a necessidade de registro de contratos de derivativos em câmaras ou prestadores de serviço de compensação, liquidação e registro autorizados a funcionar pelo Banco Central do Brasil ou pela Comissão de Valores Mobiliários, sob pena de nulidade contratual. Anteriormente, a Comissão de Valores Mobiliários havia editado a Instrução n° 467, de 2008, destinada a estabelecer diretrizes regulatórias sobre a "aprovação de contratos derivativos admitidos à negociação ou registrados nos mercados organizados de valores mobiliários", complementada pela Instrução n°486, de 2010, que permitiu a criação de "mecanismos de compartilhamento de informações sobre operações com contratos derivativos negociados ou registrados em seus sistemas". Assim, essa última Instrução deu fundamento regulatório à constituição da Central de Exposição a Derivativos (CED), de iniciativa e gestão pela BM&F Bovespa S.A., CETIP S.A. e FEBRABAN, em parceria com a ANBIMA, com aval regulatório. Fonte: http://www.centralderivativos.org.br/quemsomos.html. Acesso em 01.08.2013.
[334] Vide a Resolução n° 4.327 do Conselho Monetário Nacional, de 2014.
[335] A Resolução n° 4.282 do Conselho Monetário Nacional, de 2013, estabelece as diretrizes que devem ser observadas na regulação das instituições e arranjos de pagamento de que trata a Lei nº 12.865, de 2013. Tal Resolução foi complementada pelas seguintes Circulares do Banco Central do Brasil: (i) Circular n° 3.680, de 2013 (alterada pela Circular n° 3.705, de 2014, e n° 3.727, de 2014), que dispõe sobre a conta de pagamento utilizada pelas instituições de pagamento para registros de transações de pagamento de usuários finais; (ii) Circular n° 3.681, de 2013 (alterada pela Circular n° 3.705, de 2014), que dispõe sobre o gerenciamento de riscos, requerimentos mínimos de patrimônio, governança institucional e preservação do valor e da liquidez dos saldos em contas de pagamento; (iii) Circular n° 3.682, de 2013 (alterada pela Circular n° 3.705, de 2014, e n° 3.724, 2014), através da qual foi aprovado o regulamento que disciplina a prestação de serviço de pagamento no âmbito dos arranjos de pagamentos; (iv) Circular n° 3.683, de 2013 (alterada pela Circular n° 3.705, de 2014, e n° 3.724, de 2014), que estabelece os requisitos e os procedimentos para constituição, autorização para funcionamento, alterações de controle e reorganizações societárias, cancelamento da autorização para funcionamento, condições para o exercício de cargos de administração das instituições

Além disso, atualmente, conta-se com o Fundo Garantidor de Créditos (FGC). A ideia de constituição de um fundo de seguro de depósitos no Brasil, inserido na rede de proteção do sistema financeiro,[336] é relativamente recente[337] e, inclusive, constou do texto da Constituição brasileira de 1988.[338]

---

de pagamento e autorização para a prestação de serviços de pagamento por instituições financeiras e demais instituições autorizadas a funcionar pelo Banco Central do Brasil; (v) Circular n° 3.704, de 2014, que dispõe sobre as movimentações financeiras relativas à manutenção de recursos em espécie correspondentes ao valor de moedas eletrônicas mantidas em contas de pagamento e a participação das instituições de pagamento no Sistema de Transferência de Reservas (STR); (vi) Circular n° 3.721, de 2014, que impõe a padronização das agendas de recebíveis dos cartões de pagamento; e (vii) Circular n° 3.735, de 2014, que disciplina as medidas preventivas aplicáveis aos instituidores de arranjos de pagamento que integram o Sistema de Pagamentos Brasileiro (SPB). Nada obstante, os procedimentos operacionais e os documentos necessários à instrução dos pedidos de autorização para arranjos de pagamento, bem como a forma prestação de informações ao Banco Central do Brasil pelos arranjos de pagamento, estão previstos, respectivamente, na Carta-Circular n° 3.653 do Banco Central do Brasil, de 2014, e Carta-Circular n° 3.656 do Banco Central do Brasil, de 2014.

[336] Os maiores incentivos políticos à instituição de um fundo de seguro de depósitos, como elemento importante da rede de proteção do sistema financeiro, é evitar corridas bancárias e o uso de recursos públicos em situações de crise. Conforme expõe Rosa Maria Lastra, *"A outorga da 'ajuda estatal' (ou seja, recursos provenientes de forma direta ou indireta do governo) em pacotes de ajuda é controvertida. De um lado, o delicado equilíbrio entre os interesses dos contribuintes e os interesses dos depositantes, bem como os interesses de outros bancos credores e acionistas, do outro lado, necessitam ser abordados"* (LASTRA, Rosa Maria. *Op. Cit.*, p. 111). Não obstante, há outras vantagens importantes, tais como: (i) o estímulo à competição, eis que instituições financeiras menores estão igualmente incluídas no fundo e (ii) o aumento sistêmico gerado de confiança institucional. Por outro lado, não se pode ignorar o risco moral presente na instituição de seguros de depósito, na medida em que a proteção gerada cria algum nível de incentivo sistêmico a uma maior assunção de riscos financeiros, cf. SADDI, Jairo. *Op. Cit.*, p. 53-54.

[337] A primeira iniciativa oficial de criação de um fundo com essa natureza estava disposta na Resolução n° 1.099 do Conselho Monetário Nacional, de 1986, mas o fundo não foi criado à época. O modelo institucional de referência histórica é o do *Federal Deposit Insurance Corporation* (FDIC), criado nos Estados Unidos da América pelo *Glass-Steagall Act* de 1933 como instituição responsável pela gestão de recursos financeiros destinados à proteção dos pequenos poupadores e investidores. Nos Estados Unidos da América, o FDIC é *"independent agency"* e seus recursos financeiros originam-se de contribuições das instituições financeiras privadas associadas.

[338] Conforme o texto originário do inciso VI do art. 192 da Constituição brasileira de 1988, revogado pela Emenda Constitucional n° 40, de 2003, lei complementar do sistema financeiro nacional disporia sobre "a criação de fundo ou seguro, com o objetivo de proteger a economia popular, garantindo créditos, aplicações e depósitos até determinado valor, vedada a participação de recursos da União".

Em 1995, aprovou-se a constituição do FGC,[339] bem como o seu Estatuto e Regulamento,[340] que, hoje, estão consolidados nos Anexos I e II da Resolução nº 4.222 do Conselho Monetário Nacional, de 2013, respectivamente, nos termos do art. 28 da Lei Complementar n° 101, de 2000.[341]

No Brasil, o FGC, embora seja associação sem fins lucrativos cujos recursos advêm de contribuições privadas das instituições associadas, é de adesão compulsória e tem por objetivo básico garantir depósitos de poupadores e investidores[342] na hipótese de decretação de regimes interventivos pelo Banco Central do Brasil, bem como servir como mecanismo *ex ante* de acesso à liquidez e suporte financeiro, nos termos do seu Estatuto e Regulamento.[343]

Dessa forma, atua o FGC como mecanismo institucional de proteção à higidez do sistema financeiro nacional, provendo segurança aos pequenos depositantes e investidores, sendo, ao mesmo tempo, um importante canal de apoio no sentido da disponibilização de recursos financeiros privados às instituições associadas em determinadas circunstâncias mais sensíveis.

De modo geral, a regulação financeira sistêmica de saída ou o regime jurídico de resolução bancária no Brasil[344], a despeito da falta de sistematização legal[345], tem dado alguma sustentação jurídica ao propósito básico de priorização

---

[339] Vide Resolução n° 2.197 do Conselho Monetário Nacional, de 1995.
[340] Vide Resolução n° 2.211 do Conselho Monetário Nacional, de 1995.
[341] Portanto, é vedada, em regra, a utilização de recursos públicos para socorrer instituições do Sistema Financeiro Nacional (*bailout*), nos termos do §1° do art. 28 da lei mencionada.
[342] Atualmente, a garantia ordinária proporcionada pelo FGC é de R$250.000,00 (duzentos e cinquenta mil reais) e a garantia especial (DPGE) no valor máximo de R$ 20.000.000,00 (vinte milhões de reais), nos termos da recente Resolução n° 4.222 do Conselho Monetário Nacional, de 2013.
[343] Em síntese, pode-se dizer que *"o sistema brasileiro pode ser explicado pelas seguintes características, plenamente auto-explicativas, quais sejam: proteção explícita, adesão compulsória, cobertura limitada, origens dos recursos arrecadados ex ante e utilização exclusiva de recursos privados com gestão igualmente privada"* (SADDI, Jairo. *Crise e Regulação Bancária*. São Paulo: Textonovo, 2001, p. 139).
[344] A propósito, vale transcrever o seguinte trecho doutrinário, *in verbis*: "Conforme assinalam Bovenzi e Muldoon, existem quatro maneiras de solucionar quebras bancárias geradoras de crises, sendo a mais utilizada a liquidação (na terminologia original, *payoff resolution*). Segundo esses autores, as outras três são fusão e cisão (modelo de compra e assunção, ou *purchase and assumption*); transferências ou empréstimos governamentais (modelo da assistência bancária aberta, ou *open-bank assistance*) e controle governamental (modelo do 'banco-ponte', ou *bridge bank*)" (SADDI, Jairo. *Op. Cit.*, p. 231).
[345] A falta de sistematização legal compromete, principalmente, a segurança jurídica na regulação financeira sistêmica de saída. A propósito, insuficiências legais têm sido supridas por Resoluções do Conselho Monetário Nacional, notadamente a de n° 4.019, de 2011, que

de soluções de mercado em casos de insolvência de instituições financeiras bancárias,[346] ou, em último caso, fundamentado a decretação de intervenções pelo Banco Central do Brasil, com poderes de instituição de regimes especiais e imputação de responsabilização administrativa[347] e civil-patrimonial ilimitada de controladores, administradores e membros do Conselho Fiscal pelos prejuízos causados pelas instituições financeiras aos seus credores, nos termos da Lei nº 6.024, de 1974, Decreto-Lei nº 2.321, de 1987 e Lei n° 9.447, de 1997, o que reduz, intensamente, os incentivos à assunção de riscos excessivos.[348]

institui a possibilidade de decretação administrativa de medidas prudenciais preventivas. Nada obstante, há notícia de que o Banco Central do Brasil finalizou a redação de anteprojeto de Lei de Resolução Bancária no ano de 2013, a ser apresentado ao Congresso Nacional. Fonte: http://exame.abril.com.br/economia/noticias/tombini-anteprojeto-de-resolucao-bancaria--esta-pronto. Acesso em 09.08.2013.

[346] Vide, principalmente, os arts. 5º e 6º da Lei nº 9.447, de 1997, que permitem o uso de mecanismos preventivos de saneamento bancário ou estratégias flexíveis de resolução bancária. Tais dispositivos, viabilizam, por exemplo, a possibilidade de aplicação do conhecido modelo *"good bank – band bank"*, a partir do qual se viabiliza o repasse ou cessão de ativos e passivos dessa instituição insolvente a uma instituição financeira saudável, que efetua um pagamento pela aquisição ("ágio"), com a reversão desse valor pago à massa em liquidação, representativa da outra parte do patrimônio que foi segregada com ativos e passivos de difícil liquidação ou de pior qualidade, sem pagamento direto a acionistas em todo o processo preferencialmente, evitando-se crises sistêmicas e restringindo os prejuízos decorrentes da insolvência à esfera patrimonial privada dos acionistas, cf. FRANCO, Gustavo; ROSMAN, Luiz Alberto Colonna. *A crise bancária norte-americana*: algumas lições da experiência brasileira. In: GIAMBIAGI, Fábio; GARCIA, Marcio (org.). *Risco e regulação*: por que o Brasil enfrentou bem a crise e como ela afetou a economia mundial. 3. ed. Rio de Janeiro: Elsevier, 2010, p. 164.

[347] Atualmente, o auditor externo também pode ser responsabilizado administrativamente, com fundamento principal nos arts. 3° e 7º, I, da Lei nº 9.447, de 1997.

[348] Cf. FRANCO, Gustavo; ROSMAN, Luiz Alberto Colonna. *Op. Cit.*, p. 158. Segundo interpretação sistemática dos arts. 39 e 40 da Lei nº 6.024, de 1974, art. 15 do Decreto-Lei nº 2.321, de 1987, e art. 1º da Lei nº 9.447, de 1997, há responsabilidade solidária dos controladores, administradores e membros do Conselho Fiscal pelos prejuízos causados pela instituição submetida ao regime especial, o que dá ensejo, concomitantemente, à decretação de indisponibilidade dos seus bens pessoais (v. art. 36 da Lei n° 6.024, de 1974, e art. 2° da Lei n° 9.447, de 1997). Se posterior inquérito, instaurado no âmbito do Banco Central do Brasil, confirmar, em conclusão, a existência de prejuízos (art. 45 da Lei n° 6.024, de 1974), o Ministério Público Estadual adquire legitimidade ativa *ad causam* para propor "ação de responsabilidade" destinada ao ressarcimento dos prejuízos causados, nos termos do art. 46 da Lei n° 6.024, de 1974. Não obstante, cumpre ressaltar que a atribuição de responsabilidade objetiva de controladores, administradores e membros do Conselho Fiscal é questão extremamente controvertida, sobretudo porque o art. 15, *caput*, do Decreto-Lei nº 2.321, de 1987, prevê, expressamente, que a responsabilidade é "independentemente da apuração de dolo ou culpa". Em relação ao

CAPÍTULO 1 - A ATIVIDADE FINANCEIRA COMO ELA É

No contexto conjuntural pós-crise mundial, há fatos adicionais dignos de menção. Em 2008, foi editada a Lei n° 11.803, que incluiu o inciso IX ao artigo 1° da Lei n° 10.179, de 2001, a fim de autorizar que o Tesouro Nacional possa emitir, excepcionalmente, títulos da dívida pública em favor do Banco Central do Brasil em situações de crise sistêmica de liquidez, a fim de garantir "a manutenção de carteira de títulos da dívida pública em dimensões adequadas à execução da política monetária" do país, instituindo-se um canal de concessão de liquidez imediata ao Banco Central do Brasil se houver necessidade emergencial.

Com vistas a fortalecer mecanismos mais eficientes de liquidez aos agentes do sistema financeiro brasileiro, foi editada a Lei n° 11.882, de 2008,[349] cujo objetivo principal foi o de facilitar as operações de redesconto[350] em moeda nacional ou em moeda estrangeira, a partir de diretrizes normativas estabelecidas pelo Conselho Monetário Nacional,[351] sem prejuízo de apresentação trimestral de Relatório de acompanhamento dos resultados das medidas ao Congresso Nacional, nos termos do §§ 6°, 7° e 9° do art. 1° da Lei n° 11.882, de 2008.[352]

---

tema, o histórico da legislação sobre o tema (Decreto-Lei n° 9.328, de 1946, Lei n° 1.808, de 1953, art. 42 da Lei n° 4.595, de 1964, Decreto n° 48, de 1966, Lei n° 6.024, de 1974, e, por fim, Decreto-Lei n° 2.321, de 1987) é confuso e prevalece, no âmbito da Terceira e Quarta Turmas do Superior Tribunal de Justiça, o entendimento de que a responsabilidade é subjetiva, desde o advento do seguinte precedente: STJ, Recurso Especial n° 447939, Relatora Ministra Nancy Andrighi, Terceira Turma, j. 04.10.2007, DJ 25.10.2007.

[349] Tal lei é resultado da conversão da Medida Provisória n° 442, de 2008, alterada pela Lei n° 12.058, de 2009, oriunda da conversão da Medida Provisória n° 462, de 2009.

[350] Conforme já frisado, as operações de redesconto devem conter prazo máximo inferior a trezentos e sessenta dias, nos termos do §2° do art. 28 da Lei Complementar n° 101, de 2000.

[351] O Conselho Monetário Nacional elaborou as Resoluções n° 3.622, 3.624 e 3.672, todas de 2008, para tratar do tema.

[352] Os referidos parágrafos possuem a seguinte redação, *in verbis*: "§ 6° O Banco Central do Brasil deverá encaminhar ao Congresso Nacional, até o último dia útil do mês subseqüente de cada trimestre, relatório sobre as operações realizadas com base no disposto no inciso I do caput deste artigo, indicando, entre outras informações, o valor total trimestral e o acumulado no ano das operações de redesconto ou empréstimo realizadas, as condições financeiras médias aplicadas nessas operações, o valor total trimestral e acumulado anual de créditos adimplidos e inadimplidos, além de um demonstrativo do impacto dessas operações nos resultados daquele órgão. § 7° Na mesma reunião conjunta com as comissões temáticas pertinentes do Congresso Nacional, conforme previsto no §5° do art. 9° da Lei Complementar n° 101, de 4 de maio de 2000, o Ministro-Presidente do Banco Central do Brasil, com base no

Adicionalmente, nos termos do art. 6° da Lei n° 11.908, de 2009,[353] o Banco Central do Brasil foi autorizado a celebrar acordos de *swap* de moedas com Bancos Centrais de outros países, conforme diretrizes normativas do Conselho Monetário Nacional. Essa autorização legal deu ensejo, naquele contexto pós-crise, à Resolução n° 3.631, de 2008, viabilizadora de um acordo de *swap* cambial entre o Banco Central do Brasil e o *Federal Reserve Bank of New York*.[354]

No que diz respeito à solvência sistêmica, eram perceptíveis naquele momento duas tendências estratégicas sob o aspecto institucional, quais sejam: (i) fortalecer o FGC; e (ii) permitir fusões e aquisições no sistema financeiro. Em relação ao FGC, o Conselho Monetário Nacional editou Resoluções voltadas ao aumento dos limites institucionais de cobertura e, ao mesmo tempo, o reforço patrimonial do fundo.[355]

Quanto aos aspectos concorrenciais relativos ao sistema financeiro nacional, houve autorização legal explícita para que os bancos públicos federais, nos termos da Lei n° 11.908, de 2009, pudessem adquirir outras instituições financeiras, o que motivou diversas aquisições pelo Banco do Brasil S.A. ao longo dos últimos anos,[356] sem embargo da aprovação administrativa, sem

---

relatório previsto no § 6° deste artigo, informará e debaterá sobre os valores agregados e a taxa média praticada nas operações de redesconto em reais. (...) § 9° Os recursos provenientes de empréstimos em moeda estrangeira concedidos pelo Banco Central do Brasil, na forma deste artigo, poderão ser repassados, no País, com cláusula de reajuste vinculado à variação cambial".

[353] Tal lei é resultado da conversão da Medida Provisória n° 443, de 2008.

[354] Em 2013, com a Resolução n° 4.200 do Conselho Monetário Nacional, foram fixados os termos do acordo de *swap* cambial entre o Banco Central do Brasil e o Banco Popular da China, fundamentado no art. 7° e 10, §1°, da Lei n° 11.803, de 2008, e art. 6 da Lei n° 11.908, de 2009. Dois dias depois, editou-se a Resolução n° 4.202, com o propósito geral de firmar diretrizes para a abertura e a manutenção, no Banco Central do Brasil, de contas de depósito em reais titularizadas por bancos centrais estrangeiros e destinadas à realização de operações de *swap* de moedas, nos termos do art. 10, §1°, da Lei n° 11.803, de 2008.

[355] A partir da Resolução n° 3.656 do Conselho Monetário Nacional, de 2008, houve a criação de um novo instrumento de proteção de depósitos a prazo chamado Garantia Especial de Depósitos a Prazo (DPGE), sem prejuízo da Resolução n° 4.222 do Conselho Monetário Nacional, de 2013, que aumentou de R$70 mil para R$250 mil o limite de garantia ordinária dos depósitos nas instituições associadas ao FGC, além da inclusão das Letras de Crédito do Agronegócio (LCA) entre os créditos garantidos.

[356] Pode-se destacar, quanto ao ponto, a aquisição do Banco Nossa Caixa, do Banco do Estado de Santa Catarina e do Banco Votorantim pelo Banco do Brasil em período curto de tempo.

restrições, da operação societária que resultou no maior conglomerado financeiro do país: o "Itaú Unibanco".[357]

Em 2013, o Banco Central do Brasil criou o Índice de Valores de Garantia de Imóveis Residenciais Financiados (IVG-R), cuja função é orientar o monitoramento dos riscos sistêmicos relacionados ao crédito imobiliário, notadamente para o acompanhamento mais eficiente da evolução dos preços dos imóveis no longo prazo.[358]

No segundo semestre de 2013, foi editada a Lei n° 12.810, de 2013, que reestruturou as diretrizes normativas básicas para que o Banco Central do Brasil e a Comissão de Valores Mobiliários efetuem, de forma articulada, a regulação sobre o exercício da atividade de depósito centralizado de ativos financeiros e de valores mobiliários, em regime de titularidade fiduciária, cujos controles de titularidade devem estar refletidos nos registros de emissão e escrituração quando os ativos financeiros e valores mobiliários forem escriturais, de acordo com os artigos 22 a 27 e 29 da referida lei e o art. 27 da Instrução n° 541 da Comissão de Valores Mobiliários, de 2013.

Nada obstante, foram traçadas diretrizes regulatórias sobre a regulação da atividade de registro de ativos financeiros e de valores mobiliários, que compreende a escrituração, o armazenamento e a publicidade de informações referentes a transações financeiras, conforme os arts. 28 e 29 da Lei n° 12.810, de 2013.

No âmbito da Comissão de Valores Mobiliários, foram editadas as seguintes Instruções complementares: (i) Instrução n° 541, de 2013, que dispõe, em linhas gerais, sobre a prestação de serviços de depósito centralizado de valores mobiliários; (ii) Instrução n° 542, de 2013, que dispõe sobre a prestação de serviços de custódia de valores mobiliários; (iii) Instrução n° 543, de 2013, que dispõe sobre a prestação de serviços de escrituração de valores

---

[357] Tanto o Banco Central do Brasil quanto o Conselho Administrativo de Defesa Econômica não fizeram ressalvas à integridade da operação societária.

[358] Informação contida no Relatório de Estabilidade Financeira do Banco Central do Brasil, referente ao segundo semestre de 2012, na página 45. Disponível em: http://www.bcb.gov.br/htms/estabilidade/2013_03/refP.pdf. Acesso em 03.04.2013. A preocupação regulatória com o mercado de financiamento imobiliário no Brasil ficou evidenciada com a edição da Resolução n° 4.271 do Conselho Monetário Nacional, de 2013, através da qual foram estabelecidos, nos artigos 1° e 2°, critérios objetivos de observância na atividade de concessão de financiamentos imobiliários, destinados a mitigar os riscos financeiros envolvidas em tais operações.

mobiliários e de emissão de certificados de valores mobiliários; e Instrução n° 544, de 2013, que estabelece, principalmente, a exclusividade de atuação das "entidades administradoras de mercados de balcão organizado" para o exercício da atividade de registro de ativos financeiros e de valores mobiliários, de acordo com a Instrução n° 461 da Comissão de Valores Mobiliários, de 2007. No âmbito do Banco Central do Brasil, as atividades de registro e de depósito centralizado de ativos financeiros, assim como as regras de constituição de gravames e de ônus sobre ativos financeiros depositados, estão reguladas e dispostas, basicamente, na Circular n° 3.743, de 2015.

Por fim, editou-se a Lei n° 12.838, de 2013, que dispõe sobre a composição do patrimônio de referência das instituição autorizadas a funcionar pelo Banco Central do Brasil, em conformidade com o processo de adequação regulatória do Brasil à Basiléia III.

A propósito, a execução das diretrizes normativas de "Basiléia III" está em andamento. Inicialmente, foram editadas as Resoluções de nº 4.192 a 4.195 do Conselho Monetário Nacional, todas de 2013, acompanhadas pela edição de Circulares do Banco Central do Brasil, que foram complementas ou alteradas da seguinte forma: (i) Resolução n° 4.192, de 2013 (alterada pela Resolução n° 4.278, de 2013, 4.311, de 2014, e 4.400, de 2015), que tratam da metodologia para a apuração do Patrimônio de Referência (PR), com a revogação, a partir de 01.10.2013, das Resoluções do Conselho Monetário Nacional de n° 3.444, de 2007, 3.532, de 2008, e 3.655, de 2008, além dos arts. 2° a 4° da Resolução n° 3.059, de 2002, e art. 6° da Resolução n° 2.723, de 2000; (ii) Resolução n° 4.193, de 2013 (alterada pela Resolução n° 4.281, de 2013), que disciplina a apuração dos requerimentos mínimos de Patrimônio de Referência (PR), de Nível I, de Capital Principal e institui o Adicional de Capital Principal, com a revogação, a partir de 01.10.2013, das Resoluções do Conselho Monetário Nacional de n° 2.772, de 2000, e 3.490, de 2007; (iii) Resolução n° 4.194, de 2013, que dispõe sobre a metodologia facultativa para apuração dos requerimentos mínimos de Patrimônio de Referência (PR), de Nível I e de Capital Principal para as cooperativas de crédito que optarem pela apuração do montante dos ativos ponderados pelo risco na forma simplificada (RWARPS), além de instituir o Adicional de Capital Principal para essas cooperativas, com a revogação, a partir de 01.10.2013, da Resolução n° 3.897, de 2010; e (iv) Resolução n° 4.195 (revogada pela Resolução n° 4280, de 2013, a partir de 01.01.2014),

CAPÍTULO 1 – A ATIVIDADE FINANCEIRA COMO ELA É

que estabelece normas sobre a elaboração, a divulgação e a remessa de Demonstrações Contábeis consolidadas do Conglomerado Prudencial ao Banco Central do Brasil.

Posteriormente, houve a edição das Resoluções de n° 4.277 a 4.281 do Conselho Monetário Nacional, em 2013, também acompanhadas pela edição complementar de Circulares do Banco Central do Brasil, assim descritas: (i) Resolução n° 4.277, de 2013, alterada pela Resolução n° 4.389, de 2014, que estabelece requisitos mínimos e ajustes prudenciais a serem observados no processo de apreçamento de instrumentos financeiros avaliados pelo valor de mercado, com início de aplicação em 01.01.15, nos termos da Resolução n° 4.349, de 2014; (ii) Resolução nº 4.278, de 2013, que altera e revoga disposições da Resolução nº 4.192, de 2013, que dispõe sobre a metodologia para apuração do Patrimônio de Referência (PR); (iii) Resolução nº 4.279, de 2013, que estabelece os critérios para a extinção do saldo devedor de instrumentos autorizados a compor o Capital Complementar e o Nível II do Patrimônio de Referência (PR) das instituições financeiras e demais instituições autorizadas a funcionar pelo Banco Central do Brasil e para a conversão desses instrumentos em ações da instituição emitente; (iv) Resolução n° 4.280, de 2013, que dispõe sobre a elaboração, a divulgação e a remessa de Demonstrações Contábeis consolidadas do Conglomerado Prudencial ao Banco Central do Brasil e revoga a Resolução nº 4.195, de 2013; e (v) Resolução n° 4.281, de 2013, que altera dispositivos da Resolução nº 4.193, de 2013, quanto à apuração dos requerimentos mínimos de Patrimônio de Referência (PR), de Nível I e de Capital Principal e institui o Adicional de Capital Principal.

Nada obstante, o processo regulatório de evolução da execução das diretrizes de "Basiléia III" foi complementado por Resoluções importantes do Conselho Monetário Nacional editadas em 2014, a saber: (i) Resolução n° 4.330, de 2014, e n° 4.382, de 2014, que alteram dispositivos da Resolução n° 4.123, de 2012, queestabelece normas relativas à emissão de Letras Financeiras (LF), nos termos da Lei nº 12.838, de 2013, a fim de facilitar a execução das recomendações de Basiléia III no que diz respeito à composição do capital regulamentar das instituições emissoras; (ii) Resolução n° 4.311, de 2014, que efetuou alterações na Resolução n° 4.192, de 2013, através da qual foram dispostas novas normas a respeito da metodologia de apuração do Patrimônio de Referência (PR) quanto ao tratamento regulatório da participação de não controladores (capital de terceiros) em instituições financeiras controladas, sejam elas domiciliadas no Brasil ou no exterior; e (iii) Resolução n° 4.388, de 2014, que efetuou alterações significativas em diversas outras Resoluções que tratam da estruturação de gerenciamento de riscos financeiros em conglomerados prudenciais.

No início do ano de 2015, foi editada a Resolução n° 4.401, que dispõe sobre os limites mínimos do indicador de Liquidez de Curto Prazo (LCR) e as condições para a sua observância, com o estabelecimento da metodologia de cálculo do LCR através da edição da Circular n° 3.749 do Banco Central do Brasil, de 2015, houve a publicação da Circular n° 3.748 do Banco Central do Brasil, de 2015, que estabelece a metodologia para a apuração da Razão de Alavancagem (RA) e, por fim, a edição da Circular n° 3.751 do Banco Central do Brasil, de 2015.

Finalmente, a título conclusivo, o que se quer deixar consignado nesse momento é a afirmação importante de que a política define as estratégias regulatórias. Com efeito, embora estratégias regulatórias carreguem contornos de tecnicidade, ela só pode ser compreendida a partir dos diagnósticos políticos e das perspectivas econômicas amplas da realidade financeira de um país, em conjunto com uma compreensão adequada do funcionamento estrutural e comportamental nos mercados.

Os riscos com os quais lida o mercado financeiro têm origens principais. Há, conforme exposto anteriormente, fatos recorrentes relacionados a questões políticas, comportamentais, econômicos e/ou técnicos que têm a aptidão de gerar crises financeiras, conforme se infere do caso do mercado imobiliário norte-americano *subprime*.

Assim, o mais importante é frisar, por ora, que o encanto gerado por ilusões causadas por promessas financeiras, cujos objetos, até então, eram reputados impossíveis, sobretudo em mercados marginais, desfaz-se quando se percebe que há um preço a ser pago ou um custo a ser transferido para alguém no futuro. Só restaria saber, então, nesse sentido, ao final, quem ganhará com as promessas e a quem serão destinados os custos, ou seja, se o formulador e/ou o beneficiado pela promessa financeira pagará o preço integral da sua decisão ou se esse também será repassado a terceiros ou à sociedade pelas vias monetárias, fiscais ou orçamentárias.

Uma estratégia regulatória sistêmica bem formulada e sustentável no âmbito financeiro pode evitar esse problema essencial, mas não é capaz de garantir a estabilidade financeira sustentável da sociedade brasileira ao longo do tempo se não conjugada com políticas institucionais eficientes e democráticas que fortaleçam a sua eficácia.

CAPÍTULO 2 – FUNDAMENTOS POLÍTICO-FILOSÓFICOS DE REGULAÇÃO FINANCEIRA: A ESTABILIDADE FINANCEIRA SUSTENTÁVEL AO LONGO DO TEMPO COMO QUESTÃO DE JUSTIÇA BÁSICA

Falar de estabilidade financeira no Brasil é falar de assunto estranho à trajetória histórica do país, caracterizada pela extrema instabilidade ou insegurança econômica e por processos e instituições políticas frágeis, além de muito dependente dos recursos financeiros provenientes da exportação de matérias primas específicas produzidas no setor agrícola, cujos preços são definidos em âmbito internacional.[359]

Nesse sentido, a história econômica do Brasil constitui trajetória adequada ao enquadramento à "síndrome da intolerância a dívidas". Segundo a formulação proposta por Carmen Reinhart e Kenneth Rogoff, a "intolerância a dívidas é uma síndrome em que estruturas institucionais frágeis e sistemas políticos problemáticos tornam os empréstimos externos recurso tentador a ser empregado pelos governos para evitar decisões difíceis sobre gastos e

---

[359] A título ilustrativo, é interessante ressaltar a força política de setores exportadores de matérias primas, que era tão grande a ponto de impedir iniciativas mínimas estatais de imposição tributária sobre operações de exportação, cf. FURTADO, Celso. *Formação econômica do Brasil*. São Paulo: Companhia Editora Nacional, 1998, p. 96.

tributação",[360] o que gera um "círculo vicioso de perda de confiança pelos mercados, de juros crescentes sobre a dívida pública externa e de resistência política ao pagamento de credores externos".[361]

Tomada a independência do Brasil, em 1822, como ponto histórico de partida,[362] as dificuldades na condução de políticas monetárias, fiscais e orçamentárias eram nítidas no século XIX, devido a uma estrutura institucional precária de financiamento público de despesas estatais,[363] o que dava ensejo a emissões descontroladas de moeda e apelo ao mercado internacional marginal de empréstimos,[364] especialmente em conjunturas econômicas de queda de preços internacionais das matérias primas exportadas. As atitudes políticas heterodoxas não tinham limites institucionais e a condução de funções típicas de um Banco Central eram efetuadas, em caráter precário, pelo Banco do Brasil.

A título ilustrativo, pode-se citar a experiência do incipiente sistema bancário brasileiro, no ano de 1857, em adotar um sistema de pluralidade de bancos emissores de moeda sem definir padrões regulatórios (*free banking system*), o que acentuou, por certo, a grande crise bancária de 1864.[365]

---

[360] REINHART, Carmen M.; ROGOFF, Kenneth S. *Oito séculos de delírios financeiros*: desta vez é diferente. Trad. Afonso Celso da Cunha Senra. Rio de Janeiro: Elsevier, 2010, p. 21.

[361] REINHART, Carmen M.; ROGOFF, Kenneth S. *Op. Cit.*, p. 21.

[362] O legado português em relação ao Brasil foi extremamente negativo. Além da baixa tradição cívica, pode-se citar *"uma população analfabeta, uma sociedade escravocrata, uma economia monocultora e latifundiária, um Estado absolutista"*, cf. CARVALHO, José Murilo de. *Cidadania no Brasil*: o longo caminho. 15. ed. Rio de Janeiro: Civilização Brasileira, 2012, p. 18.

[363] V. PRADO JUNIOR, Caio. *Histórica econômica do Brasil*. São Paulo: Brasiliense, 2008, p. 133-139, *passim*.

[364] Em termos financeiros, o Brasil sempre foi considerado um país instável e de importância relativamente baixa no cenário mundial durante muito tempo, razão pela qual só obtinha acesso a linhas de empréstimos externos mediante o pagamento de altas taxas de retorno (juros).

[365] Fernando Herren Aguillar narra tais fatos históricos da seguinte forma, *in verbis*: *"Em 1857, Souza Franco assumiu a pasta da Fazenda e resolveu pôr em prática suas teorias sobre a necessidade de facultar aos bancos privados a capacidade de emitir moeda, com a finalidade de prover o mercado dos recursos monetários de que necessitavam. É preciso dizer que havia, na época, um acirrado debate público sobre a correção técnica e política de se adotar a pluralidade de bancos emissores, opondo grandes nomes do Império. Naquele mesmo ano desencadeou-se gravíssima crise, iniciada com a queda do câmbio, que ocasionou uma baixa no preço dos produtos de exportação, e foi sucedida por corridas aos bancos. 49 falências foram registradas em 1857 e outras 90 no ano seguinte, com prejuízos calculados em 11 mil contos. Em 1860, o Ministro da Fazenda Sales Torres Homem, que havia sido o inimigo declarado da política de pluralidade bancária adotada por Souza Franco, promoveu uma polêmica reforma bancária*

CAPÍTULO 2 – FUNDAMENTOS POLÍTICO-FILOSÓFICOS DE REGULAÇÃO FINANCEIRA

No início da República, após diversas crises financeiras, foram implementadas algumas iniciativas pontuais voltadas à reorganização da política monetária brasileira,[366] embora essa convivesse, mais uma vez, com sucessivos déficits públicos e a assunção substancial de empréstimos públicos externos.

Até a década de 1930, vale mencionar a edição do Decreto nº 4.182, de 1920, que significou a primeira tentativa efetiva de regulação financeira do sistema bancário ao criar, no âmbito do Banco do Brasil, a Carteira de Emissão e Redesconto (CARED), além de instituir diretrizes para a fiscalização sobre as operações bancárias, com atribuições de fiscalização dadas a uma Inspetoria-Geral de Bancos, cuja regulamentação de atuação foi efetuada pelo Decreto nº 14.728, de 1921.

Logo em seguida, a reforma monetária de 1926 deu ensejo à criação da Caixa de Estabilização através da edição do Decreto nº 5.108, do mesmo ano, a fim de sanear o meio circulante e mudar o padrão monetário naquele momento histórico.

Na década de 1930,[367] em que o país iniciava um processo econômico de "industrialização tardia", é criada a Caixa de Mobilização Bancária (Decreto nº 21.499, de 1932) e, posteriormente, em 2 de fevereiro de 1945, através do

---

(Lei nº 1.083, de 22 de agosto de 1860), de caráter ortodoxo, com vistas a permitir ao governo uma maior fiscalização sobre as emissões. Entretanto, ela não conseguiu evitar uma das 'maiores crises conhecidas em nossa história, a famosa 'Quebra do Souto', em 1864, de que até os papagaios falaram, segundo a descrição de Pandlá Calógeras. O J. Alves Souto e Cia. Era um banco popular, cuja falência levou a sucessivos saques em outros bancos, gerando intranquilidade e forçando o Banco do Brasil a emitir" (AGUILLAR, Fernando Herren. *Direito econômico*: do direito nacional ao direito supranacional. 2. ed. São Paulo: Atlas, 2009, p. 109).

[366] O período é assim retratado por Fernando Herren Aguilar, *in verbis*: *"Desde o final do Império, diversas crises econômicas e financeiras afetaram o país, causadas principalmente por excessos na emissão monetária, geralmente provocados por déficits orçamentários. A situação obrigou o governo Prudente de Moraes a promover uma reforma monetária importante. O Decreto nº 2.406, de 16 de dezembro de 1896, determinou que a União assumisse a responsabilidade das emissões bancárias e extinguiu a faculdade emissora atribuída a diversos bancos privados, fonte permanente de abusos. Pelo Decreto nº 2.412, de 28 de dezembro de 1896, impôs-se uma política de resgate do papel-moeda em circulação, até que alcançasse quatro mil réis por oitava de ouro, de vinte e dois quilates, conforme as regras da Lei nº 401, de 11 de setembro de 1846"* (Ibid., p. 125). Sobre o momento histórico em questão, v. FRANCO, Gustavo. *A Primeira Década Republicana*. In: ABREU, Marcelo de Paiva (org.). *A ordem do progresso*: dois séculos de política econômica no Brasil. 2. ed. Rio de Janeiro: Elsevier, 2014, p. 33-44.

[367] É quase unânime a opinião de que a década de 1930 é um marco econômico de progresso e modernidade na história do Brasil, embora sob um regime político autoritário, cf. CARVALHO, José Murilo de. *Op. Cit.*, p. 87.

Decreto-Lei nº 7.293, instituiu-se o embrião do Banco Central do Brasil: a Superintendência da Moeda e do Crédito (SUMOC),[368] com competências relacionadas à política monetária, regulação financeira e política cambial, embora o Banco do Brasil ainda atuasse como "coadjuvante executivo das políticas monetárias".[369]

Em geral, diz-se que a SUMOC era um embrião de um Banco Central porque, a despeito de sua competência genérica de supervisão e coordenação das políticas monetária e bancária, a função de emissão de moeda era repartida com o Tesouro Nacional e o Banco do Brasil permanecia como agente financeiro do governo e executor da função de banco dos bancos.[370] [371]

A década de 1960, por sua vez, representa um marco histórico na regulação do sistema financeiro brasileiro, pois, pela primeira vez na história econômica brasileira, arquitetou-se, efetivamente, uma estratégia política focada em fortalecer o sistema financeiro brasileiro, que sofria com o fenômeno inflacionário e fontes escassas de crédito de longo prazo.[372]

---

[368] A SUMOC possuía um Conselho Superior hierarquicamente superior a ela em termos institucionais, tal como ocorre, hoje, na relação entre Conselho Monetário Nacional e Banco Central do Brasil.

[369] Cf. YAZBEK, Otávio. *Regulação do mercado financeiro e de capitais*. 2. ed. Rio de Janeiro: Elsevier, 2009, p. 143.

[370] YAZBEK, Otávio. *Op. Cit.*, p. 265-266. Ademais, esse autor destaca, na década de 1940, a criação de Banco Nacional do Desenvolvimento Econômico (BNDE), atual BNDES, o Banco do Nordeste do Brasil e o Banco da Amazônia, além de ressaltar a pressão institucional exercida pelo Banco do Brasil em relação à SUMOC durante toda a sua existência.

[371] Sob uma perspectiva mais crítica, Gustavo Franco afirma haver evidências históricas fortes a respeito da ocorrência de tensões ("sabotagens") no período de transição entre a criação e extinção da SUMOC para a instituição do Banco Central do Brasil, provenientes, sobretudo, do Banco do Brasil, nos seguintes termos: "*O Brasil é, talvez, o mais extraordinário dos retardatários quando se trata de banco central. Enquanto boa parte da América Latina já havia criado os seus nos anos 1920 e 1930, e na Europa o processo estava terminado já no século XVIII, o Brasil, a contragosto, apenas em 1944, em decorrência dos acordos de que foi parte em Bretton Woods (quando foi criado o FMI e o Banco Mundial), concordou em criar a Sumoc, uma superintendência dentro do Banco do Brasil destinada a 'preparar' a criação de um Banco Central, prevista para uma data incerta adiante. Vinte anos se passaram e a sensação foi a de que o Banco do Brasil não estava propriamente preparando, mas sabotando a criação de uma instituição que ia lhe subtrair poder. Tampouco nossos parlamentares chegaram a um consenso sobre o assunto, especialmente diante do desejo de se utilizar a 'faculdade emissora' do Banco Central em prol do desenvolvimento*" (FRANCO, Gustavo. *As leis secretas da economia*: revisitando Roberto Campos e as leis do Kafka. Rio de Janeiro: Zahar, 2012, p. 73).

[372] Independentemente do juízo de valor a ser exercido em relação ao período ditatorial brasileiro iniciado em 1964, em termos econômicos, a década de 1960 é marcada por avanços

CAPÍTULO 2 – FUNDAMENTOS POLÍTICO-FILOSÓFICOS DE REGULAÇÃO FINANCEIRA

Enfim, é criado o Conselho Monetário Nacional e o Banco Central do Brasil em 1964 (Lei nº 4.595, de 1964), institucionalmente organizado como um autêntico Banco Central,[373] cuja atuação se pretendia coordenar com as funções exercidas pelo Banco do Brasil à época,[374] aliado a um conjunto grande de reformas legais na estrutura do Sistema Financeiro Nacional (SFN) no final da década de 1960 e na primeira metade da década de 1970, voltadas a criar mecanismos em prol do crescimento e desenvolvimento econômico do país.

Nesse contexto, deve-se, também, dar destaque especial para a Lei nº 4.728, de 1965,[375] instituidora de um regime jurídico aplicável ao mercado de capitais

---

institucionais, destacando-se os seguintes: (i) uma profunda reforma tributária, que culminou com a estruturação de uma Sistema Tributário Nacional (Emenda Constitucional n° 18, de 1965) e edição do Código Tributário Nacional (Lei n° 5.172, de 1966); (ii) a estruturação inicial de um Sistema Financeiro da Habitação (Lei n° 4.380, de 1964); (iii) a criação de um Banco Central (Lei n° 4.595, de 1964); (iv) a instituição de uma lei para o mercado de capitais (Lei n° 4.728, de 1965); e a reestruturação da dívida pública interna federal com a edição do Decreto-Lei n° 263, de 1967, a fim de iniciar a execução de um projeto de criação de um mercado confiável de títulos públicos para o país, que se complementa com a Lei n° 4.357, de 1964, por meio da qual foi autorizada a emissão de Obrigações do Tesouro Nacional com cláusula de correção monetária (ORTN). Sobre o tema, v. FRANCO, Gustavo. *O desafio brasileiro*: ensaios sobre desenvolvimento, globalização e moeda. São Paulo: 34, 1999, p. 224.

[373] YAZBEK, Otávio. *Op. Cit.*, p. 162.

[374] Mesmo após a edição da Lei n° 4.595, de 1964, o Banco do Brasil permaneceu com intenso protagonismo na execução de políticas públicas no âmbito financeiro, principalmente por meio da denominada "conta movimento", que consistia em válvula de escape para todo tipo de arbitrariedade ou voluntarismo estatal. A propósito do ponto, Gustavo Franco faz as seguintes considerações, *in verbis*: "*Em 1965, quando o regime militar interrompeu esses debates parlamentares, e a própria democracia, e criou o BCB ao promulgar a Lei n. 4.595, o Banco do Brasil não se deixou atropelar e permaneceu no controle, ou desfrutando da nova instituição por meio da chamada 'conta movimento', um expediente através do qual o Banco do Brasil podia debitar contra o BCB qualquer despesa que julgasse que tinha conteúdo de política pública. Nesses anos também se consolidou a chamada 'doutrina Costa e Silva', pela qual é o Palácio que manda na política monetária, conforme atestado pela célebre bravata do general presidente, que, a propósito das funções do BCB e da sugestão de Roberto Campos para que confirmasse no cargo o seu primeiro presidente, Dênio Nogueira, teria dito: 'O guardião da moeda sou eu'*" (FRANCO, Gustavo. *As leis secretas da economia*: revisitando Roberto Campos e as leis do Kafka. Rio de Janeiro: Zahar, 2012, p. 73).

[375] A Lei n° 4.728, de 1965, estava estruturada em três pilares principais: (i) a previsão regulatória de análise e registro prévio de ofertas públicas; (ii) a substituição de corretores de fundos públicos pelos corretores de títulos e valores mobiliários, com o fim dos cargos vitalícios, e a necessária constituição de sociedades corretoras ou distribuidoras; e (iii) a possibilidade de constituição de "bancos de investimento".

do Brasil,[376] bem como a criação da Comissão de Valores Mobiliários (Lei nº 6.385, de 1976),[377] a quem foi atribuída a competência para exercer a função de regulação das atividades dos agentes de intermediação financeira no mercado de capitais, até então de responsabilidade do Banco Central do Brasil.

Pois bem, a eficácia prática de tais pretensões políticas ficou, parcialmente, obstada pelo cenário internacional desfavorável vivido nas décadas de 1970 e 1980, cujos efeitos financeiros negativos foram mais intensos em relação aos países considerados subdesenvolvidos, o que incluía o Brasil.

A base frágil de financiamento público do Estado brasileiro, formada a partir de iniciativas de emissão substancial de títulos de dívida externa, passa a ruir no início da década de 1980 devido a um contexto de retração do mercado internacional de empréstimos externos e da adoção de uma política monetária internacional restritiva conduzida pelo aumento da "taxa básica de juros" norte-americana pelo FED na gestão de Paul Volcker (governo Reagan).

Somados, tais fatores conjunturais provocaram o pedido de moratória da dívida pública externa pelo Brasil ("a década perdida"), com todas as consequências negativas dele resultantes, dentre as quais a necessidade de recorrer ao Fundo Monetário Internacional,[378] atenuados os seus efeitos pela renegociação dessa dívida após a adesão do Brasil ao Plano *Brady*,[379] já no final da referida década.

---

[376] No mesmo período, formulou-se a arquitetura institucional original para a regulação do setor de seguros privados com a edição do Decreto-Lei nº 73, de 1966, que organizou o Sistema Nacional de Seguros Privados, constituído pelo Conselho Nacional de Seguros Privados (CNSP) e Superintendência de Seguros Privados (SUSEP).

[377] Conforme ressaltado por Otávio Yazbek, a Lei nº 4.728, de 1965, modernizou, em termos normativos, o mercado de capitais, com o objetivo de estimular estruturas de investimento de longo prazo, mediante a regulação da intermediação financeira por agentes financeiros de mercado. V. YAZBEK, Otávio. *Op. Cit.*, 268-270.

[378] Conforme Fernando Herren Aguillar, *"o início da década de 1980 marcou o período de maior recessão da história brasileira, motivado pelo crescente endividamento externo e pelo aumento dos juros praticados nos Estados Unidos, que atraíam investimentos para lá ao mesmo tempo em que encareciam a própria dívida brasileira. As reservas brasileiras se esgotaram e o país foi obrigado a recorrer ao Fundo Monetário Nacional"* (AGUILLAR, Fernando Herren. *Direito econômico*: do direito nacional ao direito supranacional. 2. ed. São Paulo: Atlas, 2009, p. 161).

[379] Em linhas gerais, o Plano *Brady* viabilizou a renegociação da dívida externa de diversos países, dentre os quais o Brasil.

CAPÍTULO 2 - FUNDAMENTOS POLÍTICO-FILOSÓFICOS DE REGULAÇÃO FINANCEIRA

Nada obstante, algumas iniciativas louváveis tomadas na década de 1980 devem ser lembradas, diante do quadro caótico de instabilidade financeira vivido pelo Brasil no período. Aliás, em razão da atuação externa do tão publicamente atacado Fundo Monetário Internacional, aplicaram-se as principais medidas institucionais voltadas à racionalização, transparência e prestação públicas de contas (*accountability*) quanto à atuação orçamentária, fiscal e monetária do Estado brasileiro, sem prejuízo de que o Poder Legislativo, tradicionalmente, não efetuava qualquer controle sobre as finanças públicas. E a situação institucional, de fato, era constrangedora.

Constituído grupo de trabalho para o atendimento das exigências do Fundo Monetário Internacional, constatou-se a completa falta de controle, transparência orçamentária e contábil da estrutura pública do Sistema Financeiro Nacional.

Conforme narra Maílson da Nóbrega, a execução do Orçamento da União era feita por departamento do Banco do Brasil e a gestão da dívida pública federal por um departamento do Banco Central do Brasil. Segundo o articulista, "o Tesouro não passava de uma entidade virtual".[380]

---

[380] Conforme artigo publicado na Revista VEJA em 27 de janeiro de 2013, cujo título é "Destruir é fácil". Disponível em: http://avaranda.blogspot.com.br/2013/01/destruir-e-facil-mailson-da-nobrega.html. Acesso em 27.01.2013. As fragilidades institucionais do Brasil na época podem ser especificadas com mais detalhes, a saber: (i) a execução do orçamento fiscal era feito pelo Banco do Brasil, que centralizava o caixa da União, ou seja, não havia Tesouro Nacional; (ii) a expansão da dívida pública era autorizada pelo Conselho Monetário Nacional, com a gestão da dívida pelo Banco Central do Brasil; (iii) os recursos para empréstimos do Banco do Brasil provinham do caixa do Tesouro Nacional e da "conta movimento" mantida no Banco Central do Brasil, sendo que tais recursos não constavam do orçamento fiscal; (iv) o Banco do Brasil era o depositário das reservas bancárias dos bancos comerciais do país; (v) o Banco Central do Brasil possuía carteira de desenvolvimento, com o claro desempenho da função de fomento à economia; (vi) o Banco Central do Brasil era agente arrecadador de tributos (Imposto de Operações Financeiras - IOF e Imposto de Exportações - IE), cujos valores formavam 'reservas monetárias', sem vinculação e controle pelo orçamento fiscal; (vii) as operações entre Banco do Brasil e Banco Central do Brasil eram consolidadas em um documento paralelo denominado orçamento monetário, cujo controle incumbia ao Conselho Monetário Nacional e não ao Congresso Nacional; (viii) não havia limitações significativas de oferta de moeda e crédito pelo Banco do Brasil e Banco Central do Brasil; (ix) o Conselho Monetário Nacional tinha poderes de emissão de dívida pública para fins de política monetária; e (x) as operações do Banco do Brasil e do Banco Central do Brasil não eram classificadas como despesas públicas, cf. NOBREGA, Maílson da. *Brasil*: um novo horizonte.

Além disso, o Banco Central do Brasil supria o Banco do Brasil com recursos ilimitados pela "conta movimento", sem qualquer controle pelo Poder Legislativo, realçando-se que o Banco Central do Brasil "atuava como banco de fomento e possuía equipes de análise de investimentos privados".[381]

Pois bem, o fruto desse grupo de trabalho foi: (i) a extinção do "orçamento monetário" em 1985; (ii) a extinção da "conta movimento" do Banco do Brasil em 1986, que deu fim ao suprimento ilimitado de recursos monetários do Banco Central do Brasil ao Banco do Brasil;[382] (iii) a supressão das atividades de fomento pelo Banco Central do Brasil; (iv) a criação da Secretaria do Tesouro Nacional (STN), como órgão apartado do Ministério da Fazenda, responsável pela gestão unificada da dívida pública federal e do Orçamento da União, nos termos do Decreto n° 92.452, de 1986;[383] e (v) a transferência do poder de autorização da expansão da dívida pública do Conselho Monetário Nacional para o Congresso Nacional, o que seria fortalecido pelas reformas implementadas a partir da Constituição brasileira de 1988.[384]

Enfim, essas são brevíssimas considerações acerca da história econômica financeira brasileira nos últimos dois séculos, marcada pela instabilidade financeira interna e externa do país. As instituições econômicas brasileiras não conseguiam garantir o mínimo de segurança financeira às pessoas, nem mesmo para o próprio Estado. Vale dizer, se a realidade institucional de instabilidade financeira atingia, diretamente, o Estado brasileiro, o que poderiam esperar os agentes econômicos?

O diagnóstico de país com alto nível de instabilidade financeira não era exclusivo do Brasil, mas de toda a América Latina. Conforme ressaltado por

---

In: ZYLBERSZTAJN, Décio; SZTAJN, Rachel (org.). *Direito e Economia*: Análise Econômica do Direito e das Organizações. Rio de Janeiro: Elsevier, 2005, p 298.

[381] Conforme artigo publicado na Revista VEJA em 27 de janeiro de 2013, cujo título é "Destruir é fácil". Disponível em: http://avaranda.blogspot.com.br/2013/01/destruir-e-facil--mailson-da-nobrega.html. Acesso em 27.01.2013.

[382] A extinção da "conta movimento" do Banco do Brasil junto ao Banco Central do Brasil foi formalizada através do Voto n° 45 do Conselho Monetário Nacional, cf. DURAN, Camila Villard. *A moldura jurídica da política monetária*: um estudo do Bacen, do BCE e do Fed. São Paulo: Saraiva, 2013, p. 107.

[383] A estruturação financeira atual das categorias dos títulos públicos federais passíveis de emissão pelo Tesouro Nacional, que integram a Dívida Pública Mobiliária Federal Interna (DPMFI) está contida no Decreto n° 3.859, de 2001.

[384] NOBREGA, Maílson da. *Op. Cit.*, p. 300.

CAPÍTULO 2 - FUNDAMENTOS POLÍTICO-FILOSÓFICOS DE REGULAÇÃO FINANCEIRA

Paul Krugman, "ao longo de gerações, os países latino-americanos se caracterizaram pela propensão quase sem igual a crises cambiais, a falências bancárias, a acessos hiperinflacionários e a todas as mazelas monetárias conhecidas do homem moderno".[385]

Segundo o aludido autor, tudo isso ocorria, principalmente, devido a programas de governo financeiramente insustentáveis sob o aspecto fiscal, o que, normalmente, gerava demandas sucessivas por empréstimos externos de "banqueiros imprudentes" e que resultava em crises no balanço de pagamentos ou em calotes da dívida, sem prejuízo da possibilidade da "corrida às impressoras de dinheiro – o que descambava em hiperinflação".[386]

Dito de outro modo, os países da América Latina se acostumaram, intencionalmente ou não, sob uma perspectiva mais ampla, a uma "tradição de ausência de responsabilidade fiscal, ineficiência empresarial estatal e protecionismo comercial mal estruturado",[387] sem ter experimentado, até então, processos políticos institucionais de austeridade fiscal, privatização e liberalização dos mercados, que, feitos de forma adequada, são capazes de gerar excelentes resultados.

Em relação ao Brasil, é de se ressaltar que o processo de transição para a democracia na década de 1980 foi marcado por diversos planos econômicos voltados à estabilidade monetária, em um contexto de déficit fiscal, instabilidade monetária e orçamentária. A propósito, pode-se dizer, conforme Fernando Herren Aguillar, "que a inflação foi o grande problema econômico do país durante o século XX".[388] [389]

Nesse sentido, não custa frisar que "os mercados estão, na realidade, imersos no conjunto de relações sociais, sobre eles incidindo um amplo leque de

---

[385] KRUGMAN, Paul. *A crise de 2008 e a economia da depressão*. Trad. Afonso Celso da Cunha Serra. Rio de Janeiro, Elsevier, 2009, p. 31.
[386] KRUGMAN, Paul. *Op. Cit.*, p. 32.
[387] AGUILLAR, Fernando Herren. *Direito econômico*: do direito nacional ao direito supranacional. 2. ed. São Paulo: Atlas, 2009, p. 69.
[388] AGUILLAR, Fernando Herren. *Op. Cit.*, p. 175.
[389] Sobre o período de inflação da década de 1980, as ponderações seguintes de Gustavo Franco são expressivas, *in verbis*: "*A hiperinflação ocorreu em apenas uma dúzia de países em guerra civil, ou sujeitos a convulsões sociais de natureza extrema. O Brasil experimentou esta rara doença 'em tempos de paz', por conta de paralisia decisória, de inércia de burocratas e de hesitação política*" (FRANCO, Gustavo. *O desafio brasileiro*: ensaios sobre desenvolvimento, globalização e moeda. São Paulo: 34, 1999, p. 73).

regras, procedimentos e padrões, formais ou informais",[390] de modo que o desenho político-institucional interfere na definição das estratégias de atuação dos agentes econômicos.

Se os mercados devem almejar sua eficiência enquanto mecanismos sociais de coordenação de necessidades de demandantes e ofertantes, as "regras do jogo" devem ser definidas pelas instituições políticas de forma clara e em caráter inclusivo,[391] a fim de viabilizar a administração dos "recursos escassos com um mínimo de proficiência, evitando o quanto possível o seu desperdício ou malbaratamento",[392] especialmente no longo prazo.[393]

Se a conjuntura econômica é instável e as instituições não garantem um nível razoável de estabilidade financeira, a dinâmica de funcionamento dos mercados é afetada, substancialmente, de forma negativa, com o natural deslocamento do foco de atuação econômica.

As virtudes da livre iniciativa econômica, da inovação e do empreendedorismo cedem, ainda que parcialmente, a: (i) preocupações imediatas de proteção financeira contra o fenômeno inflacionário,[394] (ii) além de desestimular

---

[390] YAZBEK, Otávio. *Regulação do mercado financeiro e de capitais*. 2. ed. Rio de Janeiro: Elsevier, 2009, p. 55. No âmbito da Nova Escola Institucional (NEI), é consenso a opinião de que as instituições desempenham função de extrema relevância por reduzir incertezas através do estabelecimento das "regras do jogo" em uma sociedade, o que estrutura, de forma transparente, os incentivos sociais e são aptas, por isso, a influenciar o desempenho dos agentes econômicos e da economia como um todo, cf. NORTH, Douglass C. *Op. Cit.*, p. 3.

[391] Uma democracia deliberativa efetiva demanda arranjos institucionais inclusivos e os mercados podem servir a esse intento quando mostram-se efetivos em coordenar, através de mecanismos de livre formação de preços, as necessidades amplas dos agentes econômicos, enquanto cidadãos livres e iguais. A propósito do tema, dissertam Daron Acemoglu e James Robinson, *in verbis*: "*As instituições econômicas inclusivas, por sua vez, consolidam-se sobre os fundamentos lançados por instituições políticas da mesma ordem, que asseguram a ampla distribuição de poder por toda a sociedade e restringem seu exercício arbitrário. Tais instituições políticas dificultam também a usurpação do poder e enfraquecimento dos fundamentos das instituições inclusivas por terceiros. (...) as instituições econômicas inclusivas geram uma distribuição mais equitativa de recursos, facilitando a persistência de instituições políticas inclusivas*" (ACEMOGLU, Daron; ROBINSON, James. *Por que as nações fracassam*: as origens do poder, da prosperidade e da pobreza. Trad. Cristiana Seera. Rio de Janeiro, Elsevier, 2012, p. 64).

[392] NUSDEO, Fábio. *Curso de Economia*: Introdução ao Direito Econômico. 6. ed. São Paulo: RT, 2011, p. 97.

[393] V. NORTH, Douglass C. *Op. Cit.*, p. 107.

[394] Segundo Martin Wolf, "*Quando a inflação é alta e variável, as finanças se concentram no curto prazo, a conversão dos vencimentos fica mais difícil e, em consequência, o sistema financeiro se torna menos*

CAPÍTULO 2 - FUNDAMENTOS POLÍTICO-FILOSÓFICOS DE REGULAÇÃO FINANCEIRA

investimentos e projetos econômicos de longo prazo, (iii) estimular condutas políticas oportunistas de proteção econômica estatal por grupos econômicos bem organizados ou (iv) acentuar, de maneira geral, distorções nos processos de alocação dos recursos sociais, com efeitos mais intensos, normalmente, sobre as pessoas economicamente menos favorecidas.

Os custos sociais decorrentes da instabilidade financeira, portanto, são evidentes, de modo que o desenho institucional da estrutura básica da sociedade, estabelecido racionalmente, não pode ser insensível a esses custos, sob pena de ser injusto. Em outras palavras, a estabilidade financeira tem valor substancial para os projetos sociais de longo prazo em uma sociedade politicamente organizada e, por isso, não pode ser negligenciada no âmbito político.

A propósito, é interessante notar que a instabilidade financeira, quase sempre, caminha junto com a instabilidade política. O que esperar de Estados com regimes políticos instáveis e propósitos imediatistas de manutenção do poder político? Absolutamente nada, o que frustou, durante muito tempo, as grandes aspirações contidas nas Constituições latino-americanas, por exemplo.[395]

Desde 1988, o Brasil é um Estado democrático de Direito com uma Constituição,[396] enquanto ponto de partida para uma sociedade plural justa.[397] Enquanto República dotada de soberania (art. 1º, I), as decisões políticas devem ser pautadas pela atuação concertada dos Poderes políticos (art. 2º) conjuntamente com a participação social plural própria do exercício da cidadania no maior grau possível, em regime de liberdade ampla de expressão

---

estável. Além disso, erros na política cambial também podem aumentar substancialmente a fragilidade do sistema financeiro" (WOLF, Martin. *A reconstrução do sistema financeiro global.* Trad. Afonso Celso da Cunha. Rio de Janeiro: Elsevier, 2009, p. 24).

[395] Segundo ressalta Luís Roberto Barroso, *"a frustração do constitucionalismo no Brasil e na América Latina pode ser medida por critério objetivo e estatística eloquente: a inflação dos textos de curta duração conjuga-se com a crônica da instabilidade dos regimes que dão sustentação jurídica"* (BARROSO, Luis Roberto. *O direito constitucional e a efetividade de suas normas* – limites e possibilidades da Constituição brasileira. 7. ed. Rio de Janeiro: Renovar, 2003, p. 58).

[396] Ainda que notório, é importante citar o fato de que *"Constituições, como é trivialmente sabido, não nos faltaram"* (BARROSO, Luis Roberto. *Op. Cit.*, p. 7). Hoje, no entanto, quando se fala em Constituição, assume-se como premissa que ela é dotada de força normativa e nela estão consignados os direitos fundamentais e as condições necessários ao exercício adequado da democracia.

[397] Cf. BINENBOJM, Gustavo. *A nova jurisdição constitucional* – Legitimidade democrática e instrumentos de realização. 2. ed. Rio de Janeiro: Renovar, 2004, p. 2.

(art.1º, II, V e parágrafo único, conjugados com os arts. 5º, IV e IX, e 220), com foco na dignidade da pessoa humana (art. 1º, III) e nos valores sociais do trabalho e da livre iniciativa (art. 1º, IV). Essa a base normativa fundamental da deliberação democrática no contexto político-constitucional brasileiro.

Ao modelo constitucional de democracia deliberativa agregam-se objetivos substanciais de justiça, com ênfase em aspirações de liberdade e igualdade. Nesse sentido, almeja-se construir uma sociedade justa, capaz de conciliar liberdade e solidariedade (art. 3º, I), em prol do desenvolvimento do país (art. 3º, II), da correção de desigualdades e da erradicação de discriminações sociais e econômicas indevidas (art. 3º, III e IV).[398]

Por fim, no âmbito internacional, a atuação brasileira deve prezar, principalmente, pela soberania nacional (art. 4º, I), o respeito aos direitos humanos (art. 4º, II) e à soberania dos demais países (art. 4º, III a V), bem como zelar pela paz (art. 4º, VI a VIII), com ênfase em processos de cooperação internacional para o progresso de todos (art. 4º, IX).

A propósito, é evidente que as bases constitucionais fundamentais de democracia deliberativa anteriormente mencionadas, devidamente conjugadas com pretensões substanciais de justiça, aplicáveis no âmbito internacional, contêm, semanticamente, prescrições normativas genéricas *a priori* a respeito do modelo político-institucional ideal à realidade constitucional e democrática do Brasil, que, no entanto, permitem a escolha teórica da abordagem de filosofia política mais compatível com o progresso da sociedade democrática brasileira, nos termos da Constituição de 1988. Explico.

Em primeiro lugar, é de se enfatizar que a aludida generalidade das prescrições constitucionais mostrou-se consequência inevitável do fato da pluralidade da sociedade brasileira em um processo constituinte aberto à participação política, caracterizado pelo "dissenso, pela intensa e permanente mobilização de atores coletivos internos e externos, por votações altamente polarizadas e, ao mesmo tempo – sobretudo em sua fase final –, por uma atividade

---

[398] Nesse sentido, é importante mencionar o fato da supremacia material da Constituição. Conforme Cláudio Pereira de Souza Neto e Daniel Sarmento, em alusão à expressão "reserva de justiça" utilizada por Oscar Vilhena Vieira, *"além da supremacia formal, é inegável que a Constituição de 1988 também possui supremacia material, por incorporar a 'reserva de justiça' da democracia brasileira"* (SOUZA NETO, Cláudio Pereira de; SARMENTO, Daniel. *Direito constitucional*: teoria, história e métodos de trabalho. Belo Horizonte: Fórum, 2013, p. 24).

CAPÍTULO 2 – FUNDAMENTOS POLÍTICO-FILOSÓFICOS DE REGULAÇÃO FINANCEIRA

igualmente intensa e incessante de busca de acordos",[399] cujo resultado não poderia ser outro senão o estabelecimento de consensos mínimos possíveis sobre os fundamentos e as finalidades da Constituição.

Em segundo lugar, esses consensos mínimos mostram que as instituições brasileiras devem ser moldadas, racionalmente, para garantir, simultaneamente, a liberdade e a igualdade, com propósitos de justiça, segundo a Constituição.

Nesse sentido, abordagens filosóficas liberais-igualitárias assumem grande vantagem normativa em termos de legitimidade constitucional democrática no Brasil.[400] Dito de outro modo, discussões democráticas sobre questões políticas fundamentais devem seguir uma lógica racional de deliberação substantiva que seja legitimada em "um contexto aberto, livre e igualitário, *i.e.*, em um contexto em que todos possam participar, em que tal participação se dê de forma livre",[401] razão pela qual foi escolhida a abordagem de filosofia

---

[399] PILATTI, Adriano. *A Constituinte de 1987-1988*: Progressistas, Conservadores, Econômica e Regras do Jogo. Rio de Janeiro: Lumen Juris, 2008, p. 1. Quanto ao ponto, é interessante o comentário feito por Luís Roberto Barroso, *in verbis*: "É inegável que a Constituição de 1988 tem a virtude de espelhar a reconquista dos direitos fundamentais, notadamente os de cidadania e os individuais, simbolizando a superação de um projeto autoritário, pretensioso e intolerante que se impusera ao País. Os anseios de participação, represados à força nas duas décadas anteriores, fizeram da constituinte uma apoteose cívica, marcada, todavia, por interesses e paixões. Além das dificuldades naturais advindas da heterogeneidade das visões políticas, também a metodologia de trabalho utilizada contribuiu para as deficiências do texto final" (BARROSO, Luis Roberto. *O direito constitucional e a efetividade de suas normas* – limites e possibilidades da Constituição brasileira. 7. ed. Rio de Janeiro: Renovar, 2003, p. 42).

[400] Essa opinião é pessoal, mas não é unânime na doutrina brasileira. Há autores que consideram a perspectiva filosófica comunitarista a mais adequada à realidade constitucional brasileira. Por todos, V. CITTADINO, Gisele. *Pluralismo, Direito e Justiça Distributiva*. 4. ed. Rio de Janeiro: Lumen Juris, 2009. Como a discussão é complexa e longa, não será aprofundada no presente trabalho, mas deve ser mencionado que o debate filosófico ocorrido no Estados Unidos da América entre liberais-igualitários e comunitaristas, a partir da década de 1980, implicou em influências recíprocas e provocou revisões teóricas por ambas as vertentes, inclusive John Rawls, cf. GARGARELLA, Roberto. *As teorias de justiça depois de Rawls*: um breve manual de filosofia política. Trad. Alonso Reis Freire. São Paulo: WMF Martins Fontes, 2008, p. 225. Para um balanço desse debate filosófico, V. GARGARELLA, Roberto. *Op. Cit.*, p. 153-158.

[401] SOUZA NETO, Cláudio Pereira de. *Teoria constitucional e democracia deliberativa*: um estudo sobre o papel do direito na garantia das condições para a cooperação na deliberação democrática. Rio de Janeiro: Renovar, 2006, p. 10.

política contemporânea de John Rawls,[402] na qual é possível evidenciar o entrelaçamento necessário e complementar de aspectos de justiça procedimental e substancial para a solução dos impasses gerados nas sociedades democráticas constitucionais.[403]

Posto isso, infere-se que o grande desafio enfrentado em democracias constitucionais para garantir a justiça é desenhar instituições responsáveis pela tomada de decisões sobre questões políticas fundamentais, em um contexto social plural de opiniões, podendo-se dizer que a participação e a prestação pública de contas (*accountability*) sintetizam a ideia central da democracia deliberativa.[404]

A propósito, esse ponto é extremamente relevante, eis que o desenho institucional regulatório em prol da estabilidade financeira sustentável ao longo do tempo tem sido concebido e efetivamente moldado pelos países do mundo no sentido da instituição de entidades administrativas tecnicamente especializadas sobre regulação financeira sistêmica, com autonomia operacional reforçada perante o Poder Executivo central e o Poder Legislativo.

Logo, é bom frisar, de antemão e nesse momento, que a legitimidade política desses desenhos institucionais regulatórios, que são especializados, flexíveis e técnicos, somente pode ser justificável se o exercício da regulação financeira sistêmica ocorrer segundo o ideal de democracia deliberativa, que exige participação e prestação pública periódica de contas quanto a resultados.

Pois bem. Em geral, o estudo da política tem duas formas básicas de desenvolvimento, a saber: a ciência política e a filosofia política. Enquanto a ciência

---

[402] As concepções de filosofia política de John Rawls são objeto de intensa divergência doutrinária. Conforme ressaltado por Roberto Gargarella, há críticos que o acusam de insuficientemente liberal – por exemplo, Robert Nozick – e há quem o considere insuficientemente igualitário, tal como Amartya Sen e Gerald Cohen. V. GARGARELLA, Roberto. *Op. Cit.*, p. XX.

[403] Em linhas gerais, essa é a síntese da resposta de John Rawls às críticas formuladas por Jurgen Habermas à sua teoria. Ao tratar da justiça procedimental e justiça substantiva, John Rawls frisa que *"ambos os tipos de justiça exemplificam certos valores – do procedimento e do resultado, respectivamente – e ambos os tipos de valores combinam-se no sentido de que a justiça de um procedimento sempre depende (deixando-se de lado o caso especial do jogo) da justiça do seu provável resultado ou da justiça substantiva. Desse modo, a justiça procedimental e a substantiva estão relacionadas, não separadas"* (RAWLS, John. *O liberalismo político*. Trad. Álvaro de Vita. São Paulo: WMF Martins Fontes, 2011, p. 499).

[404] Cf. SOUZA NETO, Cláudio Pereira de. *Op. Cit.*, p. 87-89.

política se volta, principalmente, à análise dinâmica e histórica da luta política pelo poder nas instâncias públicas, a filosofia política busca estabelecer padrões imparciais para a definição e correção da atuação político-institucional nas instâncias deliberativas.

Nesse capítulo, o foco será a filosofia política, pois o ideal de estabilidade financeira sustentável ao longo do tempo se enquadra na proposta filosófica essencial de definir uma concepção política razoável de justiça apta a estabelecer padrões de desenho institucional pautados em razões públicas, conforme o cenário social complexo inerente à democracia constitucional plural brasileira.

Posto isso, a abordagem de filosofia política de *John Rawls* é mais do que apropriada, pois capaz de influenciar a moldagem de um padrão institucional de ação política com propósitos cooperativos ao longo do tempo para o desenho da regulação financeira sistêmica, ou, ao menos, servir ao objetivo de fornecer elementos importantes à aferição da legitimidade da interpretação constitucional sobre atos praticados pelos reguladores financeiros, sem descuidar do fato de que a concretização da Constituição envolve, não raro, processos políticos complexos.[405]

Baseada na ideia de que o objeto primário da justiça são as instituições sociais, a filosofia política normativa de John Rawls é extremamente útil à avaliação de instituições e procedimentos políticos,[406] bem como à identificação das consequências resultantes das configurações institucionais possíveis para a estrutura básica da sociedade,[407] notadamente para que haja a concretização dos princípios liberais-igualitários de justiça em ambientes deliberativos, pautados por razões públicas no contexto da democracia constitucional.[408]

Dentre todos os trabalhos de *John Rawls*, as obras de destaque são: *Uma Teoria da Justiça*, inicialmente publicada em 1971,[409] e *O Liberalismo Político*,

---

[405] Cf. SOUZA NETO, Cláudio Pereira de; SARMENTO, Daniel. *Direito constitucional*: teoria, história e métodos de trabalho. Belo Horizonte: Fórum, 2013, p. 61.
[406] KYMLICKA, Will. *Filosofia política contemporânea*: uma introdução. Trad. Luís Carlos Borges. São Paulo: Martins Fontes, 2006, p. 1. Na mesma perspectiva institucional, v. NORTH, Douglass. C. *Op. Cit.*, p. 6.
[407] VITA, Álvaro de. *A justiça igualitária e seus críticos*. 2. ed. São Paulo: WMF Martins Fontes, 2007, p. 20-21.
[408] VITA, Álvaro de. *Op. Cit.*, p. 24.
[409] V. RAWLS, John. *Uma teoria da justiça*. 2. ed. São Paulo: Martins Fontes, 2002.

lançado originariamente em 1992,[410] com desdobramentos teóricos, no âmbito internacional, no livro *O Direito dos Povos*,[411] bem como a posterior publicação do artigo *"A ideia de razão pública revista"*[412] em 1997, no qual ideias sobre a formulação do ideal de razão pública são aprimoradas.

Enquanto na obra *Uma Teoria da Justiça*, há a defesa de uma concepção particular de justiça, ou seja, a ideia de "justiça como equidade" é apresentada como uma das doutrinas liberais abrangentes razoáveis,[413] no marco *O Liberalismo Político*,[414] lida-se com o fato do pluralismo razoável e a existência de diversas doutrinas abrangentes razoáveis em uma sociedade democrática constitucional, onde a postura deve ser a de renúncia a uma pretensão filosófica "monística"[415] e de aplicação da razão pública como pauta racional e razoável de argumentação em prol do compartilhamento de valores políticos por cidadãos livres e iguais.

2.1 – Pressupostos do liberalismo político de John Rawls

O *Liberalismo Político* de John Rawls foi concebido para ser aplicado a democracias constitucionais com aspirações de liberdade e igualdade, tal como enuncia a Constituição brasileira de 1988, conforme ressaltado acima.

---

[410] V. RAWLS, John. *O liberalismo político*. Trad. Álvaro de Vita. São Paulo: WMF Martins Fontes, 2011.

[411] V. RAWLS, John. A ideia de razão pública revista. In: RAWLS, John. *O direito dos povos*. São Paulo: Martins Fontes, 2004.

[412] V. RAWLS, John. *O direito dos povos*. São Paulo: Martins Fontes, 2004.

[413] Cf. RAWLS, John. A ideia de razão pública revista. In: RAWLS, John. *O direito dos povos*. São Paulo: Martins Fontes, 2004, p. 234. A noção de doutrina abrangente razoável será apresentada a seguir.

[414] Segundo Roberto Gargarella, o liberalismo político de Rawls é o resultado de uma reformulação significativa da teoria da justiça, cf. GARGARELLA, Roberto. *As teorias de justiça depois de Rawls*: um breve manual de filosofia política. Trad. Alonso Reis Freire. São Paulo: WMF Martins Fontes, 2008, p. 223-224.

[415] A democracia, plural por excelência, efetivamente impede a aplicação de teorias políticas normativas que almejam "verdades políticas" ou "monísticas", conforme será evidenciado a seguir. V. KYMLICKA, Will. *Filosofia política contemporânea*: uma introdução. Trad. Luís Carlos Borges. São Paulo: Martins Fontes, 2006, p. 4.

CAPÍTULO 2 – FUNDAMENTOS POLÍTICO-FILOSÓFICOS DE REGULAÇÃO FINANCEIRA

É nesse contexto que uma pluralidade de doutrinas abrangentes racionais e razoáveis, ainda que incompatíveis entre si, devem interagir, com respeito e consideração mútuas, em prol da estabilidade social duradoura, em um contexto de escassez moderada de recursos econômicos.

Quanto ao ponto, é importante frisar que as democracias constitucionais lidam com circunstâncias objetivas de justiça, quais sejam: (i) a delimitação geográfica territorial do país; (ii) a semelhança de capacidade física e mental dos indivíduos; e (iii) o reconhecimento da condição de escassez moderada implícita de recursos.[416] Conjuntamente, as circunstâncias subjetivas de justiça são os aspectos relevantes dos sujeitos da cooperação e consistem na interação entre interesses semelhantes e a existência de planos próprios de vida dos cidadãos, simultaneamente.[417]

Ora, se o fato do pluralismo razoável[418] é inevitável nas democracias constitucionais,[419] em razão da diversidade de opiniões possíveis – leia-se, doutrinas abrangentes razoáveis – dos cidadãos sobre questões políticas fundamentais, é importante à sociedade definir um padrão razoavelmente justo de deliberação e justificação das decisões políticas fundamentais pelas instituições, no âmbito da estrutura básica da sociedade.[420]

Vale dizer, acredita-se no ideal de se instituir uma sociedade política razoavelmente justa, onde "os seres humanos tenham uma natureza moral, que obviamente não necessita ser perfeita, mas que os capacite a compreender e a agir com base em uma concepção política razoável do direito e da justiça".[421]

---

[416] Tal circunstância é de fundamental importância, na medida em que o reconhecimento da escassez implica na atribuição de valor aos bens, devidamente mensurados pelo preço, cuja unidade de medida é a moeda.
[417] RAWLS, John. *Uma teoria da Justiça*. 2. ed. São Paulo: Martins Fontes, 2002, p. 137.
[418] O fato do pluralismo razoável difere da noção do pluralismo como tal. A distinção é feita por John Rawls na seguinte passagem, *in verbis*: "*O fato do pluralismo razoável não é uma condição desafortunada da vida humana, como poderíamos dizer do pluralismo como tal, que admite doutrinas que não são apenas irracionais, mas insanas e agressivas*" (RAWLS, John. *O liberalismo político*. Trad. Álvaro de Vita. São Paulo: WMF Martins Fontes, 2011, p. 170).
[419] Cf. BARROSO, Luis Roberto. *O direito constitucional e a efetividade de suas normas* – limites e possibilidades da Constituição brasileira. 7. ed. Rio de Janeiro: Renovar, 2003, p. 51.
[420] Segundo John Rawls, a estrutura básica da sociedade é integrada pelas principais instituições políticas, constitucionais, sociais e econômicas, que se ajustam em um sistema unificado de cooperação ao longo do tempo, cf. RAWLS, John. *Op. Cit.*, p. XLVI.
[421] RAWLS, John. *Op. Cit.*, p. LXIX.

Assim, a pretensão teórica de John Rawls é estabelecer uma concepção política razoável de justiça que permita a escolha adequada da regulação da estrutura básica da sociedade a partir da participação de agentes racionais e razoáveis no espaço público, em procedimentos deliberativos cujo resultado seja amparado por razões públicas e leve a um consenso sobreposto razoável, sobretudo, quanto a elementos constitucionais essenciais e questões de justiça básica.

A propósito, constituem: (i) elementos constitucionais essenciais[422] os direitos e liberdades que podem ser razoavelmente incluídos em uma Constituição e que podem ser interpretados por instituições cuja atuação é pautada em razões públicas – tal como, por exemplo, uma corte suprema – e (ii) questões de justiça básica estão relacionadas à estrutura básica da sociedade, que abrangem, especialmente, questões básicas de justiça social e econômica que não são diretamente estabelecidas, em termos prescritivos, por uma Constituição.

Trata-se, então, da escolha do ideal de razão pública como padrão político de justificação pela ação argumentativa nas instituições oficiais, com vistas à cooperação social de longo prazo, que não se cinge a regras de argumentação, mas se expande para englobar princípios de justiça.[423]

Nesse sentido, o confronto de ideias plurais deve ser tido como decorrência natural do regime democrático, bem como aceita a ideia segundo a qual a razão pública tem o potencial de levar a consensos sobrepostos razoáveis sobre elementos constitucionais essenciais e questões de justiça básica.

Aqui está o ponto central do liberalismo político de John Rawls: a confiança na capacidade razoável de ação cooperativa nas instituições, ao longo do tempo, para que sejam decididas questões políticas fundamentais com base em razões públicas compartilhadas por todos, a despeito de dificuldades de toda ordem, diante do fato de que "o catálogo de direitos fundamentais regula

---

[422] Em termos mais específicos, constituem os elementos constitucionais essenciais: (i) princípios fundamentais que especificam a estrutura do Estado e do processo político, prerrogativas dos Poderes e o alcance da regra da maioria; e (ii) direitos e liberdades fundamentais de igual cidadania que a maioria deve respeitar, assim como as garantias do Estado de Direito, cf. RAWLS, John *Op. Cit.*, p. 268.

[423] SOUZA NETO, Cláudio Pereira de. *Teoria constitucional e democracia deliberativa*: um estudo sobre o papel do direito na garantia das condições para a cooperação na deliberação democrática. Rio de Janeiro: Renovar, 2006, p. 98.

CAPÍTULO 2 – FUNDAMENTOS POLÍTICO-FILOSÓFICOS DE REGULAÇÃO FINANCEIRA

de forma extremamente aberta questões em grande parte muito controversas acerca da estrutura normativa básica do Estado e da sociedade".[424]

Quanto ao ponto, a vantagem fundamental decorrente da aplicação do ideal de razão pública é providenciar um padrão ideal de deliberação às discussões políticas, especialmente quanto a elementos constitucionais essenciais e questões de justiça básica, em que se permite a ação argumentativa em prol da defesa pública do que cada cidadão sinceramente pensa ser a concepção política de justiça mais razoável, reveladora de valores políticos que se possam razoavelmente esperar que outros, na condição de cidadãos livres e iguais, razoavelmente subscrevam nas instituições.[425]

Esse é o objeto essencial sobre o qual deve ser aplicado o ideal de razão pública, quais sejam, respectivamente, a definição dos elementos constitucionais essenciais pela delimitação do alcance e do conteúdo dos direitos fundamentais previstos na Constituição, bem como o estabelecimento de uma estrutura institucional justa capaz de lidar, adequadamente, com questões de justiça básica, mediante a gestão democrática dos fenômenos sócio-econômicos sob os aspectos alocativos e distributivos.

No que diz respeito à relação política fundamental de cidadania, espera-se que os cidadãos adotem posturas razoáveis,[426] em conformidade com o critério da reciprocidade. Isto é, a exigência de razoabilidade implica na aceitação do pressuposto de que os cidadãos, ao assumir uma postura política ativa, têm a capacidade intelectual e moral apropriadas à participação política no espaço público, o que inclui a capacidade de ter um senso de justiça política, a capacidade de identificar e revisar a adesão a doutrinas abrangentes e, por fim, a capacidade de possuir virtudes políticas necessárias à cooperação para uma sociedade política justa.[427]

Digno de nota é que o exercício da cidadania ocorre no interior da estrutura básica da sociedade (em que entramos ao nascer e saímos ao morrer),

---

[424] ALEXY, Robert. *Teoria dos Direitos Fundamentais*. Tradução de Virgílio Afonso da Silva. São Paulo: Malheiros, 2008, p. 26.

[425] RAWLS, John. *Op. Cit.*, p. 266-295, *passim*.

[426] Com relação ao ideal de cidadania plena, José Murilo de Carvalho frisa que *"uma cidadania plena, que combine liberdade, participação e igualdade para todos, é um ideal desenvolvido no Ocidente e talvez inatingível. Mas ele tem servido de parâmetro para o julgamento da qualidade da cidadania em cada país e em cada momento histórico"* (CARVALHO, José Murilo de. *Op. Cit.*, p. 9).

[427] RAWLS, John. *Op. Cit.*, p. L.

manifesta-se, publicamente, na relação entre opiniões razoáveis de cidadãos livres e iguais que, coletivamente, influenciam as instituições, as quais devem atuar, cooperativamente, no sentido de decidir questões políticas fundamentais, com pretensões de estabilidade social ao longo do tempo.

Evidencia-se, dessa forma, o critério da reciprocidade como essencial à definição do que é "razoável", pois entende-se que as opiniões dos cidadãos são razoáveis "quando, na medida em que vêem uns aos outros como livres e iguais em um sistema de cooperação social que existe ao longo de gerações, dispõem-se a oferecer uns aos outros termos equitativos de cooperação social",[428] com a aceitação sincera e mútua desses termos equitativos por todos, o que deve ocorrer em nível constitucional e infraconstitucional (os dois níveis do critério da reciprocidade).[429]

Assim, na esteira da filosofia política preconizada por John Rawls, quando uma "democracia deliberativa impõe a necessidade de que as decisões públicas sejam justificadas sob um ponto de vista moral, está exigindo que possam ser aceitas não só por aqueles que votaram nos representantes, mas por todos os afetados",[430] com a pretensão ampla de aceitação de suas razões, vale dizer, "quando se argumenta com reciprocidade, as convicções particulares são traduzidas para a linguagem dos valores políticos compartilhados por todos os cidadãos razoáveis".[431]

Pois bem. Notadamente, percebe-se que os pressupostos ideais do liberalismo político de John Rawls são fortes, o que pode gerar, em contrapartida, grande ceticismo prático quanto à sua aplicação na realidade brasileira.

Há vários motivos que justificam tal ceticismo, com destaque para a falta de credibilidade do modelo clássico de representação política,[432] o patrimonialismo[433] e o clientelismo político característico do Estado brasileiro durante sua história – e que persiste até hoje –, a incipiente experiência democrática no Brasil, cuja evolução pós-1988 tem se mostrado gradual nos últimos anos,

---

[428] RAWLS, John. *Op. Cit.*, p. XLVII.
[429] RAWLS, John. *Op. Cit.*, p. L.
[430] SOUZA NETO, Cláudio Pereira de. *Op. Cit.*, p. 89.
[431] SOUZA NETO, Cláudio Pereira de. *Op. Cit.*, p. 91.
[432] BARROSO, Luis Roberto. *O direito constitucional e a efetividade de suas normas* – limites e possibilidades da Constituição brasileira. 7. ed. Rio de Janeiro: Renovar, 2003, p. 135.
[433] Conceitualmente, o patrimonialismo significa a confusão indevida entre interesses públicos e privados, o que distorce a atuação política no âmbito da esfera pública.

CAPÍTULO 2 – FUNDAMENTOS POLÍTICO-FILOSÓFICOS DE REGULAÇÃO FINANCEIRA

bem como uma cultura política frágil quanto à participação cívica e respeito à efetividade dos direitos fundamentais.

Os cidadãos brasileiros, em geral, não assumem posturas políticas ativas[434] e preferem, majoritariamente, um Estado paternalista,[435] ou seja, as virtudes morais da liberdade ainda não são percebidas, com clareza, pela grande maioria dos brasileiros.

No entanto, conforme elucidado acima, a filosofia política de John Rawls é extremamente útil ao desenho institucional da regulação da estrutura básica da sociedade brasileira, com fundamento na Constituição de 1988, especificamente quanto à estabilidade financeira sustentável ao longo do tempo.

Adotar uma concepção política razoável de justiça pelas razões certas, devidamente aliceçarda no ideal de democracia deliberativa e capaz de gerar um consenso sobreposto razoável amparado em razões públicas, é importante à evolução da estrutura básica da sociedade democrática brasileira.[436]

Com efeito, além de estabelecer uma perspectiva filosófica com eficácia institucional de longo prazo à deliberação democrática brasileira, o ideal de razão pública, enquanto critério dinâmico de argumentação geral ou específica,

---

[434] Hoje, a educação é o maior obstáculo ao desenvolvimento da cidadania civil e política no Brasil, cf. CARVALHO, José Murilo de. *Op. Cit.*, p. 11.

[435] Por todos, V. ALMEIDA, Alberto Carlos. *A cabeça do brasileiro*. 2. ed. Rio de Janeiro: Record, 2007, com destaque para o Capítulo 7 ("O brasileiro ama o Estado") e o Capítulo 8 ("Mais Estado, menos mercado, e viva a censura!").

[436] As virtudes e vícios da democracia deliberativa são descritos por José Vicente Santos de Mendonça da seguinte forma, *in verbis*: *"Vamos resumir os percebidos vícios e virtudes da democracia deliberativa. Ela é elogiada porque, ao contrário dos modelos democráticos tradicionais – que prezam barganhas auto-interessadas ou simples ajustes de interesses particulares num modelo de acomodação ótima –, está ocupada em integrar os cidadãos numa comunidade que leve suas razões a sério, desde que se tratem, decerto, de razões não-exclusivistas. Ao fazê-lo, não aliena nenhuma fração da sociedade, adquire legitimidade, e, quiçá, alguma correção moral (ao tratar todos os cidadãos como agentes dignos de consideração e de respeito, e não meros otimizadores racionais ou como agentes envolvidos em uma barganha posicional). Tudo seria ótimo, se tais propostas não fossem percebidas pelos críticos como utópicas, pouco claras, abertas à manipulação ideológica e/ou neutralizadoras do próprio engajamento político (o qual requereria antes paixão e partidarismo do que a consideração justa e imparcial de todas as razões oferecidas no mercado das ideias)"* (MENDONÇA, José Vicente Santos de. *A Captura Democrática da Constituição Econômica*: uma proposta de releitura das atividades públicas de fomento, disciplina e intervenção direta na economia à luz do pragmatismo e da razão pública. Tese de doutorado apresentada ao Programa de Pós-Graduação da Faculdade de Direito da Universidade do Estado do Rio de Janeiro como requisito parcial para a obtenção do título de Doutor em Direito. Rio de Janeiro, 2010, p. 135).

serve como padrão referencial, previamente definido e claro, de harmonização das demandas das diversas doutrinas abrangentes nas instituições oficiais, cujas razões devem se pautar na proposta básica de cooperação social ao longo do tempo com base no critério da reciprocidade.

Isso é muito relevante em cenários de graves desigualdades sociais e econômicas, tal como ocorre no Brasil, eis que o critério da reciprocidade, próprio do ideal de razão pública, resulta na necessária inclusão e consideração de todos os cidadãos, inclusive os que não participam da deliberação e as minorias, na tomada de decisão sobre as questões políticas fundamentais, em prol de um consenso sobreposto razoável em relação a elementos constitucionais essenciais e questões de justiça básica.

É nesse ponto, em especial, que o ceticismo se enfraquece,[437] pois a filosofia política liberal de John Rawls preza pela sustentabilidade regulatória ao longo do tempo e é inclusiva, eis que protege os mais afetados por cenários financeiros instáveis, quais sejam, os economicamente menos favorecidos.

Em suma, a pretensão de John Rawls vai ao encontro de um modelo institucional de Estado que seja "mais acessível à pluralidade de interesses existentes na sociedade, mais transparente no exercício do poder decisório",[438] sem perder de vista a preocupação inclusiva de "atender às necessidades dos atores sociais excluídos dos grupos de pressão e de influência e que, efetivamente, carecem de uma função pública compensatória, distributiva e niveladora".[439]

Assim, caso se perceba que o critério da reciprocidade não foi respeitado, devem haver instituições relativamente autônomas do processo político ordinário e pautadas por razões públicas, devidamente desenhadas para o controle das deliberações democráticas majoritárias, sem prejuízo de eventuais revisões posteriores à decisão política tomada com base nesse mesmo critério.

Logo, a filosofia política de John Rawls é a mais eficiente ao propósito de aperfeiçoamento consistente da democracia brasileira e do desenho regulatório de instituições com objetivos sustentáveis de longo prazo, sobretudo porque "a ordem constitucional de um Estado deve ser instituída para durar

---

[437] A razão prática, sob o ângulo pragmático, é extremamente importante na aplicação do ideal de razão pública, conforme será exposto mais à frente.

[438] MARQUES NETO, Floriano Peixoto de Azevedo. *Regulação Estatal e Interesses Públicos*. São Paulo: Malheiros, 2002, p. 17.

[439] MARQUES NETO, Floriano Peixoto de Azevedo. *Op. Cit.*, p. 17.

CAPÍTULO 2 – FUNDAMENTOS POLÍTICO-FILOSÓFICOS DE REGULAÇÃO FINANCEIRA

e sobrepairar aos entrechoques políticos e econômicos que compõem a tessitura da vida em sociedade",[440] contribuindo para a credibilidade interna e externa do país.

À evidência, a razão pública não soluciona, definitivamente e integralmente, questões complexas e controvertidas sobre políticas públicas. O que o ideal de razão pública fornece é um padrão de correção para a atuação das instituições e cidadãos no âmbito da democracia deliberativa, ou seja, o modo de argumentar conforme o critério da reciprocidade, sempre que elementos constitucionais essenciais e questões de justiça básica estiverem em jogo.[441]

Nesse sentido, não é de se esperar que haja unanimidades quanto a questões complexas e socialmente controvertidas, sem embargo das próprias divergências abstratas no âmbito da filosofia política. Além disso, a razão pública nem sempre leva a um acordo geral. John Rawls, inclusive, reconhece que "concepções políticas razoáveis nem sempre chegam à mesma conclusão, assim como cidadãos que adotam a mesma concepção estão sempre de acordo com casos particulares".[442]

Vale dizer, o essencial é que o ideal de deliberação democrática integre a cultura pública da sociedade e as instituições sejam desenhadas com vistas a apoiar e encorajar a participação democrática e o diálogo pautado em razões públicas. Feito isso, espera-se que "todos os cidadãos de um regime constitucional razoavelmente justo votem de forma sincera, em conformidade com a ideia de razão pública",[443] o que não quer dizer que o resultado seja verdadeiro ou correto, mas é o razoavelmente possível, seguindo-se, via de regra, o princípio da maioria.

Quanto ao ponto, a necessidade lógica de deliberação sobre os custos dos direitos[444] ou dilemas sobre direitos[445] é inevitável.

---

[440] BARROSO, Luis Roberto. *Op. Cit.*, p. 51.
[441] RAWLS, John. *O liberalismo político*. Trad. Álvaro de Vita. São Paulo: WMF Martins Fontes, 2011, p. LX.
[442] RAWLS, John. *Op. Cit.*, p. LXII.
[443] RAWLS, John. *Op. Cit.*, p. LXII.
[444] Essencial é a menção à obra pioneira de Stephen Holmes e Cass Sunstein sobre o tema. V. HOLMES, Stephen; SUNSTEIN, Cass R. *The Costs of Rights*: Why Liberty Depends on Taxes. New York: W.W. Norton & Company, 1999.
[445] Nenhum direito é prescrito sem dilemas financeiros e/ou orçamentários, cf. HOLMES, Stephen; SUNSTEIN, Cass R. *Op. Cit.*, p. 98.

Se é verdade que todos os direitos e liberdades fundamentais dependem de ação estatal efetiva para uma proteção adequada[446] e que todos os direitos possuem custos financeiros,[447] com impactos monetários, fiscais e orçamentários,[448] o dimensionamento dos custos sociais dos direitos deve ser submetido à deliberação política democrática segundo um padrão referencial de cooperação capaz de trazer um nível razoável de estabilidade financeira sustentável ao longo do tempo para a sociedade, enquanto questão de justiça básica.

Até aqui, algumas das ideias da filosofia política de John Rawls foram apresentadas, mas a completa compreensão delas demanda explicações mais consistentes, o que será feito a seguir.

2.2 – Pontos fundamentais da filosofia política liberal de John Rawls: a estabilidade financeira como questão de justiça básica

O presente tópico visa a sustentar que a estabilidade financeira sustentável ao longo do tempo pode ser qualificada como questão de justiça básica, com finalidades institucionais, para a estrutura básica da sociedade brasileira, segundo a abordagem de filosofia política desenvolvida por John Rawls.

Recorde-se, a propósito, que as questões de justiça básica referem-se às questões essenciais de justiça social e econômica sobre as quais deve haver um consenso sobreposto razoável baseado em razões públicas, de modo que a compreensão da tese aludida acima requer a explicação de pontos essenciais da teoria rawlsiana, segundo a Constituição brasileira de 1988.

---

[446] HOLMES, Stephen; SUNSTEIN, Cass R. *Op. Cit.*, p. 14.
[447] HOLMES, Stephen; SUNSTEIN, Cass R. *Op. Cit.*, p. 15-35, *passim*. A ideia principal dos autores é mostrar que todos os direitos são positivos em termos de custos, ou seja, a distinção entre direitos negativos e positivos em relação ao Estado é fútil, não faz sentido ou é ilusória, porque até mesmo direitos reputados negativos trazem custos sociais relativos à sua proteção. Em suma, direitos negativos e positivos não devem ser separados segundo uma lógica de exclusão ou antagonismo, pois ambos envolvem custos imputáveis ao Estado. Por exemplo, sem o Estado, não há propriedade, já que sua garantia exige a instituição custosa de aparatos de segurança pública e a criação/manutenção de órgãos judiciais para a proteção da propriedade. Enfim, imensos custos administrativos impostos ao Estado (custos sociais) para a proteção do direito de propriedade, o qual teria, supostamente, natureza negativa.
[448] HOLMES, Stephen; SUNSTEIN, Cass R. *Op. Cit.*, p. 21.

CAPÍTULO 2 – FUNDAMENTOS POLÍTICO-FILOSÓFICOS DE REGULAÇÃO FINANCEIRA

2.2.1 – Ideias fundamentais e o construtivismo político

O *Liberalismo Político* parte de duas premissas fundamentais simultâneas para a instituição de uma concepção política liberal razoável de justiça, quais sejam: (i) a existência de um regime constitucional democrático, no qual são especificados e garantidos aos cidadãos liberdades fundamentais, com prioridade sobre exigências de "bem comum" ou valores perfeccionistas; e (ii) a garantia equitativa do valor das liberdades políticas, com pretensões de igualdade equitativa de oportunidades e de arranjos equitativos em prol dos menos favorecidos, com base no princípio da diferença.[449] Essa é a base filosófica comum de consenso das doutrinas abrangentes de natureza liberal-igualitária.

Aliado a isso, John Rawls reconhece ser necessário o exame da cultura pública da sociedade como ponto importante de partida no sentido da execução do conjunto de ideias e princípios fundamentais a ser aplicados.[450]

Nota-se, portanto, que as aspirações liberais-igualitárias pressupõem a existência de uma Constituição que expresse direitos fundamentais voltados à garantia de oportunidades e liberdades, além de assegurar o uso amplo das liberdades políticas na seara democrática, com vistas à deliberação sobre a distribuição equitativa das liberdades pelas instituições.

Paralelamente, uma concepção política razoável de justiça deve ser sensível à realidade econômica e social do país para o desenho regulatório adequado da estrutura básica da sociedade, sob pena de tornar ilusório ou impraticável um projeto político sustentável para o país.

Em outras palavras, uma concepção política razoável de justiça possui as seguintes características:[451] (i) quanto ao objeto: trata-se de uma concepção

---

[449] RAWLS, John. *Op. Cit.*, p. 6-7. O princípio da diferença, que preconiza a justificação moral das desigualdades econômicas e sociais desde que essas tragam, em termos distributivos, o maior benefício para os menos favorecidos, possivelmente, é o ponto mais polêmico da teoria rawlsiana. Para superar as críticas a esse princípio, John Rawls sustenta uma concepção fraca do princípio da diferença, somente passível de aplicação no plano de deliberação legislativa infraconstitucional, ou seja, exclui-se sua aplicação do âmbito constitucional. Quanto ao ponto, v. SOUZA NETO, Cláudio Pereira de; SARMENTO, Daniel. *Direito constitucional*: teoria, história e métodos de trabalho. Belo Horizonte: Fórum, 2013, p. 209; e BARCELLOS, Ana Paula de. *A eficácia jurídica dos princípios constitucionais*: O princípio da dignidade da pessoa humana. 3. ed. Rio de Janeiro: Renovar, 2011, p. 149.

[450] RAWLS, John. *Op. Cit.*, p. 9.

[451] RAWLS, John. *Op. Cit.*, p. 13-17.

moral com pretensões políticas de aplicação às instituições políticas, sociais e econômicas, as quais formam a estrutura básica da sociedade, em um regime constitucional democrático, ordenador de um sistema único de cooperação social de longo prazo, admitindo-se que a estrutura básica da sociedade, em tese, é fechada, autossuficiente e se estabelece sem vínculos com outras sociedades;[452] (ii) quanto ao modo de apresentação: é uma concepção política formulada para sustentar-se *per se*, sem a necessidade de recorrer a valores morais relativos a doutrinas abrangentes razoáveis para sua justificação; e (iii) quanto ao conteúdo: uma concepção política de justiça se expressa por ideias fundamentais próprias da cultura pública de uma sociedade democrática, na qual as instituições sociais bem-ordenadas compartilham ideais comuns, em prol de um sistema equitativo de cooperação entre cidadãos livres e iguais ao longo do tempo, capaz de gerar algum grau de consenso sobreposto.

Sendo assim, quanto ao objeto, mostra-se importante perceber a preocupação com um desenho institucional regulatório adequado a conciliar demandas plurais próprias de um regime constitucional democrático com o propósito básico de viabilizar a cooperação social ao longo prazo em termos sustentáveis.

Para tanto, a coesão e a coercitividade necessárias à formação de um consenso sobreposto razoável implicam no fato de que a sociedade, em tese, deve ser tida como fechada a influências externas, a fim de firmar-se o compromisso institucional com as decisões políticas fundamentais.

Além disso, O *Liberalismo Político*, teoricamente, não se prende a valores morais relativos a quaisquer doutrinas abrangentes razoáveis existentes na sociedade,[453] pois o seu objeto é, justamente, o de viabilizar o acertamento consensual de decisões políticas fundamentais com base em razões públicas definidas em conformidade com o critério da reciprocidade,[454] sobretudo para elementos constitucionais essenciais e questões de justiça básica, do que

---

[452] Tal assertiva não impede, embora problemática, a admissão da extensão de uma concepção política de justiça no âmbito internacional, o que é trabalhado na obra O *Direito dos* Povos, conforme será ressaltado a seguir. V. RAWLS, John. *Op. Cit.*, p. 14 e 22.
[453] Segundo John Rawls, a imposição de uma doutrina abrangente razoável específica só se mantém, ao longo do tempo, através do uso opressivo do poder estatal – "o fato da opressão" –, o que é incompatível com sociedades democráticas. V. RAWLS, John. *Op. Cit.*, p. 44.
[454] Em regimes democráticos, espera-se haver a adoção de uma concepção política de justiça por doutrinas abrangentes razoáveis distintas, ainda que haja dissensos entre elas. V. RAWLS, John. *Op. Cit.*, p. 45.

CAPÍTULO 2 – FUNDAMENTOS POLÍTICO-FILOSÓFICOS DE REGULAÇÃO FINANCEIRA

resulta em instituições capazes de garantir, ao longo do tempo, consensos sobrepostos razoáveis.

Isto é, embora seja um objetivo idealizado, uma concepção política de justiça deve buscar, racionalmente, a conquista do apoio de um consenso sobreposto razoável, face o pluralismo razoável, com foco nos elementos constitucionais essenciais e nas questões de justiça básica.[455]

É importante frisar que a filosofia política de John Rawls não ignora a racionalidade humana individual. É evidente que os cidadãos, na esfera individual, têm ampla legitimidade para perseguir seus próprios interesses, a fim de concretizar seus planos existenciais próprios de vida.

No entanto, há questões políticas que extravasam a esfera individual e necessitam, por isso, de decisões externas – ou heterônomas – ao indivíduo para a estabilidade harmônica da sociedade ao longo do tempo.[456]

A propósito, se todos os cidadãos são livres e iguais, dentre todas as estratégias possíveis, em termos racionais, para a deliberação democrática no âmbito público, a estratégia mais eficaz, sem dúvidas, é a que gera consensos razoáveis baseados em intenções cooperativas que todos respeitam ao longo do tempo.[457]

---

[455] RAWLS, John. *Op. Cit.*, p. 42-43.

[456] Segundo Cláudio Pereira de Souza Neto, "*através da democracia, é possível reconciliar a ética e a política, a moral e o direito. Lembre-se que, segundo as distinções tradicionais entre ética e política, moral e direito, as primeiras ensejam um contexto de autonomia, já que só agimos de acordo com as normas morais as quais aderimos, ao passo que os segundos levam a uma situação de heteronomia, por sermos obrigados a agir de acordo com as normas impostas pelo estado. Com a democracia, no entanto, também há autonomia quando o povo está submetido ao domínio do direito e do estado. Se o povo é governado pelo estado, e a vontade estatal não é senão a vontade popular, o povo é governado por sua própria vontade*" (SOUZA NETO, Cláudio Pereira de. *Teoria constitucional e democracia deliberativa*: um estudo sobre o papel do direito na garantia das condições para a cooperação na deliberação democrática. Rio de Janeiro: Renovar, 2006, p. 41).

[457] Conquanto não se possa derivar o razoável do racional, dentro da perspectiva de cooperação equitativa, "*o razoável e o racional são noções complementares*" (RAWLS, John. *Op. Cit.*, p. 61). Prossegue John Rawls com a seguinte afirmação, *in verbis*: "*Como seres razoáveis e racionais, temos de fazer diferentes tipos de julgamento. Como seres racionais, devemos equilibrar nossos diferentes fins a avaliar o lugar apropriado de cada um deles em nosso modo de vida, e fazer isso nos confronta com as sérias dificuldades de realizar julgamentos corretos de racionalidade. Por outro lado, como seres razoáveis, temos de avaliar a força das demandas das pessoas, não somente em contraposição às nossas, mas entre si, ou em relação a nossas práticas e instituições comuns, e tudo isso suscita dificuldades para fazermos juízos razoáveis e válidos*" (RAWLS, John. *Op. Cit.*, p. 66).

Nesse sentido, é possível dizer que os cidadãos, livres e iguais, adotam posturas razoáveis quando "se dispõem a propor princípios e critérios que possam constituir termos equitativos de cooperação e quando se dispõem, voluntariamente, a submeter-se a eles, dada a garantia de que os outros farão o mesmo",[458] de modo que as controvérsias cingem-se aos termos equitativos das propostas razoavelmente postas à discussão pública,[459] as quais serão resolvidas à luz do critério da reciprocidade, em que os termos equitativos podem ser razoavelmente aceitos por todos.[460] O razoável, portanto, é incompatível com o puro egoísmo.

No âmbito da sociedade democrática constitucional, não há o monopólio da racionalidade ou da razoabilidade haja vista o pluralismo de opiniões possíveis sobre questões políticas fundamentais. O que há são doutrinas abrangentes, amparadas pelas suas próprias razões, as quais podem ser consideradas razoáveis aos propósitos de um desenho institucional adequado para a estrutura básica da sociedade, segundo o critério da reciprocidade próprio do ideal de razão pública.

À evidência, definir, de forma estrita, doutrinas abrangentes razoáveis é tarefa difícil, o que impõe, em contrapartida, certa maleabilidade, máxime porque há uma variedade delas. Quanto ao ponto, John Rawls estabelece três características centrais,[461] quais sejam: (i) a doutrina abrangente razoável é um exercício de razão teórica que organiza valores compatíveis entre si com pretensão de coerência interna, distinguindo-se, por isso, das demais; (ii) é um exercício de razão prática[462] porque seleciona e atribui prioridade a determinados valores específicos; e (iii) parte, em geral, de uma tradição de pensamento ou doutrina específica, o que lhe confere relativa estabilidade ideológica ao longo da história.

---

[458] RAWLS, John. *Op. Cit.*, p. 58.
[459] A discussão pública envolve, especialmente em casos complexos, evidências empíricas e científicas, acompanhadas, geralmente, por divergência na interpretação de fatos e afetada pela experiência de vida de cada um, cf. RAWLS, John. *Op. Cit.*, p. 67-68.
[460] RAWLS, John. *Op. Cit.*, p. 59.
[461] RAWLS, John. *Op. Cit.*, p. 70-71.
[462] Importa esclarecer que John Rawls não parte de uma concepção de razão prática, mas, ao contrário, dá conteúdo a uma ideia de razão prática, cf. RAWLS, John. *O direito dos povos*. São Paulo: Martins Fontes, 2004, p. 113.

CAPÍTULO 2 – FUNDAMENTOS POLÍTICO-FILOSÓFICOS DE REGULAÇÃO FINANCEIRA

Assim, as doutrinas abrangentes razoáveis interagem no âmbito da discussão pública plural e buscam firmar consensos sem reprimir visões abrangentes razoáveis distintas,[463] em respeito à igual cidadania daqueles que defendem posições diversas. Esse é o ideal político inerente à cidadania democrática, em que o "conteúdo desse ideal compreende aquilo que cidadãos livres e iguais podem razoavelmente exigir uns dos outros com respeito às suas visões abrangentes razoáveis".[464]

Todo esse esforço deliberativo dialético dos cidadãos no âmbito das instituições públicas tem um objetivo claro: definir consensos sobrepostos razoáveis sobre questões políticas fundamentais. Somente assim é possível vislumbrar a construção de um ambiente social razoavelmente estável ao longo do tempo, na busca de um construtivismo político[465] que sustente uma concepção política razoável de justiça.

Nesse sentido, o procedimento político de construção estrutural do modelo de regulação básica da sociedade tem a pretensão de ser apto a: (i) estabelecer o alcance e o conteúdo dos princípios de justiça política aplicáveis às instituições, (ii) com base em deliberações públicas amparadas por razões práticas, (iii) cujos destinatários são os cidadãos livres e iguais que integram a sociedade política organizada, enquanto sistema equitativo de cooperação social ao longo do tempo, (iv) fundado na ideia do razoável e sem apelo a um conceito de verdade ou valores morais genéricos.[466]

Assim sendo, o construtivismo político vale-se da ideia do razoável como viabilizador de um consenso sobreposto de doutrinas abrangentes e se apóia no equilíbrio reflexivo, a fim de permitir que a regulação da estrutura básica da sociedade possa ser revista, publicamente, a qualquer tempo.

---

[463] RAWLS, John. *O liberalismo político*. Trad. Álvaro de Vita. São Paulo: WMF Martins Fontes, 2011, p. 72.
[464] RAWLS, John. *Op. Cit.*, p. 74.
[465] Essa é a síntese de John Rawls acerca do construtivismo político, *in verbis*: "*o significado pleno de uma concepção política construtivista encontra-se em sua relação com o fato do pluralismo razoável e com a necessidade que uma sociedade democrática tem de assegurar um consenso sobreposto acerca dos seus valores políticos fundamentais*" (RAWLS, John. *Op. Cit.*, p. 107).
[466] São essas as características do contrutivismo político. V. RAWLS, John. *Op. Cit.*, p. 110-111.

Em outras palavras, o construtivismo político proporciona uma base pública e suficiente de justificação dinâmica das questões políticas, fundamentada na razão prática, assumindo a razoabilidade o padrão de correção da atuação política.[467]

Logo, as ideias fundamentais e o construtivismo político fornecem elementos teóricos iniciais importantes à estabilidade financeira sustentável ao longo do tempo.

Quanto à ideia de razão prática, revela-se o caráter pragmático da filosofia política de John Rawls[468], na medida em que: (i) nega conceitos de verdade, (ii) enfatiza a importância do contexto decisório e (iii) e reputa necessária à análise das consequências das decisões sobre questões políticas fundamentais.[469]

Especificamente com relação aos propósitos de estabilidade financeira sustentável ao longo do tempo, segundo já enfatizado, a estabilidade monetária serve a aspirações de justiça alocativa e distributiva por razões públicas, pois, ao mesmo tempo em que estimula projetos econômicos de longo prazo, traz um nível razoável de segurança e transparência para o exercício estimulado

---

[467] RAWLS, John. *Op. Cit.*, p. 151.
[468] Dentre diversos trabalhos que preconizam a possibilidade de se aplicar o pragmatismo à teoria política normativa de John Ralws, V. MENDONÇA, José Vicente. *A Captura Democrática da Constituição Econômica*: uma proposta de releitura das atividades públicas de fomento, disciplina e intervenção direta na economia à luz do pragmatismo e da razão pública. Tese de doutorado apresentada ao Programa de Pós-Graduação da Faculdade de Direito da Universidade do Estado do Rio de Janeiro como requisito parcial para a obtenção do título de Doutor em Direito. Rio de Janeiro, 2010.
[469] As características essenciais do pragmatismo são as seguintes, *in verbis*: "*O pragmatismo rejeita as especulações filosóficas muito abstratas e desvinculadas da realidade concreta, como as da metafísica. Ele tem como características fundamentais o anti-fundacionalismo, o contextualismo e o consequencialismo. O anti-fundacionalismo é a rejeição da busca de qualquer fundamento último para as teorias e argumentos. O contextualismo enfatiza a importância do contexto histórico e das experiências humanas de cada sujeito nas investigações científicas ou discussões teóricas. Nesse sentido, o contextualismo se aproxima do relativismo. Já o consequencialismo preconiza que se priorizem sempre as soluções que produzam melhores resultados práticos*" (SOUZA NETO, Cláudio Pereira de; SARMENTO, Daniel. *Direito constitucional*: teoria, história e métodos de trabalho. Belo Horizonte: Fórum, 2013, p. 120). Em sentido similar, Margarida Lacombe Camargo arrola cinco características do pragmatismo com pretensão de aplicação ao Direito: (i) antifundacionalismo; (ii) contextualismo; (iii) instrumentalismo; (iv) consequencialismo; e (v) interdisciplinariedade, cf. CAMARGO, Margarida Lacombe. *O Pragmatismo no Supremo Tribunal Federal Brasileiro*. In: SOUZA NETO, Cláudio Pereira de; SARMENTO, Daniel; BINENBOJM, Gustavo (Coord.). *Vinte Anos da Constituição Federal de 1988*. Lumen Juris, 2009, p. 367-368.

CAPÍTULO 2 – FUNDAMENTOS POLÍTICO-FILOSÓFICOS DE REGULAÇÃO FINANCEIRA

da liberdade financeira dos agentes econômicos, sem prejuízo de minimizar distorções econômicas e proteger os menos favorecidos dos efeitos mais intensos do fenômeno inflacionário sobre eles, o que atende ao princípio da diferença,[470] conforme o critério da reciprocidade.

Além disso, a razão pública, que dá conteúdo à razão prática, impõe que os focos de riscos sistêmicos sejam monitorados através de uma regulação financeira adequada à conjuntura econômica para evitar-se distorções alocativas excessivas na formação de preços de mercado, mediante o acompanhamento de todos os possíveis efeitos negativos que possam advir de falhas de mercado e/ou falhas de Estado, com a justificação pública das decisões pelos reguladores finaceiros, devidamente articulados e dotados de autonomia operacional reforçada em relação aos processos políticos ordinários.

Enfim, são essas as preocupações que devem moldar o desenho institucional para a estrutura regulatória da sociedade, capaz de assegurar a estabilidade financeira sustentável ao longo do tempo, sem apelos a conceitos de verdade e valores morais genéricos, evitando-se excessos filosóficos e teóricos.

Por fim, vale frisar que *O Liberalismo Político* pressupõe que a estrutura básica da sociedade é fechada, o que confere coesão social cooperativa ao longo do tempo e, simultaneamente, assegura a coercitividade acerca do cumprimento dos arranjos equitativos firmados no âmbito das instituições.

Acima de tudo, o poder político é sempre um poder coercitivo fundamentado nas decisões políticas coletivas, com algum grau de responsabilização e sanção aplicáveis às instituições que não cumprem o acordo equitativo firmado entre todos os cidadãos livres e iguais. Por isso, conforme será ressaltado a seguir, deliberações financeiras oriundas de organismos internacionais, embora muito importantes ao país, devem ser filtradas no âmbito das instituições regulatórias financeiras nacionais, em atenção ao construtivismo político e ao ideal de democracia deliberativa.

Assim, evidencia-se a legitimidade estrutural geral da autoridade das instituições, em que o exercício do poder político é adequado "quando é exercido em conformidade com uma Constituição, cujos elementos essenciais se pode

---

[470] Sobre a compatibilidade da estabilidade monetária com os princípios de justiça particulares de John Rawls, v. ERLING, Marlos Lopes Godinho. *A compatibilidade da estabilidade monetária com os princípios de Justiça de John Rawls*. Revista de Direito Bancário e do Mercado de Capitais, ano 14, v. 54, 2011, p. 46-57.

razoavelmente esperar que todos os cidadãos, em sua condição de livres e iguais, endossem".[471]

2.2.2 – A formação de um consenso sobreposto razoável e a razão pública na regulação financeira sistêmica da democracia constitucional brasileira

Conquanto a ideia de consenso sobreposto razoável já tenha sido apresentada no tópico anterior, há a necessidade de aprofundamento de alguns aspectos, mormente porque ela constitui uma das ideias centrais do liberalismo político de John Rawls, inclusive com a apresentação das principais críticas e as respectivas respostas a elas.

Devido à necessidade de unidade e estabilidade social, uma sociedade democrática bem-ordenada, considerado o pluralismo razoável, deve almejar consensos sobrepostos oriundos de doutrinas abrangentes razoáveis,[472] enquanto "produto característico da razão prática ao longo do tempo sob instituições livres e duradouras",[473] a fim de resolver controvérsias sobre elementos constitucionais essenciais e questões de justiça básica, atribuindo-se prioridade a argumentos exclusivamente políticos.[474]

Conforme apresentado por John Rawls, as críticas à ideia de consenso sobreposto podem ser enumeradas da seguinte forma: (i) questões políticas fundamentais são decididas do forma circunstancial, em razão do que a estabilidade pode ser, no máximo, produto contingente do *modus vivendi* social; (ii) a ideia de consenso sobreposto é cética ou indiferente a valores morais, alicerçando-se, somente, na mera razoabilidade de uma concepção política de justiça; (iii) o objeto do consenso sobreposto é limitado, o que é inapropriado a pretensões políticas abrangentes para uma concepção correta de justiça; e (iv) a ideia de consenso sobreposto é utópica, pois insustentável à luz das forças políticas que atuam no âmbito social.

---

[471] RAWLS, John. *Op. Cit.*, p. 161.
[472] RAWLS, John. *Op. Cit.*, p. 157.
[473] RAWLS, John. *Op. Cit.*, p. 159.
[474] RAWLS, John. *Op. Cit.*, p. 162.

CAPÍTULO 2 – FUNDAMENTOS POLÍTICO-FILOSÓFICOS DE REGULAÇÃO FINANCEIRA

Quanto à primeira crítica, a própria ideia de consenso sobreposto é a resposta, pois a pretensão que constitui o seu objeto é a de fundamentar acordos cooperativos equitativos voltados à estabilidade social de longo prazo, em um contexto caracterizado pelo fato do pluralismo razoável, notadamente para as sociedades democráticas constitucionais. Vale dizer, não se quer a estabilidade como *modus vivendi*, mas como elemento essencial de um projeto institucional cooperativo ao longo do tempo.[475]

A acusação de ceticismo ou indiferença moral também não se sustenta, pois o construtivismo político demonstra que a busca de uma concepção política verdadeira de justiça é uma pretensão inatingível em sociedades democráticas plurais e, ao contrário, o consenso sobreposto se abre às inúmeras doutrinas abrangentes razoáveis para a sua legitimação.[476]

Em outras palavras, diante do fato do pluralismo razoável, uma base de justificação pública não pode estar fundamentada em uma doutrina abrangente tida por verdadeira, sob pena de falhar na meta de atingir um consenso sobreposto; questões controversas em sociedades plurais são inevitáveis e uma concepção política deve lidar com isso.[477]

A terceira crítica, de igual modo, é frágil. Por um lado, o dissenso político inerente ao pluralismo razoável obriga a filosofia política a formular uma concepção política, com certo grau de abstração, em prol do respeito e consideração de todas doutrinas abrangentes razoáveis,[478] o que, por outro lado, não significa a necessidade de ser abrangente e geral, sobretudo para evitar o recurso argumentativo indesejado a valores morais genéricos e/ou intenções perfeccionistas, haja vista o foco nas questões políticas fundamentais.

Por isso, o foco de uma concepção política razoável de justiça deve ser estabelecido para tratar de elementos constitucionais e questões de justiça básica, os quais são os temas mais importantes à base da cooperação social ao longo do tempo. Segundo John Rawls, em última análise, uma concepção política deve pretender "somente uma estrutura de deliberação e reflexão que serve

---

[475] RAWLS, John. *Op. Cit.*, p. 174.
[476] Cf. GARGARELLA, Roberto. *As teorias de justiça depois de Rawls*: um breve manual de filosofia política. Trad. Alonso Reis Freire. São Paulo: WMF Martins Fontes, 2008, p. 232.
[477] RAWLS, John. *Op. Cit.*, p. 177-178.
[478] RAWLS, John. *Op. Cit.*, p. 183.

de guia e pode nos ajudar a alcançar um acordo político, pelo menos sobre os elementos constitucionais essenciais e sobre as questões de justiça básica".[479]

A última crítica, por certo, é a mais poderosa, razão pela qual John Rawls a responde em duas etapas, quais sejam, o consenso constitucional e a formação de um consenso sobreposto.

Na primeira etapa, relativa ao consenso constitucional, a ideia de consenso sobreposto deixa de ser utópica na medida em que a sociedade democrática estabelece uma Constituição como fonte prescritiva principal dos padrões políticos de atuação cooperativa ao longo do tempo, na qual se extraem princípios liberais de justiça política que devem ser especificados, quanto à sua concretização, no âmbito da democracia deliberativa.

Espera-se, nesse sentido, que o consenso sobreposto não seja profundo, devido ao fato do pluralismo razoável, mas que a cultura pública da sociedade democrática se mova no sentido de gerar, com a evolução progressiva das deliberações públicas e o surgimento da confiança mútua entre todos, a formação de consensos sobrepostos em prol da estabilidade social de longo prazo. Assim, John Rawls imagina a progressão gradual de uma situação de mero *modus vivendi*, que evolui do consenso constitucional, culminando, no fim, com o estabelecimento de um consenso sobreposto.

A propósito, John Rawls apresenta requisitos de um consenso constitucional estável. Segundo o autor, dado o pluralismo razoável, a estabilidade social é alcançada quando observados os seguintes aspectos: (i) há a fixação do conteúdos de direitos e liberdades políticas fundamentais com prioridade especial, o que os põe fora da agenda política ou cálculos de interesses sociais conjunturais;[480] (ii) tal fixação se fundamenta no ideal de razão pública, o qual se vale de evidências empíricas, informações idôneas e sem apelo direto a doutrinas abrangentes razoáveis para uma deliberação pública razoável, o que traz credibilidade a todos;[481] e (iii) as instituições políticas básicas, ao incorporar os direitos e liberdades políticas fundamentais com base no ideal de razão pública, passam a funcionar de forma efetiva ao longo de tempo.

---

[479] RAWLS, John. *Op. Cit.*, p. 184.
[480] RAWLS, John. *Op. Cit.*, p. 190.
[481] RAWLS, John. *Op. Cit.*, p. 191.

CAPÍTULO 2 – FUNDAMENTOS POLÍTICO-FILOSÓFICOS DE REGULAÇÃO FINANCEIRA

Simultaneamente, todo esse processo tende a estimular, progressivamente, termos equitativos de cooperação política no sentido da criação paulatina e sequencial de "um espírito de compromisso e uma disposição de fazer concessões mútuas, virtudes que têm relação com a disposição de cooperar com outros com base em termos políticos que todos podem aceitar publicamente",[482] o que aumenta a confiança institucional na medida em que bons resultados são atingidos.

Logo, as forças inerentes ao consenso constitucional se voltam na direção do estabelecimento de consensos sobrepostos razoáveis, eis que o ideal democrático consiste na compreensão da sociedade como um sistema equitativo de cooperação social, em que as pessoas são livres e iguais.

À evidência, se a plenitude do consenso sobreposto é quase impossível, os grupos políticos rivais, representativos dos diversos interesses sociais e econômicos, serão forçados a interagir entre si na busca de adesões para firmar consensos, mesmo com aqueles que não compartilham sua doutrina abrangente no fórum de discussão pública, haja vista a tendência racional clara no sentido de se sustentar posições políticas[483] com vistas a atingir a aceitação publica mais ampla possível, a fim de atingir-se uma maioria com pretensões de estabilidade.[484]

Explicado o processo de formação de consensos sobrepostos razoáveis, passa-se a analisar, especificamente, os aspectos fundamentais do ideal de razão pública.

A propósito, John Rawls dedica a Conferência VI do *Liberalismo Político* à razão pública, mas traz explicações adicionais desse ideal em artigo apartado, intitulado *A ideia de razão pública revista*, no qual o autor revisita toda a sua concepção de filosofia política à luz do ideal de razão pública.

Conforme já ressaltado, uma sociedade democrática constitucional bem-ordenada é caracterizada pelo pluralismo razoável, na qual múltiplas doutrinas abrangentes razoáveis e conflitantes sob o ponto de vista moral interagem e só atingem a estabilidade pelas razões certas através do ideal de

---

[482] RAWLS, John. *Op. Cit.*, p. 192.
[483] Quanto à amplitude, o consenso constitucional puramente político e procedimental é muito estreito, ou seja, os direitos e liberdades fundamentais devem estar na pauta deliberativa, cf. RAWLS, John. *Op. Cit.*, p. 196.
[484] RAWLS, John. *Op. Cit.*, p. 195-198.

razão pública, que tem a aptidão de gerar consensos sobrepostos razoáveis capazes de superar as divergências derivadas das doutrinas abrangentes razoáveis, a partir da "ideia de politicamente razoável dirigido aos cidadãos como cidadãos".[485]

A esse respeito, a razão pública serve à sociedade democrática como padrão público de atuação planejada e inclusiva de suas ações, de modo a criar-se instituições e procedimentos deliberativos que, em um contexto plural, tendam a gerar consensos sobre questões políticas fundamentais.

Tal circunstância, por sua vez, resulta de uma exigência própria da racionalidade democrática, onde pretensões diversas serão levadas à deliberação nas principais instituições políticas e é razoável esperar que todos sejam, em algum grau, atendidos,[486] sobretudo quanto a elementos constitucionais essenciais e questões de justiça básica.

À luz do construtivismo político e da razão prática, é impossível cogitar a busca da verdade na política, mas o estabelecimento acertado de bases equitativas de cooperação ao longo do tempo nas instituições políticas através da cidadania democrática.

Em suas palavras, John Rawls afirma que "o zelo de incorporar a verdade na política é incompatível com uma ideia de razão pública que faça parte da cidadania democrática",[487] de modo que "a razão pública é característica de um povo democrático: é a razão de seus cidadãos, daqueles que compartilham

---

[485] RAWLS, John. A ideia de razão pública revista. In: RAWLS, John. *O direito dos povos*. São Paulo: Martins Fontes, 2004, p. 174. Em complemento a essa afirmação, John Rawls arremata com a seguinte consideração, *in verbis*: "*A ideia de razão pública explicita no nível mais profundo os valores morais e políticos que devem determinar a relação de um governo democrático constitucional com os seus cidadãos e a relação destes entre si. Aqueles que rejeitam a democracia constitucional com o seu critério de reciprocidade, rejeitarão, naturalmente, a própria ideia de razão pública*" (RAWLS, John. Op. Cit., p. 174-175).
[486] Conforme preconizado pelo autor, *in verbis*: "*Uma sociedade política e, na verdade, todo agente razoável e racional, quer seja um indivíduo, uma família ou uma associação, ou mesmo uma confederação de sociedades políticas, tem um modo de formular seus planos, de colocar seus fins em uma ordem de prioridades e de tomar suas decisões em conformidade com tais planos e prioridades. A maneira como uma sociedade política faz isso é sua razão*" (RAWLS, John. *O liberalismo político*. Trad. Álvaro de Vita. São Paulo: WMF Martins Fontes, 2011, p. 250).
[487] RAWLS, John. A ideia de razão pública revista. In: RAWLS, John. *O direito dos povos*. São Paulo: Martins Fontes, 2004, p. 175.

do *status* da cidadania igual",[488] embora seja dinâmica e, portanto, sujeita à revisões.[489]

Nesse sentido, Jonh Rawls atribui ao ideal de razão pública alguns aspectos prioritários básicos para a compreensão do seu alcance e conteúdo. A propósito, o ideal de razão pública, enquanto razão de cidadãos livres e iguais, recai, essencialmente, sobre questões políticas fundamentais, quais sejam, os elementos constitucionais essenciais e questões de justiça básica, discutidas no fórum público das instituições políticas oficiais pelos agentes políticos – juízes, integrantes da Administração Pública (burocratas) e candidatos a cargos políticos –, onde a interação pública entre as concepções políticas razoáveis de justiça deve se pautar pelo critério da reciprocidade, com vistas a gerar-se consensos sobrepostos razoáveis.[490]

Não obstante, as questões políticas fundamentais envolvem, igualmente, o desenho institucional da estrutura básica da sociedade, máxime as principais instituições políticas, vistas como um esquema unificado de cooperação imparcial perante as doutrinas abrangentes, conforme as ideias fundamentais da cultura política pública de uma sociedade democrática[491] e valores da razão pública, de modo que "a estrutura básica e suas políticas públicas devem ser justificáveis a todos os cidadãos".[492]

Assim, espera-se a concretização do acertamento de bases equitativas de cooperação sustentável ao longo do tempo, cujo conteúdo adquire

---

[488] RAWLS, John. *O liberalismo político*. Trad. Álvaro de Vita. São Paulo: WMF Martins Fontes, 2011, p. 250.
[489] RAWLS, John. A ideia de razão pública revista. In: RAWLS, John. *O direito dos povos*. São Paulo: Martins Fontes, 2004, p. 188.
[490] A concretização do ideal de razão pública é assim sintetizado por John Rawls, *in verbis*: "*esse ideal é concretizado, ou satisfeito, sempre que os juízes, legisladores, executivos principais e outros funcionários do governo, assim como candidatos a cargo público, atuam a partir da ideia de razão pública, a seguem e explicam a outros cidadãos suas razões para sustentar posições políticas fundamentais em função da concepção política de justiça que consideram como a mais razoável. Dessa maneira, satisfazem o que chamarei o seu dever de civilidade mútua e para com outros cidadãos*" (RAWLS, John. A ideia de razão pública revista. In: RAWLS, John. *O direito dos povos*. São Paulo: Martins Fontes, 2004, p. 178).
[491] RAWLS, John. *O liberalismo político*. Trad. Álvaro de Vita. São Paulo: WMF Martins Fontes, 2011, p. 263-264.
[492] RAWLS, John. *O liberalismo político*. Trad. Álvaro de Vita. São Paulo: WMF Martins Fontes, 2011, p. 265.

legitimidade democrática em razão do resultado deliberativo consensual, com a atribuição de caráter coercitivo aos termos cooperativos firmados.

Isso ocorre, frise-se, em instâncias oficiais, pois a cultura plural da sociedade civil – ou cultura de fundo –, na qual os cidadãos livres e iguais praticam sua autonomia política de forma livre quanto à expressão de opiniões, não enseja a necessidade de aplicação da razão pública; vale dizer, há razões públicas e não públicas.[493]

Em outras palavras, a limitação do objeto do ideal da razão pública é proposital à priorização dos debates sobre questões políticas fundamentais nas instâncias deliberativas oficiais, embora John Rawls reconheça ser possível e desejável o uso da razão pública para resolver questões políticas gerais[494] ou o uso de razões não-públicas, desde que acompanhadas de razões públicas, nas instâncias políticas oficiais.

Em relação à razoabilidade, John Rawls considera que os cidadãos são razoáveis quando: (i) agem como livres e iguais, (ii) externam opiniões aderentes a um sistema de cooperação social ao longo do tempo e (iii) e vinculam-se a oferecer uns aos outros termos justos de cooperação, em prol da mútua aceitação da justiça razoável de uma decisão com razões compartilháveis, ainda que a concordância seja mínima em face das diversas concepções políticas liberais razoáveis,[495] em atenção ao critério da reciprocidade,[496] que é aplicável no nível constitucional e infraconstitucional.[497]

---

[493] RAWLS, John. *Op. Cit.*, p. 250. Razões não públicas são definidas da seguinte forma, *in verbis*: "*As razões não públicas abarcam as muitas razões da sociedade civil e pertencem àquilo que denominei 'cultura de fundo', em oposição à cultura política pública. Essas razões são sociais e de modo algum são privadas*" (RAWLS, John. *Op. Cit.*, p. 259). São exemplos de razões não-públicas as razões levadas ao conhecimento público pelos meios de comunicação, associações civis e religiosas, dentre outros.

[494] RAWLS, John. *Op. Cit.*, p. 253-254.

[495] As características essenciais das concepções políticas liberais são as seguintes: (i) a defesa de direitos, liberdades e oportunidades básicas, (ii) com prioridade desses em relação a reivindicações de bem comum e valores perfeccionistas e, por fim, (iii) a instituição de meios a todos para assegurar a eficácia de tais liberdades, sob premissa comum de que os cidadãos são livres e iguais, vivem em uma sociedade com pretensões de justiça cooperativa ao longo do tempo voltadas à preservação de princípios substantivos de justiça para além da justiça procedimental, aplicáveis às instituições políticas (RAWLS, John. A ideia de razão pública revista. In: RAWLS, John. *O direito dos povos*. São Paulo: Martins Fontes, 2004, p. 185-186).

[496] RAWLS, John. A ideia de razão pública revista. In: RAWLS, John. *O direito dos povos*. São Paulo: Martins Fontes, 2004, p. 180. A definição do alcance do critério da reciprocidade é a

CAPÍTULO 2 - FUNDAMENTOS POLÍTICO-FILOSÓFICOS DE REGULAÇÃO FINANCEIRA

Sendo assim, a aplicação do critério da reciprocidade, ínsito ao ideal de razão pública, tem a aptidão de levar a um consenso de sobreposição razoável de doutrinas abrangentes no âmbito da sociedade democrática constitucional. Independentemente da improvável geração de consensos amplos, o mais importante é que as deliberações políticas dos cidadãos, livres e iguais, sejam pautadas pelo critério da reciprocidade, em que todos os participantes assumem o ônus deliberativo de explicar publicamente sua opinião, com a confiança mútua de se buscar um equilíbrio razoável da valores políticos públicos, segundo as condições históricas e sociais vigentes.[498]

Nesse sentido, em termos práticos, a razão pública deve se valer de fatores incontroversos ou amplamente majoritários de investigação científica, sem pretensões muito abrangentes, a fim de viabilizar a cooperação entre doutrinas abrangentes razoáveis, de modo a construir, nas instâncias deliberativas oficiais, argumentos universalizáveis, passíveis de aceitação ampla por cidadãos livres e iguais.[499]

Pois bem, inúmeras críticas foram formuladas a respeito do ideal de razão pública, que podem ser resumidas em cinco principais, a saber: (i) o ideal de razão pública é estéril, porquanto insensível aos debates circunstanciais mais polêmicos, o que pode gerar omissão na proteção de direitos; (ii) é impossível, pois os debates públicos reais não são pautados por um único critério, vale dizer, o máximo que se pode exigir é algum nível de transparência na discussão política; (iii) não é um critério eficaz específico de deliberação e não afasta, em razão disso, razões não-públicas; (iv) pode ser insuficiente para uma deliberação pública legítima; e (v) é incoerente, eis que não viabiliza, de forma adequada, a autonomia política individual no espaço público.[500]

---

seguinte, *in verbis*: "*O critério da reciprocidade exige que, quando esses termos são propostos como os termos de cooperação justa mais razoáveis, quem os propõe pense também que é ao menos razoável que os outros os aceitem como cidadãos livres e iguais, não dominados, nem manipulados, ou sob a pressão de uma posição política ou social inferior*" (Ibid., p. 180).
[497] RAWLS, John. A ideia de razão pública revista. In: RAWLS, John. *O direito dos povos*. São Paulo: Martins Fontes, 2004, p. 181.
[498] RAWLS, John. *O liberalismo político*. Trad. Álvaro de Vita. São Paulo: WMF Martins Fontes, 2011, p. 294-298, *passim*.
[499] Cf. MENDONÇA, José Vicente Santos de. *Op. Cit.*, p. 152.
[500] MENDONÇA, José Vicente Santos de. *Op. Cit.*, p. 156-164.

Respeitáveis as críticas, é possível responder a todas elas. O ideal de razão pública não é estéril, pois sua aplicação é possível a qualquer tema político, polêmico ou não, submetido à deliberação pública. Pelo contrário, o ideal de razão pública é extremamente útil como critério de orientação prática para a produção de decisões políticas universalizáveis e inclusivas, em consonância com o critério da reciprocidade.

Com relação à alegação de que o ideal de razão pública é genérico, é interessante notar que John Rawls "reconhece que não serão todos os casos que poderão ser decididos com base em razões públicas. Para esses, recomenda a decisão por intermédio de votação, mas uma votação precedida da deliberação pública".[501]

Com efeito, tal circunstância não desnatura a importância da exigência de apresentação de razões públicas como ideia reguladora da democracia deliberativa, em favor da produção, análise e aceitação de razões universalizáveis, sobretudo para elementos constitucionais essenciais e questões de justiça básica.

Por fim, o ideal de razão pública é coerente, eis que oferece um padrão específico de argumentação para o exercício da autonomia política na deliberação pública, sendo diversos os resultados possíveis.

Notadamente, o ideal de razão pública constitui um grande desafio prático nas sociedades democráticas constitucionais. Instâncias deliberativas plurais, naturalmente, lidam com divergências e tensões argumentativas, bem como são influenciadas pela racionalidade limitada dos participantes e a tendência fraca à mudança de opinião, sem prejuízo da possibilidade do desenvolvimento de estratégias políticas parciais, obscuras, autointeressadas ou de obstrução da pauta deliberativa.

No entanto, a transparência gerada pelo diálogo político livre e aberto direcionado à formação de consensos tem potencialidades positivas significativas, o que justifica a defesa do ideal de razão pública, em prol da construção legítima e progressiva de desenhos institucionais eficientes ao propósito de produzir os melhores resultados possíveis, pautados em razões universalizáveis e inclusivas.

---

[501] MENDONÇA, José Vicente Santos de. *Op. Cit.*, p. 166.

CAPÍTULO 2 – FUNDAMENTOS POLÍTICO-FILOSÓFICOS DE REGULAÇÃO FINANCEIRA

Nesse sentido, é possível extrair algumas conclusões parciais com eficácia prática significativa.

As decisões tomadas pelas instituições responsáveis pela regulação financeira sistêmica devem atender à exigência de prestação pública de contas (*accountability*) através de razões públicas, as quais, por natureza, devem ser razoáveis no sentido de tratar todos os cidadãos como livres e iguais (inclusivas) com propósitos regulatórios sustentáveis ao longo do tempo.

Sendo assim, as decisões regulatórias devem estar justificadas a partir de diagnósticos e prognósticos de longo prazo, além de prezar pela imparcialidade, vale dizer, a fundamentação da ação política financeira não deve reportar-se a apelos teóricos específicos ou desejos de segmentos sociais, setores econômicos específicos ou programas imediatistas de governo, mas ser compatível com os objetivos regulatórios, a fim de dar conteúdo à razão prática regulatória.

Sem embargo, a estabilidade financeira deve receber, também sob o ângulo da razão prática, algum grau de proteção institucional contra ímpetos políticos de curto prazo, com vistas a cumprir a aludida imparcialidade exigida para a justificação de suas decisões, baseadas no ideal de razão pública, pois a experiência mostra a importância da "definição de instituições estáveis e colocadas ao abrigo de impulsos e iniciativas ávidas de obtenção de resultados retumbantes a curto prazo"[502] no âmbito financeiro.

Quanto à política monetária, conforme evidências empíricas e científicas fortes, a ampliação de oferta monetária deve seguir, razoavelmente, a efetiva demanda monetária da economia, mensurada a partir do aumento de produtividade e crescimento econômico do país, sob pena de descontrole inflacionário.[503]

---

[502] NUSDEO, Fábio. *Desenvolvimento econômico* – Um retrospecto e algumas perspectivas. In: SALOMÃO FILHO, Calixto (coord.). *Regulação e Desenvolvimento*. São Paulo: Malheiros, 2002, p. 23.

[503] Tal opinião econômica é amplamente majoritária sob o aspecto científico e empírico, e não há *trade-off* entre desenvolvimento econômico e inflação pois, à luz do princípio da diferença, nenhuma iniciativa política pode pretender desenvolvimento econômico às custas da inflação, que tem o mesmo efeito de um tributo regressivo, que atinge mais intensamente os mais pobres. Quanto ao ponto, a síntese elaborada por Gustavo Franco é de extrema relevância: *"Se a teoria econômica estiver correta, e minha inclinação é acreditar nisso, no médio prazo, a moeda é neutra e as taxas de câmbio serão dadas pela chamada 'Paridade do Poder de Compra'. Ou seja, a moeda*

Desse modo, quaisquer intenções públicas institucionais de aumento excessivo da oferta monetária (ou crédito) geram distorções alocativas e distributivas prejudiciais à livre iniciativa econômica sustentável ao longo do tempo, acompanhadas pelo ônus de impor aos menos favorecidos – que sofrem os efeitos mais intensos do fenômeno inflacionário – uma perda patrimonial significativa, o que agrava desigualdades econômicas e sociais.[504] Em outras palavras, segundo ressalta Gustavo Franco, a defesa da moeda se confunde, essencialmente, com a defesa da cidadania.[505]

Portanto, o critério da reciprocidade, próprio do ideal da razão pública, impede que os benefícios do controle sistêmico adequado e transparente da inflação sejam desconsiderados em um Estado democrático que preza por

e o câmbio jamais serão elementos determinantes do processo de desenvolvimento econômico, pois não foi assim em parte alguma e não há nenhuma teoria a esse respeito que comande muito respeito acadêmico" (...) *"Nada parece indicar que não possa haver desenvolvimento obedecidos alguns princípios básicos de equilíbrio fiscal e monetário. Nada parece indicar, da mesma forma, que a inflação seja necessária, ou mesmo admissível como efeito colateral do desenvolvimento, pois nada mais é do que um imposto, e um particularmente perverso, posto que incide exclusivamente sobre o pobre. Constitui óbvia tolice imaginar que o desenvolvimento econômico, ainda mais quando pensado como processo amplo que incorpore necessariamente o progresso na dimensão social, deva ter como pré-requisito um imposto sobre o pobre"* (FRANCO, Gustavo. *O desafio brasileiro*: ensaios sobre desenvolvimento, globalização e moeda. São Paulo: 34, 1999, p. 23-28).

[504] É de se notar que a gestão da política monetária se relaciona com a gestão da política cambial, de modo que os fatores macroeconômicas ligados à valorização ou não do Real no mercado internacional de moedas internacionais repercutem na política monetária do país. Adotado, oficialmente, o regime de câmbio flutuante no Brasil, integra o ideal da razão pública, para fins de política monetária, a exigência de formulação de considerações sobre o mercado internacional de câmbio. É importante reiterar, quanto ao ponto, que o uso ostensivo de instrumentos cambiais de curto prazo para um controle forte de fluxos monetários no Brasil nunca foi bem sucedida; ao contrário, quase sempre produziu distorções negativas ao sistema financeiro nacional, com benefícios privados apropriados, principalmente, pelos setores exportadores em detrimento da sociedade como um todo, o que evidencia, via de regra, a frágil legitimidade do uso da política cambial para fins de política comercial, industrial ou de emprego. Nesse sentido, a estratégia regulatória brasileira atual de adoção do regime de câmbio flutuante mostrou-se a mais adequada à estabilidade financeira sustentável do país nos últimos anos, o que vai ao encontro das recomendações internacionais, sobretudo do Fundo Monetário Internacional (FMI).

[505] FRANCO, Gustavo. *O desafio brasileiro*: ensaios sobre desenvolvimento, globalização e moeda. São Paulo: 34, 1999, p. 22. Em seguida, Gustavo Franco finaliza sua assertiva com o seguinte comentário, *in verbis*: "*O Presidente do Banco Central, tal como o Ministro da Fazenda, raramente recebe um pobre em seu gabinete, mas é difícil imaginar alguma autoridade cujas responsabilidades sejam mais relevantes para o bem-estar da população menos favorecida*" (Ibid., p. 22).

uma política monetária sustentável, do que se infere a impropriedade do uso excessivo de instrumentos monetários para estimular a economia se há uma probabilidade razoável da impacto forte na inflação.

O descontrole da inflação, enquanto fenômeno monetário é, acima de tudo, um fenômeno de disfunção política,[506] que acarreta distorções graves de alocação e distribuição de recursos sociais, em detrimento da segurança e estabilidade sistêmica para o exercício da liberdade econômica, além de atingir, mais intensamente, os menos favorecidos, sendo esse efeito negativo reconhecido, inclusive, por John Maynard Keynes, em obra anterior a *The General Theory of Employment, Interest and Money*.[507]

Nada obstante, a estabilidade monetária sustentável ao longo do tempo vai ao encontro de um regime de câmbio flutuante – tal como adotado para o Brasil –, enquanto política liberal que impede aumentos arbitrários de preços no âmbito doméstico, sem prejuízo do fato de que políticas cambiais rígidas, segundo estudos empíricos e históricos, não se mostraram meios idôneos de controle da inflação no longo prazo, além de exigir o dispêndio de recursos financeiros públicos para a sua execução.

Por um lado, não é reprovável, *per se*, que o Estado busque estimular a economia através do aumento de dívida pública ou estímulo ao crédito, desde que o faça segundo uma estratégia publica transparente e consentida no

---

[506] Conforme destaca Niall Ferguson, *"a inflação é um fenômeno monetário, como disse Milton Friedman. Mas a hiperinflação é sempre, e em todos os lugares, um fenômeno político, pois ela não pode ocorrer sem uma fundamental disfunção da política monetária"* (FERGUSON, Niall. *Op. Cit.*, p. 101). No mesmo sentido, v. FRANCO, Gustavo. *O desafio brasileiro*: ensaios sobre desenvolvimento, globalização e moeda. São Paulo: 34, 1999, p. 81.

[507] Refiro-me ao trabalho *The Economic Consequences of Peace*, de John Maynard Keynes, editado em Londres no ano de 1919, no qual é desenvolvido o seguinte diagnóstico a respeito das consequências sistêmicas negativas do processo inflacionário descontrolado, *in verbis*: "*Num processo contínuo de inflação, o governo pode confiscar, secretamente e despercebido, uma parte importante da riqueza dos seus cidadãos. Por esse método, ele não apenas confisca, mas confisca arbitrariamente; e, enquanto o processo empobrece muitos, na verdade enriquece alguns. A visão desse arranjo arbitrário de riscos atinge não apenas a segurança, mas a confiança na equidade da distribuição existente de renda. Aqueles para os quais o sistema traz uma sorte inesperada... se tornam 'aproveitadores', e são objeto de ódio da burguesia, a quem a inflação empobreceu não menos do que o proletariado. Enquanto a inflação procede... todas as relações permanentes entre devedores e credores, que formam o fundamento definitivo do capitalismo, se tornam tão completamente desordenadas que passam a ser insignificantes...*" (Apud FERGUSON, Niall. *Op. Cit.*, p. 103).

âmbito das instituições políticas, especialmente com a aprovação do Poder Legislativo.

Por outro lado, potencialidades de geração de alguma repercussão nos preços de mercado (inflação) não podem ser negligenciadas, eis que não se pode perder de vista que a estabilidade monetária é questão de justiça básica e, por isso, devem haver razões públicas nuito fortes que justifiquem tais medidas para a proteção de todos os cidadãos livres e iguais contra um cenário tendente à inflação.[508]

Além disso, certamente, no debate plural entre economistas ortodoxos, ligados mais diretamente à escola monetarista, e heterodoxos de toda ordem, é possível inferir um espaço de consenso sobreposto no sentido de que a atuação financeira global do Estado, a fim de atender à questão de justiça básica inerente à estabilidade monetária, deve ser planejada para cenários de longo prazo, o que dá certeza e segurança ao exercício efetivo da livre iniciativa econômica.

Sem prejuízo, o planejamento da execução da política monetária deve estar fundamentado em estudos técnicos idôneos que tragam robustez ao diagnóstico e prognóstico específico dos efeitos financeiros da atuação estatal – como, por exemplo, em casos de redução ou aumento de receitas correntes ou do endividamento público, bem como o uso de instrumentos monetários – no fenômeno inflacionário.

A propósito, isso é o que se faz hoje, através da instituição pública de metas de inflação pelo Conselho Monetário Nacional, cuja execução é efetivada, periodicamente, pelo Banco Central do Brasil através de reuniões do COPOM para fixar-se a meta para a taxa SELIC, nos termos do Decreto nº 3.088, de 1999, cujas atas são divulgadas de forma pública e imediata à finalização

---

[508] Com relação ao ponto, digno de nota é o seguinte comentário de Fábio Nusdeo, *in verbis*: "*Historicamente, tem-se assistido a surtos galopantes de inflação, acoplados a ambiciosos programas de desenvolvimento e por eles politicamente justificáveis. Este não é um caminho inevitável, como também é demonstrado historicamente. Inflação e desenvolvimento não são variáveis necessariamente dependentes uma da outra. No entanto, é extreme de dúvidas que a ênfase neste último gera, pelo menos, tais pressões sobre a moeda que somente uma política monetária altamente responsável e refinada conseguirá jugular*" (NUSDEO, Fábio. *Desenvolvimento econômico* – Um retrospecto e algumas perspectivas. In: SALOMÃO FILHO, Calixto (coord.). *Regulação e Desenvolvimento*. São Paulo: Malheiros, 2002, p. 20).

CAPÍTULO 2 – FUNDAMENTOS POLÍTICO-FILOSÓFICOS DE REGULAÇÃO FINANCEIRA

das reuniões, além de corroboradas por relatórios periódicos trimestrais de inflação.

Trata-se, portanto, de clara concretização específica do dever constitucional geral de planejamento público transparente das tarefas regulatórias estatais, com caráter vinculante, conforme o art. 174, *in fine*, da Constituição brasileira de 1988.

Essa é a essência da política monetária como questão de justiça básica, em que a moeda é medida justa de liberdade, com caráter de segurança, transparência e reciprocidade na economia, em respeito aos economicamente menos favorecidos.

Em síntese, sem prejuízo das diversas formas legítimas de auferir receitas públicas, é imperativo de justiça que o Estado só possa se financiar através de emissão de dívida pública, com a sujeição das propostas orçamentárias ao Poder Legislativo (arts. 165 a 169 da Constituição da República).

Essa é, diga-se de passagem, o fundamento de justiça da regra do §1º do artigo 164 da Constituição brasileira de 1988, que veda ao Banco Central do Brasil, em essência, financiar o Tesouro Nacional, o que traduz regra constitucional brasileira peculiar apta a fortalecer, em termos normativos, a estabilidade monetária como questão de justiça básica.[509]

Além disso, o dever público de prestação de contas impõe à autoridade monetária constituída, qual seja, o Banco Central do Brasil, por expressa disposição constitucional (art. 164, *caput*, da Constituição da República), o dever de apresentar, de forma justificada, diagnósticos e prognósticos sobre a inflação esperada, dentro de um cenário de longo prazo.

Vale dizer, o desenho regulatório financeiro no Brasil, quanto à política monetária, está definido constitucionalmente e ao Banco Central do Brasil cabe o ônus de se sujeitar ao ideal de democracia deliberativa e justificar suas decisões através do ideal de razão pública, com especial destaque à política monetária.

---

[509] A despeito de John Rawls sustentar que questões de justiça básica não se extraem ou não estão prescritas, diretamente, em Constituições, houve-se por bem incluir tal regra na Constituição brasileira de 1988, o que, certamente, sequer poderia ser imaginado por John Rawls, até porque se trata de norma estranha às disposições constitucionais clássicas sobre direitos e liberdades fundamentais.

No que tange à regulação financeira sistêmica propriamente dita, o ideal de razão pública, que dá conteúdo à razão prática, impõe que o desenho regulatório institucional seja: (i) estabelecido de forma segura e clara quanto à divisão de competências regulatórias para uma coordenação cooperativa efetiva institucional de longo prazo, com alcance regulatório integral sobre todo o sistema financeiro; (ii) as competências sejam atribuídas a entidades tecnicamente especializadas e com autonomia reforçada (relativamente descoladas dos ciclos político-eleitorais) para decidir, com o objetivo de exercer uma regulação dinâmica e eficiente de monitoramento de riscos sistêmicos, a fim de evitar crises financeiras normalmente aptas, segundo as regras da experiência, a gerar custos sociais significativos, além de (iii) tutelar, sem paternalismo excessivo, os consumidores de produtos e serviços financeiros, enquanto cidadãos livres e iguais.

Quanto ao ponto, é possível inferir que todas essas assertivas seriam endossadas, consensualmente, em algum grau, até por economistas muito liberais e o consenso sobreposto se formaria a partir da constatação de que autoridades reguladoras financeiras são importantes para a avaliação do funcionamento eficiente do sistema financeiro, notadamente para acompanhar a evolução dos processos alocativos e distributivos nos mercados financeiros, o que traz segurança aos agentes econômicos de mercado para planejar, tecnicamente, sua atividade financeira e a administração correspondente dos riscos.

Nesse sentido, a rigor, o que se leva à deliberação democrática para discussão, ontologicamente e em termos mais amplos, é uma discussão sobre intensidade regulatória, mensurada a partir de uma análise transparente e justificada de custos e benefícios a respeito da necessidade de instituições regulatórias e prováveis consequências das decisões regulatórias dessas instituições para o sistema financeiro.

À evidência, todo esse processo deve ser acompanhado por mecanismos de prestação pública de contas, participação pública nas principais deliberações regulatórias, aplicação de estudos prévios de impacto regulatório e monitoramento das decisões regulatórias sistemicamente importantes, em prol de um constante controle institucional e democrático quanto a resultados. É assim que deve ser entendida a regulação financeira propriamente dita como questão de justiça básica.

CAPÍTULO 2 - FUNDAMENTOS POLÍTICO-FILOSÓFICOS DE REGULAÇÃO FINANCEIRA

2.3 – O Direito dos Povos como extensão internacional do liberalismo político de John Rawls: limites e possibilidades da razão pública nos organismos financeiros internacionais

A integração interativa entre os povos não é novidade na história econômica mundial. De laços comerciais a ondas migratórias, o desenvolvimento de relações entre pessoas e instituições de origens distintas é o resultado natural decorrente do funcionamento dos povos socialmente organizados.

Em suma, a globalização não é fenômeno novo[510] e, em geral, o desenvolvimento e o aperfeiçoamento dos relacionamentos e trocas econômicas entre os povos – leia-se, a integração econômica dos povos – trazem bons resultados sociais quando os interesses são duradouros e mútuos.

Atualmente, o mundo vem sofrendo os efeitos de um processo intenso de globalização iniciado em meados da década de 1970,[511] com impactos significativos na difusão e circulação da informação e do conhecimento, que também é caracterizado pela intensificação da movimentação e circulação de pessoas, capitais e ampliação espacial dos processos produtivos.[512]

---

[510] Cf. GRAU, Eros Roberto. *O Direito Posto e o Direito Pressuposto.* 7. ed. São Paulo: Malheiros, 2008, p. 270. Em outras palavras, *"não há consenso entre os historiadores econômicos sobre se a globalização é ou não maior hoje do que na década que precedeu a Primeira Guerra Mundial. A resposta a essa pergunta depende dos indicadores usados – e também, quem sabe, do país a que se referem"* (FERGUSON, Niall. *A lógica do dinheiro.* Trad. Maria Teresa Machado. Rio de Janeiro: Record, 2007, p. 343).

[511] Embora a globalização não seja fenômeno histórico novo, convencionou-se chamar o processo atual de internacionalização como "globalização", a fim de descrever as mudanças enfrentadas no cenário mundial nas últimas décadas, cf. CAMPILONGO, Celso Fernandes. *Globalização e Democracia.* In: CAMPILONGO, Celso (org.). A Democracia Global em construção. Rio de Janeiro: Lumen Juris, 2005, p. 5. Em outras palavras, pode-se dizer que *"nesses mais de duzentos anos que nos separam do projeto iluminista de Kant, o processo de integração econômica, política e comunicacional entre as nações em muito se aprofundou, levando ao que se convencionou chamar de globalização, no final do segundo milênio"* (VIEIRA, Oscar Vilhena. *Globalização e Constituição Republicana.* In: CAMPILONGO, Celso (org.). *A Democracia Global em construção.* Rio de Janeiro: Lumen Juris, 2005, p. 25).

[512] Conforme enfatizado por Carlos Ari Sundfeld, *"os mercados de insumo, de consumo e financeiro têm, agora, a dimensão do mundo, com bens e capitais girando pelo Planeta sem fazer caso das fronteiras; a produção deixou de ser um processo local, tendo se transformado em um complexo de operações sem base territorial fixa (pensem na babélica montagem de automóveis, com autopeças imigradas de toda parte)"* (SUNDFELD, Carlos Ari. *Direito Administrativo para Céticos.* São Paulo: Malheiros, 2012, p. 185).

Assim, a globalização financeira dos mercados é apenas uma das consequências mais significativos de um processo amplo de globalização que traz impactos gerais no âmbito econômico, político, cultural, social, tecnológico e, também, financeiro,[513] o que traz repercussão evidente na eficácia da soberania interna dos Estados,[514] com influência relativa nas identidades nacionais.[515]

Em linhas gerais, a repercussão econômica do processo atual de globalização, resultante das "transformações instaladas pela terceira revolução industrial – revolução da informática, da microeletrônica e das telecomunicações – transformações que permitiram a sua reprodução como globalização financeira",[516] modificou, substancialmente, a realidade econômica mundial, o que, à evidência, provoca uma necessária reflexão sobre seus impactos nas instituições e processos políticos tradicionais, moldados segundo uma realidade econômica totalmente diferente da realidade contemporânea, em que, claramente, "a regulação dos mercados não se confina nos limites estatais".[517]

Vale dizer, a eficácia concreta de políticas públicas, até então relacionadas, preponderantemente, a decisões soberanas sobre questões políticas fundamentais internas dos Estados, com pretensões de controle institucional em prol da estabilidade social, passa a ser influenciada pelos movimentos

---

[513] AGUILLAR, Fernando Herren. *Direito econômico*: do direito nacional ao direito supranacional. 2. ed. São Paulo: Atlas, 2009, p. 59-60.

[514] Alguns autores rotulam esse fenômeno de "crise do Estado-Nação", no sentido de que *"as ideias de que um país deve ser governado por seus representantes nacionais, que o território nacional define a jurisdição da ação estatal, que as escolhas políticas devem ser tomadas independentemente da opinião que sobre elas tenham outros países ou instituições não têm mais pleno curso na sociedade contemporânea"* (SADDY, André. *Formas de Atuação e Intervenção do Estado Brasileiro na Economia.* Rio de Janeiro: Lumen Juris, 2011, p. 68).

[515] Cf. CARVALHO, José Murilo de. *Cidadania no Brasil*: o longo caminho. 15. ed. Rio de Janeiro: Civilização Brasileira, 2012, p. 13. A propósito da influência relativa nas identidades nacionais, deve-se frisar que isso não é necessariamente negativo se as práticas internacionais predominantes trazem melhores resultados sociais e, por isso, superam costumes provenientes de "identidades nacionais", além da evidência de que questões financeiras não traduzem particularidades sociais e culturais significativas.

[516] GRAU, Eros Roberto. *Op. Cit.*, p. 271.

[517] BAPTISTA, Patrícia. *Direito Administrativo* – Retrospectiva 2008: a crise econômica mundial e o papel da regulação estatal, os vinte anos da constitucionalização do direito administrativo no Brasil, a emergência do direito administrativo global e outras questões. Revista de Direito do Estado, nº 13, 2009, p. 37.

CAPÍTULO 2 – FUNDAMENTOS POLÍTICO-FILOSÓFICOS DE REGULAÇÃO FINANCEIRA

progressivos de globalização econômica dos mercados,[518] o que dá ensejo a um processo de modificação ou reavaliação de estratégias político-institucionais a respeito do modo pelo qual os Estados soberanos devem se posicionar para enfrentar o desafio posto por uma nova realidade financeira mundial.[519]

Há quem sustente que a globalização acarreta uma verdadeira "crise do Estado", entendida como a ineficácia da soberania interna em definir estratégias regulatórias tendo em vista a fragilidade da força coercitiva dos Estados no atual cenário internacional[520] para impor condicionamentos ou restrições aos *players* que atuam no sistema financeiro internacional.[521]

---

[518] Com a globalização financeira dos mercados, o desenho estrutural tradicional do Estado perde centralidade e exclusividade, cf. FARIA, José Eduardo. *Democracia sem Política? Estado e Mercado na Globalização Econômica*. In: CAMPILONGO, Celso (org.). *A Democracia Global em construção*. Rio de Janeiro: Lumen Juris, 2005, p. 109. Adicionalmente, é importante frisar que *"a progressiva afirmação de uma ordem internacional de tipo universal e global, tendo como expressão máxima as ideias de 'globalização', 'aldeia global' ou 'McDonaldização' da sociedade, determinando uma normatividade internacional cada vez mais 'desnacionalizada', isto no sentido de ser independente da vontade dos Estados, justifica que se afirme não ser hoje a legalidade administrativa uma simples realidade produzida no interior das fronteiras do Estado ou através de mecanismos dependentes da vontade ou do controlo do Estado"* (OTERO, Paulo. *Legalidade e Administração Pública*: O Sentido da Vinculação Administrativa à Juridicidade. Coimbra: Almedina, 2011, p. 150). Sobre o ponto, v. FRANCO, Gustavo. *O desafio brasileiro*: ensaios sobre desenvolvimento, globalização e moeda. São Paulo: 34, 1999, p. 155.

[519] As transformações causadas pela globalização reduzem a margem de liberdade dos Estados, mas, em contrapartida, incentivam iniciativas de cooperação em razão de uma interdependência maior entre eles. De acordo com André Saddy, *"isso caracteriza um Estado enquadrado, ou seja, um Estado atrelado a uma nova inter-relação internacional, que se desenvolve por meio de interações entre Estados para a constituição de sociedades internacionais, de uma ordem transnacional que se constitui progressivamente sobre o conceito de Estado-Nação (...) esse fortalecimento ou intensificação de laços de interdependência e solidariedade traz consigo o Estado englobado, no sentido de que a globalização empurrou as fronteiras nacionais para mais longe, criando um espaço ampliado de regulação, qual seja, a regionalização e o multilateralismo, visto como uma lógica, mas também como uma necessidade"* (SADDY, André. *Formas de Atuação e Intervenção do Estado Brasileiro na Economia*. Rio de Janeiro: Lumen Juris, 2011, p. 38-40).

[520] Ainda que haja controvérsia a respeito do protagonismo dos Estados no contexto contemporâneo de internacionalização econômica dos mercados, não há dúvidas de que, ao menos, não se pode afastar a tese que houve, no mínimo, uma transformação do papel do Estado, cf. SAUTER, Wolf; SCHEPEL, Harm. *State and Market in European Union Law*. Cambridge: Cambridge University Press, 2009, p. 19.

[521] Quanto ao ponto, Sabino Cassesse frisa que a globalização obriga os Estados a levar a sério a economia e o sistema financeiro global, na medida em que a comunidade financeira internacional – ou *Sociedade dos Povos* na linguagem de John Rawls – observa e se posiciona em

Além disso, a globalização financeira dos mercados favoreceu o crescimento acentuado da importância política dos organismos e fóruns internacionais instituídos para coordenar a cooperação regulatória internacional entre os Estados, haja vista o processo irreversível de globalização, com vistas a promover uma gestão regulatória compartilhada dos problemas que envolvem a internacionalização financeira dos mercados.

Não obstante, o processo de globalização é alvo de intensas críticas oriundas de diversas fontes, sobretudo fundadas na alegação de que os seus resultados trouxeram maiores desigualdades econômicas e sociais, sendo que tais resultados foram produzidos sem que houvesse a instituição de instâncias políticas internacionais de deliberação pública com legitimidade para decidir, de forma justa, sobre as questões políticas internacionais mais importantes, em respeito ao pluralismo e diversidade dos povos.[522] Ou seja, justiça distributiva e democracia deliberativa[523] são as razões essenciais que fundamentam as críticas à globalização.[524]

---

relação a cada país de acordo com a credibilidade das políticas financeiras domésticas implementadas, o que gera uma tendência de aderência ou adaptação da regulação dos países aos padrões aceitos internacionalmente. V. CASSESSE, Sabino. *La Crisis del Estado*. Trad. Pascual Caiella y Juan González Moras. Buenos Aires: Abeledo-Perrot, 2003, p. 64.

[522] Há uma crítica específica à globalização no sentido de que ela seria um fenômeno ilegítimo de imposição de valores morais ocidentais sobre o mundo. A respeito dessa alegação, Amartya Sen e Bernardo Kliksberg formulam uma resposta precisa nas seguintes passagens, *in verbis*: "Mas será que a globalização é mesmo uma nova maldição do Ocidente? Na verdade, ela nem é nova nem necessariamente ocidental; e não é nenhuma maldição (...) Essas inter-relações globais têm sido, com freqüência, muito produtivas no desenvolvimento de vários países (...) Rejeitar a globalização da ciência e da tecnologia porque ela representa a influência e o imperialismo ocidentais não apenas significa negligenciar as contribuições globais – vindas de várias partes do mundo – que estão solidamente por trás de toda ciência e tecnologia chamadas ocidentais, mas também é uma decisão bastante tola do ponto de vista prático, dada a extensão de quanto o mundo inteiro pode se beneficiar com o processo (...) Entender a globalização meramente como imperialismo de ideias e crenças ocidentais (como a retórica com freqüência tem sugerido) seria um erro grave e custoso, da mesma forma que o teria sido se a Europa tivesse resistido à influência oriental no início do milênio passado" (SEN, Amartya; KLIKSBERG, Bernardo. *As pessoas em primeiro lugar*: a ética do desenvolvimento e os problemas do mundo globalizado. São Paulo: Companhia das Letras, 2010, p. 18-22).

[523] No mesmo sentido, v. BATISTA, Patrícia. *Op. Cit.*, p. 38.

[524] Os debates sobre a globalização, muitas vezes, são improdutivos porque conduzidos segundo concepções ideológicas extremadas, que fogem às necessidades de ordem prática dos Estados para lidar com o aludido fenômeno, motivo pelo qual razões ideológicas não devem ser consideradas questões relevantes.

CAPÍTULO 2 – FUNDAMENTOS POLÍTICO-FILOSÓFICOS DE REGULAÇÃO FINANCEIRA

Em termos mais específicos, segundo Odete Medauar, podem ser enumeradas as seguintes consequências geradas pela globalização: (i) a interdependência dos países leva a um relativo esvaziamento da soberania e da autonomia nacional; (ii) o fenômeno da necessária participação internacional dos Estados na gestão global, com atuação nos diversos organismos e fóruns internacionais; (iii) a criação de blocos regionais como ato político de gestão comunitária de interesses; (iv) a internacionalização do direito, com tendências de harmonização para homogeneização;[525] (v) a ascensão do mercado; (vi) o aumento de desigualdades; e (vii) o enfraquecimento da democracia.[526] Conforme Celso Campilongo, soberania, democracia, direito, Estado e ordem internacional ganham novos contornos teóricos.[527]

---

[525] Em sentido mais amplo, a homogeneização não ocorrerá necessariamente, pois há um grande espaço distintivo dos países quanto a questões culturais e sociais. Nesse sentido, André Saddy defende que *"nesse novo cenário globalizado, passam a ser necessários novos mecanismos de regulação extraestatais, que passam a conviver com os tradicionais mecanismos de regulação intraestatais. A globalização inflinge profundo impacto no Estado, influenciando fortemente suas mudanças, mas, principalmente, a economia. No entanto, distintamente do que se possa superficialmente imaginar, ressalta-se que ela não conduz a uma homogeneização das sociedades e dos países, pois seu processo apresentará sempre resultados diversos segundo o contexto social, cultural, econômico e local de cada sociedade"* (SADDY, André. *Formas de Atuação e Intervenção do Estado Brasileiro na Economia*. Rio de Janeiro: Lumen Juris, 2011, p. 55). A despeito da concordância geral com essa posição, será defendido na presente obra que há uma tendência clara e positiva à harmonização para homogeneização de temas como a regulação financeira sistêmica.

[526] MEDAUAR, Odete. *O Direito Administrativo em evolução*. São Paulo: Malheiros, 2003, p. 94-96. Em outras palavras, com a limitação de capacidade decisória interna do Estado face à globalização, *"perde força o padrão normativo ditado pela imperatividade e impositividade típicas do Direito Positivo e seus mecanismos de controle coercitivos, os quais dão lugar a mecanismos de soft law, a vinculações de natureza obrigacional, a legislações produzidas no âmbito de organismos multilaterais e vinculantes dos atores econômicos, muito mais pela sua adequação ao jogo internacionalizado de mercado do que pelo receio das eventuais sanções advindas do seu descumprimento"* (MARQUES NETO, Floriano Peixoto de Azevedo. *Regulação Estatal e Interesses Públicos*. São Paulo: Malheiros, 2002, p. 112).

[527] CAMPILONGO, Celso Fernandes. *Op. Cit.*, p. 5. No mesmo sentido: SLAUGHTER, Anne-Marie. *Global Government Networks, Global Information Agencies, and Disaggregated Democracy*. Harvard Law School Public Law. Working Paper nº 18, p. 1. Adicionalmente, é importante fazer alusão à intensificação internacional da interação entre política e direito face à globalização, na medida em que a atuação política internacional do Estado, como partícipe na elaboração de diretrizes normativas internacionais, institui uma nova lógica no processo de construção de normas jurídicas, que serão submetidas, internamente, a um processo institucional de integração normativa. Vale dizer, organismos e fóruns internacionais intensificam o fenômeno da pluralidade de fontes normativas, conforme Diogo de Figueiredo Moreita Neto, *in verbis*: *"em razão dessas sucessivas mutações experimentadas pelo vetusto conceito de soberania, a ideia de um*

Tais consequências merecem comentários relativos à temática da regulação financeira sistêmica, salvo a preocupação concernente ao aumento de desigualdades – leia-se, justiça distributiva –,[528] eis que a distribuição equitativa da renda mundial constitui assunto profundamente complexo e controverso, bem como está mais ligado, diretamente, às decisões políticas internas sobre alocação e distribuição de recursos sociais, além de não possuir vínculo mais intenso com as principais questões regulatórias no âmbito financeiro aqui abordadas.[529]

Quanto ao processo de enfraquecimento da soberania interna dos Estados (item i), pode-se dizer que se trata de questão comum a todos eles face à realidade da globalização financeira, o que provoca uma tendência de necessária integração internacional, de modo que os custos e os benefícios resultantes da globalização devem ser discutidos, amplamente, pelos Estados, enquanto ato político-institucional de gestão dos impactos financeiros da globalização sobre as economias nacionais em organismos e fóruns internacionais (item ii),[530] com a criação facultativa de blocos comunitários para a institucionalização de ambientes deliberativos de discussão pública regional de assuntos comuns (item iii).

A propósito, deve-se afirmar que a perda relativa de soberania financeira dos Estados pode ser compensada por: (i) benefícios decorrentes do compartilhamento de experiências, informações e técnicas adotadas por outros Estados

---

direito exclusivamente produzido pelo Estado perdia vigência, bem como, a da velha ordem soberana, todo o seu sentido, ante insopitável pluralização das fontes normativas, estatais e transestatais, de um Direito que rapidamente se globaliza" (MOREIRA NETO, Diogo de Figueiredo. *Poder, direito e Estado*: o direito administrativo em tempos de globalização – in memoriam de Marcos Juruena Villela Souto. Belo Horizonte: Fórum, 2011, p. 28).
[528] Essa ressalva vai ao encontro da ideia de John Rawls segundo a qual o princípio da diferença, no âmbito internacional, é substituído, em termos normativos, por uma concepção política mais fraca, qual seja, o "dever de assistência". V. VITA, Álvaro. *O liberalismo igualitário*: sociedade democrática e justiça internacional. São Paulo: WMF Martins Fontes, 2008, p. 236.
[529] Essa é uma opinião pessoal, que adere à "utopia realista" de John Rawls, adiante explicada. Quanto ao tema, sabe-se que há vozes respeitáveis defensoras de tese de que a "estrutura básica da sociedade" internacional gera efeitos distributivos que contribuem para a desigualdade e a pobreza mundial, cf. VITA, Álvaro. *Op. Cit.*, p. 249.
[530] Um dos grandes efeitos da globalização é gerar deslocamentos dos centros de poder políticos, cf AGUILLAR, Fernando Herren. *Direito econômico*: do direito nacional ao direito supranacional. 2. ed. São Paulo: Atlas, 2009, p. 67.

CAPÍTULO 2 - FUNDAMENTOS POLÍTICO-FILOSÓFICOS DE REGULAÇÃO FINANCEIRA

para a solução de questões financeiras comuns, (ii) além de a uniformidade de entendimento internacional sobre diretrizes regulatórias financeiras enfraquecer, simultaneamente, (ii.1) impulsos domésticos de clientelismo político, (ii.2) condutas oportunistas político-eleitorais internas de curto prazo e (ii.3) demandas de setores econômicos nacionais interessados em obter privilégios estatais a partir de sua influência sobre os grupos e partidos políticos nacionais,[531] (iii) com ganhos substanciais para os Estados que não têm uma trajetória histórica consistente de estabilidade financeira,[532] (iv) sem prejuízo de a adesão nacional aos padrões regulatórios internacionais trazer maior confiança institucional de que o país está efetivamente comprometido e preparado para os desafios mundiais inerentes à globalização.[533]

Nada obstante, sem prejuízo das consequências negativas relacionadas a uma decisão de não engajamento internacional ou de não adesão cooperativa, os Estados mantêm sua autonomia política para justificar aos seus cidadãos, livres e iguais, enquanto ato de prestação pública de contas, os motivos pelos

---

[531] A participação em ambientes internacionais de regulação tende a gerar maior credibilidade e fortalecer a autonomia dos reguladores no sentido de resistir a pressões políticas internas inoportunas, cf. FONSECA, João Bosco Leopoldino da. *Direito Econômico*. Rio de Janeiro: Forense, p. 221-222.

[532] Quanto ao ponto, vale reafirmar o que já foi dito, no início do capítulo, no que diz respeito ao fato de que países com instabilidade financeira, geralmente, são politicamente instáveis e não são transparentes. Nesse sentido, processos regulatórios internacionais reforçam a transparência e a legitimidade dos processos regulatórios, particularmente em países onde as elites são aptas a bloquear iniciativas voltadas à transparência regulatória, cf. POTO, Margherita. *The Supervisory Authorities of the Financial Sector*. In: MARTÍNEZ, Aurilivi Linares; SADDY, André (coord.). *Estudos sobre Regulação e Crises dos Mercados Financeiros*. Rio de Janeiro: Lumen Juris, 2011, p. 186.

[533] O sistema financeiro é instável por natureza e a confiança é elemento essencial para o exercício da livre iniciativa econômica no mercado financeiro. Se é intuitivo que a confiança tende a ser maior em relação ao que se conhece, no sentido de que se compreeende "*melhor a própria economia e o comportamento de seus agentes que a economia de países estrangeiros*" (WOLF, Martin. *A reconstrução do sistema financeiro global*. Trad. Afonso Celso da Cunha. Rio de Janeiro: Elsevier, 2009, p. 28), o progresso no processo de uniformização da regulação financeira internacional traz consequências sistêmicas positivas na medida em que se dá mais previsibilidade e segurança ao funcionamento da integridade do sistema financeiro mundial. Um exemplo claro desse fenômeno, no Brasil, é a quantidade significativa de investimentos estrangeiros diretos que ingressam no país nos últimos anos devido à percepção de que se está em um ambiente relativamente seguro e confiável em termos de estabilidade financeira.

quais, eventualmente, não adotaram as diretrizes ou recomendações internacionais com algum substrato financeiro.

Logo, diretrizes normativas sem caráter vinculante (*soft law*) ou recomendações internacionais podem orientar – mas não determinar – a estruturação regulatória financeira dos países sob o aspecto institucional e normativo.[534]

Em outras palavras, os Estados ainda são os protagonistas da própria história econômica,[535] embora, atualmente, estejam imersos em um ambiente de integração financeira internacional com alta intensidade, em razão do que devem adaptar suas estratégias regulatórias à realidade posta pela globalização, enquanto atitude política inclusiva e cooperativa, sem o que os Estados perdem credibilidade internacional caso suas políticas domésticas se afastem, em demasia, das diretrizes normativas internacionais sobre questões compartilhadas,[536] o que pode trazer perdas econômicas inestimáveis.[537]

Dito de outro modo, trata-se do paradoxo da globalização,[538] entendido como a ocorrência simultânea de duas forças aparentemente antagônicas, quais sejam, o fato de que, por um lado, "os Estados perderam força face

---

[534] Quanto ao ponto, o mais importante é dizer que a legalidade administrativa deve estar aberta a fontes normativas externas, cf. OTERO, Paulo. *Legalidade e Administração Pública*: O Sentido da Vinculação Administrativa à Juridicidade. Coimbra: Almedina, 2011, p. 152.

[535] Essa é a tese majoritária nas principais escolas que estudam o fenômeno da globalização, cf. CASSESSE, Sabino. *La Crisis del Estado*. Trad. Pascual Caiella y Juan González Moras. Buenos Aires: Abeledo-Perrot, 2003, p. 42.

[536] Nesse sentido, a globalização impõe a implementação de reformas institucionais internas aos países com impactos na estrutura regulatória para o sistema financeiro. Isso gera, em termos globais, estruturas regulatórias financeiras mais homogêneas, pois as principais questões financeiras referentes à globalização constituem questões comuns compartilháveis pelos Estados, daí ser correto dizer, conforme Carlos Ari Sundfeld, que *"o fenômeno da globalização supõe a abdicação pelos Estados, em alguma medida, justamente do direito à livre escolha de seu sistema econômico, pois não devem mais existir sistemas econômicos nacionais, e sim um sistema mais homogêneo, com toques nacionais"* (SUNDFELD, Carlos Ari. *Direito Administrativo para Céticos*. São Paulo: Malheiros, 2012, p. 186).

[537] Em termos concretos, no caso de perda de confiança decorrente de demonstrações de baixa adesão cooperativa no âmbito internacional, o país perde atratividade para investimentos estrangeiros diretos e sua pior avaliação internacional, normalmente, acarreta em aumentos nos custos de captação em emissões de dívida pública externa pública ou privada. V. GARCIA, Julio V. González. *De La Administración Soberana del Estado Nacional a La Administración del Marco Supraestatal Difuso*. In: SADDY, André (coord.). Direito Público Econômico Supranacional. Rio de Janeiro: Lumen Juris, 2009, p. 8.

[538] A expressão "paradoxo da globalização" é da autoria de Celso Campilongo.

a condicionamentos políticos que escapam de seus controles (sistema financeiro internacional, dívidas externas, fluxos de comércio mundial, sistema de produção globalizado etc.)",[539] o que impõe, por outro lado, atitudes políticas "fortes o suficiente para implementar reformas que os ajustem às necessidades da nova economia",[540] com reflexos institucionais importantes na estrutura de regulação financeira interna exercida pela Administração Pública,[541] o que afasta alegações genéricas no sentido de que " a globalização tenha transformado os Estados, a democracia e os direitos em estruturas políticas e jurídicas descartáveis".[542]

No mesmo sentido, pode-se afirmar que a internacionalização da regulação financeira sistêmica, com tendências de harmonização para homogeneização (item iv) resulta, simplesmente, da constatação de que há questões comuns compartilhadas por todos os Estados sobre a mesma preocupação referente à estruturação de uma regulação financeira sistêmica eficiente, apta a gerar um ambiente institucional justo de estabilidade financeira sustentável ao longo do tempo no âmbito internacional.

Com efeito, essa preocupação deve dar ensejo ao desenho de instituições de integração internacional destinadas à troca de experiências, informações e técnicas com vistas à construção de consensos mínimos acerca de diretrizes normativas para uma atuação regulatória eficaz sobre o sistema financeiro, com o propósito de evitar condutas financeiras oportunistas instabilizantes

---

[539] CAMPILONGO, Celso Fernandes. *Op. Cit.*, p. 9.
[540] CAMPILONGO, Celso Fernandes. *Op. Cit.*, p. 9.
[541] Cf. GARCIA, Julio V. González. *De La Administración Soberana del Estado Nacional a La Administración del Marco Supraestatal Difuso*. In: SADDY, André (coord.). Direito Público Econômico Supranacional. Rio de Janeiro: Lumen Juris, 2009, p. 4. Em termos institucionais, a globalização provoca uma necessária transformação e reavaliação do Direito Administrativo tradicional, tendo em vista a *"mundialização da economia e a evolução tecnológica como fatores de transformação da produção e de articulação dos poderes levando, consequentemente, à articulação das fontes de produção do Direito (...) O Estado passa de gestor a regulador, buscando estruturas mais flexíveis de atuação, embora continue com o privilégio e com o controle, ainda que, por diversas vezes, a ordem interna, outrora soberana, tenha que se conciliar com os novos parceiros e grupos econômicos (ou seja, com o direito comunitário e com o direito internacional), num fenômeno de Integração, examinado por António Covas ou de pluralismo e convergência, estudado por Gérard Marcou"* (SOUTO, Marcos Juruena Villela. *Direito Administrativo Regulatório*. 2. ed. Rio de Janeiro: Lumen Juris, 2005, p. 19-20).
[542] Cf. CAMPILONGO, Celso Fernandes. *Op. Cit.*, p. 10.

– os casos de arbitragem ou evasão regulatória são exemplos claros disso[543] –, o que será objeto de deliberação democrática em cada país para fins de adaptação regulatória às peculiaridades de cada Estado.

Por fim, deve-se enfrentar a questão mais tormentosa em relação à globalização financeira, qual seja, a alegação de que os grandes *players* mundiais do mercado financeiro se apropriaram de um ambiente internacional sem limites para obter benefícios financeiros em detrimento dos Estados e, consequentemente, das pessoas (item v), aproveitando-se da falta de coordenação política dos países e de um contexto global frágil em termos de democracia deliberativa (item vii).

À evidência, a globalização econômica e financeira dos mercados mostrou-se um processo social muito mais rápido e dinâmico do que as iniciativas tomadas para a construção institucional de uma "globalização política" capaz de coordenar os diversos interesses internacionais existentes. Conforme ressalta Joseph Stiglitz, "a globalização econômica foi mais rápida do que a globalização política".[544]

Vale dizer, a apropriação intensa do mercado internacional pelos agentes e instituições financeiras deveu-se, basicamente, à ineficiência, incapacidade, falta de consenso ou ausência de interesse político dos países em criar e desenvolver ambientes institucionais de diálogo internacional mais coesos e transparentes para lidar com os problemas comuns enfrentados por todos os países nesse novo cenário mundial, o que é agravado pela lentidão própria dos mecanismos tradicionais de deliberação política.[545]

---

[543] Na omissão de estratégias regulatórias cooperativas efetivas no âmbito internacional, os *players* financeiros mundiais podem adotar posturas econômicas de arbitragem ou evasão regulatória, com a migração para países mais favoráveis ou menos regulados, sendo ainda possível cogitar da utilização de "paraísos fiscais", de modo que, em linhas gerais, *"sem uma troca regular e completa de informações, as autoridades competentes de um país não sabem o que ou quem está fugindo da sua rede de proteção"* (STIGLITZ, Joseph E. O mundo em queda livre: Os Estados Unidos, o mercado livre e o naufrágio da economia mundial. Trad. José Viegas Filho. São Paulo: Companhia das Letras, 2010, p. 314).
[544] STIGLITZ, Joseph E. *Globalização*: como dar certo. Trad. Pedro Maia Soares. São Paulo: Companhia das Letras, 2007, p. 85.
[545] Conforme expõe José Eduardo Faria, *"na economia globalizada, quanto mais o tempo real se sobrepõe ao tempo diferido, pior para a política. Na medida em que implica debates, consultas, eleições e deliberações, a política necessita de prazos médio e longo para atuar (...) Por serem intrinsecamente lentos, os processos legislativo e judicial naturalmente elevam os custos das transações, reduzem competitividade e podem acarretar prejuízos vultosos (do ponto de vista da lógica da acumulação). Além disso, muitas*

CAPÍTULO 2 - FUNDAMENTOS POLÍTICO-FILOSÓFICOS DE REGULAÇÃO FINANCEIRA

Assim, a expansão dos mercados financeiras pede, em contrapartida, sem perder-se de vista o direito geral *prima facie* de liberdade econômica no âmbito internacional, o desenho institucional de organismos e fóruns internacionais democráticos, dinâmicos e confiáveis para conduzir um processo institucional voltado à coordenação e o estabelecimento de diretrizes claras de ação coletiva regulatória internacional no âmbito financeiro, a fim de explorar possibilidades de formação de consensos sobre questões financeiras mundiais importantes. Riscos de arbitragem regulatória e de captura, nesse sentido, não podem ser negligenciados.[546]

Esse é um grande desafio a ser enfrentando pela comunidade internacional, que deve buscar o progresso da regulação financeira internacional, com a priorização de ambientes institucionais de deliberação mais inclusivos e pautados pela ideal de razão pública, enquanto diretriz de harmonização regulatória de reforço à cooperação mundial nas redes institucionais globais de regulação financeira sistêmica.[547]

vezes também são inócuos, pois a jurisdição dos Parlamentos e dos tribunais, circunscrita à fronteiras territoriais, não alcança um sistema econômico-financeiro desterritorializado e policêntrico" (FARIA, José Eduardo. *Democracia sem Política? Estado e Mercado na Globalização Econômica.* In: CAMPILONGO, Celso (org.). *A Democracia Global em construção. Rio de Janeiro*: Lumen Juris, 2005, p. 105-106). Com efeito, esse é o motivo pelo qual a responsabilidade pela condução das iniciativas e aspirações de cooperação regulatória internacional é do Chefe de governo do país, mas cuja representação, em regra, é feita pelos Ministros responsáveis pela regulação financeira sistêmica do país, quais sejam, o Ministro da Fazenda ou o Presidente do Banco Central.

[546] Segundo preconizado por Luís Guilherme Catarino: *"a inexistência de um espaço global normativamente harmonizado (level playing field) leva a fenômenos de arbitragem entre reguladores com criação de normas nacionais menos exigentes para atrair empresas mas sobretudo à sua procura pelos investidores (fórum shopping). (...) Tal como a networking economy também a netowrk regulation acarreta o perigo de captura internacional dos reguladores, pois, sob pena de ficarem excluídos das organizações transnacionais ou das comunidades epistemológicas fortes (e das respectivas regras, práticas e padrões de conduta), podem bem acabar conduzidos e instruídos por estas"* (CATARINO, Luis Guilherme. *Regulação e Supervisão dos Mercados de Instrumentos Financeiros*: Fundamento e Limites do Governo e Jurisdição das Autoridades Independentes. Coimbra: Almedina, 2010, p. 41-42). Em síntese, sobre os benefícios relativos à constituição de redes globais para a regulação financeira sistêmica dos mercados, é importante frisar que *"elas permitem uma convergência no tráfico internacional, evitam 'falhas regulatórias' e a 'arbitragem regulatória' – actividade que os operadores do mercado desenvolvem por forma a seleccionar o melhor ambiente regulatório para determinado investimento ou empresa"* (CATARINO, Luis Guilherme. *Op. Cit.*, p. 49).

[547] O ideal de razão pública no âmbito internacional é o elemento essencial de transparência informacional destinado ao estímulo legítimo à cooperação entre os países nos ambientes internacionais de deliberação, constituídos em redes.

Quanto ao ponto, é verdade que os principais impulsos destinados à instituição de organismos internacionais, com propósitos de padronização da regulação financeira internacional, originaram-se dos países economicamente mais fortes e avançados, mediante a constituição de "clubes de ministros"[548] de países ricos para a deliberação de questões regulatórias comuns, em razão do que, em certa medida, suas preocupações conjunturais específicas foram priorizadas na pauta deliberativa e, por isso, "moldaram a globalização para promover seus interesses próprios, o que não surpreende".[549] Quanto ao ponto, os riscos do unilateralismo[550] e do déficit democrático de instituições internacionais pouco inclusivas não podem ser menosprezados.

Dito isso, observa-se algum ceticismo acerca das possibilidades de criação e desenvolvimento de instituições internacionais capazes de conduzir um processo progressivo de "governança global"[551] que seria apto a garantir, simultaneamente, maior transparência, participação deliberativa e prestação pública de contas (*accountability*), além de assegurar que as deliberações sejam, efetivamente, cumpridas pelos Estados participantes,[552] o que representaria

---

[548] A expressão "clube de ministros" é de Anne-Marie Slaughter, para quem esse modelo deliberativo institucional é eficiente ao propósito de estimular a negociação de termos justos de cooperação entre poucas pessoas ligadas por interesses institucionais comuns, com sujeição posterior dos termos ajustados ao Poder Legislativo e à sociedade civil nacional dos respectivos países (SLAUGHTER, Anne-Marie. *Global Government Networks, Global Information Agencies, and Disaggregated Democracy*. Harvard Law School Public Law. Working Paper nº 18, p. 11).

[549] STIGLITZ, Joseph E. *Globalização*: como dar certo. Trad. Pedro Maia Soares. São Paulo: Companhia das Letras, 2007, p. 63.

[550] Para alguns autores, o unilateralismo associado à assimetria real de poderes dos Estados é um fator de impacto na cooperação regulatória internacional. Segundo Reinaldo Gonçalves, "*o processo de globalização é, sem dúvida alguma, levado a um sistema mais complexo de interdependência entre economias nacionais. Entretanto, esse sistema complexo de interdependências continua significativamente assimétrico, de tal forma que se pode falar de 'vulnerabilidade unilateral' por parte da grande maioria de países do mundo, que têm uma capacidade mínima de repercussão em escala mundial*" (GONÇALVES, Reinaldo. *O nó econômico*. Rio de Janeiro: Record, 2003, p. 35).

[551] Segundo Celso Campilongo, devido às dificuldades de articulação política, jurídica e econômica no âmbito global, "*as organizações internacionais, ainda que apresentem consideráveis ganhos de espaços e constituam importantes agências de decisão, não estão habilitadas para nada parecido com uma 'governança global'*". (CAMPILONGO, Celso Fernandes. *Op. Cit.*, p. 10).

[552] Em linhas gerais, essa é a pauta de reformas institucionais preconizada por Joseph Stiglitz para as organizações e fóruns internacionais, cf. STIGLITZ, Joseph E. *Op. Cit.*, p. 429-430.

CAPÍTULO 2 – FUNDAMENTOS POLÍTICO-FILOSÓFICOS DE REGULAÇÃO FINANCEIRA

algo próximo à ideia de democracia deliberativa global,[553] sem a necessidade de esperar pela institucionalização de um improvável ou utópico "Estado Global".[554]

Ante o exposto, evidencia-se a pertinência do *Direito dos Povos*[555] de John Rawls para o estudo dos limites e possibilidades da razão pública na integração financeira internacional dos Estados, enquanto "utopia realista"[556] voltada a explorar as potencialidades dos resultados possíveis da cooperação entre *povos* bem ordenados,[557] com razoável proximidade política aos ideais das democracias constitucionais.[558]

---

[553] À evidência, a noção de que a democracia se restringe a procedimentos eletivos de preenchimento de cargos políticos já está ultrapassada há muito tempo. As necessidades contemporâneas prezam, acima de tudo, pela participação ampla nos processos públicos de deliberação e pela transparência procedimental/substantiva quanto aos resultados de políticas públicas. Conforme sustentato por Amartya Sen: *"A democracia, Rawls nos ensinou, tem de ser vista não apenas em termos de cédulas e votos – por mais importantes que sejam –, mas primariamente em termos de 'racionalidade pública', inclusive a oportunidade para discussão pública e também como participação interativa e encontro racional. A democracia deve incluir, invocando uma frase de John Stuart Mill, um 'governo através da discussão', De fato, eleição e votos são parte desse amplo processo público. No campo da política, Rawls afirmou que a objetividade exige 'uma estrutura pública de pensamento' que proporcione uma visão de concordância de julgamento entre agentes racionais. A racionalidade requer que os indivíduos tenham a vontade política de ir além dos limites de seus próprios interesses específicos. Mas ela também impõe exigências sociais para ajudar um discernimento justo, inclusive o acesso à informação relevante, a oportunidade de ouvir pontos de vista variados e exposição a discussões e debates públicos abertos. Em sua busca de objetividade política, a democracia tem de tomar a forma de uma racionalidade pública construtiva e eficaz"* (SEN, Amartya; KLIKSBERG, Bernardo. *Op. Cit.*, p. 54).

[554] Cf. SEN, Amartya; KLIKSBERG, Bernardo. *Op. Cit.*, p. 62-63. Dito de outra forma, é possível afirmar que o "Estado Global" não deve ser desejado ou esperado. V. ANDRADE, Rogério Emílio de. *Direito Homogêneo*: mercado global, administração nacional e o processo de harmonização jurídica. Belo Horizonte: Fórum, 2011, p. 36.

[555] O autor prefere a designação "povos" ao invés de "Estados". Segundo John Rawls, o *Direito dos Povos* significa uma concepção particular de princípios políticos para regular a relação mútua de povos no âmbito internacional, entendido o *Direitos dos Povos* como derivação do tradicional *jus gentium*, em que os povos democráticos são considerados como atores da Sociedade dos Povos, assim como os cidadãos são os atores políticos na esfera nacional. V. RAWLS, John. *O direito dos povos*. São Paulo: Martins Fontes, 2004, p. 30. Como o debate regulatório sobre relações financeiras mundiais se travam entre Estados, o texto utilizará, para fins de simplificação, "Estados".

[556] RAWLS, John. *Op. Cit.*, p. 4.

[557] John Rawls inclui na noção de "povos bem ordenados" os povos liberais e decentes, porquanto institucionalmente capazes de chegar a consensos sobre formas justas de cooperação política, econômica e social. A propósito, o presente trabalho adotará uma concepção fraca

Dessa forma, pretende-se, a partir do limite da "utopia realista", dar conteúdo a uma razão prática internacional, pautada pelo ideal de razão pública, capaz de estimular, institucionalmente, a busca de possibilidades práticas de consenso internacional sobre temas regulatórios importantes, notadamente através de mecanismos institucionais para divulgação de recomendações ou produção de *soft law*.[559]

Entende-se a *Sociedade dos Povos* como uma "utopia realista" porque o ambiente internacional é marcado por intensas divergências ou controvérsias políticas, segundo uma lógica conflitiva clara de luta e afirmação de poder, o que não impede, por outro lado, o debate internacional sobre assuntos comuns às relações mútuas entre os Estados, com potencial para a construção de consensos mínimos regulatórios em organismos e fóruns internacionais, haja vista o relacionamento mútuo e necessário entre os Estados perante o sistema financeiro global. Em outras palavras, "a filosofia política é realisticamente

---

de "povos bem ordenados", a fim de incluir, o máximo possível, todos os "tipos" de Estados na construção integrada de uma regulação financeira sistêmica global adequadamente alicerçada em razões públicas, até porque John Rawls defende a possibilidade de aplicação, a povos não liberais, do *Direito dos Povos*, enquanto atitude de igual respeito e consideração, a partir do exemplo do Estado fictício "Casanistão" explorado na parte II da obra (V. RAWLS, John. *Op. Cit.*, p. 78-79). Não obstante, faz-se menção à classificação feita por John Rawls, que apresenta cinco tipos de sociedades nacionais. Enquanto (i) povos liberais e (ii) povos decentes são considerados "povos bem-ordenados", os demais são: (iii) Estados fora da lei, que não concordam com um Direito dos Povos razoável; (iv) sociedades sob o ônus de condições desfavoráveis, nas quais as circunstâncias impedem um regime bem-ordenado; e (v) sociedades com absolutismos benevolentes (RAWLS, John. *Op. Cit.*, p. 5).

[558] Conforme Álvaro de Vita, *"o conteúdo do Direito dos Povos é muito semelhante a uma visão tradicional do direito internacional, organizada em torno do princípio da soberania estatal e temperada pelo banimento da guerra de agressão e por uma noção bastante minimalista de direitos humanos. É particularmente digna de nota a ausência de um princípio igualitário de justiça distributiva análogo ao 'princípio da diferença' – segundo o qual as desigualdades distributivas só são moralmente justificáveis quando se estabelecem para o máximo benefício possível daqueles que estão na posição social mais desfavorável –, que desempenha um papel tão proeminente na concepção de justiça de Rawls no caso doméstico"* (VITA, Álvaro. *O liberalismo igualitário*: sociedade democrática e justiça internacional. São Paulo: WMF Martins Fontes, 2008, p. 235).

[559] O *soft law* como fonte normativa é uma realidade que se inicia no século XX no âmbito do Direito Internacional e se intensifica no Direito Econômico Supranacional ao longo dos anos, cf. SARMIENTO, Daniel. *El Soft Law Administrativo*: Um estudio de los efectos jurídicos de las normas no vinculantes de La Administración. Madrid: Thomson Civitas, 2007, p. 76-80, *passim*.

CAPÍTULO 2 – FUNDAMENTOS POLÍTICO-FILOSÓFICOS DE REGULAÇÃO FINANCEIRA

utópica quando expande aquilo em que geralmente se pensa como os limites da possibilidade política prática".[560]

Isto é, existe uma pretensão política de busca, ainda que limitada, de acertamento de conteúdos mínimos de cooperação normativa entre Estados, que percebem a necessidade institucional de construção conjunta de soluções para os problemas compartilhados por todos no sistema financeiro mundial, especificamente com vistas ao ideal de estabilidade financeira sustentável ao longo do tempo, o que se propõe através da extensão dos princípios do *Liberalismo Político* ao âmbito internacional, em atenção à diversidade e o fato da pluralidade de Estados razoáveis[561] envolvidos nos grandes temas relativos à arquitetura institucional e normativa para o sistema financeiro mundial.

Com efeito, o objeto do *Direitos dos Povos* de John Rawls subsiste com pretensões políticas de aplicação às instituições, vale dizer, sustenta-se a possibilidade de adoção de uma concepção política internacional razoavelmente justa, respeitada a ideia de "utopia realista", aplicável às instituições internacionais, nas quais devem ser criados e desenvolvidos ambientes liberais de democracia deliberativa funcionais ao propósito cooperativo de acertamento de termos consensuais justos de regulação internacional, a fim de perseguir a estabilidade global pelas razões certas – não como mero *modus vivendi*.[562]

Assim sendo, o ideal de razão pública, à semelhança do que ocorre no plano interno, assume a função de servir como padrão argumentativo compartilhado de justificação da racionalidade e razoabilidade das decisões políticas internacionais, atendido o critério da reciprocidade[563] e respeitada a "utopia realista".

Dito de outra forma, "como cidadãos razoáveis na sociedade nacional oferecem-se para cooperar em termos imparciais com outros cidadãos, os povos liberais (ou decentes) (razoáveis) oferecem termos de cooperação justos a outros povos",[564] dentro dos limites postos pela "utopia realista" e confor-

---

[560] RAWLS, John. *O direito dos povos*. São Paulo: Martins Fontes, 2004, p. 6.
[561] A diversidade de Estados razoáveis consubstancia o fato do pluralismo razoável no plano internacional (RAWLS, John. *Op. Cit.*, p. 15).
[562] RAWLS, John. *Op. Cit.*, p. 23-25.
[563] Segundo John Rawls, o critério da reciprocidade é aplicável ao *Direito dos Povos* da mesma maneira que se aplica na esfera nacional (RAWLS, John. *Op. Cit.*, p. 45).
[564] RAWLS, John. *Op. Cit.*, p. 33. Em outras palavras, *"esse senso razoável de devido respeito, conferido de boa vontade a outros povos razoáveis, é um elemento essencial da ideia de povos que estão*

me os princípios tradicionais de justiça entre povos livres e democráticos,[565] em organizações mutuamente benéficas e abertas, em que a confiança e a fidelidade ao *Direitos dos Povos* são elementos essenciais à consolidação da estabilidade pelas razões certas,[566] já que as decisões políticas internacionais não têm caráter coercitivo formal, haja vista a soberania dos Estados.

Logo, a crença na deliberação pautada em razões públicas no âmbito internacional é o que move o *Direito dos Povos*, baseada na expectativa de construção de consensos cooperativos para a tomada de decisão sobre questões internacionais importantes pertinentes às relações mútuas entre os Estados, considerados livres e iguais, em respeito ao critério da reciprocidade.

Pois bem, transportado o ideal de razão pública ao âmbito da regulação financeira sistêmica internacional, nota-se, de início, uma dificuldade institucional antecente clara, qual seja, a existência de diversos organismos e fóruns internacionais cujos objetos institucionais estão, às vezes, superpostos ou se referem a questões específicas dentro do grande espectro de questões importantes relacionadas ao tema, o que se explica, em parte, por exemplo, pela complexidade a respeito do que seja "banco",[567] bem como pela difícil tarefa de definir, com exatidão, os limites de atuação de cada tipo

---

satisfeitos com o status quo pelas razões certas. É compatível com a cooperação contínua entre eles ao longo do tempo e com a aceitação mútua e a adesão ao Direito dos Povos" (RAWLS, John. *Op. Cit.*, p. 45).

[565] Segundo John Rawls, em sentido amplo, os princípios tradicionais de justiça entre povos livres e democráticos são os seguintes: (i) os povos são livres e independentes, de modo que a sua liberdade e independência devem ser respeitadas por outros povos; (ii) os povos devem observar tratados e compromissos; (iii) os povos são iguais e são partes em acordos que os obrigam; (iv) os povos sujeitam-se ao dever de não-intervenção; (v) os povos têm o direito de autodefesa, mas nenhum direito de instigar a guerra por outras razões que não a autodefesa; (vi) os povos devem honrar os direitos humanos; (vii) os povos devem observar certas restrições especificadas na conduta da guerra; e (viii) os povos têm o dever de assistir a outros povos em condições desfavoráveis que os impeçam de ter um regime político e social justo ou decente. V. RAWLS, John. *Op. Cit.*, p. 47-48.

[566] RAWLS, John. *Op. Cit.*, p. 55-58.

[567] A despeito da definição clássica do que é e faz um banco, conforme explicado no primeiro capítulo quando se tratou do "esquema financeiro básico", há uma tendência clara, hoje, no sentido de se dar importância à noção de "banco universal", a fim de lidar, de forma adequada, com o fenômeno dos conglomerados financeiros e evitar a arbitragem regulatória entre segmentos financeiros. V. LASTRA, Rosa Maria. *Banco Central e regulamentação bancária*. Belo Horizonte: Livraria Del Rey, 2000, p. 130.

CAPÍTULO 2 – FUNDAMENTOS POLÍTICO-FILOSÓFICOS DE REGULAÇÃO FINANCEIRA

de intermediário financeiro em um sistema financeiro global e conglomeralizado.[568]

Esse fenômeno institucional, próprio da tentativa de criação de uma estrutura de governança global, externa-se através da associação informal[569] de organizações e fóruns internacionais através de redes globais de governo ("*government networks*").[570]

Em outras palavras, devido à descoordenação formal entre organismos internacionais, as redes globais de governo[571] se interligam através de conexões informais,[572] a fim de promover a interação internacional na busca de consensos mínimos sobre padrões regulatórios entre países, em processo que foi acentuado em concomitância com o início da globalização econômica dos mercados.

---

[568] Conforme enfatizado por Rosa Maria Lastra, "*os limites nebulosos entre os vários tipos de intermediários financeiros implicam a necessidade de uma cooperação mais próxima entre as diferentes autoridades reguladoras no nível internacional, supervisores bancários, reguladores do mercado de títulos e supervisores de seguros, de forma a atingir um campo equilibrado para atuarem em um novo ambiente competitivo de grupos financeiros complexos, assegurando a solvência das instituições envolvidas*" (LASTRA, Rosa Maria. *Op. Cit.*, p. 132).

[569] Embora formalmente descoordenados, há uma tendência clara de alinhamento institucional informal das redes globais de governo, com vistas a dar ordem e coerência institucional para o desempenho adequado de suas funções de coordenação coletiva.

[570] A definição de redes globais de governo pode ser sintetizada na ideia de que Ministros de diversos países se reúnem para trocar de experiências, informações e técnicas, com propósitos de coordenar, de forma mais adequada, as políticas públicas nacionais para a construção de soluções regulatórias às questões trazidas pela globalização, sem prejuízo de trabalhar, conjuntamente com os demais Ministros dos outros países, na solução de problemas internacionais comuns. Assim, conforme Anne-Marie Slaughter, as redes globais de governo constituem um objeto institucional interessante, ao possibilitar que diversos Estados atuem cooperativamente para resolver problemas comuns sem a burocratização própria das instituições nacionais, cf. SLAUGHTER, Anne-Marie. *Global Government Networks, Global Information Agencies, and Disaggregated Democracy*. Harvard Law School Public Law. Working Paper nº 18, p. 2-3.

[571] A título ilustrativo, o *Basel Committee on Banking Supervision* é considerado um exemplo de rede global de governo que fomenta a participação cooperativa internacional na produção de diretrizes regulatórias transnacionais em redes, composto por um clube de Presidentes de Bancos Centrais, cf. POTO, Margherita. *The Supervisory Authorities of the Financial Sector*. In: MARTÍNEZ, Aurilivi Linares; SADDY, André (coord.). *Estudos sobre Regulação e Crises dos Mercados Financeiros*. Rio de Janeiro: Lumen Juris, 2011, p. 185. Maiores detalhes serão trazidos no tópico referente ao Banco de Compensações Internacionais (BIS).

[572] As redes globais de governo são informais, o que não impede a realização sistemática de acordos formais de parceria para a deliberação regulatória sobre assuntos comuns.

As pretensões das redes globais de governo são relevantes, pois a *global governance* almeja transportar, ainda que parcialmente, a execução do exercício legítimo da atividade de elaboração política de diretrizes normativas dos Estados às instituições internacionais, em um âmbito cooperativo de resolução de questões regulatórias financeiras comuns a todos, o que gera tendências de harmonização para homogeneização com benefícios universalizáveis.[573]

Pelo fato de a estabilidade financeira sustentável ao longo do tempo se revelar uma temática com objetivos institucionais regulatórios similares em todos os Estados, facilita-se um reconhecimento mútuo de que "as especificidades regulatórias de cada país não são tão gritantes e não são provenientes de conceitos distintos de justiça",[574] em prol de resultados deliberativos minimanente consensuais quanto às melhores técnicas regulatórias para alcançar os objetivos regulatórios comuns.

Em suma, tem-se a construção de um arcabouço internacional institucional formado a partir de redes globais de governo, em que são produzidas diretrizes regulatórias através da formulação de documentos com *guidelines*, enquanto resultado normativo da coordenação coletiva dos esforços cooperativos feitos em prol da harmonização para homogeneização das práticas regulatórias internacionais.

Esse movimento institucional com propósitos regulatórios gera questionamentos a respeito da existência de um Direito Global, que, aplicável à regulação financeira sistêmica, poderia ser considerado um Direito Administrativo Global, com força coercitiva para vincular os Estados, em algum grau, aos resultados das deliberações internacionais sobre as melhores diretrizes financeiras regulatórias.[575]

---

[573] Conforme preconizado por Rogério Emílo de Andrade, estratégias internacionais de cooperação regulatória são *"um bom instrumento de política pública tanto para os países desenvolvidos, quanto para os países em desenvolvimento que procuram participar do processo regulatório global e precisam reforçar sua capacidade de governança doméstica"* (ANDRADE, Rogério Emílio de. *Direito Homogêneo*: mercado global, administração nacional e o processo de harmonização jurídica. Belo Horizonte: Fórum, 2011, p. 14).

[574] ANDRADE, Rogério Emílio de. *Op. Cit.*, p. 35.

[575] André Saddy narra a existência de controvérsia na Europa Continental sobre a existência de um Direito Administrativo Global, prevalecendo o entendimento de que é cedo para se afirmar a sua existência, cf. SADDY, André. *Formas de Atuação e Intervenção do Estado Brasileiro na Economia*. Rio de Janeiro: Lumen Juris, 2011, p. 44-45.

CAPÍTULO 2 – FUNDAMENTOS POLÍTICO-FILOSÓFICOS DE REGULAÇÃO FINANCEIRA

Ora, segundo já frisado, tais deliberações internacionais não integram as fontes normativas formais dos países no mundo, notadamente em democracias constitucionais, nas quais a legitimação do poder político é exercida, basicamente, pela atuação política interna dos Poderes do Estado segundo a Constituição, os quais assumem responsabilidade política pelas suas decisões em relação aos cidadãos.

Logo, por um lado, o Direito Administrativo Global, formalmente, pode ser tido por muito débil[576], eis que não reconhecido como fonte normativa primária pelas Constituições, como ocorre, por exemplo, na Constituição brasileira. Vale dizer, a princípio, o *soft law* e as recomendações oriundas de instâncias regulatórias internacionais estariam cingidas à esfera política, sem capacidade normativa de agregação obrigatória no âmbito jurídico.[577]

Por outro lado, a força persuasiva e argumentativa das recomendações internacionais e dos consensos internacionais quanto a diretrizes regulatórias de *soft law* sobre regulação financeira sistêmica nas redes globais de governo,[578] enquanto expressão de um processo amplo de expansão policêntrica de fontes do Direito Administrativo,[579] não podem ser desprezadas, pois tais diretrizes

---

[576] A título de esclarecimento, não se reputa inexistente o Direito Administrativo Global em termos formais porque proveniente de organismos financeiros internacionais dos quais o Brasil, formalmente, integra, com participação através de representantes políticos, em prol dos propósitos constitucionais de cooperação para o progresso da humanidade (art. 4º, IX, da Constituição brasileira de 1988).

[577] A propósito da controvérsia sobre se o *soft law* é ou não jurídico, Paulo Otero diferencia as recomendações internacionais, as quais não teriam "imperatividade" e, por isso, não poderiam ser enquadradas como *soft law* (âmbito de aplicação meramente político), das diretrizes de *soft law*, que detém algum grau de vinculação à juridicidade administrativa. No que tange ao *soft law*, aduz que *"a simples adoção pelas ordens jurídicas internas das normas de 'soft law' existentes no âmbito do Direito Internacional determina a integração no contexto da legalidade vinculativa da Administração Pública de um grupo de normas cujo grau de imperatividade é reduzido, suscitando imediatos problemas de desmultiplicação ou diluição da intensidade da normatividade administrativa"* (OTERO, Paulo. *Legalidade e Administração Pública*: O Sentido da Vinculação Administrativa à Juridicidade. Coimbra: Almedina, 2011, p. 176-177).

[578] Diferenciar o que seja uma recomendação ou *soft law* é difícil. No entanto, pode-se dizer que recomendações não têm força normativa e se voltam à influência da pauta político-institucional dos Estados, enquanto o *soft law*, apto a disciplinar matérias eminentemente técnicas, possui carga normativa voltada a propósitos regulatórios em sentido estrito.

[579] Cf. MOREIRA NETO, Diogo de Figueiredo. *Poder, direito e Estado*: o direito administrativo em tempos de globalização – in memoriam de Marcos Juruena Villela Souto. Belo Horizonte: Fórum, 2011, p. 116.

consistem em resultados deliberativos provenientes de procedimentos cooperativos dialógicos a respeito das melhores práticas regulatórias para o enfrentamento dos desafios postos pela globalização à estabilidade financeira sustentável dos países.

Em outras palavras, a legitimidade de conteúdo das recomendações e diretrizes regulatórias internacionais é evidente, enquanto resultado da participação cooperativa de países na construção de padrões de atuação para a definição de estratégias regulatórias destinadas à gestão de questões financeiras comuns.

Sendo assim, devido ao descompasso verificado entre a fundamentação formal muito débil[580] e a fundamentação substancial forte das deliberações internacionais (recomendações e *soft law* produzidos nas redes globais de governo), os Estados, cientes da necessidade de integração normativa das diretrizes regulatórias dispostas nessas deliberações, têm se valido de estratégias regulatórias institucionais voltadas à atribuição de amplo poder normativo a autoridades administrativas regulatórias nacionais para permitir, com maior dinamismo e flexibilidade,[581] a intermediação necessária a essa integração normativa, o que ocorre no contexto de um intenso processo de crítica e discussão jurídico-política sobre a necessidade de releitura dos modelos institucionais tradicionais de democracia e separação de poderes.

---

[580] Essa fundamentação formal muito débil não impede, a propósito, a constatação de que determinadas redes de globais de governo ou redes de redes globais de governo tornaram-se, mundialmente, órgãos reguladores internacionais *de fato*, tal como o Comitê de Supervisão Bancária da Basiléia, devido à credibilidade técnica dos diagnósticos e das diretrizes de regulação prudencial definidas para servir de referência à estratégia regulatória financeira dos países, cf. LASTRA, Rosa Maria. *Op. Cit.*, p. 135.

[581] Tendo em vista a complexidade e a rapidez da realidade econômica e social contemporânea, não há dúvidas de que o processo legislativo tradicional sofre uma relativa crise funcional para deliberar sobre determinados temas regulatórios. Vale dizer, a fragilização do Poder Legislativo quanto à definição de estratégias regulatórias específicas e conjunturais ocorre, sobretudo, devido à falta de especialização e incapacidade do processo legislativo tradicional em acompanhar o dinamismo da realidade econômica mundial, especialmente as tendências e questões próprias do sistema financeiro global, o que justifica, a propósito, as diversas delegações de função normativa a órgãos reguladores especializados, enquanto resultado de um processo de descentralização funcional e formatação institucional de uma Administração Policêntrica. V. SARMIENTO, Daniel. *El Soft Law Administrativo*: Um estudio de los efectos jurídicos de las normas no vinculantes de La Administración. Madrid: Thomson Civitas, 2007, p. 32-44, *passim*.

CAPÍTULO 2 - FUNDAMENTOS POLÍTICO-FILOSÓFICOS DE REGULAÇÃO FINANCEIRA

A propósito, tal processo leva à substituição da noção de clássica de legalidade pela noção de juridicidade na Administração Pública contemporânea,[582] segundo um novo modelo de governança pública ou *New Public Management*, com fundamentação democrática das decisões regulatórias a partir de um novo paradigma de legitimação pela prestação pública de contas (*accountability*) e pelos resultados atingidos, o que qualifica a eficácia persuasiva e argumentativa das recomendações internacionais, bem como o *soft law* produzido nas redes globais de governo, como fonte normativa desse novo modelo.[583]

Portanto, adotada a noção de juridicidade administrativa, com fundamento na Constituição, o Direito Administrativo Global é uma realidade normativa clara, de modo que as redes globais de governo são fontes normativas importantes para a regulação financeira sistêmica exercida pela Administração Pública, ainda que em estágio inicial quanto à sua evolução.

Não obstante, os resultados cooperativos pertinentes à deliberação pública nas redes globais de governo sobre regulação financeira sistêmica se sujeitam, para adquirir legitimidade constitucional, a processos domésticos de integração normativa, que constituem filtros oriundos de fontes de *hard law*,[584] dentro dos quais deverá ser debatida, publicamente, a justificação do grau de adesão normativa do país às diretrizes internacionais de regulação sistêmica conforme o ideal da razão pública, sobretudo para informar às

---

[582] Nesse sentido, com o advento de novas fontes susbtanciais supraestatais de poder, resulta *"evidente que a nova missão do Estado já não poderia mais se restringir tautologicamente à simples manutenção da legalidade – ou seja, criar a lei e aplicá-la –, mas tornar-se plenamente referida a uma realização dos valores fundantes e permanentes da sociedade que lhe são imanentes (e não apenas àqueles conjunturalmente impostos por governantes ou por eventuais maiorias plebiscitárias), ou seja, em suma: referida à juridicidade, com a missão de sustentar o Direito"* (MOREIRA NETO, Diogo de Figueiredo. *Op. Cit.*, p. 50). O tema será tratado com maior profundidade no capítulo seguinte, mas não se pode deixar de mencionar que o enfraquecimento da noção tradicional de legalidade administrativa é uma necessidade prática para o enfrentamento dos efeitos da globalização, o que não é necessariamente prejudicial e sim adaptativo, pois a legitimidade material do Direito permanece vinculada aos propósitos públicos de racionalidade e razoabilidade da atuação estatal, vale dizer, o dogma da razão permanece intacto, conquanto envolto em um novo modelo institucional de separação de poderes, cf. SUNDFELD, Carlos Ari. *Direito Administrativo para Céticos*. São Paulo: Malheiros, 2012, p. 190-191.

[583] Cf. SARMIENTO, Daniel. *Op. Cit.*, p. 49.

[584] Com o uso do termo *hard law* refiro-me à integração normativa por órgãos que detêm função normativa legítima segundo o ordenamento constitucional pátrio, cf. SARMIENTO, Daniel. *Op. Cit.*, p. 143.

instituições e cidadãos, de forma transparente, os custos e os benefícios regulatórios envolvidos.

Em outras palavras, embora as deliberações internacionais no campo regulatório financeiro não sejam formalmente vinculantes, decisões oficiais de não aplicação das recomendações e diretrizes produzidas nas redes financeiras globais de governo das quais o Brasil participa exigem motivação pública pelas autoridades reguladoras financeiras nacionais[585] e essa motivação, com caráter informacional, pode ser controlada pelos demais Poderes.

Vale dizer, conquanto o conteúdo das deliberações internacionais, especificamente o *soft law* não aplicado, em si considerado, seja insuscetível de impugnação formal, a norma integradora de seu conteúdo ao ordenamento jurídico interno pode ser controlada em termos informacionais,[586] ou seja, a motivação administrativa quanto à intensidade de aplicação das deliberações internacionais originadas nas redes globais de governo é necessária e exigível, com fundamento essencial nas normas constitucionais relacionadas à: (i) democracia (art. 1º); (ii) necessidade de motivação e eficiência administrativa das decisões regulatórias (art. 37, *caput*); e (iii) vinculação do Brasil aos projetos de cooperação internacional entre países em prol do progresso mundial (art. 4º, IX).[587]

Segundo a Constituição brasileira de 1988, a representação internacional do Estado brasileiro nas organizações internacionais e a responsabilidade pelas relações com Estados estrangeiros são atribuídas à União (arts. 21, I), que está vinculada aos princípios constitucionais gerais que regem a Administração Pública[588] e aos parâmetros normativos de estrutura institucional sobre regulação financeira sistêmica postos pelo Congresso Nacional,[589] com

---

[585] A tese de exigência de motivação pública da decisão de não aplicação do *soft law* não submetido à integração normativa é compartilhada por Daniel Sarmiento, sob a denominação *"vertiente anulatoria del soft law"*. V. SARMIENTO, Daniel. *Op. Cit.*, p. 163.
[586] Tal tese valeria também para casos de ações ou omissões no processo de integração normativa das diretrizes internacionais de regulação financeira sistêmica.
[587] Os parâmetros judiciais de controle de conteúdo da regulação financeira financeira sistêmica estão expostos, com detalhes, no último capítulo da obra.
[588] Notadamente, refiro-me aos princípios de legalidade, impessoalidade, moralidade, publicidade e eficiência, nos termos do *caput* do art. 37 da Constituição brasileira.
[589] Nos termos dos incisos XIII e XIV do art. 48 da Constituição brasileira, ao Congresso Nacional compete dispor, normativamente, respectivamente, sobre: "matéria financeira,

CAPÍTULO 2 - FUNDAMENTOS POLÍTICO-FILOSÓFICOS DE REGULAÇÃO FINANCEIRA

a sujeição dos atos do Presidente da República, enquanto Chefe do Poder Executivo Federal, auxiliado pelos Ministros de Estado (arts. 76 e 84, II, VII e VIII, e 87) à fiscalização pelo Congresso Nacional[590] e Tribunal de Contas da União,[591] cuja atuação se dá em caráter integrado (art. 74),[592] nos termos da Constituição e das leis do país, com vistas, especialmente, aos propósitos de "cooperação para o progresso da humanidade" (art. 4º, IX).

No que diz respeito à regulação financeira sistêmica, o Brasil tem participado das redes globais de governo, sobretudo através da representação do Ministro da Fazenda e do Ministro-Presidente do Banco Central do Brasil,[593] sem prejuízo da participação de Presidentes ou representantes de autarquias reguladoras do Sistema Financeiro Nacional em organismos internacionais especializados, no exercício das respectivas competências constitucionais e legais.

Essa integração institucional no âmbito internacional tem se dado, sobretudo, em organismos mundiais de cooperação regulatória, de modo que organizações internacionais regionais, embora importantes, não assumiram a condução do processo institucional de integração internacional cooperativa com propósitos de padronização da regulação financeira sistêmica e, por isso,

---

cambial e monetária, instituições financeiras e suas operações" e "moeda, seus limites de emissão, e montante da dívida mobiliária federal".

[590] Vide os diversos incisos do art. 49 da Constituição brasileira, especialmente o inciso V e X.

[591] A competência do Tribunal de Contas da União está restrita às disposições normativas do art. 70 e 71 da Constituição brasileira de 1988, notadamente quanto à "fiscalização contábil, financeira, orçamentária, operacional e patrimonial da União e das entidades da administração direta e indireta", segundo dispõe o *caput* do art. 70 da Constituição brasileira.

[592] Nos termos do inciso II art. 74 da Constituição brasileira de 1988, os controles internos dos Poderes devem ser articulados de forma integrada, a fim de avaliar, conforme as competências constitucionais, os resultados da gestão financeira dos órgãos e entidades da administração federal, bem como "apoiar o controle externo no exercício de sua missão institucional" (art. 74, inciso IV).

[593] No Brasil, o Presidente do Banco Central do Brasil tem *status* de Ministro, nos termos do art. 2º da Lei nº 11.036, de 2004 (resultado da conversão da Medida Provisória nº 207, de 2004). Prescreve o aludido artigo que "o cargo de Natureza Especial de Presidente do Banco Central do Brasil fica transformado em cargo de Ministro de Estado". Tal atribuição legal de *status* foi impugnada no âmbito do Supremo Tribunal Federal, mas o pedido, por maioria, foi julgado improcedente, em decisões tomadas no julgamento das Ações Diretas de Inconstitucionalidade de nº 3289 e 3290, ajuizadas, respectivamente, por partidos de oposição ao governo na época, quais sejam, o então Partido da Frente Liberal (PFL) e o Partido da Social Democracia Brasileira (PSDB).

não serão analisados em profundidade, o que não impede sua menção no presente momento, quais sejam: (i) a Comissão Econômica para a América Latina e o Caribe (CEPAL),[594] (ii) o Centro de Estudos Monetários da América Latina (CEMLA)[595] e (iii) o Mercado Comum do Sul (Mercosul).[596]

Sem embargo, pelos mesmos motivos, também não serão feitas análises mais densas sobre o papel desempenhado pela Organização Mundial do Comércio (OMC),[597] "Grupo Banco Mundial"[598] e Organização para a Coopera-

---

[594] A Comissão Econômica para a América Latina e o Caribe (CEPAL) foi instituída em 25 de fevereiro de 1948 pelo Conselho Econômico e Social das Nações Unidas (ECOSOC) e tem sede em Santiago, no Chile. A CEPAL é uma das cinco comissões econômicas regionais da Organização das Nações Unidas (ONU) e foi criada para monitorar as políticas públicas voltadas à cooperação para o desenvolvimento econômico dos países da América Latina e Caribe. Todos os países da América Latina e do Caribe são membros da CEPAL, juntamente com outras nações. Fonte: http://www.eclac.org/cgi-bin/getProd.asp?xml=/brasil/noticias/paginas/2/5562/p5562.xml&xsl=/brasil/tpl/p18f.xsl&base=/brasil/tpl/top-bottom.xsl. Acesso em 31.08.2014.

[595] O Centro de Estudios Monetarios Latinoamericanos (CEMLA) é resultado de uma reunião de Bancos Centrais dos países que integram o continente americano, ocorrida em Santiago, no Chile, em 1949, na qual se deliberou pela criação de uma instituição latinoamericana com propósitos de cooperação e compartilhamento de informações entre autoridades monetárias. O estabelecimento oficial dessa instituição ocorreu em 1952. Dentre suas funções, destacam-se sua conexão com projetos dos principais organismos internacionais, especialmente prover assistência técnica em relação a políticas de endividamento público, sistemas de pagamentos e medição de remessas internacionais. Fonte: http://www.cemla.org/acerca.html. Acesso em 31.08.2014.

[596] O Mercado Comum do Sul (Mercosul), sob inspiração da Associação Latino-Americana de Livre Comércio (ALALC) e da Associação Latino Americana de Integração (ALADI), foi constituído, originariamente, a partir do Tratado de Assunção, assinado em 1991. Desde 1995, o Mercosul consiste em uma união aduaneira entre países sul americanos com pretensões específicas de regulação da política de livre comércio, pessoas e capitais entre os países integrantes.

[597] A Organização Mundial do Comércio ou *World Trade Organization* é organização internacional instituída após a Rodada do Uruguai do GATT em 1993, com funcionamento a partir de 1995, cujo objeto é a cooperação para a harmonização das relações internacionais de comércio entre países, em prol da construção de um sistema equilibrado de comércio internacional. Sediada em Genebra, na Suíça, a instituição é integrada por 159 países do mundo. Fonte: http://www.wto.org/english/thewto_e/whatis_e/what_we_do_e.htm. Acesso em 31.08.2014.

[598] O "Grupo Banco Mundial" ou *World Bank Group* foi constituído, originariamente, como Banco Internacional para Reconstrução e Desenvolvimento (BIRD) na conferência de *Bretton Woods* em 1944. Sediado em Washington D.C., nos Estados Unidos da América, sua função original foi a de dar apoio financeiro à reconstrução dos países atingidos pela Segunda Guerra Mundial. Atualmente, o "Grupo Banco Mundial" assumiu funções de suporte financeiro a

CAPÍTULO 2 – FUNDAMENTOS POLÍTICO-FILOSÓFICOS DE REGULAÇÃO FINANCEIRA

ção e Desenvolvimento Econômico (OCDE),[599] eis que, respectivamente, os propósitos de ordenação do livre comércio internacional, apoio ao desenvolvimento econômico dos países e preocupações gerais relativas à regulação para o desenvolvimento econômico não estão contidos, diretamente, no âmbito da regulação financeira sistêmica.

Adicionalmente, alguns organismos internacionais específicos desenhados para promover a coordenação das estratégias regulatórias financeiras serão somente mencionados porque: (i) não assumiram o protagonismo institucional na definição de padrões de regulação financeira sistêmica internacional e/ou (ii) pelo fato desses atuarem, conjuntamente, em parceria institucional, com organizações regulatórias internacionais mais centrais e predominantes, enquanto fenômeno de atuação institucional no sentido da construção de "rede de redes".

Quanto ao ponto, a constituição de "rede de redes" ocorre quando um organismo internacional (rede global de governo) mais importante assume o papel de coordenação de outros organismos internacionais com propósitos específicos contidos no objeto da instituição mais sistemicamente importante (rede de redes globais de governo).[600]

---

países pobres ou em desenvolvimento, com vistas ao financiamento de projetos voltados ao desenvolvimento econômico, principalmente para a redução da pobreza e o desenvolvimento sustentável. Hoje, a instituição divide-se em duas instituições principais: (i) o Banco Internacional para Reconstrução e Desenvolvimento (BIRD), integrado por 188 países, todos obrigatoriamente participantes do Fundo Monetário Internacional (FMI), e (ii) a Associação Internacional de Desenvolvimento (AID). Além dessas duas instituições, há três instituições afiliadas, a saber: (i) a Corporação Financeira Internacional (CFI), (ii) a Agência Multilateral de Garantia ao Investimento (AMGI) e (iii) o Centro Internacional para a Solução de Disputas de Investimento (CISDI). Fonte: http://www.worldbank.org/en/about. Acesso em 31.08.2014.

[599] Inicialmente institucionalizada, em 1947, como Organização para a Cooperação Econômica Europeia (*The Organisation for European Economic Cooperation – OEEC*), com o objetivo de dar suporte à execução do Plano Marshall na Europa, a instituição expandiu-se para se tornar global, mudando sua denominação para *Organisation for Economic Cooperation and Development (OECD)*, com funcionamento a partir de 1961. O objetivo essencial da OCDE é estimular políticas públicas que melhorem o bem-estar das pessoas a partir a ótica do desenvolvimento econômico, com a formulação de recomendações regulatórias aos países, em prol do desenvolvimento sustentável. Fonte: http://www.oecd.org/about/. Acesso em 31.08.2014.

[600] A construção informal de "rede de redes" é uma solução que tem sido dada para estruturar o funcionamento de diversas redes globais de governo, a fim de estabelecer, institucionalmente, padrões transparentes de cooperação regulatória internacional mais uniformes e

Refiro-me, a propósito do tema, a *International Organization of Securities Commissions* (IOSCO),[601] a *International Association of Insurance Supervisors* (IAIS)[602]

consistentes, cf. ANDRADE, Rogério Emílio de. *Direito Homogêneo*: mercado global, administração nacional e o processo de harmonização jurídica. Belo Horizonte: Fórum, 2011, p. 98.

[601] A *International Organisation of Securities Commissions* (IOSCO) foi instituída em 1983, enquanto decisão de transformação institucional de uma associação regional de países do continente americano, criada em 1974, em uma organização internacional destinada ao estabelecimento de padrões regulatórios para o mercado de capitais. Em 1998, a IOSCO publicou seu principal documento com diretrizes regulatórias para o mercado de capitais, intitulado: *"Objectives and Principles of Securities Regulation"* (Disponível em: http://www.iosco.org/library/pubdocs/pdf/IOSCOPD154.pdf. Acesso em 31.08.2014) ou *"IOSCO Principles"*, com o estabelecimento posterior, em 2003, de uma metodologia técnica (*"IOSCO Principles Assessment Methodology"*, disponível em: http://www.iosco.org/library/pubdocs/pdf/IOSCOPD359.pdf. Acesso em 31.08.2014), voltada a mensurar o nível de adesão dos seus princípios nos sistemas financeiros nacionais e, com isso, identificar e corrigir equívocos regulatórios. Em 2002, foi adotado um memorando global de entendimento (IOSCO MMoU), firmado com propósitos de estímulo à cooperação e troca de informações entre reguladores do mercado de capitais, reforçado, posteriormente, em 2005 e 2010. Fonte: http://www.iosco.org/about/index.cfm?section=background. Acesso em 31.08.2014. Os principais objetivos da IOSCO, que delibera também através de comitês temáticos, são: (i) estimular a cooperação em prol da adesão dos países a padrões regulatórios adequados para a manutenção da integridade e confiança no mercado de capitais, com a finalidade de proteger os consumidores financeiros; (ii) fomentar a transparência e a eficiência dos mercados; e (iii) atenuar riscos sistêmicos, notadamente nas estruturas de sistemas de pagamentos e nos mercados de produtos financeiros sistemicamente mais sensíveis. Não obstante sua importância para a regulação financeira sistêmica mundial, a IOSCO será somente citada porque sua atuação institucional quanto ao propósito de redução do risco sistêmico ocorre atrelada à atuação, em parceria, com fóruns internacionais mais centrais, quais sejam, o Comitê de Sistemas de Pagamentos e Infraestruturas de Mercado (CPMI) – antigo Comitê de Sistemas de Pagamentos e Liquidações (CPSS) –, no âmbito do Banco de Compensações Internacionais – BIS, e o *Financial Stability Board* (FSB), examinados a seguir. O Brasil participa da IOSCO por representação do Presidente da Comissão de Valores Mobiliários (CVM).

[602] A *International Association of Insurance Supervisors* (IAIS) foi instituída, em 1993, como organização internacional destinada à cooperação para padronização regulatória no mercado de seguros, do que resultou na elaboração de documentos importantes com *guidelines* regulatórias para orientar a supervisão estatal sobre a atividade de corretores, seguradoras e resseguradoras. Sua atuação institucional, no que diz respeito ao risco sistêmico, ocorre, em parceria, com o *Financial Stability Board* (FSB) e o Banco de Compensações Internacionais (BIS), onde está sediada, em Basiléia. Fonte: http://www.iaisweb.org/About-the-IAIS-28. Acesso em 31.08.2014. O Brasil participa da IAIS por representação de autoridade da Superintendência de Seguros Privados (SUSEP).

CAPÍTULO 2 - FUNDAMENTOS POLÍTICO-FILOSÓFICOS DE REGULAÇÃO FINANCEIRA

e a *International Association of Deposit Insurers* (IADI),[603] importantes dentro da estrutura institucional de regulação financeira sistêmica internacional.

Vejamos, então, as principais redes globais de governo que assumiram o protagonismo nas discussões internacionais públicas atinentes à regulação financeira sistêmica mundial e, por isso, são as "redes de redes globais de governo" mais relevantes no cenário global contemporâneo.[604]

2.3.1 - Banco de Compensações Internacionais (BIS)

O Banco de Compensações Internacionais ou *Bank for Internacional Settlements* (BIS) é o organismo financeiro internacional mais antigo ainda em funcionamento e a principal rede de redes globais de governo entre Bancos Centrais no mundo.

Instituído em 1930, com sede em Basiléia, na Suiça, seu objetivo institucional original consistiu, no contexto do *Young Plan*, em gerir os pagamentos das indenizações impostas à Alemanha pelo Tratado de Versailles após o fim da Primeira Guerra Mundial, além facilitar acordos de compensação para pagamentos multilaterais entre países e promover, amplamente, a cooperação entre Bancos Centrais[605].

Ao longo do anos, o BIS assumiu diversas tarefas institucionais, com destaque para o acompanhamento das diretrizes dispostas no acordo de *Bretton Woods* a respeito do sistema monetário internacional. No início da década de

---

[603] A *International Association of Deposit Insurers* (IADI) foi instituída em 2002 com a finalidade de fortalecer a cooperação, melhorar a eficiência e fomentar a troca de informações sobre sistemas de seguro de depósitos. Seu funcionamento ocorre junto ao Banco de Compensações Internacionais (BIS), em Basiléia. Fonte: http://www.iadi.org/aboutIADI.aspx. Acesso em 31.08.2014.

[604] Quanto ao ponto, é interessante mencionar a existência de um fenômeno de constituição de fóruns globais privados para deliberar, publicamente, sobre a arquitetura do sistema financeiro global. Um exemplo desse fenômeno é o G-30, integrado por membros da academia internacional e representantes dos setores financeiros público e privado. O G-30 foi criado, em 1978, para servir de fórum internacional privado de discussão sobre questões econômicas e financeiras relativas ao sistema financeiro global, com a publicação de documentos temáticos relevantes e a apresentação de propostas para aprimoramento de arcabouços regulatórios financeiros. Fonte: http://www.group30.org/about.shtml. Acesso em 31.08.2014.

[605] Fonte: http://www.bis.org/about/history.htm. Acesso em 31.08.2014.

1970, há uma mudança de foco institucional de atuação do BIS, que passa a monitorar, com mais intensidade, os fluxos internacionais de capitais, além dar início a um processo de coordenação internacional de estratégias regulatórias, que resultaram em padrões de regulação financeira sistêmica dos riscos inerentes ao sistema financeiro global.

Hoje, o BIS é reputado o "Banco dos Bancos Centrais" porque é a organização internacional central na discussão sobre o papel das autoridades regulatórias mundiais de supervisão das atividades financeiras, com vistas a alcançar a estabilidade financeira sustentável ao longo do tempo.

O BIS é composto por 60 Bancos Centrais, cujo poder de voto na Assembleia Anual da instituição é proporcional à participação no capital social de cada associado.[606] O Brasil aderiu ao BIS com a publicação do Decreto-Legislativo nº 15, de 1997.

Em linhas gerais, a missão institucional do BIS[607] é servir de instância deliberativa dialógica de pesquisa científica e estatística, de troca de informações e de cooperação regulatória entre Bancos Centrais, cujas atividades podem resultar na elaboração e revisão de diretrizes de regulação financeira sistêmica para uma melhor regulação (*better regulation*), sem prejuízo de sua atuação institucional como auxiliar ou contraparte nas relações financeiras entre Bancos Centrais.

No âmbito do BIS, ocorrem reuniões técnicas regulares entre Presidentes de Bancos Centrais em Basiléia,[608] nas quais são discutidos temas relativos ao sistema financeiro internacional, bem como as possíveis estratégias regulatórias que podem ser adotadas em prol da estabilidade financeira mundial,

---

[606] São membros do BIS os Bancos Centrais dos seguintes países: Argélia, Argentina, Austrália, Áustria, Bélgica, Bósnia e Herzegovina, Brasil, Bulgária, Canadá, Chile, China, Colômbia, Croacia, República Tcheca, Dinamarca, Estônia, Finlandia, França, Alemanha, Grécia, Hong Kong, Hungria, Islândia, Índia, Indonésia, Irlanda, Israel, Itália, Japão, Coréia do Sul, Letônia, Lituânia, Luxemburgo, Macedônia, Malásia, México, Holanda, Nova Zelândia, Noruega, Peru, Filipinas, Polônia, Portugal, Romênia, Rússia, Arábia Saudita, Sérvia, Cingapura, Eslováquia, Eslovênia, Africa do Sul, Espanha, Suécia, Suíça, Tailândia, Turquia, Emirados Árabes Unidos, Reino Unido e Estados Unidos da América, além do Banco Central Europeu.

[607] O BIS possui três orgãos administrativos: (i) a Assembléia Geral (*General Meeting of member central banks*), (ii) a Diretoria Executiva (*Board of Directors*) e (iii) a Administração (*Management of the Bank*), responsáveis pela pauta institucional e o planejamento orçamentário do BIS.

[608] A reunião do BIS do mês de novembro é realizada, tradicionalmente, em conjunto com a reunião do Grupo dos Vinte (G-20).

CAPÍTULO 2 – FUNDAMENTOS POLÍTICO-FILOSÓFICOS DE REGULAÇÃO FINANCEIRA

com o auxílio informacional do corpo técnico da instituição, cujas pesquisas científicas e estatísticas são publicizadas através de Relatórios Anuais, Documentos temáticos, *BIS Papers*, *Working Papers*, etc.

Adicionalmente, o BIS sedia o Instituto para a Estabilidade Financeira (*Financial Stability Institute – FSI*),[609] a secretaria do *Financial Stability Board (FSB)*, a secretaria da *International Association of Insurance Supervisors* (IAIS) e a secretaria da *International Association of Deposit Insurers* (IADI).

Além disso, existem diversos Comitês temáticos no BIS,[610] com representação do Brasil em todos eles,[611] salvo o Fórum de Governança de Bancos Centrais (CBGF), cujas deliberações técnicas são consolidadas, consensualmente, em documentos com diretrizes financeiras regulatórias, a saber: (i) Comitê de Supervisão Bancária de Basiléia (BCBS); (ii) Comitê de Sistema Financeiro Global (CGFS); (iii) Comitê de Sistemas de Pagamentos e Infraestruturas de Mercado (CPMI) – antigo Comitê de Sistemas de Pagamentos e Compensações (CPSS); (iv) Comitê de Mercados; (v) Fórum de Governança de Bancos Centrais (CBGF); e (vi) Comitê Irving Fisher de Estatísticas de Bancos Centrais.

2.3.1.1 – Comitê de Supervisão Bancária de Basiléia (BCBS)

O Comitê de Supervisão Bancária da Basiléia ou *Basel Committee on Banking Supervision* (BCBS), que pode ser reputado o principal comitê no âmbito do BIS, tem por foco institucional o estabelecimento de diretrizes de regulação

---

[609] O Financial Stability Institute (FSI) foi criado em 1999, por iniciativa conjunta do Banco de Compensações Internacionais (BIS) e do *Basel Committee on Banking Supervision* (BCBS), para auxiliar os Bancos Centrais na melhoria da regulação financeira dos sistemas financeiros nacionais. Os objetivos do SFI visam, basicamente, incentivar, facilitar o acesso e a adoção prática das recomendações financeiras regulatórias em termos globais, mediante suporte informacional e agendamento de eventos voltados à disseminação das deliberações sobre diretrizes regulatórias estabelecidas no âmbito do BIS. Fonte: http://www.bis.org/fsi/aboutfsi.htm. Acesso em 31.08.2014.

[610] Fonte: http://www.bis.org/stability.htm. Acesso em 31.08.2014.

[611] Em 2009, houve a consolidação institucional de um movimento de ampliação representativa nos Comitês do BIS provocada por deliberações no âmbito do G-20, o que foi o impulso determinante no sentido da inclusão oficial do Brasil nos comitês nesse mesmo ano.

prudencial,[612] notadamente para o monitoramento e supervisão do funcionamento das instituições bancárias ou conglomerados financeiros centrados em bancos. Diz-se "regulação prudencial" em sentido equivalente à ideia de regulação baseada em técnicas racionais de gestão de riscos financeiros, a fim de evitar ou atenuar efeitos de crises financeiras.

Em outras palavras, o BCBS é o comitê do BIS destinado à condução da cooperação regulatória internacional para lidar com temas de regulação prudencial,[613] com vistas à obtenção consensual de diretrizes – *guidelines and supervisory standards* – para harmonização das estratégias regulatórias financeiras dos países, com destaque para os "Acordos de Basiléia" (Basiléia I, II, II.5 e III) e o documentos de princípios fundamentais a uma regulação prudencial eficaz (*Core Principles for Effective Banking Supervision*), em prol da estabilidade financeira sustentável ao longo do tempo.

Como rede de redes globais de governo, o BCBS tem contato institucional direto com o *Financial Stability Board* (FSB) e todos os demais organismos financeiros internacionais, inclusive organizações não bancárias (IOSCO, a IAIS e a IADI, por exemplo), com destaque ao *Joint Forum* instituído em Basiléia.[614]

---

[612] O termo "regulação prudencial" será utilizado ao longo do texto. Alguns autores preferem a denominação "supervisão prudencial", que enfatiza a tarefa de monitoramento do funcionamento das atividades das instituições financeiras na gestão dos riscos financeiros. No entanto, como a compreensão da preocupação regulatória prudencial extravasa os aspectos estritos de monitoramento de riscos, pois os riscos com os quais lida a regulação financeira prudencial se manifestam em todos os momentos da regulação estatal, inclusive no controle regulatório de acesso (regulação de entrada) e de saída (regulação de saída para fins de resolução e saneamento), deve-se dar preferência ao termo mais amplo "regulação prudencial".

[613] São membros do BCBS: Africa do Sul, Alemanha, Arábia Saudita, Argentina, Austrália, Bélgica, Brasil, Canadá, China, Cingapura, Coréia do Sul, Espanha, Estados Unidos da América, França, Holanda, Hong Kong, Índia, Indonésia, Itália, Japão, Luxemburgo, México, Reino Unido, Russia, Suécia, Suíça e Turquia.

[614] Em setembro de 2012, o *Joint Forum* divulgou relatório final intitulado *"Principles for the supervision of financial conglomerates"*, enquanto aperfeiçoamento de estudos feitos em 1999, no qual constam cinco princípios institucionais fundamentais para a supervisão de conglomerados financeiros, a saber: (i) autonomia regulatória para o exercício dos poderes de supervisão, com clara identificação de competências para viabilizar a coordenação entre reguladores financeiros; (ii) construção de canais eficientes de coordenação regulatória, principalmente para a troca de informações; (iii) fortalecimento da governança corporativa; (iv) verificação constante da adequação de capital e liquidez financeira; e (v) monitoramento dos métodos

CAPÍTULO 2 – FUNDAMENTOS POLÍTICO-FILOSÓFICOS DE REGULAÇÃO FINANCEIRA

Para alcançar seus objetivos, o BCBS viabiliza um espaço institucional de deliberação dotado dos seguintes propósitos: (i) a troca de informações sobre a evolução do sistema financeiro global para a identificação de riscos sistêmicos; (ii) o aprimoramento da discussão cooperativa de questões regulatórias comuns; (iii) o estabelecimento e promoção de diretrizes ou padrões regulatórios de regulação prudencial; (iv) a resolução de lacunas ou espaços de arbitragem regulatória que traduzam riscos à estabilidade financeira; (v) o acompanhamento e auxílio na aplicação das diretrizes ou padrões regulatórios comuns instituídos pelo BCBS nos países membros; (vi) o estímulo a países que não integram o comitê a respeito da adoção de suas recomendações internacionais; e, por fim, (vii) a coordenação cooperativa com outros organismos financeiros internacionais para promover a estabilidade financeira.[615]

Todas as diretrizes regulatórias do BCBS são submetidas a consultas públicas internacionais prévias, além de obrigatoriamente tomadas por consenso e publicizadas através do sítio eletrônico do BIS.

A evolução histórica institucional do BCBS é muito interessante e se inicia em uma conjuntura econômica internacional instável, marcada pelos efeitos negativos decorrentes da ruptura formal e definitiva do acordo de *Bretton Woods* e o advento da primeira crise do petróleo em 1973. Além disso, houve a falência de algumas instituições financeiras, nelas incluídas a falência de bancos importantes, como o *Franklin National* nos Estados Unidos da América e *Herstatt Bank* na Alemanha, ambas ocorridas em 1974.

Enfim, é nesse contexto que foi instituído pelos países do Grupo dos Dez (G-10), no âmbito do BIS, em 1974, o Comitê de Supervisão Bancária de Basiléia, com a responsabilidade deliberativa de desenvolver estudos e estabelecer

---

de gestão de riscos nas diversas estruturas internas dos conglomerados financeiros. Relatório disponível em: http://www.bis.org/publ/joint29.pdf. Acesso em 01.03.2013.

[615] Fonte: http://www.bis.org/bcbs/charter.pdf. Acesso em 17.02.2013. Conforme esclarece Sidney Turczyn, o Comitê de Supervisão Bancária de Basiléia *"jamais se constituiu em autoridade bancária internacional e suas conclusões e recomendações não possuem força legal ou vinculante, nem mesmo para seus integrantes. Tem como principal intuito o de aproximar e melhorar a supervisão bancária internacional, atuando, basicamente, por três formas: a) agindo como foro para as autoridades de supervisão dos Estados-membros trocarem informações e discutirem as melhores políticas de supervisão; b) identificando lacunas na supervisão da atividade bancária internacional; e c) estabelecendo princípios de coordenação internacional sobre supervisão bancária e desenvolvendo padrões mínimos ou regras sobre o capital dos bancos e sobre outras áreas"* (TURCZYN, Sidnei. *O sistema financeiro nacional e a regulação bancária*. São Paulo: Revista dos Tribunais, 2005, p. 232).

diretrizes que pudessem servir de parâmetro de supervisão bancária pelos países.

Assim, implantou-se uma iniciativa pioneira de criação de ambiente institucional informal de diálogo entre países para fins de regulação financeira sistêmica (comitê no BIS), que não se enquadrava no modelo tradicional do direito internacional consistente em formalizar organizações internacionais com propósitos específicos.[616]

Iniciados os trabalhos do comitê em 1975, foi elaborada a "Concordata da Basiléia", que consistiu em um esforço inicial de definição pública de algumas diretrizes para a divisão de responsabilidades no cenário financeiro internacional entre os Bancos Centrais nacionais participantes do BCBS.[617]

Devido a algumas imperfeições desse documento, efetuou-se a revisão da Concordata original em 1983,[618] mas sem uma adesão efetiva pelos países integrantes do BIS.

Com o desenvolvimento institucional das atividades do BCBS, o objetivo de se tornar um ambiente central de deliberação internacional em prol do aperfeiçoamento da regulação financeira prudencial mostrava-se cada vez mais plausível, haja vista a necessidade de construção e harmonização de

---

[616] Conforme Anne-Marie Slaughter, o surgimento de ambientes deliberativos internacionais informais constituiu em movimento de quebra no modelo tradicional de criação de organismos internacionais com personalidade jurídica de direito internacional, compostos por Estados e formalizados por tratados (SLAUGHTER, Anne-Marie. *Op. Cit.*, p. 7).

[617] As principais decisões da "Concordata de Basiléia" foram as seguintes: (i) a solvabilidade de agências de instituições financeiras bancárias é de responsabilidade do supervisor no país de origem ou onde se situa a sede; (ii) a solvabilidade de subsidiárias e *joint ventures* financeiras é de responsabilidade do supervisor no país local ou no país de constituição, mas o país de origem deve considerar a exposição das subsidiárias e *joint ventures* financeiras na regulação nacional; e (iii) a liquidez institucional das agências, subsidiárias e *joint ventures* financeiras é de responsabilidade do supervisor do país local, mas o país de origem deve monitorar a liquidez de seus bancos internacionais, cf. LASTRA, Rosa Maria. *Op. Cit.*, p. 138.

[618] Tal revisão foi provocada, sobretudo, pela crise no Banco Ambrosiano italiano, em Luxemburgo, no ano de 1982, em que se constatou a necessidade de supervisão consolidada do funcionamento da matriz e das agências/subsidiárias de instituições financeiras internacionalizadas, com a responsabilidade regulatória conjunta entre o país de origem e o país do local de instalação. No caso, as autoridades italianas decidiram garantir somente depósitos bancários feitos na Itália, eis que a filial em Luxemburgo não estava classificada como banco, o que inviabilizaria a garantia dos depósitos realizados nesse país. V. LASTRA, Rosa Maria. *Op. Cit.*, p. 139-140.

diretrizes regulatórias por uma instituição dotada de credibilidade mundial no âmbito do sistema financeiro global.

Nada obstante, em 1988, o BCBS formaliza seu mais conhecido projeto regulatório, ao formular a primeira etapa dos "Acordos de Basiléia", denominado "Basiléia I", com foco no risco de crédito e na condição de solvência – não só de liquidez – das instituições financeiras bancárias,[619] mediante a criação de um método de cálculo do capital regulatório exigível, em dois níveis,[620] baseado na relação ponderada dos riscos dos ativos dos bancos (APR ou *RWA*, em inglês),[621] com pretensões estritas de aplicação aos "bancos internacionais".

Desconsiderados os aspectos mais técnicos relacionados à regulação financeira prudencial, fundada, predominantemente, no risco de crédito, as decisões fundamentais de "Basiléia I" consistiram no consenso de que a regulação prudencial bancária é assunto doméstico dos países[622] e que deve haver o estabelecimento de regras uniformes para determinar um padrão equitativo de concorrência dos bancos que atuavam em nível internacional. Naquele momento, havia uma acirrada concorrência entre bancos americanos, europeus e japoneses no mercado internacional.[623]

Quanto ao ponto, é interessante notar que, embora as regras estivessem direcionadas a instituições financeiras bancárias internacionais originárias dos países integrantes do comitê, o estabelecimento das diretrizes de regulação

---

[619] Nesse sentido, "Basiléia I" representou um avanço na regulação prudencial bancária até então adotada, que era focada somente na condição de liquidez dos bancos.

[620] Esses dois níveis – Nível 1 e Nível 2 – correspondem, respectivamente, ao capital base principal e capital suplementar.

[621] Segundo "Basiléia I", o indice de Basiléia era calculado conforme a soma dos ativos ponderados pelos seus respectivos riscos, com aplicação inclusiva a exposições *off-balance sheet* ajustadas aos riscos, com cinco pesos rigidamente preestabelecidos de risco de crédito: 0%, 10%, 20%, 50% e 100%.

[622] Os "Acordos de Basiléia", a despeito de traçar diretrizes de regulação financeira prudencial para instituições financeiras bancárias, não interferem, integralmente, no conteúdo da regulação financeira sistêmica adotada nos países. Vale dizer, os aderentes têm legitimidade para adaptar as diretrizes regulatórias postas segundo especificidades dos países, mas tais adaptações devem ser justificadas de forma adequada, sob pena de receber avisos de pendência, recomendações para retificação ou, até mesmo, avaliações negativas por organismos financeiros internacionais e agências internacionais de *rating* soberano.

[623] Importa afirmar que, na década de 80 do século passado, os bancos norte-americanos operavam com exigências mais rigorosas da capital próprio em razão do *Glass-Steagall Act*, o que prejudicava a potencialidade de competição com os demais bancos no mercado internacional.

prudencial bancária internacional produziu diversos efeitos aparentemente inesperados.

Com efeito, além da adoção das regras de "Basiléia I" por países não signatários do BIS, houve, também, a extensão de aplicação das aludidas regras aos bancos domésticos[624] e, de acordo com Sidney Turczyn, isso pode ser explicado porque a incorporação normativa das diretrizes regulatórias internacionais é bastante relevante para a credibilidade financeira de um país.[625]

Vale frisar, quanto ao ponto, que a adesão do Banco Central do Brasil ao BIS somente ocorreu, formalmente, com a publicação do Decreto-Legislativo nº 15, de 1997,[626] isto é, o Brasil é um exemplo de país que decidiu aplicar "Basiléia I" no âmbito doméstico quando ainda não era país integrante do BIS e, consequentemente, não integrante do BCBS.

Quanto ao ponto, a título ilustrativo, em um primeiro momento, o Brasil adotou algumas regras de "Basiléia I" somente quanto à relação entre capital regulatório *vis-à-vis* ativos ponderados pelo risco (Resolução nº 1.942 do Conselho Monetário Nacional, de 1992) e, posteriormente, integrou, efetivamente, as diretrizes fundamentais de "Basiléia I" à ordem jurídica brasileira pela edição da Resolução nº 2.099 do Conselho Monetário Nacional, de 1994.

---

[624] CARVALHO, Fernando José Cardim de. *Inovação Financeira e Regulação Prudencial*: da Regulação de Liquidez aos Acordos de Basiléia. In: SOBREIRA, Rogério (Org.). Regulação Financeira e Bancária. São Paulo: Atlas, 2005, p. 134.
[625] TURCZYN, Sidnei. *O sistema financeiro nacional e a regulação bancária*. São Paulo: Revista dos Tribunais, 2005, p. 124. Prossegue o aludido doutrinador com a defesa do entendimento de que tal atitude institucional de aderência, inclusive por parte do Brasil, às normas internacionais sobre regulação bancária, mostrou-se inevitável e indispensável em razão da globalização, pois a *"a atuação do órgão normativo e de fiscalização passa a ser condicionada pela necessidade de adoção de normas internacionalmente aceitas, o que ressalta o caráter cada vez mais técnico da ação desse órgão e seu distanciamento de pressões políticas"* (Ibid., p. 124). Portanto, mesmo não sendo parte do BCBS, diversos países aderiram, voluntariamente, ao processo de padronização internacional da regulação financeira prudencial, a fim de *"dar mostras ao mercado financeiro internacional da firme intenção de participar dele adotando normas de consenso internacional"* (Ibid., p. 233).
[626] Adicionalmente, é importante ressaltar que o Brasil somente passou a integrar o Comitê da Basiléia de Supervisão Bancária no âmbito do BIS, como membro efetivo, em 2009, embora tenha participado das discussões pretéritas na qualidade de convidado. No mesmo ano de 2009, o Brasil obteve a possibilidade de participação formal no Comitê sobre Sistema Financeiro Global, no Comitê de Sistemas de Pagamentos e Compensações e do Comitê de Mercados, conforme já frisado.

CAPÍTULO 2 – FUNDAMENTOS POLÍTICO-FILOSÓFICOS DE REGULAÇÃO FINANCEIRA

Assim, com a edição de tal Resolução, foram efetuadas, principalmente, as seguintes alterações regulatórias: (i) o aumento dos requisitos mínimos de exigência de capital e patrimônio líquido para o funcionamento das instituições financeiras; (ii) a modificação dos limites de alavancagem operacional, com a substituição do limite de endividamento vinculado ao aumento de operações ativas, ponderadas por risco; (iii) a ampliação da supervisão consolidada dos conglomerados financeiros, inclusive de subsidiárias e dependências no exterior;[627] e, por fim, (iv) a adoção do percentual de 11% – mais conservador do que os 8% previstos em "Basiléia I" – para fins de limitação da alavancagem financeira.

Logo, de modo geral, de um desejo institucional inicial de criar regras destinadas ao estabelecimento das "regras do jogo" para a concorrência dos bancos que atuavam no âmbito do sistema financeiro internacional, foram definidas diretrizes que introduziram um novo paradigma de influência dos marcos normativos de regulação financeira prudencial para todos os países do mundo.[628]

A propósito, com o decorrer do tempo, em razão da credibilidade das diretrizes regulatórias do BCBS, sua observância passou a ser requisito essencial exigido pelos organismos financeiros internacionais para a aprovação de concessão de financiamentos internacionais, como, por exemplo, empréstimos efetuados pelo FMI e BIRD, razão pela qual é possível afirmar que "Basiléia I" é o marco fundamental de regulação prudencial internacional.

Importa ressaltar, em complementação, que a adesão às regras de "Basiléia I" não foi acidental. Conforme apontado por Fernando José Cardim de Carvalho, os modelos tradicionais de regulação, baseados exclusivamente

---

[627] A ideia de supervisão consolidada, adotada pelo Banco Central do Brasil, significa o intento de "*incorporar nas atividades de supervisão a complexidade das instituições modernas traduzidas nas ações dos conglomerados financeiros*" (CORAZZA, Gentil. *Os Dilemas da Supervisão Bancária*. In: SOBREIRA, Rogério (Org.). *Regulação Financeira e Bancária*. São Paulo: Atlas, 2005, p. 91).

[628] A trajetória institucional do BCBS pode ser resumida da seguinte forma, *in verbis*: "*Durante sua existência, o Comitê da Basiléia centrou esforços principalmente no trato de duas questões: a implementação de técnicas e mecanismos próprios para a supervisão das instituições bancárias e, sobretudo, dos conglomerados financeiros (com especial destaque para os conglomerados internacionais); e a adequação de capital das instituições financeiras, que se transformou em um dos mais importantes mecanismos de regulação prudencial*" (YAZBEK, Otávio. *Regulação do mercado financeiro e de capitais*. 2. ed. Rio de Janeiro: Elsevier, 2009, p. 220).

na liquidez dos bancos, mostraram-se insuficientes e, por isso, o "o estabelecimento de coeficientes de capital, princípio central do acordo de 1988, parecia-se constituir-se numa alternativa capaz de resolver os piores problemas gerados pela estratégia anterior".[629]

Pois bem. A evolução da regulação prudencial bancária internacional deu ensejo à Emenda ao acordo de "Basiléia I" em 1995. Tal emenda, por sua vez, tinha o propósito de: (i) aprimorar e corrigir algumas disparidades decorrentes da adoção dos métodos de mensuração de riscos até então estabelecidos, com a extensão da exigência de constituição de coeficientes de capital também para o risco de mercado; (ii) incluir operações com derivativos, mercados de futuros, opções e "swaps" no cálculo de exposição a riscos; e (iii) disciplinar o processo de escolha dos métodos sobre cálculos de risco dos ativos pelas próprias instituições financeiras, embora sujeitos à aprovação do regulador prudencial. Quanto a essa última medida, atendeu-se à demanda do sistema financeiro global por uma maior flexibilidade na fixação de métodos mais flexíveis de cálculo de adequação do capital regulatório dos bancos.[630]

Em caráter contínuo, no ano de 1997, houve a divulgação de um documento pioneiro sobre "os princípios fundamentais para uma supervisão bancária efetiva" ou os *Core Principles for Effective Banking Supervision*, com a publicação dos "25 princípios para uma supervisão bancária eficaz".

Devido à subsistência de críticas de participantes do sistema financeiro internacional a respeito da rigidez e arbitrariedade da classificação de riscos própria da metodologia técnica de "Basiléia I", editou-se "Basiléia II", enquanto nova etapa regulatória cujo principal objetivo foi o de incluir, definitivamente, o risco de mercado como fator a ser considerado para mensuração de riscos, medido por "índices de exposição", sem prejuízo de permitir maior flexibilidade no cálculo de adequação do capital regulatório.

---

[629] CARVALHO, Fernando José Cardim de. *Op. Cit.*, p. 135.
[630] A principal crítica à "Basiléia I" era, portanto, a rigidez dos critérios de classificação dos ativos ponderados pelo risco, cf. SADDI, Jairo. *Crise e Regulação Bancária*. São Paulo: Textonovo, 2001, p. 112-113.

CAPÍTULO 2 – FUNDAMENTOS POLÍTICO-FILOSÓFICOS DE REGULAÇÃO FINANCEIRA

As versões preliminar e final de "Basiléia II" foram publicadas em 2001 e 2004, respectivamente, com a divulgação das diretrizes iniciais, no Brasil, pelo Comunicado do Banco Central do Brasil de nº 12.746, de 2001.[631]

Atualmente, "Basiléia III" encontra-se em fase inicial de implementação, após uma versão antecedente intitulada "Basiléia II.5",[632] ambas elaboradas sob a influência da crise econômica mundial de 2008.

No Brasil, o processo preliminar de fixação das diretrizes domésticas de "Basiléia III" foi publicizado por intermédio do Comunicado do Banco Central do Brasil nº 20.615, de 2011, segundo o compromisso assumido pelos países membros do G-20 expresso no comunicado divulgado ao final do encontro de Cúpula de Seul.[633]

Em síntese, as medidas de aprimoramento de regras prudenciais de "Basiléia III" direcionam-se, sobretudo, para o reforço substancial da base de capital regulatório exigível dos bancos e requerimentos mínimos de liquidez, sem prejuízo de medidas, no nível macroeconômico, para instituições financeiras sistemicamente importantes.

Em outras palavras, com previsão de execução no período compreendido entre 2013 e 2019, "Basiléia III" procura tornar a regulação do sistema

---

[631] Os denominados "pilares" de "Basiléia II" são os seguintes: (i) a reformulação dos critérios de requerimento de capital mínimo, subsistente a necessidade de manutenção de capital regulatório ponderado pelos riscos dos ativos, mas agora abrangendo riscos de crédito, de mercado e operacional, segundo um modelo dual de determinação do risco de crédito, em que se pode escolher entre um modelo-padrão elaborado pela autoridade supervisora ou um modelo interno sujeito à aprovação do supervisor, com foco no controle de riscos de crédito, de mercado e operacional; (ii) a redefinição da supervisão da adequação do capital, em que a autoridade supervisora se torna responsável pela avaliação de métodos de mensuração de risco aplicados pelas instituições financeiras; e (iii) o fortalecimento da disciplina de mercado no monitoramento da adequação de capital.

[632] "Basiléia II.5" consistiu em uma revisão feita em 2009 sobre "Basiléia II", cuja preocupação central era, principalmente, aperfeiçoar a regulação sobre processos de securitização e modificar a metodologia para cálculo de riscos financeiros com fins de determinação do capital regulatório (Pilar 1), a revisão dos métodos de supervisão de adequação de capital (Pilar 2) e a criação de instrumentos para uma maior transparência financeira (Pilar 3), com pretensões de implementação integral até o final de 2011. O documento representativo dessa etapa dos "Acordos de Basiléia" é o seguinte: *Revisions to the Basel II market risk framework* and *Enhancements to the Basel II framework*.

[633] A cúpula de Seul ocorreu nos dias 11 e 12 de novembro de 2010, na cidade de Seul, com reunião dos países que integram o G-20.

financeiro global mais apta a evitar ou reduzir impactos de riscos sistêmicos a partir de imposições regulatórias mais intensas a respeito da qualidade e liquidez dos ativos integrantes do capital regulatório exigível dos bancos, segundo um processo gradual e monitorado que passa por vários estágios sequenciais de adoção das novas exigências regulatórias.

A propósito, suas principais diretrizes estão contidas nos seguintes documentos: (i) *Basel III: A global regulatory framework for more resilient banks and banking systems*; (ii) *Basel III: International framework for liquidity risk measurement, standards and monitoring*; e (iii) *Guidance for national authorities operating the countercyclical capital buffer*,[634] além da revisão dos *Core Principles for Effective Banking Supervision*, em 2012, agora enumerados em 29 princípios para uma regulação prudencial bancária eficaz.

Além disso, é importante frisar que o BCBS monitora o cumprimento dos "Acordos de Basiléia" por intermédio de relatórios trimestrais em relação aos países que integram o comitê, que trazem informações sobre o nível concreto de aplicação das diretrizes internacionais de regulação prudencial bancária pelas autoridades reguladoras nacionais (Basiléia II, II.5 e III), com a finalidade de acompanhamento, em parceria com o FSB, para fins de apresentação dos resultados ao G-20.

A título ilustrativo, segundo o relatório de acompanhamento publicado no início de 2013, o Brasil cumpriu as exigências de Basiléia II e II.5 (Nível 4) e segue seu processo de aplicação das recomendações de Basiléia III (Nível 2).[635] Em dezembro de 2013, foi publicado o *"Regulatory Consistency Assessment Programme"* (RCAP) – *"Assessment of Basel III regulations in Brazil"*, que se destinou a aferir o grau de aderência da regulação financeira prudencial brasileira

---

[634] Disponíveis em: http://www.bis.org/list/bcbs/tid_132/index.htm. Acesso em 31.08.2014.
[635] As informações estão disponíveis no seguinte endereço: http://www.bis.org/publ/bcbs215.htm. Acesso em 31.08.2014. O relatórios ora mencionado segue uma estruturação analítica em três níveis. O Nível 1 mede a adesão tempestiva das etapas dos "Acordos de Basiléia", segundo o cronograma e prazos preestabelecidos. Por seu turno, o Nível 2 consiste na avaliação constante, através de uma equipe de especialistas, sobre a adequação e consistência regulatória das medidas adotadas pelos países, principalmente quanto ao atendimento dos requerimentos mínimos de capital e liquidez. O Nível 3 se destina a apurar a qualidade dos resultados atingidos, com foco na adequada mensuração dos riscos dos ativos dos bancos (*risk-weighted assets*), com vistas a assegurar que a regulação prudencial bancária estabelecida no âmbito doméstico está alinhada aos objetivos regulatórios globais dos Acordos. Por fim, o Nível 4 significa a término bem sucedido da etapa do processo regulatório.

CAPÍTULO 2 - FUNDAMENTOS POLÍTICO-FILOSÓFICOS DE REGULAÇÃO FINANCEIRA

às diretrizes de "Basiléia III", cuja conclusão classifica a regulação brasileira, no grau máximo, como *"compliant jurisdiction".*[636]

Pois bem, as principais medidas de "Basiléia III" são as seguintes: (i) a ampliação da qualidade do capital regulatório dos bancos, que será medido por uma nova metodologia de ativos ponderados pelo risco (APR) no cálculo do Patrimônio de Referência (PR), mais exigente quanto à composição dos ativos, com previsão de conclusão de aplicação até 2015; (ii) a elevação dos requerimentos mínimos de capital, a ser implementado entre 2016 a 2019;[637] e (iii) a instituição de "colchões de liquidez", aptos a absorver choques financeiras de curto prazo pelos bancos mediante o uso do índice de liquidez de curto prazo (*liquidity coverage ratio – LCR*) e de longo prazo (*net stable funding ratio – NSFR*).[638]

No Brasil, após submissão prévia do conteúdo normativo de minutas de atos normativos, nos termos do Edital de Audiência Pública nº 40 do Banco Central do Brasil, de 2012,[639] foram editadas quatro Resoluções do Conselho

[636] Dentre os quatro níveis de aderência (*"compliant"*, *"largely compliant"*, *"materially non--compliant"* e *"non-compliant"*), a regulação brasileira, considerada transparente, adequada e conservadora, foi classificada, de modo geral, no grau máximo de *"compliant jurisdiction"*, embora tenha recebido, em três itens específicos de análise, a graduação *"largely compliant"*, com sugestões correspondentes de revisão normativa. O documento encontra-se disponível em: http://www.bis.org/bcbs/implementation/l2_br.pdf. Acesso em: 01.07.2014.

[637] A elevação de requerimentos mínimos de capital será feita da seguinte forma: (i) o *common equity Tier 1* será aumentado de 2% para 4,5%, (ii) além da criação de um *additional Tier 1* representativo de dois colchões ou *buffers* de capital (Adicional de Capital Principal no Brasil), sendo um (ii.1) o colchão de conservação de capital de 2,5% e o outro (ii.2) o colchão anticíclico de capital, a ser constituído em períodos de expansão mais acentuada de crédito, que variará entre 0% a 2,5%. Isto é, o Índice de Basiléia, estipulado, tradicionalmente, em 8%, será modificado para um percentual entre 10,5% (8% + 2,5%) a 13% (8% + 2,5% + 2,5%), sem prejuízo de maiores exigências de capital regulatório para instituições financeiras sistemicamente importantes (*SIFIs*), o que ainda está em discussão no âmbito internacional. A propósito, não há nehhuma instituição financeira brasileira que seja considerada *SIFI* em nível global.

[638] SOBREIRA, Rogério; SILVA, Tarcisio Gouveia de. *Basiléia III*: Longe de uma panacéia. In: MODENESI, André de Melo et. al. (orgs.). Sistema financeiro e política econômica em uma era de instabilidade: tendências mundiais e perspectivas para as economia brasileira. Rio de Janeiro: Elsevier, 2012, p. 101.

[639] Após a publicação do Edital de Audiência Pública n° 40, de 2012, foram publicados outros Editais relacionados à aplicação dos padrões regulatórios de Basiléia III no Brasil, que são os seguintes: (i) Edital de Audiência Pública n° 42, de 2013, relativo à minuta de Circular para tratar da divulgação de informações referentes à gestão de riscos, apuração do montante dos ativos ponderados pelo risco (RWA) e apuração do Patrimônio de Referência (PR), que deu

Monetário Nacional e quinze Circulares do Banco Central do Brasil para tratar da regulação relativa à "Basiléia III" no início de 2013, que foram complementadas ou alteradas no segundo semestre de 2013 e em 2014.[640]

ensejo à revogação da Circular n° 3.477 do Banco Central do Brasil, de 2009, pela Circular n° 3.678 do Banco Central do Brasil, de 2013, com alterações pela Circular n° 3.716 do Banco Central do Brasil, de 2014; (ii) Edital de Audiência Pública n° 44, de 2014, relativo à Minuta de Circular cujo objeto é a metodologia para apuração da Razão de Alavancagem (RA) e divulgação das respectivas informações, que gerou a edição da Circular n° 3.748 do Banco Central do Brasil, de 2015; e (iii) Edital de Audiência Pública n° 45, de 2014, no qual são apresentadas minutas de atos normativos que estabelecem metodologia de cálculo do indicador Liquidez de Curto Prazo (LCR) e dispõem sobre a divulgação de informações relativas ao LCR, sobre o envio ao Banco Central do Brasil de informações relativas à liquidez, bem como sobre limites mínimos e condições para sua observância, cujo resultado corresponde à Resolução n° 4.401 de Conselho Monetário Nacional e Circular n° 3.749 do Banco Central do Brasil.

[640] Conforme já dito, a execução das diretrizes normativas de "Basiléia III" está em andamento. Inicialmente, foram editadas as Resoluções de n° 4.192 a 4.195 do Conselho Monetário Nacional, todas de 2013, acompanhadas pela edição de Circulares do Banco Central do Brasil, que foram complementas ou alteradas da seguinte forma: (i) Resolução n° 4.192, de 2013 (alterada pela Resolução n° 4.278, de 2013, 4.311, de 2014, e 4.400, de 2015), que tratam da metodologia para a apuração do Patrimônio de Referência (PR), com a revogação, a partir de 01.10.2013, das Resoluções do Conselho Monetário Nacional de n° 3.444, de 2007, 3.532, de 2008, e 3.655, de 2008, além dos arts. 2° a 4° da Resolução n° 3.059, de 2002, e art. 6° da Resolução n° 2.723, de 2000; (ii) Resolução n° 4.193, de 2013 (alterada pela Resolução n° 4.281, de 2013), que disciplina a apuração dos requerimentos mínimos de Patrimônio de Referência (PR), de Nível I, de Capital Principal e institui o Adicional de Capital Principal, com a revogação, a partir de 01.10.2013, das Resoluções do Conselho Monetário Nacional de n° 2.772, de 2000, e 3.490, de 2007; (iii) Resolução n° 4.194, de 2013, que dispõe sobre a metodologia facultativa para apuração dos requerimentos mínimos de Patrimônio de Referência (PR), de Nível I e de Capital Principal para as cooperativas de crédito que optarem pela apuração do montante dos ativos ponderados pelo risco na forma simplificada (RWARPS), além de instituir o Adicional de Capital Principal para essas cooperativas, com a revogação, a partir de 01.10.2013, da Resolução n° 3.897, de 2010; e (iv) Resolução n° 4.195 (revogada pela Resolução n° 4280, de 2013, a partir de 01.01.2014), que estabelece normas sobre a elaboração, a divulgação e a remessa de Demonstrações Contábeis consolidadas do Conglomerado Prudencial ao Banco Central do Brasil. Posteriormente, houve a edição das Resoluções de n° 4.277 a 4.281 do Conselho Monetário Nacional, em 2013, também acompanhadas pela edição complementar de Circulares do Banco Central do Brasil, assim descritas: (i) Resolução n° 4.277, de 2013, alterada pela Resolução n° 4.389, de 2014, que estabelece requisitos mínimos e ajustes prudenciais a serem observados no processo de apreçamento de instrumentos financeiros avaliados pelo valor de mercado, com início de aplicação em 01.01.15, nos termos da Resolução n° 4.349, de 2014; (ii) Resolução nº 4.278, de 2013, que altera e revoga disposições da Resolução nº 4.192, de 2013, que dispõe sobre a metodologia para apuração do Patrimônio de Referência (PR); (iii) Resolução nº 4.279, de 2013, que estabelece os critérios para a extinção do saldo devedor

CAPÍTULO 2 - FUNDAMENTOS POLÍTICO-FILOSÓFICOS DE REGULAÇÃO FINANCEIRA

Maiores detalhes técnicos de "Basiléia III" podem ser acessados no documento "Perguntas e Respostas sobre a Implantação de Basileia III no Brasil".[641] A nova estrutura de capital tem previsão de iniciar em outubro de 2013 e segue o cronograma internacional acordado até a conclusão do processo em janeiro de 2022. A partir de 2014, as instituições financeiras deverão utilizar o "Balancete Patrimonial Analítico – Conglomerado Prudencial", como forma de apuração do Patrimônio de Referência (PR) e dos novos requerimentos mínimos de capital exigíveis.[642]

de instrumentos autorizados a compor o Capital Complementar e o Nível II do Patrimônio de Referência (PR) das instituições financeiras e demais instituições autorizadas a funcionar pelo Banco Central do Brasil e para a conversão desses instrumentos em ações da instituição emitente; (iv) Resolução n° 4.280, de 2013, que dispõe sobre a elaboração, a divulgação e a remessa de Demonstrações Contábeis consolidadas do Conglomerado Prudencial ao Banco Central do Brasil e revoga a Resolução nº 4.195, de 2013; e (v) Resolução n° 4.281, de 2013, que altera dispositivos da Resolução nº 4.193, de 2013, quanto à apuração dos requerimentos mínimos de Patrimônio de Referência (PR), de Nível I e de Capital Principal e institui o Adicional de Capital Principal. Nada obstante, o processo regulatório de evolução da execução das diretrizes de "Basiléia III" foi complementado por Resoluções importantes do Conselho Monetário Nacional editadas em 2014, a saber: (i) Resolução n° 4.330, de 2014, e n° 4.382, de 2014, que alteram dispositivos da Resolução n° 4.123, de 2012, quee estabelece normas relativas à emissão de Letras Financeiras (LF), nos termos da Lei nº 12.838, de 2013, a fim de facilitar a execução das recomendações de Basiléia III no que diz respeito à composição do capital regulamentar das instituições emissoras; (ii) Resolução n° 4.311, de 2014, que efetuou alterações na Resolução n° 4.192, de 2013, através da qual foram dispostas novas normas a respeito da metodologia de apuração do Patrimônio de Referência (PR) quanto ao tratamento regulatório da participação de não controladores (capital de terceiros) em instituições financeiras controladas, sejam elas domiciliadas no Brasil ou no exterior; e (iii) Resolução n° 4.388, de 2014, que efetuou alterações significativas em diversas outras Resoluções que tratam da estruturação de gerenciamento de riscos financeiros em conglomerados prudenciais. No início do ano de 2015, foi editada a Resolução n° 4.401, que dispõe sobre os limites mínimos do indicador de Liquidez de Curto Prazo (LCR) e as condições para a sua observância, com o estabelecimento da metodologia de cálculo do LCR através da edição da Circular n° 3.749 do Banco Central do Brasil, de 2015, houve a publicação da Circular n° 3.748 do Banco Central do Brasil, de 2015, que estabelece a metodologia para a apuração da Razão de Alavancagem (RA) e, por fim, a edição da Circular n° 3.751 do Banco Central do Brasil, de 2015, indica o início de um processo regulatório de apuração de informações para a avaliação da importância sistêmica global (IAISG) de instituições financeiras autorizadas a funcionar pela autarquia, mediante o uso de um índice de importância sistêmica global (ISG).

[641] Disponível em: Fonte: http://www.bcb.gov.br/fis/supervisao/docs/perguntas_e_respostas_basileia_III.pdf. Acesso em 01.03.2013.
[642] Fonte: http://www.bcb.gov.br/pt-br/Paginas/banco-central-implanta-recomendacoes--de-basileia-iii-1-3-2013.aspx. Acesso em 01.03.2013.

Em termos de prognósticos, há estudos do Banco Central do Brasil que trazem uma perspectiva favorável no sentido de que o sistema financeiro como um todo manterá capital superior aos valores exigidos pela nova estrutura de "Basiléia III", de modo que as necessidades de capital principal adicional serão cumpridas com facilidade nos próximos anos, com alguns bancos sujeitos a eventuais capitalizações a partir de 2017, mas o valor de tais capitalizações não seria sistemicamente significativo.[643]

Por fim, segundo o Banco Central do Brasil, o impacto de Basileia III sobre a oferta de crédito no país será neutro.[644]

2.3.1.2 – Comitê de Sistema Financeiro Global (CGFS)

A função principal do Comitê de Sistema Financeiro Global ou *Committee on the Global Financial System* (CGFS) é monitorar e identificar fontes potenciais de cenários de estresse sistêmico nos mercados financeiros globais, em prol da estabilidade financeira sistêmica. O CGFS é composto por 31 Bancos Centrais e há reuniões periódicas regulares.

Em termos mais específicos, o comitê se presta a diagnosticar se políticas monetárias e fiscais podem gerar mudanças sistêmicas significativas no funcionamento do mercado financeiro global. As atividades do CGFS são executadas em parceria, especialmente, com o BCBS e o atual CPMI.

A título ilustrativo, as publicações recentes mais importantes desse comitê focam em aspectos macroeconômicos no âmbito do sistema financeiro global, a seguir citadas: (i) *Improving the BIS international banking statistics*, de 2012; (ii) *Operationalising the selection and application of macropudential instruments*, de 2012; (iii) *Asset encumbrance, financial reform and the demand for collateral assets*, de 2013; (iv) *Trade finance: development and issues*, de 2014; e (v) *EME banking systems and regional financial integration*, de 2014.[645]

---

[643] Fonte: http://www.bcb.gov.br/pt-br/Paginas/banco-central-implanta-recomendacoes--de-basileia-iii-1-3-2013.aspx. Acesso em 01.03.2013.

[644] Fonte: http://www.bcb.gov.br/fis/supervisao/docs/perguntas_e_respostas_basileia_III.pdf. Acesso em 01.03.2013.

[645] Fonte: http://www.bis.org/list/cgfs/page_1.htm. Acesso em 31.08.2014.

2.3.1.3 – Comitê de Sistemas de Pagamentos e Infraestruturas de Mercado (CPMI)

O Comitê de Sistemas de Pagamentos e Infraestruturas de Mercado é o nome dado, a partir de 01.09.2014, ao comitê anteriormente designado como Comitê de Sistemas de Pagamentos e Compensações ou *Committee on Payment and Settlement Systems* (CPSS), composto, originariamente, pelos Presidentes dos Bancos Centrais do G-10, que teve sua composição ampliada para incluir novos membros face à importância atual do G-20.

Seu principal foco de atuação é o fortalecimento das infraestruturas dos mercados financeiros (*FMIs*) domésticos e internacionais, mediante o desenho de sistemas seguros e transparentes de pagamentos, compensações e liquidações de operações financeiras, a fim de evitar riscos sistêmicos, o que é feito, sobretudo, em parceria com a IOSCO.

Ademais, o CPMI – antigo CPSS – é o principal ambiente deliberativo cooperativo para a construção de padrões regulatórios voltados ao aperfeiçoamento das infraestruturas de sistema de pagamentos (*FMIs*), monitoramento e análise da segurança e transparência dos sistemas de pagamentos.

Tal propósito inclui avaliações periódicas sobre: (i) contrapartes centrais; (ii) sistemas de transferência financeira de fundos; (iii) sistemas de liquidação de ações e valores mobiliários; (iv) sistemas de câmbio; (v) sistemas de negociação de derivativos, em bolsa ou mercado de balcão; e (vi) instrumentos de pagamentos de varejo ou "dinheiro eletrônico".[646]

A propósito, além de diversos estudos temáticos,[647] o comitê (antigo CPSS) publica, anualmente, um *"Red Book"*,[648] no qual constam as avaliações específicas dos sistemas de pagamento, compensação e liquidação de operações financeiras dos países que integram o comitê, sem prejuízo da análise de sistemas domésticos de pagamentos de outros países, o que consiste em

---

[646] São esses, basicamente, os objetivos institucionais do CPMI. Fonte: http://www.bis.org/cpmi/index.htm. Acesso em 01.09.2014.

[647] As publicações encontram-se no seguinte sítio eletrônico: http://www.bis.org/list/cpmi/index.htm. Acesso em 01.09.2014.

[648] O *"Red Book"* publicado em setembro de 2013, referente ao ano-base de 2012 (CPSS – Red Book – 2011), está disponível em: http://www.bis.org/cpmi/publ/d112.pdf. A análise sobre o Brasil se encontra nas páginas 35 a 57.

documento informativo de extrema relevância para o monitoramento dos sistemas mundiais de pagamento.

Em abril de 2012, o antigo CPSS, em parceria com a IOSCO, divulgou a versão final de seu principal documento de recomendações internacionais sobre sistemas de pagamentos: *Principles for financial market infrastructures (PFMIs)*.[649]

Tal documento, após ser submetido à ampla consulta pública internacional em 2011, contém as diretrizes regulatórias internacionais mais relevantes sobre sistemas financeiros de pagamento, compensação e liquidação, bem como a criação de padrões regulatórios para contrapartes centrais, segundo o objetivo de fortalecimento das infraestruturas de sistemas de pagamentos no mercado financeiro global, a fim de absorver choques nos mercados e evitar riscos sistêmicos, com o compromisso dos países integrantes do CPSS em adotar as diretrizes o quanto antes, preferencialmente até o final de 2012.

Sem embargo, ao publicar a versão final do documento de princípios para infraestruturas de sistemas de pagamentos (*PFMIs*), o antigo CPSS e a IOSCO publicaram documentos para consulta pública internacional quanto à metodologia de monitoramento e avaliação, assim como o modo adequado de divulgação pública dos diagnósticos sobre o alinhamento regulatório dos sistemas de pagamentos aos *PFMIs*, que resultou na versão final de um documento de consolidação das recomendações, publicado no final de 2012, qual seja: Principles for financial market infrastructures: disclosure framework and assessment methodology.[650]

2.3.1.4 – Comitê de Mercados

O Comitê de Mercados (*Markets Committee*) tem por objetivo o monitoramento das tendências de curto prazo dos mercados financeiros, a fim de viabilizar a troca de informações sobre os mercados para uma melhor execução da política

---

[649] O *"PFMIs"* substituiu a padronização regulatória internacional quanto a sistemas de pagamentos anteriormente disposta em três documentos: (i) *Core principles for systemically important payment systems* (CPSS, de 2001), *Recommendations for securities settlement systems* (CPSS e IOSCO, de 2001) e *Recommendations for central counterparties* (CPSS e IOSCO, de 2004).
[650] Disponível em: http://www.bis.org/cpmi/publ/d106.pdf. Acesso em 01.09.2014.

CAPÍTULO 2 - FUNDAMENTOS POLÍTICO-FILOSÓFICOS DE REGULAÇÃO FINANCEIRA

monetária pelos Bancos Centrais. Atualmente, é integrado por 21 Bancos Centrais,[651] com encontros periódicos regulares.

O *Markets Committee* produziu alguns trabalhos importantes, focados no diagnóstico sobre a execução da política monetária dos países integrantes do comitê e taxas internacionais de juros, com destaque para os seguintes: (i) *Monetary policy frameworks and central bank market operations (updated version)*, de 2009; (ii) *The functioning and resilience of cross-border funding markets*, de 2010; (iii) *High-frequency trading in the foreign exchange market*, de 2011; e (iv) *Central bank collateral frameworks and practices*, de 2013.[652]

2.3.1.5 - Fórum de Governança de Bancos Centrais (CBGF)

O Fórum de Governança de Bancos Centrais ou *Central Bank Governance Forum* (CBGF) é um comitê voltado a discutir questões de desenho institucional e de governança dos Bancos Centrais, sendo constituído por alguns Presidentes de Bancos Centrais, mas conectado a uma *Central Bank Governance Network*, que consistem em uma rede informal de Bancos Centrais (47 Bancos Centrais no total).

Tendo em vista diversas demandas de Bancos Centrais dirigidas ao BIS com propósitos de receber informações sobre a estrutura e a governança de outros Bancos Centrais, a *Central Bank Governance Network* é meio apto a facilitar a obtenção do acesso a tais informações.

Em contrapartida, viabiliza-se que o monitoramento dos tipos recebidos de demanda por informações permita um diagnóstico sobre a identificação de problemas de governança dos Bancos Centrais do mundo, bem como o estabelecimento de prioridades institucionais de governança desejáveis de todos os Bancos Centrais.[653]

---

[651] Integram o comitê os seguintes países: Alemanha, Austrália, Bélgica, Brasil, Canadá, China, Cingapura, Espanha, França, Hong Kong, Índia, Itália, Japão, Coréia do Sul, México, Holanda, Suécia, Suíça, Inglaterra, além de representante do Banco Central Europeu e do Federal Reserve Bank de Nova Iorque.
[652] Fonte: http://www.bis.org/about/factmktc.htm. Acesso em 31.08.2014.
[653] Fonte: http://www.bis.org/cbgov/. Acesso em 31.08.2014.

O comitê publicou três trabalhos extensos importantes sobre governança de alguns Bancos Centrais importantes, quais sejam: (i) *Issues in the Governance of Central Banks*, de 2009;[654] (ii) *Central bank governance and financial stability*, de 2011;[655] e (iii) *Central bank finances*, de 2013.[656]

Nesses trabalhos foram enfatizadas questões relacionadas ao desenho institucional adequado de um Banco Central, a saber: (i) estrutura legal, autonomia operacional, governança e *accountabillity* institucional; (ii) definição clara de funções institucionais; (iii) governança e forma de deliberação sobre a execução da política monetária e definição da taxa de juros básica da economia; (iv) aspectos de estabilidade financeira e definição de responsabilidades pela regulação financeira sistêmica; (v) transparência de balanços contábeis e gestão de reservas por Bancos Centrais; (vi) estrutura organizacional; (vii) recursos humanos e (vii) gestão de meio circulante e práticas de segurança.[657]

2.3.1.6 – Comitê Irving Fisher de Estatísticas de Bancos Centrais (IFC)

O Comitê Irving Fisher de Estatísticas de Bancos Centrais ou *Irving Fisher Committee on Central Bank Statistics (IFC)* é um comitê destinado ao compartilhamento de técnicas estatísticas, próprias de sistemas financeiros, com caráter multidisciplinar, associado ao *International Statistical Institute* (ISI).

Integram o IFC: (i) os membros institucionais; (ii) membros institucionais associados; (iii) pessoas associadas (especialistas estatísticos do setor público e privado, além de acadêmicos e membros do ISI, escolhidos segundo critérios internos); e (iv) membros honorários eleitos pelo IFC.

Seu objetivo é promover o compartilhamento de técnicas, a troca de experiências e informações estatísticas. As discussões travadas no comitê têm a pretensão de estimular e gerar boletins informativos (*IFC Bulletins*), sem vinculação institucional quanto ao conteúdo, ou estudos temáticos (IFC Working Papers), também sem vinculação institucional.[658]

---

[654] Disponível em: http://www.bis.org/publ/othp04.pdf. Acesso em 31.08.2014.
[655] Disponível em: http://www.bis.org/publ/othp14.pdf. Acesso em 31.08.2014.
[656] Disponível em: http://www.bis.org/publ/bppdf/bispap71.pdf. Acesso em 31.08.2014.
[657] Fonte: http://www.bis.org/cbgov/index.htm. Acesso em 31.08.2014.
[658] Fonte: http://www.bis.org/ifc/factsheet.htm. Acesso em 31.08.2014.

2.3.2 – Fundo Monetário Internacional

A instituição do Fundo Monetário Internacional (FMI) – *International Monetary Fund* (IMF) –, enquanto organismo internacional de coordenação e acompanhamento do sistema monetário internacional, consistiu em ideia concebida no contexto da Conferência de *Bretton Woods* em 1944, na qual, a propósito, consagrou-se o padrão ouro-dólar como medida mundial de conversão cambial.

Efetivamente criado em 1945, diante da adesão formal de 29 países ao seu Convênio Constitutivo, incluindo-se o Brasil,[659] sua atuação foi iniciada em 1947.[660]

Em linhas gerais, os objetivos do FMI são: (i) promover a cooperação monetária internacional e definir prioridades de políticas públicas, baseadas em pesquisas, dados estatísticos e análises econômicas sobre o sistema financeiro global; (ii) facilitar a expansão do comércio internacional de países; (iii) prezar pela estabilidade cambial e estimular iniciativas em prol de um sistema seguro multilateral de pagamentos; (iv) dar suporte financeiro, inclusive empréstimos externos, a países com dificuldades econômicas, sobretudo para equilibrar balanços de pagamentos, bem como fornecer auxílio financeiro no combate à pobreza;[661] e (v) auxiliar os países nas iniciativas voltadas à estabilização macroeconômica de suas economias.

O Convênio Constitutivo do FMI passou por diversos processos de Emenda. Em 1969 (Primeira Emenda), foram criados os Direitos Especiais de Saque – DES (*SDR*, em inglês), com a finalidade de servir de padrão fiduciário (o DES seria uma espécie de "moeda do FMI") aos ativos mantidos em reserva pelo Fundo.

Em 1976, com o fim da paridade ouro-dólar instituída em *Bretton Woods*, o FMI legitimou o novo regime flexível aplicado no mercado cambial internacional, além de abolir, oficialmente, o preço do ouro e reforçar a supervisão do FMI no mercado cambial global (Segunda Emenda). A Terceira Emenda

---

[659] A adesão do Brasil ao FMI se deu a partir do Decreto-Lei nº 8.478, de 1945, com a promulgação do Decreto nº 21.177, de 1946.
[660] Detalhes da trajetória do FMI constam do seguinte endereço eletrônico: http://www.imf.org/external/about/history.htm. Acesso em 31.08.2014.
[661] O combate à pobreza é feito, sobretudo, em parceria com o "Grupo Banco Mundial".

de 1992, por sua vez, resultou na instituição da pena de suspensão do direito de voto a países-membros inadimplentes perante o FMI.

Em 1996 (Quarta Emenda), alterou-se a disciplina dos DES para modificar sua distribuição e permitir a participação de todos os países-membros no sistema de DES. Em 2008, foi autorizada a possibilidade de o FMI fazer investimentos, a fim de ampliar suas fontes de recursos (Quinta Emenda) e, no mesmo ano, foi atualizada a representatividade dos países-membros no FMI (Sexta Emenda).

Hoje, o FMI é integrado por 188 países e, embora seja uma organização internacional vinculada à Organização das Nações Unidas (ONU), possui estrutura própria. A representação no FMI é proporcional à participação institucional do país, que leva em conta a importância relativa de cada um na economia global.

Sem embargo, o FMI atua em colaboração com: (i) o "Grupo Banco Mundial"; (ii) os bancos regionais de desenvolvimento; (iii) a Organização Mundial do Comércio; (iv) demais agências da Organização das Nações Unidas (ONU); e (v) com os demais organismos financeiros internacionais, incluindo-se o BCBS e a IAIS, com destaque para sua atuação como membro do FSB e sua proximidade com o G-20.

Embora não produza, diretamente, *soft law*, os diagnósticos e prognósticos econômicos do FMI produzem efeitos sistêmicos, haja vista a eficácia argumentativa e persuasiva de suas opiniões públicas.

Ademais, o FMI gerencia diversos programas e atividades voltadas a assegurar e estimular a estabilidade financeira ao longo do tempo, mormente a partir da constituição de grupos de trabalho para a elaboração de documentos públicos com diagnósticos e prognósticos sobre a economia e o sistema financeiro dos países (*Article IV consultations*),[662] regiões do mundo (*Regional economic outlook reports*) e do mundo como um todo (*World Economic Outlook reports, Global Financial Stability Report, o Fiscal Monitor, etc.*).[663]

---

[662] As análises das economias dos países são conhecidas como *"Article IV consultations"*, devido à sua previsão no artigo 4º do Acordo Constitutivo do FMI. Essa análise é feita por uma equipe multidisciplinar de especialistas do FMI que visitam o país, reunindo-se com representantes políticos, integrantes da Administração Pública e da sociedade civil, cuja análise é feita, de acordo com os dados financeiros nacionais, para traçar um diagnóstico e prognóstico da economia nacional com o propósito de sugerir aperfeiçoamentos institucionais em termos de políticas públicas de natureza financeira.

[663] Fonte: http://www.imf.org/external/about/econsurv.htm. Acesso em 31.08.2014.

CAPÍTULO 2 - FUNDAMENTOS POLÍTICO-FILOSÓFICOS DE REGULAÇÃO FINANCEIRA

Não obstante diversos projetos e atividades, é importante destacar três programas institucionais, quais sejam: (i) o Programa de Avaliação do Setor Financeiro ou *Financial Sector Assessment Program* (FSAP), que consiste em uma avaliação dos sistemas financeiros domésticos dos países, notadamente para identificar possíveis focos de risco sistêmico, aferir o nível de desenvolvimento institucional das autoridades regulatórias financeiras e a observância sistêmica dos padrões internacionais gerais; (ii) os Relatórios sobre a Observância de Códigos e Padrões ou *Reports on the Observance of Standards and Codes* (ROSC), que atesta a adoção específica e segmentada dos padrões internacionais em doze áreas próprias de sistemas financeiros; e (iii) o Padrão Especial de Disseminação de Dados ou *Special Data Dissemination Standards* (SDDS), que mede a transparência e a qualidade das informações financeiras fornecidas pelas instituições responsáveis pela regulação financeira sistêmica.

No que diz respeito ao Brasil, foram divulgados, em 2012, três relatórios de grande relevância em termos de diagnósticos sobre a economia brasileira e a segurança do sistema financeiro nacional, com sugestões de aprimoramento institucional e aperfeiçoamento de estratégias regulatórias relativas à regulação financeira sistêmica.

Tratam-se dos seguintes documentos: (i) *Brazil: 2012 Article IV Consultation*,[664] complementado por um *Staff Report for the 2013 Article IV Consultation*, de 2013;[665] (ii) *Brazil: Financial System Stability Assessment (FSAP)*,[666] de 2012; e (iii) *Brazil: Detailed Assessment of Observance of Basel Core Principles for Effective Banking Supervision*, de 2012.[667]

O diagnóstico feito sobre o Brasil no documento "*Brazil: 2012 Article IV Consultation*" destaca os seguintes aspectos da economia brasileira: (i) boas perspectivas de crescimento econômico para os anos 2013-14; (ii) condução adequada da política monetária, fiscal e cambial, com ressalvas a respeito da tendência verificada de afastamento da inflação oficial (IPCA) do centro da

---

[664] O *Brazil: 2012 Article IV Consultation* está disponível em: http://www.imf.org/external/pubs/ft/scr/2012/cr12191.pdf. Acesso em 31.08.2014.
[665] O documento "*Staff Report for the 2013 Article IV Consultation*" do Brasil está disponível em: http://www.imf.org/external/pubs/ft/scr/2013/cr13312.pdf. Acesso em: 01.07.2014.
[666] O *FSAP* de 2012 pode ser acessado no seguinte endereço eletrônico: http://www.imf.org/external/pubs/ft/scr/2012/cr12206.pdf. Acesso em 31.08.2014.
[667] O relatório está disponível em: http://www.imf.org/external/pubs/ft/scr/2012/cr12207.pdf. Acesso em 31.08.2014.

meta de 4,5%, estipulada pelo Conselho Monetário Nacional, e a menção à pressão do setor de serviços na inflação brasileira; e (iii) uma estrutura sólida de sistema financeiro, com sinais claros de solvência e mecanismos eficientes de acesso à liquidez, atrelado à aderência nacional às diretrizes regulatórias internacionais do BCBS, conforme atestado pelo FSAP de 2012.

Há ressalvas específicas no documento, com destaque para desafios ao desenvolvimento do mercado de capitais no Brasil, assim como a necessidade de monitoramento dos riscos de crédito das famílias, que se expandiram nos últimos anos.

Nesse mesmo documento, são enfatizadas outras questões importantes à economia brasileira, quais sejam: (i) investimentos em infraestrutura e expansão das concessões são necessários para estimular a produtividade econômica do país; (ii) o incentivo à formação de poupança nacional para o financiamento dos investimentos é necessário para a manutenção do crescimento da demanda agregada da economia brasileira; (iii) a implantação de reformas institucionais na área tributária e de seguridade social devem ser implementadas para estimular investimentos; (iv) deve-se pensar no aperfeiçoamento orçamentário no Brasil, tendo em vista que a rigidez orçamentária imposta por regras de vinculação estabelecidas na Constituição, em prol de alguns setores, pode estar distorcendo incentivos aos investimentos; (v) o nível de preços no Brasil, relativamente mais alto do que em países com o mesmo grau de desenvolvimento, deve ser motivo de preocupação pública e institucional; (vi) a abertura econômica brasileira é baixa em relação a outros países emergentes e a diversificação comercial permanece estável, o que pode explicar, em algum grau, menos investimentos; e (vii) a produção industrial no Brasil está estagnada desde o final de 2009, com queda relativa nos últimos dois anos.

Nada obstante, com a edição do documento *"Brazil: 2013 Article IV Consultation"*, percebem-se algumas preocupações macroeconômicas importantes, a saber: (i) a subsistência de pressões inflacionários nos preços; (ii) a permanência de limitações de oferta na economia relacionadas (ii.1) à saturação do mercado de trabalho, em um conjuntura de produtividade estagnada e baixo nível de desemprego, bem como (ii.2) ao baixo investimento; (iii) a existência de incertezas externas, sobretudo ligadas à tendência de queda no preço das *commodities* e acesso ao mercado de crédito internacional; e (iv) relativo comprometimento da credibilidade do país na execução de políticas fiscais e monetárias responsáveis.

CAPÍTULO 2 – FUNDAMENTOS POLÍTICO-FILOSÓFICOS DE REGULAÇÃO FINANCEIRA

Quanto ao *"Brazil: Financial System Stability Assessment (FSAP)"*, o diagnóstico básico é de consistência das políticas microeconômicas e macroeconômicas, com controle da dívida pública, além de uma regulação financeira prudencial adequada, instituída em conformidade com os padrões regulatórios internacionais, em um ambiente de sistema de pagamentos eficiente e seguro.

Em relação ao contexto pós-crise, o relatório destaca o uso adequado dos depósitos compulsórios e a instituição de um acordo cambial (*swap facility*) com o FED para resolver problemas de liquidez bancária, com ênfase na importância dos estímulos econômicos para o enfrentamento dos efeitos da crise, haja vista a atuação "quase fiscal" do BNDES e a expansão do crédito pelos bancos públicos.

No entanto, frisa-se que a expansão induzida de crédito, a valorização do preço dos imóveis e o endividamento das famílias devem ser monitorados, o que só não é grave, no caso do Brasil, em razão da ainda razoável relação entre crédito e Produto Interno Bruto (aproximadamente, 50%).

Quanto ao ponto, há preocupações no que diz respeito à estabilidade monetária brasileira, pois o país mantém um grande legado ou estoque sistêmico de contratos financeiros de curto prazo, indexados a diversos índices de inflação.

Sem embargo, em linhas gerais, há sugestões de reformas institucionais para: (i) o fortalecimento do mercado de capitais, notadamente incentivos aos fundos de investimento creditório (FIDCs), assim como a priorização institucional do BNDES em linhas de crédito (preferencialmente por cofinanciamento) para projetos financeiros de longo prazo; (ii) a reestruturação da regulação sobre seguros e fundos de pensão, eis que a SUSEP e a PREVIC não têm a mesma proteção institucional conferida à CVM, a fim de dar autonomia operacional e proteção legal aos supervisores desses segmentos financeiros, além da necessidade específica de incentivo à autorregulação no mercado de seguros e a adoção de mecanismos de supervisão consolidada nesse setor; (iii) a reformulação do Fundo Garantidor de Créditos – FGC, com o objetivo de consolidá-lo como instrumento institucional mais efetivo de assistência à liquidez (*emergency liquidity assistance – ELA*) e resolução bancária em situações de insolvência de instituições bancárias ou crises sistêmicas, com priorização para soluções de mercado, sem prejuízo da necessidade de definição normativa clara de um plano de atuação institucional do FGC e das responsabilidades trabalhistas e tributárias em caso de resolução bancária; (iv) o aperfeiçoamento da regulação sobre riscos de crédito e monitoramento de preços dos imóveis, por área geográfica; (v) a instituição de um órgão específico para monitorar risco sistêmico e coordenar a gestão de crises, eis que, a despeito da instituição de comitês e a celebração de diversos convênios de cooperação entre autoridades reguladoras financeiras, por ausência de um regulador sistêmico expressamente escolhido, visto o fato de que Banco Central do Brasil tem assumido tal função sem a atribuição explícita de competência; (vi) a necessidade de fortalecimento da proteção legal aos órgãos e entes reguladores do sistema financeiro, inclusive servidores públicos, diretores e interventores de instituições financeiras, com sugestões de mandatos, com prazo certo, a Diretores e Presidente do Banco Central do Brasil; (vii) a segregação da função de regulação financeira prudencial ao Banco Central do Brasil, com o afastamento do Conselho Monetário Nacional em relação à matéria; e (viii) a instituição de um órgão especializado na proteção do consumidor financeiro.[668]

Em termos estruturais, o relatório aponta que: (i) o sistema financeiro nacional cresceu em tamanho, diversificação e sofisticação, dobrando de valor dos ativos administrados em dez anos; (ii) o ambiente de estabilidade macroeconômica gerou um forte movimento de inclusão financeira; (iii) os mercados de securitização e derivativos evoluíram; (iv) o setor bancário brasileiro é integrado, majoritariamente, por bancos domésticos,[669] com participação sig-

---

[668] Na página 9 do documento *"Brazil: 2013 Article IV Consultation"*, o Fundo Monetário Internacional enfatiza o comprometimento do país com as propostas de aprimoramento regulatório formuladas no FSAP de 2012, ao elogiar: (i) a regulação do cadastro positivo de crédito previsto na Lei nº 12.414, de 2011; (ii) a publicação de um índice oficial de preço de imóveis pelo Banco Central do Brasil (IVG-R); (iii) os esforços para revisar o arcabouço normativo aplicável às resoluções bancárias; (iv) o fortalecimento dos sistemas de processamento de informações financeiras; (v) os incentivos financeiros aos FIDCs relacionados ao setor de infraestrutura; e (vi) a criação de um Departamento de Supervisão de Condutas no Banco Central do Brasil, cuja finalidade principal é proteger o consumidor de produtos e serviços financeiros. Fonte: http://www.imf.org/external/pubs/ft/scr/2013/cr13312.pdf. Acesso em: 01.07.2014.
[669] Os bancos estrangeiros têm participação aproximada de 18% no setor bancário, com destaque para o Santander (8%) e o HSBC (3%). Tal percentual de participação é baixo em relação aos demais países da América Latina, segundo o *FSAP de 2012*.

nificativa de bancos públicos,[670] o que não compromete a eficácia da regulação prudencial porque os bancos públicos estão sujeitos às mesmas normas dos bancos privados, além do alto índice de conglomerados financeiros (aproximadamente, 75% do setor); (v) os segmentos do sistema financeiro brasileiro apresentam bom retorno sobre o capital investido e são pouco expostos a riscos externos; e (vi) há uma presença grande de investidores internacionais no mercado de capitais.

Por fim, deve-se mencionar o relatório *"Brazil: Detailed Assessment of Observance of Basel Core Principles for Effective Banking Supervision"*, no qual são feitos comentários técnicos sobre a adequação das Resoluções do Conselho Monetário Nacional e das Circulares do Banco Central do Brasil às diretrizes regulatórias internacionais do BCBS, com elogios e sugestões tópicas de aprimoramento regulatório.

2.3.3 – Grupo dos Vinte (G-20)

O Grupo dos Vinte (G-20) é o organismo institucional formado para se tornar a grande instância política deliberativa sobre os assuntos mais importantes do sistema financeiro internacional, com propósitos de coordenação política para a obtenção da estabilidade financeira global, crescimento sustentável e desenvolvimento de uma regulação financeira capaz de reduzir riscos sistêmicos e prevenir crises financeiras, além de modernizar a estrutura regulatória financeira internacional.[671]

Criado em 1999 no contexto das crises financeiras ocorridas no final da década de 1990, o G-20 agrega os Ministros de Fazenda e Presidentes de Bancos Centrais dos seguintes países: África do Sul, Alemanha, Arábia Saudita, Argentina, Austrália, Brasil, Canadá, China, Coréia do Sul, Estados Unidos da América, França, Índia, Indonésia, Itália, Japão, México, Reino Unido, Rússia, Turquia, além da União Europeia, com a participação, nas reuniões, de representantes do FMI e do Banco Mundial.

---

[670] Enuncia o FSAP *de 2012* que os bancos públicos têm *market share* aproximado de 43% do setor bancário brasileiro.
[671] Fonte: http://www.g20.org/docs/about/about_G20.html. Acesso em 31.08.2014.

As decisões econômicas mais estratégicas para o sistema financeiro global são tomadas, atualmente, no âmbito do G-20, onde, também, estão sediados grupos de trabalho para o estudo do sistema financeiro global, com destaque, hoje, para os grupos de "Arquitetura Financeira Internacional" (IFA) e "Arcabouço para o Crescimento Forte, Sustentável e Equilibrado" (FWG), com participação do Brasil em ambos.[672]

2.3.4 – Conselho de Estabilidade Financeira (FSB)

O Conselho de Estabilidade Financeira ou *Financial Stability Board* (FSB) foi instituído em 2009[673] para substituir o *Financial Stability Forum* – FSF (originariamente atrelado ao G-7 e, posteriormente, ao G-10), com o propósito de constituir uma instituição deliberativa que integre os membros da composição do G-20, que é, hoje, o principal destinatário da atuação institucional do FSB.

O objetivo do FSB é servir de fórum internacional para deliberações acerca de estratégias regulatórias cooperativas por países e organismos internacionais em prol da transparência regulatória e estabilidade financeira internacional, com o monitoramento dos riscos financeiros globais, a troca

---

[672] Informação constante do Realtório de Administração do Banco Central do Brasil de 2012, na página 69.Fonte: http://www.bcb.gov.br/Pre/Surel/RelAdmBC/2012/pdf/bcb_relatorio_da_administracao_2012.pdf. Acesso em 03.04.2013.

[673] Importante mencionar o seguinte comentário sobre a criação do FSB, *in verbis*: "A Cimeira de Londres do G20, realizada em Abril de 2009, permitiu avançar no fomento da cooperação internacional no domínio da regulação do sistema financeiro, através da criação do Conselho de Estabilidade Financeira (FSB) que tem como missão emitir alertas (*Early Warning Exercises*). Nessa mesma Cimeira foi definido um plano global de actuação para o sistema financeiro que visa reformar os sistemas de regulação por forma a identificar os riscos macroprudenciais; estender a regulação e a supervisão a todas as instituições financeiras, instrumentos e mercados relevantes; prevenir a excessiva 'alavancagem' do sistema financeiro; tomar medidas contra jurisdições não cooperantes (paraísos fiscais); regular as agências de *rating* e definir, a médio e longo prazo, um conjunto único de regras contabilísticas globais" (MARTINS, Guilherme Waldemar d'Oliveira; RODRIGUES, Nuno Cunha. *Sobre o Financiamento das Entidades Reguladoras do Sistema Financeiro em Portugal*. In: MARTÍNEZ, Aurilivi Linares; SADDY, André (coord.). *Estudos sobre Regulação e Crises dos Mercados Financeiros*. Rio de Janeiro: Lumen Juris, 2011, p. 208).

CAPÍTULO 2 – FUNDAMENTOS POLÍTICO-FILOSÓFICOS DE REGULAÇÃO FINANCEIRA

de informações entre autoridades financeiras e a definição de diretrizes e padrões internacionais de regulação financeira sistêmica.[674]

Nesse sentido, para a concretização desses objetivos, os integrantes do FSB, com o propósito de dar credibilidade ao fórum, aderiram ao compromisso institucional de se submeter a avaliações internacionais periódicas por organismos financeiros internacionais (*peer-reviews*),[675] a fim de demonstrar que estão cumprindo as diretrizes internacionais de regulação financeira sistêmica, ou seja, que as estruturas e estratégias regulatórias financeiras nacionais estão compatíveis com as diretrizes internacionais de regulação financeira sistêmica, o que já é feito, a título ilustrativo, pela avaliação internacional no âmbito do *IMF-World Bank Financial Sector Assessment Program (FSAP)*, anteriormente mencionado.

No âmbito do FSB, encontra-se em estágio inicial de implantação um projeto institucional de adoção de um padrão uniforme de identificação dos participantes do mercado financeiro ao redor do mundo, denominado *Legal Entity Identifier – LEI* ou Sistema Global Identificador de Entidades Legais, cujo propósito básico é facilitar avaliações de riscos de contraparte e diminuir custos operacionais.

A estrutura institucional do *LEI* seria composta de um Comitê de Supervisão Regulatória (*Regulatory Oversight Committee – ROC*), uma Unidade Operacional Central (*Central Operating Unit – COU*) e unidades operacionais locais (*Local Operating Units – LOU*).[676]

Não obstante, além de diversas publicações técnicas específicas sobre diversos temas relativos à regulação financeira sistêmica,[677] o FSB publica, periodicamente, um documento de monitoramento voltado à avaliação dos progressos mundiais de execução de recomendações feitas até então para o

---

[674] Fonte: http://www.financialstabilityboard.org/about/history.htm. Acesso em 31.08.2014.
[675] O FSB aderiu à programação de submissão dos integrantes a *peer-reviews* em 2010. Fonte: http://www.financialstabilityboard.org/activities/peer_reviews.htm. Acesso em 31.08.2014.
[676] Publicações relacionadas ao *Legal Entity Identifier – LEI* estão disponíveis em: http://www.financialstabilityboard.org/list/fsb_publications/tid_156/index.htm. Acesso em 31.08.2014.
[677] A quantidade de publicações do FSB desde a sua criação é expressiva e se encontram disponíveis no seguinte sítio eletrônico: http://www.financialstabilityboard.org/list/fsb_publications/index.htm. Acesso em 31.08.2014.

fortalecimento da segurança e eficiência do sistema financeiro global,[678] que é apresentado nos encontros do G-20.

Basicamente, os temas tratados são os seguintes: (i) o progresso dos países na implementação das diretrizes regulatórias prudenciais do BCBS (Basiléia II, II.5 e III); (ii) a aplicação de padrões de monitoramento prudencial das instituições financeiras sistemicamente importantes no âmbito doméstico (*SIFIs*) e global (*G-SIFIs ou G-SIBs*), com foco no monitoramento das estruturas de sistemas de pagamento, liquidação e compensação financeiras; (iii) o desenvolvimento institucional de instrumentos de gestão de crises financeiras e resolução de instituições financeiras, com vistas ao saneamento adequado do sistema financeiro, principalmente em momentos de crise; (iv) o desenvolvimento institucional de estratégias regulatórias para o *shadow banking system*; (v) o monitoramento regulatório dos instrumentos derivativos, sobretudo nos mercados de balcão (*over-the-counter – OTC*); e (vi) o fortalecimento da governança institucional e do grau de adesão a diretrizes regulatórias internacionais, dentre outros temas. O Brasil é representado no FSB pelo Ministro da Fazenda, Ministro-Presidente do Banco Central do Brasil e Presidente da Comissão de Valores Mobiliários.

2.4 – Parâmetros político-filosóficos para a definição de estratégias financeiras regulatórias sistêmicas em sociedades constitucionais democráticas: uma síntese conclusiva

O projeto institucional de estabilidade financeira sustentável ao longo do tempo é ambicioso e, ao mesmo tempo, desafiador. Partindo-se da premissa racional de que a instabilidade social em sentido amplo é extremamente prejudicial às pessoas e instituições, tendo em vista os impactos negativos evidentes na segurança e na transparência dos processos de alocação e distribuição de recursos sociais subjacentes às relações econômicas firmadas

---

[678] Fonte: http://www.financialstabilityboard.org/activities/implementation_monitoring/mr_201206.htm. Acesso em 16.02.2013. O último documento de monitoramento sistêmico do FSB, de junho de 2012, foi preparado o encontro do G-20 em Los Cabos, no México, ocorrido no mesmo mês, e está disponível no seguinte sítio eletrônico: http://www.financialstabilityboard.org/publications/r_120619a.pdf. Acesso em 31.08.2014.

entre os cidadãos, não há dúvidas sobre a necessidade de que as instituições sociais devam ser concebidas e formatadas para assegurar, no longo prazo, o funcionamento razoavelmente equilibrado dos mercados.

Não obstante, o processo de construção institucional, em prol da estabilidade financeira no longo prazo, pode enfrentar grandes obstáculos pelos mais diversos motivos. A título ilustrativo, basta constatar que o Brasil, um país com tradição histórica evidente de instabilidade financeira, somente iniciou um processo institucional efetivo de estabilidade financeira no final da década de 1980, com sua consolidação no início da primeira década do século XXI, quase vinte anos depois.

Coincidentemente ou não, as reformas institucionais mencionadas acima ocorreram no Brasil em paralelo ao processo de redemocratização do país e ao advento da Constituição brasileira de 1988, em que se inaugura um novo paradigma de decisão sobre questões políticas fundamentais, norteado pelos ideais democráticos e a pretensão de proteção, no maior grau possível, de direitos e liberdades fundamentais, além da garantia de oportunidades equitativas a todos os cidadãos.

A propósito, o Brasil é uma sociedade democrática constitucional com aspirações de justiça social, cujo principal desafio, no contexto de pluralidade e complexidade brasileira (ou o fato do pluralismo razoável de John Rawls), é desenhar instituições aptas a conduzir um processo político-institucional harmonioso de regulação da estrutura básica da sociedade a partir de padrões deliberativos de natureza cooperativa e inclusiva de todos os cidadãos livres e iguais, com razões universalizáveis – leia-se, razões públicas –, a fim de gerar resultados razoáveis, conforme o critério da reciprocidade.

Nesse sentido, deve-se almejar uma concepção política razoável de justiça, autossustentável e aplicável ao desenho das instituições, devidamente amparada por razões públicas, capaz de catalisar, de forma imparcial, para dar conteúdo à razão prática, consensos sobrepostos entre adeptos de doutrinas abrangentes razoáveis existentes na sociedade para se atingir os objetivos cooperativos de estabilidade financeira de longo prazo, daí a escolha da filosofia política do John Rawls, o que vai ao encontro dos principais fundamentos e objetivos constantes da Constituição brasileira de 1988.

Conforme já frisado, o ideal de razão pública deve ser buscado, para ter aplicabilidade enquanto padrão argumentativo imparcial, sem apelo a conceitos abstratos de verdade ou valores morais genéricos, com destaque para a importância do contexto decisório e da análise consequencialista do desempenho das instituições para os objetivos regulatórios pretendidos, valendo-se de evidências empíricas e científicas de investigação incontroversas ou amplamente majoritárias (ideia de razão prática).

À evidência, a lógica dessa concepção vai ao encontro da ideia de democracia deliberativa, através da qual a discussão pública sobre questões políticas fundamentais, em caráter procedimental e substantivo, deve priorizar a avaliação constante das instituições e procedimentos políticos, bem como as consequências do desenho institucional estabelecido para alcançar os objetivos regulatórios pretendidos, o que só pode ser viabilizado a partir de instrumentos de transparência informacional e prestação pública de contas quanto aos resultados (*accountability*), em prol da melhora regulatória da estrutura básica da sociedade (*better regulation*), sendo certo que a democracia deliberativa não se cinge à lógica dos ciclos político-eleitorais.

Nesse sentido, a ideia de construtivismo político fundamenta a criação de instituições especializadas, dotadas de competência para a gestão dos processos econômicos sob os aspectos alocativos e distributivos, cujo desenho pode descolar-se, em algum grau, dos processos políticos cíclicos ordinários de curto prazo, o que justifica iniciativas de blindagem dessas instituições para preservar sua imparcialidade regulatória em prol da estabilidade financeira sustentável ao longo do tempo, diante da evidência de que a lógica política de curto prazo, no âmbito da regulação financeira sistêmica, pode distorcer processos econômicos, gerar crises financeiras e prejudicar objetivos regulatórios de longo prazo.

Adicionalmente, a propósito do desenho institucional para a gestão sustentável dos processos econômicos de alocação e distribuição de recursos sociais ao longo do tempo, enquanto questão de justiça básica, a ideia de construtivismo político pressupõe que a estrutura básica da sociedade é fechada, autossuficiente e se molda pela atuação política que ocorre no interior da sociedade entre doutrinas abrangentes razoáveis, pois assim se viabiliza a necessária coesão social a respeito dos propósitos regulatórios e se legitima a coercitividade das instituições.

Sendo assim, questões de justiça básica próprias da regulação financeira sistêmica devem ser estritamente tratadas em conformidade com as

CAPÍTULO 2 – FUNDAMENTOS POLÍTICO-FILOSÓFICOS DE REGULAÇÃO FINANCEIRA

necessidades sociais internas, o que não impede influências internacionais também pautadas por razões públicas, desde que submetidas a processos internos de filtragem estabelecidos para o desenho das instituições, mediante avaliações públicas justificadas quanto à adequação das deliberações internacionais aos objetivos regulatórios do país.

Pois bem, no que diz respeito à estabilidade monetária como questão de justiça básica, é possível inferir que o fenômeno inflacionário é extremamente negativo à sociedade, pois distorce processos alocativos de formação de preços, prejudica a livre iniciativa econômica, desestimula projetos financeiros de longo prazo e prejudica, com mais intensidade, os economicamente menos favorecidos.

Assim, aplicado o critério da reciprocidade, próprio do ideal de razão pública e de uma concepção política razoável de justiça, é possível inferir a possibilidade de geração de um consenso sobreposto sobre a necessidade institucional de uma autoridade monetária com competências para definir, controlar e planejar, no longo prazo, a oferta monetária no país, sendo vedada a possibilidade de uso de instrumentos monetários para o financiamento do Estado, tal como ocorre no Brasil, nos termos da Constituição de 1988.

Além disso, tal tarefa deve se submeter ao dever de prestação pública de contas por meio de instrumentos públicos (*accountanbility*), no qual sejam estabelecidas e acompanhadas metas preestabelecidas de inflação, que significam um compromisso institucional de longo prazo relativamente a todos os cidadãos livres e iguais em prol da estabilidade financeira, daí a justificativa para a blindagem institucional, em algum grau, de integrantes de autoridades regulatórias monetárias.[679]

Quanto à regulação financeira propriamente dita, também questão de justiça básica, o conteúdo da ideia de razão prática demanda o desenho claro de competências para uma adequada coordenação cooperativa regulatória de instituições no longo prazo, com atribuição de responsabilidades a entidades dotadas de autonomia funcional reforçada e *expertise* técnica para lidar com distorções financeiras alocativas e distributivas próprias dos mecanismos de formação de preços, sem prejuízo do uso de técnicas de imposição de

---

[679] O grau de blindagem institucional será discutido no capítulo seguinte, quando for abordada a realidade brasileira.

restrições à assunção de riscos pelas instituições financeiras, além da proteção dos consumidores financeiros, tratados como livres e iguais, sem paternalismos excessivos.

Sendo assim, cogita-se a possibilidade de formação de um consenso sobreposto voltado à necessidade de concretizar o desenho institucional acima explicado, devidamente acompanhado pelo dever de mensuração, a partir de diagnósticos e prognósticos contidos em estudos públicos de impacto regulatório, dos custos e benefícios envolvidos em estratégias regulatórias, com a análise necessária dos resultados *vis-à-vis* os objetivos regulatórios pretendidos, a fim de apontar distorções causadas pela própria regulação aos mercados financeiros, além da sujeição do procedimento regulatório à participação pública na maior extensão possível.

Atualmente, é importante afirmar que os propósitos institucionais domésticos de regulação financeira sistêmica estão inseridos na realidade contemporânea do sistema financeiro global, no qual há diversas redes globais de governo institucionalmente destinadas à deliberação cooperativa sobre a definição de padrões regulatórios financeiros internacionais, o que gera uma tendência à harmonização para homogeneização da regulação financeira sistêmica.

Com efeito, esse processo internacional de desenho institucional regulatório se enquadra, de forma adequada, na proposta de extensão das ideias do *Liberalismo Político* de John Rawls ao plano internacional, no qual a razão pública pode ser aplicada, juntamente com o critério da reciprocidade, como padrão de verificação da adequação das diretrizes regulatórias internacionais ao objetivo primordial de cooperação para o progresso da regulação sobre o sistema financeiro global.

Nesse sentido, observado o limite da "utopia realista" e as possibilidades políticas práticas de consenso internacional, pode-se afirmar, no que diz respeito à regulação financeira sistêmica, que as redes globais de governo têm aptidão para definir padrões comuns de estratégias regulatórias segundo deliberações cooperativas consensuais, haja vista a evidência de que questões pertinentes a estratégias regulatórias financeiras são igualmente relevantes a todos.

Ainda que a globalização econômica tenha ocorrido antes e seja muito mais intensa do que o projeto incipiente de globalização política, existe um espaço deliberativo interessante de cooperação regulatória entre os países que está sendo preenchido pelas redes globais de governo, instituídas para estipular recomendações e definir, por instrumentos de *soft law*, propostas normativas de regulação para a coordenação uniformizada de esforços regulatórios eficientes a evitar crises sistêmicas.

Embora tais redes globais de governo estejam formalmente descoordenadas, diversas conexões informais foram estabelecidas entre elas ao longo do tempo, de modo que se pode verificar a ascensão de "redes de redes globais de governo", notadamente os Comitês no âmbito do BIS, além da necessária menção ao FMI e aos recentemente criados FSB e G-20.

À evidência, os Estados ainda são protagonistas de suas políticas públicas no âmbito financeiro, mas estão sujeitos ao "paradoxo da globalização", ou seja, a globalização financeira dos mercados e a ascensão de organismos financeiros internacionais fortes impõem uma relativa perda de soberania aos Estados, mas, ao mesmo tempo, isso provoca a adoção de posturas político-institucionais ativas de adaptação regulatória nacional à realidade contemporânea, o que vai ao encontro das tendências contemporâneas de formação de uma Administração Policêntrica do Estado, integradas por entidades reguladoras especializadas, com autonomia reforçada e funções normativas.

Diante todo o cenário acima narrado, há de se questionar sobre a existência de um Direito Administrativo Global. Controversa a questão, tendo em vista a fragilidade da fundamentação normativa formal das deliberações internacionais, eis que as Constituições não as contemplam como fontes normativas, não é possível ignorar, em contrapartida, a fundamentação substancial forte decorrente da eficácia persuasiva e argumentativa das diretrizes regulatórias financeiras definidas em organismos financeiros internacionais de modo consensual e cooperativo, mormente aqueles integrados pelo Brasil, sendo certo que a experiência prática evidencia a incorporação de muitas delas ao sistema jurídico brasileiro, constantemente, através de integração normativa por meio de Resoluções do Conselho Monetário Nacional e Circulares do Banco Central do Brasil, por exemplo.

Posto isso, com fundamento na noção de juridicidade administrativa e na legitimidade técnica das autoridades reguladoras financeiras, é possível sustentar a tese de que as decisões regulatórias de aplicação ou não de deliberações internacionais regulatórias produzidas nas redes financeiras globais de governo das quais o Brasil participa, conquanto tais decisões internacionais sejam insuscetíveis de impugnação formal, exigem motivação pública pelas autoridades reguladoras financeiras nacionais e tal motivação pode ser exigida, em caráter informacional, com base no princípio constitucional da democracia, no princípio constitucional da motivação e da eficiência administrativa das decisões regulatórias, sem prejuízo da vinculação constitucional do Brasil aos projetos de cooperação internacional entre países, em prol do progresso mundial.

CAPÍTULO 3 – REGULAÇÃO FINANCEIRA SISTÊMICA: FUNDAMENTOS ESPECÍFICOS E PARÂMETROS INSTITUCIONAIS DE DESENHO REGULATÓRIO PARA O BRASIL

Os projetos políticos próprios das sociedades constitucionais democráticas são ambiciosos. A Constituição brasileira de 1988, principal documento normativo do país, conquanto seja resultado de um intenso "constitucionalismo chapa branca"[680] em diversas passagens, é repleta de prescrições normativas universalizáveis, nas quais são estabelecidos diversos objetivos virtuosos e

---

[680] A expressão é de Carlos Ari Sundfeld, construída para confrontar a expressão "Constituição-cidadã" com base na constatação de que vários assuntos foram estrategicamente postos, formalmente, na Constituição brasileira de 1988 sob pressão de fortes grupos e corporações sociais com interesses específicos, a fim de afastar tais assuntos do processo político ordinário, sendo certo que tais dispositivos normativos, formalmente constitucionais, não guardam relação forte com a organização do Estado e os direitos fundamentais. A tese é a seguinte, *in verbis*: "*Minha tese é que a idealização em torno do caráter garantista da Constituição tem obscurecido o que é seu traço central: o haver instituído um constitucionalismo chapa branca, destinado a assegurar posições de poder a corporações e organismos estatais ou paraestatais. O conteúdo da Carta de 1988 é menos para proteger o cidadão frente ao Estado que para defender essas corporações e organismos contra as deliberações governamentais e legislativas.* (...) Em suma, os cidadãos que tiveram a atenção primária da Constituição foram policiais, fiscais tributários, militares, juízes, membros do Ministério Público, advogados públicos, defensores, professores de universidades oficiais, profissionais de saúde pública, e assim por diante. Isso fez da Constituição uma Lei Maior de organização administrativa (que assegura, aos organismos e corporações estatais e paraestatais, proteção contra as reorganizações por meio de lei), de diretrizes orçamentárias (que garante verbas aos setores tais ou quais, por meio de repartições e vinculações de receita tributária, engessando as leis orçamentárias) e de vantagens de servidores públicos

enunciados vários direitos a todos os cidadãos, com o propósito essencial de construção de uma sociedade livre e justa.

No entanto, intenções constitucionais prescritivas e esforços teóricos em prol da "maximização da eficácia dos direitos" diante da ampla agenda constitucional brasileira de direitos,[681] por si só, não bastam. É preciso conjugar as pretensões constitucionais com as possibilidades reais de financiamento econômico global equilibrado do projeto constitucional brasileiro pelo sistema financeiro.

Portanto, cabe à sociedade brasileira, com fundamento na Constituição brasileira vigente, decidir sobre a formatação do modelo institucional de gestão adequada dos recursos sociais escassos, apto a gerar resultados que se traduzam na efetiva expansão da capacidade das pessoas e na melhor qualidade de vida concreta de todos, com foco na preservação prioritária das liberdades e redução das desigualdades econômicas e sociais, conforme a perspectiva filosófica liberal-igualitária de justiça ora adotada.

No entanto, a despeito das vantagens próprias de Constituições analíticas,[682] é preciso ter cuidado com as consequências práticas decorrentes do fato da enunciação constitucional ampla de direitos.

A propósito, a tentativa desordenada de concretização simultânea das muitas pretensões constitucionais pode gerar riscos à estabilidade social, especialmente se considerados os ciclos político-eleitorais, porque a inadequação de um planejamento público sustentável ao longo do tempo: (i) dificulta o estabelecimento e a execução financeira de prioridades políticas, haja vista o extenso rol de direitos a efetivar; (ii) obscurece a percepção das reais intenções subjacentes à escolha por determinadas políticas públicas, eis que há vários

---

(vencimentos, previdência etc.)" (SUNDFELD, Carlos Ari. *Direito Administrativo para Céticos*. São Paulo: Malheiros, 2012, p. 56).

[681] A ideia de agenda constitucional praticamente não é usada no discurso jurídico brasileiro, o que se torna um grande problema porque estabelecer prioridades é fundamental para o funcionamento eficaz e transparente de qualquer instituição, seja ela política ou não, ainda mais tendo em vista o extenso rol de direitos fundamentais previstos na Constituição brasileira de 1988.

[682] A principal vantagem de uma Constituição analítica, pelo menos no que diz respeito a direitos fundamentais, é ampliar *ex ante* a pauta no espaço público sob um espectro maior de questões políticas fundamentais, a exemplo da previsão constitucional de diversos direitos sociais, nos termos do art. 6º da Constituição brasileira de 1988.

interesses constitucionais passíveis de tutela, o que desfavorece, em algum grau, o controle social de políticas públicas; e (iii) estimula uma tentação pela formulação descontrolada ou descoordenada de estratégias financeiras de curto prazo para a efetivação máxima de todos os direitos fundamentais o quanto antes, quando se sabe que a execução de políticas públicas é gradual e que as responsabilidades pelas consequências financeiras de atos políticos praticados em um ciclo político-eleitoral, se positivas, podem gerar benefícios políticos aos "donos episódicos do poder", mas, em contrapartida, se negativas, geralmente são repassadas a eventuais sucessores políticos de oposição com relativa facilidade.[683]

Nesse sentido, o direito fundamental à moradia, disposto no art. 6º da Constituição brasileira de 1988, é um exemplo fantástico para ilustrar a questão, pois o setor habitacional é, provavelmente, o maior foco de crises financeiras sistêmicas na história econômica mundial e a razão principal da última crise mundial, gerada pelo colapso do mercado imobiliário norte-americano *subprime*.

Ter o próprio imóvel para morar é, evidentemente, uma pretensão moral valiosa e digna de consideração em termos de políticas públicas, sendo certo que a ausência de moradia afeta, sobretudo, as pessoas economicamente menos favorecidas. Segundo pesquisas recentes, baseadas na Pesquisa Nacional por Amostra de Domicílios (PNAD) realizada pelo Instituto Brasileiro de Geográfia e Estatística (IBGE) em 2009, o déficit habitacional no Brasil alcança patamares significativos.

Uma pesquisa feita pela Fundação Getúlio Vargas (FGV) com base nesses dados apontou um "déficit habitacional de 5,8 milhões de famílias, o que representa um índice de 9,3% de famílias que não têm onde morar ou vivem em condições inadequadas".[684] O Instituto de Pesquisa Econômica Aplicada (IPEA), por sua vez, apontou um déficit habitacional de 7,9 milhões de

---

[683] É evidente que Constituições sintéticas não impedem focos de instabilidade sistêmica que surgem no âmbito político, mas a amplitude normativa de uma Constituição analítica potencializa, em algum grau, esse problema.

[684] Conforme informação obtida em notícia extraída da internet. Fonte: http://educacao.uol.com.br/disciplinas/atualidades/deficit-habitacional-brasil-precisa-de-quase-8-milhoes--de-moradias.htm. Acesso em 03.03.2013.

moradias no país, o que corresponde a 14,9% dos domicílios.[685] A Caixa Econômica Federal, principal agente do sistema financeiro habitacional, com base no ano de 2009, identificou uma "Demanda Habitacional Total" brasileira de 9.297.214 unidades.[686]

Diante do direito fundamental à moradia, o que fazer? O Estado deve comprar moradias e distribuir aos economicamente menos favorecidos e, com isso, os demais direitos, inclusive os demais direitos sociais, devem receber, relativamente, menos recursos públicos? O Estado deve se endividar para financiar o déficit habitacional ou deve, diretamente, subsidiar os financiamentos imobiliários? Qual é o papel dos bancos públicos e das agências de fomento no financiamento do mercado imobiliário? As instituições financeiras privadas devem ficar à margem do sistema de financiamento imobiliário habitacional, tal como ocorre hoje no âmbito do Sistema Financeiro da Habitação (SFH)? O Estado deve garantir os financiamentos imobiliários das pessoas economicamente menos favorecidas, sabendo-se que essas têm menor capacidade de pagamento? O Estado deve restringir-se a estimular a formação de poupança pelas pessoas para que elas mesmas financiem ou comprem os seus imóveis, ou deve promover somente o crescimento econômico nacional, do qual resultará uma maior renda às pessoas que pode ser revertida para a aquisição de imóveis? Qual é o ritmo adequado de expansão dos financiamentos habitacionais apto a não comprometer ou pressionar, excessivamente, os preços de mercado dos fatores de produção da construção civil e/ou das moradias já construídas, com impacto na inflação?

Essa sequência de perguntas difíceis demonstra, de forma clara, a título ilustrativo, que a "mera" pretensão de efetivação de um único direito fundamental de natureza social envolve todo o sistema global de direitos fundamentais, com impactos financeiros significativos sobre o mercado. Como lidar com isso sem gerar instabilidade social ou inflação?

---

[685] Fonte: http://educacao.uol.com.br/disciplinas/atualidades/deficit-habitacional-brasil-precisa-de-quase-8-milhoes-de-moradias.htm. Acesso em 03.03.2013.

[686] Em 2012, a Caixa Econômica Federal tornou público um estudo específico sobre a demanda habitacional no Brasil, que se encontra disponível no seguinte endereço eletrônico: http://downloads.caixa.gov.br/_arquivos/habita/documentos_gerais/demanda_habitacional.pdf. Acesso em 03.03.2013.

CAPÍTULO 3 – REGULAÇÃO FINANCEIRA SISTÊMICA: FUNDAMENTOS ESPECÍFICOS...

Há uma resposta plausível, ainda que inicialmente genérica, fundada em três parâmetros essenciais que caracterizam o paradigma da sustentabilidade:[687] traçar uma estratégia racional e razoável de estabilidade financeira de longo prazo, com prioridades políticas previamente estabelecidas e focadas na liberdade, que seja: (i) publicamente debatida, (ii) transparente e (iii) a mais eficiente possível ao mesmo tempo.[688]

Em outras palavras, conforme Juarez Freitas, deve-se reconhecer, normativamente, que "os objetivos multidimensionais da Constituição, no caso brasileiro, parecem andar, mais ou menos, em consonância com o valor supremo da sustentabilidade, sem unilateralismos",[689] em consonância com a preservação sistêmica das liberdades e a devida atenção, em prol da igualdade, aos menos favorecidos.

Definir uma estratégia política liberal-igualitária transparente, adequada e sustentável ao longo do tempo,[690] própria da democracia deliberativa, faz toda a diferença em termos de desenho institucional e escolha de políticas

---

[687] O paradigma de sustentabilidade preza pela *"racionalidade dialógica, pluralista e democrática, com a plasticidade adaptativa acoplada às exigências de fundamentação endereçada ao cumprimento coerente da Constituição"*, cf. FREITAS, Juarez. *Sustentabilidade*: direito ao futuro. Belo Horizonte: Fórum, 2011, p. 233.

[688] Esses são os pilares que constituem o movimento contemporâneo conhecido como *new public management*, que prega a adoção de métodos de gestão pública aptos a consolidar, institucionalmente, uma administração voltada a resultados e necessariamente legitimada pelos valores da democracia deliberativa. Sobre o tema, v. SADDY, André. *Formas de Atuação e Intervenção do Estado Brasileiro na Economia*. Rio de Janeiro: Lumen Juris, 2011, p. 52.

[689] FREITAS, Juarez. *Op. Cit.*, p. 133.

[690] A preocupação intergeracional deve integrar a estratégia político-institucional de qualquer sociedade. Conforme ressalta Hannah Arendt, *"se o mundo deve conter um espaço público, não pode ser construído apenas para uma geração e planejado somente para os que estão vivos, mas tem de transcender a duração da vida de homens mortais. Sem essa transcendência em uma potencial imortalidade terrena, nenhuma política, no sentido restrito do termo, nenhum mundo comum nem domínio público são possíveis"* (ARENDT, Hannah. *A condição humana*. Trad. Roberto Raposo. 11. ed. Rio de Janeiro, Forense Universitária, 2011, p. 67). Em outras palavras, Diogo de Figueiredo Moreira Neto sustenta que *"só será possível recobrar a segurança se o futuro for objeto de criterioso planejamento democrático, pois desse modo se permite uma formulação aberta de políticas públicas e, por isso, submetê-los ambos a específicos institutos jurídicos, que privilegiem a prospecção e o controle social"* (MOREIRA NETO, Diogo de Figueiredo. *Quatro paradigmas do direito administrativo pós--moderno*: legitimidade, finalidade, eficiência, resultados. Belo Horizonte: Forum, 2008, p. 141).

públicas,[691] entendidas como "as ações e programas para dar efetividade aos comandos gerais impostos pela ordem jurídica que necessitam de ação estatal".[692]

No âmbito econômico, a discussão essencial a respeito da adequação das estratégias políticas à realidade dinâmica e complexa dos mercados sempre leva à mesma questão: é crível defender a possibilidade de existência de um tamanho ideal de Estado na economia[693] para a estrutura regulatória da sociedade, capaz de equilibrar a equação de justiça "liberdade-igualdade"[694] de forma atemporal?

A propósito do assunto, diversas formulações teóricas foram desenvolvidas e serviram de fundamento para a construção histórica de estratégias subjacentes a políticas públicas praticadas pelos Estados ao longo dos últimos séculos.

São de conhecimento geral, nessa discussão, o modelo de Estado mínimo, cujas bases teóricas iniciais foram construídas no final do século XVIII e início do século XIX sob influência das ideias provenientes do liberalismo clássico, que visou, basicamente, contestar o desperdício de recursos sociais causados pelos privilégios e monopólios econômicos oficiais.[695]

---

[691] V. MAJONE, Giandomenico. *Do Estado Positivo ao Estado Regulador*: causas e conseqüências da mudança no modo de governança. In: MATTOS, Paulo Todescan L. (coord). *Regulação Econômica e Democracia* – o debate europeu. São Paulo: Singular, 2006, p. 53. A ideia de que a estratégia é essencial à estruturação institucional é trazida por Giandomenico Majone com base na tese de Alfred Chandler, segundo a qual a estrutura segue a estratégia preestabelecida e uma estrutura mais complexa é o resultado da conjugação de várias estratégias básicas.

[692] FONTE, Felipe de Melo. *Op. Cit.*, p. 44.

[693] No mesmo sentido, a questão pertinente ao tamanho ideal do Estado é posta em: RAGAZZO, Carlos Emmanuel Joppert. *Regulação jurídica, racionalidade econômica e saneamento básico*. Rio de Janeiro: Renovar, 2011, p. 11.

[694] Quanto ao ponto, embora se saiba da importância simbólica do disseminado trinômio liberdade-igualdade-fraternidade para a afirmação histórica dos direitos fundamentais, não se faz menção expressa à ideia de fraternidade ou solidariedade porque ela é pressuposta na filosofia liberal-igualitária, sobretudo tendo em vista o ideal de razão pública e a exigência de razoabilidade própria do critério da reciprocidade segundo a filosofia política de John Rawls. De todo modo, pode-se dizer que a solidariedade implica no *"reconhecimento da responsabilidade mútua entre as pessoas, i.e., umas pelas outras e de cada uma delas por todas as demais, inclusive pelas gerações futuras"*, cf. FONTE, Felipe de Melo. *Op. Cit.*, p. 275.

[695] Quanto à importância dos mercados, é interessante destacar as observações feitas por Amartya Sen à contribuição de Adam Smith para a economia, nas quais se percebe uma leitura mais contextual e ética das ideias extraídas das suas principais obras, pois as preocupações centrais de Adam Smith voltavam-se ao problema do desperdício social e da perda de capital

Posteriormente, os modelos variados de Estado intervencionista ou regulador, concebidos na primeira metade do século XX e rotulados, genericamente, como modelos de "Estado de bem-estar social", revelam um protagonismo estatal maior na tentativa de efetivação de variados direitos sociais *lato sensu* com pretensões de redução de desigualdades econômicas e sociais, o que pode ser explicado, essencialmente, pela evolução significativa dos processos políticos de inclusão democrática ocorridos nesse mesmo século.

Em suma, a história retrata modelos econômicos de Estado cujos graus de intensidade podem variar ao longo do tempo segundo as necessidades sociais percebidas no âmbito das instituições responsáveis pelas decisões sobre questões políticas fundamentais.

Logo, a intervenção do Estado na economia, segundo as evidências e as experiências históricas mundiais, é uma questão de grau,[696] que foge à lógica

---

produtivo. Com efeito, é possível afirmar que a tese principal de Adam Smith a favor do livre funcionamento dos mercados tinha por objetivo claro contestar a interferência política de grupos econômicos organizados na busca de privilégios econômicos na Inglaterra do século XVIII, o que prejudicava, de forma intensa, a formação justa dos preços nos mercados em razão da ausência de concorrência. Além disso, encontram-se na obra de Adam Smith passagens onde se defende uma atuação estatal ativa de garantia de educação básica a todas as pessoas e investigações econômicas sobre a possibilidade de "restrições sensatas" destinadas à correção dos resultados dos mercados, podendo-se cogitar da afirmação de uma "lógica intervencionista" a Adam Smith, fundada na minimização dos desperdícios sociais e na obtenção de bons resultados sociais através dos mercados. Em síntese, Amartya Sen finaliza a análise da obra smithiana pela observação de que as políticas econômicas devem conter uma racionalidade diferente de atitudes generalistas contra ou a favor dos mercados, com enfoque nos incentivos existentes e nas conseqüências reais das decisões políticas no funcionamento dos mercados. V. SEN, Amartya. *Desenvolvimento como liberdade*. São Paulo: Companhia das Letras, 2000, p. 146-151, *passim*.

[696] Nesse sentido, de acordo com a ideia de "finanças para uma boa sociedade" formulada por Robert Shiller, a intervenção do Estado na economia deve buscar uma solução de equilíbrio entre "razões regulatórias" e "soluções de mercado", cuja "*função do governo nesse esforço é definir com clareza as regras do jogo, de maneira a proteger os consumidores e a promover o interesse público, além de, ao mesmo tempo, criar condições para que os jogadores concorram entre si fazendo aquilo em que são mais aptos: entregar melhores produtos e serviços*" (SHILLER. Robert. *Finanças para uma boa sociedade*: como o capitalismo financeiro pode contribuir para um mundo mais justo. Trad. Afonso Celso da Cunha Serra. Rio de Janeiro: Elsevier, 2012, p. 9). Sob outra perspectiva e tendo em vista a regulação financeira sistêmica, o "*Estado não tem que ser mínimo nem máximo, necessariamente: tem apenas de desempenhar funções do tamanho dos recursos que a sociedade lhe oferece. Do contrário, se for maior do que a receita lhe permite, o Estado será um instrumento de tributação do pobre – a quem supostamente procura assistir – por meio da inflação, ou de penhor das classes produtivas e*

do "tudo ou nada". Mitificar o mercado ou o Estado não faz nenhum sentido lógico, porque ambos são o resultado da ação racional humana, com o objetivo institucional comum de gerar "bem-estar social".[697]

Além disso, tanto o mercado quanto o Estado podem apresentar falhas, conforme será desenvolvido a seguir. Não há, portanto, um tamanho ideal de Estado na economia.

Não obstante, a divergência social a respeito do grau adequado de intervenção do Estado na economia é intensa devido à adesão de razões teóricas específicas por distintas doutrinas abrangentes razoáveis, cujas premissas teóricas, consequentemente, levam a resultados nem sempre coincidentes quanto à definição adequada do desenho político-institucional e da escolha das políticas econômicas.

É um desafio criar consensos democráticos mínimos em matéria econômica, haja vista o fato do pluralismo razoável em um Estado pluriclasse,[698] o que evidentemente tem repercussão no que diz respeito aos mercados financeiros.

Sendo assim, uma etapa essencial ao enfrentamento desse desafio é analisar o valor material da livre iniciativa econômica e discorrer sobre a existência do princípio da subsidiariedade de atuação estatal na Constituição brasileira de 1988, com fundamento no princípio constitucional da dignidade da pessoa humana e da livre iniciativa (art. 1º, III e IV, e 170, *caput*, da Constituição brasileira de 1988), próprios de um direito fundamental geral de autonomia para a liberdade (art. 5º, II, da Constituição brasileira de 1988),[699] especialmente

---

das gerações futuras por seu endividamento" (FRANCO, Gustavo. *O desafio brasileiro*: ensaios sobre desenvolvimento, globalização e moeda. São Paulo: 34, 1999, p. 82).

[697] A noção de "bem-estar social" é excessivamente genérica, mas ora é empregada pela sua consagração na teoria econômica. O tema será retomado mais a frente.

[698] A noção de Estado pluriclasse é dada por Alexandre Santos de Aragão, *in verbis*: "*O Estado, ao contrário da administração econômica dos pequenos grupos homogêneos, deverá dar conta da pluralidade de concepções existentes no seio da sociedade. Noutras palavras, a decisão a respeito de como se dará a atuação do Estado no seio da sociedade (por exemplo, se mediante uma atuação empresarial estatal direta, ou através da regulação das empresas privadas), é questão que está sujeita ao processo político pluralista e democrático*" (ARAGÃO, Alexandre Santos de. *Agências reguladoras e a evolução do direito administrativo contemporâneo*. Rio de Janeiro: Forense, 2009, p. 56).

[699] Segundo Jane Reis Gonçalves Pereira: "*na Constituição brasileira de 1988, é bastante fácil encontrar lastro para o direito geral de liberdade. O art.5º, caput, é explícito em consagrar o direito à liberdade, ao lado do direito à vida, à igualdade, à segurança e à propriedade. De outro lado, o art. 5º, II, que consagra o princípio da legalidade, determina que 'ninguém será obrigado a fazer ou deixar de fazer alguma coisa*

CAPÍTULO 3 – REGULAÇÃO FINANCEIRA SISTÊMICA: FUNDAMENTOS ESPECÍFICOS...

quando se adota uma perspectiva de filosofia política liberal-igualitária de justiça, na qual a liberdade é prioritária em relação a valores perfeccionistas e exigências de bem comum.

Ora, quando se afirma que as liberdades fundamentais devem ser priorizadas na regulação da estrutura básica da sociedade, quer-se proteger a autonomia de cada cidadão para realizar seus planos existenciais próprios de vida, enquanto produto prático da razão, de modo que a liberdade não pode ser restringida, de forma arbitrária, pelos demais membros da sociedade, pois se deve tratar cada cidadão como um fim em si mesmo.

Nesse sentido, o princípio da subsidiariedade, enquanto corolário do princípio constitucional da dignidade da pessoa humana e da livre iniciativa, é eficaz no sentido de incentivar que todos os cidadãos tenham autonomia para empreender, trabalhar, inovar, ou, em termos mais gerais, agir economicamente, ainda que cada um persiga interesses econômicos próprios.

A economia não é um "jogo de soma zero", em que os ganhos econômicos privados de uns significam perdas econômicas privadas de outros. Não é justo nem socialmente eficiente impor, institucionalmente, a socialização dos ganhos econômicos dos cidadãos e a privatização dos prejuízos, pois isso representa um incentivo muito negativo às vantagens evidentes do exercício pleno da autonomia no âmbito econômico.

O que move e transforma a economia de um país, com a geração de riqueza econômica, é o exercício ativo da autonomia individual dos cidadãos no contexto dos mercados, em que o resultado do empreendedorismo, do trabalho e da inovação ocorridos nos mercados é revertido, primariamente, em ganhos econômicos privados que produzem efeitos sistêmicos positivos para a integridade da economia.

Dessa forma, o exercício da autonomia dos agentes econômicos no âmbito dos mercados é o que gera as transformações positivas na geração de riqueza econômica, o que evidencia, *prima facie*, a inexistência de justificação moral e

---

senão em virtude de lei', veiculando, a contrario sensu, o princípio geral da autonomia" (PEREIRA, Jane Reis Gonçalves. *Interpretação constitucional e direitos fundamentais*: uma contribuição ao estudo das restrições aos direitos fundamentais na perspectiva da teoria dos princípios. Rio de Janeiro: Renovar, 2006, p. 170).

política para a intromissão do Estado na vida econômica privada das pessoas, daí a prioridade fundamental da livre iniciativa econômica[700].

No entanto, a prioridade da livre iniciativa econômica não significa a sua hegemonia,[701] pois é notório que a capacidade espontânea de coordenação flexível e dinâmica das necessidades humanas através dos mercados encontra certas limitações.

Não há dúvidas de que: (i) há deficiências estruturais de mercado; (ii) assimetrias intensas entre os agentes econômicos participantes; (iii) externalidades; e (iv) interesses coletivos envolvidos, o que compromete a capacidade de coordenação eficiente exclusiva dos mercados, demandando-se elementos institucionais complementares de reforço à coordenação dos processos de mercado através da regulação. Essas são, em linhas gerais, as denominadas "falhas de mercado".

Posto isso, evidencia-se o sentido da subsidiariedade, que tem *status* constitucional, por resultar do princípio constitucional da livre iniciativa com repercussão econômica, de modo que não há razão para degradar esse *status* normativo se seguida a ideia de prioridade das liberdades fundamentais.[702]

---

[700] Cf. MARQUES NETO, Floriano Peixoto de Azevedo. *Limites à Abrangência e à Intensidade da Regulação Estatal*. Revista Eletrônica de Direito Administrativo Econômico. Salvador, Instituto de Direito Público da Bahia, nº 4, 2006, p. 11-14, *passim*. Tal doutrinador, ao perceber a subsidiariedade como decorrência da autonomia individual e da livre iniciativa econômica, sustenta a tese de que a subsidiariedade é princípio constitucional implícito.

[701] O princípio da juridicidade ou legalidade constitucional pode justificar restrições ao direito fundamental de liberdade, a fim de fazer prevalecer outros bens jurídicos em determinadas circunstâncias institucionais, desde que fundamentadas as restrições, direta ou indiretamente, na Constituição, à luz do ideal de razão pública, cf. PEREIRA, Jane Reis Gonçalves. *Op. Cit.*, p. 171 e 208.

[702] Em relação ao tema, é importante citar a existência de entendimento doutrinário no sentido de que a subsidiariedade não pode ser extraída, diretamente, da Constituição brasileira de 1988. Tal tese busca afastar uma hipotética "interpretação hiper-expansiva do âmbito de proteção do princípio da livre iniciativa" que obsta a legitimidade democrática para impor restrições normativas sobre os mercados (SOUZA NETO, Cláudio Pereira de; MENDONÇA, José Vicente Santos de. *Fundamentalização e Fundamentalismo na Interpretação do Princípio Constitucional da Livre Iniciativa*. In: SOUZA NETO, Cláudio Pereira de; SARMENTO, Daniel (Coord.). *A Constitucionalização do Direito*: Fundamentos Teóricos e Aplicações Específicas. Rio de Janeiro: Lumen Juris, 2007, p. 710 e 734-740). A crítica básica que se faz a esse entendimento refere-se à incoerência interna do estudo, pois nele se faz o uso do ideal de razão pública formulado por John Rawls como fundamento essencial da democracia deliberativa e se afasta,

CAPÍTULO 3 – REGULAÇÃO FINANCEIRA SISTÊMICA: FUNDAMENTOS ESPECÍFICOS...

Portanto, a subsidiariedade significa uma preferência constitucional geral *prima facie* evidente pela não intervenção nos resultados sociais dos mercados e não significa, de modo algum, um Estado leniente ou fraco,[703] eis que poderá usar do seu "poder de coerção exclusivo em relação à sociedade"[704] em determinadas circunstâncias.

Logo, entre "falhas de mercado" e "falhas de Estado", pergunta-se: qual é a melhor estratégia política a ser seguida, em democracias deliberativas, para a concretização das finalidades traçadas, primariamente, na Constituição? Qual é o paradigma mais eficiente de avaliação dos resultados esperados *vis-à-vis* os objetivos estabelecidos, aplicável no âmbito da regulação financeira sistêmica?

A resposta a essa questão será dada pelo recurso à ideia da razão prática regulatória como paradigma sustentável de ação do Estado, em prol do objetivo de aprimoramento regulatório voltado à obtenção dos melhores resultados sociais possíveis (*better regulation*).

Com relação ao tema, não custa relembrar que a ideia de razão prática preza pelo: (i) desapego relativo a razões teóricas específicas,[705] (ii) ênfase no contexto decisório e (iii) preocupação forte com as consequências sistêmicas das decisões tomadas, a fim de definir, a partir dos elementos empíricos e científicos de informação disponíveis, as razões para a escolha das estratégias de ação voltadas ao progresso nos processos regulatórios.

À evidência, isso envolve, em termos práticos, definir a "quem" será racionalmente atribuída a responsabilidade pelas decisões regulatórias e "como" elas serão executadas na prática, bem como o estabelecimento de formas

---

em seguida, a ideia de prioridade das liberdades fundamentais sobre valores perfeccionistas e exigências de bem comum, o que também integra a filosofia política de John Rawls.

[703] Sobre o tema, v. ARAGÃO, Alexandre Santos de. *Agências reguladoras e a evolução do direito administrativo contemporâneo*. Rio de Janeiro: Forense, 2009, p. 132-136, *passim*. Em termos institucionais, é importante frisar que o Supremo Tribunal Federal jamais reconheceu a existência normativa do princípio constitucional da subsidiariedade, cf. FIDALGO, Carolina Barros. *O estado empresário*: regime jurídico das tradicionais e novas formas de atuação empresarial do estado na economia brasileira. Dissertação de mestrado apresentada ao Programa de Pós-Graduação da Faculdade de Direito da Universidade do Estado do Rio de Janeiro como requisito parcial para a obtenção do título de Mestre em Direito. Rio de Janeiro, 2012, p. 78.

[704] SUNDFELD, Carlos Ari. *Fundamentos de Direito Público*. São Paulo: Malheiros, 2012, p. 21.

[705] As razões teóricas específicas são importantes, mas não são determinantes em democracias deliberativas, conforme a ideia de razão prática de John Rawls, devidamente apresentada no capítulo anterior.

eficazes de lidar com a necessária submissão pública justificada dos resultados inerentes às estratégias regulatórias para críticas, ajustes ou controle pelos demais poderes ("por quê").

Nesse sentido, de acordo com o ideal de democracia deliberativa, a discussão acerca do grau adequado de legitimidade da regulação dos mercados se transforma em um diálogo dinâmico, pautado pelo ideal de razão pública, que ocorre segundo um paradigma de sustentabilidade da gestão pública financeira fundamentado em razões práticas regulatórias,[706] que tem por objetivo a implementação gradual e progressiva de estratégias regulatórias eficientes e transparentes aos resultados pretendidos (que podem justificar tanto restrições regulatórias quanto tendências de desregulação)[707] variáveis segundo as circunstâncias econômicas contingentes de conjuntura histórica.[708]

---

[706] Conforme Alexandre Santos de Aragão, "*a relação entre o Estado e a economia é dialética, dinâmica e mutável, sempre variando segundo as contingências políticas, ideológicas e econômicas. Inegável, assim, uma relação de mútua ingerência e limitação: o Direito tem possibilidades, ainda que não infinitas, de limitar e de direcionar as atividades econômicas; e estas influenciam as normas jurídicas não apenas na sua edição, como na sua aplicação, moldando-as, também limitadamente, às necessidades do sistema econômico*" (ARAGÃO, Alexandre Santos de. *Agências reguladoras e a evolução do direito administrativo contemporâneo*. Rio de Janeiro: Forense, 2009, p. 21). Assim, a democracia deliberativa estimula a ampla participação pública nas instâncias políticas oficiais pelas diversas doutrinas abrangentes razoáveis, sobretudo em relação às questões políticas fundamentais, com o intuito de "*não congelar nenhuma concepção transitoriamente vencedora, mantendo a adaptabilidade do Estado à cada vez mais complexa e dinâmica realidade e ao jogo político da sociedade*" (ARAGÃO, Alexandre Santos de. *Op. Cit.*, p. 57).

[707] Mais uma vez, faz-se questão de trazer observações de Alexandre Santos de Aragão acerca das possibilidades de regulação *lato sensu* da economia, que podem identificar-se com as seguintes estratégias, *in verbis*: "*(a) a regulação estatal, feita pelas regras emitidas por órgãos do próprio Estado, mesmo que deles participem representantes de organismos intermédios da sociedade; (b) a regulação pública não-estatal, feita por entidades da própria sociedade, mas por delegação ou por incorporação das suas normas ao ordenamento jurídico estatal; (c) auto-regulação, levada a cabo autonomamente por instituições privadas, geralmente associativas (auto-regulação associativa), sem qualquer delegação ou chancela estatal; e (d) a desregulação, consistente na ausência de regulação institucionalizada, pública ou privada, ficando os agentes sujeitos apenas ao livre desenvolvimento do mercado*" (ARAGÃO, Alexandre Santos de. *Op. Cit.*, p. 33).

[708] Consoante a advertência do Luís de Cabral de Moncada, "*indispensável é, porém, compreender que a intervenção estatal ou a sua neutralidade relativamente à economia não visam alterar os fundamentos da sociedade capitalista e liberal em que vivemos; corporizam apenas respostas conjunturais a problemas econômicos e sociais, feitas com maior ou menos apoio constitucional, e que correspondem a um movimento pendular que se verifica no interior da ordem econômica dominante*" (MONCADA, Luís de Cabral de. *Manual elementar de direito público da economia*: uma perspectiva luso-brasileira. Coimbra:

CAPÍTULO 3 – REGULAÇÃO FINANCEIRA SISTÊMICA: FUNDAMENTOS ESPECÍFICOS...

A propósito, nesse momento é importante frisar qual o sentido e o alcance adequado da concepção de regulação a ser adotada, haja vista a complexidade do fenômeno regulatório.[709]

Quanto ao tema, tendo em vista a excelência da obra clássica de Eros Roberto Grau[710] na doutrina brasileira sobre Direito Econômico, até hoje se compreende, com amplo grau de aceitação, que a atividade econômica em sentido amplo se decompõe em: (i) atividade econômica em sentido estrito e (ii) serviço público.[711]

Seguida essa classificação, o termo "atuação" do Estado é apto a caracterizar as restrições estatais ao funcionamento dos mercados no espectro integral da noção de atividade econômica em sentido amplo,[712] enquanto o termo "intervenção" está reservado à atuação estatal na atividade econômica em sentido estrito, usado-se o termo "intervenção" porque o Estado estaria atuando em "área de outrem".[713]

Almedina, 2012, p. 10). É comum caracterizar a atuação estatal na economia como um pêndulo, devido ao caráter tendencial no sentido de se aumentar ou diminuir a regulação em razão da percepção das instituições políticas sobre a conjuntura econômica. Sendo assim, "*as oscilações pendulares da ação estatal no capitalismo revelam que não há perversão do sistema nem quando o Estado aumenta sua interferência na economia, nem quando diminui*" (AGUILLAR, Fernando Herren. *Direito econômico:* do direito nacional ao direito supranacional. 2. ed. São Paulo: Atlas, 2009, p. 7). Portanto, o mais relevante na ação pendular não é somente a tendência de regulação estatal em si, mas também o exame substancial das razões que fundamentam tal tendência.

[709] A regulação, em essência, tem natureza ampla e grande fluidez conceitual, o que se explica pelo fato de que "*as relações sujeitas à regulação são, em regra, complexas, envolvendo aspectos financeiros, econômicos, técnicos e jurídicos, que não comportam soluções preconcebidas*" (SADDY, André. *Formas de Atuação e Intervenção do Estado Brasileiro na Economia.* Rio de Janeiro: Lumen Juris, 2011, p. 306). No mesmo sentido: ARAGÃO, Alexandre Santos de. *Op. Cit.*, p. 36.

[710] V. GRAU, Eros Roberto. *A Ordem Econômica na Constituição de 1988.* São Paulo: Malheiros, 2003.

[711] GRAU, Eros Roberto. *Op. Cit.*, p. 92.

[712] GRAU, Eros Roberto. *Op. Cit.*, p. 81-82.

[713] GRAU, Eros Roberto. *Op. Cit.*, p. 81. A síntese de Eros Grau sobre o tema é a seguinte, *in verbis*: "*Intervenção indica, em sentido forte, (isto é, na sua conotação mais vigorosa), no caso, atuação estatal em área de titularidade do setor privado; atuação estatal, simplesmente, ação do Estado tanto na área de titularidade própria quanto em área de titularidade do setor privado. Em outros termos, teremos que intervenção conota atuação estatal no campo da atividade econômica em sentido estrito; atuação estatal, ação do Estado no campo da atividade econômica em sentido amplo*" (GRAU, Eros Roberto. *Op. Cit.*, p. 83).

Além disso, a forma de "intervenção" do Estado na economia pode ser: (i) direta, que ocorre quando o Estado atua como empresário, em regime de livre iniciativa econômica e livre concorrência com os demais agentes econômicos de mercado (art. 173),[714] ou (ii) indireta, caracterizada pela: (ii.a) ação estatal de direção,[715] através da qual se regula, principalmente, o acesso e o comportamento dos agentes econômicos nos mercados (leia-se, regulamentação, poder de direção, regulação em sentido estrito, polícia ou disciplina); ou (ii.b) ação estatal indutiva,[716] com o objetivo de fomentar comportamentos econômicos em setores socialmente importantes (art. 174).[717] [718]

Entretando, a despeito da utilidade didática das classificações mencionadas acima, a interação inquestionável e inevitável entre todas as formas de "intervenção" no complexo setor financeiro impede um estudo isolado ou estanque de cada uma dessas formas de "intervenção" em termos sistêmicos, daí a escolha pela adoção mais eficiente e transparente de uma concepção ampla e única de regulação apta a abarcar toda a atuação do Estado, isto é, engloba-se na concepção de regulação a atuação do Estado como empresário,[719] indutor e regulamentador.[720]

---

[714] O *caput* do artigo 173 da Constituição está assim redigido: "Ressalvados os casos previstos nesta Constituição, a exploração direta de atividade econômica pelo Estado só será permitida quando necessária aos imperativos da segurança nacional ou a relevante interesse coletivo, conforme definidos em lei".

[715] GRAU, Eros Roberto. *Op. Cit.*, p. 126.

[716] GRAU, Eros Roberto. *Op. Cit.*, p. 127.

[717] O artigo 174, *caput*, da Constituição brasileira de 1988 tem a seguinte redação: "Art. 174. Como agente normativo e regulador da atividade econômica, o Estado exercerá, na forma da lei, as funções de fiscalização, incentivo e planejamento, sendo este determinante para o setor público e indicativo para o setor privado".

[718] No direito português, v. MONCADA, Luís de Cabral de. *Manual elementar de direito público da economia*: uma perspectiva luso-brasileira. Coimbra: Almedina, 2012, p. 183.

[719] A inclusão das empresas estatais dentro da concepção de regulação é tema controvertido. No entanto, entender a utilização de empresas estatais como técnica de regulação estatal é essencial para uma abordagem metodológica única voltada ao aprimoramento global dos processos regulatórios, em conformidade com a ideia de razão prática regulatória. A regulação estatal em sentido amplo possui natureza sistêmica e, a rigor, deve seguir um planejamento estrutural estratégico adequado de longo prazo, de modo que a justificação do uso de empresas estatais não pode ser posta isoladamente do projeto regulatório para o setor, sob pena de gerar distorções significativas de diagnóstico e prognóstico econômicos, máxime porque as empresas estatais, em geral, detêm grande parcela de poder de mercado, haja vista, por exemplo, o poder de mercado dos bancos públicos. Calixto Salomão Filho afirma,

CAPÍTULO 3 - REGULAÇÃO FINANCEIRA SISTÊMICA: FUNDAMENTOS ESPECÍFICOS...

Por exemplo, quando um empresário do setor de construção civil avalia as possibilidades financeiras de um projeto, certamente ele avaliará qual a melhor estratégia financeira, em termos de custo-benefício, para viabilizá-lo, sem qualquer preocupação com a natureza jurídica que qualifica, respectivamente, os agentes que integram a estrutura estatal do Sistema Financeiro Nacional (SFN).

Provavelmente, as alternativas financeiras, que seguem a lógica do melhor custo-benefício possível, serão postas na seguinte ordem de prioridade: (i) a submissão do projeto à análise do BNDES (intervenção indireta por agência de fomento); (ii) a consulta aos distintos bancos públicos a respeito da aderência das finalidades do projeto às diretrizes institucionais para a obtenção de financiamento com melhores taxas de juros (intervenção direta);

ao tratar da ação de planejamento estatal, que *"o papel da empresa estatal, desde que tenha poder no mercado suficiente para tanto, passa, então, a ser o de planejador e direcionador de desenvolvimento setorial. A eficiência (aqui no sentido produtivo) da atuação estatal é, também, garantida através da presença de concorrentes (existentes ou potenciais). O papel da concorrência é, aqui, novamente arejar o órgão planejador (no caso o estatal) permitindo o melhor conhecimento da realidade e, eventualmente, a mudança de rumo do planejamento (...) outra forma mais óbvia é a regulação, em sentido próprio ou estrito, através da edição de normas específicas, e sua fiscalização. Nessa forma é fundamental que a introdução de princípios institucionais seja apenas um primeiro passo no sentido da resolução efetiva dos problemas estruturais"* (SALOMÃO FILHO, Calixto. *Regulação e desenvolvimento*. In: SALOMÃO FILHO, Calixto (coord.). *Regulação e Desenvolvimento*. São Paulo: Malheiros, 2002, p. 60-61). Ademais, é importante notar que, em termos históricos, o processo simultâneo de privatização de empresas estatais e de reforço da regulação estatal em sentido estrito verificado nas últimas décadas do século passado evidenciou, em termos sistêmicos, que ambas são estratégias regulatórias mutuamente relacionadas e interativas como técnicas de regulação, tanto que, de modo geral e inequívoco,*"o abandono da actividade empresarial do Estado e fim dos exclusivos públicos provocou em geral um reforço da actividade reguladora do Estado"* (MARQUES, Maria Manuel Leitão; MOREIRA, Vital. *A Mão Visível* – Mercado e Regulação. Coimbra: Almedina, 2008, p. 13). Quanto ao ponto, a depender de cada setor regulado, não é trivial sustentar que os processos de privatização geraram, necessariamente, uma menor intensidade regulatória global tendo em vista o aumento significativo da regulação estatal em sentido estrito naquele período histórico.

[720] Embora a noção de regulamentação – ou poder regulamentar – seja tratada, majoritariamente, como atividade de complemento a ato normativo primário editado pelo Poder Legislativo – leia-se, a lei ordinária, via de regra –, nos termos do art. 84, IV, da Constituição brasileira de 1988, regular e regulamentar, em essência, têm a mesma natureza, embora possuam graus distintos de juridicidade, cf. ARAGÃO, Alexandre Santos de. *Agências reguladoras e a evolução do direito administrativo contemporâneo*. Rio de Janeiro: Forense, 2009, p. 28. O tema será retomado e aprofundado, mais adiante, em momento oportuno do capítulo.

(iii) a consulta financeira a bancos privados, fundos de investimento, fundos de pensão, etc. para a captação privada de recursos financeiros; e (iv) a avaliação da possibilidade de captação pública de recursos financeiros no mercado de capitais, cogitando-se, por exemplo, da possibilidade de efetuar a abertura de capital ou a oferta pública de debêntures, o que está sujeito à intervenção indireta da Comissão de Valores Imobiliários (regulação em sentido estrito), sendo que todos esses agentes do sistema financeiro nacional estão sujeitos à regulação normativa sistêmica protagonizada pelo Conselho Monetário Nacional (intervenção indireta por regulação em sentido estrito).

Nesse sentido, adotar uma concepção ampla e única de regulação[721] não é somente uma escolha voluntarista, mas uma necessidade sistêmica para conduzir, com transparência e eficiência, progressos nos processos regulatórios, ao permitir a identificação de distorções e incentivos econômicos, bem como viabilizar uma avaliação adequada de custo-benefício das instituições sociais e de seus respectivos resultados a partir de uma perspectiva uniforme de diagnósticos e prognósticos.[722]

Logo, a regulação é o termo reputado mais adequado para qualificar a pretensão teórica de estudar a atuação do Estado na economia de forma eficiente em termos sistêmicos, compreendendo-se a regulação, portanto, como um sistema racional de "medidas legislativas, administrativas e convencionais, abstratas ou concretas, pelas quais o Estado, de maneira restritiva da liberdade privada ou meramente indutiva, determina, controla, ou influencia o comportamento dos agentes econômicos"[723], cuja amplitude está fundamentada

---

[721] A única ressalva que deve ser feita em relação à amplitude da concepção de regulação é afastar seu alcance dos mecanismos próprios de formação de preços de mercado ou quando presente a autorregulação espontânea privada dos agentes integrantes de determinado mercado, cf. ARAGÃO, Alexandre Santos de. *Op. Cit.*, p. 30.

[722] Cf. SOUTO, Marcos Juruena Villela. *Direito Administrativo Regulatório*. 2. ed. Rio de Janeiro: Lumen Juris, 2005, p. 48.

[723] ARAGÃO, Alexandre Santos de. *Op. Cit.*, p. 37. Em sentido similar, diz-se que *"a regulação pública da economia em sentido amplo, consiste, no conjunto de medidas legislativas, administrativas e convencionadas por meio das quais o Estado (ou, de forma mais ampla, os poderes públicos), por si ou por delegação, determina, controla, ou influencia o comportamento dos agentes econômicos, tendo em vista evitar efeitos desses comportamentos que sejam lesivos de interesses socialmente legítimos e orientá-los em direcções socialmente desejáveis"* (SANTOS, António Carlos dos; GONÇALVES, Maria Eduarda; MARQUES, Maria Manuel Leitão. *Direito Económico*. 6. ed. Coimbra: Almedina, 2011, p. 181).

na Constituição e se concretiza através das instituições políticas do Estado, cujos objetivos devem ser atingidos com os menores custos sociais possíveis. Essa é a perspectiva da *better regulation*, que será tratada a seguir.

3.1 – *Better regulation*: o equilíbrio entre as "falhas de mercado" e "falhas de Estado" por instrumentos eficazes e transparentes de mensuração de impacto regulatório

Os mercados financeiros são instituições sociais extremamente relevantes à economia. Segundo anteriormente ressaltado, em tais mercados, onde a interação entre agentes financeiros gera processos de formação de preços, propicia-se o acesso econômico a recursos financeiros para a produção ou o consumo de bens e serviços, além de disponibilizados variados instrumentos de gestão de investimentos e de riscos financeiros, de modo que, por respeito à autonomia individual, em tese, não haveria motivos racionais para se preocupar com os resultados sociais decorrentes do funcionamento dos mercados, já que as relações financeiras são firmadas conforme a autonomia das partes.

Ademais, é possível inferir que a participação contínua dos agentes financeiros nos mercados tende a gerar, ao longo do tempo, melhores resultados alocativos e distributivos de recursos financeiros, isto é, resultados reputados socialmente mais eficientes. Mas por que, então, regular os mercados financeiros?

A resposta é simples: os mercados são complexos.

Os processos de formação de preços nos mercados, que seguem a lógica do fluxo de demanda e de oferta em diversos intervalos de tempo, com lastros variáveis de valor segundo a escassez moderada relativa dos bens transacionados, podem apresentar imperfeições, assimetrias ou distorções que, em algum grau, caracterizam a instabilidade intrínseca própria do sistema financeiro.

Quanto ao ponto, tais deficiências de mercado são identificadas, com maior clareza, a partir do paradigma teórico representado pelo modelo econômico de concorrência perfeita, tão caro à teoria econômica neoclássica, daí a denominação "falhas de mercados" para descrever os fatores que impedem alocações eficientes de recursos sociais.

Nesse sentido, combater "falhas de mercado" é um exercício econômico de razão prática regulatória que pretende minimizar as consequências socialmente negativas decorrentes das deficiências estruturais e comportamentais que podem ser verificadas nos mercados.

No entanto, note-se que essa não é uma solução final à questão, mas uma solução parcial e insuficiente, pois a regulação, não raro, pode agravar os problemas que a justificaram ou, até mesmo, criar novos problemas. Boas intenções regulatórias não bastam e o Estado também pode falhar.

Quanto ao ponto, deve-se ter em mente que os detentores de poder regulatório, por várias razões, podem manipular a regulação em benefício próprio, isto é, comportamentos e incentivos criados no "mercado político" ou no âmbito da burocracia podem gerar resultados indesejados. A esse fenômeno se dá a denominação "falhas de Estado".

Sendo assim, o que fazer diante do dilema entre "falhas de mercado" e "falhas de Estado"? A regulação pode, como ressaltado: (i) pretender a correção de deficiências de mercado, mas também é capaz de (ii) distorcer e prejudicar, excessivamente, os processos de alocação e distribuição de recursos sociais, sendo certo que (iii) o resultado da ação regulatória do Estado é intensamente influenciado pelo desenho institucional regulatório aplicável aos mercados.[724]

Logo, regular adequadamente significa compreender, empiricamente, as deficiências estruturais, comportamentos e incentivos econômicos existentes em determinado mercado, bem como diagnosticar as reais necessidades de se estabelecer, juridicamente, instituições habilitadas a interferir nos processos de formação de preços.

Nada obstante, se as falhas de mercado representam justificativas aptas a legitimar a regulação, nada impede haver justificativas complementares à integridade da equação de justiça "liberdade-igualdade" relativas ao objetivo de desenvolvimento econômico, que se destina a garantir a expansão de direitos

---

[724] Tratar a regulação como conjunto de normas que podem distorcer (norma como distorção), corrigir (norma corretiva) ou institucionalizar processos alocativos de recursos sociais (norma fundante) é uma abordagem feita em: ARIDA, Pérsio. *A pesquisa em Direito e em Economia*: em torno da historicidade da norma. In: ZYLBERSZTAJN, Décio; SZTAJN, Rachel (org.). *Direito e Economia*: Análise Econômica do Direito e das Organizações. Rio de Janeiro: Elsevier, 2005, p. 62-66.

econômicos básicos a todos os cidadãos livres e iguais em caráter inclusivo, notadamente em sociedades desiguais como é o caso do Brasil.

Nesse contexto, a relação entre Economia e Direito é muito importante para a regulação, pois regular bem é saber construir estratégias transparentes, no nível político-institucional, baseadas em diagnósticos e prognósticos em matéria econômica, além de dotadas, no maior grau possível, de empirismo e evidências científicas e/ou teóricas amplamente aceitas capazes de gerar resultados justos com os menores custos sociais possíveis.

Portanto, a função regulatória não é trivial, na medida em que o ajustamento razoavelmente adequado do equilíbrio da equação de justiça "liberdade-igualdade", que segue a lógica contextual da conjuntura econômica, a despeito da prioridade das liberdades econômicas sobre valores perfeccionistas e exigências de bem comum, está sujeito a avaliações empíricas e valorativas periódicas dos resultados *vis-à-vis* os objetivos regulatórios previamente definidos em ambientes de democracia deliberativa. E essa avaliação deve seguir um padrão referencial que será explicado a seguir, qual seja: a razão prática regulatória.

3.1.1 – Do mito dos mercados racionais à razão prática regulatória como o melhor parâmetro de estratégia regulatória

Dentre todas as tentativas teóricas de explicação dos processos econômicos de formação de preços de mercado, a teoria econômica neoclássica, certamente, foi a mais bem sucedida e difundida como paradigma analítico nos últimos séculos. Isso ocorreu, sobretudo, porque seus pressupostos teóricos são simples e relativamente intuitivos, além de se atribuir importância à racionalidade no exercício da liberdade de agir econômico das pessoas, que, em regra, buscam perseguir seus próprios interesses, sendo tais interesses mensurados a partir de um padrão único de riqueza social denominado "utilidades".[725]

---

[725] Quanto ao ponto, parte-se da ideia de que a formulação da teoria econômica neoclássica encontra fundamentação moral e política no utilitarismo. Essa ideia será exposta ao longo do tópico.

Segundo tal teoria, que é baseada na ideia fundamental de que os agentes econômicos são racionais e buscam maximizar seus próprios interesses individuais, a interação social contínua desses agentes nos mercados tenderia a gerar, além do equilíbrio econômico de preços, a maximização do bem-estar social, ou seja, o resultado da participação individual racional de agentes econômicos nos mercados geraria, ao longo do tempo, resultados alocativos eficientes em termos de geração de "utilidades", razão pela qual interferências exógenas aos mercados não seriam adequadas porque socialmente ineficientes, *a contrario sensu*. A síntese da ideia de maximização do bem-estar social é representada pelo critério ótimo de Pareto, segundo o qual uma situação atende a esse critério quando "é impossível mudá-la de modo a deixar pelo menos uma pessoa em situação melhor (na opinião dela própria) sem deixar outra pessoa em situação pior (mais uma vez, em sua própria opinião)".[726]

Segundo Albert Calsamiglia,[727] é possível extrair da teoria econômica neoclássica a enumeração de sete características inerentes a esse mercado ideal considerado eficiente,[728] quais sejam: (i) a existência de informação completa e igual dos preços e custos aos agentes econômicos que atuam no mercado; (ii) a estabilidade dos direitos de propriedade; (iii) a racionalidade individual na busca da maximização dos próprios interesses; (iv) a inexistência de custos de transação; (v) a inexistência de externalidades, sendo o mercado o *locus* de interação social; (vi) a indiferença da demanda quanto aos produtos ofertados no mercado; e (vii) o fato de que os preços não são determinados, mas tomados pelos agentes econômicos no mercado.

Notadamente, todas essas características são irreais nos mercados mais complexos, embora sejam úteis como parâmetros de verificação de imperfeições dos mercados.

É evidente que: (i) as informações sobre preços e custos no mercado são assimétricas, ou seja, não são homogêneas; (ii) os direitos de propriedade,

---

[726] RODRIGUES, Vasco. *Análise Econômica do Direito*: uma introdução. Coimbra: Almedina, 2007, p. 38.
[727] CALSAMIGLIA, Albert. *Eficiencia y Derecho*. Doxa, Cuadernos de Filosofia Del Derecho, v. 4, 1987, p. 271-272.
[728] Nesse sentido, Albert Calsamiglia sustenta que a eficiência é um critério útil, mas insuficiente para o desenho político-institucional da regulação (CALSAMIGLIA, Albert. *Op. Cit.*, p. 282).

CAPÍTULO 3 - REGULAÇÃO FINANCEIRA SISTÊMICA: FUNDAMENTOS ESPECÍFICOS...

muitas vezes, podem estar distorcidos ou distribuídos de forma assimétrica; (iii) os agentes econômicos nem sempre são racionais e autointeressados; (iv) problemas de coordenação de incentivos e de comportamentos individuais dos agentes econômicos geram custos de transação, especialmente quando envolvidos bens coletivos ou públicos; (v) externalidades são comuns em mercados socialmente mais relevantes; (vi) os produtos e serviços oferecidos no mercado são, em regra, heterogêneos; e (vii) o poder econômico nos mercados determina, relativamente, a formação de preços, que variam constantemente ao longo do tempo de forma assimétrica.[729]

Em verdade, a realidade dos mercados financeiros é caracterizada por uma interação assimétrica de informações e de expectativas diversas manifestadas por múltiplos agentes econômicos, próxima à noção de "geometria quebrada" de Benoit Mandelbrot em sua obra clássica *The Fractal Geometry of Nature*, publicada em 1982.[730]

Partindo da ideia essencial de que todo corpo geométrico, imperfeito ou irregular por natureza, pode ser quebrado em diversas partes pequenas, que constituem uma pequena parte do todo ("*fractal*"), Benoit Mandelbrot sustenta que um adequado entendimento dos mercados financeiros sugere a aplicação de métodos complexos e dinâmicos de mensuração de riscos econômicos baseados em probabilidades, pois é da natureza volátil e "fractal" dos mercados financeiros, sujeitos a efeitos exógenos e endógenos, que se extraem as razões: (i) para a existência de incerteza relativa quanto aos riscos econômicos, (ii) o caráter tendencial de comportamentos "fractais" e (iii) as variações de preço, que ocorrem ao longo do tempo sem um padrão claro e único.[731]

---

[729] Cf. MANDELBROT, Benoit; HUDSON, Richard. *The (mis) Behavior of Markets*. New York: Basic Books, 2008, p. 82-88, *passim*. No mesmo sentido, Calixto Salomão Filho sustenta que "*as falhas dessa concepção neoclássica são, hoje, evidentes. A reprodução em laboratório de condições de mercado é inviável, seja através da regulação ou da auto-regulação*" (SALOMÃO FILHO, Calixto. *Regulação da Atividade Econômica (Princípios e Fundamentos Jurídicos)*. 2. ed. São Paulo: Malheiros, 2008, p. 32).

[730] Segundo o autor, a volatilidade ou turbulência dos mercados financeiros são como o vento ou a movimentação das águas na natureza, devido aos movimentos fragmentários e quebrados das massas, que, em conjunto, impulsionam movimentos ou tendências de deslocamento variáveis no tempo e espaço. V. MANDELBROT, Benoit; HUDSON, Richard. *Op. Cit.*, p. 111-114.

[731] MANDELBROT, Benoit; HUDSON, Richard. *Op. Cit.*, p. 20-24.

Ademais, não obstante o fato da irrealidade das características de um mercado ideal eficiente, a teoria econômica neoclássica adere, em termos filosóficos, aos pressupostos fundamentais do utilitarismo, o que não corresponde à proposta de adoção de uma perspectiva liberal-igualitária de justiça.

Quanto ao utilitarismo, as ideias principais que o norteiam se fundam no uso da categoria "utilidades", presentes no estado de coisas, que serve de base social única de mensuração ética da felicidade ou satisfação de desejos das pessoas, onde as informações sobre utilidades são avaliadas pelo critério da soma em um ambiente com tendência à maximização da riqueza social pelo autointeresse racional da pessoas.[732]

Trata-se da adoção de uma abordagem filosófica sem considerações normativas ou de "economia positiva", em que se crê em resultados sociais eficientes a partir da atuação lógica e racional dos agentes econômicos ao participar do mercado, sem interferências exógenas e preocupações distributivas diretas, porque o importante é o atingimento da maximização do bem-estar social através dos mercados.

Posto isso, a confiança no mercado como instância social ótima ou a escolha deliberada da desregulação pelo Estado pressupõe, portanto, que as pessoas, autointeressadas e razoavelmente bem informadas, sempre se comportam de forma racional no mundo real dos mercados[733] e que isso gera os melhores resultados sociais, sem que, para isso, seja necessário recorrer teoricamente a juízos valorativos.

O recurso mais caro aos adeptos da "economia positiva" é a menção ao já citado ótimo de Pareto, caracterizado quando a dotação econômica global de bens é eficiente no espectro das utilidades quando ninguém pode ver sua situação melhorada sem que haja a piora de outra pessoa independentemente

---

[732] SEN, Amartya. *Sobre ética e economia*. Trad. Laura Teixeira Motta. São Paulo: Companhia das Letras, 1999, p. 55. A utilização de uma base social única de mensuração de riqueza – utilidades – para nortear o comportamento humano assemelha-se a uma "ficção comunista", conforme crítica de Hannah Arendt, segundo a qual *"não Karl Marx, mas os próprios economistas liberais tiveram de introduzir a 'ficção comunista', isto é, supor a existência de um único interesse da sociedade como um todo, que com 'uma mão invisível' guia o comportamento dos homens e produz a harmonia de seus interesses conflitantes"* (ARENDT, Hannah. *A condição humana*. Trad. Roberto Raposo. 11. ed. Rio de Janeiro, Forense Universitária, 2011, p. 53.
[733] SEN, Amartya. *Sobre ética e economia*. Trad. Laura Teixeira Motta. São Paulo: Companhia das Letras, 1999, p. 26.

de considerações distributivas, ou seja, o ótimo de Pareto é o único critério de julgamento dos resultados sociais alocativos e o comportamento auto-interessado racional é a única base da escolha econômica.[734]

Ora, ainda que relevantes os esforços teóricos dos defensores da teoria econômica neoclássica, há inconsistências na descrição do "homem econômico maximizador" *vis-à-vis* o comportamento real das pessoas. Vale dizer, as pessoas não são máquinas maximizadoras (e não são absolutamente racionais), as escolhas podem conter juízos éticos e o impulso fundamental da escolha com fins otimizadores, mormente nos mercados complexos, caracterizados pela informação seletiva e assimétrica, é dado com base em probabilidades e análise de riscos, vale dizer, a escolha racional é limitada pela própria natureza dos mercados.

Não obstante, a própria condição de liberdade das pessoas, leia-se, o comportamento real das pessoas, pode levar ao cometimento de erros, provocar escolhas em cenários com informação inadequada, traduzir experimentação ou significar falta de compreensão da realidade, etc., de modo que a maximização do autointeresse não reflete sempre o comportamento humano.

Em razão disso, o ideal de maximização resultante do autointeresse demonstra-se, com isso, muito relativo face à realidade comportamental e os dilemas enfrentados pelas pessoas no exercício de suas escolhas. Inclusive, há estudos empíricos comportamentais que revelam inconsistências na apreciação de riscos e na avaliação de decisões alternativas pelas pessoas em situações de incerteza.[735]

---

[734] SEN, Amartya. *Sobre ética e economia*. Trad. Laura Teixeira Motta. São Paulo: Companhia das Letras, 1999, p. 49-50.
[735] Cf. SEN, Amartya. *Op. Cit.*, p. 85. Em complemento ao ponto, Robert Shiller faz os seguintes comentários, *in verbis*: "*Na teoria econômica, há, em todo caso, pressupostos bem diferentes quanto ao comportamento individual. O pressuposto de alguns modelos neoclássicos é o de que os indivíduos têm expectativas racionais, ou seja, extraem das informações disponíveis conclusões economicamente ótimas. Para outros modelos, as expectativas são mais lentamente 'adaptativas', ou seja, envolvem incertezas quanto ao futuro. No entanto, como demonstra a pesquisa experimental, a maioria das pessoas é de uma incompetência atroz para avaliar o seu melhor interesse econômico, mesmo quando bem informada e com tempo para aprender. Diante de um dilema econômico simples, o mais provável será elas tomarem uma decisão errada em função da 'racionalidade limitada' (decorrente de preconceitos ou emoções enganosos) ou de erros de cálculo básicos (incapacidade de calcular probabilidades e taxas de desconto)*" (FERGUSON, Niall. *A lógica do dinheiro*. Trad. Maria Teresa Machado. Rio de Janeiro: Record, 2007, p. 32).

Além disso, a dimensão moral e os diversos bens jurídicos são reduzidos, pela abordagem utilitarista, a uma "magnitude descritiva homogênea (como se supõe que seja a utilidade), e então a avaliação ética simplesmente assume a forma de uma transformação monotônica dessa magnitude",[736] como se houvesse uma racionalidade unidirecional dos agentes econômicos, de modo que a filosofia própria do utilitarismo "não apenas se esquivou da análise econômica normativa como também teve o efeito de deixar de lado uma variedade de considerações éticas complexas que afetam o comportamento humano real".[737]

Embora seja correta e legítima a ideia de que as pessoas buscam o melhor para si, ou seja, perseguem o autointeresse,[738] o "melhor para si" não é tão trivial e não pode ser mensurado de forma homogênea e abstrata por uma medida única de utilidades, baseada em desejos ou satisfação pessoal. Juízos normativos não inevitáveis a respeito do comportamentos das pessoas e dos resultados sociais no âmbito dos mercados.

Por tal razão, "o critério da otimalidade de Pareto é um modo extremamente limitado de avaliar a realização social",[739] assim como a utilidade é categoria que não se mostra apta a servir de parâmetro de comparação interpessoal *per se*, vale dizer, a "influência das circunstâncias contingentes sobre a matéria da utilidade é apenas um reflexo de um problema mais básico: a insuficiente

---

[736] SEN, Amartya. *Sobre ética e economia*. Trad. Laura Teixeira Motta. São Paulo: Companhia das Letras, 1999, p. 77.

[737] SEN, Amartya. *Op. Cit.*, p. 23. Sobre a necessidade de incorporar elementos normativos na análise econômica e justificar a regulação para proteger bens coletivos, vale destacar a opinião de Luís Cabral de Moncada, *in verbis*: "*Se a perspectiva econômica for apenas a do individualismo metodológico que considera a sociedade como uma simples agregação de indivíduos de costas voltadas uns para os outros e caracterizados por uma determinada conduta racional, na sequência do utilitarismo de Bentham, não logramos a lógica específica da intervenção estatal na economia. Este encara a escolha econômica do ponto de vista coletivo e não apenas individual. A utilidade prosseguida pela intervenção é também a coletiva e por isso a visão que se tem da atividade econômica pede fontes normativas e não apenas contratuais*" (MONCADA, Luís de Cabral de. *Manual elementar de direito público da economia: uma perspectiva luso-brasileira*. Coimbra: Almedina, 2012, p. 21).

[738] Importa frisar, conforme Amartya Sen, o fato de que "*pode não ser de todo absurdo afirmar que a maximização do auto-interesse não é irracional, pelo menos não necessariamente, mas asseverar que tudo o que não for maximização do auto-interesse tem de ser irracional parece absolutamente insólito*". Segundo ele, a questão essencial cinge-se a aferir se "*existe ou não uma pluralidade de motivações ou se unicamente o auto-interesse rege os seres humanos*", cf. SEN, Amartya. *Sobre ética e economia*. Trad. Laura Teixeira Motta. São Paulo: Companhia das Letras, 1999, p. 31-36, *passim*.

[739] SEN, Amartya. *Op. Cit.*, p. 51.

profundidade do critério da felicidade ou satisfação de desejos ao julgar-se o bem-estar da pessoa".[740] O denominado "bem-estar" demanda, necessariamente, um juízo de valoração social a respeito dos resultados dos mercados; jamais a eficiência paretiana por si só.[741]

Por fim, há de se reiterar que a noção de utilidade demonstra relativa insensibilidade ou atribui pouca relevância a direitos ou liberdades, eis que: (i) indiferente a valores, (ii) além de seguir a lógica da soma e (iii) buscar tendências de maximização independentemente de considerações distributivas, ou seja, as utilidades não têm valor intrínseco.[742]

---

[740] SEN, Amartya. *Op. Cit.*, p. 62.

[741] Tendo em vista as críticas ao ótimo de Pareto, adveio, posteriormente, o critério de julgamento de eficiência denominado *Kaldor-Hicks*, segundo o qual só se deve mudar a alocação de recursos sociais nas hipóteses em que alguém melhora e ninguém piora, isto é, quando a mudança alocativa gera ganhos sociais líquidos porque os benefícios superam os custos. Assim, o aumento agregado de eficiência social seria justificado e compensaria a perda relativa de utilidade de alguns em detrimento do ganho de utilidade de outros na nova alocação de recursos sociais, cf. RODRIGUES, Vasco. *Op. Cit.*, p. 64. Embora tal critério introduza na discussão a excelente ideia de análise de custo-benefício nas decisões sobre mudanças alocativas de recursos sociais, as desvantagens da filosofia utilitarista subjacente subsistem, de modo que tal critério é insuficiente aos propósitos de justificação da regulação. Assim, a proposta ora sustentada vai ao encontro da defesa de um ideal de devido processo em matéria econômica como fundamento da regulação, segundo formulação feita por Calixto Salomão Filho, similar à ideia de razão prática regulatória. Segundo esse doutrinador: *"pouco importa se o resultado final será um aumento ou decréscimo de riqueza global (Pareto) ou, ainda, que exista essa possibilidade teórica de compensação (Kaldor-Hicks). O que importa é a existência de uma relevância social na atividade, que faz com que ela não possa ser prestada pelos particulares sem efeitos distributivos perversos"* (SALOMÃO FILHO, Calixto. *Regulação da Atividade Econômica (Princípios e Fundamentos Jurídicos)*. 2. ed. São Paulo: Malheiros, 2008, p. 34). Nesse sentido, segundo Calixto Salomão Filho, a regulação passa a conter fundamentação institucional autônoma e desvinculada das razões teóricas específicas da teoria econômica neoclássica, ou, em outras palavras, a justificação da regulação adquire um caráter mais igualitário, restando, apenas, *"definir o modo de compatibilização de toda forma de regulação com os valores histórica, social e constitucionalmente estabelecidos no sistema brasileiro"* (SALOMÃO FILHO, Calixto. *Op. Cit.*, p. 36). Douglass C. North traz perspectiva similar, ao sugerir a substituição do paradigma de eficiência alocativa pela ideia de eficiência adaptativa na avaliação dos progressos das instituições. V. NORTH, Douglass. C. *Op. Cit.*, p. 80.

[742] A principal crítica de John Rawls aos utilitaristas consiste, principalmente, na ênfase dada por esses teóricos à maximização total do bem-estar social sem considerar o aspecto de justiça distributiva do bem-estar entre os cidadãos. Enquanto o utilitarismo tem caráter teleológico, porquanto focado nas consequências em termos de bem estar geral e não na correção da ação moral ligada ao justo (primazia do bem sobre o justo), a teoria de justiça

Pois bem, sem prejuízo das críticas acima formuladas, os estudos feitos com base na teoria econômica neoclássica geraram efeitos positivos nas instituições, ao introduzir na discussão sobre a regulação da estrutura básica da sociedade a preocupação com as consequências sistêmicas das decisões regulatórias na alocação dos recursos sociais na economia.

Ainda que seus pressupostos não sejam críveis em termos empíricos e valorativos,[743] a busca individual do interesse próprio, através do exercício da autonomia, é um traço marcante das sociedades capitalistas liberais.

Em conclusão, os esforços das instituições não podem prescindir da análise alocativa e distributiva das consequências sistêmicas das decisões regulatórias, na medida em que toda e qualquer iniciativa regulatória, em um sistema de liberdades econômicas, deve buscar os melhores resultados possíveis *vis-à-vis* os objetivos estabelecidos com fundamento na equação liberal-igualitária de justiça.

Isso requer, em essência, uma avaliação empírica e valorativa do objeto da regulação, além de senso de realidade sobre as deficiências estruturais, distorções e incentivos existentes no mercado a ser regulado, assim como a análise dos fatores que podem afetar os resultados pretendidos, com a construção pública e transparente de diagnósticos e prognósticos para o exercício do controle político e social da regulação.

---

particular preconizada por John Rawls dá prioridade ao justo relativamente ao bem, ou seja, a *"prioridade do justo em relação ao bem acaba sendo a característica central da concepção da justiça como equidade"* (RAWLS, John. *Uma teoria da Justiça*. 2. ed. São Paulo: Martins Fontes, 2002, p. 34) ou, sob outra perspectiva, *"a justiça tem primazia sobre a eficiência"* (Ibid. p. 84). De forma mais objetiva, importa trazer a crítica de Will Kymlicka ao pensamento utilitarista, o que vai ao encontro da opinião rawlsiana no sentido de que é necessária *"uma teoria de parcelas equitativas antes dos cálculos de utilidade, pois há limites para a maneira como os indivíduos podem ser legitimamente sacrificados para o benefício dos outros. Para tratar as pessoas como iguais, devemos protegê-las em sua posse de certos direitos e liberdades"* (KYMLICKA, Will. *Filosofia política contemporânea*: uma introdução. São Paulo: Martins Fontes, 2006, p. 63).

[743] Segundo Calixto Salomão Filho, *"o que a teoria neoclássica aplicada ao direito pretende é, na verdade, atribuir valor absoluto às premissas econômicas, capazes de indicar diretamente o sentido das regras jurídicas, sem que isso possa ser contestado com base em considerações valorativas ou distributivas. Isso é feito através da utilização de conceitos econômicos aos quais se pretende atribuir certeza matemática"* (SALOMÃO FILHO, Calixto. *Direito concorrencial*: as estruturas. São Paulo: Malheiros, 2002, p. 29).

Essas diretrizes sintetizam a ideia de razão prática regulatória, que, não obstante a priorização da livre iniciativa econômica sobre paternalismos próprios de valores perfeccionistas e exigências de bem comum, não está subordinada a nenhuma teoria econômica específica, é contextual e consequencialista, em conformidade com a ideia de razão prática de John Rawls.

3.1.2 – Falhas de mercado

A despeito de algumas classificações para o estudo das falhas de mercado,[744] prevalece a ideia de que elas podem ser divididas em quatro categorias, todas presentes no âmbito do sistema financeiro e mutuamente relacionadas, a saber: (i) estrutura com grau de concentração econômica atributiva de poder de mercado; (ii) assimetrias informacionais; (iii) externalidades; e (iv) bens coletivos ou públicos.[745] Todas elas serão analisadas, em sequência, a partir de agora.

3.1.2.1 – Poder de mercado: concorrência e regulação sistêmica de conglomerados financeiros

O sistema financeiro possui um alto grau de concentração de poder econômico se comparado com quase todos os demais setores da economia, sendo essa uma evidência histórica notória na grande maioria dos países do mundo que se agrega à consolidação estrutural, nas últimas décadas, de grandes conglomerados financeiros,[746] ou, segundo a nomenclatura oficial brasileira,

---

[744] Segundo Fábio Nusdeo, há seis tipos de falhas de mercado, a saber: (i) rigidez de fatores de produção; (ii) acesso assimétrico às informações relevantes; (iii) falhas de estrutura relativa ao poder econômico; (iv) externalidades; (v) bens públicos; e (vi) custos de transação. V. NUSDEO, Fábio. *Curso de Economia*: Introdução ao Direito Econômico. 6. ed. São Paulo: RT, 2011, p. 138-167.
[745] V. RODRIGUES, Vasco. *Op. Cit.*, p. 61-64.
[746] A essência do processo de surgimento dos conglomerados financeiros pode ser sintetizada da seguinte forma, *in verbis*: "*O exercício da actividade bancária espraia-se por diversas manifestações de natureza financeira, tendo em vista a concretização do denominado modelo de banca universal. Esse modelo não implica, necessariamente, que a mesma entidade exerça todas as operações ou actividades englobadas no conjunto, mas determina, na generalidade dos casos, que diversas entidades se agreguem, sob variadas formas, na prossecução dos objectivos comuns. Emergem, então, os grupos bancários ou*

de estruturas de bancos múltiplos,[747] o que se justifica, sobretudo, pela instabilidade intrínseca dos mercados financeiros.[748]

A propósito, devido à natureza instável da atividade financeira, justifica-se a imposição de requisitos regulatórios – e não excessivos[749] – para a entrada e funcionamento de instituições financeiras,[750] a fim de permitir tão somente

---

financeiros, traduzindo conjuntos de entidades jurídicas que se interligam na prossecução desses objectivos comuns, definidos por um mesmo centro de decisão" (FERREIRA, António Pedro A. *O Governo das Sociedades e a Supervisão Bancária* – Interacções e Complementaridades. Lisboa: Quid Juris, 2009, p. 83).

[747] A possibilidade de constituição de um banco múltiplo, isto é, a faculdade de englobar diversas atividades financeiras em uma única instituição financeira centrada em um banco, sem prejuízo da segregação da regulação para cada tipo de atividade financeira, foi autorizada, inicialmente, pela Resolução n° 1.524 do Conselho Monetário Nacional n° 1.524, de 1988 (posteriormente revogada pela Resolução n° 2.099 do Conselho Monetário Nacional, de 1994).

[748] Em essência, conforme enfatizado ao longo da obra, a atividade financeira insere-se em um sistema complexo e integrado de mercados, no qual os processos de intermediação financeira e gestão de riscos financeiros, além de envolver recursos de terceiros, são conduzidos entre pelos agentes financeiros com múltiplas vinculações. Por tal razão, a idoneidade e a confiança mútua entre os agentes financeiros é fundamental para um adequado funcionamento dos mercados, de modo que qualquer fonte mais intensa de instabilidade pode trazer prejuízos ao sistema, o que pode gerar risco sistêmico. Fernando José Cardim de Carvalho define risco sistêmico como a *"possibilidade de que um choque localizado em algum ponto do sistema financeiro possa transmitir-se ao sistema todo e, eventualmente, levar a um colapso da própria economia"* (CARVALHO, Fernando José Cardim de. *Inovação Financeira e Regulação Prudencial*: da Regulação de Liquidez aos Acordos de Basiléia. In: SOBREIRA, Rogério (Org.). *Regulação Financeira e Bancária*. São Paulo: Atlas, 2005, p. 121).

[749] É legítimo que o direito à entrada em mercados socialmente relevantes seja limitado pela regulação mediante o condicionamento à prévia autorização administrativa (art. 170, parágrafo único, da Constituição brasileira de 1988). No entanto, *"não pode o Legislador ou a Administração Pública disciplinar tal autorização de forma que inviabilize ou torne excessivamente restritiva, para uma atividade da iniciativa privada, a entrada no mercado regulado ou a sua permanência nele"* (ARAGÃO, Alexandre Santos de. *Atividades Privadas Regulamentadas*. In: ARAGÃO, Alexandre Santos de (coord.). *O Poder Normativo das Agências Reguladoras*. 2. ed. Rio de Janeiro: Forense, 2011, p. 177).

[750] A propósito das barreiras normativas à entrada e da regulação de funcionamento nos mercados financeiros (regulação de acesso e permanência), Calixto Salomão Filho faz as seguintes considerações, *in verbis*: *"Essa regulamentação visa a garantir a higidez e segurança do mercado. Esse é o fundamento das regras de controle. O problema é que, para chegar a essa garantia de segurança, cria normalmente, por si só, condições propícias à formação de posições dominantes. Limitado o acesso, protegido estará o setor da concorrência externa. Por outro lado, as condições de permanência, voltadas à garantia da poupança ou segurança dos cidadãos, levam a regulamentação a privilegiar as empresas sólidas e de grande dimensão. (...) Em matéria de regulação do sistema financeiro é comum encontrar a afirmação de que não é conveniente restringir ou limitar estruturas monopolísticas ou oligopolísticas de grandes bancos ou instituições financeiras, pois isso seria contrário à higidez do sistema. Além de ilógica,*

CAPÍTULO 3 – REGULAÇÃO FINANCEIRA SISTÊMICA: FUNDAMENTOS ESPECÍFICOS...

a atuação de instituições financeiras economicamente viáveis, de acordo com critérios regulatórios técnicos exigidos desde o pedido administrativo de autorização para funcionar em diante.

Sem prejuízo das barreiras normativas à entrada mencionadas acima, há dois fatores principais de desincentivo à entrada de novos concorrentes, a saber: (i) os custos relativamente baixos de expansão da oferta de produtos e serviços nos mercados pelas instituições financeiras já estabelecidas, ou seja, demandas adicionais por produtos e serviços financeiros são prontamente atendidas a baixos custos operacionais; e (ii) a existência consolidada de marcas designativas das instituições financeiras em funcionamento, que possuem maior confiança pública e, consequentemente, geram maior fidelização dos consumidores, ou seja, os custos de consolidação da marca de uma nova instituição financeira são relativamente altos, ainda que os produtos e serviços financeiros notoriamente utilizados nos mercados não estejam afetados, via de regra, pela exclusividade por patentes.

Por fim, no caso do Brasil, a existência de bancos públicos e agências de fomento também representa um fator institucional forte de inibição à entrada, haja vista a incomparável capacidade financeira do Estado em relação a qualquer agente financeiro privado.

A título ilustrativo, o Relatório de Estabilidade Financeira do Banco Central do Brasil do segundo semestre de 2012 é o primeiro a atestar que a participação de mercado dos bancos públicos no Sistema Financeiro Nacional, excluído o BNDES, foi superior a dos bancos privados nacionais, além de evidenciar que os quatros maiores bancos brasileiros (RC4) possuem 69,72% dos ativos totais, 72,25 % das operações de crédito e 75,05% dos depósitos totais, o que representaria, segundo o documento, um nível de moderada concentração.[751]

---

essa afirmação encerra enorme confusão conceitual. A garantia de higidez de instituições financeiras se faz através de requisitos organizativos internos, ou seja, normas sobre capital mínimo, alavancagem etc." (SALOMÃO FILHO, Calixto. *Regulação da Atividade Econômica (Princípios e Fundamentos Jurídicos)*. 2. ed. São Paulo: Malheiros, 2008, p. 59-60).

[751] Informações contidas no Relatório de Estabilidade Financeira do Banco Central do Brasil, referente ao segundo semestre de 2012 (página 45). Disponível em: http://www.bcb.gov.br/htms/estabilidade/2013_03/refP.pdf. Acesso em 03.04.2013. O RC4 permaneceu relativamente estável no segundo semestre de 2013 (ativos totais: 69,83%; operações de crédito: 73,85%; e depósitos totais: 75,85%), assim como o RC10 (ativos totais: 89,32%; operações de crédito:

Pois bem, quando se analisa estruturas concentradas que assumem a forma de oligopólio,[752] logicamente se percebe que o processo de formação de preços nos mercados é influenciado, significativamente, pelos participantes com maior poder econômico, os quais interagem através de estratégias de ação e reação baseadas na observação do comportamento dos demais participantes em relação ao preço e quantidade dos produtos e serviços oferecidos, sobretudo em mercados mais homogêneos.[753]

Assim, em tese, a homogeneidade dos produtos e serviços financeiros pode gerar maior concorrência no setor bancário, já que a busca por novos consumidores tenderia a pressionar a redução de tarifas bancárias e taxas de juros. No entanto, uma característica marcante dos oligopólios com produtos homogêneos é a tendência a acertamentos tácitos de preços e quantidades oferecidas pelos produtos e serviços, a fim de manter uma razoável margem de lucro de todos os participantes do mercado na medida em que a concorrência tende a diminuir tais margens.

Devido ao relacionamento institucional necessário e contínuo entre os agentes financeiros nos mercados ao longo do tempo, cuja atuação mútua se baseia na confiança e em jogos repetidos sem fim predeterminado,[754] há um

---

91,53%; e depósitos totais: 91,15%), de acordo com o Relatório de Estabilidade Financeira do Banco Central do Brasil relativo ao segundo semestre de 2013 (página 48), disponível em: http://www.bcb.gov.br/htms/estabilidade/2014_03/refP.pdf. Acesso em: 01.07.2014.

[752] Oligopólio é uma estrutura de mercado na qual há poucos ofertantes de produtos ou serviços.

[753] VARIAN, Hal. *Microeconomia*: princípios básicos. 4. ed. Rio de Janeiro: Campus, 1999, p. 493. Nesse campo, a teoria dos jogos tem servido como instrumento eficaz de explicação do modo pelo qual ocorre a interação estratégica entre os participantes do mercado. Com efeito, as estratégias podem ser variadas e é possível evidenciar que determinadas estruturas de decisão podem gerar problemas alocativos decorrentes da ausência de coordenação, máxime quando não se sabe, com clareza e segurança, qual será a ação dos demais participantes. V. VARIAN, Hal. *Op. Cit.*, p. 518-523, *passim*.

[754] Em estruturas de mercado em que a atuação dos partcipantes está baseada em "jogos repetidos", há uma tendência de que cada participante preze pela criação de uma reputação para cooperação a fim de encorajar o outro a fazer o mesmo, de modo que a viabilidade ou não desse tipo de estratégia dependerá se o jogo é jogado por um número fixo ou indefinido de vezes, isto é, os jogadores tendem a cooperar porque possuem confiança entre si e esperam a manutenção da cooperação ao longo do tempo nos jogos indefinidos. V. VARIAN, Hal. *Op. Cit.*, p. 524. Nesse sentido, a estrutura oligopolista de determinados segmentos do sistema financeiro incentiva práticas tacitamente concertadas e/ou estratégias cooperativas de mercado, sobretudo porque *"olhar para o comportamento do outro, seja adversário, seja co-partícipe em*

CAPÍTULO 3 – REGULAÇÃO FINANCEIRA SISTÊMICA: FUNDAMENTOS ESPECÍFICOS...

incentivo forte a conluios tácitos ou cartéis e, quanto ao ponto, é pertinente destacar, a título ilustrativo, o movimento recente de redução de tarifas bancárias e taxas de juros em contratos de concessão de crédito bancário pelos bancos públicos.[755]

A propósito, somente uma estratégia política conduzida pelo Ministério da Fazenda foi capaz de quebrar o acordo tácito sobre os preços até então praticados, embora não se tenha conhecimento público de nenhum trabalho oficial que tenha sido produzido para mensurar, previamente, os impactos regulatórios dessas mudanças no sistema financeiro nacional, notadamente sobre: (i) o riscos de inadimplência, (ii) a geração de incentivos positivos e negativos, (iii) mudanças estruturais prováveis e (iv) possíveis riscos financeiros correlatos. Além disso, é evidente que a indução estatal à expansão mais barata do crédito e cobrança de tarifas bancárias mais baixas atende, implicitamente, a objetivos político-eleitorais em algum grau.

No final de 2012, por um lado, as taxas de juros cobradas de pessoas físicas atingiram a mínima da série histórica produzida pelo Banco Central do Brasil desde 1994,[756] devidamente acompanhada, por outro lado, pelo maior nível

---

qualquer forma de interação social, antes de ser uma forma de descobrir comportamentos aconselháveis, é um modo de adquirir conhecimento" (SALOMÃO FILHO, Calixto. *Regulação da Atividade Econômica (Princípios e Fundamentos Jurídicos)*. 2. ed. São Paulo: Malheiros, 2008, p. 89). Logo, é possível inferir que: (i) o número relativamente pequeno de participantes em determinados segmentos financeiros, (ii) um grau de simetria razoável de informações financeiras sobre os comportamentos recíprocos e (iii) a relação continuada entre eles tendem a gerar algum grau de cooperação tácita, cf. SALOMÃO FILHO, Calixto. *Op. Cit.*, p. 98-99.

[755] É de se ter presente que a atuação dos bancos públicos é nebulosa se não acompanhada da demonstração transparente dos propósitos e dos resultados (prestação pública de contas) relativos aos financiamentos concedidos para o desenvolvimento de projetos em atividades econômicas reputadas socialmente relevantes, sem perder de vista que o regime constitucional de livre concorrência (art. 173, §§1°, II, e 4°, da Constituição brasileira de 1988) e a finalidade lucrativa não podem ser desconsiderados. Conforme evidenciado pelos estudiosos do tema: *"a literatura sobre bancos públicos é extensa, embora pouco conclusiva. Além de buscar determinar se os bancos públicos são mais ou menos eficientes do que os privados, a literatura procura avaliar a contribuição dos bancos públicos ao aprofundamento dos mercados financeiros. A rigor, porém, as conclusões não são definitivas"* (GIAMBIAGI, Fábio; LEAL, Gil Bernardo Borges; MOREIRA, Maurício Mesquita; FAVERET FILHO, Paulo de Sá Campello. *O financiamento de longo prazo e o futuro do BNDES*. In: GIAMBIAGI, Fábio; BARROS, Octavio (org.). *Brasil pós-crise*: agenda para a próxima década. Rio de Janeiro, Elsevier, 2009, p. 269).

[756] Conforme notícia intitulada "Juros bancários de pessoa física são os menores em 18 anos, revela BC". Disponível em: http://g1.globo.com/economia/seu-dinheiro/noticia/2012/09/

de inadimplência já registrado para empresas e pessoas físicas para esse tipo de contrato bancário, conforme série histórica iniciada em 2000, também produzida pelo Banco Central do Brasil.[757]

Em essência, a relação entre concorrência e regulação do sistema financeiro é complementar, tênue[758] e dinâmica, pois envolve dilemas relativos, principalmente, ao diálogo entre estrutura *versus* concorrência e estabilidade *versus* eficiência.[759]

A título elucidativo quanto à realidade brasileira, desde o advento da Constituição brasileira de 1988, com a extinção do sistema rígido e ineficiente de cartas patentes limitadas no setor bancário, foi instituído um sistema financeiro concorrencial mais aberto, em que a constituição de um banco não estava mais sujeita à aquisição de uma carta patente, mas a uma autorização específica, de caráter inegociável e intransferível, disponível a qualquer instituição financeira que preenchesse os requisitos de regulação de entrada estabelecidos pelo Conselho Monetário Nacional e Banco Central do Brasil.[760]

---

juros-bancarios-de-pessoa-fisica-sao-os-menores-em-18-anos-revela-bc.html. Acesso em 10.12.2012.

[757] Segundo matéria publicada no mesmo dia da citação anterior, intitulada "Inadimplência segue no maior patamar desde junho de 2000, diz BC". Disponível em: http://g1.globo.com/economia/seu-dinheiro/noticia/2012/09/inadimplencia-segue-no-maior-patamar-desde--junho-de-2000-diz-bc.html. Acesso em 10.12.2012.

[758] Cf. SALOMÃO FILHO, Calixto. *Regulação da Atividade Econômica (Princípios e Fundamentos Jurídicos)*. 2. ed. São Paulo: Malheiros, 2008, p. 21.

[759] Cf. MELLO, João Manoel Pinho de. *Estrutura, concorrência e estabilidade.* In: GIAMBIAGI, Fábio; GARCIA, Marcio (org.). *Risco e regulação*: por que o Brasil enfrentou bem a crise e como ela afetou a economia mundial. 3. ed. Rio de Janeiro: Elsevier, 2010, p. 113.

[760] O sistema de regulação de entrada, condicionada somente aos requisitos impostos pelas autoridades financeiras reguladoras do Sistema Financeiro Nacional, estava disposta da seguinte maneira pelo texto original da Constituição brasileira de 1988, com destaque para o parágrafo 1º, *in verbis*: "Art. 192. O sistema financeiro nacional, estruturado de forma a promover o desenvolvimento equilibrado do País e a servir aos interesses da coletividade, será regulado em lei complementar, que disporá, inclusive, sobre: I – a autorização para o funcionamento das instituições financeiras, assegurado às instituições bancárias oficiais e privadas acesso a todos os instrumentos do mercado financeiro bancário, sendo vedada a essas instituições a participação em atividades não previstas na autorização de que trata este inciso; II – autorização e funcionamento dos estabelecimentos de seguro, previdência e capitalização, bem como do órgão oficial fiscalizador e do órgão oficial ressegurador. § 1º – A autorização a que se referem os incisos I e II será inegociável e intransferível, permitida a transmissão do controle da pessoa jurídica titular, e concedida sem ônus, na forma da lei do sistema financeiro

Ademais, legitimou-se a possibilidade de instalação de instituições financeiras estrangeiras no Brasil, respeitadas as regras do art. 52 do Ato Constitucional das Disposições Transitórias da Constituição brasileira de 1988,[761] sem prejuízo da sujeição dos bancos públicos, dotados de personalidade jurídica de direito privado, a um regime constitucional concorrencia, nos termos do art. 173 da Constituição brasileira de 1988.

Dito isso, é possível aplicar a ideia de razão prática regulatória para o tratamento da falha de mercado em análise. De um lado, sabe-se que uma maior concorrência gera tendências a uma maior instabilidade sistêmica[762] devido aos incentivos de atuação em mercados marginais e/ou redução de margens de lucro das instituições no mercado, com comprometimento da solvência dessas. Por outro lado, uma concentração excessiva pode gerar problemas de ineficiência ou risco moral.[763]

Logo, somente uma análise contextual de custo-benefício estrutural dos mercados financeiros pode apontar para uma resposta plausível quanto à necessidade de mudanças ou aprimoramentos regulatórios, até porque há evidências de que a relação entre estrutura e competição não é determística,[764] mas variável,[765] além do que estruturas um pouco mais concentradas tendem a reduzir riscos sistêmicos.[766]

---

nacional, a pessoa jurídica cujos diretores tenham capacidade técnica e reputação ilibada, e que comprove capacidade econômica compatível com o empreendimento".

[761] O dispositivo prescreve que, até o advento da lei complementar de que trata o art. 192, são vedadas: (i) a instalação, no País, de novas agências de instituições financeiras domiciliadas no exterior (inciso I) e (ii) o aumento do percentual de participação no capital de instituições financeiras com sede no País por pessoas físicas ou jurídicas residentes ou domiciliadas no exterior (inciso II). Por fim, aduz o parágrafo único que "a vedação a que se refere este artigo não se aplica às autorizações resultantes de acordos internacionais, de reciprocidade, ou de interesse do Governo brasileiro".

[762] Cf. FREITAS, Maria Cristina Penido de. *Racionalidade da Regulamentação e Supervisão Bancária*: Uma interpretação Heterodoxa. In: SOBREIRA, Rogério (Org.). *Regulação Financeira e Bancária*. São Paulo: Atlas, 2005, p. 36.

[763] A noção de risco moral será explicada a seguir, mas por ora se afirma que, quanto mais sistemicamente importante for a instituição financeira, maior o probabilidade de ela ser ajudada de algum modo pelo Estado em caso de dificuldades, o que é fator de desincentivo a uma atuação empresarial mais eficiente.

[764] MELLO, João Manoel Pinho de. *Op. Cit.*, p. 117-118.

[765] Tanto a concorrência quanto as necessidades de regulação são variáveis, cf. MARQUES, Maria Manuel Leitão; ALMEIDA, João Paulo Simões de; FORTE, André Matos. *Concorrência e*

Nada obstante, é importante frisar que nem sempre a regulação afeta a concorrência, assim como a regulação pode promover a concorrência, mormente quando estimula ou impõe deveres de transparência quanto a informações financeiras nas atividades dos agentes financeiros de mercado[767] ou quando o processo concorrencial em si é facilitado, tal como ocorreu, por exemplo, com a instituição da possibilidade de portabilidade de operações de crédito de pessoas naturais, em vigor desde maio de 2014, nos termos da Resolução n° 4.292 do Conselho Monetário Nacional, de 2013.

Por fim, no contexto da crise imobiliária *subprime* norte-americana, foi possível observar que o Brasil passou por um processo de aumento de participação dos bancos públicos no mercado financeiro, haja vista a expansão sistêmica de crédito liderada por eles nos últimos anos, paralelamente à autorização legal temporária dada aos mesmos para a constituição de subsidiárias e a aquisição de participação em instituições financeiras sediadas no Brasil, nos termos da Lei nº 11.908, de 2009, enquanto resultado de conversão da Medida Provisória nº 443, de 2008,[768] além da constituição da maior instituição financeira privada brasileira em valor de mercado.[769]

3.1.2.2 – Assimetrias de informação financeira

Os mercados financeiros envolvem riscos e incertezas, o que repercute nos fluxos financeiros e nos processos de formação de preços de mercado dos quais participam agentes heterogêneos, em que a detenção e disponibilidade de informações é totalmente assimétrica, assim como os métodos de gestão de riscos.

---

regulação (a relação entre a autoridade da concorrência e as autoridades de regulação sectorial). Coimbra: Coimbra, 2005, p. 8.
[766] Cf. MELLO, João Manoel Pinho de. *Op. Cit.*, p. 114.
[767] MARQUES, Maria Manuel Leitão; ALMEIDA, João Paulo Simões de; FORTE, André Matos. *Op. Cit.*, p. 9.
[768] O art. 2°, §4°, da Lei n° 11.908, de 2009, estipulou prazo de validade dessa autorização legal até 30 de junho de 2011, prorrogável por até 12 (doze) meses, mediante ato do Poder Executivo.
[769] Refiro-me à operação societária (fusão) que resultou no maior conglomerado financeiro do país: o Banco Itaú-Unibanco.

A propósito, pode-se dizer não ser incomum que a grande maioria dos pretensos participantes do mercado financeiro sejam influenciados por intermediários financeiros, que não disponibilizam todas as informações necessárias a uma escolha financeira consciente devido ao interesse econômico próprio desse agente financeiro por determinada escolha.

Dito isso, ordinariamente, apontam-se quatro fontes principais de geração de informação assimétrica, a saber: (i) a relação *principal-agent*; (ii) o risco moral ou *moral hazard*; (iii) seleção adversa; e (iv) sinalização.

Basicamente, a relação *principal-agent* envolve conflitos de interesse entre participantes do mercado, sobretudo entre consumidores e intermediários financeiros, em que a assimetria de informações conjuga-se a interesses diversos.

A título exemplificativo, conflitos de interesses na relação *principal-agent* podem surgir nas seguintes situações: (i) empregados de uma corretora de valores mobiliários incentivam operações financeiras de curto prazo para receber mais taxas de corretagem, ao invés de sugerir operações mais rentáveis de longo prazo, com menores giros financeiros; (ii) gerentes de bancos que oferecem produtos e serviços financeiros de acordo com os bônus mensais gerados pela concretização de determinadas vendas, desconsiderando o perfil do cliente bancário; ou (iii) os potenciais conflitos de interesse que envolvem membros da Diretoria executiva de uma instituição financeira e os acionistas minoritários, pois aqueles podem decidir incorrer em mais riscos financeiros para perseguir lucros e respectivos bônus corporativos de curto prazo, em detrimento da expansão sustentável e lucrativa de uma instituição financeira ao longo dos anos, o que influencia o valor da posição acionária dos minoritários.

Outra espécie de assimetria de informação financeira é o risco moral (*moral hazard*), que se materializa quando os efeitos da assimetria informacional incentivam a prática de condutas oportunistas ou a assunção de maiores riscos porque se percebe a possibilidade de transferência de responsabilidades ou custos a terceiros sem que haja sanções proporcionais correspondentes.

Essa é a modalidade clássica que fundamenta a ideia do *too big to fail*, pois instituições financeiras sistemicamente importantes compreendem sua importância para o sistema e, por isso, tendem a assumir mais riscos, pois sabem que a probabilidade de socorro do Estado (*bailout*) em momentos de maior instabilidade financeira é grande, isto é, sentem-se mais seguras a assumir maiores riscos financeiros.

Por sua vez, a seleção adversa é verificada quando, por ausência de informação adequada, não se consegue atribuir preço adequado em determinado mercado por falta de compreensão quanto à diferenciação de produtos ou serviços nele oferecidos.

Um bom exemplo de seleção adversa no sistema bancário consiste no fato de que a diminuição de taxas de juros de empréstimos tende a atrair, com maior intensidade, os maus pagadores, pois os bons pagadores não têm o costume de assumir dívidas e, se assumem, tendem a pagar pontualmente.

Por fim, há o fenômeno da sinalização, que é provocado quando há uma intenção deliberada de influenciar terceiros através da difusão de determinadas informações, a fim de manipular a percepção sobre a realidade e, consequentemente, a decisão dos participantes do mercado.

Quanto às assimetrias de informação, as autoridades reguladoras financeiras assumem um papel complementar importante de coordenação do mercado no sentido de conduzir processos de disponibilização e acesso adequado de informações sobre produtos e serviços financeiros, a fim de permitir escolhas mais conscientes dos consumidores financeiros, o que também estimula a educação e a inclusão financeira das pessoas.

A título ilustrativo, sem prejuízo dos atos normativos praticados ao longo dos últimos anos por todos os reguladores brasileiros, editou-se a Resolução nº 3.919 do Conselho Monetário Nacional, em 2010,[770] destinada a padronizar a cobrança de serviços financeiros e, no ano de 2013, foram editadas três Resoluções do Conselho Monetário Nacional que aumentaram a transparência de informações sobre serviços bancários, operações de crédito e de câmbio.[771]

---

[770] Consultas sobre tarifas bancárias cobradas por instituições financeiras podem ser feitas no sítio eletrônico do Banco Central do Brasil no seguinte endereço: http://www.bcb.gov.br/?TARIFA. Acesso em 31.08.2014.

[771] Respectivamente, a Resolução nº 4.196 do Conselho Monetário Nacional dispõe sobre o dever de acesso a informações referentes a cláusulas de contratos bancários de conta corrente, enquanto a Resolução nº 4.197 do Conselho Monetário Nacional trata, basicamente, do dever de acesso a informações sobre o Custo Efetivo Total (CET) nas operações de crédito ou arrendamento financeiro e, por fim, a Resolução nº 4.198 do Conselho Monetário Nacional disciplina o acesso de informações acerca do Valor Efetivo Total (VET) contratado em operações de câmbio. Fonte: http://www.bcb.gov.br/pt-br/Paginas/cmn-aprova-medidas-para-aumentar-a-transparencia.aspx. Acesso em 01.04.2013.

CAPÍTULO 3 – REGULAÇÃO FINANCEIRA SISTÊMICA: FUNDAMENTOS ESPECÍFICOS...

Sem embargo, digna de menção é a criação recente de um Departamento de Supervisão de Condutas pelo Banco Central do Brasil, vinculado à Diretoria de Fiscalização, cujo objetivo é monitorar a aderência comportamental das instituições fiscalizadas pela Autarquia às normas editadas no âmbito do Sistema Financeiro Nacional, em reforço ao comprometimento institucional com as diretrizes regulatórias de estímulo à transparência de informação sobre produtos e serviços financeiros.

Por derradeiro, registre-se o reconhecimento da validade da aplicação do Código de Defesa do Consumidor (art.3º, §2º, da Lei nº 8.078, de 1990) aos consumidores financeiros pelo Supremo Tribunal Federal,[772] o que reforça a legitimidade da regulação financeira para estimular ou impor transparência informacional à atuação dos agentes integrantes do Sitema Financeiro Nacional em relação aos cidadãos, a fim de estimular escolhas financeiras mais conscientes.

3.1.2.3 – Externalidades

Externalidades podem ser definidas como todo efeito externo às partes de uma relação econômica, isto é, significam a repercussão de eficácia material de uma operação econômica sobre terceiros, que podem usufruir benefícios (externalidade positiva) ou incorrer em custos (externalidades negativas) que não deram causa.

Os custos sociais decorrentes de crises financeiras são o exemplo mais notório dos efeitos de uma externalidade negativa que, gerada no mercado financeiro, afeta a sociedade como um todo.

Pois bem, a presença de ambas as externalidades devem receber um adequado tratamento preventivo em termos de responsabilização, no sentido de evitar que distorções nos incentivos econômicos e nos custos de transação[773] possam afetar a estabilidade social.

---

[772] V. STF, Ação Direta de Inconstitucionalidade nº 2.591, Tribunal Pleno, Relator: Ministro Carlos Velloso, Relator para Acórdão: Ministro Eros Grau, j. 07.06.2006, DJ 29.09.2006.

[773] Segundo já exposto, custos de transação são os custos decorrentes da interação entre as partes na realização de um acerto econômico que transcendem a precificação do objeto da relação econômica. Para minimizar os custos de transação, é necessário, principalmente,

Sendo assim, enquanto externalidades positivas tendem a estimular condutas oportunistas ao gerar um benefício auferível sem qualquer esforço individual direto, as externalidades negativas, que também traduzem regras inadequadas de responsabilização, geram custos ou danos a quem não contribuiu, em nexo causal, para o consumação do fato caracterizador dessa externalidade.

Em síntese, a existência de externalidades requer uma preocupação regulatória sistêmica constante com o alinhamento dos efeitos dos incentivos econômicos percebidos pelos agentes econômicos *vis-à-vis* as consequências geradas, a fim de que a regulação atribua responsabilidades adequadas a cada qual. A propósito, isso demonstra que, além dos aspectos alocativos, o tratamento regulatório sistêmico das externalidades pode gerar impactos sociais distributivos.[774]

À evidência, a ação racional humana leva em conta os custos e os benefícios decorrentes dos comportamentos possíveis no exercício das escolhas econômicas, o que tem especial relevância para evitar, através da regulação, a prática de condutas de transferência de riscos financeiros a terceiros ou a apropriação de benefícios financeiros sem justa razão, com foco na redução das probabilidades de risco sistêmico no âmbito da regulação financeira.

3.1.2.4 – Bens públicos

Os bens coletivos ou públicos (*public goods*), que têm um vínculo estreito com as externalidades positivas, dizem respeito a bens universalmente apropriáveis por todos sem distinção, isto é, todos podem usufrui-lo sem exclusão de ninguém.

Por exemplo, não há como precificar, estritamente, a segurança pública ou a liberdade de ir e vir, isto é, "as pessoas não podem comprar quantidades diferentes de defesa pública, têm de decidir, de alguma forma, por uma

---

estabelecer, previamente e de forma clara, direitos e responsabilidades às partes envolvidas no objeto específico da relação econômica.

[774] Cf. SALOMÃO FILHO, Calixto. *Regulação e desenvolvimento*. In: SALOMÃO FILHO, Calixto (coord.). *Regulação e Desenvolvimento*. São Paulo: Malheiros, 2002, p. 93.

quantidade comum".[775] Ninguém também pode comprar parcelas equitativas de estabilidade monetária, pois o controle sistêmico da inflação é um benefício universalizável e insuscetível de apropriação privada em caráter exclusivo.[776]

Por envolver um benefício socialmente difuso, a existência de bens públicos envolvem riscos de não repartição equitativa dos custos sociais relacionados à sua manutenção, notadamente quando o sistema de atribuição de responsabilidades pelos custos sociais permite condutas oportunistas (*free rider* ou o efeito carona), que ocorre quando beneficiários do bem público adotam posturas não cooperativas ao não contribuir para as despesas comuns ou os custos dos bens públicos.

3.1.2.5 – Regulação pública não estatal e a autorregulação stricto sensu nos mercados financeiros: limites e possibilidades

É inequívoco que os mercados financeiros possuem diversas falhas de mercado. Posto isso, será que há espaço para iniciativas espontâneas dos participantes do mercado com vistas a construir soluções consensuais para a correção dessas falhas fora da regulação estatal?

De início, é preciso recordar que o sentido e o alcance da concepção de regulação não abrange regras de autorregulação de entidades associativas ou regras oriundas de "delegação do Poder público, caso em que estaremos diante da regulação pública não-estatal",[777] ou seja, é possível a autorregulação não autorizada (autorregulação privada ou *stricto sensu*) ou a autorizada pelos reguladores (regulação pública não-estatal).[778]

---

[775] Cf. VARIAN, Hal. *Op. Cit.*, p. 654.
[776] Um regime monetário estável é um bem público, cf. FREITAS, Maria Cristina Penido de. *Op. Cit.*, p. 28.
[777] ARAGÃO, Alexandre Santos de. *Agências reguladoras e a evolução do direito administrativo contemporâneo*. Rio de Janeiro: Forense, 2009, p. 30.
[778] Maria Manuel Leitão Marques e Vital Moreira tratam a autorregulação e a regulação publica não estatal como espécies do gênero *soft regulation* no seguinte sentido, *in verbis*: "Genericamente designada por '*soft regulation*', mais ou menos vinculativa, a regulação pela ética assume, entre outras formas, a de códigos de conduta, códigos éticos, códigos de boas práticas, códigos deontológicos ou recomendações. Na sua formulação mais típica, os códigos constituem exemplos de auto-disciplina profissional, a cargo das respectivas associações, por

A rigor, os processos de formação de preços de mercado, por si só, já consistem em mecanismos de coordenação de interesses econômicos entre os agentes financeiros, de modo que a autorregulação *stricto sensu* ou a regulação pública não-estatal constituem reforços institucionais complementares de estímulo à cooperação legitimados pela iniciativa consentida dos próprios participantes de determinado mercado.[779]

Nesse sentido, como os agentes financeiros interagem entre si de forma contínua ao longo do tempo, segundo o modelo anteriormente mencionado dos "jogos repetidos" (teoria dos jogos), os incentivos à padronização de condutas em prol da cooperação estimulam o estabelecimento consentido de normas aplicáveis a todos os participantes do mercado.

Em geral, instituições e instrumentos de autorregulação *stricto sensu* ou regulação pública não-estatal apresentam benefícios relevantes, principalmente por permitir uma maior flexibilidade e rapidez no estabelecimento autoconsentido de normas uniformes de comportamento, em ambientes nos quais são garantidos direitos equitativos de participação procedimental, com a pretensão de aplicação a todos os participantes de um mercado, frequentemente acompanhadas por regimes sancionatórios de *enforcement* das normas editadas.

No entanto, em contrapartida, é evidente que o poder concertado de editar regras para si próprios é problemático devido à potencialidade de lesão à concorrência e/ou de geração de conflitos de interesse, isto é, a ausência de imparcialidade *per se* é um fator de enfraquecimento da legitimidade da autorregulação *lato sensu* a ser considerado.

De todo modo, a regulação e a autorregulação *stricto sensu* ou regulação pública não-estatal são faces da mesma moeda, pois buscam, igualmente, um reforço normativo de coordenação complementar dos processos de formação de preços de mercado.[780]

Quanto ao ponto, é importante destacar que diversas iniciativas têm sido tomadas, especialmente a autorregulação *stricto sensu* promovida pela

---

delegação pública ou iniciativa própria" (MARQUES, Maria Manuel Leitão; MOREIRA, Vital. *A Mão Visível* – Mercado e Regulação. Coimbra: Almedina, 2008, p. 26).
[779] Cf. CALADO, Luiz Roberto. *Regulação e autorregulação do mercado financeiro*. São Paulo: Saint Paul, 2009, p. 57-58.
[780] CALADO, Luiz Roberto. *Op. Cit.*, p. 57.

CAPÍTULO 3 - REGULAÇÃO FINANCEIRA SISTÊMICA: FUNDAMENTOS ESPECÍFICOS...

Associação Brasileira das Entidades dos Mercados Financeiros e de Capitais (ANBIMA)[781] e o projeto de implantação do Sistema de Autorregulação Bancária pela Federação Brasileira de Bancos (FEBRABAN).[782]

Em linhas gerais, os processos de autorregulação *stricto sensu* tem apresentado bons resultados e a regulação pública não-estatal[783] têm funcionado e predominado em ambientes mais sensíveis à estabilidade financeira sistêmica,[784]

---

[781] Segundo o estatuto social da ANBIMA, a instituição detém poderes de emissão de circulares sobre supervisão direta e indireta de todos os associados, através das quais, respectivamente: (i) há visitas *in loco* para a verificação da adequação dos controles internos e dos métodos de gestão de risco aplicados pelas instituições; e (ii) há o monitoramento do cumprimento das regras e metodologias estabelecidas nos Códigos de Conduta, por meio de análise de documentos, filtros estatísticos rotineiros e supervisão temática. Fonte: http://portal.anbima.com.br/autorregulacao/supervisao/Pages/default.aspx. Acesso em 31.08.2014. A ANBIMA possui convênios operacionais com o Banco Central do Brasil e com a Comissão de Valores Mobiliários. No âmbito do mercado de capitais, pela importância institucional, podem ser citadas experiências semelhantes e exitosas de autorregulação *stricto sensu*: (i) a Associação Brasileira das Companhias Abertas (ABRASCA), que possui um Código de Conduta, disponível em: http://www.abrasca.org.br/Autorregulacao/Abrasca, com acesso em 31.08.2014; (ii) o Instituto Brasileiro de Governança Corporativa (IBGC), que possui diversos Códigos de Conduta, disponíveis em: http://www.ibgc.org.br/inter.php?id=18049, com acesso em 31.08.2014; e (iii) o recente Comitê de Aquisições e Fusões (CAF), que edita diversos normativos aplicáveis aos aderentes, disponíveis em: http://www.cafbrasil.org.br/website/normas.asp, com acesso em 31.08.2014.

[782] A FEBRABAN possui um sítio eletrônico especificamente destinado a publicizar seus projetos de autorregulação bancária, sobretudo para o estabelecimento de códigos de conduta, cujo endereço é o seguinte: http://www.autorregulacaobancaria.com.br/03.asp. Acesso em 01.04.2013.

[783] A regulação pública não-estatal, segundo Luis Guilherme Catarino, depende da presença cumulativa dos seguintes fatores: "(...) *(i) da existência de uma área onde se verificasse uma ineficiência (market failure), (ii) que os instrumentos privados (como a responsabilidade civil) não fossem suficientes para debelar, (iii) verificando-se nesta forma de regulação vantagens sobre a intervenção pública tradicional (menores custos devido aos conhecimentos técnicos dos próprios interessados, informalidade da sua acção e pouca onerosidade da sua monitorização)*" (CATARINO, Luis Guilherme. *Regulação e Supervisão dos Mercados de Instrumentos Financeiros*: Fundamento e Limites do Governo e Jurisdição das Autoridades Independentes. Coimbra: Almedina, 2010, p. 219).

[784] Essa constatação vai ao encontro de comentários feitos por Calixto Salomão Filho sobre o tema, *in verbis*: "*A tendência ao autocumprimento das decisões também influencia outro debate fundamental em matéria de teoria da regulação. Trata-se da discussão – bastante acirrada em matéria regulatória – das vantagens e desvantagens da auto-regulação. Essa característica, sem dúvida, sugere cautela em relação a experiências auto-regulatórias autônomas. Como é sabido, base e fundamento da auto-regulação é o autocumprimento das regras por seus membros. Por outro lado, referido autocumprimento depende da existência de precondições institucionais (regulatórias). Assim, tanto mais bem-sucedida será a tentativa*

nos quais a regulação estatal acompanha, indiretamente, os resultados e, ao mesmo tempo, estimula-se a cooperação entre os participantes dos segmentos financeiros de mercado para que eles próprios estabeleçam Códigos de Conduta.

Especificamente quanto ao mercado de capitais, a regulação pública não-estatal se fundamenta, expressamente, no §1º do art. 8º e §1º do art. 17 da Lei nº 6.385, de 1976,[785] sendo que os detalhamentos normativos do alcance regulatório das disposições legais estão contidos, principalmente, na Instrução nº 461 da Comissão de Valores Mobiliários, de 2007. A propósito, essa é a realidade, hoje, da BM&FBOVESPA S.A. – Supervisão de Mercados (BSM)[786] e da *CETIP* S.A. – Mercados Organizados.[787]

Em síntese, sem prejuízo dos excelentes resultados extraídos da experiência de autorregulação *stricto sensu* no sistema financeiro brasileiro, a experiência regulatória prática demonstra a predominância da regulação pública não-estatal em ambientes financeiros mais sensíveis, especificamente porque é possível supor que "toda vez que determinada atividade econômica tiver

---

auto-regulatória quanto mais bem-encaixada estiver em uma forte regulação – desde que, é claro, essa regulação seja capaz de criar as condições para cooperação. A experiência razoavelmente bem-sucedida dos mercados de capitais na cumulação de regulação e auto-regulação representa demonstração interessante dessa tendência" (SALOMÃO FILHO, Calixto. *Regulação da Atividade Econômica (Princípios e Fundamentos Jurídicos)*. 2. ed. São Paulo: Malheiros, 2008, p. 101).

[785] Prescreve §1º do art. 8º, que trata das competências da Comissão de Valores Mobiliários, *in verbis*: "Art. 8º, § 1º - O disposto neste artigo não exclui a competência das Bolsas de Valores, das Bolsas de Mercadorias e Futuros, e das entidades de compensação e liquidação com relação aos seus membros e aos valores mobiliários nelas negociados. (Redação pelo Decreto nº 3.995, de 31.10.2001)". Em complementação, preceitua o art. 17: "Art. 17. As Bolsas de Valores, as Bolsas de Mercadorias e Futuros, as entidades do mercado de balcão organizado e as entidades de compensação e liquidação de operações com valores mobiliários terão autonomia administrativa, financeira e patrimonial, operando sob a supervisão da Comissão de Valores Mobiliários. (Redação dada pela Lei nº 10.303, de 31.10.2001). § 1º Às Bolsas de Valores, às Bolsas de Mercadorias e Futuros, às entidades do mercado de balcão organizado e às entidades de compensação e liquidação de operações com valores mobiliários incumbe, como órgãos auxiliares da Comissão de Valores Mobiliários, fiscalizar os respectivos membros e as operações com valores mobiliários nelas realizadas. (Redação dada pela Lei nº 10.303, de 31.10.2001)".

[786] Detalhes podem ser acessados no seguinte endereço eletrônico: http://www.bsm-autorregulacao.com.br/home.asp. Acesso em 31.08.2014.

[787] Detalhes podem ser acessados no seguinte endereço eletrônico: http://www.cetip.com.br/Institucional/autorregula%C3%A7%C3%A3o. Acesso em 31.08.2014.

externalidades sociais, sejam positivas ou negativas (respectivamente, benefícios ou malefícios), o mercado não será um elemento organizador eficiente".[788]

3.1.3 – Falhas de Estado: limitações e incentivos comportamentais dos políticos e burocratas

No ano de 2013, foi divulgado um estudo feito pelo Instituto de Pesquisa Econômica Aplicada (IPEA) intitulado: "Gasto público, tributos e desigualdade de renda no Brasil", cujo objetivo era o de identificar qual a contribuição da atuação do Estado brasileiro para a desigualdade de renda da população do país.

A propósito, o Brasil encontra-se na 73ª posição do ranking de desigualdade de renda da Organização das Nações Unidas (ONU), em um universo de 134 países. O resultado do estudo é interessante: um terço da desigualdade de renda no Brasil pode ser atribuída, diretamente, à ação estatal, isto é, o Estado brasileiro, ao invés de atenuar, gera concentração de renda,[789] o que merece uma profunda reflexão.

Como visto anteriormente, a atenuação ou a eliminação dos efeitos das falhas de mercado são razões de justificação da regulação estatal, que podem agregar-se a objetivos de desenvolvimento econômico, a fim de fortalecer a concretização expansiva de direitos a todos os cidadãos livre e iguais, em caráter inclusivo, segundo a perspectiva liberal-igualitária de justiça.[790]

---

[788] SALOMÃO FILHO, Calixto. *Regulação da Atividade Econômica (Princípios e Fundamentos Jurídicos)*. 2. ed. São Paulo: Malheiros, 2008, p. 33.

[789] Todas essas informações constam da matéria publicada no sítio eletrônico da Revista Exame. Disponível em: http://exame.abril.com.br/revista-exame/edicoes/1038/noticias/e-o--estado-piora-esta-diferenca?page=4. Acesso em 29.04.2013. O método utilizado consistiu em decompor os fatores do coeficiente de Gini (medida de desigualdade de renda internacionalmente utilizado) para mensurar a desigualdade das transferências monetárias diretas "do" e "para" o Estado brasileiro. Segundo o estudo, de sete variáveis analisadas (impostos diretos cobrados da população, assistência social, remuneração dos funcionários públicos, benefícios trabalhistas, previdência social, salário e outras rendas do setor privado), apenas os dois primeiros fatores desconcentram renda, ou seja, todos os demais concentram.

[790] Objetivos de desenvolvimento atuam, em caráter complementar, à regulação econômica voltada à atenuação de falhas de mercado, cf. SALOMÃO FILHO, Calixto. *Regulação*

No entanto, há de se questionar se a regulação estatal, arcada com recursos públicos, é, de fato, a melhor decisão de uma maneira geral.[791]

Em primeiro lugar, delimitar a exata medida de regulação estatal para atenuar ou eliminar efeitos de falhas de mercado não é trivial. Há vários fatores e interesses que podem afetar tal delimitação.

Em segundo lugar, a "autorização geral" para regular setores com falhas de mercado ou o objetivo de promoção do desenvolvimento econômico podem ser apropriados e/ou distorcidos por diversos e influentes grupos de interesse no âmbito político e burocrático, comprometendo a ideia inicial de obtenção de um resultado social mais eficiente para determinado setor, com o risco de apropriação privada dos resultados da regulação (ou *rent-seeking*).[792]

Em terceiro lugar, regular envolve custos a serem incorridos pelo Estado, pois é necessária a criação de uma estrutura institucional adequada para regular,[793] sem prejuízo, em especial, da notória inelasticidade estrutural do Estado *vis-à-vis* a iniciativa privada.[794]

---

e desenvolvimento. In: SALOMÃO FILHO, Calixto (coord.). *Regulação e Desenvolvimento*. São Paulo: Malheiros, 2002, p. 47.

[791] Normalmente, as justificativas para a regulação do setor financeiro são as seguintes: (i) garantir a segurança e solidez sistêmica; (ii) minimizar efeitos de falhas de mercado; (iii) financiar projetos socialmente relevantes; e (iv) promover desenvolvimento e inclusão financeira, com foco nas classes economicamente menos favorecidas.

[792] *Rent-seeking* é um termo que designa, essencialmente, a intenção privada de direcionar os objetivos regulatórios em benefício próprio, do que resulta em uma apropriação econômica privativa dos resultados regulatórios em detrimento da sociedade como um todo.

[793] Conforme ressalta Richard Posner, o Estado não atua sem custos e pode ser ineficiente. V. POSNER, Richard. *Teorias da Regulação Econômica*. In: MATTOS, Paulo (coord.). *Regulação Econômica e Democracia*: o debate norte-americano. São Paulo, 34, 2004, p. 51.

[794] É possível afirmar que o Estado (setor público) é mais inelástico que a iniciativa privada (setor privado) porque os custos de reversão ou modificação rápida e adaptativa de decisões públicas é relativamente muito maior se comparados com os custos empresariais privados. Conforme enfatiza Alan Greenspan, *"Em organizações privadas, vemos um aspecto da destruição criativa, o penoso processo de corte de custo tornado necessário por uma contração nas margens de lucro. As empresas não têm escolha. As instituições públicas, porém, não sujeitas à falência, são menos preocupadas que uma instituição privada em conseguir o preço justo ou custo mais baixo. Instituições públicas têm acesso direta ou indiretamente a crédito soberano e recursos provenientes do pagamento de impostos. A reação de uma empresa privada a uma mudança de preço varia de alta a modesta. A reação de um governo, por outro lado, varia de modesta a nenhuma"* (GREENSPAN, Alan. *O mapa e o território*: risco, natureza e o futuro das previsões. São Paulo: Portfolio-Penguin, 2013, p. 231).

CAPÍTULO 3 - REGULAÇÃO FINANCEIRA SISTÊMICA: FUNDAMENTOS ESPECÍFICOS...

Dito isso, voltando-se ao diagnóstico do estudo acima referido, percebe-se que suas conclusões coincidem bastante com os fatores apontados para a apontada crise mundial do "Estado de bem-estar social" ocorrida a partir da década de 1970.[795]

Gastos públicos excessivos, falhas graves de gestão pública, subsídios indevidos e políticas públicas arbitrárias podem ser prejudiciais, além de ter a aptidão para impactar, de forma indevida, as esferas de liberdade econômica das pessoas e a distribuição equitativa de recursos sociais, com evidente repercussão no ideal de estabilidade financeira sustentável ao longo do tempo.

Conforme ressalta Carlos Emmanuel Joppert Ragazzo, "nem sempre a equidade é atingida por meio de legislações que tenham por objetivo justamente aumentar os aspectos distributivos de uma regulação",[796] sendo certo que "os processos de desenvolvimento não se produzem sem gerar uma série muito extensa de custos sociais".[797]

Pois bem, os estudos pioneiros do fenômeno das falhas de Estado foram iniciados, segundo opinião doutrinária predominante, a partir da contribuição de James Buchanan e Gordon Tullock,[798] com influência significativa posterior da obra *"Competition and Democracy"* de Gary Becker, a fim de provocar uma reflexão a respeito dos incentivos que norteiam a decisão institucional do Estado pela regulação, ou seja, desvendar as razões pretensamente públicas

---

[795] Segundo Xavier Calsamiglia, a mera transferência da responsabilidade pela correção das falhas de mercado ao Estado não é uma solução necessariamente definitiva e eficaz. Ao decidir sobre a necessidade de regulação, há a introdução de um novo ator – o Estado – nos processos de alocação e distribuição de recursos sociais no mercado a ser regulado, isto é, adicionam-se novos elementos a serem considerados. Assim, a presença estatal, por si só, não é garantia de melhores resultados sociais se a estratégia de regulação não estiver devidamente justificada e corretamente concebida. Esse foi o "drama" do "Estado de bem-estar social". V. CALSAMIGLIA, Xavier. *Racionalidade Individual e Coletiva*: Mecanismos Econômicos e Jurídicos de Articulação. Doxa, Cuadernos de Filosofia del Derecho, v. 13, 1993, p. 76-77.

[796] RAGAZZO, Carlos Emmanuel Joppert. *Regulação jurídica, racionalidade econômica e saneamento básico*. Rio de Janeiro: Renovar, 2011, p. 86.

[797] NUSDEO, Fábio. *Desenvolvimento econômico* – Um retrospecto e algumas perspectivas. In: SALOMÃO FILHO, Calixto (coord.). *Regulação e Desenvolvimento*. São Paulo: Malheiros, 2002, p. 13.

[798] A obra pioneira denomina-se *"The Calculus of Consent: Logical Foundations of Constitutional Democracy"*, anteriormente citada no Capítulo 1.

que justificam decisões regulatórias e quais os interesses e os riscos envolvidos (*Public Choice Theory*).

A propósito, a ideia fundamental da *Public Choice Theory*, com aplicação específica através da importante teoria da regulação econômica preconizada por George Stigler, é identificar: (i) quais são os fatores geradores da regulação; (ii) quem se beneficia com os resultados da regulação; (iii) quem arca com os custos da regulação; e (iv) qual o impacto regulatório sobre os processos alocativos e distributivos de mercado.[799]

Posto isso, George Stigler, amparado em alguns estudos empíricos, desenvolve sua tese central, qual seja, a de que, em regra, os agentes participantes do setor regulado influenciam e aproveitam-se do poder coercitivo do Estado para capturar a regulação em seu favor.[800]

Vale dizer, os agentes privados, em regra, têm maior informação sobre os mercados e organização corporativa se comparados com os agentes públicos,[801] o que lhes permite direcionar a regulação em seu favor com certa facilidade,

---

[799] Conforme George Stigler, "*as tarefas centrais da teoria da regulação econômica são justificar quem receberá os benefícios ou quem arcará com os ônus da regulação, qual forma a regulação tomará e quais os efeitos desta sobre a alocação de recursos*" (STIGLER, George. *A Teoria da Regulação Econômica*. In: MATTOS, Paulo (coord.). *Regulação Econômica e Democracia*: o debate norte-americano. São Paulo, 34, 2004, p. 23).

[800] STIGLER, George. *Op. Cit*., p. 23-27, *passim*.

[801] Essa assimetria de acesso às informações relevantes sobre os mercados regulados é um dos principais aspectos da teoria econômica da regulação. Se é verdade que os políticos e burocratas possuem menos informações e são cooptados com facilidade, pode-se deduzir que o diagnóstico, na maioria de vezes, é o mesmo: é melhor não regular ou adotar estratégias de desregulação. Nesse sentido é a posição de Gary Becker, cf. MATTOS, Paulo Todescan Lessa. *Agências reguladoras e democracia*: participação pública e desenvolvimento. In: SALOMÃO FILHO, Calixto (coord.). *Regulação e Desenvolvimento*. São Paulo: Malheiros, 2002, p. 200. Ver, também, PELTZMAN, Sam. *A Teoria Econômica da Regulação depois de uma década de Desregulação*. In: MATTOS, Paulo (coord.). *Regulação Econômica e Democracia*: o debate norte-americano. São Paulo, 34, 2004, p. 88-89, *passim*. Em outras palavras, com relação às falhas de mercado e sob a ótica da teoria econômica da regulação, "*a regulação estatal sobre a economia deveria limitar-se às normas para defesa da concorrência, àquelas destinadas a reduzir assimetrias de informação (v.g., o direito do consumidor) e às que tenham como finalidade reduzir as externalidades negativas (v.g., as normas de direito ambiental). Todo o tipo de intervenção erstatal que daí ultrapassar mostra-se, à luz dessa teoria, indevida e excessiva*" (BAPTISTA, Patrícia. *A evolução do Estado Regulador no Brasil* – Desenvolvimento, Globalização, Paternalismo e Judicialização. In: FREITAS, Daniela Bandeira de; VALLE, Vanice Regina Lírio do (Coord.) *Direito Administrativo e Democracia Econômica*. Belo Horizonte: Forum, 2012, p. 67).

seja para a eliminação da concorrência ou obtenção de maiores lucros, etc. E as formas de cooptação para o direcionamento da regulação podem ser variadas, incluindo-se, por exemplo, contribuições para campanhas políticas, financiamento de projetos políticos, ofertas de emprego a pessoas ligadas aos políticos e burocratas.[802]

Com efeito, a tendência de captura mostra-se provável porque os políticos e burocratas, assim como ocorre nos mercados, são agentes maximizadores dos seus próprios interesses,[803] segundo uma "lógica de mercado" em que os produtos são vantagens econômicas representadas por dinheiro, votos e vantagens burocráticas, haja vista a evidência de que "a política é transformada em argumentos jurídicos"[804] com facilidade.

Logo, diante das falhas de Estado, é provável que a melhor decisão política a ser tomada seja não regular, até porque os efeitos identificados das falhas de mercado podem ser menos graves do que prováveis efeitos de falhas de Estado.[805]

Em suma, o ceticismo subjacente à teoria econômica da regulação é extremamente importante para, à luz do pragmatismo, desmistificar o "pressuposto do propósito virtuoso e probo da legislação",[806] pois os riscos de captura regulatória são reais e os interesses privados dos grupos politicamente influentes naquele setor econômico a ser regulado afetarão, de forma significativa, a

---

[802] STIGLER, George. *Op. Cit.*, p. 36. Essa é a mesma linha de conclusão de Gary Becker ao enfatizar que *"o processo político pode contaminar as agências reguladoras independentes, na medida em que grupos de interesse – congressistas e lobbies coordenados pelos grandes grupos econômicos que financiam campanhas eleitorais – pressionam a burocracia estatal para obter vantagens competitivas no mercado econômico (grupos econômicos) e no mercado político (congressistas)"*, cf. MATTOS, Paulo Todescan Lessa. *Op. Cit.*, p. 200.

[803] Baseado no individualismo metodológico, é possível inferir que os *"políticos, assim como qualquer um de nós, são considerados como maximizadores das suas próprias utilidades. Isso significa dizer que grupos de interesses podem influenciar os resultados do processo regulatório ao fornecer apoio financeiro ou de outra natureza aos políticos ou reguladores"* (PELTZMAN, Sam. *Op. Cit.*, p. 81).

[804] REICH, Norbert. *Intervenção do Estado na Economia*: Reflexões sobre a Pós-Modernidade na Teoria Jurídica. Cadernos de Direito Econômico e Empresarial, Revista de Direito Público, v. 94, 1990, p. 275.

[805] PELTZMAN, Sam. *Op. Cit.*, p. 86.

[806] Cf. POSNER, Richard. *Teorias da Regulação Econômica*. In: MATTOS, Paulo (coord.). *Regulação Econômica e Democracia*: o debate norte-americano. São Paulo, 34, 2004, p. 59.

existência, o modo e a intensidade da regulação,[807] vale dizer, o "padrão da intervenção estatal no mercado".[808]

O entusiasmo político com a possibilidade de regulação de mercados pode revelar-se adiante um grande erro, com consequências negativas sob os aspectos alocativos e distributivos de recursos sociais. É preciso atenção com os aspectos do "mercado político".[809]

Ademais, na dialética da regulação financeira, é possível inferir um risco de descasamento temporal e qualitativo da ação regulatória em relação aos processos mais dinâmicos e informados de mercado, ou seja, há alguma tendência de atraso e ineficiência da regulação no tempo, pois *é possível* supor que os regulados atuam de forma mais rápida nos mercados e agirão estrategicamente para ocultar ou divulgar informações relevantes em seu favor,[810] o que pode gerar erros de diagnóstico e prognóstico regulatórios, tornando o processo de regulação, em alguma medida, um "jogo de cartas marcadas".[811]

No entanto, o ceticismo subjacente à teoria econômica da regulação precisa ser compreendido à luz dos pressupostos de legitimação da democracia deliberativa, que se presta a equilibrar, mediante deliberação pública nas instituições políticas oficiais, a equação de justiça "liberdade-igualdade" em prol de uma regulação racional e razoável dos mercados.[812]

---

[807] POSNER, Richard. *Op. Cit.*, p. 59.
[808] POSNER, Richard. *Op. Cit.*, p. 50.
[809] Conforme ressalta André Rodrigues Cyrino, *"a Escola da Public Choice deve ser tida como uma provocação no sentido de que o direito e a ciência política estejam atentos a essas circunstâncias do 'mercado político', a fim de que se busquem meios para o aperfeiçoamento do processo decisório e regulatório. As falhas não devem conduzir ao afastamento, mas à melhora das instituições, que podem ser mais ou menos aptas a garantir um modelo de intervenção econômica sensata"* (CYRINO, André Rodrigues. *Direito Constitucional Regulatório* – elementos para uma interpretação institucionalmente adequada da Constituição econômica brasileira. Rio de Janeiro: Renovar, 2010, p. 149).
[810] É óbvio que os agentes regulados, detentores de experiência, informações e conhecimento técnico sobre o setor, provavelmente tensionarão no sentido de uma regulação que lhes seja mais favorável, cf. SOUTO, Marcos Juruena Villela. *Direito Administrativo Regulatório*. 2. ed. Rio de Janeiro: Lumen Juris, 2005, p. 260.
[811] V. CORAZZA, Gentil. *Os Dilemas da Supervisão Bancária*. In: SOBREIRA, Rogério (Org.). *Regulação Financeira e Bancária*. São Paulo: Atlas, 2005, p. 84-85, *passim*, com base nas ideias de Edward Kane e Hyman Minsky.
[812] CALSAMIGLIA, Albert. *Eficiencia y Derecho*. Doxa, Cuadernos de Filosofia Del Derecho, v. 4, 1987, p. 280.

Nesse sentido, ingressa na discussão o interesse público presente no objetivo regulatório de desenvolvimento econômico eficiente e inclusivo dos mercados financeiros.

Em relação à noção de interesse público,[813] trata-se de categoria extremamente heterogênea[814] e dependente das variáveis empíricas, técnicas e científicas envolvidas na regulação econômica de cada setor.

No entanto, pode-se dizer que o interesse público relacionado à promoção do desenvolvimento econômico só se legitima quando se consegue eliminar, razoavelmente, os riscos de distorção da regulação pelas falhas de Estado a partir de procedimentos regulatórios deliberativos e transparentes acerca dos objetivos almejados e resultados sociais pretendidos com foco na inclusão social,[815] o que impõe um esforço contínuo de avaliação e reavaliação estrutural e institucional dos processos regulatórios, de acordo com metas regulatórias democraticamente estabelecidas,[816] cuja consistência deve estar amparada em razões empíricas e consequencialistas expostas em análises

---

[813] A propósito da noção de interesse público, adere-se ao entendimento de que não existe fundamento constitucional para a afirmação de um princípio da supremacia do interesse público no Brasil e em nenhuma sociedade constitucional democrática. Em termos de unidade axiológica do sistema jurídico, o interesse público se confunde com a integridade da Constituição e está presente na pretensão de máxima realização concreta da equação de justiça "liberdade-igualdade". Em relação ao tema, v. SARMENTO, Daniel (Org.). *Interesses Públicos versus Interesses Privados*: Desconstruindo o Princípio de Supremacia do Interesse Público. Rio de Janeiro: Lumen Juris, 2010.

[814] MARQUES NETO, Floriano Peixoto de Azevedo. *Regulação Estatal e Interesses Públicos*. São Paulo: Malheiros, 2002, p. 151. No mesmo sentido, Calixto Salomão Filho expõe que *"a definição de interesse público é multifacetada – ora política, ora econômica –, não permitindo que a mesma seja colocada em termos precisos. Aliás, a experiência prática põe em sérias dúvidas a existência de um conceito – verdadeiro e coerente – de interesse público para fins de intervenção do Estado na economia"* (SALOMÃO FILHO, Calixto. *Regulação e desenvolvimento*. In: SALOMÃO FILHO, Calixto (coord.). *Regulação e Desenvolvimento*. São Paulo: Malheiros, 2002, p. 23).

[815] Calixto Salomão Filho é enfático ao afirmar que os riscos decorrentes das falhas de Estado exigem *"a clara definição de um substrato valorativo social capaz de limitar esse risco"* (SALOMÃO FILHO, Calixto. *Op. Cit.*, p. 48).

[816] Fundamental para o êxito de uma estratégia regulatória é a avaliação e reavaliação constante dos resultados pretendidos, pois, em alguns casos, determinados objetivos regulatórios não são alcançados ou atingem objetivos diversos dos almejados com efeitos negativos. Por isso, diante dos "paradoxos do Estado regulador" – expressão de Cass Sunstein –, a regulação estatal deve ser flexível, dinâmica e comprometida com resultados preestabelecidos para obter sucesso. V. SUNSTEIN, Cass R. *Paradoxes of the Regulatory State*. The University of Chicago Law Review, v. 57, n° 2, 1990, p. 407.

de custos e benefícios, através das quais se perceberá o grau de legitimidade social da regulação.

Assim, a regulação assume relevância social, ainda que sob o risco de ocorrerem, em algum grau, falhas de Estado, desde que se mostre eficiente a alinhar os processos de formação de preços de mercado a uma racionalidade pública, devidamente discutida no âmbito da democracia deliberativa, com prioridade axiológica de proteção a liberdades, interesses difusos (universalizáveis) e interesses dos economicamente menos favorecidos, fortalecendo, portanto, o caráter igualitário e inclusivo da regulação.[817]

3.1.4 – Conclusões parciais: better regulation como paradigma de avaliação concreta dos resultados regulatórios

Em fevereiro de 2013, o Banco Central do Brasil lançou, publicamente, o programa "Otimiza BC", destinado a institucionalizar um "fórum permanente de avaliação para redução de custos de observância para as instituições financeiras e um novo modelo de governança da informação".[818]

Tal programa, que parte da identificação de um objetivo regulatório específico, é uma iniciativa louvável que contém os elementos essenciais de uma nova ótica mais ampla de eficiência e maior praticidade no âmbito da Administração Pública, a saber: institucionalizar ambientes transparentes de deliberação e troca de informações – o que, simultaneamente, fomenta a participação e o controle social da regulação – focados em produzir, progressivamente, os melhores resultados regulatórios possíveis, até mesmo para

---

[817] Cf. SUNSTEIN, Cass R. *After the Rights Revolution*: reconceiving the regulatory state. Cambridge: Harvard University Press, 1991, p. 12. No mesmo sentido: REICH, Norbert. *Intervenção do Estado na Economia*: Reflexões sobre a Pós-Modernidade na Teoria Jurídica. Cadernos de Direito Econômico e Empresarial, Revista de Direito Público, v. 94, 1990, p. 265. Segundo Calixto Salomão Filho, o desenvolvimento identifica-se com um *"um processo de conhecimento social que leve à maior inclusão social possível, caracterizando-se, portanto, como algo que se poderia apontar como democracia econômica"* (SALOMÃO FILHO, Calixto. *Op. Cit.*, p. 32).

[818] Fonte: http://www.bcb.gov.br/pt-br/paginas/banco-central-anuncia-medidas-para-reducao-de-custos-regulatorios-18-02-2013.aspx. Acesso em 01.04.2013.

conduzir decisões de desregular ou não regular, prestando-se, nessas últimas hipóteses, deferência à livre concorrência.[819] [820]

Adicionalmente, o programa mencionado acima demonstra que seu objeto não precisa ser vinculado a nenhuma razão teórica específica[821] para adquirir legitimidade substancial, além de externar a percepção de uma necessidade contextual de estímulo progressivo à cooperação inclusiva e transparente na relação entre regulador e regulados,[822] que preza pelas melhores consequências ou resultados sistêmicos, em termos de custos e benefícios, ao longo do tempo.

Portanto, estão presentes todos os elementos integrantes da ideia da razão prática regulatória, representativa da evolução de uma tendência contemporânea em tratar o Direito Administrativo como uma "cultura participativa em prol de resultados", em substituição a uma visão restrita de ciência positiva ou dogmática desse ramo jurídico.[823]

---

[819] Conforme será ressaltado a seguir, tais resultados devem ser avaliados através de análises de custo e benefício (*Cost-Benefit Analysis*).

[820] Devido à prioridade das liberdades básicas na equação de justiça "liberdade-igualdade", é legítimo que se dê preferência à livre concorrência, na medida em que mais eficiente e menos custosa *prima facie*, cf. RAGAZZO, Carlos Emmanuel Joppert. *Op. Cit.*, p. 163. Não obstante, a intensidade da regulação é uma decisão que deve ser submetida à deliberação nas instâncias regulatórias, com base no ideal da razão pública.

[821] A funcionalidade própria das análises de custo e benefício (*Cost-Benefit Analysis*) transcende opiniões políticas particulares fundadas em razões teóricas específicas, cf. SUNSTEIN, Cass R. *The Cost-Benefit State*: The Future of Regulatory Protection. Chicago: American Bar Association, 2002, p. 20. Essa abordagem vai ao encontro da ideia de razão prática de John Rawls.

[822] O sucesso dos projetos regulatórios pode ser medido pela credibilidade de suas metas e objetivos, sobretudo quando discutidos com os destinatários da regulação. Nesse sentido, estratégias regulatórias cooperativas e indutivas têm se mostrado mais eficazes na realidade prática da regulação econômica, notadamente porque o mercado não é um adversário do Estado, cf. CATARINO, Luis Guilherme. *Regulação e Supervisão dos Mercados de Instrumentos Financeiros*: Fundamento e Limites do Governo e Jurisdição das Autoridades Independentes. Coimbra: Almedina, 2010, p. 243. Tal circunstância é assim ressaltada por Calixto Salomão Filho, *in verbis*: "*A análise histórica demonstra que soluções adotadas através do método cooperativo trazem consigo um nível muito maior de cumprimento voluntário, sem interveniência de terceiros. Assim regras bem elaboradas, que criem um ambiente cooperativo, acabam sendo cumpridas, e seu descumprimento controlado e policiado pelos próprios participantes da relação*" (SALOMÃO FILHO, Calixto. *Regulação e desenvolvimento*. In: SALOMÃO FILHO, Calixto (coord.). *Regulação e Desenvolvimento*. São Paulo: Malheiros, 2002, p. 52).

[823] Cf. SUNDFELD, Carlos Ari. *Direito Administrativo para Céticos*. São Paulo: Malheiros, 2012, p. 13. Dito de outra maneira, Carlos Emmanuel Joppert Ragazzo acentua que a ênfase

Trata-se de um novo paradigma de *better regulation*,[824] em que a avaliação dos resultados é extremamente relevante à legitimidade das políticas regulatórias,[825] com repercussão na tarefa de definição, execução e controle do Direito Regulatório.[826]

Vale dizer, ao invés de concentrar esforços no desenvolvimento normativo dos processos internos de escolha administrativa dos meios regulatórios, tal paradigma busca priorizar a avaliação pública dos resultados,[827] os quais devem ser devidamente legitimados em ambientes inclusivos de participação

---

consequencialista tem o mérito de afastar *"concepções positivistas (em que as normas legais legitimam-se por si mesmas, desde que propriamente promulgadas) e deontológicas (em que o valor de uma ação estaria em si mesma, desconsiderando as conseqüências)"* (RAGAZZO, Carlos Emmanuel Joppert. *Regulação jurídica, racionalidade econômica e saneamento básico*. Rio de Janeiro: Renovar, 2011, p. 93). Essa é também a perspectiva de Susan Rose-Ackerman ao afirmar que *"o direito administrativo deveria tornar-se mais preocupado com o modo como políticas substantivas são feitas e com a revisão dos paradoxos e inconsistências dos processos de escolha coletiva"* (ROSE-ACKERMAN, Susan. *Análise Econômica Progressista do Direito* – e o Novo Direito Administrativo. In: MATTOS, Paulo (coord.). *Regulação Econômica e Democracia*: o debate norte-americano. São Paulo, 34, 2004, p, 249).

[824] Sendo assim, pode-se dizer que *"a avaliação de resultados substantivos, tanto em termos de equidade, como de eficiência, provavelmente será a próxima 'onda regulatória', após um movimento no sentido de maior legitimidade dos atos regulatórios"* (RAGAZZO, Carlos Emmanuel Joppert. *Op. Cit.*, p. 109).

[825] Segundo Cass Sunstein, o Estado de Custo-Benefício (*The Cost-Benefit State*) é aquele que visa utilizar os instrumentos regulatórios mais efetivos sob o ponto de vista prático, acompanhados por análises de custo e benefício (*Cost-Benefit Analysis*), em respeito às seguintes diretrizes (*goals*): (i) dar prioridade aos menos favorecidos; (ii) mensurar os custos e benefícios dos instrumentos regulatórios *vis-à-vis* as alternativas disponíveis; e (iii) dar especial ênfase na mensuração de riscos de ocorrência de efeitos indesejados. V. SUNSTEIN, Cass R. *The Cost-Benefit State*: The Future of Regulatory Protection. Chicago: American Bar Association, 2002, p. 6.

[826] A integração da análise consequencialista no centro do debate sobre políticas públicas tem como vantagem essencial orientar decisões políticas a partir de elementos transparentes e adequados de informação sobre os prováveis impactos sistêmicos dessas decisões no mundo real. Entretanto, embora seja capaz de orientar, a análise consequencialista não necessariamente determina o Direito, conforme preconiza Carlos Emmanuel Joppert, *in verbis*: "*A análise de custo e benefício, instrumentalizada por um relatório de impacto regulatório, não substitui os órgãos regulatórios ou mesmo qualquer ente de Administração Pública na tomada de decisões, sejam elas quais forem. Apenas serve como meio de fornecer mais informações, auxiliando as escolhas públicas, não sendo e nem podendo ser um elemento que determina políticas, sob pena de se gerar uma nova crise de legitimidade*" (RAGAZZO, Carlos Emmanuel Joppert. *Op. Cit.*, p. 214).

[827] Cf. RAGAZZO, Carlos Emmanuel Joppert. *Op. Cit.*, p. 53.

democrática, sob justificação amparada em razões públicas e com lastro em estudos de impacto regulatório (controle procedimental e substancial de resultados).[828]

Dito de outro modo, a defesa um modelo regulatório pluralista[829] focado em avaliar resultados, apto a conjugar aspectos procedimentais e substanciais, é a pretensão fundamental de racionalidade regulatória subjacente ao paradigma da *better regulation*.[830]

Pois bem, no exemplo relativo ao programa "Otimiza BC", uma redução dos custos regulatórios poderia ser avaliada de diversas formas quanto aos resultados pretendidos: (i) as instituições financeiras terão menos custos para operar, o que é um sinal de eficiência regulatória, simplesmente (viés alocativo); (ii) a diminuição de custos regulatórios é boa e deveria ser repassada, em algum grau, para os regulados ou clientes financeiros, com vistas a diminuir o custo das operações de crédito, por exemplo (viés distributivo); (iii) as

---

[828] Quanto ao ponto, é evidente que não se desconsidera a legitimidade democrática do Poder Legislativo (legitimidade pelo título) para dispor sobre atos normativos que prescrevem os meios e/ou os procedimentos formais necessários à condução dos processos regulatórios. No entanto, a legitimidade dos processos regulatórios pedem, além do uso adequado dos instrumentos regulatórios (legitimidade pelo exercício), uma atuação administrativa que gere resultados adequados (legitimidade pelo resultado), cf. MOREIRA NETO, Diogo de Figueiredo. *Quatro paradigmas do direito administrativo pós-moderno*: legitimidade, finalidade, eficiência, resultados. Belo Horizonte: Forum, 2008, p. 21.

[829] Quanto ao exercício do pluralismo participativo na regulação – não obstante a existência de limites e riscos decorrentes da participação democrática explicados adiante –, é importante trazer o seguinte posicionamento, *in verbis*: "É preciso, ainda, garantir que o conhecimento econômico flua e se transmita para os órgãos reguladores e planejadores. Daí a necessidade da participação dos vários grupos sociais envolvidos pela prestação de um determinado serviço participarem do processo de elaboração de regulamentação. Trazem conhecimento/informação fundamentais para a elaboração da regulação. Esse princípio procedimental regulatório nada tem de incompatível com a fixação de objetivos gerais regulatórios" (SALOMÃO FILHO, Calixto. *Regulação e desenvolvimento*. In: SALOMÃO FILHO, Calixto (coord.). *Regulação e Desenvolvimento*. São Paulo: Malheiros, 2002, p. 49).

[830] Cf. SUNSTEIN, Cass R. *The Cost-Benefit State*: The Future of Regulatory Protection. Chicago: American Bar Association, 2002, p. 21. No que diz respeito às diretrizes de aprimoramento regulatório, pode-se dizer que as principais linhas de ação são as seguintes: (i) racionalizar, tanto quanto possível, os processos decisórios; (ii) estimular o debate público sobre os valores que devem pautar as ações estatais; e (iii) favorecer o controle jurídico para eventual correção das ações, cf. BRUNA, Sérgio Varella. *Procedimentos normativos da Administração e desenvolvimento econômico*. In: SALOMÃO FILHO, Calixto (coord.). *Regulação e Desenvolvimento*. São Paulo: Malheiros, 2002, p. 235.

instituições financeiras menores, que detêm menores economias de escala, aumentarão, relativamente, sua competitividade (viés alocativo positivo em prol da concorrência); (iv) o Banco Central do Brasil reconheceu que cobrava, excessivamente, encargos das instituições financeiras anteriormente, o que seria ilegítimo e ineficiente (viés alocativo que designa falha de Estado); (v) as instituições financeiras exerceram algum tipo de influência ou constrangimento em relação ao Banco Central do Brasil que o fez diminuir custos regulatórios em favor delas (viés distributivo que designaria captura ou *rent-seeking*); (vi) tais custos foram mensurados de forma equivocada no passado e, por isso, foram reequacionados (viés alocativo de correção de falha de Estado); ou (vii) os custos regulatórios tornaram-se excessivos ao longo do tempo e, agora, foram adequados a uma nova realidade (adequação regulatória, sem viés). Ora, a partir da formulação das diversas hipóteses especulativas trazidas acima, que traduzem questionamentos relacionados à correção ou acentuação de "falhas de mercado" e/ou "falhas de Estado", é possível evidenciar que a mera instituição pública de um projeto regulatório, ainda que possua o objetivo genérico de gerar resultados mais eficientes, não é o bastante em democracias deliberativas. É preciso ir além.[831]

Ademais, as ideias de combate às "falhas de mercado" e/ou "falhas de Estado", conforme desenvolvimento nos tópicos antecedentes, têm que ser dimensionadas e justificadas sob uma única perspectiva de análise dos custos e benefícios envolvidos na execução do projeto regulatório, a fim de: (i) esclarecer, com base no ideal de razão pública, como, por que e quais os riscos das escolhas regulatórias possíveis; (ii) facilitar a comparação entre as alternativas disponíveis, máxime para a eleição de prioridades em um ambiente inclusivo de participação democrática; (iii) além de possibilitar, com mais clareza, a identificação de distorções *vis-à-vis* os objetivos regulatórios através de instrumentos adequados de medição de impacto regulatório, que contêm informações sobre estimativas dos objetivos e resultados pretendidos (*accountability*).[832]

---

[831] Diante do paradigma da *better regulation*, a mera publicidade não é suficiente. O novo paradigma pede transparência e prestação públicas de contas, amparada por análises adequadas de custo e benefício, cf. RAGAZZO, Carlos Emmanuel Joppert. *Op. Cit.*, p. 53-55, *passim*.
[832] Conforme Luís Guilherme Catarino, o processo regulatório de decisão pautado em estudos de impacto regulatório deve levar em consideração os seguintes parâmetros: (i) identificação

CAPÍTULO 3 – REGULAÇÃO FINANCEIRA SISTÊMICA: FUNDAMENTOS ESPECÍFICOS...

Nesse sentido, o uso de métodos de avaliação qualitativa e quantitativa dos custos e benefícios (*Cost-Benefit Analysis*) ou, simplesmente, a análise consequencialista da regulação, próprios do paradigma da *better regulation*, podem ser reputados, em termos sistêmicos, a melhor escolha estratégica para aferir o desempenho regulatório das instituições.[833] Ainda que imperfeito,[834] ele é o método mais apto de responder, suficientemente, a todas as complexidades do fenômeno regulatório.

Como método empírico e valorativo de avaliação de resultados regulatórios, o paradigma da *better regulation* é uma decorrência da ideia da razão prática regulatória, cujo conteúdo é pautado pelo ideal da razão pública nas sociedades democráticas constitucionais.[835]

Assim, a análise de custos e benefícios, a ser elaborada por meio de estudos de diagnósticos e prognósticos de impacto regulatório, serve como elemento informativo de fundamentação e complementação das políticas regulatórias,

do problema e relevância/risco face os objetivos regulatórios; (ii) ponderação das soluções possíveis; (iii) definição dos objetivos da intervenção; (iv) ponderação sobre os impactos e efeitos secundários; (v) estabelecimento de preferências de atuação; (vi) consulta pública; (vii) publicação dos resultados das consultas, com fundamentação; e (viii) monitoramento, cf. CATARINO, Luis Guilherme. *Regulação e Supervisão dos Mercados de Instrumentos Financeiros*: Fundamento e Limites do Governo e Jurisdição das Autoridades Independentes. Coimbra: Almedina, 2010, p. 250-251.

[833] A análise de custo-benefício caminha lado a lado com a ideia de análise econômica do Direito Administrativo Regulatório. A propósito, Ivo Gico Junior enumera as seguintes potencialidades do método de Análise Econômica do Direito (AED), passível de aplicação no Direito Administrativo Regulatório, da seguinte forma: *"(...) a AED pode contribuir para (a) a identificação do que é injusto – toda regra que gera desperdício (é ineficiente) é injusta – e (b) é impossível qualquer exercício de ponderação se quem o estiver realizando não souber o que está efetivamente em cada lado da balança, isto é, sem a compreensão das consequências reais dessa ou daquela regra. A juseconomia nos auxilia a descobrir o que realmente obteremos com uma dada política pública (prognose) e o que estamos abrindo mão para alcançar aquele resultado (custo de oportunidade). Apenas detentores desse conhecimento seremos capazes de realizar uma análise de custo-benefício e tomarmos a decisão socialmente desejável"* (GICO JUNIOR, Ivo. *Introdução ao Direito e Economia.* In: TIMM, Luciano Benetti (Org.). *Direito e Economia no Brasil.* 2. ed. São Paulo: Atlas, 2014, p. 28).

[834] Cass Sunstein é claro ao sustentar, com razão, que a análise de custos e benefícios não é uma panacéia. V. SUNSTEIN, Cass R. *Op. Cit.*, p. 10.

[835] No âmbito das sociedades democráticas constitucionais, sob o aspecto prático, as potencialidades oriundas do diálogo inclusivo de razões devem ser estimuladas, mormente porque a democracia tem a capacidade de *"enriquecer o debate fundamentado através das melhorias da disponibilidade informacional e da factibilidade de discussões interativas"* (SEN, Amartya. *A ideia de justiça.* Trad. Denise Bottmann. São Paulo: Companhia das Letras, 2011, p. 15).

através da qual os objetivos regulatórios gerais de expansão prioritária e inclusiva das liberdades (equação liberal-igualitária de justiça) devem ser postos como parâmetros de julgamento da adequação do objetivo regulatório especificamente delimitado (controle *ex ante*), com o subsequente acompanhamento constante dos resultados obtidos ao longo do tempo (controle *ongoing* e *ex post*), para fins de controle e aprimoramento dos processos regulatórios.[836]

Dessa forma, a análise de custos e benefícios reduz os riscos de produção de distorções alocativas e distributivas indesejadas, além de facilitar a identificação de indícios de apropriações privadas indevidas da regulação por grupos políticos e econômicos influentes (*rent-seeking*), com aplicação específica na regulação financeira sistêmica no sentido de identificar focos de riscos sistêmicos.[837]

Entretanto, nada obstante a importância da análise de custos e benefícios financeiros em ambientes de democracia deliberativa, ela não é uma atividade trivial.[838]

---

[836] Segundo Luís Guilherme Catarino, "*a análise de custo e de impacto permite um estudo explicativo e antecipa um preditivo das condutas induzidas por normas ou decisões, que permita conhecer os seus efeitos económicos (quais as mais eficientes, qual a sua razoabilidade económica). Implicando um juízo de prognose ou ex-ante da tomada de decisões permite igualmente controlar o seu fundamento. Claro que tal não previne que um qualquer regulador prossiga uma agenda política própria, e mesmo instrumentos hoje em dia aceites como constituindo as melhores práticas (best practices), como a análise custo/benefício da regulação, pode ser delegados nos mesmos peritos que irão produzir a regulação (e em mercados complexos, tendem efectivamente a sê-lo)*" (CATARINO, Luis Guilherme. *Regulação e Supervisão dos Mercados de Instrumentos Financeiros*: Fundamento e Limites do Governo e Jurisdição das Autoridades Independentes. Coimbra: Almedina, 2010, p. 238).

[837] O dever jurídico de evitar ou atenuar efeitos negativos próprios da concretização de riscos sistêmicos integra a eficácia dos denominados princípios da prevenção e da precaução no âmbito do Direito Administrativo. Enquanto o princípio da prevenção impõe a adoção de condutas voltadas a evitar danos com relativa certeza de ocorrência, o princípio da precaução exige que a Administração Pública se antecipe a danos com forte verossimilhança quanto à ocorrência, cf. FREITAS, Juarez. *Discricionariedade administrativa e o direito fundamental à boa administração pública*. São Paulo: Malheiros, 2009, p. 99-103, *passim*. Quanto à atitude antecipatória imposta pelo princípio da precaução, a verossimilhança será constatada, com muito mais facilidade, se presentes estudos adequados de impacto regulatório idôneos a identificar, com certeza suficiente, a necessidade de atuação regulatória. Em relação à noção de certeza suficiente ou verossimilhança forte, v. FREITAS, Juarez. *O controle dos atos administrativos e os princípios fundamentais*. 4. ed. São Paulo: Malheiros, 2009, p. 142.

[838] De acordo com Charles Goodhart, conquanto a análise de custo-benefício seja, em tese, o melhor método de aferição dos resultados regulatórios, ela demanda a necessidade de produção e disponibilização de dados que permitam o cálculo sobre as estimativas dos múltiplos

CAPÍTULO 3 - REGULAÇÃO FINANCEIRA SISTÊMICA: FUNDAMENTOS ESPECÍFICOS...

Quanto ao ponto, é preciso ter cuidado com os seguintes fatores, relacionados à percepção inadequada de riscos, quais sejam: (i) problemas cognitivos relacionados ao acesso e interpretação das informações disponíveis; (ii) tendências à histeria coletiva em cenários sociais mais instáveis (*worst-case scenarios*);[839] e (iii) dificuldades na avaliação de consequências sistêmicas.

Nesse sentido, mostra-se prudente conter a "euforia da participação democrática"[840] para a atribuição de legitimidade aos processos regulatórios.[841] Dentre riscos e limitações, é possível inferir: (i) os dilemas entre par-

---

custos diretos e indiretos da regulação, bem como estimativas sobre os benefícios prováveis de todas as alternativas plausíveis para a concretização de um objetivo regulatório previamente definido, em tempo razoável, cf. GOODHART, Charles (et.al.). *Financial Regulation*: why, how and where? London: Routledge, 2001, p. 65-66. À evidência, não é uma tarefa fácil, especialmente em estruturas regulatórias complexas, o que enseja críticas a esse método. No entanto, as vantagens da análise de custo-benefício, devido ao seu conteúdo informacional e consequencialista, são imensas em relação a outros métodos, tais como: (i) a ênfase na avaliação de informações e dados empíricos em termos alocativos e distributivos, o que fundamenta a atuação regulatória e permite o afastamento argumentativo de posturas subjetivas, ideológicas ou abstratas inadequadas face à realidade prática da regulação, diante das alternativas disponíveis; (ii) o estímulo ao aprimoramento regulatório, com a produção de estimativas sobre riscos e probabilidades quanto aos efeitos práticos pretendidos, o que facilita a pronta correção ou modificação da execução dos projetos regulatórios ao longo do tempo; e (iii) o reforço do controle social substantivo dos processos regulatórios, já que as informações produzidas nos estudos de impacto regulatório tornam transparentes as razões das escolhas regulatórias. Em suma, os estudos de impacto regulatório fortalecem a democracia deliberativa por reduzir assimetrias de informação regulatória, atenuar defeitos cognitivos e diminuir os riscos de influência indevida de grupos econômicos e políticos no desenho da regulação, cf. RAGAZZO, Carlos Emmanuel Joppert. *Op. Cit.*, p. 229. A propósito da análise de custo e benefício, importa citar trecho doutrinário que sintetiza sua relevância, *in verbis*: *"A nova metodologia de se orientar escolhas públicas com informações sobre custos e benefícios tem o óbvio propósito de evitar erros na alocação de prioridades, chamando também a atenção para efeitos colaterais não previstos decorrentes da regulação. O relatório de impacto regulatório é uma ferramenta de informação, fornecendo dados para que escolhas públicas possam ser feitas, evitando custos excessivos, permitindo uma avaliação sobre os designs, implementação e monitoramento dos sistemas regulatórios"* (RAGAZZO, Carlos Emmanuel Joppert. *Op. Cit.*, p. 214).

[839] Cf. SUNSTEIN, Cass R. *The Cost-Benefit State*: The Future of Regulatory Protection. Chicago: American Bar Association, 2002, p. 9.

[840] A ideia de limitação da euforia face à pretensão de abertura da Administração Pública à participação democrática é desenvolvida em: BAPTISTA, Patrícia. *Transformações do Direito Administrativo*. Rio de Janeiro: Renovar, 2003, p. 137-142, *passim*.

[841] Carlos Emmanuel Joppert Ragazzo demonstra certo ceticismo em relação aos potenciais benefícios da participação democrática no controle social dos marcos regulatórios. Tal ceticismo se deve à complexidade da análise de custos e benefícios, falta de informação adequada a

ticipação e eficiência, a ser medida, principalmente, em termos de custos para a participação *vis-à-vis* a demora no processo de efetivação da decisão regulatória; (ii) os limites normativos quanto a procedimentos formais, instituidores de regras de disciplina da participação social; (iii) o efeito conservador presente nas instituições regulatórias, que impedem mudanças abruptas de rumo regulatório; (iv) limitações cognitivas de informação de diversas ordens, conforme mencionado acima; e (v) os riscos de distorção nos processos regulatórios, haja vista a possibilidade de interesses parciais serem travestidos em razões públicas.[842]

Entretanto, todos esses riscos e limitações não invalidam as diversas vantagens do método de análise de custos e benefícios, eis que esse se revela o mais eficiente a estimular o progresso cooperativo nos processos regulatórios, ao nortear uma tendência de aprimoramento informado das instituições responsáveis pela regulação, que se abrem à participação democrática e ao controle social dos seus próprios resultados.

Com efeito, a percepção da importância das análises de custo e benefício é tributária da experiência norte-americana, iniciada na década de 1980 no âmbito da Secretaria de Orçamento e Gestão dos Estados Unidos da América (*U.S. Office of Management and Budget – OMB*).

O paradigma normativo inicial do movimento de *Cost-Benefit Analysis* foi a edição da *Executive Order* nº 12.291, de 1981, destinada, basicamente, a instituir uma rotina de elaboração de avaliações de impacto regulatório para os projetos normativos mais importantes das *independent agencies*, submetidos ao controle do OMB para fins de análise de consistência e alinhamento regulatório às diretrizes do Poder Executivo central.[843]

---

todos os pretensos participantes e ausências de incentivos à organização de instituições sociais capazes de representar todos os afetados pela regulação. Em suas palavras, *"a transparência e as possibilidades de participação popular (controle social) foram avanços interessantes, mas que demonstraram ter resultados ainda imperfeitos"* (RAGAZZO, Carlos Emmanuel Joppert. *Op. Cit.*, p. 139).
[842] Essa enumeração segue a ordem de considerações expostas por Patrícia Baptista quanto aos limites e riscos da participação democrática no âmbito da Administração Pública. V. BAPTISTA, Patrícia. *Op. Cit.*, p. 156-167.
[843] Cf. SUNSTEIN, Cass R. *The Cost-Benefit State*: The Future of Regulatory Protection. Chicago: American Bar Association, 2002, p. 10. Quanto ao tema, v. MAJONE, Giandomenico. *Do Estado Positivo ao Estado Regulador*: causas e conseqüências da mudança no modo de governança. In: MATTOS, Paulo Todescan L. (coord). *Regulação Econômica e Democracia* – o debate europeu. São Paulo: Singular, 2006, p. 66.

CAPÍTULO 3 - REGULAÇÃO FINANCEIRA SISTÊMICA: FUNDAMENTOS ESPECÍFICOS...

Posteriormente, editou-se a *Executive Order* n° 12.498, de 1985, através da qual foi instituída, em caráter complementar, a exigência de elaboração de relatórios anuais sobre metas, objetivos e resultados regulatórios em fase de planejamento ou implementação (*annual regulatory plans*) para fins de revisão pelo OMB.[844]

Por fim, digna de menção é a *Executive Order* n° 12.866, de 1993, em que são formuladas exigências adicionais no sentido da inclusão de temas como: "equidade", "impactos distributivos" e "fatores qualitativos e quantitativos" nas análises de impacto regulatório passíveis de avaliação pelo OMB.[845] [846]

Não obstante as críticas à estratégia política de centralização da supervisão das *independent agencies* norte-americanas em um órgão central vinculado à Presidência (OMB),[847] é fato notório que o modelo foi adotado em outros

---

[844] V. MAJONE, Giandomenico. *Op. Cit.*, p. 66-67.
[845] Cf. SUNSTEIN, Cass R. *Op. Cit.*, p. 11.
[846] O processo de submissão dos projetos regulatórios e o papel do OMB são sintetizados por Marcos Juruena Villela Souto da seguinte forma, *in verbis*: "*O OMB faz, então, um papel revisor, evitando controvérsias e conflitos entre as políticas regulatórias implementadas pelas agências e para afastar regulações particularmente indesejáveis. O passo seguinte é a elaboração de uma Análise do Impacto Regulatório (Regulatory Impact Analisis – RIA), pela qual se impõe à agência que calcule os benefícios e os custos da regulação, informando se aqueles superam estes, bem como informando as desejáveis alternativas. Este é o grande critério de análise das regulações, ou seja, assegurar que os benefícios superem os custos. Uma vez concluída essa etapa, a agência deve remeter o RIA para a revisão do OMB (em um criticável processo secreto, que se justifica para habilitar a agência a fazer as alterações desejadas sem ter que admitir publicamente um erro), o que deve ocorrer em até sessenta dias antes de a agência expedir o comunicado de proposta de regulação (Notice of Proposed Rulemaking – NPRM). Nesse período, o OMB analisa o relatório e os seus adendos, aprovando-o, na maioria dos casos, embora não seja raro negociar com a agência um incremento na regulação (raros são os casos de rejeição, hipótese em que a agência pode rever, retirar a proposta ou interpor recurso ao Presidente). Com a aprovação do OMB, a agência publica a NPRM no Federal Register, com o objetivo de divulgar a proposta e sua motivação, demonstrando os custos e benefícios da política regulatória, ficando aberta ao debate público (num período de trinta a noventa dias) para conhecimento e comentários, após o que a agência deve apresentar a redação final*" (SOUTO, Marcos Juruena Villela. *Direito Administrativo Regulatório*. 2. ed. Rio de Janeiro: Lumen Juris, 2005, p. 56-57).
[847] Tal tema será retomado a seguir, quando será abordada a necessidade de coordenação da supervisão presidencial com os projetos regulatórios setoriais, no qual predominam aspectos técnicos e um horizonte temporal contínuo de execução de projetos regulatórios de médio e longo prazos.

países, o que denota um grau forte de legitimidade e eficiência quanto aos seus fundamentos.[848]

E não há motivos para o Brasil fugir dessa pauta de atuação regulatória, sobretudo em relação à regulação financeira sistêmica do país. Ainda que a estrutura institucional regulatória do Sistema Financeiro Nacional apresente resultados ótimos, aprimoramentos regulatórios não podem ser negligenciados.

Medir a análise de custos e benefícios da regulação financeira sistêmica, além de legitimar os processos regulatórios, servirá para estimular o debate sobre o funcionamento mais eficiente dos mercados financeiros.

3.2 – Juridicidade administrativa e a regulação financeira sistêmica brasileira: os fundamentos de legitimidade constitucional de atuação regulatória

A atividade de regulação financeira sistêmica dos mercados é, essencialmente, complexa e dinâmica, o que demanda das instituições políticas o desenvolvimento contínuo de aprimoramentos e soluções regulatórias, a fim de manter níveis razoáveis de estabilidade financeira ao longo do tempo.

Assim, os processos regulatórios, que exigem *expertise* técnica e quadros profissionais qualificados, têm sido conduzidos, em quase todos os países do mundo, por autoridades reguladoras financeiras, integrantes de estruturas administrativas descentralizadas.

Não obstante, as estratégias de descentralização administrativa dos processos regulatórios, acompanhada da outorga de graus reforçados de autonomia às instituições administrativas regulatórias, têm sido alvo de questionamentos

---

[848] Segundo narrado por Luís Guilherme Catarino, "à semelhança do que sucede nos EUA, na Austrália e Canadá, o governo britânico criou desde 1998 uma Regulatory Impact Unit dentro do Cabinet Office (National Audit Office) que promove, entre inúmeras tarefas, os "Principles of good regulation" (transparência, accountability, proporcionalidade, consistency e targeting) identificando riscos, meios de os enfrentar e regulação obsoleta. Se no caso concreto existe verdadeira necessidade de regulação, analisa a necessidade, simplicidade e flexibilidade e custo mínimo (Benefit-Cost Analysis ou Regulatory Impact Assessments, latamente designados por Regulatory Impact Analysis, Ris ou RIA)" (CATARINO, Luis Guilherme. *Op. Cit.*, p. 249).

CAPÍTULO 3 - REGULAÇÃO FINANCEIRA SISTÊMICA: FUNDAMENTOS ESPECÍFICOS...

relacionados à legitimidade política dessa escolha institucional,[849] mormente sob a alegação de desvirtuamento das ideias fundamentais de participação e controle social próprias da democracias constitucionais plurais,[850] que estariam alicerçadas em um suposto modelo rígido de separação de poderes que assegura primazia decisória ao Poder Legislativo, na medida em que seus integrantes são eleitos, diretamente, pelos cidadãos livres e iguais.[851]

Posta a questão, ainda que de forma resumida, é preciso investigar, com maior profundidade, quais são os dilemas institucionais efetivamente existentes em sociedades constitucionais democráticas na relação entre Poderes, a fim de dimensionar a eficácia contemporânea do valor epistêmico da democracia nos processos regulatórios.

O passo essencial de tal investigação é um estudo inicial contextual e histórico sobre o surgimento e a evolução do Direito Administrativo, que acompanha, à evidência, o desenvolvimento da noção de democracia e a pretensão de tutela de direitos em sociedades constitucionais. Conforme ressalta Paulo Otero, o vínculo do Direito Constitucional com o Direito Administrativo é um casamento sem divórcio.[852]

Pois bem, ordinariamente, o advento do constitucionalismo moderno é tido como resultado das Revoluções liberais ocorridas ao longo dos séculos XVII

---

[849] A propósito, a grande controvérsia a respeito das estratégias de descentralização administrativa, atreladas a reforços de autonomia institucional, é o seu déficit democrático, cf. ARAGÃO, Alexandre Santos de. *A Legitimidade Democrática das Agências Reguladoras*. In: BINENBOJM, Gustavo (coord.). *Agências Reguladoras e Democracia*. Rio de Janeiro: Lumen Juris, 2006, p. 1. Em sentido mais amplo, o debate original do Direito Administrativo clássico firmado entre autoridade e liberdade é transformado, no cenário constitucional contemporâneo, por um diálogo institucional mais dinâmico entre eficiência e legitimidade, cf. BAPTISTA, Patrícia. *Transformações do Direito Administrativo*. Rio de Janeiro: Renovar, 2003, p. 243-250, *passim*.

[850] A gestão pública na pluralidade é, naturalmente, complexa. Conforme anotado por André--Jean Arnaud, a tradição monocentrista que impacta o Direito Público vê os regimes democráticos plurais, de certo modo, como curiosidade ou aberração, cf. ARNAUD, André-Jean. *O Direito Contemporâneo entre Regulamentação e Regulação*: O Exemplo do Pluralismo Jurídico. In: ARAGÃO, Alexandre Santos de (coord.). *O Poder Normativo das Agências Reguladoras*. 2. ed. Rio de Janeiro: Forense, 2011, p. 3.

[851] O papel institucional do Poder Judiciário quanto aos processos regulatórios majoritários, guiados pelo Poder Executivo e Legislativo, será objeto específico do capítulo seguinte.

[852] V. OTERO, Paulo. *Legalidade e Administração Pública*: O Sentido da Vinculação Administrativa à Juridicidade. Coimbra: Almedina, 2011, p. 29.

a XIX, cujos fundamentos estariam assentados no princípio da legalidade, em razão do qual seria possível garantir a proteção de liberdades públicas através da previsão de limitações heterovinculativas à atuação estatal pelo Poder Legislativo.

Vale dizer, a legalidade surgiria como um produto histórico associado à preservação das liberdades individuais dos cidadãos[853] em substituição aos regimes políticos absolutistas, cujas liberdades somente poderiam ser limitadas pelo autoconsentimento dos cidadãos no âmbito legislativo segundo o princípio majoritário.

Em termos institucionais, sustentava a lógica de fundamentação do constitucionalismo moderno a adoção de um modelo rígido de separação de poderes, em que a estratégia legítima de distribuição de funções entre Poderes deveria conferir primazia à atuação do Poder Legislativo, o que significava que os demais Poderes, inclusive a Administração Pública, não poderiam inovar ou produzir nenhum grau de normatividade em suas atividades, em deferência total aos resultados legislativos.

Em suma, o surgimento do Direito Administrativo, sob a forma de legalidade administrativa, é associado pela doutrina clássica a uma ótica monista ou de legalismo maximalista, reveladora de uma crença nas virtudes intrínsecas do conteúdo das leis e atos normativos produzidos pelo Poder Legislativo, tido como a instância deliberativa ótima.

A propósito, essa é a doutrina que tem sido disseminada há muito tempo no Direito Administrativo brasileiro, com amparo no exemplo da história constitucional da França e nos estudos da doutrina administrativa francesa e italiana. Mas será que essa compreensão é adequada em termos históricos e teóricos, além de socialmente eficaz e compatível com o constitucionalismo democrático contemporâneo? Acredita-se que não pelas seguintes razões.

De início, pode-se afirmar que o legalismo maximalista, enquanto hipotética heterovinculação da Administração Pública à vontade dos cidadãos representados no Poder Legislativo, consiste em um entendimento político-institucional equivocado da história constitucional da França e de países da Europa Continental, o que tem sido denunciado e estudado por administrativistas

---

[853] OTERO, Paulo. *Op. Cit.*, p. 45-48, *passim*.

CAPÍTULO 3 - REGULAÇÃO FINANCEIRA SISTÊMICA: FUNDAMENTOS ESPECÍFICOS...

europeus como Paulo Otero e Eduardo García de Enterría,[854] e, no Brasil, principalmente, por Gustavo Binenbojm.[855]

Quanto ao ponto, tornaram-se conhecidas as afirmações críticas segundo as quais a doutrina tradicional do Direito Administrativo teria endossado ou incorporado uma "ilusão garantística da gênese"[856] ou aderido, em termos políticos, ao "mito da sociedade autossuficiente".[857]

Conforme se percebe, principalmente, da experiência histórica dos países da Europa Continental, além da influência política inequívoca do Poder Executivo na pauta e conteúdo das deliberações legislativas,[858] a adoção ou permanência de estruturas institucionais de jurisdição administrativa através de Conselhos de Estado[859] imunizava os atos do Poder Público do controle

---

[854] V. OTERO, Paulo. *Legalidade e Administração Pública*: O Sentido da Vinculação Administrativa à Juridicidade. Coimbra: Almedina, 2011; e ENTERRÍA, Eduardo García de. *Revolución Francesa y Administración Contemporánea*. Madrid: Thomson Civitas, 1998.

[855] V. BINENBOJM, Gustavo. *Uma Teoria do Direito Administrativo*. Rio de Janeiro: Renovar: 2006, p. 9-11.

[856] Cf. OTERO, Paulo. *Op. Cit.*, p. 275.

[857] V. ENTERRÍA, Eduardo García de. *Op. Cit.*, p. 21. O "mito da sociedade autossuficiente" significa a aceitação da ideia de que a sociedade, representada no Poder Legislativo, tem o completo controle político do seu destino, sem interferência normativa dos demais Poderes.

[858] A evolução do Direito Administrativo na Europa continental foi marcada pelo protagonismo do Poder Executivo em relação ao Poder Legislativo, tal como evidenciado no caso da França. Afirmar o contrário pode ser reputado um *"equívoco histórico-sistemático face ao princípio da separação de poderes"* (OTERO, Paulo. *Op. Cit.*, p. 272). Em linhas gerais, a política sempre foi conduzida, conjuntamente, pelo Poderes Legislativo e Executivo, não havendo como dissociar os movimentos políticos de ambos de forma estanque. Com efeito, atualmente, essa percepção é muito mais inequívoca, conforme aponta Gustavo Binenbojm, *in verbis*: "*O direito administrativo contemporâneo é, portanto, em boa parte, fruto da competência normativa direta do Executivo, ou de leis de Parlamento que foram propostas, votadas e aprovadas conforme o interesse e a conveniência da Chefia do Executivo, através das maiorias parlamentares (...) Ressalte-se que é universal o fenômeno da participação ativa do Executivo no processo legislativo, sendo que quase todas as Constituições conferem à Chefia daquele Poder atribuição para iniciativa de lei, quando não há previsão formal, o Executivo o faz indiretamente, como nos Estados Unidos*" (BINENBOJM, Gustavo. *Uma Teoria do Direito Administrativo*. Rio de Janeiro: Renovar: 2006, p. 136).

[859] Segundo Paulo Otero, em França, a jurisdição administrativa já existia antes da Revolução e foi mantida pelos revolucionários por razões políticas, com vistas a afastar questões administrativas de Direito Público dos tribunais comuns, a fim de ampliar a liberdade decisória da Administração. V. OTERO, Paulo. *Op. Cit.*, p. 275. Até 1872, o Conselho de Estado francês sujeitava-se ao dever de submeter suas decisões, no âmbito do contencioso administrativo, à aprovação do Chefe de Estado ("*justice retenue*"). Com a edição da Lei de 24 de maio de 1872 (Loi du 24 mai 1872), modificou-se o modelo institucional para atribuir-se ao Conselho de

judicial ordinário, com o nítido propósito de afastar questões administrativas de controles institucionais externos.

Vale dizer, o projeto de heterovinculação da Administração Pública às leis e atos normativos produzidos pelo Poder Legislativo mostrou-se fictício em termos práticos, pois o Poder Executivo, frequentemente, exercia grande força política no âmbito legislativo e não estava sujeito ao controle judicial, mas às deliberações autovinculativas do Conselho de Estado.[860]

Além disso, o legalismo maximalista interpreta, de forma equivocada, as obras políticas que servem de referência ao estudo do tema da separação de poderes. Um traço marcante de todas essas obras, a despeito de variações particulares, é enfatizar que a separação de poderes implica em um sistema de cooperação articulada e controle mútuo entre Poderes com vistas a evitar abusos de poder, de maneira que o Poder Legislativo não deve assumir, integralmente, a atividade política exercida no âmbito do Estado.[861]

Com referência especial à obra de Montesquieu, Eros Roberto Grau enfatiza que esse autor, "além de jamais ter cogitado de uma efetiva separação dos poderes, na verdade enuncia a moderação entre eles como divisão dos poderes entre as potências e a limitação ou moderação das pretensões de uma potência

Estado francês o exercício de "função jurisdicional delegada" ("*justice déléguée*"), o que significou, em termos práticos, o início de sua independência institucional. Coincidentemente ou não, o marco histórico do Direito Administrativo francês, qual seja, o julgamento do Caso Blanco ("*Arrêt Blanco*"), ocorreu no ano seguinte, em 1873.

[860] A título ilustrativo, a realidade histórica pós-Revolução francesa mostra que a ideia de legalidade administrativa, vinculada a uma teoria rígida de separação de poderes, foi usada como pretexto para o Poder Executivo se "autovincular" através do Conselho de Estado, criando, ao longo do tempo, um Direito da Administração Pública e não um Direito dos Administrados. Em relação à questão, Paulo Otero é incisivo, *in verbis*: "*A ideia clássica de que a Revolução Francesa comportou a instauração do princípio da legalidade administrativa, tornando o executivo subordinado à vontade do parlamento expressa através da lei, assenta num mito repetido por sucessivas gerações:a criação do Direito Administrativo pelo Conseil d'Etat, passando a Administração Pública a pautar-se por normas diferentes daquelas que regulavam a actividade jurídico-privada, não foi um produto da vontade da lei, antes se configura como uma intervenção decisória autovinculativa do executivo sob proposta do Conseil d'Etat*" (OTERO, Paulo. *Op. Cit.*, p. 271).

[861] Após consulta à extensa pesquisa feita por Paulo Otero a respeito das obras de Montesquieu, Locke, Rousseau, Kant, Hegel e Constant, é possível inferir que não existe uma regra teórica geral comum de subordinação integral do Poder Executivo ao Poder Legislativo; ao contrário, vários autores reconhecem uma margem legítima de atuação do Poder Executivo ou, até mesmo, em Rousseau, ponderações à regra da "vontade geral" em favor dos demais Poderes. V. OTERO, Paulo. *Op. Cit.*, p. 49-92, *passim*.

CAPÍTULO 3 – REGULAÇÃO FINANCEIRA SISTÊMICA: FUNDAMENTOS ESPECÍFICOS...

pelo poder das outras",[862] sendo certo que a ideia teórica básica de Montesquieu, de caráter contingente,[863] é a de sustentar que o Poder Executivo tem legitimidade para ações conjunturais, enquanto o Poder Legislativo assume o protagonismo na função de estabelecer as diretrizes políticas de atuação.[864]

Sem embargo, o legalismo maximalista não lida de forma adequada com o processo evolutivo de expansão da democracia e dos deveres inclusivos impostos ao Estado, assim como não é integralmente apto a tratar das necessidades políticas geradas pelo aumento de complexidade e dinamicidade social, próprios do contexto histórico iniciado no século passado.

Com efeito, devido à ampliação do deveres administrativos do Estado, não obstante esforços legislativos muitas vezes ineficientes,[865] gerou-se um

---

[862] GRAU, Eros Roberto. *O Direito Posto e o Direito Pressuposto.* 7. ed. São Paulo: Malheiros, 2008, p. 234.

[863] Em relação aos estudos de Montesquieu, Alexandre Santos de Aragão tece os seguintes comentários, *in verbis*: "*a doutrina de Montesquieu, além de ter sido objeto de interpretações radicais e absolutas, não contempladas pelo próprio autor, nunca foi aplicada em sua inteireza. Ademais, não existe 'uma separação de poderes', mas muitas, variáveis segundo cada direito positivo e momento histórico diante do qual nos colocamos*" (ARAGÃO, Alexandre Santos de. *Agências reguladoras e a evolução do direito administrativo contemporâneo.* 2. ed. Rio de Janeiro: Forense, 2009, p. 371).

[864] GRAU, Eros Roberto. *Op. Cit.*, p. 230. Em sequência, Eros Roberto Grau sintetiza o seu entendimento quanto à obra de Montesquieu da seguinte forma, *in verbis*: "*Instrumento de implementação de políticas públicas, o direito já não regula exclusivamente situações estruturais, passando a ordenar situações conjunturais. Nesse momento perece a concepção da lei como norma abstrata e geral, que garante e assegura a calculabilidade e a previsibilidade. O direito torna-se contingente e variável. A 'lei', texto normativo produzido pelo Legislativo, não pode mais ser tomada como categoria absoluta: é necessário, mais do que nunca, distinguir entre lei em sentido formal e lei em sentido material. Interpenetram-se os campos de atuação do Executivo e do Legislativo: aquele, a exercitar, amplamente, função normativa; este, a produzir leis-medida. A leitura tradicionalmente desenvolvida da 'separação de poderes' perde todo o seu sentido*" (GRAU, Eros Roberto. *Op. Cit.*, p. 185).

[865] Em linhas gerais, esse fenômeno é tratado pela doutrina administrativista sob o rótulo da "crise da lei formal" ou "inflação legislativa", que designam um fenômeno amplo de incapacidade institucional do Poder Legislativo em lidar com a regulação de cenários sociais mais dinâmicos e complexos. V. BINENBOJM, Gustavo. *Uma Teoria do Direito Administrativo.* Rio de Janeiro: Renovar: 2006, p. 126-128. A tendência política de privilegiar arranjos administrativos descentralizados mais eficientes é assim percebida por Diogo de Figueiredo Moreira Neto, *in verbis*: "*Tudo concorre para que, pouco a pouco, substitua-se um monopólio legislativo ineficiente por um sistema de comandos normativos descentralizado e polivalente, remanescendo, todavia, com as casas legislativas nacionais, tal como previra Georges Langrod, apenas o monopólio da política legislativa, que vem a ser a competência para firmar princípios e baixar as normas gerais, a serem observadas pelas demais fontes intraestatais; é o movimento que hoje se tem denominado de regulática: um caminho aberto para uma maior eficiência normativa*" (MOREIRA NETO, Diogo de Figueiredo. *Quatro paradigmas*

movimento político de criação de entidades administrativas especializadas, dotadas de autonomia funcional e de poder normativo, instituídas através de autorizações legais habilitadoras de competências, com o objetivo de gerir, de modo mais flexível e adaptativo, os processos públicos de efetivação social das respectivas tarefas estatais, suprindo, com maior eficiência, os aspectos de "imperfeição intrínseca da lei".[866]

Paralelamente, o desgaste estrutural do modelo de "Executivo Unitário", com caráter centralizado e hierárquico em relação à Administração Pública,[867] além de pensado para sociedades políticas mais homogêneas ou democraticamente excludentes, cede a arranjos institucionais administrativamente descentralizados, caracterizando um processo de ampliação organizativa de

---

do direito administrativo pós-moderno: legitimidade, finalidade, eficiência, resultados. Belo Horizonte: Forum, 2008, p. 117).

[866] A expressão "imperfeição intrínseca da lei", formulada por Paulo Otero, serve para designar um fato inquestionável: leis e atos normativos oriundos do Poder Legislativo, via de regra, se muito abrangentes ou detalhados, não geram bons resultados sociais ao longo do tempo. Tal defeito não é próprio dos legisladores em si, mas, sobretudo: (i) da rigidez e lentidão inerentes aos processos legislativos e (ii) do déficit informacional e falta de especialização técnica dos legisladores. Em razão disso, tornou-se comum a adoção de estratégias políticas tendentes a outorgar autonomia institucional e poderes normativos a instituições administrativas especializadas, cujas leis e atos normativos habilitadores de competência têm se valido, para a preservação prática da funcionalidade da atividade legislativa, de "conceitos jurídicos indeterminados", cláusulas gerais", etc. A propósito, são importantes as considerações de Paulo Otero quanto ao ponto, *in verbis*: "*Observa-se que a própria lei, além de não ter capacidade de prever todas as necessidades coletivas a satisfazer, nem de consagrar os melhores processos em concreto aptos para a respectiva satisfação, não pode antecipar, prevenir ou contrariar os novos riscos que espreitam as modernas sociedades desenvolvidas: as súbitas crises dos mercados financeiros, os desastres ecológicos, os ataques terroristas ou as catástrofes naturais são meros exemplos de situações que não encontram na actividade do poder legislativo a resposta pronta, eficaz e perfeita. O Estado-administrador é hoje, por isso mesmo, uma inevitabilidade histórica. (...) Acontece mesmo, por paradoxal que possa ser, que só uma intencional imperfeição ou incompletude de muitas das normas pode salvar as leis de uma vigência efêmera em matéria de bem-estar e de prevenção de riscos: a utilização de conceitos indeterminados, o recurso a enumerações exemplificativas e a fuga para as cláusulas gerais, remetendo para o aplicador administrativo ou jurisdicional a concretização do Direito, tal como estabelecimento de meros critérios materiais de ponderação de futuras decisões administrativas através da fixação de fins e objectivos de acção, senão mesmo a crescente formulação de normas conferindo poderes discricionários aos órgãos administrativos, tornam-se inevitabilidades que, além de reforçarem a função constitutiva da Administração na realização da juridicidade, geram uma progressiva indeterminação do Direito*" (OTERO, Paulo. *Op. Cit.*, p. 158-159).

[867] A respeito do esgotamento do modelo centralizado e hierárquico de Administração Pública, v. ARAGÃO, Alexandre Santos de. *Agências reguladoras e a evolução do direito administrativo contemporâneo*. 2. ed. Rio de Janeiro: Forense, 2009, p. 201.

células institucionais de poder em diferentes entidades e órgãos modelado sob a forma de "Administração Policêntrica".[868]

Em outras palavras, a doutrina clássica em Direito Administrativo, defensora do legalismo maximalista, não é adequada para lidar com o fenômeno de alargamento institucional da Administração Pública, impulsionador de estratégias políticas de descentralização administrativa tendencialmente mais eficientes à gestão pública de fenômenos sociais mais complexos e dinâmicos, assim como instituídora de ambientes deliberativos e normativos mais plurais e inclusivos.[869]

Por fim, há de se frisar que o legalismo maximalista é incompatível com o fenômeno constitucional contemporâneo.

Nas últimas décadas, embora não haja dúvidas sobre a legitimidade política das leis e atos normativos oriundos do Poder Legislativo como pontos importantes de partida na atividade de interpretação jurídica, consolidou-se a ideia de que a Constituição tem força normativa, vincula a atividade legislativa e constitui o fundamento jurídico principal de validade da atuação administrativa. Se há uma legalidade administrativa nos dias atuais, trata-se de uma legalidade democrática constitucional, relacionada à noção de juridicidade administrativa.[870]

Em suma, o parâmetro de atuação e controle da Administração Pública, pautado na legalidade estrita até então, expande-se para ser incluído em uma perspectiva axiológica-normativa mais ampla e complexa, fundamentada na Constituição.

---

[868] Cf. ARAGÃO, Alexandre Santos de. *Op. Cit.*, p. 204.
[869] Cf. SUNDFELD, Carlos Ari. *Direito Administrativo para Céticos*. São Paulo: Malheiros, 2012, p. 135.
[870] O "princípio da juridicidade administrativa" foi formulado, originariamente, por Adolf Merkl, cf. BINENBOJM, Gustavo. *Uma Teoria do Direito Administrativo*. Rio de Janeiro: Renovar: 2006, p. 142. Segundo Paulo Otero, a mudança operada pela juridicidade administrativa significa uma "transfiguração material da legalidade" sob os seguintes aspectos: (i) flexibilidade e neofeudalização normativas, em razão do que se institui um modelo normativo aberto e ponderativo para a definição do conteúdo da legalidade em um cenário de pluralismo normativo, que traz riscos de ativismo judicial e certa dose de insegurança jurídica; (ii) normatividade dos princípios, podendo-se cogitar de um ativismo constitucional no âmbito da Administração Pública; e (iii) relativização da intensidade vinculativa da normatividade, haja vista a abertura normativa gerada pela juridicidade administrativa a fontes normativas formais e informais oriundas do Direito Internacional. V. OTERO, Paulo. *Op. Cit.*, p. 162-172.

Logo, por todos esses motivos, a tese do legalismo maximalista, que traduz, possivelmente, um resquício argumentativo da ditadura militar brasileira ou estratégia jurídica oportunista,[871] não deve ser adotada para um estudo adequado da relação entre Administração Pública e Poder Legislativo à luz da Constituição brasileira 1988.

Pois bem, a partir de agora serão analisados dois temas de extrema relevância ao desenho institucional da regulação financeira sistêmica dos mercados que envolvem eficiência administrativa e legitimidade democrática, a saber: (i) a instituição de autoridades reguladoras financeiras sob a forma de "agências reguladoras" e, especificamente, (ii) o poder normativo atribuído a essas instituições.

Segundo já ressaltado, o debate desses temas não pode ser contaminado pela tese do legalismo maximalista, sob pena de perda de todas as potencialidades da aplicação da ideia de razão prática regulatória quanto ao estudo

---

[871] O discurso em prol do controle estrito da legalidade dos atos administrativos ou a tese da legalidade maximalista ganhou muita força nos anos de ditadura militar brasileira por revelar-se a única forma de tentar controlar a Administração Pública na época. Por todos, v. SUNDFELD, Carlos Ari. *Direito Administrativo para Céticos*. São Paulo: Malheiros, 2012, p. 139. No que diz respeito ao uso estratégico oportunista da aludida tese pelos operadores jurídicos, trata-se de uma tentativa evidente de sustentar a possibilidade de invalidação de atos administrativos a partir de um método de discurso jurídico muito mais fácil, pois argumentar que o ato administrativo não tem fundamento legal formal é de formulação simples e isenta quem alega do ônus de enfrentar o conteúdo do ato administrativo impugnado. Quanto ao ponto, a opinião de Carlos Ari Sundfeld é relevante ao propósito de sustentar a tese de que "*sacralizar a lei e sacralizar a Constituição para diminuir dirigentes e servidores públicos é uma possível estratégia de profissionais do Direito em busca de mais espaço, mais poder, mais prestígio. Por isso que a redemocratização não abalou o monismo no Brasil, antes justificável como resistência ao autoritarismo*" (SUNDFELD, Carlos Ari. *Op. Cit.*, p. 142). Não obstante, o legalismo maximalista subsiste com a seguinte formulação, *in verbis*: "*Ela envolve a defesa de que as leis sejam maximalistas, não podendo deixar espaço para deliberações próprias do administrador. Ela defende, por isso, interpretações constitucionais e legais que redundem na máxima restrição desse espaço de deliberação. Envolve também a crítica e denúncia de inconstitucionalidade contra leis que atribuam à Administração competências amplas, inclusive normativas (isto é, competências para editar normas que não se limitem ao desdobramento analítico de conteúdos sintéticos já contidos em lei)*" (SUNDFELD, Carlos Ari. *Op. Cit.*, p. 133-134). Sobre a "deficiência de realidade no discurso jurídico" e os problemas de comunicação entre o mundo jurídico e o não jurídico, v. SUNDFELD, Carlos Ari; ROSILHO, André. *Direito e Políticas Públicas: Dois Mundos?* In: SUNDFELD, Carlos Ari; ROSILHO, André (Org.). *Direito da Regulação e Políticas Públicas*. São Paulo: Malheiros, 2014, p. 73-79, *passim*.

CAPÍTULO 3 – REGULAÇÃO FINANCEIRA SISTÊMICA: FUNDAMENTOS ESPECÍFICOS...

da relação entre Administração Pública e Poder Legislativo em sociedades democráticas constitucionais.

Dito de outro modo, o legalismo maximalista peca por ser uma teoria específica estática não plural, que negligencia um olhar mais crítico sobre o funcionamento efetivo das instituições políticas e a importância do contexto contingente decisório próprio de ambientes democráticos, além de excessivamente dogmático e formalista, pois ignora a importância da análise da eficiência das instituições e o exame das consequências das decisões estatais sobre questões políticas fundamentais.

Nesse sentido, a substituição do legalismo maximalista pelo legalismo constitucional, segundo a perspectiva da juridicidade administrativa, é essencial para a compreensão de que o estabelecimento de agências reguladoras financeiras, dotadas de poder normativo, é a estratégia institucional mais eficiente aos objetivos da ideia de razão prática regulatória, que deve se compatibilizar com a funcionamento interativo das instituições políticas majoritárias.

Conforme ressalta Paulo Otero, há três fenômenos principais que podem ser observados na relação entre Poder Executivo (Administração Pública) e Legislativo na realidade política contemporânea, quais sejam: (i) os partidos políticos são o núcleo do sistema político e, quando o respectivo candidato assume a Chefia do Poder Executivo, há uma articulação necessária para a manutenção de maioria nas Casas Legislativas,[872] onde serão avaliadas, por sua vez, as indicações feitas pelo Poder Executivo central das pessoas que integrarão a composição dos órgãos e entidades regulatórias, o que segue, portanto, a lógica dos ciclos político-eleitorais; (ii) a crise da democracia representativa tem gerado um movimento complementar importante de democracia participativa, em que a cooperação voltada ao consenso assume o caráter de critério legitimador na Administração Pública;[873] e (iii) a necessidade fática

---

[872] Tal articulação é essencial em sistemas parlamentares, cf. OTERO, Paulo. *Op. Cit.*, p. 139.

[873] Trata-se do que Paulo Otero chama de "neocorporativização da decisão política", em que aspectos substanciais e procedimentais interagem no sentido da "transfiguração material da normatividade". V. OTERO, Paulo. *Op. Cit.*, p. 140-143. Sobre o tema, v. MATTOS, Paulo Todescan Lessa. *Autonomia Decisória, Discricionariedade Administrativa e Legitimidade da Função Reguladora do Estado no Debate Jurídico Brasileiro*. In: ARAGÃO, Alexandre Santos de (coord.). *O Poder Normativo das Agências Reguladoras*. 2. ed. Rio de Janeiro: Forense, 2011, p. 266.

de eficiência flexível na gestão pública continuada de processos regulatórios sustentáveis de longo prazo tem enfraquecido ou desincentivado a capacidade institucional do Poder Legislativo.[874]

Diante dos desafios impostos pelo Direito Administrativo contemporâneo[875] e segundo a ideia de razão prática regulatória, as estratégias político-institucionais têm sido desenhadas de acordo com as seguintes diretrizes básicas: (i) o Poder Legislativo, ciente de suas limitações institucionais, tem se valido de leis-quadro ou leis-medida,[876] a fim de estabelecer diretrizes normativas gerais em prol de uma atuação regulatória mais eficiente de instituições descentralizadas, dotadas de especialização técnico-funcional e agilidade decisória; (ii) a escolha dos dirigentes dessas instituições é mantida no âmbito de procedimentos políticos dos quais participam o Poder Executivo central e

---

[874] V. OTERO, Paulo. *Op. Cit.*, p. 145. Dignos de menção são seus comentários acerca da subsistência da predominância da autovinculação administrativa nos dias atuais, *in verbis*: "*Além de perder relevância prática a circunstância de se encontrar juridicamente concentrada no parlamento a competência legislativa, isto sem prejuízo dos poderes normativos do executivo, verifica-se que o controlo político da maioria parlamentar pelo chefe do governo acaba por transferir para o executivo uma supremacia decisória que, em termos de legalidade administrativa, se mostra em tudo análoga à natureza autovinculativa que aquela detinha sobre o executivo nos modelos constitucionais assentes na supremacia do poder real*" (OTERO, Paulo. *Op. Cit.*, p. 104). À evidência, esse processo institucional direcionado ao fortalecimento do protagonismo político da Administração Pública, sobretudo de suas funções normativas, traz riscos, isto é, "*a necessidade atual de um ordenamento mais flexível envolve, inexoravelmente, todos os riscos de uma maior atuação normativa da Administração e que devem ser necessariamente sopesados pelo Direito Administrativo, especialmente num contexto de democracia recente como o brasileiro*" (ROMAN, Flávio José. *A Função Regulamentar da Administração Pública e a Regulação do Sistema Financeiro Nacional*. In: JANTALIA, Fabiano (coord.). *A Regulação Jurídica do Sistema Financeiro Nacional*. Rio de Janeiro: Lumen Juris, 2009, p. 59).

[875] Segundo Conrado Hubner Mendes, há um duplo desafio imponível às instituições políticas oficiais no âmbito do Direito Público contemporâneo, consistente em: "*dispor de instrumentos jurídicos que controlem o exercício do poder político sem se deixar envolver pelas tentações ideológicas e retóricas que rotineiramente o rodeiam; repensar a anatomia do poder político, estruturando-o sob novos paradigmas, para que possa fazer frente a um poder econômico transnacional*" (MENDES, Conrado Hubner. *Reforma do Estado e Agências Reguladoras*: Estabelecendo os Parâmetros de Discussão. In: SUNDFELD, Carlos Ari (coord.). *Direito Administrativo Econômico*. São Paulo: Malheiros, 2006, p. 99-100).

[876] É bom frisar que a juridicidade administrativa tem nas leis e atos normativos editados pelo Poder Legislativo uma fonte essencial de normatividade, isto é, a "lei positiva" nunca deixou de integrar a normatividade administrativa. O que ocorre, a rigor, em prol da eficiência, é a ascensão do protagonismo da Administração Pública atrelado a uma "*tentativa de 'fuga' do legislativo para a decisão administrativa através de leis-medida*", cf. OTERO, Paulo. *Op. Cit.*, p. 31.

CAPÍTULO 3 - REGULAÇÃO FINANCEIRA SISTÊMICA: FUNDAMENTOS ESPECÍFICOS...

o Poder Legislativo, a fim de legitimar, democraticamente, a investidura em cargos relevantes na estrutura de organização administrativa; (iii) a coordenação e o controle indireto das atividades regulatórias das instituições descentralizadas permanecem no rol de competências do Poder Legislativo e do Poder Executivo central, o que reforça a legitimidade democrática dos resultados obtidos pelos reguladores, sem prejuízo do controle judicial;[877] e (iv) há fortes razões para reforçar a autonomia de autoridades reguladoras em setores socialmente relevantes, com foco na sustentabilidade e continuidade de projetos regulatórios de longo prazo, a fim de evitar distorções geradas por tensionamentos políticos imediatistas de curto prazo.[878]

Adicionalmente, por ser o ideal de razão pública o padrão definidor do conteúdo da razão prática regulatória, o formato das agências reguladoras

---

[877] Assim, concedem-se poderes regulatórios diretos, com inevitável carga discricionária, para que a regulação seja gerida de forma dinâmica e adaptativa, fundamentada em análises técnicas de diagnóstico e prognóstico regulatórios, em que a intensidade de regulação é dosada de forma sistêmica. Sem embargo, todo esse processo regulatório é acompanhado e controlado, indiretamente, pelo Poder Executivo central e Poder Legislativo, com eventual intervenção judicial.

[878] No Brasil, as "agências reguladoras", em verdade, são autarquias com estrutura institucional dotada de grau de autonomia reforçada, de acordo com o Direito positivo, cf. ARAGÃO, Alexandre Santos de. *A Legitimidade Democrática das Agências Reguladoras*. In: BINENBOJM, Gustavo (coord.). *Agências Reguladoras e Democracia*. Rio de Janeiro: Lumen Juris, 2006, p. 3. Logo, sob o aspecto formal, "agências reguladoras" é mero rótulo que não designa um novo modelo institucional para a regulação de setores econômicos específicos, mas descreve o processo de fortalecimento da autonomia institucional de determinadas autarquias (V. MENDES, Conrado Hubner. *Reforma do Estado e Agências Reguladoras*: Estabelecendo os Parâmetros de Discussão. In: SUNDFELD, Carlos Ari (coord.). *Direito Administrativo Econômico*. São Paulo: Malheiros, 2006, p. 103). Nesse mesmo sentido: GRAU, Eros Roberto. *As agências, essas repartições públicas*. In: SALOMÃO FILHO, Calixto (coord.). *Regulação e Desenvolvimento*. São Paulo: Malheiros, 2002, p. 27; GOMES, Joaquim Barbosa. *Agências Reguladoras:* A "Metamorfose" do Estado e da Democracia. In: BINENBOJM, Gustavo (coord.). *Agências Reguladoras e Democracia*. Rio de Janeiro: Lumen Juris, 2006, p. 27; e AGUILLAR, Fernando Herren. *Direito econômico*: do direito nacional ao direito supranacional. 2. ed. São Paulo: Atlas, 2009, p. 228. De modo geral, são características das "agências reguladoras": (i) a autonomia política dos dirigentes, protegidos por mandatos a termo (estabilidade), vedada a possibilidade de exoneração *ad nutum*, além da previsão de quarentena; (ii) a autonomia técnica decisional, o que afasta o cabimento de "recurso hierárquico impróprio"; (iii) a atribuição de autonomia para o exercício de função normativa; e (iv) a autonomia gerencial, orçamentária e financeira, sobretudo com a instituição de taxa de fiscalização, cf. BINENBOJM, Gustavo. *Uma Teoria do Direito Administrativo*. Rio de Janeiro: Renovar: 2006, p. 252.

financeiras deve ser racionalmente moldado para instituir-se arranjos institucionais coordenados, tendencialmente cooperativos e imparciais, capazes de exercer suas competências legais de forma eficiente, com foco em projetos inclusivos de aprimoramento regulatório de longo prazo (*better regulation*), pautados em razões públicas e sujeitos ao dever democrático-institucional de prestação pública periódica de contas (*accountability*).

Logo, de acordo com essas premissas básicas, é importante estabelecer, de forma transparente, quais são as regras e parâmetros públicos de controle e coordenação na relação entre reguladores e entre regulador com o Poder Executivo central, assim como em relação ao controle indireto a ser feito pelo Poder Legislativo e demais instituições, sem prejuízo do controle social da regulação e da definição das diretrizes normativas mínimas que irão fundamentar e nortear o exercício do poder normativo regulatório próprio do exercício da capacidade normativa de conjuntura econômica.

3.2.1 – Legitimidade democrática das agências reguladoras financeiras

Afirmar a legitimidade democrática das "agências reguladoras" significa a defesa da aplicação da razão prática regulatória em sociedades democráticas constitucionais, pois não existe um modelo institucional ideal de desenho regulatório para a Administração Pública, ainda que haja um modelo-padrão, dotado de características gerais, para as agências reguladoras.[879]

---

[879] Vale dizer, embora seja a razão prática regulatória definida segundo o ideal de razão pública, que preza pela construção racional de estratégias político-institucionais sustentáveis ao longo tempo em prol da expansão inclusiva das liberdades conforme o critério da reciprocidade, a organização da Administração Pública pode ser democraticamente estruturada em ambientes deliberativos com graus diversos de autonomia, dependendo das necessidades políticas contextuais. Quanto ao ponto, são precisos os comentários de Marçal Justen Filho, que vão ao encontro da ideia de razão prática regulatória, *in verbis*: "*Em primeiro lugar, o Democracia consiste numa experiência concreta, inconfundível com formulações teóricas e abstratas. Não é cabível eleger uma determinada concepção teórica como paradigma para avaliação do cunho democrático de um sistema. Isso corresponderia a confundir a instituição social com o discurso abstrato de um pensador. Em segundo lugar, a Democracia tem de ser situada em face da dinâmica evolutiva da História. Não é viável subordinar a avaliação do cunho democrático de uma organização política atual aos parâmetros de um momento histórico não mais existente. Em terceiro lugar, a Democracia deve ser examinada em face das circunstâncias sociopolíticas de que se trate. Não há como comparar sociedades diversas, ainda*

Essa breve síntese inicial serve como base de fundamentação para compreender a democracia como valor que transcende os ciclos político-eleitorais[880] e se mostra aplicável a instituições propositadamente desenhadas para ter maior grau de autonomia e prezar pela imparcialidade em caráter continuado, o que ocorre há muito tempo no Brasil, por exemplo, em relação ao Poder Judiciário e Tribunal de Contas.[881]

Logo, o reforço legal de autonomia necessário a transformar uma autarquia em uma "agência reguladora" não viola a democracia,[882] notadamente

que coexistentes contemporaneamente, elegendo as instituições de uma como padrão de avaliação das instituições de outra" (JUSTEN FILHO, Marçal. *Agências Reguladoras e Democracia*: Existe um Déficit Democrático na "Regulação Independente"? In: ARAGÃO, Alexandre Santos de (coord.). *O Poder Normativo das Agências Reguladoras*. 2. ed. Rio de Janeiro: Forense, 2011, p. 230-231). Logo, uma concepção dinâmica de separação de poderes não traz constrangimentos formais significativos para que sejam criadas "agências reguladoras", cf. SOUTO, Marcos Juruena Villela. *Direito Administrativo Regulatório*. 2. ed. Rio de Janeiro: Lumen Juris, 2005, p. 97.

[880] Conforme Marçal Justen Filho, *"reduzir a legitimação democrática exclusivamente à via da eleição popular reflete uma concepção limitada, insuficiente e inadequada sobre o próprio conceito de Democracia"* (JUSTEN FILHO, Marçal. *Op. Cit.*, p. 232). No mesmo sentido: MEDAUAR, Odete. *O Direito Administrativo em evolução*. São Paulo: Malheiros, 2003, p. 197. Com relação à proteção das "agências reguladoras" contra ímpetos políticos de curto prazo, v. SADDY, André. *Formas de Atuação e Intervenção do Estado Brasileiro na Economia*. Rio de Janeiro: Lumen Juris, 2011, p. 50.

[881] Alexandre Santos de Aragão estuda tal fenômeno à luz da teoria dos "poderes neutrais do Estado". De acordo com essa teoria, os traços institucionais básicos desses poderes são os seguintes, *in verbis*: *"(1) caráter não eletivo do provimento dos seus titulares, (2) a natureza preponderantemente técnica das suas funções e (3) a independência, ou seja, a ausência de subordinação hierárquica aos poderes políticos eletivos do Estado como forma de propiciar (4) o exercício imparcial das suas funções em relação aos diversos interesses particulares que estiverem em jogo, aos interesses do próprio Estado do qual fazem parte e à vontade majoritária da sociedade manifestada por seus representantes"* (ARAGÃO, Alexandre Santos de. *A Legitimidade Democrática das Agências Reguladoras*. In: BINENBOJM, Gustavo (coord.). *Agências Reguladoras e Democracia*. Rio de Janeiro: Lumen Juris, 2006, p. 18).

[882] A compatibilidade entre a instituição de agências reguladoras e a democracia é assim tratada por Gustavo Binenbojm, *in verbis*: *"No que se refere aos pontos de contato entre as agências independentes e o princípio democrático, ao menos duas linhas de argumentação mostram-se plausíveis. Primeiro, a ideia de submeter o controle sobre políticas vocacionadas ao longo prazo e exigentes, por sua natureza, de uma gestão predominantemente técnica e profissional, pode ser vista como uma forma de exercício democrático. Relembre-se que a democracia não é um conceito que se confunda com a regra da maioria; democracia é, sobretudo, um projeto de exercício de autogoverno coletivo em que as deliberações sociais se realizam ao longo do tempo. Nesta toada, uma deliberação coletiva que represente um pré--comprometimento em médio ou longo prazo exige, como condição para seu cumprimento, uma gestão menos responsiva à lógica político-eleitoral e mais responsiva ao direito e à racionalidade técnica. Em última análise, fazer cumprir os pré-compromissos assumidos democraticamente é, também, uma forma de realizar o ideal democrático de autogoverno coletivo"* (BINENBOJM, Gustavo. *Uma Teoria do*

porque resulta de um processo político legítimo voltado a proteger o exercício técnico-funcional especializado dos poderes administrativos de uma autoridade reguladora de voluntarismos políticos de curto prazo,[883] com o fortalecimento da imparcialidade institucional e foco na sustentabilidade regulatória eficiente de longo prazo,[884] sendo certo que tais afirmações são essenciais para a compreensão a respeito da legitimidade da tese de que todas as autarquias integrantes da estrutura regulatória do Sistema Financeiro Nacional, com algumas particularidades institucionais, devem ser "agências reguladoras".

Obviamente, isso não quer dizer que haja autonomia integral ou independência absoluta das agências reguladoras financeiras, na medida em que estão imersas em uma cadeia de conexões políticas dialógicas formais e informais com as demais instituições integrantes da Administração Pública,[885] além de sujeitas ao controle político indireto de suas atividades pelo Poder Executivo central, supervisão pelos respectivos Ministérios e Conselho Monetário Nacional, sem prejuízo do controle social da regulação e dos instrumentos de controle próprios dos demais Poderes.

Logo, o argumento de *déficit* de responsabilidade política na instituição e funcionamento das agências reguladoras não é sustentável, até porque a

---

Direito Administrativo. Rio de Janeiro: Renovar: 2006, p. 297). Adicionalmente, é importante frisar que o horizonte temporal de atuação dos servidores públicos que compõem a burocracia regulatória é contínuo e não se confunde com o dos ciclos político-eleitorais, além de a lógica deliberativa ser distinta, cf. ACKERMAN, Bruce. *A Nova Separação de Poderes*. Rio de Janeiro: Lumen Juris, 2009, p. 77.

[883] Sobre a eficiência da estratégia de criação de agências regulatórias como meio institucional de promoção da estabilidade regulatória, enquanto fator de inibição ao patrimonialismo e clientelismo, v. MATTOS, Paulo Todescan Lessa. *Agências reguladoras e democracia*: participação pública e desenvolvimento. In: SALOMÃO FILHO, Calixto (coord.). *Regulação e Desenvolvimento*. São Paulo: Malheiros, 2002, p. 191.

[884] Cf. SOUTO, Marcos Juruena Villela. *Direito Administrativo Regulatório*. 2. ed. Rio de Janeiro: Lumen Juris, 2005, p. 97).

[885] Sobre o fenômeno dinâmico de criação de conexões institucionais em torno de projetos sistêmicos de regulação, são pertinentes as considerações de Alexandre Santos de Aragão, *in verbis*: "*Estamos diante do que muitos qualificam como uma regulação estruturada em redes normativas fluidas e pouco hierarquizadas: a ideia de regulação surge em um campo jurídico em forma de rede, que permite delicadas operações de equilíbrio entre fontes de poder ao mesmo tempo complementares e concorrentes, que provocam interferências jurídicas em distintos subsistemas sociais (econômica, educação, ciência, etc.), levando à elaboração de princípios, regras e instituições mais adequadas ao seu modo de operar*" (ARAGÃO, Alexandre Santos de. *Agências reguladoras e a evolução do direito administrativo contemporâneo*. Rio de Janeiro: Forense, 2009, p. 105).

CAPÍTULO 3 - REGULAÇÃO FINANCEIRA SISTÊMICA: FUNDAMENTOS ESPECÍFICOS...

atribuição de autonomia legal reforçada, em geral, vem acompanhada de exigências mais rigorosas de prestação pública periódica de contas (*accountability*) e mecanismos adicionais de supervisão política indireta, de múltipla origem, quanto aos objetivos e resultados regulatórios.[886]

Ademais, vista a questão sob o aspecto formal do desenho regulatório institucional estritamente considerado, as agências reguladoras são constituídas com fundamento na Constituição e nas leis ou atos normativos habilitadores de suas competências, nos quais estão estabelecidos parâmetros normativos de atuação e controle múltiplo *ex ante, ongoing* e *ex post* dos objetivos e resultados da regulação.

Em suma, observa-se a subsistência de meios de supervisão política das atividades das agências reguladoras sob um formato mais indireto, a fim de proteger, simultaneamente, o exercício técnico-funcional especializado dessas instituições (eficiência), priorizando-se projetos regulatórios de longo prazo (sustentabilidade), o que é legitimado pela previsão de procedimentos inclusivos atributivos de direitos de participação social[887] na definição do conteúdo da regulação.[888]

---

[886] Cf. MATTOS, Paulo Todescan Lessa. *Agências reguladoras e democracia*: participação pública e desenvolvimento. In: SALOMÃO FILHO, Calixto (coord.). *Regulação e Desenvolvimento*. São Paulo: Malheiros, 2002, p. 189).

[887] O direito de participação social nos procedimentos regulatórios, sobretudo quanto a projetos normativos, é um elemento democrático importante de legitimidade política e social do poder concedido às agências reguladoras. Ademais, há evidências empíricas fortes que atribuem maior tendência de eficácia à regulação quando o seu conteúdo resulta de discussões públicas, em ambientes institucionais cooperativos voltados à geração de consensos, cf. MEDAUAR, Odete. *A processualidade no direito administrativo*. 2. ed. São Paulo: Revista dos Tribunais, 2008, p. 69.

[888] A perspectiva institucional de controle dinâmico e integral das agências reguladoras é assim posta por Luís Guilherme Catarino, *in verbis*: "*Existem dois momentos óptimos de controlo: um primeiro momento através da delimitação legal da instituição, da sua estrutura, do procedimento e sua democraticidade, da autoridade que lhe é delegada, vg. da discricionariedade de policy making (ex ante controls). Num segundo momento, através da estatuição de controlos regulares (ongoing controls), de monitorização pelo poder Legislativo (através de audições ou inquéritos parlamentares, muitas vezes decorrentes de fire-alarms accionados por investidores descontentes), pelo poder Executivo (através do Ministério de que dependem, da aprovação de orçamentos, da atribuição governamental de poderes de nomeação, de superintendência), e pelo poder Judicial (através do controlo da legalidade e da discricionariedade)*" (...) "*Na criação destes entes deve ser tomado em conta a necessária relação de custo (trade-off) entre a estatuição de controlos ex ante e ongoing: ao atribuir a um ente a microgestão de uma área (porque o Legislativo não o sabe fazer ou não quer), a uma maior latitude e discricionariedade de actuação – e*

Dito de outro modo, segundo ressalta Paulo Todescan Lessa Mattos, há legitimidade evidente na instituição de agências reguladoras quando houver a previsão de meios de "responsabilização das agências reguladoras independentes, em especial quando, em função da delegação de funções executivas e legislativas, as agências têm poderes para decidir sobre o conteúdo da regulação, formulando políticas públicas".[889]

Quanto ao ponto, a experiência norte-americana é importante como referência para a exposição do tema, em razão de ser o país de origem da ideia institucional subjacente à constituição de agências reguladoras.

No período pós-crise mundial de 1929, ocorreram mudanças significativas de desenho político-institucional nos Estados Unidos da América. No contexto de execução do *New Deal* na década de 1930, evidenciou-se na história norte-americana um movimento forte de ascensão institucional do Poder Executivo e de criação de agências reguladoras (*independent agencies*) vinculadas ao Congresso norte-americano, dotadas de especialidade técnica para lidar com setores econômicos sensíveis, consolidando uma nova concepção de separação de poderes no país.[890]

Com efeito, embora a estratégia de criação de agências reguladoras pudesse ser explicada por diversos motivos de natureza estritamente política,[891] é possível dizer que uma das razões principais consistiu em priorizar o reforço de autonomia administrativa de instituições mais imparciais e aptas a

---

adaptabilidade – corresponderá uma maior limitação por poderes de controlo ex-post. O contrário deverá suceder se não quiser deixar ao sabor de futuras mudanças políticas a faculdade de exercício de poderes de controlo ou veto (ou no acto de criação a cor política do Parlamento for diversa da do Governo)" (CATARINO, Luis Guilherme. *Regulação e Supervisão dos Mercados de Instrumentos Financeiros*: Fundamento e Limites do Governo e Jurisdição das Autoridades Independentes. Coimbra: Almedina, 2010, p. 337-338).

[889] MATTOS, Paulo Todescan Lessa. *Agências reguladoras e democracia*: participação pública e desenvolvimento. In: SALOMÃO FILHO, Calixto (coord.). *Regulação e Desenvolvimento*. São Paulo: Malheiros, 2002, p. 188.

[890] Cf. SUNSTEIN, Cass R. *O Constitucionalismo após o The New Deal*. In: MATTOS, Paulo (coord.). *Regulação Econômica e Democracia*: o debate norte-americano. São Paulo, 34, 2004, p. 133-146.

[891] Cass Sunstein arrola alguns motivos, *in verbis*: *"A justificativa para a delegação de poder para um agente administrativo poderia ser a ausência de consenso político, o desejo de afastar a responsabilidade política pela decisão, ou a crença em que a insulação promove decisões corretas"* (SUNSTEIN, Cass R. *Op. Cit.*, p. 150).

CAPÍTULO 3 – REGULAÇÃO FINANCEIRA SISTÊMICA: FUNDAMENTOS ESPECÍFICOS...

lidar com questões econômicas complexas que exigem especialização técnica e horizonte temporal de longo prazo, em prol do aprimoramento dos processos regulatórios.[892]

Entretanto, a outorga de maiores poderes às agências reguladoras, além de enfraquecer a responsabilidade político-democrática pelos resultados regulatórios, é um processo político que não está imune a problemas, oriundos, sobretudo, de riscos de captura, adoção de condutas oportunistas de ordem político-burocrática ou *rent-seeking*, daí a percepção, ao longo do tempo, da importância em instituir-se mecanismos de supervisão (predominantemente indireta) do Poder Executivo central sobre as atividades das agências reguladoras.[893]

Nos Estados Unidos da América, os impulsos políticos iniciais de fortalecimento da supervisão presidencial quanto à atuação das agências reguladoras surgem no governo *Nixon*, com a criação do *Office of Management and Budget* (*OMB*) em 1970, vinculado ao *Executive Branch*.[894]

Na década de 1980, em concomitância com um movimento político de maior controle e fiscalização das agências reguladoras pelo Congresso norte-americano, as *Executive Orders* editadas pelo *OMB* passam a ditar novos rumos ao estabelecer diretrizes para uma maior centralização para coordenação dos processos regulatórios.

---

[892] A propósito do estabelecimento legal de mandato fixo para dirigentes de agências reguladoras, a jurisprudência da Suprema Corte norte-americana reputa constitucional tal regra, bem como o condicionamento de eventual decisão de exoneração à motivação explícita embasada em *"good cause"*, cf. ARAGÃO, Alexandre Santos de. *Agências reguladoras e a evolução do direito administrativo contemporâneo*. 2. ed. Rio de Janeiro: Forense, 2009, p. 233.

[893] Segundo Cass Sunstein, a supervisão presidencial exercida sobre as atividades das agências reguladoras apresenta as seguintes vantagens em sociedades democráticas: (i) a legitimação política das decisões regulatórias; (ii) o fortalecimento da coordenação sistêmica dos processos regulatórios; e (iii) a maior capacidade de direcionamento da política regulatória, cf. SUNSTEIN, Cass R. *Op. Cit.*, p. 155-156.

[894] Quanto ao ponto, Luis Guilherme Catarino argumenta que as pretensões dos presidentes norte-americanos em coordenar e uniformizar os processos regulatórios conduzidos pelas *independent agencies* estiveram presentes desde sempre. Portanto, a criação do OMB revela o fortalecimento e não o surgimento da supervisão presidencial sobre as agências reguladoras nos Estados Unidos da América, pois essa já ocorria em algum grau. V. CATARINO, Luis Guilherme. *Regulação e Supervisão dos Mercados de Instrumentos Financeiros*: Fundamento e Limites do Governo e Jurisdição das Autoridades Independentes. Coimbra: Almedina, 2010, p. 106-107.

Dentre as diversas medidas postas nas consecutivas *Executive Orders* editadas ao longo dos anos, destacam-se a obrigatoriedade de apresentação de planos regulatórios e a realização de *"Regulatory Impact Anaslysis (RIA)"* dos projetos mais importantes das agências reguladoras, acompanhados de avaliações de custo e benefício sujeitas à aprovação pelo OMB, em conformidade com o paradigma da *better regulation*.

Em síntese, o OMB tornou-se, principalmente a partir da década de 1980, o coordenador-geral indireto dos processos regulatórios norte-americanos.

À evidência, essa estratégia política de centralização da supervisão presidencial indireta para coordenação regulatória tem vantagens e desvantagens. Por um lado, é possível supor que a possibilidade de revisão das decisões das agências reguladoras pelo OMB cria um incentivo positivo e forte à apresentação de propostas publicamente sustentáveis, eficientes e inclusivas, com tendência à diminuição dos riscos de captura.[895] No entanto, por outro lado, o OMB é um Departamento de governo que está sujeito a todo tipo de influência política e pode mostrar-se ineficiente.

Assim, mais uma vez, em atenção à ideia de razão prática regulatória, mostra-se que a questão é de intensidade, ou seja, a supervisão presidencial indireta apresenta vantagens evidentes quanto à legitimidade e responsabilidade política, devendo ser compatibilizada com as vantagens da especialização técnico-funcional das agências reguladoras em executar estratégias regulatórias eficientes e inclusivas de longo prazo.

Conquanto aparentemente tensa, a relação dialógica e permanente entre a supervisão presidencial indireta e agências reguladoras tende a gerar resultados sociais muito satisfatórios, desde que a interação deliberativa institucional seja pautada em razões públicas, além de transparente e amparada em análises

---

[895] A propósito, as considerações de Cass Sunstein sobre o ponto são as seguintes, *in verbis*: *"A posição do OMB como um coordenador-geral da política regulatória lhe traz uma vantagem comparativa para resistir a pressões de grupos bem organizados que buscam regulação demais ou de menos. Além disso, a própria possibilidade de revisão provavelmente teve um importante efeito nas decisões das agências. É razoável supor que a revisão do OMB efetivamente evita propostas descuidadas ou impróprias"* (SUNSTEIN, Cass R. *O Constitucionalismo após o The New Deal*. In: MATTOS, Paulo (coord.). *Regulação Econômica e Democracia*: o debate norte-americano. São Paulo, 34, 2004, p. 157).

CAPÍTULO 3 - REGULAÇÃO FINANCEIRA SISTÊMICA: FUNDAMENTOS ESPECÍFICOS...

adequadas sobre impactos regulatórios e custos-benefícios,[896] o que tem sido reforçado pelo controle social da regulação e a atuação judicial em processos regulatórios, baseada no *Administrative Procedure Act* (APA) de 1946.[897]

No Brasil, a temática das agências reguladoras é relativamente recente. Durante a década de 1990, em um contexto de reformas estruturais da Administração Pública, iniciou-se uma intensa discussão a respeito da necessidade de aplicação do modelo-padrão de agências reguladoras nos setores econômicos socialmente mais relevantes, em que o dilema entre eficiência administrativa para projetos regulatórios de longo prazo *vs.* déficit democrático se fez presente.

A propósito, a aplicação de tal modelo-padrão foi efetivamente efetuada em alguns setores econômicos importantes, com destaque especial para o atual formato institucional da Comissão de Valores Mobiliários no âmbito da estrutura regulatória do sistema financeiro brasileiro.[898]

Conforme já exposto, o rótulo "agências reguladoras" designa a atribuição legal de autonomia reforçada às estruturas tradicionais das autarquias, com vistas a promover projetos regulatórios mais eficientes, inclusivos e sustentáveis ao longo do tempo, o que encontra fundamento constitucional material específico nos princípios da eficiência e da economicidade administrativa (art. 37, *caput*, e 70 da Constituição brasileira de 1988), cuja legitimidade democrática é extraída da abertura dos processos regulatórios à participação democrática e controle social (democracia deliberativa).[899]

Em termos formais, no âmbito federal, o projeto político de reforço de autonomia institucional para a estruturação de uma agência reguladora financeira pede mera iniciativa legislativa privativa do Presidente da República (arts. 37, XIX, 61, §1º, II, 'e', e 84, II, da Constituição brasileira de 1988) para instaurar o processo legislativo de edição de leis complementares que contemplem as

---

[896] No que diz respeito a questões sigilosas, Cass Sunstein observa que "*o OMB tem adotado medidas para assegurar a abertura (disclosure) das análises de impacto regulatório e também tem dado publicidade aos resultados de suas próprias revisões*" (SUNSTEIN, Cass R. *Op. Cit.*, p. 160).

[897] Cf. ARAGÃO, Alexandre Santos de. *Agências reguladoras e a evolução do direito administrativo contemporâneo*. 2. ed. Rio de Janeiro: Forense, 2009, p. 235.

[898] Detalhes da estrutura institucional da Comissão de Valores Mobiliários serão apresentados a seguir.

[899] V. ARAGÃO, Alexandre Santos de. *Op. Cit.*, p. 209-215, *passim*.

características básicas das agências reguladoras às autarquias que integram a estrutura regulatória brasileira (art. 192 da Constituição brasileira de 1988).

A título sugestivo, seria recomendável atribuir a coordenação-geral indireta dos projetos regulatórios ao Conselho Monetário Nacional, integrado por Ministros de Estado (art. 76 e 84, II, da Constituição brasileira de 1988), a fim de aproveitar a estrutura regulatória já existente do Brasil[900] e, quanto ao ponto, pouco contribui o Parecer AGU AC-051, aprovado em 13 de junho de 2006, que estabelece parâmetros gerais de supervisão ministerial no âmbito da Administração Pública Federal.[901]

Logicamente, a aprovação legislativa do desenho institucional legal de uma agência reguladora financeira não esgota as atividades do Poder Legislativo,

---

[900] Essa sugestão está incluída nas Recomendações de aperfeiçoamento do desenho institucional regulatório brasileiro, apresentadas no final do capítulo.

[901] O Parecer AGU AC-051, da Advocacia-Geral da União (AGU), aprovado pelo Presidente da República em 13 de junho de 2006 e editado para estabelecer parâmetros gerais de supervisão ministerial no âmbito da Administração Pública Federal, foi gerado em caso concreto no qual se discutiu a possibilidade de recurso hierárquico impróprio contra decisão da Agência Nacional de Transportes Aquaviários (ANTAQ) – agência reguladora – que foi dirigido ao Ministério dos Transportes, ao qual é administrativamente vinculada em termos formais. Nele, há conclusões problemáticas, a saber: (i) é possível a revisão ministerial de decisões de agências reguladoras, de ofício ou por provocação, quando houver (i.1) o desrespeito aos limites materiais previstos nas respectivas leis habilitadoras de competência administrativa ou (i.2) a violação às políticas públicas para o setor e (ii) as orientações normativas da AGU vinculam as agências reguladoras. Por um lado, o referido parecer é positivo no sentido de estimular o diálogo institucional entre agência reguladora e o respectivo Ministério, mas, por outro lado, fragiliza-se, em demasia, o modelo institucional, sem prejuízo da possibilidade de sua aplicação ser reputada ilegal quando a lei, expressamente, vedar o recurso hierárquico impróprio. Sobre o tema, v. PEREIRA NETO, Caio Mário da Silva; LANCIERI, Fillippo Maria; ADAMI, Mateus Piva. *O Diálogo Institucional das Agências Reguladoras com os Poderes Executivo, Legislativo e Judiciário*: uma Proposta de Sistematização, p. 155-156. Não obstante, o aludido parecer nada diz sobre a óbvia preferência por soluções institucionais dialógicas de caráter consensual e prévio, além de legitimar um poder de direção central muito amplo e imprevisível ao Presidente da República para obstar as atividades institucionais das agências reguladoras através de mera alusão à cláusula genérica "políticas públicas para o setor", o que é fator evidente de insegurança jurídica. Quanto ao tema, pode-se dizer que a aplicação do Parecer AGU AC-051 à estrutura de regulação do sistema financeiro brasileiro não é tão problemática, pois todos os integrantes do Conselho Monetário Nacional são Ministros de Estado e, por isso, estão subordinados ao Presidente da República e nenhum deles exerce mandato, cf. DURAN, Camila Villard. *A moldura jurídica da política monetária*: um estudo do Bacen, do BCE e do Fed. São Paulo: Saraiva, 2013, p. 231.

CAPÍTULO 3 - REGULAÇÃO FINANCEIRA SISTÊMICA: FUNDAMENTOS ESPECÍFICOS...

eis que a competência para a sustação de atos normativos exorbitantes dos parâmetros das leis instituidoras e o dever de fiscalização das atividades de tais agências (art. 49, V e X, da Constituição brasileira de 1988, respectivamente) devem ser exercidas de forma contínua, sem prejuízo do controle social e judicial da regulação.

Por fim, é importante citar que há precedente do Supremo Tribunal Federal no qual se reputou válida a instituição de mandatos a dirigentes de autarquia estadual, impedindo, com isso, a exoneração *ad nutum* de tais dirigentes pelo Chefe do Poder Executivo, o que representa uma boa sinalização institucional acerca da lógica subjacente à aplicação do modelo de agências reguladoras no país.[902]

3.2.2 - O poder normativo regulatório no Sistema Financeiro Nacional

A existência de poder normativo regulatório no âmbito da Administração Pública ou o poder administrativo regulamentar[903] é uma das grandes ques-

---

[902] STF, Medida Cautelar em Ação Direta de Inconstitucionalidade n° 1.949, Tribunal Pleno, Relator Ministro Sepúlveda Pertence, j. 18.11.1999, DJ 25.11.2005. O julgamento definitivo do mérito ocorreu no Plenário do Supremo Tribunal Federal em 17.09.2014, sob a relatoria do Ministro Dias Toffoli, conforme noticiado no Informativo n° 759, divulgado em 30.09.2014. Consta do aludido Informativo que o Supremo Tribunal Federal, face à situação de omissão normativa gerada pela procedência parcial do pedido, instituiu na decisão, por analogia *à* Lei Federal n° 9.986, de 2000, que a destituição dos dirigentes da autarquia estadual, no curso dos mandatos, deve ocorrer somente em razão de: a) renúncia; b) condenação judicial transitada em julgado; ou c) processo administrativo disciplinar, sem prejuízo da superveniência de outras possibilidades legais, desde que observada a necessidade de motivação e de processo formal, sem espaço para discricionariedade pelo chefe do Executivo.

[903] Segundo a melhor doutrina sobre poder administrativo regulamentar, as espécies de regulamentos passíveis de edição são os seguintes: (i) regulamentos executivos, editados pelo Chefe do Poder Executivo para fins de complementação a atos normativos primários editados pelo Poder Legislativo (art. 84, II e IV, da Constituição brasileira de 1988); (ii) regulamentos autorizados, legitimados pela outorga legislativa de função normativa a órgãos e entes da Administração Pública (arts. 5°, II; 37, *caput*, XIX e XX; e 48, principalmente, todos da Constituição brasileira de 1988); e (iii) regulamentos autônomos, editados enquanto emanação de funções normativas implícitas no texto constitucional à Administração Pública, incluindo-se a hipótese explícita de edição de regulamento autônomo nos termos do art. 84, VI, da Constiuição brasileira de 1988. V. GRAU, Eros Roberto. *O Direito Posto e o Direito Pressuposto*. 7. ed. São Paulo: Malheiros, 2008, p. 253. Segundo os objetivos da exposição, não será feita uma

tões controvertidas que acompanham a evolução do Direito Administrativo brasileiro.

Sob influência significativa da vertente dogmática do legalismo maximalista, a pretensão de sustentar a ideia de ilegitimidade política na atribuição de poderes normativos a entes e órgãos administrativos gerou, ao longo do tempo, uma ideologia quase inconsciente no Direito Público brasileiro de que a normatividade administrativa é um sinônimo de abuso de poder ou traição aos fundamentos do Estado de Direito.[904]

Nesse sentido, é interessante notar, conforme Carlos Ari Sundfeld, que o exercício de poder normativo pela Administração Pública (edição de regulamentos), apto a reforçar, em caráter autovinculativo, a juridicidade quanto à transparência da motivação de atos administrativos a partir de parâmetros complementares e universalizáveis de decisão estatal, reduzindo-se espaços de livre apreciação e fortalecendo a segurança jurídica, tem preocupado muito mais os administrativistas clássicos do que a discricionariedade (muito mais ampla, por sinal) envolvida na prática de atos concretos (edição de atos administrativos).[905]

A propósito, esse é o contrassenso essencial que atesta a inadequação do legalismo maximalista para um estudo do poder normativo da Administração Pública, pois a regulação fundada em parâmetros normativos administrativos complementares e universalizáveis (igualdade e segurança jurídica), além de necessariamente estar fundamentada na Constituição e na respectiva lei

---

análise das questões referentes à legitimidade de edição de regulamentos autônomos porque irrelevante ao estudo. Com relação ao poder de edição de regulamentos executivos e autorizados, ambos serão englobados na noção de poder normativo regulatório da Administração Pública, pois externam o mesmo fenômeno e não há razões substanciais ou funcionais para explorar aspectos distintivos entre as aludidas espécies. Tal entendimento vai ao encontro da posição segundo a qual *"a distinção regulamentos executivos x regulamentos autorizados não ajuda muito a entender qual é o papel necessário da lei e quais são os diferentes modos de a lei autorizar a ação administrativa, inclusive normativa"* (SUNDFELD, Carlos Ari. *Direito Administrativo para Céticos.* São Paulo: Malheiros, 2012, p. 175).

[904] Evidentemente, a consequência essencial do raciocínio dessa vertente é reduzir a normatividade do sistema jurídico ao princípio da legalidade administrativa ou, eventualmente, por uma construção doutrinária mais elaborada, sustentar a tese de legalidade constitucional estrita, a fim de defender que a Administração Pública não teria legitimidade político-institucional para restringir direitos fundamentais.

[905] V. SUNDFELD, Carlos Ari. *Op. Cit.*, p. 163.

habilitadora de competência administrativa (democracia), privilegia a *expertise* técnica (eficiência), tende a dar mais transparência e fortalece as possibilidades de controle do conteúdo dos atos administrativos.[906]

Além disso, a experiência sobre a estratégia político-institucional de outorga legal de poder normativo regulatório no âmbito administrativo não é exclusiva do Brasil, nem de países subdesenvolvidos, nem de países com histórico de ditaduras.[907]

Por fim, há uma evidência histórica forte de que "nunca houve uma forte cláusula geral de bloqueio contra autorizações legislativas para a Administração editar normas",[908] devido às necessidades práticas próprias do exercício de governar.[909]

Dito isso, é preciso adequar o estudo do poder normativo regulatório da Administração Pública aos desafios contemporâneos impostos pelo Estado Democrático de Direito, em conformidade com a noção de juridicidade administrativa.

À evidência, em sentido amplo, não se pode ignorar que a legalidade constitucional impõe que a atuação administrativa esteja fundamentada em normas contidas no sistema jurídico, em conformidade com o postulado da

---

[906] Sendo assim, em sentido contrário ao que sustentam os administrativistas clássicos, se há uma margem de livre apreciação, espaço de apreciação ou prerrogativa de estimativa em favor da Administração Pública, sobretudo, quanto a "conceitos jurídicos indeterminados" (V. MORAES, Germana de Oliveira. *Controle Jurisdicional da Administração Pública*. São Paulo: Dialética, 2004, p. 73), o exercício motivado e transparente do poder normativo pela Administração Pública não enfraquece, mas, ao contrário, reforça a juridicidade administrativa e, com isso, o controle de conteúdo dos atos administrativos é facilitado.

[907] Cf. SUNDFELD, Carlos Ari. *Direito Administrativo para Céticos*. São Paulo: Malheiros, 2012, p. 178.

[908] SUNDFELD, Carlos Ari. *Op. Cit.*, p. 176.

[909] Quanto ao ponto, as considerações de Paulo Otero mostram-se muito adequadas, *in verbis*: *"No limite, tal como será inconstitucional a disposição de uma lei que expressamente vede a respectiva regulamentação pelo Governo, também é inconstitucional a lei que esgote ou esvazie totalmente o poder regulamentar de execução que a Constituição confiou ao Governo: há aqui o reconhecimento de uma competência administrativa reservada ao executivo que é oponível ao legislador, limitando o grau de intervenção densificadora da lei parlamentar na disciplina normativa das matérias e permitindo mesmo, desde que uma tal intervenção deixe sem qualquer operatividade um espaço mínimo de exercício da actividade administrativa de execução, o controlo da respectiva validade constitucional"* (OTERO, Paulo. *Legalidade e Administração Pública*: O Sentido da Vinculação Administrativa à Juridicidade. Coimbra: Almedina, 2011, p. 752).

hierarquia formal e material da Constituição. A ideia fundamental de que o agir da Administração Pública está subordinado à primazia constitucional e legal é incontestável.

Em outras palavras, "a reserva de lei formal em matéria de direitos fundamentais significa a impossibilidade de a Administração Pública adotar medidas restritivas de direitos sem fundamento legal ou constitucional".[910]

Em contrapartida, a complexidade e a pluralidade da sociedade contemporânea torna impossível uma configuração normativa estrutural totalmente linear e integralmente abrangente extraída da relação hierárquica formal entre "Constituição-lei-ato administrativo". É preciso ir além.

O processo de erosão formal da plenitude da interação "Constituição-lei-ato administrativo", enquanto resultado da ampliação significativa das tarefas impostas ao Estado contemporâneo para a tutela eficiente de direitos,[911] merece ênfase quanto aos seguintes aspectos: (i) a relevância dos processos internacionais de harmonização para homogeneização de padrões normativos regulatórios;[912] (ii) a existência de múltiplos núcleos administrativos institucionais, com atuação formal e informal em rede, segundo o modelo de descentralização administrativa próprio da "Administração Policêntrica";[913] e (iii) a subsistente e necessária interação política dialógica entre Poder Executivo (Administração Pública) e Poder Legislativo sobre questões políticas fundamentais, com eventuais intervenções do Poder Judiciário.

---

[910] PEREIRA, Jane Reis Gonçalves. *Interpretação constitucional e direitos fundamentais*: uma contribuição ao estudo das restrições aos direitos fundamentais na perspectiva da teoria dos princípios. Rio de Janeiro: Renovar, 2006, p. 306. Quanto ao ponto, Jane Reis Gonçalves Pereira faz as seguintes considerações complementares, *in verbis*: "(...) é certo que a reserva de lei parlamentar circunscreve o poder do Executivo de restringir ou limitar os direitos fundamentais, mas este poderá, *independentemente da existência da lei, atuar no sentido de promovê-los e tutelá-los. É certo, também, que a noção de supremacia legislativa impõe que a atuação administrativa, em qualquer caso, seja conforme a lei, vale dizer, os atos do Executivo devem satisfazer as previsões estatuídas na legislação restritiva de direitos*" (PEREIRA, Jane Reis Gonçalves. Op. Cit., p. 306).
[911] Cf. OTERO, Paulo. *Legalidade e Administração Pública*: O Sentido da Vinculação Administrativa à Juridicidade. Coimbra: Almedina, 2011, p. 740).
[912] Sobre o "fenômeno de abertura internacional da Constituição", v. OTERO, Paulo. *Op. Cit.*, p. 577.
[913] O surgimento de novas esferas de normatização é um traço marcante dos desenhos político-institucionais contemporâneos. V. BINENBOJM, Gustavo. *Uma Teoria do Direito Administrativo*. Rio de Janeiro: Renovar: 2006, p. 133-135.

CAPÍTULO 3 – REGULAÇÃO FINANCEIRA SISTÊMICA: FUNDAMENTOS ESPECÍFICOS...

Em suma, o Estado contemporâneo está caracterizado por "uma autêntica encruzilhada normativa", representativa de uma "galáxia regulamentar" que deve ser estrategicamente e eficientemente ordenada pelas principais instituições políticas.[914]

Historicamente, o Poder Legislativo percebeu – ainda que tacitamente – sua incapacidade institucional relativa para lidar com a complexidade do fenômeno regulatório, mormente em contextos econômicos e sociais dinâmicos e/ou técnicos que não se adequam à rigidez própria do processo legislativo ordinário.[915]

Dito de outro modo, a rigidez do processo legislativo ordinário associada à imperfeição intrínseca dos atos normativos editados pelo Poder Legislativo para regular conjunturas sócio-econômicas complexas e mutáveis impulsionou um movimento institucional evidente de transferência de responsabilidades normativas à Administração Pública, conjuntamente a estratégias políticas de descentralização administrativa da gestão dos processos regulatórios a órgãos e entes especializados com estruturas decisórias mais flexíveis e adaptativas (*expertise* técnica).[916]

Logicamente, o movimento institucional acima descrito não caracteriza delegação de competências legislativas, mas a atribuição estratégica de funções normativas[917] instituída por ato normativo habilitador de competências

---

[914] As expressões "uma autêntica encruzilhada normativa" e "galáxia regulamentar" são de Paulo Otero (OTERO, Paulo. *Op. Cit.*, p. 629).

[915] Cf. BRUNA, Sérgio Varella. *Procedimentos normativos da Administração e desenvolvimento econômico*. In: SALOMÃO FILHO, Calixto (coord.). *Regulação e Desenvolvimento*. São Paulo: Malheiros, 2002, p. 234).

[916] V. MATTOS, Paulo Todescan Lessa. *Autonomia Decisória, Discricionariedade Administrativa e Legitimidade da Função Reguladora do Estado no Debate Jurídico Brasileiro*. In: ARAGÃO, Alexandre Santos de (coord.). *O Poder Normativo das Agências Reguladoras*. 2. ed. Rio de Janeiro: Forense, 2011, p. 253).

[917] Em relação à questão, Carlos Ari Sundfeld posiciona-se no seguinte sentido, *in verbis*: "*Deveras, não passa de fantasia, sem base alguma nos fatos e na teoria política, a suposição de que o poder normativo de autoridades administrativas de regulação seja o mesmo que o clássico poder de legislar; não o é, nem em tese, nem na prática, como tentei descrever há pouco. Assim, negar em princípio a possibilidade de um tal poder normativo é rejeitar a regulação e, consequentemente, o intervencionismo estatal nela embutido*" (SUNDFELD, Carlos Ari. *Introdução às Agências Reguladoras*. In: SUNDFELD, Carlos Ari (coord.). *Direito Administrativo Econômico*. São Paulo: Malheiros, 2006, p. 37). Eros Roberto Grau, por sua vez, afirma que a função legislativa é parcela da função normativa e a atribuição de poderes normativos à Administração Pública não é delegação de função legislativa

administrativas, de modo a viabilizar o exercício da capacidade institucional administrativa de avaliação eficiente da conjuntura sócio-econômica, sendo possível estabelecer parâmetros legais com baixa densidade normativa.[918]

Nesse sentido, a outorga de poderes normativos regulatórios por lei habilitadora de competência à Administração Pública não significa um processo de deslegalização.[919]

De fato, o que há é a aplicação de um modelo estratégico de desenho político-institucional voltado a conceder capacidade normativa de conjuntura a órgãos e entes administrativos especializados segundo parâmetros legais

---

(V. GRAU, Eros Roberto. *O Direito Posto e o Direito Pressuposto*. 7. ed. São Paulo: Malheiros, 2008, p. 243-244). No mesmo sentido: SADDY, André. *Formas de Atuação e Intervenção do Estado Brasileiro na Economia*. Rio de Janeiro: Lumen Juris, 2011, p. 308-309; GUERRA, Glauco Martins. *Princípio da Legalidade e Poder Normativo*: Dilemas da Autonomia Regulamentar. In: ARAGÃO, Alexandre Santos de (coord.). *O Poder Normativo das Agências Reguladoras*. 2. ed. Rio de Janeiro: Forense, 2011, p. 87; e SOUTO, Marcos Juruena Villela. *Extensão do Poder Normativo das Agências Reguladoras*. In: ARAGÃO, Alexandre Santos de (coord.). *O Poder Normativo das Agências Reguladoras*. 2. ed. Rio de Janeiro: Forense, 2011, p. 96.

[918] Cf. ARAGÃO, Alexandre Santos de. *Agências reguladoras e a evolução do direito administrativo contemporâneo*. 2. ed. Rio de Janeiro: Forense, 2009, p. 406). Nesse sentido, muitos autores frisam que os regulamentos não são leis em sentido formal, mas são leis em sentido material, cf. BINENBOJM, Gustavo. *Uma Teoria do Direito Administrativo*. Rio de Janeiro: Renovar: 2006, p. 153.

[919] O enquadramento da atribuição de poderes normativos regulatórios à Administração Pública como hipótese de deslegalização ou a possibilidade da deslegalização em si é assunto bastante controvertido. Renomados doutrinadores sustentam, em tese, a constitucionalidade do processo de deslegalização (V. MOREIRA NETO, Diogo de Figueiredo. *Curso de Direito Administrativo*. Rio de Janeiro: Forense, 2005, p. 33; e ARAGÃO, Alexandre Santos de. *Op. Cit.*, p. 422). Entretanto, prevalece o entendimento de que a deslegalização é inconstitucional por fragilizar, excessivamente, a noção de separação de poderes e, nesse sentido, haveria uma fraude à Constituição, cf. BINENBOJM, Gustavo. *Uma Teoria do Direito Administrativo*. Rio de Janeiro: Renovar: 2006, p. 275-285, *passim*; e OTERO, Paulo. *Op. Cit.*, p. 454. A síntese do pensamento de Luís Roberto Barroso sobre o tema merece transcrição, *in verbis*: "(...) *permanece válida a concepção tradicional no Direito Constitucional brasileiro de que é vedada a delegação de funções de um Poder a outro fora das hipóteses constitucionais; ou, ao menos, de que a delegação, ainda que possível, não pode ser 'em branco', isto é, desacompanhada de parâmetros ou diretrizes obrigatórias*" (BARROSO, Luis Roberto. *Agências Reguladoras, Constituição, Transformações do Estado e Legitimidade Democrática*. In: BINENBOJM, Gustavo (coord.). *Agências Reguladoras e Democracia*. Rio de Janeiro: Lumen Juris, 2006, p. 82-83). Aparentemente, o Supremo Tribunal Federal adotou entendimento contrário à validade do processo de deslegalização no seguinte precedente: STF, Medida Cautelar em Ação Direta de Inconstitucionalidade n° 1.668, Tribunal Pleno, Relator Ministro Marco Aurélio, j. 20.08.1998, DJ 16.04.2004.

preestabelecidos, geralmente acompanhado por mecanismos de controle indireto e de prestação pública de contas quanto aos resultados em relação ao Poder Legislativo,[920] imerso em um processo de diálogo institucional dinâmico entre os resultados (eficiência) e as diretrizes normativas básicas sobre políticas regulatórias definidas no âmbito legislativo, conforme a Constituição (legitimidade democrática).

A propósito, em relação ao Direito Regulatório econômico, pode-se dizer que o texto do *caput* do art. 174 da Constituição brasileira de 1988, ao prescrever "na forma da lei", legitima a atribuição de poder normativo pelo legislador a entidades administrativas, isto é, "a expressão 'na forma da lei' significa que o legislador poderá delegar tais funções a entidades setoriais especializadas, as quais só ele pode criar",[921] o que ocorre, por exemplo, na Lei nº 4.595, de 1964, e Lei n° 9.069, de 1995, que atribuem competência administrativa normativa ao Conselho Monetário Nacional e ao Banco Central do Brasil para tratar de temas de regulação financeira sistêmica.

Logo, salvo reservas específicas de lei previstas na Constituição,[922] o Poder Legislativo tem legitimidade democrática para, através de lei, outorgar capacidade normativa à Administração Pública.

Sem embargo, em relação ao tema, prevalece o entendimento de que o uso dessa prerrogativa político-legislativa exige duas atitudes estratégicas simultâneas, a saber: (i) a definição adequada de parâmetros legais substanciais e procedimentais minimamente suficientes de orientação da atuação normativa

---

[920] Cf. SUNDFELD, Carlos Ari. *Direito Administrativo para Céticos*. São Paulo: Malheiros, 2012, p. 146-147.

[921] BINENBOJM, Gustavo. *Uma Teoria do Direito Administrativo*. Rio de Janeiro: Renovar: 2006, p. 155.

[922] Em relação ao ponto, perfeita a abordagem de Carlos Ari Sundfeld, *in verbis*: "A atual Carta não contém – como não tinham as anteriores – norma reservando ao Legislativo o monopólio de toda e qualquer ação normativa. Por isso, a proibição de delegação do art. 25, I, do ADCT só pode estar aos (muitos) casos de reserva específica de lei, em que a Constituição assinala como exclusivas do Congresso certas decisões, bem delimitadas. Essas decisões têm de ser tomadas diretamente pelo Parlamento, que não pode transferi-las a outras autoridades. Mas, quando não estiver em pauta uma reserva específica de lei, o regulador poderá, segundo sua política, optar entre uma lei analítica (que admite apenas normas regulamentares de simples execução) e uma lei-quadro (que comporta normas regulamentares inovadoras)" (SUNDFELD, Carlos Ari. Direito Administrativo para Céticos. São Paulo: Malheiros, 2012, p. 177).

administrativa;[923] e (ii) o estabelecimento de formas de monitoramento, controle e prestação públicas de contas das atividades e resultados administrativos, com vistas a estimular progressos regulatórios (*better regulation*).

Por fim, é de ter presente que não há somente um "ônus regulamentar", mas um "dever regulamentar"[924] na estratégia de concessão de poderes normativos regulatórios à Administração Pública, pois a outorga de tais poderes significa um ato político de confiança na capacidade institucional de órgãos e entidades administrativas socialmente relevantes, o que gera deveres de atuação administrativa eficiente com foco em projetos regulatórios de médio e longo prazo.

No âmbito do Sistema Financeiro Nacional, o poder normativo vem sendo reconhecido pelos Tribunais Superiores nos últimos anos, ainda que sem qualquer menção explícita à temática das capacidades institucionais.[925]

---

[923] No direito comparado, o entedimento sobre a obrigatoriedade de prescrição de parâmetros normativos minimamente suficientes de orientação vinculativa da ação normativa da Administração Pública está consolidado na "*intelligible principles doctrine*" norte-americana e na teoria da essencialidade construída no âmbito do Tribunal Constitucional Federal alemão, cf. BINENBOJM, Gustavo. *Op. Cit.*, p. 279. Embora o alcance da expressão "minimamente suficiente" seja problemática, o fundamental é que haja "*a fixação de parâmetros substantivos (normas de conteúdo) e adjetivos (normas de processo e de organização administrativa), que, em seu conjunto, orientem de modo consistente a ação normativa administrativa*" (SUNDFELD, Carlos Ari. *Op. Cit.*, p. 169).

[924] As expressões "ônus regulamentar" e "dever regulamentar" são de Carlos Ari Sundfeld. V. SUNDFELD, Carlos Ari. *Op. Cit.*, p. 164.

[925] Quanto ao tema, há precedente do Superior Tribunal de Justiça muito importante ao propósito da defesa da legitimidade do poder normativo do Conselho Monetário Nacional e do Banco Central do Brasil, cujo trecho do voto da Relatora Ministra Eliana Calmon merece transcrição, *in verbis*: "(...) *O tema central da controvérsia diz respeito ao poder normativo e regulamentar do Banco Central do Brasil, assunto que merece uma pequena digressão para a exata compreensão da querela. O Sistema Jurídico Brasileiro, a par de reconhecer como sendo da alçada do Legislativo a tarefa de elaborar as normas de caráter geral e abstrato, outorga ao Executivo o poder regulamentar (art. 84, IV, da CF), com a devida cautela para que não seja invadida pelo regulamento a área constitucionalmente reservada à lei formal. Entretanto, na observação de Helly Lopes Meireles: os vazios da lei e a imprevisibilidade de certos fatos e circunstâncias, que surgem a reclamar providências imediatas da Administração, impõem se reconheça ao Chefe do Executivo o poder de regulamentar as normas legislativas incompletas ou de prover situações não previstas pelo legislador, mas ocorrentes na prática administrativa. Por outro ângulo, tem-se hoje o entendimento de que o Presidente da República pode delegar o poder de regulamentação aos seus ministros, conforme previsto no art. 84, § único, da CF. Doutrina e jurisprudência reconhecem que uma das áreas mais sensíveis ao poder regulamentar é o setor que abrange as instituições financeiras, sujeitas a um conjunto de leis que abrange normas regulamentares de nível inferior, representadas pelas*

CAPÍTULO 3 - REGULAÇÃO FINANCEIRA SISTÊMICA: FUNDAMENTOS ESPECÍFICOS...

O Supremo Tribunal Federal, salvo no que diz respeito à análise do art. 25, §1°, I, do Ato de Disposições Constitucionais Transitórias da Constituição brasileira de 1988,[926] nunca tendeu a declarar a ausência de juridicidade de Resolução editada pelo Conselho Monetário Nacional ou Circular do Banco Central do Brasil, assim como o Superior Tribunal de Justiça.[927]

---

resoluções. Daí o poder normativo do Conselho Monetário Nacional, como consta da Lei 4.595/64 que, ao disciplinar o mercado financeiro, editou verdadeiras normas em branco, cujo conteúdo é preenchido com suas deliberações. Assim, podemos dizer que o sistema tem suas normas estruturais formuladas pelo Legislativo; as normas conjunturais sobre a política da moeda e do crédito ficaram a cargo do Conselho Monetário Nacional, mediante resolução. O poder regulamentar do CMN é específico: atuar na área da política das instituições monetárias, bancárias e creditícias, cabendo ao Banco Central do Brasil, na execução da política econômica e monetária, monitorar o mercado, intervindo quando preciso, determinando medidas que compatibilizem os mecanismos de estabilização da moeda e preservem os interesses dos investidores. Para tanto, age como autoridade monetária, administrando as reservas monetárias externas e gerenciando o câmbio. (...)Como foi dito acima, na interpretação das normas que formam o Sistema Financeiro Nacional, deve-se ter em conta a possibilidade de delegação de um para outro órgão, diante da rapidez das operações financeiras, especialmente as ligadas ao mercado internacional. Daí a só preocupação de não invadirem os órgãos administrativos a área reservada ao Legislativo. Na hipótese dos autos, afasta-se a idéia de invasão do campo formal legislativo, diante das competências do Conselho Monetário Nacional e do Banco Central do Brasil, verificando-se, pelas notas transcritas, que a fixação das taxas cambiais fica com o Conselho, mas este pode delegar tal tarefa ao BACEN nas urgências ou para evitar desequilíbrio no balanço de pagamento. Parece clara a delegação, sendo imprescindível flexibilizar-se a interpretação legislativa, sob pena de equivocada conclusão, diante da lógica do sistema, suficientemente regrado para não ser arbitrário, o que levaria às raias da inconstitucionalidade, mas permissivamente poroso para permitir normatização rápida e eficaz, a fim de atender às urgências" (STJ, Recurso Especial n° 507.123, Segunda Turma, Relatora Ministra Eliana Calmon, j. 01.09.2005, DJ 19.09.2005). Tal precedente foi mencionado em outro precedente, a saber: STJ, Recurso Especial n° 914.617, Segunda Turma, Relatora Ministra Eliana Calmon, j. 15.05.2007, DJ 14.08.2007.

[926] Vide STF, Recurso Extraordinário n° 286.963, Primeira Turma, Relator Ministro Sepúlveda Pertence, j. 24.05.2005, DJ 20.10.2006. Por revelar particularidades, tal caso será analisado, com mais profundidade, em tópico específico do capítulo seguinte.

[927] A única ressalva na jurisprudência do Superior Tribunal de Justiça a respeito do poder normativo do Conselho Monetário Nacional e do Banco Central do Brasil cinge-se ao estabelecimento de preceitos sancionatórios em Resoluções e Circulares, por força do princípio da legalidade estrita aplicável ao Direito Administrativo Sancionador, nos termos do art. 44 da Lei n° 4.595, de 1964. O *leading case* do tema tem a seguinte ementa, *in verbis*: "ADMINISTRATIVO – SANÇÃO PECUNIÁRIA – LEI 4.595/64. 1. Somente a lei pode estabelecer conduta típica ensejadora de sanção. 2. Admite-se que o tipo infracionário esteja em diplomas infralegais (portarias, resoluções, circulares etc.), mas se impõe que a lei faça a indicação. 3. Recurso especial improvido" (STJ, Recurso Especial n° 324.181, Relatora Ministra Eliana Calmon, Segunda Turma, j. 08.04.2003, DJ 12.05.2003). No mesmo sentido: STJ, Recurso Especial 438.132, Relator Ministro José Delgado, Primeira Turma, j. 09.12.2003, DJ 15.03.2004;

Ademais, o Superior Tribunal de Justiça tem prestado deferência institucional evidente às intervenções *lato sensu* (regulação de saída) efetuadas pelo Banco Central do Brasil em instituições por ele autorizadas a funcionar.[928]

Sem prejuízo dos precedentes que serão abordados no capítulo seguinte, há de se ressaltar os seguintes precedentes oriundos da jurisprudência dos Tribunais Superiores, a saber: (i) o reconhecimento da constitucionalidade dos arts. 3° e 4° da Resolução n° 2.267 do Conselho Monetário Nacional, de 1996, relativos à disciplina regulatória de rodízio de auditorias independentes no âmbito do Sistema Financeiro Nacional;[929] (ii) a afirmação de juridicidade das Resoluções de n° 2.025, de 1993, e n° 2.078, de 1994, ambas do Conselho Monetário Nacional,[930] que complementavam as disposições da Lei n° 9.526, de 1997 (alterada pela Lei n° 9.814, de 1999), que impuseram o dever de recadastramento aos titulares de contas de depósitos na época, segundo os prazos legalmente fixados, sob pena de recolhimento compulsório dos

---

e STJ, Recurso Especial 1.255.987, Relator Ministro Herman Benjamim, Segunda Turma, j. 01.03.2012, DJe 13.04.2012.

[928] Desde o *leading case* "Coroa-Brastel" (V. Recurso Especial n° 44.500, Relatora Ministra Eliana Calmon, Relator p/ Acórdão Ministro Franciulli Netto, Segunda Turma, j. 28.11.2000, DJ 09.09.2002), que modificou jurisprudência inicialmente contrária, firmou-se jurisprudência no Superior Tribunal de Justiça no sentido de que a mera alegação de responsabilidade civil do Banco Central do Brasil por omissão genérica no dever de fiscalizar, formulada por acionistas, depositantes ou investidores em geral vinculados à instituição submetida à intervenção *lato sensu* da autarquia, não gera direito à indenização ou ressarcimento. Isto é, há um ônus forte e específico de demonstração do nexo de causalidade entre danos alegados e condutas reputadas ilícitas praticadas pela autarquia para a imputação de responsabilidade civil do Estado. A propósito, a jurisprudência é correta, pois se presta deferência *prima facie* à capacidade institucional do Banco Central do Brasil em avaliar a viabilidade de permanência de instituições autorizadas a funcionar no mercado, além de o Tribunal assumir uma postura institucional não paternalista, pois um dos aspectos essenciais do exercício da autonomia individual, em sociedades liberais, é o de que as pessoas devem assumir as responsabilidades pelos seus próprios atos, inclusive atos equivocados de gestão patrimonial de riscos financeiros.

[929] STF, Medida Cautelar em Ação Direta de Inconstitucionalidade nº 2.317, Tribunal Pleno, Relator: Ministro Ilmar Galvão, j. 19.12.2000, DJ 23.03.2001. Posteriormente, foi decretada a perda do objeto do processo em razão da revogação dos dispositivos impugnados pelo art. 3° da Resolução n.º 3.069 do Conselho Monetário Nacional, de 2003. V. STF, Ação Direta de Inconstitucionalidade nº 2.317, Decisão monocrática, Relator: Ministro Ilmar Galvão, j. 29.04.2003, DJ 07.05.2003.

[930] Tais resoluções instituíam regras sobre abertura, manutenção e movimentação de contas de depósitos.

CAPÍTULO 3 - REGULAÇÃO FINANCEIRA SISTÊMICA: FUNDAMENTOS ESPECÍFICOS...

valores depositados;[931] (iii) a legitimidade do poder de edição de Resoluções e Circulares no âmbito do PROER, nos termos da Lei n° 9.710, de 1998;[932] (iv) a afirmação de legitimidade do poder normativo do Conselho Monetário Nacional e do Banco Central do Brasil[933] para estabelecer diretrizes regulatórias de câmbio no episódio do fim do modelo de paridade cambial em 1999;[934] e (v) a menção explícita a respeito da existência de capacidade

---

[931] Em relação ao precedente citado, consta da ementa do acórdão resultante do julgamento da medida cautelar a assertiva segundo a qual "as Resoluções do Conselho Monetário Nacional n°s 2.025/93 e 2.078/94 não ofendem o princípio da legalidade" (STF, Medida Cautelar em Ação Direta de Inconstitucionalidade n° 1.715, Tribunal Pleno, Relator: Ministro Maurício Correa, j. 21.05.1998, DJ 3004.2004). Por não ter sido juntada procuração com poderes especiais para a propositura de Ação Direta de Inconstitucionalidade, decretou-se a perda do objeto do processo. V. STF, Ação Direta de Inconstitucionalidade nº 1.715, Decisão monocrática, Relator: Ministro Marco Aurélio, j. 12.05.2005, DJ 20.05.2005.

[932] V. STJ, Recurso Especial n° 914.617, Relatora Ministra Eliana Calmon, Segunda Turma, j. 15.05.2007, DJ 14.08.2007. Outros aspectos judicializados no âmbito do Supremo Tribunal Federal pertinentes à execução do PROER serão examinados no próximo capítulo.

[933] O modelo oficial de paridade cambial era regulado por Resoluções editadas pelo Conselho Monetário Nacional. A abolição desse modelo, com a sua substituição pelo regime cambial flutuante, foi objeto do Comunicado nº 6.565, de 18 de janeiro de 1999, editado pelo Diretor de Assuntos Internacionais do Banco Central do Brasil.

[934] Tanto o Supremo Tribunal Federal quanto o Superior Tribunal de Justiça prestaram deferência à capacidade institucional do Conselho Monetário Nacional e do Banco Central do Brasil em relação ao assunto. No primeiro semestre de 1999, devido a uma série de liminares concedidas no âmbito do Tribunal Regional Federal da 4ª Região para a manutenção do regime de paridade cambial em processos individuais, o Supremo Tribunal Federal foi provocado a se manifestar em inúmeros pedidos de Suspensão de Segurança ou Petições Avulsas (Vide os seguintes processos, decididos, monocraticamente, pelo Ministro-Presidente Celso de Mello: Suspensão de Segurança n° 1.344, j. 07.04.1999, DJ 19.04.1999; Suspensão de Segurança n° 1.332, j. 07.04.1999, DJ 16.04.1999; Suspensão de Segurança n° 1.331, j. 07.04.1999, DJ 19.04.1999; Petição n° 1.699, j. 23.04.1999; Petição n° 1.703, j. 26.04.1999, DJ 05.05.1999; Suspensão de Segurança n° 1.360, j. 25.05.1999, DJ 10.06.1999; e Petição n° 1.677, j. 08.04.1999, DJ 28.07.1999). Em todos esses processos, as liminares foram cassadas com fundamento na afirmação da legitimidade do poder do Conselho Monetário Nacional para regular as operações de câmbio (art. 4°, XVIII, da Lei n° 4.595, de 1964) e do Banco Central do Brasil para disciplinar o mercado cambial (art. 11, III, da Lei n° 4.595, de 1964). Em 2010, adveio precedente, em decisão monocrática, no mesmo sentido: V. STF, Recurso Extraordinário nº 480.971, Decisão monocrática, Relator: Ministro Dias Toffoli, j. 28.09.2010, DJ 04.11.2010. No que diz respeito a pretensões de responsabilidade civil do Estado pela modificação do regime de paridade cambial, todos os precedentes do Superior Tribunal de Justiça as rejeitaram com fundamento na capacidade normativa de conjuntura do Conselho Monetário Nacional e do Banco Central do Brasil. V. STJ, Recurso Especial n° 549.873, Relator Ministro

normativa de conjuntura econômica do Conselho Monetário Nacional e do Banco Central do Brasil, pelo Supremo Tribunal Federal, no julgamento sobre a constitucionalidade da aplicação do Código de Defesa do Consumidor às instituições financeiras.[935]

3.3 – O modelo institucional de estrutura da regulação financeira sistêmica no Brasil

Conquanto os objetivos gerais de regulação financeira sistêmica sejam mundialmente compartilhados por todos os países,[936] tendo em vista o ideal de estabilidade financeira sustentável ao longo do tempo, a experiência

---

Luiz Fux, Primeira Turma, j. 10.08.2004, DJ 25.10.2004; STJ, Recurso Especial n° 614.048, Relator Ministro Luiz Fux, Primeira Turma, j. 15/03/2005, DJ 02/05/2005; e Recurso Especial n° 507.123, Relatora Ministra Eliana Calmon, Segunda Turma, j. 01.09.2005, DJ 19.09.2005. A ementa desse último precedente, quanto ao mérito da causa, é digna de transcrição, *in verbis*: "ADMINISTRATIVO – SISTEMA FINANCEIRO NACIONAL – MERCADO CAMBIAL – FIXAÇÃO DAS TAXAS – COMPETÊNCIA. 1. O Sistema Financeiro Nacional é formado por um conjunto de normas que, partindo da Constituições, contém um grande número de dispositivos infralegais, tais como resoluções e circulares. 2. O sistema é também caracterizado pela previsão de regras de delegação de competência para atender à rapidez do mercado e às urgências de situações emergenciais, especialmente em relação ao mercado cambial. 3. Na interpretação das regras do Sistema Financeiro Nacional, deve o intérprete atentar para dois aspectos: manutenção da inviolabilidade do espaço reservado ao Legislativo e flexibilidade com as regras de delegação. 4. A Lei 4.595/64, ao disciplinar o sistema, outorgou ao Conselho Monetário Nacional a competência para baixar as normas de fixação das taxas de câmbio (art. 4º, XXXI), mas também outorgou ao BACEN o monopólio das operações, nos casos de urgência e de desequilíbrio grave para o balanço de pagamento (art. 4º, XVIII). 5. Legalidade da Resolução BACEN que estabeleceu a taxa cambial (art. 11, III). (...)"

[935] V. STF, Ação Direta de Inconstitucionalidade nº 2.591, Tribunal Pleno, Relator: Ministro Carlos Velloso, Relator para Acórdão: Ministro Eros Grau, j. 07.06.2006, DJ 29.09.2006.

[936] A análise de desenho institucional regulatório para os mercados financeiros tem sido acompanhada por categorizações específicas. Otávio Yazbek, por exemplo, faz distinções entre a regulação de condutas, a regulação sistêmica e a regulação prudencial, conforme a posição de Charles Goodhart. Outros autores dividem o estudo do tema no âmbito microeconômico e macroeconômico ou usam outras categorias distintivas (V. YAZBEK, Otávio. *Op. Cit.*, p. 193). Sem prejuízo dos aspectos específicos de desenho institucional para assegurar a estabilidade monetária, a presente obra, quanto à regulação sistêmica financeira propriamente dita, fará uso do desdobramento em: (i) regulação de riscos ou prudencial e (ii) regulação de condutas.

CAPÍTULO 3 - REGULAÇÃO FINANCEIRA SISTÊMICA: FUNDAMENTOS ESPECÍFICOS...

internacional evidencia a inexistência de um modelo de desenho institucional regulatório único, ou seja, os modelos domésticos[937] de desenho institucional regulatório para o mercado financeiro têm sido moldados, historicamente, segundo trajetórias distintas, ligadas às suas respectivas peculiaridades econômicas.[938]

À luz da razão prática regulatória, é realmente difícil escolher um desenho regulatório ideal e atemporal aplicável a todos que seja oriundo de uma racionalidade econômica única,[939] sobretudo porque é da história institucional e da realidade econômica conjuntural que são extraídas as vantagens e desvantagens dos modelos regulatórios possíveis, bem como os custos e benefícios correlatos.

O único consenso regulatório razoavelmente aceitos por todos, devidamente extraído da experiência histórica mundial, é a consagração da estratégia regulatória de centralização dos objetivos institucionais de estabilidade monetária em um Banco Central,[940] enquanto autoridade monetária estatal,

---

[937] A utilização do termo "doméstico" serve ao propósito de incluir a União Europeia no objeto do tópico.
[938] GOODHART, Charles (et.al.). *Financial Regulation*: why, how and where? London: Routledge, 2001, p. 145. V. YAZBEK, Otávio. *Op. Cit.*, p. 200.
[939] Cf. YAZBEK, Otávio. *Op. Cit.*, p. 196.
[940] A propósito das tendências institucionais contemporâneas pertinentes ao objetivo de estabilidade monetária, Camila Villard Duran enumera padrões observados nas experiências mundiais de estruturação e atuação prática dos Bancos Centrais, *in verbis*: "*Atualmente, pode-se observar uma convergência global quanto ao desenho operacional da política monetária. As principais características dessa aproximação são as seguintes: (i) o processo decisório passa a ser sobretudo coletivo, organizado em colegiados ou comitês, em vez de decisões individuais (Blinder, 2004); (ii) a meta operacional quantitativa monetária (controle da expansão dos agregados monetários) é substituída por uma meta de inflação e perseguida, principalmente, pela manipulação e comunicação da taxa de juros no curto prazo, como principal instrumento (Goodfriend, 2007; Begg, 2009); (iii) a política passa a ser formulada com base em projeções futuras (forecast-based), sobrepondo-se ao modelo de política baseado em feedback (Begg, 2009); (iv) no sistema político, a política de estabilização passa a estar em primeiro plano e a política fiscal deve adaptar-se a ela (Goodhart, 2002; Goodfriend, 2007); e (v) a estabilidade monetária passa a ser considerada bem público, uma vez que a inflação seria 'reconhecidamente' fenômeno que provoca perda de bem-estar social (Begg, 2009; Sola et. al., 2002)*" (DURAN, Camila Villard. *A moldura jurídica da política monetária*: um estudo do Bacen, do BCE e do Fed. São Paulo: Saraiva, 2013, p. 66-67).

ainda que tal estratégia comporte variações, tal como ocorre, por exemplo, nos Estados Unidos da América[941] e na União Européia.[942]

Não obstante, no que tange à regulação financeira sistêmica propriamente dita, é possível identificar modelos institucionais de desenho regulatório, articulados, predominantemente, segundo graus de especialização setorial e/ou foco institucional no objetivo de correção de falhas de mercado específicas.[943]

Conforme as propostas mais disseminadas de classificação,[944] pode-se afirmar a existência de quatro modelos institucionais de regulação financeira

---

[941] O *Federal Reserve System (FED)* é composto por doze *Federal Reserve Banks*, que operam a política monetária segundo as diretrizes estabelecidas pelo *Federal Reserve Open Market Commitee (FOMC)*, composto por doze membros. O *FOMC* é integrado pelos sete membros do *Federal Reserve Board* (principal órgão do *FED*), que são escolhidos pelo Presidente norte-americano e aprovados pelo Senado para exercer mandato de catorze anos, sem recondução, além do Presidente do *Federal Reserve Bank of New York* e de quatro presidentes dos demais *Federal Reserve Banks*, que atuam em regime anual de rodízio. O Presidente e o Vice-Presidente do *FED* são nomeados pelo Presidente norte-americano, após aprovação do Senado, para exercer mandato de quatro anos, renováveis até o fim do mandato inicial de catorze anos. A execução prática das operações de *open market* no mercado de títulos públicos norte-americanos é feita pelo *Federal Reserve Bank of New York*.

[942] Segundo o Tratado da União Européia, a execução da política monetária e cambial, além da gestão de reservas cambiais e do sistema de pagamentos na União Européia, é da competência do Sistema Europeu de Bancos Centrais – SEBC (artigos 127.º e 128.º), que, por sua vez, é constituído pelo Banco Central Europeu, cujos órgãos são: (i) o Conselho do Banco Central Europeu e (ii) a Comissão Executiva (art. 129.º). O Conselho do Banco Central Europeu, integrado pelos membros da Comissão Executiva e Presidentes dos Bancos Centrais Nacionais, tem a competência para definir a política monetária da Zona do Euro. A Comissão Executiva possui competências executivas, sobretudo preparar as reuniões do conselho, executar a política monetária e deliberar sobre assuntos administrativos gerais. Os seis membros da Comissão Executiva, inclusive o Presidente e o Vice-Presidente, são escolhidos pelo Conselho Europeu.

[943] Os desenhos regulatórios seguem, em linhas gerais, os três objetivos tradicionais de regulação financeira apontados por Charles Goodhart, quais sejam: (i) o controle de posições dominantes no mercado (regulação e concorrência); (ii) o controle e gestão das externalidades financeiras negativas (estabilidade como bem público e risco sistêmico); e (iii) a proteção do consumidor financeiro, a fim de atenuar assimetrias de informações. V. GOODHART, Charles (et.al.). *Op. Cit.*, p. 4.

[944] Refiro-me às seguintes referências bibliográficas: MARTINS, Guilherme Waldemar d'Oliveira; RODRIGUES, Nuno Cunha. *Sobre o Financiamento das Entidades Reguladoras do Sistema Financeiro em Portugal*. In: MARTÍNEZ, Aurilivi Linares; SADDY, André (coord.). *Estudos sobre Regulação e Crises dos Mercados Financeiros*. Rio de Janeiro: Lumen Juris, 2011, p. 209; FERREIRA, António Pedro A. *O Governo das Sociedades e a Supervisão Bancária* – Interacções e Complementaridades. Lisboa: Quid Juris, 2009, p. 97-98; e YAZBEK, Otávio. *Op. Cit.*, p. 198.

CAPÍTULO 3 - REGULAÇÃO FINANCEIRA SISTÊMICA: FUNDAMENTOS ESPECÍFICOS...

sistêmica em caráter horizontal,[945] a saber: (i) o modelo institucional, especializado, tripartido ou dos três pilares; (ii) o modelo monista, integrado ou universal; (iii) o modelo misto *"twin peaks"*; e (iv) o modelo híbrido-funcional ou objetivo.

O modelo institucional define uma regulação específica para cada um dos setores financeiros tradicionais: o setor bancário, o setor de mercado de capitais e o setor de seguros.[946] O modelo universal centraliza a regulação sistêmica em uma única entidade regulatória.[947] O modelo misto *"twin peaks"* tem a pretensão de segregar, estruturalmente, a regulação a partir de duas óticas: (i) a regulação de riscos ou prudencial e (ii) a regulação de condutas.[948] Por fim, o modelo híbrido-funcional admite a modulação discricionária de desenho regulatório entre reguladores, sem segmentação específica por setor.[949]

---

[945] Diz-se caráter horizontal porque é possível, embora não seja a regra, algum grau de segmentação regulatória vertical no desenho da regulação financeira sistêmica, com fundamento político-institucional no federalismo. O exemplo mais notório dessa possibilidade é a regulação bancária dos Estados Unidos da América, onde a regulação financeira federal e a dos Estados federados convivem (regime dualista sob o aspecto vertical). A propósito, o sistema dualista americano foi inaugurado pelo *National Bank Act*, de 1863, pois, até a Guerra Civil de Secessão norte-americana, só havia bancos estaduais, cf. CARVALHO, Luís Paulo Figueiredo de. *Os Sistemas de Supervisão Prudencial na União Européia*. Coimbra: Almedina, 2003, p. 173.

[946] São exemplos os modelos da China, Hong Kong e México, cf. FERREIRA, António Pedro A. *Op. Cit.*, p. 97. A propósito, Luís Paulo Figueiredo de Carvallho faz referência a estudo de D. Llewellyn feito em 1999, no qual se evidencia que o modelo especializado era adotado pela maioria dos cento e vinte e três países pesquisados. V. CARVALHO, Luís Paulo Figueiredo de P. 45. Trata-se de um modelo mais rígido, que tem desvantagens institucionais para lidar com novos agentes financeiros, inovações financeiras, processos de conglomeração e cenários de arbitragem regulatória, cf. YAZBEK, Otávio. *Op. Cit.*, 197.

[947] São exemplos os modelos da Alemanha, Japão e Reino Unido, cf. FERREIRA, António Pedro A. *Op. Cit.*, p. 98.

[948] São exemplos os modelos da Austrália, Canadá e Holanda, cf. FERREIRA, António Pedro A. *Op. Cit.*, p. 98. O modelo brasileiro se aproxima muito do modelo *"twin peaks"*, em que (i) a regulação prudencial (interação da regulação sistêmica prudencial centralizada – Conselho Monetário Nacional e Banco Central do Brasil – com estruturas setoriais de Supervisão Baseada em Risco – SBR) e (ii) de condutas são os pilares regulatórios.

[949] São exemplos os modelos da França, Itália e Portugal, cf. FERREIRA, António Pedro A. *Op. Cit.*, p. 97. Trata-se de modelo funcional que prestigia a natureza material das operações financeiras em detrimento de setores financeiros específicos. Sua principal desvantagem institucional é a falta de foco na regulação financeira sistêmica, tal como o modelo institucional ou especializado. V. YAZBEK, Otávio. *Op. Cit.*, 197-198.

Atualmente, pode-se dizer que a última crise mundial tem provocado uma tendência clara de centralização institucional regulatória, na medida em que as principais razões do colapso do setor imobiliário *subprime* norte--americano tiveram relação direta com a falta de coordenação institucional regulatória no âmbito doméstico e internacional, o que contribuiu, de forma determinante, para a geração de excessiva arbitragem regulatória em setores financeiros não bancários e falta de foco nos aspectos macroeconômicos da regulação desses setores.[950]

À evidência, existem argumentos favoráveis e contrários à ideia de criação de um único "mega regulador". Além da concentração política de poderes regulatórios em "únicas mãos", uma distribuição interna descoordenada de funções regulatórias pode não compensar, em termos de eficiência administrativa, o abandono da estratégia de descentralização administrativa que justifica a atribuição de autonomia institucional a reguladores com especialização técnica em determinados setores financeiros.[951] Trata-se de um dilema que deve ser submetido à ideia de razão prática regulatória.

Não obstante, a tendência de centralização institucional é inequívoca. A título ilustrativo, na União Europeia, os Ministros de Finanças do bloco comunitário resolveram, em 2012, instituir um "Mecanismo Único de Supervisão" ou *Single Supervisory Mechanism (SSM)* para instituições financeiras com ativos superiores a 30 bilhões de euros ou a 20 por cento do PIB do Estado-membro, com aplicação às demais instituições financeiras quando for reputado conveniente, fortalecendo a atuação institucional de coordenação regulatória do *European Systemic Risk Board (ESRB)*, regulador sistêmico criado em 2010 no âmbito do Banco Central Europeu pelo Parlamento Europeu, auxiliado por um Comitê Consultivo Técnico (*Advisory Technical Committee*), além da criação, em 2012, de um Fundo Europeu de Estabilidade Financeira (*European Financial Stability Facility*) na Zona do Euro.

Sendo assim, o Banco Central Europeu e a Autoridade Bancária Europeia (*European Banking Authority – EBA*) devem assumir o protagonismo no exercício da função de regulação financeira sistêmica prudencial na Zona do Euro.[952]

---

[950] Cf. YAZBEK, Otávio. *Op. Cit.*, 205-206.
[951] Em relação à discussão, v. GOODHART, Charles (et.al.). *Op. Cit.*, p. 151-156.
[952] Fonte: http://expresso.sapo.pt/europa-acorda-supervisao-bancaria-unica=f773549. Acesso em 01.04.2013.

CAPÍTULO 3 – REGULAÇÃO FINANCEIRA SISTÊMICA: FUNDAMENTOS ESPECÍFICOS...

Ademais, a mesma tendência de centralização regulatória ocorreu no âmbito da regulação de condutas, com a criação do *European System of Financial Supervisors – ESFS*.

No Reino Unido, o desenho institucional regulatório foi também redimensionado, com o fortalecimento evidente do Banco da Inglaterra. Após o advento do *Financial Services Act*, de 2012, a estrutura regulatória está consolidada da seguinte forma: (i) o *Financial Policy Committee – FPC*, no âmbito do Banco da Inglaterra, responsável pela regulação financeira sistêmica com foco macroeconômico e prudencial; (ii) a *Prudential Regulation Authority – PRA*, entidade vinculada ao Banco da Inglaterra com competência para a regulação financeira sistêmica com foco microeconômico e prudencial; e (iii) a *Financial Conduct Authority – FCA*, responsável pela regulação de condutas na integridade do sistema financeiro.

Por fim, nos Estados Unidos da América, o *Dodd-Frank Act* determinou a criação do *Financial Stability Oversight Council (FSOC)* como órgão centralizador da regulação financeira sistêmica no país, integrado por representantes de diversos órgãos e entidades públicas, além da instituição, no âmbito do FED, do *Office of Financial Stability Policy and Research*, em 2010, a fim de auxiliar a coordenação da execução da política monetária com o monitoramento da estabilidade financeira sistêmica mundial.

Mais ainda resta falar de um tema de extrema importância sob o ponto de vista do desenho regulatório institucional do sistema financeiro: a questão concorrencial. À evidência, conforme já enfatizado, há um espectro de complementaridade entre regulação e concorrência que é definido pela tensão de dois dilemas regulatórios: (i) poder de mercado *versus* concorrência e (ii) estabilidade *versus* eficiência.

Por um lado, se a concorrência tende a ser mais eficiente em gerar produtos e serviços financeiros mais acessíveis e baratos, por outro lado, a regulação deve cumprir seu papel de coordenação coletiva de processos cada vez mais transparentes de formação de preços nos mercados financeiros, a fim de evitar que a assunção excessiva de riscos pelos agentes financeiros comprometa a integridade do sistema financeiro, o que não impede, por exemplo, uma decisão política conjuntural de aumento de intensidade regulatória sistêmica, que, em termos concorrenciais, aumenta as barreiras à entrada e incentiva processos de concentração de mercado mediante fusões e aquisições.

Nessa discussão, o certo é que os modelos regulatórios em prol da concorrência têm assumido desenhos institucionais variados,[953] sem que haja, claramente, uma tendência de prevalência institucional da regulação financeira setorial em relação à autoridade reguladora concorrencial,[954] o que evidencia a inexistência de um modelo único ideal.

Quanto ao protagonismo institucional da regulação setorial, ela se fundamenta na sua natureza continuada no tempo, conjugada com uma maior *expertise* técnica de seus quadros de pessoal a respeito das peculiaridades conjunturais setoriais. Nesse sentido, a ação dinâmica, sistêmica e preventiva (*ex ante*) própria da regulação setorial revela-se, em tese, mais vantajosa do que soluções essencialmente tópicas e *ex post facto* próprias da atuação das instituições de defesa da concorrência.[955]

Entretanto, isso não prejudica propostas institucionais de colaboração mútua entre o regulador financeiro setorial e a autoridade reguladora da concorrência – e que têm sido aplicadas em alguns países –, a despeito dos riscos de sobreposição e conflito de competências, que impõem a necessidade de articulação normativa clara da função de cada uma das instituições com vistas a que as vantagens resultantes de uma atuação complementar coordenada traga um melhor resultado regulatório.[956]

---

[953] A propósito do assunto, mostra-se importante mencionar resultado de estudo específico, *in verbis*: "*Os modelos de repartição de competências têm variado ao longo do tempo, de sector para sector e de país para país. Vão desde a delegação nas autoridades reguladoras sectoriais de uma parte significativa da responsabilidade pela política da concorrência, como acontece no Reino Unido, à centralização de todas as competências de regulação e concorrência na autoridade da concorrência, como é o caso da Austrália e da Noruega e, em boa medida, da Holanda, passando por um outro modelo em que a legislação da concorrência é aplicada, exclusivamente, pela autoridade da concorrência, enquanto às autoridades reguladoras sectoriais compete a regulação técnica e económica dos respectivos sectores, como acontece em Espanha e em França*" (MARQUES, Maria Manuel Leitão; ALMEIDA, João Paulo Simões de; FORTE, André Matos. *Concorrência e regulação (a relação entre a autoridade da concorrência e as autoridades de regulação sectorial)*. Coimbra: Coimbra, 2005, p. 24).

[954] Cf. YAZBEK, Otávio. *Op. Cit.*, p. 208-209.

[955] Cf. MARQUES, Maria Manuel Leitão; ALMEIDA, João Paulo Simões de; FORTE, André Matos. *Op. Cit*, p. 20-22.

[956] Os riscos de coordenação inadequada de competências são descritos a seguir, *in verbis*: "*A possibilidade de sobreposição de competências suscita problemas como os da existência de mais do que um controlo sobre o mesmo tipo de práticas, em vez de um 'balcão único' ("one stop shop"); da possibilidade de escolha do regulador mais favorável ("forum shopping"); da inconsistência na aplicação das regras da concorrência quando são aplicadas por autoridades diferentes; da incompatibilidade de objectivos (as*

Em suma, a ideia de razão prática regulatória permite que o desenho institucional seja flexível e eficiente ao propósito de se estabelecer regras claras e transparentes de coordenação de competências, com ênfase simultânea na regulação de condutas e de aspectos sistêmicos, sem se descuidar da defesa da concorrência.

A título exemplificativo, o modelo institucional regulatório da Austrália é frequentemente mencionado como um dos modelos mais bem sucedidos, eis que, desde 1998, instituiu-se um um regulador sistêmico (*Australian Prudential Regulation Authority*), um regulador de proteção ao consumidor financeiro (*Australian Securities and Investment Commission*), um Banco Central (*Reserve Bank of Australia*) e uma autoridade concorrencial, com atuação complementar sobre a regulação financeira sistêmica (*Australian Competition and Consumer commission*). Tal assunto será retomado no último tópico do capítulo, quando serão feitas propostas de aperfeiçoamento do desenho institucional regulatório brasileiro.

Dito isso, passa-se a analisar o desenho regulatório institucional do Sistema Financeiro Nacional com ênfase nos seguintes aspectos: (i) fundamento normativo de competência e autonomia normativa; (ii) estrutura administrativa e formas de interação com os demais integrantes do sistema; (iii) modo de escolha dos dirigentes e autonomia decisional; (iv) grau de participação social; (v) motivação e transparência procedimental para a tomada de decisões regulatórias; e (v) acessibilidade de informações através da *internet*.

3.3.1 – Conselho Monetário Nacional (CMN)

O Conselho Monetário Nacional (CMN) é a instituição mais importante à regulação financeira sistêmica no Brasil. Trata-se de órgão do Ministério da Fazenda,[957] dotado de funções normativas, responsável pela formulação das

---

autoridades reguladoras sectoriais podem estar demasiado vocacionadas para regular e não para maximizar a concorrência); das dificuldades da autoridade da concorrência para decidir em certas questões mais complexas do ponto de vista técnico devido à falta de informação e competência especializadas para esse efeito" (MARQUES, Maria Manuel Leitão; ALMEIDA, João Paulo Simões de; FORTE, André Matos. *Op. Cit*, p. 23).

[957] Vide art. 2º, III, "a", do Decreto nº 7.482, de 2011.

políticas públicas relativas ao estabelecimento de diretrizes regulatórias sobre moeda, crédito e câmbio, segundo orientações da Presidência da República.[958]

Enfim, trata-se do núcleo institucional de coordenação sistêmica da gestão pública de questões monetárias, financeiras propriamente ditas, fiscais e orçamentárias do país, em articulação com os demais Ministérios da Administração Pública Federal,[959] o que o qualifica como instituição central responsável pela concretização do ideal de estabilidade financeira sustentável ao longo do tempo no Brasil.[960]

Para se ter uma ideia da importância do Conselho Monetário Nacional, através de suas Resoluções são fixadas: (i) as Metas Anuais para a Inflação que devem ser buscadas pelo Banco Central do Brasil no exercício da política monetária, segundo o Índice Nacional de Preços ao Consumidor Amplo

---

[958] Conforme o *caput* do art. 4º da Lei nº 4.595, de 1964. A propósito, é da competência constitucional da União dispor sobre política monetária, cambial e financeira, que inclui, textualmente, o setor bancário, de seguros e previdência privada, conforme os arts. 21, incisos VII e VIII, e 22, incisos VI, VII e XIX da Constituição brasileira de 1988.

[959] Por exemplo, o BNDES não está vinculado ao Ministério da Fazenda, mas ao Ministério do Desenvolvimento, Indústria e Comércio Exterior (MDIC). Outro exemplo é o da regulação financeira exercida sobre as entidades fechadas de previdência complementar (fundos de pensão), que está sujeita à esfera de competências do Ministério da Previdência Social (MPS), notadamente pela atuação do Conselho Nacional de Previdência Complementar (CNPC) e sem prejuízo da Superintendência Nacional de Previdência Complementar (PREVIC).

[960] Os principais fundamentos normativos de atuação do Conselho Monetário Nacional estão arrolados no art. 3º da Lei nº 4.595, de 1964, cujo texto normativo é o seguinte, *in verbis*: "Art. 3º A política do Conselho Monetário Nacional objetivará: I – Adaptar o volume dos meios de pagamento ás reais necessidades da economia nacional e seu processo de desenvolvimento; II – Regular o valor interno da moeda, para tanto prevenindo ou corrigindo os surtos inflacionários ou deflacionários de origem interna ou externa, as depressões econômicas e outros desequilíbrios oriundos de fenômenos conjunturais; III – Regular o valor externo da moeda e o equilíbrio no balanço de pagamento do País, tendo em vista a melhor utilização dos recursos em moeda estrangeira; IV – Orientar a aplicação dos recursos das instituições financeiras, quer públicas, quer privadas; tendo em vista propiciar, nas diferentes regiões do País, condições favoráveis ao desenvolvimento harmônico da economia nacional; V – Propiciar o aperfeiçoamento das instituições e dos instrumentos financeiros, com vistas à maior eficiência do sistema de pagamentos e de mobilização de recursos; VI – Zelar pela liquidez e solvência das instituições financeiras; VII – Coordenar as políticas monetária, creditícia, orçamentária, fiscal e da dívida pública, interna e externa".

CAPÍTULO 3 – REGULAÇÃO FINANCEIRA SISTÊMICA: FUNDAMENTOS ESPECÍFICOS...

(IPCA) calculado pelo IBGE;[961] (ii) o regime cambial oficial;[962] (iii) o percentual da Taxa de Juros de Longo Prazo (TJLP),[963] que constitui o parâmetro institucional de concessão de financiamentos pelo BNDES e pode servir de lastro para captações dos bancos públicos perante o Tesouro Nacional; (iv) as diretrizes de regulação financeira sistêmica propriamente dita, inclusive mediante integração normativa dos padrões regulatórios internacionais; e (v) assuntos afetos a programas oficiais específicos de financiamento público de atividades consideradas socialmente relevantes ou fundos públicos oficiais.

A composição do CMN variou intensamente ao longo de sua história.[964] Atualmente, ele é composto pelo Ministro de Estado da Fazenda (Presidente), Ministro de Estado do Planejamento, Orçamento e Gestão

---

[961] Para os anos de 2013, 2014, 2015 e 2016, as Resoluções nº 3.991, de 2011, 4.095, de 2012, 4.237, de 2013, e 4.345, de 2014, do Conselho Monetário Nacional, estipularam a meta anual de inflação em 4,5%, medida segundo o IPCA, com intervalos de flutuação (bandas) em 2% (2,5% – 6,5%).

[962] Com o advento da Resolução nº 2.927 do Conselho Monetário Nacional, de 2002, revogou-se, expressamente, a Resolução nº 2.234 do Conselho Monetário Nacional, de 1996, que disciplinava o regime cambial anterior com limites de taxas de flutuação (bandas cambiais). A abolição desse regime foi objeto do Comunicado nº 6.565, de 18 de janeiro de 1999, editado pelo Diretor de Assuntos Internacionais do Banco Central do Brasil, aplicando-se, a partir de então, o regime de câmbio flutuante.

[963] O regime de definição da Taxa de Juros de Longo Prazo (TJLP) segue a disciplina da Lei nº 9.365, de 1996, com modificações posteriores pela Lei nº 10.183, de 2001. Segundo o art. 1º, a TJLP é definida trimestralmente pelo Conselho Monetário Nacional e é calculada com base na meta de inflação fixada pelo Conselho Monetário Nacional e em um prêmio de risco arbitrado, que segue a lógica do "Risco-brasil". As últimas Resoluções do Conselho Monetário Nacional sobre o assunto tem fixado a TJLP, sistematicamente, em 5% ao ano, mas a última Resolução a tratar do assunto (Resolução nº 4.394 do Conselho Monetário Nacional, do final de 2014) a fixou em 5,5% ao ano.

[964] Inicialmente, nos termos do art. 6º da Lei nº 4.595, de 1964, o Conselho Monetário Nacional foi integrado pelos seguintes membros: (i) Ministro da Fazenda (Presidente); (ii) Presidente do Banco do Brasil S.A; (iii) Presidente do Banco Nacional do Desenvolvimento Econômico; e (iv) seis (6) membros nomeados pelo Presidente da República, após aprovação do Senado Federal, escolhidos entre brasileiros de ilibada reputação e notória capacidade em assuntos econômicos e financeiros, com mandato de seis (6) anos, podendo ser reconduzidos. Após uma sucessão de modificações na composição (Lei nº 5.362, de 1967, Decreto nº 65.769, de 1969, Decreto nº 71.097, de 1972, Lei nº 6.045, de 1974, Lei nº 6.385, de 1976, Decreto nº 83.323, de 1979, Decreto nº 85.776, de 1981, Decreto nº 88.025, de 1983, Decreto nº 89.978, de 1984, Decreto nº 91.185, de 1985, Decreto nº 93.490, de 1986, Decreto nº 94.303, de 1987, Decreto nº 99.207, de 1990, Lei nº 8.056, de 1990, Lei nº 8.422, de 1992, Lei nº 8.646, de 1993), a atual composição do CMN se fundamenta no art. 8° da Lei nº 9.069, de 1995.

e Ministro-Presidente do Banco Central do Brasil, sendo os últimos na qualidade de Conselheiros (art. 8º da Lei nº 9.069, de 1995, e art. 9º do Regimento Interno),[965] com direito de voto.

Assim, hoje, o CMN é integrado, exclusivamente, por Ministros nomeados pelo Presidente da República, com a possibilidade de exoneração *ad nutum*, nos termos do inciso I do art. 84 da Constituição brasileira de 1988.

Nas sessões, embora não tenham direito de voto, participam os membros da Comissão Técnica da Moeda e do Crédito (COMOC),[966] os Diretores de Administração e Fiscalização do Banco Central do Brasil,[967] os representantes de Comissões Consultivas do CMN, se convocados pelo Presidente,[968] com eventual presença de outros Ministros de Estado quando convidados,[969] ou representantes da sociedade civil.[970]

Os serviços de Secretaria-Executiva do CMN são realizados pelo Banco Central do Brasil, que organiza e faz a assessoria nas sessões deliberativas, segundo a pauta definida pelo Presidente do CMN[971] conforme as propostas de Resolução apresentadas pelos Conselheiros na forma de voto.[972] A pauta é confidencial.[973]

As sessões ordinárias do CMN são realizadas mensalmente, sem prejuízo da possibilidade de designação de sessões extraordinárias,[974] sendo os resultados efetivos das deliberações externados, via de regra, através de Resoluções, aprovadas segundo o *quórum* de maioria de votos, com a prerrogativa de decisão monocrática do Presidente em casos urgentes, *ad referendum* dos demais membros.[975]

---

[965] O Regimento Interno do CMN está disciplinado no Decreto nº 1.307, de 1994, alterado pelo Decreto nº 1.649, de 1995.
[966] Vide art. 16, II, do Regimento Interno do CMN.
[967] Vide art. 16, III, do Regimento Interno do CMN.
[968] Vide art. 16, IV, do Regimento Interno do CMN.
[969] Vide art. 8º, §3º, da Lei nº 9.069, de 1995.
[970] Vide art. 8º, VII, do Regimento Interno do CMN.
[971] Vide art. 8º, §5º, da Lei nº 9.069, de 1995. Vide 8º, I, do Regimento Interno do CMN.
[972] Vide 9º, I, do Regimento Interno do CMN. Conforme o Regimento Interno, as propostas devem estar acompanhadas das justificativas da proposição e minuta da respectiva Resolução, se for o caso (art. 17), com manifestação prévia da COMOC (art. 18) e indicação das fontes de custeio em propostas com impactos financeiros (art. 19).
[973] Vide art. 12, III, do Regimento Interno do CMN.
[974] Vide art. 8º, §4º, da Lei nº 9.069, de 1995.
[975] Vide art. 8º, §§1º e 2º, da Lei nº 9.069, de 1995.

CAPÍTULO 3 - REGULAÇÃO FINANCEIRA SISTÊMICA: FUNDAMENTOS ESPECÍFICOS...

As decisões de natureza normativa são divulgadas através de Resoluções assinadas pelo Ministro-Presidente do Banco Central do Brasil, disponibilizadas no Sistema de Informações do Banco Central do Brasil (Sisbacen) e publicadas no Diário Oficial da União,[976] com consulta do inteiro teor disponibilizada no sítio eletrônico do Banco Central do Brasil. As atas das sessões do CMN são também publicadas, com o resumo dos assuntos discutidos e excluídos os temas de caráter confidencial.[977]

No âmbito do CMN, funciona a Comissão Técnica da Moeda e do Crédito (COMOC),[978] composta dos seguintes membros: (i) Ministro-Presidente e quatro Diretores do Banco Central do Brasil por ele escolhidos; (ii) Presidente da Comissão de Valores Mobiliários; (iii) Secretário-Executivo do Ministério do Planejamento, Orçamento e Gestão; e (iv) Secretário-Executivo e Secretários do Tesouro Nacional e de Política Econômica do Ministério da Fazenda.

A gestão da COMOC é realizada pelo Ministro-Presidente do Banco Central do Brasil e os serviços de Secretaria-Executiva do COMOC são realizados, também, pelo Banco Central do Brasil, conforme o Regimento Interno da COMOC.[979]

A COMOC exerce função de assessoria ao CMN, com poderes para propor Resoluções e de manifestação sobre as matérias de competência do Conselho Monetário Nacional.[980] As reuniões da COMOC realizam-se mensalmente, com possibilidade de reunião extraordinária e *quorum* mínimo de instalação de metade dos membros.[981] As reuniões têm caráter reservado.[982] As decisões estão sujeitas ao *quorum* de maioria de votos.[983] Não há previsão regimental de publicação das atas das reuniões.

---

[976] Vide art. 30 do Regimento Interno do CMN.
[977] Vide art. 32 e 33 do Regimento Interno do CMN.
[978] Art. 9º da Lei nº 9.069, de 1995.
[979] Vide art. 4º do Regimento Interno da COMOC (Decreto nº 1.304, de 1994, alterado pelo Decreto nº 1.650, de 1995 e Decreto nº 6.333, de 2007). As propostas de assuntos para as reuniões da COMOC, entregues na Secretaria-Executiva, devem estar acompanhadas com as justificativas das proposições e minutas, se for o caso (art. 14 do Regimento Interno da COMOC). A submissão de propostas segue rito muito similar ao aplicado no âmbito do CMN.
[980] Art. 10 da Lei nº 9.069, de 1995, e art. 5º do Regimento Interno da COMOC.
[981] Vide art. 9º do Regimento Interno da COMOC.
[982] Vide art. 11 do Regimento Interno da COMOC.
[983] Vide art. 23 do Regimento Interno da COMOC.

Além da COMOC, funcionam junto ao CMN sete Comissões Consultivas: (i) de Normas e Organização do Sistema Financeiro; (ii) de Mercado de Valores Mobiliários e de Futuros; (iii) de Crédito Rural; (iv) de Crédito Industrial; (v) de Crédito Habitacional, e para Saneamento e Infra-Estrutura Urbana; (vi) de Endividamento Público; (vii) de Política Monetária e Cambial.[984]

Digno de nota é o fato de que as informações sobre o CMN são escassas, defasadas ou insuficientes no sítio eletrônico do Ministério da Fazenda e mais acessíveis somente no sítio eletrônico do Banco Central do Brasil. Ademais, percebe-se que o grau de confidencialidade das deliberações no âmbito do CMN é um traço institucional marcante, eis que somente se dá publicidade ao resultado de algumas deliberações, notadamente o conteúdo das Resoluções. Por fim, o grau de participação social nas deliberações do CMN é muito baixo e a única forma de interação social nas reuniões ocorre mediante convites formais para mera participação, sem direito a voto.

3.3.1.1 – Banco Central do Brasil

O Banco Central do Brasil foi instituído pelo art. 8º da Lei nº 4.595, de 1964, em substituição à Superintendência da Moeda e do Crédito (SUMOC), originariamente, como autarquia vinculada ao Ministério da Fazenda.[985]

A fundamentação normativa primária de atribuição de competências privativas ao Banco Central do Brasil encontra-se, sem adequada sistematização legal, nas disposições dos arts. 10 e 11 da Lei nº 4.595, de 1964, cuja atuação prática deve buscar conformidade com as diretrizes normativas estabelecidas pelo Conselho Monetário Nacional, nos termos do art. 9º da Lei nº 4.595, de 1964. Aliás, o Banco Central do Brasil atua como Secretaria-Executiva do Conselho Monetário Nacional, de acordo com o §5º do art. 8º da Lei nº 9.069, de 1995.

---

[984] Art. 11 da Lei nº 9.069, de 1995.

[985] Com o advento da Lei nº 11.036, de 2004, o Presidente do Banco Central do Brasil adquiriu o *status* de Ministro de Estado, ou seja, a vinculação da autarquia ao Ministro de Estado de Fazenda está formalmente esvaziada, pois ambos são Ministros auxiliares do Presidente da República (arts. 76, 87 e 88 da Constituição brasileira de 1988).

CAPÍTULO 3 – REGULAÇÃO FINANCEIRA SISTÊMICA: FUNDAMENTOS ESPECÍFICOS...

A propósito, as competências do Banco Central do Brasil podem ser sintetizadas da seguinte maneira: (i) execução da política monetária (operações de redesconto, exigências de depósitos compulsórios e operações de *open market*); (ii) prestação do serviço de meio circulante; (iii) tutela sistêmica das infraestruturas financeiras de mercado, essencialmente da integridade do Sistema de Pagamentos Brasileiro (SPB); (iv) gestor da política cambial, além do controle de entrada e saída de capitais externos e gestão financeira das reservas internacionais; (v) assessoria financeira do governo; e (vi) regulação sistêmica de entrada, funcionamento e saída das instituições autorizadas a funcionar pela autarquia, especialmente os conglomerados financeiros ou bancos múltiplos, com foco no controle do risco sistêmico, em atenção ao ideal de estabilidade financeira sustentável ao longo do tempo.

Devido à sua imensa importância sistêmica, o Banco Central do Brasil tem o dever semestral de prestação pública de contas perante o Congresso Nacional quanto ao desempenho institucional da política monetária, de crédito e cambial, medida em termos de impacto, custo fiscal e resultados contábeis.[986]

---

[986] Tal regra está prevista, expressamente, no §5° do art. 9° da Lei Complementar n° 101, de 2000, *in verbis*: "No prazo de noventa dias após o encerramento de cada semestre, o Banco Central do Brasil apresentará, em reunião conjunta das comissões temáticas pertinentes do Congresso Nacional, avaliação do cumprimento dos objetivos e metas das políticas monetária, creditícia e cambial, evidenciando o impacto e o custo fiscal de suas operações e os resultados demonstrados nos balanços". A propósito do tema, a disciplina básica dos resultados financeiros do Banco Central do Brasil está disposta no art. 7° da referida lei, *in verbis*: "Art. 7° O resultado do Banco Central do Brasil, apurado após a constituição ou reversão de reservas, constitui receita do Tesouro Nacional, e será transferido até o décimo dia útil subsequente à aprovação dos balanços semestrais. § 1° O resultado negativo constituirá obrigação do Tesouro para com o Banco Central do Brasil e será consignado em dotação específica no orçamento. § 2° O impacto e o custo fiscal das operações realizadas pelo Banco Central do Brasil serão demonstrados trimestralmente, nos termos em que dispuser a lei de diretrizes orçamentárias da União. § 3° Os balanços trimestrais do Banco Central do Brasil conterão notas explicativas sobre os custos da remuneração das disponibilidades do Tesouro Nacional e da manutenção das reservas cambiais e a rentabilidade de sua carteira de títulos, destacando os de emissão da União". Por fim, vale ressaltar que a emissão direta de títulos públicos pelo Banco Central do Brasil foi vedada pelo art. 34 da Lei Complementar n° 101, de 2000, "a partir de dois anos após a publicação desta Lei Complementar", de modo que a execução da política monetária deve ser conduzida, essencialmente, através de operações com títulos de dívida pública federal interna emitidos pelo Tesouro Nacional. Essa é a regra que se extrai do art. 39 da referida lei complementar, que também merece transcrição a seguir: "Art. 39. Nas suas relações com ente da Federação, o Banco Central do Brasil está sujeito às vedações constantes do art. 35 e mais

A composição da Diretoria Colegiada do Banco Central do Brasil foi alterada ao longo dos anos. Atualmente, nos termos do Decreto nº 91.961, de 1985, e do Novo Regimento Interno do Banco Central do Brasil, de 2015,[987] ela é integrada pelo Presidente e oito Diretores, todos escolhidos pelo Presidente da República dentre brasileiros de reputação ilibada e notória capacidade em assuntos econômico-financeiros, nomeados após aprovação prévia do Senado Federal, por voto secreto, após argüição pública, nos termos da Constituição brasileira de 1988,[988] sendo exoneráveis *ad nutum*.[989]

As reuniões ordinárias da Diretoria Colegiada do Banco Central do Brasil ocorrem uma vez por semana, sendo possível a convocação de reuniões extraordinárias, com o *quorum* de instalação de metade dos Diretores e do Presidente e *quorum* de votação de maioria simples.[990]

Dentre as diversas competências do Banco Central do Brasil exercidas pela Diretoria Colegiada, cabe destacar, em termos político-institucionais, as seguintes: (i) quanto à política monetária: o estabelecimento da meta para a taxa

---

às seguintes: I – compra de título da dívida, na data de sua colocação no mercado, ressalvado o disposto no § 2º deste artigo; II – permuta, ainda que temporária, por intermédio de instituição financeira ou não, de título da dívida de ente da Federação por título da dívida pública federal, bem como a operação de compra e venda, a termo, daquele título, cujo efeito final seja semelhante à permuta; III – concessão de garantia. § 1º O disposto no inciso II, *in fine*, não se aplica ao estoque de Letras do Banco Central do Brasil, Série Especial, existente na carteira das instituições financeiras, que pode ser refinanciado mediante novas operações de venda a termo. § 2º O Banco Central do Brasil só poderá comprar diretamente títulos emitidos pela União para refinanciar a dívida mobiliária federal que estiver vencendo na sua carteira. § 3º A operação mencionada no § 2º deverá ser realizada à taxa média e condições alcançadas no dia, em leilão público. § 4º É vedado ao Tesouro Nacional adquirir títulos da dívida pública federal existentes na carteira do Banco Central do Brasil, ainda que com cláusula de reversão, salvo para reduzir a dívida mobiliária".

[987] O Novo Regimento Interno do Banco Central do Brasil foi instituído pela Portaria nº 84.287 e publicado em 27 de fevereiro de 2015, substituindo o Anexo da Portaria nº 29.971 do Banco Central do Brasil, de 2005.

[988] Vide art. 52, III, "d", da Constituição brasileira de 1988.

[989] Vide art. 5º, *in fine*, do Regimento Interno do Banco Central do Brasil. É curioso notar que a redação originária do inciso IV do art. 6º e do art. 14 da Lei nº 4.595, de 1964, bem como a redação dada pela Lei nº 5.362, de 1967, aos mesmos preceitos normativos, continham previsão de mandato ao Presidente e aos Diretores do Banco Central do Brasil de seis anos e sete anos, respectivamente, permitida a recondução.

[990] Vide art. 7º do Regimento Interno do Banco Central do Brasil.

CAPÍTULO 3 – REGULAÇÃO FINANCEIRA SISTÊMICA: FUNDAMENTOS ESPECÍFICOS...

SELIC, no âmbito do Comitê de Política Monetária (COPOM);[991] (ii) quanto à regulação financeira sistêmica propriamente dita: execução das diretrizes normativas estabelecidas nas Resoluções editadas pelo Conselho Monetário Nacional,[992] com ênfase especial na atuação do Comitê de Estabilidade Financeira (COMEF); (iii) quanto à assessoria do governo: deliberação sobre anteprojetos de lei e minutas de medidas provisórias, decretos, regulamentos e outros atos normativos relevantes à regulação financeira sistêmica.[993]

Adicionalmente, incumbe à Diretoria Colegiada do Banco Central do Brasil submeter questões importantes ao Conselho Monetário Nacional, a saber: (i) as solicitações de instalação no País de novas agências de instituições financeiras domiciliadas no exterior, bem como pedidos de cancelamento das autorizações concedidas, pedidos relativos à participação estrangeira no capital de instituições financeiras e demais instituições autorizadas a funcionar pelo Banco Central, em funcionamento ou em constituição, quando necessária autorização do Presidente da República, ou propostas de cancelamento de autorização para funcionamento, no país, de filial de instituição financeira estrangeira, nos termos art. 52 do Ato de Disposições Constitucionais Transitórias da Constituição brasileira de 1988;[994] (ii) as propostas de atos normativos relativos ao aprimoramento da regulação financeira sistêmica na esfera de competência do Banco Central do Brasil;[995] (iii) os balanços da autarquia, bem como propostas orçamentárias referentes a receitas e encargos das operações de política monetária;[996] (iv) as características de cédulas e moedas e as respectivas datas de lançamento para circulação;[997] (v) as alterações no Regimento Interno do Banco Central;[998] (vi) o processo de prestação de contas anual do Ministro-Presidente do Banco Central ao Tribunal de Contas da União (TCU);[999] e (vii) as propostas para a fixação das Taxas de Juros de Longo Prazo (TJLP).[1000]

---

[991] Vide art. 11, I, do Regimento Interno do Banco Central do Brasil.
[992] Vide art. 11, III, "a" a "c", do Regimento Interno do Banco Central do Brasil.
[993] Vide art. 11, IV, "a" e "b", do Regimento Interno do Banco Central do Brasil.
[994] Vide art. 11, V, do Regimento Interno do Banco Central do Brasil.
[995] Vide art. 11, V, "c", do Regimento Interno do Banco Central do Brasil.
[996] Vide art. 11, V, "e" e "f", do Regimento Interno do Banco Central do Brasil.
[997] Vide art. 11, V, "g", do Regimento Interno do Banco Central do Brasil.
[998] Vide art. 11, V, "h", do Regimento Interno do Banco Central do Brasil.
[999] Vide art. 11, V, "i", do Regimento Interno do Banco Central do Brasil.
[1000] Vide art. 11, V, "j", do Regimento Interno do Banco Central do Brasil.

No que diz respeito às instituições financeiras submetidas à esfera de competência regulatória do Banco Central do Brasil, nos termos do art. 18 da Lei nº 4.595, de 1964,[1001] é importante frisar que o direito positivo brasileiro não possui uma definição precisa do que seja uma instituição financeira, pois a amplitude semântica do conteúdo da prescrição normativa do art. 17 da Lei nº 4.595, de 1964,[1002] que estabelece os critérios para a caracterização de uma instituição financeira sujeita à regulação pelo Banco Central do Brasil, gera dúvidas interpretativas desde a sua edição.

Em relação ao ponto, predomina o entendimento de que se deve buscar uma análise jurídica finalística ou funcional do artigo sob exame para afirmar que as instituições financeiras estão caracterizadas quando preenchidos os elementos cumulativos da: (i) captação pública de recursos, (ii) repasse desses recursos a terceiros, (iii) intenção de lucro e (iv) habitualidade.[1003]

[1001] Dispõe o *caput* do art. 18 da Lei nº 4.595, de 1964, que as instituições financeiras estão sujeitas à prévia autorização do Banco Central do Brasil para funcionar, ou a decreto editado pelo Poder Executivo, quando forem estrangeiras. Em termos enunciativos, o §1º do referido dispositivo normativo faz alusão prescritiva aos estabelecimentos bancários oficiais ou privados, sociedades de crédito, financiamento e de investimentos, caixas econômicas e cooperativas de crédito.

[1002] Devido à amplitude e desfuncionalidade da definição legal de instituição financeira, Jairo Saddi chega a sustentar que "temos que aceitar" sua redação, cf. SADDI, Jairo. *Crise e Regulação Bancária*. São Paulo: Textonovo, 2001, p. 18. A redação do dispositivo em comento é a seguinte, *in verbis*: "Art. 17. Consideram-se instituições financeiras, para os efeitos da legislação em vigor, as pessoas jurídicas públicas ou privadas, que tenham como atividade principal ou acessória a coleta, intermediação ou aplicação de recursos financeiros próprios ou de terceiros, em moeda nacional ou estrangeira, e a custódia de valor de propriedade de terceiros. Parágrafo único. Para os efeitos desta lei e da legislação em vigor, equiparam-se às instituições financeiras as pessoas físicas que exerçam qualquer das atividades referidas neste artigo, de forma permanente ou eventual". A definição penal de instituição financeira também é demasiadamente ampla. Dispõe o art. 1º da Lei nº 7.492, de 1986, que trata dos crimes contra o Sistema Financeiro Nacional, *in verbis*: "Art. 1º Considera-se instituição financeira, para efeito desta lei, a pessoa jurídica de direito público ou privado, que tenha como atividade principal ou acessória, cumulativamente ou não, a captação, intermediação ou aplicação de recursos financeiros de terceiros, em moeda nacional ou estrangeira, ou a custódia, emissão, distribuição, negociação, intermediação ou administração de valores mobiliários. Parágrafo único. Equipara-se à instituição financeira: I – a pessoa jurídica que capte ou administre seguros, câmbio, consórcio, capitalização ou qualquer tipo de poupança, ou recursos de terceiros; II – a pessoa natural que exerça quaisquer das atividades referidas neste artigo, ainda que de forma eventual".

[1003] Segundo Eduardo Salomão Neto, a definição desses elementos é resultado de intensa discussão doutrinária e jurisprudencial a respeito do tema, com a prevalência da interpretação

CAPÍTULO 3 – REGULAÇÃO FINANCEIRA SISTÊMICA: FUNDAMENTOS ESPECÍFICOS...

Assim, o art. 17 da Lei nº 4.595, de 1964 serve como elemento normativo de referência para fins de delimitação material da competência administrativa pelo próprio Banco Central do Brasil, embora fosse recomendável um regime jurídico-legal de atribuição de competência regulatória mais claro.

A título ilustrativo, mostra-se importante mencionar a existência de projetos de Lei Complementar, em trâmite conjunto no Congresso Nacional, destinados a equiparar à instituição financeira: (i) as administradoras de cartão de crédito[1004] e (ii) as sociedades de fomento mercantil ou *factoring*,[1005] com o propósito de alterar a redação do art. 17 da Lei nº 4.595, de 1964, para inclui-las, formalmente, no rol de instituições reguladas pelo Banco Central do Brasil, eis que a autarquia não as reconhece, materialmente, como instituições financeiras.[1006]

---

teleológica ou finalística do dispositivo. Assim, em suas palavras, uma instituição financeira está caracterizada quando há: *"(i) a captação de recursos de terceiros em nome próprio, (ii) seguida de repasse financeiro através de operação de mútuo, (iii) com o intuito de auferir lucro derivado da maior remuneração dos recursos repassados em relação à dos recursos coletados, (iv) desde que a captação seguida de repasse se realize em caráter habitual"* (SALOMÃO NETO, Eduardo. *Direito Bancário*. São Paulo: Atlas, 2007, p. 27).

[1004] Trata-se do PLP n° 106, de 2007, de iniciativa da Comissão de Legislação Participativa (Fonte: http://www.camara.gov.br/proposicoesWeb/fichadetramitacao?idProposicao=366541), e PLP n° 392, de 2008, de iniciativa do Deputado Federal Vital do Rêgo Filho (PMDB/PB) (http://www.camara.gov.br/proposicoesWeb/fichadetramitacao?idProposicao=405642), que tramita em apenso. Acesso em 31.08.2014.

[1005] PLP n° 112, de 2007, de autoria e iniciativa do Deputado Federal Jovair Arantes (PTB/GO). Fonte: http://www.camara.gov.br/proposicoesWeb/fichadetramitacao?idProposicao=368138. Acesso em 31.08.2014. Quanto ao tema, é interessante consignar que a Resolução n° 2.144 do Conselho Monetário Nacional, de 1995, foi editada, especificamente, para informar que as operações de fomento mercantil ou *factoring* não são operações típicas de instituições financeiras, nos termos do art 17 da Lei n°4.595, de 1964.

[1006] As instituições submetidas à competência regulatória do Banco Central do Brasil são, basicamente, as seguintes: (i) bancos múltiplos; (ii) bancos comerciais; (iii) Caixa Econômica Federal; (iv) cooperativas de crédito; (v) bancos de desenvolvimento; (vi) bancos de investimento; (vii) bancos de câmbio; (viii) sociedades de crédito, financiamento e investimento; (ix) sociedades corretoras de títulos e valores mobiliários; (x) sociedades corretoras de câmbio; (x) sociedades distribuidoras de títulos e valores mobiliários; (xi) sociedades de arrendamento mercantil; (xii) sociedades de crédito imobiliário; (xiii) associações de poupança e empréstimo; (xiv) sociedades de crédito ao microempreendedor e à empresa de pequeno porte; (xv) agências de fomento; (xvi) companhias hipotecárias; e (xvii) cooperativas de crédito. As sociedades administradoras de consórcio estão submetidas à esfera de

Enfim, essas são as características institucionais principais do Banco Central do Brasil. Conforme se pode inferir dos objetivos institucionais acima descritos, segundo o desenho institucional regulatório brasileiro, o Banco Central do Brasil reúne competências regulatórias voltadas à promoção coordenada da estabilidade monetária e da regulação financeira sistêmica do Brasil, de acordo com as diretrizes legais extraídas, principalmente, das Leis de nº 4.595, de 1964, e n° 9.069, de 1995, em conformidade com as Resoluções editadas pelo Conselho Monetário Nacional.

A partir de agora, a descrição do Banco Central do Brasil será segregada de acordo com esses dois objetivos institucionais principais.

3.3.1.1.1 – Estabilidade monetária

No Brasil, o objetivo institucional de estabilidade monetária tem como marco histórico o Plano Real, iniciado em 1994. Sem prejuízo das medidas da natureza econômico-financeiras relativas à adequação sistêmica diante do novo padrão monetário, a Lei nº 9.069, de 1995, instituiu um regime legal mais rigoroso de prestação pública de contas ao Banco Central do Brasil.

Conforme o art. 6º da Lei nº 9.069, de 1995, como representante da autoridade monetária, o Ministro-Presidente do Banco Central do Brasil tem o dever de submeter ao Conselho Monetário Nacional, trimestralmente, o planejamento sobre a execução da política monetária para fins de aprovação, no qual devem, pelo menos, constar: (i) as estimativas das faixas de variação dos principais agregados monetários, compatíveis com o objetivo de assegurar a estabilidade da moeda; e (ii) uma análise da evolução da economia nacional prevista para o trimestre, devidamente acompanhada pelas justificativas da programação monetária.

Aprovada, a programação monetária é encaminhada à Comissão de Assuntos Econômicos (CAE) do Senado Federal, que a analisará por parecer, sendo possível à comissão recomendar ao Congresso Nacional a sua aprovação ou reprovação, que assumirá a forma de decreto legislativo. No caso de

competência do Banco Central do Brasil por força de legislação específica (Leis nº 5.768, de 1971, e n° 11.795, de 2008).

CAPÍTULO 3 – REGULAÇÃO FINANCEIRA SISTÊMICA: FUNDAMENTOS ESPECÍFICOS...

reprovação, nova programação deverá ser encaminhada à comissão (art. 6º, §5º, da Lei nº 9.069, de 1995).[1007]

Ademais, o Presidente do Banco Central do Brasil deve enviar ao Presidente da República e aos Presidentes das duas Casas do Congresso Nacional, através do Ministro de Estado da Fazenda, o relatório trimestral sobre a execução da programação monetária e o demonstrativo mensal justificado das emissões de moeda, com a posição das reservas internacionais a elas vinculadas, nos termos do art. 7º da Lei nº 9.069, de 1995.

Em 1999, um novo impulso de *accountability* foi dado através do Decreto nº 3.088, editado pelo Presidente da República na época, com fundamento no art. 4º, *caput*, da Lei nº 4.595, de 1964. Pela primeira vez na história econômica brasileira, estruturou-se um procedimento público sustentável ao longo do tempo, transparente e organizado de definição de metas de inflação.

Criou-se, então, um Sistema de Metas para a Inflação (SMPI), em que metas anuais de inflação futura são definidas pelo Conselho Monetário Nacional, segundo índices oficiais de preços e com intervalos de tolerância, em conformidade com proposta do Ministro da Fazenda e antecedência de até 30 de junho de cada segundo ano imediatamente anterior.

Definida a meta de inflação, compete ao Banco Central do Brasil executar a diretriz de política monetária definida pelo Conselho Monetário Nacional, nos termos dos arts. 9º e 10, inciso XII, da Lei nº 4.595, de 1964, e art. 2º do Decreto nº 3.088, de 1999, através do COPOM,[1008] notadamente para a fixação

---

[1007] Segundo dispõe o § 2º do art. 6º da Lei nº 9.069, de 1995, o Congresso Nacional poderá, no prazo de dez dias a contar do seu recebimento e com base em parecer da Comissão de Assuntos Econômicos do Senado Federal, rejeitar a programação monetária elaborada pelo Banco Central do Brasil mediante decreto legislativo, sendo certo que a deliberação congressual deve se limitar à aprovação ou rejeição integral da programação monetária (art. 6º, §3º, da Lei nº 9.069, de 1995). Se não houver deliberação da programação monetária pelo Plenário do Congresso Nacional, ela é reputada aprovada.

[1008] Nos termos do Decreto nº 3.088, de 1999, a meta de inflação é considerada cumprida "quando a variação acumulada da inflação (...) relativa ao período de janeiro a dezembro de cada ano calendário – situar-se na faixa do seu respectivo intervalo de tolerância", nos termos do art. 4º do referido Decreto, sob pena de o Ministro-Presidente do Banco Central do Brasil assumir o dever de divulgar, publicamente, as razões do descumprimento, por meio de carta aberta ao Ministro da Fazenda, na qual constará: (i) a descrição detalhada das causas do descumprimento; (ii) as providências consideradas adequadas para assegurar o retorno da inflação aos limites estabelecidos; e (iii) o prazo no qual se espera que as providências

da meta da taxa SELIC, com ou sem viés, que serve de referência nas operações de compra e venda de títulos públicos federais pelo Banco Central do Brasil no *open market*,[1009] além da elaboração do Relatório Trimestral de Inflação.

Atualmente, o funcionamento do COPOM está disciplinado no Regulamento Anexo à Circular nº 3.593 do Banco Central do Brasil, de 2012. Atuam como membros do COPOM, com direito a voto, o Ministro-Presidente e os oito Diretores do Banco Central do Brasil, que se reúnem, ordinariamente, oito vezes por ano,[1010] havendo a possibilidade de convocação de reuniões extraordinárias. O *quórum* de instalação de uma reunião do COPOM é de, no mínimo, o Ministro-Presidente e a metade do número de Diretores.[1011]

As reuniões do COPOM são longas e dividem-se em duas sessões. A primeira sessão ocorre às terças-feiras, na qual são feitas apresentações técnicas de conjuntura econômica, com a participação de diversos Chefes de Unidade do Banco Central do Brasil, do Chefe de Gabinete do Ministro-Presidente,

---

produzam efeito. Por fim, conforme já frisado na Introdução, o decreto impõe, por razões republicanas, o dever de elaboração pelo Banco Central do Brasil, até o último dia de cada trimestre civil, de "Relatório de Inflação abordando o desempenho do regime de 'metas para a inflação', os resultados das decisões passadas de política monetária e a avaliação prospectiva da inflação" (art. 5º do Decreto nº 3.088, de 1999, combinado com o art. 6º da Lei nº 9.069, de 1995). Pode-se dizer que o Sistema de Metas para Inflação (SMPI) consiste em concretização institucional do dever constitucional de planejamento público das atividades do Estado, com caráter vinculante, nos termos da parte final do art. 174 da Constituição brasileira de 1988.

[1009] A meta para a Taxa SELIC corresponde ao alvo que o Banco Central do Brasil deve buscar, no mercado aberto interbancário, para a realização de operações diárias envolvendo títulos públicos federais negociados no SELIC. Isto é, a meta consiste na taxa média de referência das operações diárias, com lastro em títulos públicos federais no SELIC, aplicável durante todo o período correspondente às reuniões do COPOM, nas quais as metas são fixadas, com ou sem viés. Vale frisar, para fins de esclarecimento, que a atuação do Banco Central do Brasil no mercado aberto interbancário é o principal instrumento de política monetária, pois a aquisição ou venda de títulos públicos federais influencia a quantidade de moeda e o crédito na economia. As regras de funcionamento do SELIC estão contidas no Regulamento Anexo à Circular n° 3.587 do Banco Central do Brasil, de 2012, com alterações pela Circular n° 3.610, também de 2012. A metodologia de cálculo da taxa SELIC está disposta na Circular n° 3.671 do Banco Central do Brasil, de 2013.

[1010] Originariamente, as reuniões ordinárias do COPOM ocorriam mensalmente, reduzindo-se a oito a partir de 2006, com o calendário anual divulgado até o fim do mês de junho do ano anterior, nos termos do art. 6º do Regulamento do COPOM.

[1011] Vide arts. 1º a 3º do Regulamento Anexo à Circular nº 3.593 do Banco Central do Brasil, de 2012 (Regulamento do COPOM).

do Assessor de Imprensa e de servidores públicos do Banco Central do Brasil eventualmente autorizados pelo Ministro-Presidente.[1012]

Em especial, os temas discutidos abrangem: (i) a evolução recente da economia; (ii) a avaliação prospectiva das tendências de inflação; (iii) o acompanhamento da execução da política monetária; (iv) níveis de inflação; (v) o quadro geral da atividade econômica; (vi) a avaliação de expectativas sistêmicas de mercado; (vii) mercado de trabalho; (viii) finanças públicas; (ix) o acompanhamento das tendências de acesso ao crédito e inadimplência; (x) ambiente macroeconômico; (xi) comércio exterior e reservas internacionais; e (xii) o mercado monetário, com o acompanhamento dos agregados monetários e das operações de mercado aberto (*open market*).

Na segunda sessão, realizada no dia seguinte (quarta-feira), são decididas as diretrizes de política monetária[1013] pelos membros do COPOM e na presença do Chefe da Unidade de Departamento Econômico (Depep).[1014] Segundo já mencionado, somente os membros do COPOM têm direito a voto sobre a meta da taxa SELIC e seu eventual viés, sob *quórum* de votação de maioria simples. A decisão final, com a divulgação nominal dos votos, é publicada, imediatamente, através da Assessoria de Imprensa do Banco Central do Brasil e por Comunicado do Diretor de Política Monetária, após o fechamento dos mercados no dia da segunda sessão do COPOM.[1015]

Por fim, o Regulamento do COPOM prevê a elaboração de ata das reuniões, com o registro nominal dos votos proferidos, bem como sua divulgação no prazo de até seis dias úteis após a data da realização da reunião.[1016]

3.3.1.1.2 – Estabilidade financeira propriamente dita: a regulação do risco sistêmico

Em concomitância com o projeto de estabilidade monetária, pode-se dizer que o início do projeto atual de regulação financeira sistêmica no Brasil também

---

[1012] Vide parágrafos do art. 3º do Regulamento do COPOM.
[1013] Vide. art. 3º, §1º, II, do Regulamento do COPOM.
[1014] Vide art. 3º, §6º, do Regulamento do COPOM.
[1015] Vide art. 5º do Regulamento do COPOM.
[1016] Vide art. 4º, §§ 3º a 5º, do Regulamento do COPOM.

tem como marco histórico o ano de 1994, quando o Conselho Monetário Nacional editou a Resolução nº 2.099,[1017] integradora das diretrizes normativas de "Basiléia I" no sistema jurídico brasileiro, que foi sucedida por diversos outros atos regulatórios com intensa repercussão no sistema financeiro nacional.[1018]

De modo geral, a regulação financeira sistêmica brasileira vem sendo conduzida pelo Banco Central do Brasil segundo legislação esparsa relacionada a temas financeiros específicos, mas com destaque especial para as Resoluções do Conselho Monetário Nacional, eventualmente complementadas por Circulares editadas pela própria autarquia, nos termos da Lei nº 4.595, de 1964.

Assim sendo, o estudo da estrutura regulatória de risco sistêmico do Banco Central do Brasil é melhor compreendida quando são apresentados, em caráter temporal, os principais atos e orientações normativas pertinentes a progressos regulatórios provenientes do Conselho Monetário Nacional ao longo dos últimos anos, sem prejuízo da alusão ao recentemente criado Comitê de Estabilidade Financeira do Banco Central (COMEF). Essa será a lógica da apresentação a partir de agora.

Dentre as Resoluções do Conselho Monetário Nacional aplicáveis à regulação financeira sistêmica exercida pelo Banco Central do Brasil,[1019] conside-

---

[1017] Quanto ao ponto, é digna de menção a Resolução do Conselho Monetário Nacional nº 1.524, de setembro de 1988, posteriormente revogada pela Resolução do Conselho Monetário Nacional nº 2.099, de 1994, que permitiu, pioneiramente, conforme já enfatizado anteriormente, a possibilidade de constituição de bancos múltiplos e a estipulação da regulação a eles subjacente.

[1018] Não obstante o ano de 1994 ser um marco histórico, diversos atos normativos anteriores ainda se mostram aplicáveis, tal como, por exemplo, a legislação que trata dos regimes especiais de intervenção *lato sensu* em instituições financeiras que se mostram inviáveis de permanecer no mercado, quais sejam, a Lei nº 6.024, de 1974, e o Decreto-Lei nº 2.321, de 1987.

[1019] O regime jurídico de regulação do mercado de câmbio e de capitais internacionais no Brasil não está sistematizado em uma única lei, mas em disposições normativas esparsas contidas, principalmente, no Decreto n° 23.258, de 1933, Lei n° 4.131, de 1962, Lei n° 10.755, de 2003, e Lei nº 11.371, de 2006. No âmbito normativo do Sistema Financeiro Nacional, o mercado de câmbio é disciplinado pela Resolução nº 3.568 do Conselho Monetário Nacional, de 2008, posteriormente alterada pelas Resoluções nº 3.657, de 2008, 3.661, de 2008, 3.810, de 2009, 3.911, de 2010, 3.954, de 2011, 3.997, de 2011, 4.051, de 2012, e 4.113, de 2012, todas do Conselho Monetário Nacional. Nada obstante, o controle de registro de capital estrangeiro no país pelo Banco Central do Brasil é normatizado através da Resolução nº 3.844 do Conselho Monetário Nacional, de 2010, alterada pela Resolução nº 3.967 do Conselho Monetário Nacional, de 2011, que se conjuga com a Resolução nº 4.373 do Conselho Monetário Nacional, de 2014, com vigência a partir de 30 de março de 2015, que trata das regras relativas

CAPÍTULO 3 - REGULAÇÃO FINANCEIRA SISTÊMICA: FUNDAMENTOS ESPECÍFICOS...

rado o marco de 1994, destacam-se historicamente as seguintes: (i) Resolução nº 2.099, de 1994, que constitui a primeira iniciativa normativa de integração das diretrizes regulatórias dos Acordos de Basiléia no país ("Basiléia I");[1020] (ii) Resoluções de nº 2.197 e 2.211, ambas de 1995, em que se autoriza a constituição do Fundo Garantidor de Créditos (FGC)[1021] e aprova-se o Estatuto e o Regulamento do FGC, respectivamente;[1022] (iii) Resolução nº 2.283, de 1996, que dispõe sobre a apuração consolidada de limites operacionais e estabelece limite de aplicação de recursos no Ativo Permanente;

às aplicações de investidor não residente no mercado financeiro brasileiro. Tais resoluções foram complementadas, constantemente, por disposições normativas contidas em Circulares editadas pelo Banco Central do Brasil que dispuseram sobre o regime jurídico cambial e de registro de capitais estrangeiros no país, consolidadas, até o final de 2013, no Regulamento do Mercado de Câmbio e de Capitais Internacionais (RMCCI). Em dezembro de 2013, o RMCCI foi substituído por quatro circulares editadas pelo Banco Central do Brasil, a saber: (i) a Circular nº 3.688, de 2013, que dispõe sobre o Convênio de Pagamentos e Créditos Recíprocos (CCR); (ii) a Circular nº 3.689, de 2013, que dispõe sobre o capital estrangeiro no País e sobre o capital brasileiro no exterior; (iii) a Circular nº 3.690, de 2013, que divulga os códigos de classificação das operações de câmbio; (iv) e a Circular nº 3.691, de 2013, com alterações pela Circular nº 3.702, de 2014, e 3.750, de 2015, que trata da regulamentação geral operacional do mercado de câmbio.

[1020] Com a evolução da regulação financeira sistêmica brasileira, a Resolução nº 2.099 do Conselho Monetário Nacional, de 1994, foi quase integralmente modificada por Resoluções editadas posteriormente.

[1021] A constituição do Fundo Garantidor de Créditos (FGC) foi autorizada pela Resolução nº 2.197 do Conselho Monetário Nacional, de 1995, com a finalidade de criação de uma entidade privada, sem fins lucrativos, destinada, originariamente, à gestão de um sistema de seguro de depósitos (créditos) com abrangência sobre as instituições financeiras bancárias captadoras de depósitos, com a aprovação do seu estatuto e regulamento pela Resolução nº 2.211 do Conselho Monetário Nacional, de 1995. Atualmente, o estatuto e o regulamento do FGC foram remodelados pela Resolução nº 4.222 do Conselho Monetário Nacional, de 2013, com alterações pela Resolução nº 4.312 do Conselho Monetário Nacional, de 2014, que, dentre diversas modificações, autorizou, expressamente, o uso do FGC como meio de suporte a operações eventuais de assistência financeira às instituições associadas. Adicionalmente, houve a autorização para a criação de um FGC específico (FGCoop) para cooperativas singulares de crédito e bancos cooperativos integrantes do Sistema Nacional de Crédito Cooperativo (SNCC) através da Resolução nº 4.150 do Conselho Monetário Nacional, de 2012, cujo estatuto e regulamento foram aprovados pela Resolução nº 4.284 do Conselho Monetário Nacional, de 2013, com alterações pela Resolução nº 4.312 do Conselho Monetário Nacional, de 2014.

[1022] O Estatuto e o Regulamento do FGC têm sido aprimorados constantemente. Atualmente, as diretrizes normativas que dispõem sobre o Estatuto e o Regulamento do FGC estão consolidadas nos Anexos I e II da Resolução nº 4.222 do Conselho Monetário Nacional, de 2013.

(iv) Resolução nº 2.451, de 1997, que estabelece as diretrizes regulatórias básicas para a segregação da administração de recursos de terceiros das atividades das instituições autorizadas a funcionar pelo Banco Central do Brasil; (v) Resolução nº 2.554, de 1998, que dispõe sobre a implantação de sistemas de controles internos quanto a informações financeiras, operacionais e gerenciais;[1023]

[1023] A título ilustrativo, o art. 2º da Resolução nº 2.554 do Conselho Monetário Nacional, de 1998, prescreve as seguintes diretrizes normativas, *in verbis*: "Art. 2º Os controles internos, cujas disposições devem ser acessíveis a todos os funcionários da instituição de forma a assegurar sejam conhecidas a respectiva função no processo e as responsabilidades atribuídas aos diversos níveis da organização, devem prever: (Redação dada pela Resolução nº 3.056, de 19/12/2002) I – A definição de responsabilidades dentro da instituição (Redação dada pela Resolução nº 3.056, de 19/12/2002); II – A segregação das atividades atribuídas aos integrantes da instituição de forma a que seja evitado o conflito de interesses, bem como meios de minimizar e monitorar adequadamente áreas identificadas como de potencial conflito da espécie (Redação dada pela Resolução nº 3.056, de 19/12/2002); III – Meios de identificar e avaliar fatores internos e externos que possam afetar adversamente a realização dos objetivos da instituição (Redação dada pela Resolução nº 3.056, de 19/12/2002); IV – A existência de canais de comunicação que assegurem aos funcionários, segundo o correspondente nível de atuação, o acesso a confiáveis, tempestivas e compreensíveis informações consideradas relevantes para suas tarefas e responsabilidades (Redação dada pela Resolução nº 3.056, de 19/12/2002); V – A contínua avaliação dos diversos riscos associados às atividades da instituição (Redação dada pela Resolução nº 3.056, de 19/12/2002); VI – O acompanhamento sistemático das atividades desenvolvidas, de forma a que se possa avaliar se os objetivos da instituição estão sendo alcançados, se os limites estabelecidos e as leis e regulamentos aplicáveis estão sendo cumpridos, bem como a assegurar que quaisquer desvios possam ser prontamente corrigidos (Redação dada pela Resolução nº 3.056, de 19/12/2002); VII – A existência de testes periódicos de segurança para os sistemas de informações, em especial para os mantidos em meio eletrônico (Redação dada pela Resolução nº 3.056, de 19/12/2002). § 1º Os controles internos devem ser periodicamente revisados e atualizados, de forma a que sejam a eles incorporadas medidas relacionadas a riscos novos ou anteriormente não abordados (Redação dada pela Resolução nº 3.056, de 19/12/2002). § 2º A atividade de auditoria interna deve fazer parte do sistema de controles internos (Redação dada pela Resolução nº 3.056, de 19/12/2002). § 3º A atividade de que trata o parágrafo 2º, quando não executada por unidade específica da própria instituição ou de instituição integrante do mesmo conglomerado financeiro, poderá ser exercida: (Redação dada pela Resolução nº 3.056, de 19/12/2002) I – Por auditor independente devidamente registrado na Comissão de Valores Mobiliários (CVM), desde que não aquele responsável pela auditoria das demonstrações financeiras (Redação dada pela Resolução nº 3.056, de 19/12/2002); II – Pela auditoria da entidade ou associação de classe ou de órgão central a que filiada a instituição (Redação dada pela Resolução nº 3.056, de 19/12/2002); III – Por auditoria de entidade ou associação de classe de outras instituições autorizadas a funcionar pelo Banco Central do Brasil, mediante convênio, previamente aprovado por este, firmado entre a entidade a que filiada a instituição e a entidade prestadora do serviço (Redação dada pela Resolução nº 3.056, de 19/12/2002). § 4º No caso de a atividade

CAPÍTULO 3 - REGULAÇÃO FINANCEIRA SISTÊMICA: FUNDAMENTOS ESPECÍFICOS...

(vi) Resolução nº 2.682, de 1999, que estabelece critérios de classificação das operações de crédito e regras para constituição de provisão para créditos de liquidação duvidosa; (vii) Resolução n° 2884, de 2001, que traz limitações regulatórias de exposição financeira por cliente;[1024] (viii) Resolução nº 2.697, de 2000, que dispõe sobre critérios de classificação das operações de crédito e divulgação de informações em nota explicativa às demonstrações financeiras; (ix) Resolução nº 2.723, de 2000, que estabelece os parâmetros regulatórios gerais do modelo de supervisão consolidada aplicáveis a instituições autorizadas a funcionar pelo Banco Central do Brasil; (x) Resolução nº 2.882, de 2001, relacionada à regulação do funcionamento do Sistema de Pagamentos Brasileiro (SPB) e das câmaras e dos prestadores de serviços de compensação e de liquidação que o integram, em colaboração regulatória com a Comissão de Valores Mobiliários;[1025] (xi) Resolução n° 3.198, de 2004, que traz a regulação

---

de auditoria interna ser exercida por unidade própria, deverá essa estar diretamente subordinada ao conselho de administração ou, na falta desse, à diretoria da instituição (Redação dada pela Resolução nº 3.056, de 19/12/2002). § 5º No caso de a atividade de auditoria interna ser exercida segundo uma das faculdades estabelecidas no parágrafo 3º, deverá o responsável por sua execução reportar-se diretamente ao conselho de administração ou, na falta desse, à diretoria da instituição (Redação dada pela Resolução nº 3.056, de 19/12/2002). § 6º As faculdades estabelecidas no § 3º, incisos II e III, somente poderão ser exercidas por cooperativas de crédito, sociedades corretoras de títulos e valores mobiliários, sociedades corretoras de câmbio, sociedades distribuidoras de títulos e valores mobiliários, sociedades de crédito ao microempreendedor e à empresa de pequeno porte, sociedades de crédito, financiamento e investimento, sociedades de arrendamento mercantil, sociedades de crédito imobiliário, associações de poupança e empréstimo e companhias hipotecárias. (Redação dada pela Resolução nº 4.390 de 18/12/2014). § 7º Em qualquer das situações previstas neste artigo, a instituição deve manter à disposição e garantir o acesso irrestrito do Banco Central do Brasil aos papéis de trabalho, relatórios e quaisquer outros documentos elaborados pela auditoria interna da instituição (Incluído pela Resolução nº 3.056, de 19/12/2002)."

[1024] Ver Resolução nº 2.844 do Conselho Monetário Nacional, de 2001, recentemente alterada pela Resolução nº 4.379 do Conselho Monetário Nacional, de 2014.

[1025] Entre Banco Central do Brasil e Comissão de Valores Mobiliários há um convênio, assinado pelos seus respectivos Presidentes, em que são definidas regras de coordenação regulatória para o exercício cooperativo de competências complementares em prol da aplicação eficaz das Leis nº 10.214, de 2001, e nº 12.810, de 2013, nos termos da Decisão-Conjunta nº 10, de 2002. No referido convênio, há diversas previsões regulatórias de natureza cooperativa, a saber: (i) o estabelecimento de procedimentos inclusivos, com manifestação prévia da uma instituição quanto a temas regulatórios mais preponderantes da outra; (ii) a previsão de edição de Decisões-Conjuntas; (iii) o intercâmbio e o acesso a sistemas de informação entre si; e (iv) o estímulo a inspeções conjuntas, aprimoramentos regulatórios a articulações institucionais

pertinente à prestação de serviço de auditoria independente em instituições autorizadas a funcionar pelo Banco Central do Brasil e câmaras e prestadores de serviços de compensação e liquidação; (xii) Resolução nº 3.263, de 2005, que efetiva a consolidação das diretrizes regulatórias acerca dos acordos para compensação e liquidação de obrigações no âmbito do Sistema Financeiro Nacional (*netting*); (xiii) Resolução nº 3.380, de 2006, relativa à imposição de estrutura de gerenciamento do risco operacional; (xiv) Resolução nº 3.464, de 2007, que dispõe sobre a implementação de estrutura de gerenciamento do risco de mercado; (xv) Resolução nº 3.658, de 2008,[1026] que efetiva a consolidação normativa relativa ao funcionamento do Sistema de Informações de Créditos (SCR), instituído em substituição ao sistema Central de Risco de Crédito (CRC), que possibilita o fornecimento sistêmico de informações sobre operações de crédito ao Banco Central do Brasil para fins de supervisão indireta de riscos de crédito; (xvi) Resolução n° 3.694, de 2009, que dispõe sobre a prevenção de riscos na contratação de operações e na prestação de serviços por instituições autorizadas a funcionar pelo Banco Central do Brasil; (xvii) Resolução n° 3.721, de 2009, relativa à imposição de estrutura de gerenciamento do risco de crédito; (xviii) Resolução nº 3.921, de 2010, que dispõe sobre as políticas corporativas de remuneração de administradores das instituições autorizadas a funcionar pelo Banco Central do Brasil; (xix) Resolução nº 4.019, de 2011, que dispõe a respeito da possibilidade de decretação administrativa de medidas prudenciais preventivas pela autarquia em instituições autorizadas por ele a funcionar, com vistas a prevenir riscos sistêmicos no Sistema Financeiro Nacional;[1027] (xx) Resolução n° 4.090, de 2012, que regula a estrutura de gerenciamento do risco de liquidez nas instituições financeiras autorizadas a funcionar pelo Banco Central do Brasil; (xxi) Resolução nº 4.122,

---

cooperativas de modo geral. O último texto do convênio foi assinado em 25 de abril de 2014 e o inteiro teor do documento está disponível em: http://www.bcb.gov.br/pec/appron/apres/Conv%C3%AAnio_CVM_e_BCB.pdf. Acesso em 01.06.2014.

[1026] O art. 13 dessa resolução revoga, expressamente, as Resoluções nº 2.724 e n° 2.798 do Conselho Monetário Nacional, ambas de 2000, que tinham o mesmo objeto regulatório.

[1027] A possibilidade de decretação administrativa de medidas prudenciais preventivas foi estendida aos instituidores de arranjos de pagamento, que integram o Sistema de Pagamentos Brasileiro (SPB), pela Circular n° 3.735 do Banco Central do Brasil, de 2014.

CAPÍTULO 3 - REGULAÇÃO FINANCEIRA SISTÊMICA: FUNDAMENTOS ESPECÍFICOS...

de 2012,[1028] cujos Anexos I e II estabelecem requisitos regulatórios e procedimentos para constituição, autorização para funcionamento, cancelamento de autorização, alteração de controle e reorganizações societárias, assim como condições para o exercício de cargos em órgãos estatutários ou contratuais por agentes financeiros das instituições submetidas à regulação da autarquia; (xxii) Resolução nº 4.282, de 2013, que traz as diretrizes regulatórias básicas aplicáveis às instituições de pagamento e arranjos de pagamento integrantes do Sistema de Pagamentos Brasileiro (SPB), nos termos da Lei nº 12.865, de 2013; e (xxiii) Resolução nº 4.327, de 2014, no qual foram traçadas diretrizes gerais para o estabelecimento de Políticas de Responsabilidade Socioambiental e gerenciamento de riscos socioambientais pelas instituições autorizadas a funcionar pelo Banco Central do Brasil.

A propósito, a execução das diretrizes normativas de "Basiléia III" está em andamento. Inicialmente, foram editadas as Resoluções de nº 4.192 a 4.195 do Conselho Monetário Nacional, todas de 2013, acompanhadas pela edição de Circulares do Banco Central do Brasil, que foram complementas ou alteradas da seguinte forma: (i) Resolução nº 4.192, de 2013 (alterada pela Resolução nº 4.278, de 2013, 4.311, de 2014, e 4.400, de 2015), que tratam da metodologia para a apuração do Patrimônio de Referência (PR), com a revogação, a partir de 01.10.2013, das Resoluções do Conselho Monetário Nacional de nº 3.444, de 2007, 3.532, de 2008, e 3.655, de 2008, além dos arts. 2° a 4° da Resolução nº 3.059, de 2002, e art. 6° da Resolução nº 2.723, de 2000; (ii) Resolução nº 4.193, de 2013 (alterada pela Resolução nº 4.281, de 2013), que disciplina a apuração dos requerimentos mínimos de Patrimônio de Referência (PR), de Nível I, de Capital Principal e institui o Adicional de Capital Principal, com a revogação, a partir de 01.10.2013, das Resoluções do Conselho Monetário Nacional de nº 2.772, de 2000, e 3.490, de 2007; (iii) Resolução nº 4.194, de 2013, que dispõe sobre a metodologia facultativa para apuração dos requerimentos mínimos de Patrimônio de Referência (PR), de Nível I e de Capital Principal para as cooperativas de crédito que optarem pela apuração do montante dos ativos ponderados pelo risco na forma simplificada (RWARPS), além de instituir

---

[1028] Tal Resolução, alterada pelas Resoluções de nº 4.279 e nº 4.308 do Conselho Monetário Nacional, de 2013 e 2014, respectivamente, conta com complementações normativas previstas na Circular nº 3.649 do Banco Central do Brasil, de 2013.

o Adicional de Capital Principal para essas cooperativas, com a revogação, a partir de 01.10.2013, da Resolução n° 3.897, de 2010; e (iv) Resolução n° 4.195 (revogada pela Resolução n° 4280, de 2013, a partir de 01.01.2014), que estabelece normas sobre a elaboração, a divulgação e a remessa de Demonstrações Contábeis consolidadas do Conglomerado Prudencial ao Banco Central do Brasil.

Posteriormente, houve a edição das Resoluções de n° 4.277 a 4.281 do Conselho Monetário Nacional, em 2013, também acompanhadas pela edição complementar de Circulares do Banco Central do Brasil, assim descritas: (i) Resolução n° 4.277, de 2013, alterada pela Resolução n° 4.389, de 2014, que estabelece requisitos mínimos e ajustes prudenciais a serem observados no processo de apreçamento de instrumentos financeiros avaliados pelo valor de mercado, com início de aplicação em 01.01.15, nos termos da Resolução n° 4.349, de 2014; (ii) Resolução nº 4.278, de 2013, que altera e revoga disposições da Resolução nº 4.192, de 2013, que dispõe sobre a metodologia para apuração do Patrimônio de Referência (PR); (iii) Resolução nº 4.279, de 2013, que estabelece os critérios para a extinção do saldo devedor de instrumentos autorizados a compor o Capital Complementar e o Nível II do Patrimônio de Referência (PR) das instituições financeiras e demais instituições autorizadas a funcionar pelo Banco Central do Brasil e para a conversão desses instrumentos em ações da instituição emitente; (iv) Resolução n° 4.280, de 2013, que dispõe sobre a elaboração, a divulgação e a remessa de Demonstrações Contábeis consolidadas do Conglomerado Prudencial ao Banco Central do Brasil e revoga a Resolução nº 4.195, de 2013; e (v) Resolução n° 4.281, de 2013, que altera dispositivos da Resolução nº 4.193, de 2013, quanto à apuração dos requerimentos mínimos de Patrimônio de Referência (PR), de Nível I e de Capital Principal e institui o Adicional de Capital Principal.

Nada obstante, o processo regulatório de evolução da execução das diretrizes de "Basiléia III" foi complementado por Resoluções importantes do Conselho Monetário Nacional editadas em 2014, a saber: (i) Resolução n° 4.330, de 2014, e n° 4.382, de 2014, que alteram dispositivos da Resolução n° 4.123, de 2012, quee estabelece normas relativas à emissão de Letras Financeiras (LF), nos termos da Lei nº 12.838, de 2013, a fim de facilitar a execução das recomendações de Basiléia III no que diz respeito à composição do capital regulamentar das instituições emissoras; (ii) Resolução n° 4.311, de 2014, que efetuou alterações na Resolução n° 4.192, de 2013, através da qual foram dispostas novas normas a respeito da metodologia de apuração do Patrimônio de Referência (PR) quanto ao tratamento regulatório da participação de não controladores (capital de terceiros) em instituições financeiras controladas, sejam elas domiciliadas no Brasil ou no exterior; e (iii) Resolução n° 4.388, de 2014, que efetuou alterações significativas em diversas outras Resoluções que tratam da estruturação de gerenciamento de riscos financeiros em conglomerados prudenciais.

No início do ano de 2015, foi editada a Resolução n° 4.401, que dispõe sobre os limites mínimos do indicador de Liquidez de Curto Prazo (LCR) e as condições para a sua observância, com o estabelecimento da metodologia de cálculo do LCR através da edição da Circular n° 3.749 do Banco Central do Brasil, de 2015, houve a publicação da Circular n° 3.748 do Banco Central do Brasil, de 2015, que estabelece a metodologia para a apuração da Razão de Alavancagem (RA) e, por fim, a edição da Circular n° 3.751 do Banco Central do Brasil, de 2015.

Embora sem fundamentação legal explícita, é digno frisar, por oportuno, que o Banco Central do Brasil, por deliberação de sua Diretoria Colegiada, tem realizado audiências públicas em relação a minutas de Resolução (a serem encaminhadas ao Conselho Monetário Nacional) e de Circulares sobre os temas mais relevantes.

Ademais, o Banco Central do Brasil conta com um comitê criado, especificamente, para deliberar sobre estabilidade financeira e regulação do risco sistêmico, a fim de estabelecer estratégias institucionais de coordenação e elaboração de propostas de aperfeiçoamento regulatório, o que guiará a relação da autarquia com os demais órgãos e entes que integram o Sistema Financeiro Nacional, sobretudo em relação ao CMN e ao COREMEC.[1029] Trata-se do COMEF, instituído com base na autorização contida no voto BCB 112, de 2011, cujas regras institucionais estão previstas, originariamente, no Regulamento Anexo à Portaria nº 65.180 do Banco Central do Brasil, de 2011.[1030]

[1029] Trata-se do Comitê de Regulação e Fiscalização dos Mercados Financeiro, de Capitais, de Seguros, de Previdência e Capitalização, órgão do Ministério da Fazenda, que será descrito em tópico específico.

[1030] Atualmente, o Regulamento do COMEF constitui o Anexo da Portaria n° 78.276 do Banco Central do Brasil, de 2013.

O COMEF é constituído pelo Ministro-Presidente e pelos Diretores do Banco Central do Brasil,[1031] com a participação de Chefes de Unidade de Departamentos do Banco Central do Brasil.[1032]

A propósito, compete ao COMEF, segundo seu Regulamento: (i) definir as estratégias e as diretrizes do Banco Central do Brasil para a condução dos processos relacionados à estabilidade financeira; (ii) emitir recomendações para a condução dos processos relacionados à estabilidade financeira, incluindo os mecanismos de prevenção e os planos de contingência para situações de risco, para a solução de crises financeiras e para a tomada de providências cabíveis pela Diretoria Colegiada do Banco Central do Brasil; (iii) determinar a realização de estudos, pesquisas e trabalhos relativos à estabilidade financeira e à prevenção do risco sistêmico; (iv) alocar responsabilidades para as Unidades envolvidas com vistas à atuação integrada e coordenada, conforme as respectivas atribuições definidas no Regimento Interno do Banco Central do Brasil; e (v) orientar a atuação do Banco Central do Brasil no Comitê de Regulação e Fiscalização dos Mercados Financeiro, de Capitais, de Seguros, de Previdência e Capitalização (Coremec) e em fóruns similares, assim como no relacionamento com outras entidades detentoras de informações úteis à manutenção da estabilidade financeira.[1033]

[1031] Vide art. 2º do Regulamento do COMEF (Anexo da Portaria n° 78.276 do Banco Central do Brasil, de 2013.

[1032] Nos termos dos §§2º e 3° do art. 3º do Regulamento do COMEF, participam da primeira sessão os Chefes dos seguintes Departamentos: (i) Departamento de Operações Bancárias e de Sistema de Pagamentos (Deban); (ii) Departamento de Operações do Mercado Aberto (Demab); (iii) Departamento das Reservas Internacionais (Depin); (iv) Departamento Econômico (Depec); (v) Departamento de Estudos e Pesquisas (Depep); (vi) Departamento de Assuntos Internacionais (Derin); (vii) Departamento de Riscos Corporativos e Referências Operacionais (Deris); (viii) Departamento de Regulação do Sistema Financeiro (Denor); (ix) Departamento de Regulação Prudencial e Cambial (Dereg); (x) Departamento de Monitoramento do Sistema Financeiro (Desig); (xi) Departamento de Supervisão Bancária (Desup); (xii) Departamento de Supervisão de Cooperativas e de Instituições Não Bancárias (Desuc); (xiii) Departamento de Supervisão de Conduta (Decon); (xiv) Departamento de Educação Financeira (Depef); (xv) Departamento de Organização do Sistema Financeiro (Deorf); (xvi) Procuradoria-Geral do Banco Central (PGBC); e (xvii) Secretaria-Executiva (Secre), além do (xviii) Chefe de Gabinete do Presidente, (xix) Assessor de Imprensa e (xx) outros servidores do Banco Central do Brasil, quando autorizados pelo Presidente.

[1033] Vide art. 9° do Regulamento do COMEF.

CAPÍTULO 3 – REGULAÇÃO FINANCEIRA SISTÊMICA: FUNDAMENTOS ESPECÍFICOS...

As reuniões ordinárias do COMEF são realizadas trimestralmente, com a possibilidade de convocação de reuniões extraordinárias por decisão da Diretoria Colegiada.[1034] Assim como ocorre no COPOM, a reunião é dividida em duas sessões. Na primeira sessão, são apresentados e discutidos temas selecionados. Na segunda sessão, em que são definidas as estratégias regulatórias institucionais do Banco Central do Brasil em prol da estabilidade financeira, apenas participam o Ministro-Presidente, os Diretores do Banco Central do Brasil e o Secretário do COMEF, que é escolhido pelo Ministro-Presidente, mas sem direito a voto, sem prejuízo da participação de servidores convocados pelo Ministro-Presidente. Os resultados específicos das deliberações não são publicizados.

No âmbito do COMEF, funciona a Coordenação Executiva (COMEX), responsável pela coordenação da execução das decisões do COMEF nos Departamentos do Banco Central do Brasil.[1035] A COMEX tem um Secretário, designado pelo Ministro-Presidente, a quem se atribui a função de organizar as atividades do órgão, assim como elaborar a ata do COMEF e fazer os registros pertinentes,[1036] sendo ainda integrado por por três membros designados pelo Presidente e indicados pelos Diretores de Fiscalização, de Regulação e de Organização do Sistema Financeiro e Controle de Operações do Crédito Rural.[1037]

As reuniões ordinárias da COMEX ocorrem quinzenalmente, com a presença de, pelo menos, três dos seus membros e o Secretário tem o dever de encaminhar aos membros do COMEF, até a sexta-feira anterior a cada reunião ordinária desse órgão, um relatório resumido sobre a situação de cada uma das determinações ainda não concluídas, se for o caso.[1038]

Em suma, a regulação financeira sistêmica exercida pelo Banco Central do Brasil constitui a espinha dorsal do Sistema Financeiro Nacional, na medida em que o mercado é integrado, majoritariamente, por conglomerados financeiros ou bancos múltiplos.

Ela se inicia na regulação de entrada, onde o controle de acesso se dá, basicamente, a partir da avaliação da idoneidade financeira-patrimonial dos

---

[1034] Vide art. 3°, *caput*, do Regulamento do COMEF.
[1035] Vide art. 4° e 5° do Regulamento do COMEF.
[1036] Vide art. 6° e 10 do Regulamento do COMEF.
[1037] Vide art. 6° do Regulamento do COMEF.
[1038] Vide art. 7° e 8° do Regulamento do COMEF.

planos de negócios apresentados para a constituição de instituições sujeitas à autorização pela autarquia, sem prejuízo da análise de reputação dos agentes financeiros participantes da administração dessas instituições, que ocorre, hoje, sobretudo, nos termos dos Anexos da Resolução nº 4.122 do Conselho Monetário Nacional, de 2012.

Em sequência, ocorre a regulação de funcionamento ou a supervisão prudencial direta e indireta[1039] das atividades das instituições autorizadas a funcionar pela autarquia, mediante o acompanhamento da adequação financeira-patrimonial dessas instituições *vis-à-vis* os métodos regulatórios de controle técnico de riscos financeiros, em termos de liquidez e solvência, com foco na mitigação de riscos sistêmicos, fundamentada em diversas Resoluções do Conselho Monetário Nacional e Circulares do Banco Central do Brasil.

Por fim, a regulação de saída tem o objetivo principal de disponibilizar mecanismos institucionais de gestão isolada e/ou sistêmica de focos de crises financeiras. Nesse sentido, sem prejuízo do suporte financeiro-institucional do Fundo Garantidor de Créditos (FGC), instrumentos regulatórios preventivos ou regimes de intervenção *lato sensu* em instituições frágeis ou incapazes de permanecer no mercado financeiro são essenciais à manutenção da estabilidade financeira sistêmica, o que se faz, atualmente, pela aplicação da Lei nº 9.447, de 1997, ou Resolução nº 4.019 do Conselho Monetário Nacional, de 2011, e, em último caso, pela decretação de regimes especiais, com base na Lei nº 6.024, de 1974, ou no Decreto-Lei nº 2.321, de 1987.

3.3.1.2 – Comissão de Valores Mobiliários (CVM)

A Comissão de Valores Mobiliários (CVM) é autarquia criada pela Lei nº 6.385, de 1976,[1040] vinculada ao Ministério da Fazenda, responsável pela re-

---

[1039] Diz-se que a supervisão é direta quando o monitoramento financeiro é feito *in loco* através de inspeções. A supervisão indireta, por sua vez, é realizada a partir dos dados enviados pelas instituições fiscalizadas.

[1040] Na redação dada pela Lei nº 10.411, de 2002 ao art. 5º da Lei nº 6.385, de 1976, a CVM é uma "dotada de autoridade administrativa independente, ausência de subordinação hierárquica, mandato fixo e estabilidade de seus dirigentes, e autonomia financeira e orçamentária".

CAPÍTULO 3 – REGULAÇÃO FINANCEIRA SISTÊMICA: FUNDAMENTOS ESPECÍFICOS...

gulação do mercado de capitais ou dos mercados à vista ou de futuros[1041] de valores mobiliários,[1042] o que abrange a regulação sobre a atuação de agentes financeiros na distribuição pública, compra e venda, corretagem, registro, compensação e liquidação de operações com valores mobiliários, assim como o funcionamento de bolsas de valores, bolsas de mercadorias e futuros e mercados de balcão organizado.[1043]

A CVM, além de atuar de forma coordenada com o Banco Central do Brasil,[1044] está sujeita ao poder normativo do Conselho Monetário Nacional,[1045]

[1041] Quanto aos mercados de futuros, houve-se por bem incluir na Lei nº 6.385, de 1976, através da Lei nº 12.543, de 2011 (enquanto resultado da conversão da Medida Provisória nº 539, de 2011), a regra segundo a qual os contratos derivativos somente são juridicamente válidos no Brasil se registrados em câmaras ou prestadores de serviço de compensação, liquidação e de registro autorizados pelo Banco Central do Brasil ou pela Comissão de Valores Mobiliários (art. 2º, §4º, da Lei nº 6.385, de 1976), com complementação normativa pelo Conselho Monetário Nacional.

[1042] A regulação da CVM, nos termos do art. 1º da Lei nº 6.385, de 1976, incide sobre as seguintes atividades: (i) a emissão e distribuição de valores mobiliários no mercado; (ii) a negociação e intermediação no mercado de valores mobiliários; (iii) a negociação e intermediação no mercado de derivativos; (iv) a organização, o funcionamento e as operações das Bolsas de Valores; (v) a organização, o funcionamento e as operações das Bolsas de Mercadorias e Futuros; (vi) a administração de carteiras e a custódia de valores mobiliários; (vii) a auditoria das companhias abertas; (viii) os serviços de consultor e analista de valores mobiliários. Por sua vez, são considerados valores mobiliários (art. 2º da Lei nº 6.385, de 1976): (i) as ações, debêntures e bônus de subscrição; (ii) os cupons, direitos, recibos de subscrição e certificados de desdobramento; (iii) os certificados de depósito de valores mobiliários; (iv) as cédulas de debêntures; (v) as cotas de fundos de investimento em valores mobiliários ou de clubes de investimento em quaisquer ativos; (vi) as notas comerciais; (vii) os contratos futuros, de opções e outros derivativos, cujos ativos subjacentes sejam valores mobiliários; (viii) outros contratos derivativos, independentemente dos ativos subjacentes; e (ix) quando ofertados publicamente, quaisquer outros títulos ou contratos de investimento coletivo, que gerem direito de participação, de parceria ou de remuneração, inclusive resultante de prestação de serviços, cujos rendimentos advêm do esforço do empreendedor ou de terceiros, excluídos: (ix.a) os títulos da dívida pública federal, estadual ou municipal; e (ix.b) os títulos cambiais de responsabilidade de instituição financeira, exceto as debêntures. As instituições que integram o sistema de distribuição de valores mobiliários estão elencadas no art. 15 da Lei nº 6.385, de 1976.

[1043] Vide art. 15 e ss da Lei nº 6.385, de 1976.

[1044] Vide art. 3º, §1º, da Lei nº 6.385, de 1976, sem prejuízo do já mencionado convênio firmado entre Banco Central do Brasil e Comissão de Valores Mobiliários para coordenar esforços cooperativos quando o objeto a ser regulado é de competência de ambas as instituições (competências complementares), nos termos da Decisão-Conjunta n° 10, de 2002.

[1045] Cabe ao Conselho Monetário Nacional, nos termos do art. 3º da Lei nº 6.385, de 1976, estabelecer as seguintes diretrizes regulatórias: (i) definir a política de organização e no

sem prejuízo do poder de emitir, principalmente, em caráter complementar, Instruções, Deliberações e Pareceres Normativos.

A propósito, tendo em vista a regulação financeira sistêmica, as principais Resoluções do Conselho Monetário Nacional pertinentes à CVM são as seguintes: (i) Resolução n° 1.120, de 1986, na qual foi aprovado Regulamento Anexo que disciplina a constituição, organização e funcionamento das sociedades distribuidoras de títulos e valores mobiliários; (ii) Resolução nº 1.655, de 1989, em que há Regulamento Anexo de regulação da constituição, organização e funcionamento das sociedades corretoras de valores mobiliários; (iii) Resolução nº 2.882, de 2001, que se refere ao atual Sistema de Pagamentos Brasileiro (SPB); e (iv) Resolução nº 3.472, de 2006, destinada à instituição de um modelo de Supervisão Baseada em Risco (SBR),[1046] cujas diretrizes foram complementadas pela Deliberação CVM nº 521, de 2007 (art. 3º), o que sujeita a CVM à apresentação de um Plano Bienal de Supervisão e Relatório Semestral de Monitoramento de Riscos ao Conselho Monetário Nacional (art. 2º).[1047]

funcionamento do mercado de valores mobiliários; (ii) regular a utilização do crédito nesse mercado; (iii) fixar a orientação geral a ser observada pela Comissão de Valores Mobiliários no exercício de suas atribuições; (iv) definir as atividades da Comissão de Valores Mobiliários que devem ser exercidas em coordenação com o Banco Central do Brasil; (v) aprovar o quadro e o regime de pessoal da Comissão de Valores Mobiliários; e (vi) estabelecer, para fins da política monetária e cambial, condições específicas para negociação de contratos derivativos, independentemente da natureza do investidor, podendo, inclusive: (vi.a) determinar depósitos sobre os valores nocionais dos contratos; e (vi.b) fixar limites, prazos e outras condições sobre as negociações dos contratos derivativos, segundos os objetivos prescritos no art. 4º da mesma lei.
[1046] Sobre a supervisão baseada em risco da CVM, v. CAMARGO, João Laudo de. *Supervisão Baseada em Risco* – a Recente Experiência da CVM. In: CANTIDIANO, Luiz Leonardo; MUNIZ, Igor (Org.). *Temas de Direito Bancário e do Mercado de Capitais*. Rio de Janeiro: Renovar, 2014.
[1047] Com a edição da PORTARIA/CVM/PTE/Nº 011, de 2011, a CVM criou o Comitê de Identificação de Riscos (CIR), destinado a coordenar a supervisão prudencial no âmbito da CVM. Integram o Comitê os Diretores, os superintendentes, o titular da Assessoria de Análise e Pesquisa (ASA) e o Procurador-Chefe da Procuradoria Federal Especializada (PFE), com a possibilidade de convites de participantes do mercado. A coordenação do Comitê é de responsabilidade do titular da Assessoria de Análise e Pesquisa (ASA), instituída pelo Decreto n° 7.406, de 2010, cujas atribuições são a de colher informações, realizar pesquisas e análises econômicas associadas às competências da CVM. No ano de 2013, conforme Memorando do Diretor Otávio Yazbek (MEMO/DOZ/Nº 003/2013), decidiu-se pela reorganização institucional da supervisão prudencial da CVM em três Comitês. O Comitê Gestor da Supervisão Baseada em Risco ficará responsável pela gestão da Supervisão Baseada em Risco (SBR). Por sua vez, o Comitê Interno de Riscos (CIR) lidará com os riscos emergentes identificados pela IOSCO, em 2010, relacionados à dimensão sistêmica das atividades de regulação do mercado

No que diz respeito às Instruções da CVM, podem ser destacadas: (i) a Instrução n° 461, de 2007, que disciplina os mercados regulamentados de valores mobiliários e estabelece regulação sobre a constituição, organização, funcionamento e extinção das bolsas de valores, bolsas de mercadorias e futuros e mercados de balcão organizado; (ii) a Instrução n° 467, de 2008, destinada a estabelecer diretrizes regulatórias sobre a "aprovação de contratos derivativos admitidos à negociação ou registrados nos mercados organizados de valores mobiliários", complementada pela Instrução n°486, de 2010, que permitiu a criação de "mecanismos de compartilhamento de informações sobre operações com contratos derivativos negociados ou registrados em seus sistemas"; (iii) a Instrução n° 521, de 2012, que dispõe sobre a atividade de classificação de risco de crédito no âmbito do mercado de valores mobiliários; (iv) a Instrução n° 541, de 2013, que dispõe, em linhas gerais, sobre a prestação de serviços de depósito centralizado de valores mobiliários; (v) a Instrução n° 542, de 2013, que trata da prestação de serviços de custódia de valores mobiliários; (vi) a Instrução n° 543, de 2013, que dispõe sobre a prestação de serviços de escrituração de valores mobiliários e de emissão de certificados de valores mobiliários; e (vii) a Instrução n° 544, de 2013, que estabelece, principalmente, a exclusividade de atuação das "entidades administradoras de mercados de balcão organizado" para o exercício da atividade de registro de ativos financeiros e de valores mobiliários, de acordo com a Instrução n° 461 da Comissão de Valores Mobiliários, de 2007.

Institucionalmente, a direção da CVM é exercida por um Diretor-Presidente e quatro Diretores, nomeados pelo Presidente da República, depois de aprovados pelo Senado Federal, dentre pessoas de ilibada reputação e reconhecida competência técnica a respeito do funcionamento do mercado de capitais, com mandato de cinco anos,[1048] vedada a recondução, devendo

---

de valores mobiliários e à necessidade de constante monitoramento do chamado perímetro regulatório. Por fim, o Comitê de Gestão de Riscos Institucionais, a ser implementado em julho de 2013, lidará com riscos institucionais, com foco na regulação de condutas. Fonte: http://www.cvm.gov.br/port/infos/Extrato%20da%20Ata %20da%20Reuni%C3%A3o%20 25.06.asp. Acesso em 01.08.2013.

[1048] A perda do mandato de quaisquer dos dirigentes da CVM somente ocorrerá em razão de renúncia, de condenação judicial transitada em julgado ou de processo administrativo disciplinar, cuja legitimidade para instauração, nesse último caso, é do Ministro de Estado da Fazenda, com fundamento em violação à lei penal, lei de improbidade administrativa ou

ser renovado a cada ano um quinto dos membros do Colegiado.[1049] A Diretoria Colegiada se reune, ordinariamente, ao menos uma vez por semana, e, extraordinariamente, quando convocado pelo Presidente ou um Diretor, com *quorum* votação de maioria simples.[1050]

Dentre as prescrições importantes da Lei nº 6.385, de 1976, podem ser destacadas: (i) a instituição de taxa de ficalização;[1051] (ii) a previsão expressa de se designar audiência pública para debater projetos de atos normativos;[1052] (iii) a possibilidade de celebração de convênios com instituições regulatórias ou entidades privadas cujo objeto diga respeito a normas de contabilidade e auditoria;[1053] (iv) a competência da CVM para celebrar Termos de Compromisso de Cessação;[1054] (v) a possibilidade de regulação sobre auditores independentes, consultores e analistas de valores mobiliários,[1055] com destaque para a anteriormente mencionada Instrução nº 521, de 2012, que regula a atividade de classificação de risco no mercado brasileiro de valores mobiliários; e (vi) a exigência institucional de colaboração informacional da CVM com as demais instituições do Sistema Financeiro Nacional e Secretaria da Receita Federal.[1056]

3.3.2 – Conselho Nacional de Seguros Privados (CNSP)

O Conselho Nacional de Seguros Privados (CNSP) é o órgão do Ministério da Fazenda[1057] responsável pela formulação de políticas públicas no âm-

---

inobservância dos deveres e das proibições inerentes ao cargo. Tal processo deve ser conduzido por comissão especial, competindo ao Presidente da República determinar o afastamento preventivo, quando for o caso, e proferir o julgamento, conforme os parágrafos do art. 6º da Lei nº 6.385, de 1976.

[1049] Vide art. 6º, *caput*, e §1º, da Lei nº 6.385, de 1976, complementado pelo Decreto nº 4.300, de 2002.
[1050] Vide art. 15 do Regimento Interno da CVM (Portaria nº 327 do Ministério da Fazenda, de 1977).
[1051] Vide art. 7º, V, da Lei nº 6.385, de 1976.
[1052] Vide art. 8º, §3º, I, da Lei nº 6.385, de 1976.
[1053] Vide art. 10-A da Lei nº 6.385, de 1976.
[1054] Vide art. 10, §5º, da Lei nº 6.385, de 1976.
[1055] Vide arts. 26 e 27 da Lei nº 6.385, de 1976.
[1056] Vide art. 28 da Lei nº 6.385, de 1976.
[1057] Vide art. 2º, III, "d", do Decreto nº 7.482, de 2011.

CAPÍTULO 3 - REGULAÇÃO FINANCEIRA SISTÊMICA: FUNDAMENTOS ESPECÍFICOS...

bito do Sistema Nacional de Seguros Privados,[1058] com competência para o estabelecimento de diretrizes normativas nos diversos segmentos do mercado de seguros, sobretudo com vistas à preservação do equilíbrio financeiro-patrimonial atuarial dos agentes financeiros que interagem nesses mercados.[1059]

Por sua vez, a composição do CNSP[1060] é á seguinte: (i) Ministro de Estado da Fazenda, que atua como Presidente;[1061] (ii) representante do Ministério da Justiça; (iii) representante do Ministério da Previdência Social; (iv) Superintendente da Superintendência de Seguros Privados (SUSEP); (v) representante do Banco Central do Brasil; e (vi) representante da Comissão de Valores

---

[1058] Os objetivos regulatórios principais da política brasileira de seguros privados (art. 5º do Decreto-Lei nº 73, de 1966) são os seguintes: (i) promover a expansão do mercado de seguros e propiciar condições operacionais necessárias para sua integração no processo econômico e social do País; (ii) firmar o princípio de reciprocidade em operações de seguro, condicionando a autorização para o funcionamento de empresas e firmas estrangeiras a igualdade de condições no país de origem; (iii) promover o aperfeiçoamento das sociedades seguradoras; (iv) preservar a liquidez e a solvência das sociedades seguradoras; e (v) coordenar a política de seguros com a política estabelecida pelo Conselho Monetário Nacional.

[1059] As competências específicas do CNSP estão previstas no art. 32 do Decreto-Lei nº 73, de 1966, quais sejam: (i) fixar as diretrizes e normas da política de seguros privados; (ii) regular a constituição, organização, funcionamento e fiscalização dos que exercerem atividades subordinadas a este Decreto-Lei, bem como a aplicação das penalidades previstas; (iii) estipular índices e demais condições técnicas sobre tarifas, investimentos e outras relações patrimoniais a serem observadas pelas Sociedades Seguradoras; (iv) fixar as características gerais dos contratos de seguros; (v) fixar normas gerais de contabilidade e estatística a serem observadas pelas sociedades seguradoras; (vi) delimitar o capital das sociedades seguradoras e dos resseguradores; (vii) estabelecer as diretrizes gerais das operações de resseguro; (viii) disciplinar as operações de cosseguro; (ix) aplicar às sociedades seguradoras estrangeiras autorizadas a funcionar no país as mesmas vedações ou restrições equivalentes às que vigorarem nos países da matriz, em relação às sociedades seguradoras brasileiras ali instaladas ou que neles desejem estabelecer-se; (x) prescrever os critérios de constituição das sociedades seguradoras, com fixação dos limites legais e técnicos das operações de seguro; (xi) disciplinar a corretagem de seguros e a profissão de corretor; (xii) decidir sobre sua própria organização, elaborando o respectivo Regimento Interno; (xiii) regular a organização, a composição e o funcionamento de suas Comissões Consultivas; e (xiv) regular a instalação e o funcionamento das Bolsas de Seguro.

[1060] Vide art. 33 do Decreto-Lei nº 73, de 1966, conforme alteração dada pelo art. 2º da Lei nº 10.190, de 2001.

[1061] As atribuições do Presidente constam dos arts. 5º e 6º do Regimento Interno do Conselho Nacional de Seguros Privados (Anexo da Resolução nº 111 do Conselho Nacional de Seguros Privados, de 2004).

Mobiliários (CVM). O serviço de Secretaria-Executiva do CNSP é feito pela SUSEP.[1062]

As reuniões ordinárias do CNSP são trimestrais,[1063] com *quorum* de instalação de, no mínimo, quatro membros,[1064] e aprovação por maioria de votos.[1065] Os Diretores da SUSEP poderão participar das reuniões, sem direito a voto,[1066] bem como Assessores designados pelos membros do CNSP. Os resultados das deliberações do CNSP sobre os assuntos relacionados à política de seguros privados tomam a forma de Resoluções,[1067] com publicação no Diário Oficial da União e no sítio eletrônico da SUSEP.[1068]

Ao final, são lavradas atas com o extrato dos assuntos discutidos e excluídas as matérias de caráter confidencial.[1069]

Funcionam junto ao CNSP oito Comissões Consultivas, sem prejuízo de criação de outras se houver necessidade, ouvidas obrigatoriamente quando o assunto a ser discutido no CNSP envolve as respectivas áreas,[1070] a saber: (i) Saúde; (ii) Trabalho; (iii) Transporte; (iv) Mobiliária e de Habitação; (v) Rural; (vi) Aeronáutica; (vii) Crédito; e (viii) Corretores.

Tal como ocorre na relação entre CMN e Banco Central do Brasil, as informações sobre o CNSP são escassas no sítio eletrônico do Ministério da Fazenda e razoável acessibilidade no sítio eletrônico da SUSEP. Ademais, percebe-se que o grau de confidencialidade das deliberações no âmbito do CNSP é um traço institucional marcante, eis que somente se dá publicidade ao resultado de algumas deliberações, notadamente o conteúdo das Resoluções.

Por fim, o grau de participação social nas deliberações do CNSP é muito baixo e a única forma de interação social nas reuniões ocorre mediante convites formais para participação, sem direito a voto.

[1062] Vide art. 13 e 14 do Regimento Interno do Conselho Nacional de Seguros Privados.
[1063] Vide art. 23 do Regimento Interno do Conselho Nacional de Seguros Privados.
[1064] Vide art. 25 do Regimento Interno do Conselho Nacional de Seguros Privados.
[1065] Vide art. 33 do Regimento Interno do Conselho Nacional de Seguros Privados.
[1066] Vide art. 27 do Regimento Interno do Conselho Nacional de Seguros Privados.
[1067] Vide art. 35, I, do Regimento Interno do Conselho Nacional de Seguros Privados.
[1068] Vide art. 40 do Regimento Interno do Conselho Nacional de Seguros Privados.
[1069] Vide art. 40 do Regimento Interno do Conselho Nacional de Seguros Privados.
[1070] Vide art. 34 do Decreto-Lei nº 73, de 1966, e arts. 8º a 12 do Regimento Interno do Conselho Nacional de Seguros Privados. A organização da pauta segue rito similar ao do CMN. V. drts. 19 a 22 do Regimento Interno do Conselho Nacional de Seguros Privados.

3.3.2.1 – Superintendência de Seguros Privados (SUSEP)

A Superintendência de Seguros Privados (SUSEP) é autarquia vinculada ao Ministério da Fazenda, com competência para regular a entrada, o funcionamento e eventual saída de mercado de sociedades seguradoras,[1071] sociedades de capitalização,[1072] entidades abertas de previdência complementar,[1073] sociedades resseguradoras e cosseguradores,[1074] segundo diretrizes normativas legais, Resoluções do Conselho Monetário Nacional e Resoluções do Conselho Nacional de Seguros Privados.

Quanto ao acervo normativo aplicável, vale destacar a Resolução nº 3.308 do Conselho Monetário Nacional, de 2005,[1075] que estabelece as diretrizes de aplicação dos recursos administrados pelas sociedades reguladas, inclusive resseguradoras locais (Resolução nº 3.357 do Conselho Monetário Nacional, de 2008), mediante a instituição da Supervisão Baseada em Risco (SBR) no âmbito da SUSEP.

[1071] Vide Decreto-Lei nº 73, de 1966, na qual estão previstos, em linhas gerais, os requisitos para a constituição e autorização de funcionamento (arts. 74 a 88), funcionamento (arts. 89 a 93) e saída voluntária ou compulsória de sociedades seguradoras do mercado (94 a 107).

[1072] Vide Decreto-Lei nº 261, de 1967, alterado pelo Lei Complementar nº 137, de 2010, o qual prescreve a aplicação do regime jurídico regulatório do Decreto-Lei nº 73, de 1966, às sociedades de capitalização (arts. 3º e 4º do Decreto-Lei nº 261, de 1967, com a redação dada pela Lei Complementar nº 137, de 2010).

[1073] Nos termos do art. 74 da Lei Complementar nº 109, de 2001, as entidades abertas de previdência complementar estão sujeitas à regulação exercida através das diretrizes normativas definidas pelo Conselho Nacional de Seguros Privados (CNSP) e Superintendência de Seguros Privados (SUSEP). As diretrizes regulatórias de entrada e reorganização societária – constituição para autorização de funcionamento e atos de concentração econômica no setor – estão previstas, basicamente, nos arts. 36 a 38 da Lei Complementar nº 109, de 2001, as diretrizes de regulação de funcionamento nos arts. 40 a 43 e de regulação de saída nos arts. 44 a 62 da referida Lei Complementar, aplicáveis no âmbito da SUSEP, no que couber, o art. 2º e 15 do Decreto-Lei nº 2.321, de 1987, arts. 1º a 8º da Lei nº 9.447, de 1997 e arts. 3º a 49 da Lei nº 6.024, de 1974, conforme o art. 3º da Lei nº 10.910, de 2001.

[1074] As atividades de resseguro e cosseguro estão disciplinadas na Lei Complementar nº 126, de 2007, que efetuou alterações nas prescrições normativas do Decreto-Lei nº 73, de 1966, de modo a instituir uma aplicação conjunta e sistemática de ambos os atos normativos citados aos resseguradores e cosseguradores.

[1075] Tal Resolução foi alterada pelas Resoluções de nº 3.358, de 2006, 4.026, de 2011, 4.176, de 2013, e 4.221, de 2013, todas editadas pelo Conselho Monetário Nacional.

Sendo assim, as Resoluções acima mencionadas impõem regulação sobre o modo de constituição de reservas técnicas, provisões e fundos administrados pelas instituições reguladas pela SUSEP, a partir de métodos de avaliação de risco de investimentos e ativos, com exigências de limitação na alocação e concentração da carteira de acordo com a qualidade dos ativos e dos emissores.

Dentre todas as atribuições competenciais da SUSEP,[1076] podem ser destacadas as seguintes: (i) a proteção aos consumidores financeiros nos mercados de seguro, resseguro, retrocessão, capitalização e previdência complementar aberta; e (ii) a promoção do aperfeiçoamento da regulação financeira dos mercados regulados, zelando pela liquidez e solvência dos agentes submetidos à sua esfera de atuação regulatória, mediante análise de pedidos de autorização de constituição e funcionamento, supervisão financeira das atividades das instituições autorizadas, inclusive reorganizações societárias, além do poder legal de decretação de regimes de intervenção ou liquidação extrajudicial quando comprovada a inviabilidade de permanência da instituição regulada no mercado.

Além disso, a SUSEP tem o poder legal de editar Instruções e Circulares[1077] para complementar as diretrizes regulatórias oriundas das leis atributivas de competência à SUSEP, bem como em relação a Resoluções do CMN e do CNSP.

Vale ressaltar, ainda, a existência da Deliberação SUSEP nº 92, de 2004, que disciplina os procedimentos referentes à audiência pública cujo objeto sejam minutas de projetos normativos a serem encaminhados ao CNSP, e da Circular SUSEP nº 450, de 2012, que instituiu a possibilidade de celebração de Termo de Ajustamento de Conduta no âmbito dos mercados regulados pela SUSEP.

Quanto à composição diretiva da SUSEP, ela é constituída por um Conselho Diretor integrado pelo Superintendente, que atua como Presidente, e quatro Diretores, indicados pelo Ministro de Estado da Fazenda, dentre pessoas de reconhecida competência e ilibada reputação, nomeados pelo Presidente da República, exoneráveis *ad nutum*.[1078]

As reuniões ordinárias do Conselho Diretor ocorrem semanalmente, podendo ser realizadas reuniões extraordinárias, cujo *quorum* de votação é de

---

[1076] Vide art. 3º do Regimento Interno da SUSEP, que consta do Anexo da Resolução nº 272 do Conselho Nacional de Seguros Privados, de 2012.
[1077] Vide art. 36, "b", 88 e 109 do Decreto-Lei nº 73, de 1966.
[1078] Vide art. 5º, *caput*, e parágrafo único do Regimento Interno da SUSEP.

maioria dos membros. Participam das reuniões, sem direito a voto, o Chefe da Secretaria-Geral, o Procurador-Chefe, o Chefe de Gabinete e, quando necessário, representante de qualquer outra unidade a que se referir o assunto objeto de deliberação, havendo a possibilidade de convocação de servidores, especialistas e representantes de outras instituições.[1079]

Os resultados das deliberações devem constar de atas específicas, com a divulgação pública, se for o caso, de Instruções, Deliberações, Circulares e Pareceres de Orientação sobre matérias de competência da SUSEP.[1080]

3.3.3 – Conselho Nacional de Previdência Complementar (CNPC)

O Conselho Nacional de Previdência Complementar (CNPC), anteriormente denominado Conselho de Gestão da Previdência Complementar (CGPC), nos termos do art. 74 da Lei Complementar nº 109, de 2001,[1081] é o órgão do Ministério da Previdência Social responsável pela regulação das entidades fechadas de previdência complementar (EFPC), normalmente conhecidas como fundos de pensão,[1082] conforme o art. 5º da Lei Complementar nº 109, de 2001, e art. 13 da Lei nº 12.154, de 2009.

[1079] Vide art. 9º do Regimento Interno da SUSEP.

[1080] Vide, especialmente, os incisos IV e IX do art. 10 do Regimento Interno da SUSEP.

[1081] A redação do dispositivo é a seguinte, *in verbis*: "Art. 74. Até que seja publicada a lei de que trata o art. 5º desta Lei Complementar, as funções do órgão regulador e do órgão fiscalizador serão exercidas pelo Ministério da Previdência e Assistência Social, por intermédio, respectivamente, do Conselho de Gestão da Previdência Complementar (CGPC) e da Secretaria de Previdência Complementar (SPC), relativamente às entidades fechadas, e pelo Ministério da Fazenda, por intermédio do Conselho Nacional de Seguros Privados (CNSP) e da Superintendência de Seguros Privados (SUSEP), em relação, respectivamente, à regulação e fiscalização das entidades abertas".

[1082] A regulação segue os objetivos regulatórios gerais para a previdência complementar previstos no art. 3º da Lei Complementar nº 109, de 2001, quais sejam: (i) formular a política de previdência complementar; (ii) regular as atividades reguladas por esta Lei Complementar, compatibilizando-as com as políticas previdenciária e de desenvolvimento social e econômico-financeiro; (iii) determinar padrões mínimos de segurança econômico-financeira e atuarial, com fins específicos no sentido de preservar a liquidez, a solvência e o equilíbrio dos planos de benefícios, isoladamente, e de cada entidade de previdência complementar, no conjunto de suas atividades; (iv) assegurar aos participantes e assistidos o pleno acesso às informações relativas à gestão de seus respectivos planos de benefícios; (v) fiscalizar as entidades de

A composição do CNPC, nos termos dos arts. 14 e 16, §1º, da Lei nº 12.154, de 2009, e art. 3º do Regimento Interno,[1083] é integrada da seguinte forma: (i) Ministro de Estado da Previdência Social, como Presidente; (ii) representante da Superintendência Nacional de Previdência Complementar (PREVIC); (iii) representante da Secretaria de Políticas de Previdência Complementar do Ministério da Previdência Social; (iv) representante da Casa da Civil da Presidência da República; (v) representante do Ministério da Fazenda; (vi) representante do Ministério do Planejamento, Orçamento e Gestão; (vii) representante das entidades fechadas de previdência complementar; (viii) representante dos patrocinadores e instituidores de planos de benefícios das entidades fechadas de previdência complementar; e (ix) representante dos participantes e assistidos de planos de benefícios das entidades fechadas.[1084]

Os membros do CNPC, salvo o Ministro de Estado da Previdência Social, têm mandato de dois anos, permitida uma única recondução.[1085] O Ministro de Estado da Previdência Social pode decretar, de forma fundamentada, a perda do mandato do membro, titular ou suplente, nas hipóteses taxativas previstas no Regimento Interno.[1086]

As propostas de resolução ou recomendações para inclusão em pauta podem ser formuladas pelo: (i) Ministro de Estado da Previdência Social; (ii) Secretário de Políticas de Previdência Complementar; (iii) Diretoria Colegiada

---

previdência complementar, suas operações e aplicar penalidades; e (vi) proteger os interesses dos participantes e assistidos dos planos de benefícios.

[1083] O Regimento Interno do CNPC foi consolidado com a edição da Portaria do Ministério de Previdência Social (MPS) nº 132, de 2011, em conformidade com o Decreto nº 7.123, de 2010.

[1084] Os representantes do poder público e seus respectivos suplentes são indicados pelos correspondentes Ministros de Estado e designados pelo Ministro de Estado da Previdência Social. Quanto aos representantes do setor privado e seus respectivos suplentes, há a designação pelo Ministro de Estado da Previdência Social, sendo que o representante das entidades fechadas de previdência complementar e o respectivo suplente são indicados pela Associação Brasileira das Entidades Fechadas de Previdência Complementar (ABRAPP), o representante dos participantes e assistidos das entidades fechadas de previdência complementar e o respectivo suplente são indicados pela Associação Nacional dos Participantes de (ANAPAR); e o representante dos patrocinadores e instituidores é escolhido na forma disciplinada pelo Ministério da Previdência Social.

[1085] Vide art. 5º do Regimento Interno do CNPC.

[1086] Vide art. 7º do Regimento Interno do CNPC, sendo que o membro afastado por qualquer das razões previstas neste artigo não pode ser designado como membro do CNPC pelo prazo de cinco anos, contado da publicação oficial do ato que decretar a perda do mandato.

da Previc; ou (iv) por, no mínimo, três membros do Conselho,[1087] devidamente acompanhadas da respectiva minuta, exposição de motivos e parecer jurídico elaborado pelo proponente.[1088]

As sessões ordinárias do CNPC ocorrem trimestralmente,[1089] mas pode haver a convocação de sessões extraordinárias, com previsão expressa acerca da abertura da sessão ao público, salvo quando houver matéria sigilosa envolvida, mediante deliberação justificada do colegiado.[1090] O *quorum* de instalação das sessões é de maioria simples, assim como o *quorum* de votação.

A Secretaria de Políticas de Previdência Complementar funciona como Secretaria-Executiva do CNPC[1091] e as deliberações resultam em Resoluções ou Recomendações,[1092] que são publicadas no Diário Oficial da União.

O desenho institucional do CNPC é bem curioso. Além de: (i) sua composição incluir representantes da sociedade civil, (ii) as sessões de deliberação, em regra, são públicas e (iii) os seus integrantes, salvo o Ministro de Estado da Previdência Social, possuem mandato com fundamento em artigo do Regimento Interno, sendo que a decretação da perda de mandato está vinculada a razões específicas nele prescritas.

3.3.3.1 – Superintendência Nacional de Previdência Complementar (PREVIC)

A Superintendência Nacional de Previdência Complementar (PREVIC), anteriormente denominada Secretaria de Previdência Complementar (SPC), nos termos do art. 74 da Lei Complementar nº 109, de 2001,[1093] é autarquia

---

[1087] Vide art. 25 do Regimento Interno do CNPC.
[1088] Vide art. 26 do Regimento Interno do CNPC.
[1089] Vide art. 18, I, do Regimento Interno do CNPC.
[1090] Vide art. 22 do Regimento Interno do CNPC.
[1091] Vide art. 16 e 17 do Regimento Interno do CNPC.
[1092] Vide art. 24 do Regimento Interno do CNPC.
[1093] A redação do dispositivo é a seguinte, *in verbis*: "Art. 74. Até que seja publicada a lei de que trata o art. 5º desta Lei Complementar, as funções do órgão regulador e do órgão fiscalizador serão exercidas pelo Ministério da Previdência e Assistência Social, por intermédio, respectivamente, do Conselho de Gestão da Previdência Complementar (CGPC) e da Secretaria de Previdência Complementar (SPC), relativamente às entidades fechadas, e pelo Ministério da Fazenda, por intermédio do Conselho Nacional de Seguros Privados (CNSP) e

vinculada ao Ministério da Previdência Social[1094] com competência para regular a entrada, o funcionamento e eventual saída de mercado das entidades fechadas de previdência complementar (EFPC), conforme as diretrizes normativas estabelecidas pelos arts. 31 a 35 da Lei Complementar nº 109, de 2001, de acordo com as normas contidas nas Resoluções do CMN e do CNPC.

Quanto ao ponto, vale destacar a Resolução nº 3.792 do Conselho Monetário Nacional, de 2009, alterada pelas Resoluções de nº 3.846 e n° 4.275 do Conselho Monetário Nacional, de 2010 e 2013, respectivamente, que estabelece as diretrizes de aplicação dos recursos garantidores dos planos administrados pelas entidades fechadas de previdência complementar, ou seja, impõe a adoção da Supervisão Baseada em Risco (SBR) no âmbito da PREVIC.

Desse modo, tal Resolução regula o modo de constituição de reservas técnicas, provisões e fundos dos planos administrados pelas EFPCs, a partir de métodos de avaliação de risco de investimentos e precificação de ativos, com exigências de limitação na alocação e concentração da carteira de acordo com a qualidade dos ativos e dos emissores.

Em termos práticos, a PREVIC avalia pedidos de autorização de constituição e funcionamento das EFPCs,[1095] efetua a supervisão financeira das atividades dessas instituições,[1096] inclusive reorganizações societárias,[1097] além de ter o poder legal de decretação de regimes de intervenção ou liquidação extrajudicial em EFPCs que se mostrem inviáveis de permanecer no mercado.[1098]

Além disso, a PREVIC tem o poder legal de editar Instruções[1099] para complementar as diretrizes regulatórias oriundas da Lei Complementar nº 109, de 2001, do CMN e do CNPC, com previsão expressa no sentido de privilegiar meios de conciliação e mediação de conflitos entre participantes das EFPCs[1100] e promover o intercâmbio de informações com as demais instituições do

---

da Superintendência de Seguros Privados (SUSEP), em relação, respectivamente, à regulação e fiscalização das entidades abertas".

[1094] Vide art. 1º da Lei nº 12.154, de 2009.
[1095] Vide art. 2º, IV, "a", da Lei nº 12.154, de 2009.
[1096] Vide art. 2º, I, da Lei nº 12.154, de 2009.
[1097] Vide art. 2º, IV, "b", da Lei nº 12.154, de 2009.
[1098] Vide art. 2º, VI e VII, da Lei nº 12.154, de 2009, aplicados segundo os arts. 44 a 62 da Lei Complementar nº 109, de 2001.
[1099] Vide art. 2º, III, da Lei nº 12.154, de 2009.
[1100] Vide art. 2º, VIII, da Lei nº 12.154, de 2009.

CAPÍTULO 3 – REGULAÇÃO FINANCEIRA SISTÊMICA: FUNDAMENTOS ESPECÍFICOS...

Sistema Financeiro Nacional,[1101] com a celebração de convênios,[1102] se for o caso.

Vale ressaltar, ainda, a existência das seguintes instruções: (i) Instrução nº 3 da PREVIC, de 2010,[1103] que estabelece a possibilidade de celebração de Termo de Ajustamento de Conduta (TAC) por deliberação da Diretoria Colegiada da PREVIC; (ii) Instrução nº 6 da PREVIC, de 2010, que disciplina a realização de consultas e audiências públicas; e Instrução nº 7 da PREVIC, de 2010, que instituiu e regulamentou o funcionamento da Comissão de Mediação, Conciliação e Arbitragem da PREVIC (CMCA).

Quanto à composição da Diretoria Colegiada da PREVIC, ela é integrada por um Diretor-Superintendente e quatro Diretores, escolhidos dentre pessoas de ilibada reputação e de notória competência, com indicação pelo Ministro de Estado da Previdência Social e nomeação pelo Presidente da República, exoneráveis *ad nutum*.[1104]

Dentre aspectos institucionais importantes, cabe citar a função de assessoria do Ministro de Estado da Previdência Social acerca de diagnósticos e sugestões de políticas regulatórias para o setor,[1105] a previsão de quarentena de quatro meses aos Diretores após a exoneração no setor de EFPCs,[1106] além da instituição da taxa de fiscalização como uma das fontes de receita da PREVIC.[1107]

[1101] Vide art. 2º, §1º, da Lei nº 12.154, de 2009.

[1102] A PREVIC possui convênios com diversos agentes de mercado e instituições do Sistema Financeiro Nacional. A lista está disponível em: http://www.mpas.gov.br/previc.php?id_spc=150. Acesso em 01.05.2013.

[1103] Consta da Instrução os fundamentos legais para a sua edição, a saber: (i) art. 3º, II, V e VI, da Lei Complementar nº 109, de 2001, e art. 2º, III e V, da Lei nº 12.154, de 2009, com aplicação em relação aos "administradores dos patrocinadores ou instituidores, os atuários, os auditores independentes, os avaliadores de gestão e outros profissionais que prestem serviços técnicos à entidade, diretamente ou por intermédio de pessoa jurídica contratada" (art. 63, parágrafo único, da Lei Complementar nº 109, de 2001).

[1104] Vide art. 4º da Lei nº 12.154, de 2009.

[1105] Vide art. 7º da Lei nº 12.154, de 2009 e art. 11 do Regimento Interno da PREVIC, consolidado no Anexo da Portaria nº 183 do Ministério da Previdência Social (MPS), de 2010, conforme o Decreto nº 7.075, de 2010.

[1106] Vide art. 6º da Lei nº 12.154, de 2009.

[1107] Vide art. 11, III, e 12 da Lei nº 12.154, de 2009.

As reuniões da Diretoria Colegiada ocorrem semanalmente, com a participação, sem direito a voto, do Procurador Chefe, o Chefe de Gabinete e o Chefe da Assessoria de Comunicação Social, bem como de servidores e especialistas convidados,[1108] nas quais serão deliberadas as propostas sobre matérias de competência da PREVIC, acompanhadas das justificativas pertinentes.[1109] O *quorum* de instalação é de maioria simples, com *quorum* de votação de maioria simples.[1110]

Os atos normativos aprovados por deliberação da Diretoria Colegiada geram Instruções, que constarão de ata a ser disponibilizada no sítio eletrônico da PREVIC, ressalvadas as hipóteses de sigilo.[1111]

Por fim, a PREVIC tem o dever de elaboração de Relatório Anual de suas atividades para envio ao Ministério da Previdência Social, que o remeterá ao Presidente da República e ao Congresso Nacional.[1112]

3.3.4 – Comitê de Regulação e Fiscalização dos Mercados Financeiro, de Capitais, de Seguros, de Previdência e Capitalização (COREMEC)

No início de 2006, foi instituído, no âmbito do Ministério da Fazenda, o Comitê de Regulação e Fiscalização dos Mercados Financeiro, de Capitais, de Seguros, de Previdência e Capitalização (COREMEC), nos termos do Decreto nº 5.685, de 2006, com o objetivo de criar um ambiente institucional, de natureza consultiva, de coordenação regulatória em prol de uma regulação financeira sistêmica adequada.[1113]

[1108] Vide art. 16 do Regimento Interno da PREVIC.
[1109] Vide arts. 19 e 20 do Regimento Interno da PREVIC.
[1110] Vide art. 23 do Regimento Interno da PREVIC.
[1111] Vide art. 25 do Regimento Interno da PREVIC.
[1112] Vide art. 2º, IX, da Lei nº 12.154, de 2009.
[1113] Vide art. 1º e 3º do Decreto nº 5.685, de 2006. Conforme prescreve o art. 8º do Regimento Interno do COREMEC (Deliberação Coremec nº 1, de 2006), é da competência do comitê: (i) propor a adoção de medidas de qualquer natureza visando ao melhor funcionamento dos mercados sob regulação e fiscalização; (ii) debater iniciativas de regulação e procedimentos de fiscalização que possam ter impacto nas atividades de mais de uma das entidades e órgãos integrantes, tendo por finalidade a harmonização das mencionadas iniciativas e procedimentos; (iii) facilitar e coordenar o intercâmbio de informações entre os integrantes, inclusive com entidades estrangeiras e organismos internacionais; (iv) debater e propor ações coordenadas

Sua composição é integrada da seguinte forma: (i) Ministro-Presidente do Banco Central do Brasil e um Diretor dessa Autarquia; (ii) Presidente da Comissão de Valores Mobiliários e um Diretor dessa Autarquia; (iii) Direitor-Superintendente da PREVIC e um Diretor dessa Autarquia; e (iv) Superintendente da Superintendência de Seguros Privados e um Diretor dessa Autarquia. A Presidência do comitê é rotativa para cada período de seis meses e a Secretaria-Executiva do COREMEC é exercida pelo Banco Central do Brasil.

As reuniões ordinárias são trimestrais, com possibilidade de convocação de reuniões extraordinárias.[1114] Participam da reunião os seus integrantes, com direito a voto, sem prejuízo da possibilidade de formulação de convites a especialistas sobre regulação financeira de modo geral,[1115] assim como a constituição de grupos de trabalho, com prazo de vigência determinado, com propósitos específicos. As deliberações exigem *quorum* de instalação e de votação por maioria simples, sendo que as decisões tomadas, se houver necessidade de publicização, serão divulgadas por meio de Deliberações.[1116]

Em 2010, através da Deliberação COREMEC nº 12, foi criado e instituído o Regimento Interno do Subcomitê de Monitoramento da Estabilidade do Sistema Financeiro Nacional (SUMEF), integrado por dois representantes de cada uma das instituições que compõem o COREMEC,[1117] voltado ao assessoramento do COREMEC na regulação financeira sistêmica dos mercados, com previsão de reuniões ordinárias a cada dois meses e extraordinárias quando necessárias,[1118] sendo a Secretaria-Executiva exercida pelo Banco Central do Brasil.[1119].

Feita uma análise superficial, percebe-se, provavelmente em razão do seu caráter consultivo, que o COREMEC, a despeito de suas potencialidades, tem auxiliado mas não assumido protagonismo na regulação financeira sistêmica brasileira.

---

de regulação e fiscalização, inclusive as aplicáveis aos conglomerados financeiros; e (v) aprovar alterações neste regimento, mediante unanimidade de votos de seus integrantes.

[1114] Vide art. 13 do Regimento Interno do COREMEC.
[1115] Cf. art. 17 do Regimento Interno do COREMEC.
[1116] Art. 25 do Regimento Interno do COREMEC.
[1117] Vide art. 2º do Regimento Interno do SUMEF.
[1118] Vide art. 12 do Regimento Interno do SUMEF.
[1119] Vide art. 3º do Regimento Interno do SUMEF.

Além disso, trata-se de uma instituição pouco transparente, que não possui sequer sítio eletrônico[1120] e suas deliberações são publicizadas, de forma esparsa, através de divulgação pelas instituições nele representadas quando o objeto da deliberação efetuada repercute nas respectivas atribuições competenciais, isto é, a Deliberação do COREMEC é divulgada pela Comissão de Valores Mobiliários, por exemplo, quando o seu objeto se relaciona com as competências legais da CVM.

3.3.5 – Conselho Administrativo de Defesa Econômica (CADE)

Com o advento da Lei nº 8.884, de 1994, houve uma importante mudança institucional no Brasil em relação à defesa da livre concorrência nos mercados, com o reforço de autonomia legal do Conselho Administrativo de Defesa Econômica.

Além de diversas inovações substanciais relevantes, tal como a previsão legal de responsabilidade objetiva pelos danos à livre concorrência,[1121] foi estabelecido, originariamente, mandato legal de dois anos para o Presidente e os seis Conselheiros do CADE, permitida uma única recondução,[1122] com hipóteses taxativas vinculativas dos motivos para a exoneração dos Conselheiros,[1123] o que representou um grande avanço no sentido de reforçar a autonomia decisória da instituição.

Hoje, a defesa da concorrência no país é tutelada através do Sistema Brasileiro de Defesa da Concorrência (SBDC),[1124] nos termos da Lei nº 12.529, de 2011, integrado pelo Conselho Administrativo de Defesa Econômica (CADE),

---

[1120] O único sítio eletrônico que que elenca as Deliberações do COREMEC (até 2010) é o sítio eletrônico do Ministério da Previdência Social. Fonte: http://www.mpas.gov.br/conteudoDinamico.php?id=279. Acesso em 01.05.2013.

[1121] Vide art. 20, *caput*, da revogada Lei nº 8.884, de 1994.

[1122] Vide art. 4, §1º, da revogada Lei nº 8.884, de 1994.

[1123] Vide art. 5º da revogada Lei nº 8.884, de 1994.

[1124] Vide art. 1º da Lei nº 12.529, de 2011. Note-se que a Secretaria de Direito Econômico (SDE) – aludida nos arts. 13 e 14 da revogada Lei nº 8.884, de 1994 – não está mais incluída nas instituições integrantes do Sistema Brasileiro de Defesa da Concorrência. Não obstante, foi criada a Superintendência-Geral do CADE (arts. 5º, 12 e 13 da Lei nº 12.529, de 2011), órgão do CADE com funções análogas às exercidas pela SDE anteriormente.

que permanece vinculado ao Ministério da Justiça, e pela Secretaria de Acompanhamento Econômico do Ministério da Fazenda,[1125] constituindo órgão de suma relevância no assessoramento das atividades do recém-criado Tribunal Administrativo de Defesa Econômica.[1126]

Com efeito, os integrantes desse Tribunal são escolhidos dentre cidadãos com mais de 30 (trinta) anos de idade, de notório saber jurídico ou econômico e reputação ilibada, nomeados pelo Presidente da República, depois de aprovados pelo Senado Federal, com mandato de quatro anos, não coincidentes, vedada a recondução, mantidas as hipóteses taxativas vinculativas dos motivos para a exoneração dos Conselheiros.[1127]

As decisões no Plenário do referido Tribunal são tomadas por maioria simples, com *quórum* de instalação de quatro membros, com *quórum* de votação mínima de três membros.

Nada obstante, há disposição legal expressa que veda a interposição de recurso hierárquico impróprio, o CADE tem o poder de editar Resoluções para complementar as diretrizes normativas da Lei nº 12.259, de 2011,[1128] e as demais autoridades da Administração Pública Federal têm o dever de prestar colaboração técnica quando houver solicitação formal do CADE.[1129]

É importante mencionar, de igual modo, a previsão legal de procedimentos voltados à celebração de Termos de Compromisso de Cessação e o Programa de Leniência,[1130] à semelhança dos Termos de Ajustamento de Conduta.

Pois bem. Em meados de 2000, suscitou-se uma grande divergência institucional a respeito da competência do CADE para analisar reorganizações societárias financeiras geradoras de atos de concentração bancária,[1131] tendo

---

[1125] Suas atribuições constam no art. 19 da Lei nº 12.529, de 2011, e no art. 29 do Decreto nº 7.482, de 2011, pertinente à organização estrutural do Ministério da Fazenda.
[1126] Vide art. 6º da Lei nº 12.529, de 2011.
[1127] Vide art. 6º e 7º da Lei nº 12.529, de 2011.
[1128] Vide, principalmente, os arts. 53 e 54 da Lei nº 12.529, de 2011.
[1129] Vide art. 9º da Lei nº 12.529, de 2011.
[1130] Vide arts. 85 e 86 da Lei nº 12.529, de 2011, respectivamente.
[1131] Vide art. 54 da revogada Lei nº 8.884, de 1994.

em vista, principalmente, as regras extraídas dos arts. 3º, VI,[1132] 10, X, "c" e "g",[1133] 11, VII,[1134] e 18, §2º,[1135] todos da Lei nº 4.595, de 1964.[1136]

Em relação ao tema, a repercussão da questão foi tão intensa que, após manifestações jurídicas oriundas dos Ministérios e instituições envolvidas – leia--se, o Ministério da Justiça, a Procuradoria Geral do CADE, a Procuradoria do Banco Central do Brasil e a Procuradoria Geral da Fazenda Nacional –, o tema foi alçado ao Advogado-Geral da União, que adotou as conclusões expostas no Parecer AGU/LA nº 01, de 2001, cujo conteúdo adquiriu caráter normativo

---

[1132] "Art. 3º, VII. A política do Conselho Monetário Nacional objetivará: (...) zelar pela liquidez e solvência das instituições financeiras".

[1133] "Art. 10, X, "c" e "g". Compete privativamente ao Banco Central da República do Brasil: (...) X – Conceder autorização às instituições financeiras, a fim de que possam: (...) c) ser transformadas, fundidas, incorporadas ou encampadas; (...) g) alienar ou, por qualquer outra forma, transferir o seu controle acionário".

[1134] "Art. 11, VII. Compete ainda ao Banco Central da República do Brasil: (...) VII – Exercer permanente vigilância nos mercados financeiros e de capitais sobre empresas que, direta ou indiretamente, interfiram nesses mercados e em relação às modalidades ou processos operacionais que utilizem".

[1135] "Art. 18, §2º. As instituições financeiras somente poderão funcionar no País mediante prévia autorização do Banco Central da República do Brasil ou decreto do Poder Executivo, quando forem estrangeiras. § 2º O Banco Central da Republica do Brasil, no exercício da fiscalização que lhe compete, regulará as condições de concorrência entre instituições financeiras, coibindo-lhes os abusos com a aplicação da pena nos termos desta lei".

[1136] Conforme expõe Calixto Salomão Filho, *"a fiscalização das instituições financeiras, também do ponto de vista concorrencial, é perfeitamente possível ao Banco Central. A Lei n. 4.595, de 31 de dezembro de 1964, prevê, em seu art. 10, inc. X, letras 'c' e 'g', que toda fusão, incorporação, transformação e alienação de controle das empresas deve ser autorizada pelo Banco Central. O Banco Central tem, portanto, com relação às instituições financeiras, a mesma competência fiscalizatória atribuída pelo art. 54 ao CADE com relação à generalidade das empresas. Tratando-se, por outro lado, a lei bancária de regulamento específico, não pode ser derrogada pelas disposições mais genéricas da lei concorrencial. O mesmo pode ser dito com relação ao controle das condutas. O art. 11, inc. VII, da mesma Lei n. 4.595/64 prevê que ao Banco Central compete 'exercer permanente vigilância nos mercados financeiros e de capitais sobre empresas que, direta ou indiretamente, interfiram nesses mercados e em relação às modalidades ou processos operacionais de utilizem'. É possível, portanto, também ao Banco Central o controle das condutas"* (SALOMÃO FILHO, Calixto. *Direito concorrencial*: as estruturas. São Paulo: Malheiros, 2002, p. 230). Em tom crítico, o aludido doutrinador frisou que *"o Banco Central jamais exerceu sua competência teórica em matéria concorrencial"* (SALOMÃO FILHO, Calixto. Op. Cit., p. 231). Em termos de tutela normativa da livre concorrência pelo Banco Central do Brasil, é possível destacar a Circular nº 3.522, de 2011, que veda às instituições financeiras reguladas a celebração de convênios, contratos ou acordos que impeçam o acesso de clientes a operações de crédito ofertadas por outras instituições.

CAPÍTULO 3 – REGULAÇÃO FINANCEIRA SISTÊMICA: FUNDAMENTOS ESPECÍFICOS...

pela aprovação do Presidente da República com a edição do Parecer GM-020, de 2001, nos termos do art. 40 da Lei Complementar nº 73, de 1993.[1137]

Em síntese, a despeito das discussões acerca dos aspectos formais envolvidos na questão, adotou-se no Parecer a tese segundo a qual o Banco Central do Brasil teria competência exclusiva para apreciar atos de concentração econômica envolvendo instituições financeiras.

A propósito, antes da edição do referido Parecer, o CADE já havia julgado quatro casos envolvendo atos de concentração no âmbito do Sistema Financeiro Nacional, o que motivou a submissão da questão relativa à sua competência à Advocacia-Geral da União. Após a publicação do Parecer, o fato da sua existência foi submetido à deliberação pelo Plenário do CADE através do famoso caso "Finasa Seguradora" (Ato de Concentração nº 08012.006762/2000-09), onde se afirmou, expressamente, por maioria de votos, a competência concorrente ou complementar[1138] do CADE para deliberar sobre atos de concentração bancária.

Toda essa controvérsia gerou, inclusive, um livro específico sobre o tema[1139] e o CADE manteve seu posicionamento institucional ao longo dos anos, como se pode evidenciar da ocorrência de diversos julgamentos relativamente recentes,[1140] ainda que o Parecer GM-020 tenha sido ratificado, posteriormente, pelo Parecer 02/2009/MP/CGU/AGU, em 2009.

[1137] Conforme preceitua o §1º do art. 40 da Lei Complementar n° 73, de 1993, o parecer do Advogado-Geral da União aprovado pelo Presidente da República é publicado juntamente com o despacho presidencial e gera vinculação jurídica dos órgãos e entidades integrantes da Administração Pública Federal.

[1138] Em essência, o aspecto prático da questão é averiguar se a competência do CADE para analisar atos de concentração realizados por instituições financeiras é exclusiva ou complementar, cf. SUNDFELD, Carlos Ari. *Concorrência e Regulação no Sistema Financeiro*. In: CAMPILONGO, Celso Fernandes; ROCHA, Jean Paul C. Veiga; MATTOS, Paulo Todescan Lessa (Coord.). *Concorrência e Regulação no Sistema Financeiro*. São Paulo: Max Limonad, 2002, p. 30-36, *passim*.

[1139] V. CAMPILONGO, Celso Fernandes; ROCHA, Jean Paul C. Veiga; MATTOS, Paulo Todescan Lessa (Coord.). *Concorrência e Regulação no Sistema Financeiro*. São Paulo: Max Limonad, 2002.

[1140] Refiro-me, a título ilustrativo, a julgamentos importantes realizados no ano de 2010, quais sejam: (i) o Ato de Concentração nº 080.12.011303/2008-96 (aquisição do Banco Unibanco S.A. pelo Banco Itaú S.A.); (ii) o Ato de Concentração nº 08012.011736/2008-41 (aquisição do Banco Nossa Caixa S.A. pelo Banco do Brasil S.A.), com manifestação técnica do Banco Central do Brasil na instrução processual; (iii) o Ato de Concentração nº 08012.009986/2008-11 (aquisição do Banco do Estado de Santa Catarina – BESC – e BESC Crédito Imobiliário pelo

Não obstante, em 2012, foi editada pela Diretoria Colegiada do Banco Central do Brasil a Circular nº 3.590, que instituiu, originalmente, um procedimento formal de análise de atos de concentração no Sistema Financeiro Nacional em relação às instituições financeiras autorizadas a funcionar pelo Banco Central do Brasil, a ser efetuado no âmbito do Departamento de Organização do Sistema Financeiro (Deorf), com parâmetros similares aos constantes da revogada Lei nº 8.884, de 1994, e Lei nº 12.529, de 2011.

Importa informar, de igual modo, que o tema foi judicializado em outro caso,[1141] cujo resultado provisório no âmbito do Superior Tribunal de Justiça vai ao encontro da tese de que a competência para analisar atos de concentração envolvendo instituições financeiras é exclusiva do Banco Central do Brasil em sua esfera de competência.[1142] Diz-se provisório porque há Recurso Extraordinário, admitido na origem, pendente de julgamento no Supremo Tribunal Federal.[1143]

Banco do Brasil S.A.); e (iv) o Ato de Concentração nº 08012.000810/2009-85 (aquisição do Banco Votorantim S.A. pelo Banco do Brasil S.A.).

[1141] O processo judicial refere-se a mandado de segurança impetrado pelo Banco de Crédito Nacional S/A (BCN) e pelo Bradesco S/A contra deliberação do CADE por meio da qual se determinou fosse submetido à sua apreciação ato de concentração econômica envolvendo aquelas duas instituições financeiras, que tramitou perante a Seção Judiciária do Distrito Federal e, posteriormente, pelo Tribunal Regional Federal da 1ª Região.

[1142] A ementa do acórdão do Recurso Especial é a seguinte, *in verbis*: *"ADMINISTRATIVO – ATO DE CONCENTRAÇÃO, AQUISIÇÃO OU FUSÃO DE INSTITUIÇÃO INTEGRANTE DO SISTEMA FINANCEIRO NACIONAL – CONTROLE ESTATAL PELO BACEN OU PELO CADE – CONFLITO DE ATRIBUIÇÕES – LEIS 4.594/64 E 8.884/94 – PARECER NORMATIVO GM-20 DA AGU.1.Os atos de concentração, aquisição ou fusão de instituição relacionados ao Sistema Financeiro Nacional sempre foram de atribuição do BACEN, agência reguladora a quem compete normatizar e fiscalizar o sistema como um todo, nos termos da Lei 4.594/64. 2. Ao CADE cabe fiscalizar as operações de concentração ou desconcentração, nos termos da Lei 8.884/94.3. Em havendo conflito de atribuições, soluciona-se pelo princípio da especialidade.4. O Parecer GM-20, da Advocacia-Geral da União, adota solução hermenêutica e tem caráter vinculante para a administração. 5. Vinculação ao parecer, que se sobrepõe à Lei 8.884/94 (art. 50). 6. O Sistema Financeiro Nacional não pode subordinar-se a dois organismos regulatórios. 7. Recurso especial provido."* (STJ, Recurso Especial nº 1094218/DF, Rel. Ministra Eliana Calmon, Primeira Seção, j. 25/08/2010, DJe 12/04/2011).

[1143] Trata-se do Recurso Extraordinário nº 664.189/DF, distribuído ao Ministro Relator Dias Toffoli. Após decisão monocrática de não conhecimento do Recurso Extraordinário, publicada em 01.08.2014, o CADE interpôs agravo regimental em 18.08.2014, ainda não julgado.

Por fim, deve-se consignar que há Projeto de Lei Complementar em trâmite no Congresso Nacional sobre o tema (PLP nº 265, de 2007, originariamente PLS nº 412, de 2003),[1144] que a prevê a competência complementar do CADE para apreciar atos de concentração que envolvem instituições financeiras, mas já há posicionamento institucional contrário por parte da Procuradoria-Geral do Banco Central do Brasil.[1145]

3.4 – Propostas de aprimoramento institucional da regulação financeira sistêmica do Brasil

Desde o advento da Constituição brasileira de 1988, projetos políticos destinados à realização de reformas institucionais na estrutura regulatória do Sistema Financeiro Nacional têm surgido no Congresso Nacional, sobretudo em relação à modificação ou revogação da Lei n° 4.595, de 1964, com vistas à edição da lei complementar a que se refere o *caput* do art. 192 da Constituição atual.

No entanto, tais projetos, ainda em tramitação ou já arquivados,[1146] não têm sido impulsionados adequadamente ou incluídos, efetivamente, na agenda principal de discussões e votações das Comissões e dos Plenários das Casas do Congresso Nacional.

[1144] Tal projeto, de autoria e iniciativa do então Senador Antônio Carlos Magalhães (DEM/BA), prevê a inclusão e modificação de artigos da Lei nº 4.595, de 1964, e da revogada Lei nº 8.884, de 1994, a fim de estabelecer competências complementares ao Banco Central do Brasil e ao Conselho Administrativo de Defesa Econômica para a defesa da concorrência no âmbito do sistema financeiro. Fonte: http://www.camara.gov.br/proposicoesWeb/fichadetramitacao?idProposicao=382643. Acesso em 01.09.2014.

[1145] Refiro-me ao Parecer PGBC-327/2011, publicado na Revista da Procuradoria-Geral do Banco Central, v. 6, n° 1, 2012, disponível no seguinte endereço eletrônico: http://www.bcb.gov.br/pgbcb/062012/revista_pgbc_v6_n1_jun_2012.pdf. Acesso em 01.04.2013.

[1146] Dentre os projetos arquivados, dignos de menção são os Projetos de Lei Complementar (PLP) de n° 129/2004, 138/2004, 139/2004, 140/2004, 141/2004, 142/2004, 143/2004, 157/2007, 161/2004, 163/2004 e 164/2004, de autoria do Deputado Federal Eduardo Valverde (PT/RO), apensados aos PLPs de n° 047/1991 (autoria do Deputado Federal Francisco Dornelles – PFL/RJ), 060/1991 (autoria da Deputada Federal Rita Camata – PMDB/ES), 067/1991 (autoria do Deputado Federal José Serra – PSDB/SP), 061/2003 (autoria do deputado Federal Luiz Carlos Hauly – PSDB/PR) e 037/1999 (autoria do Deputado Federal Geddel Vieira Lima – PMDB/BA).

Sem embargo, no âmbito do Senado Federal, encontra-se na Comissão de Assuntos Econômicos (CAE) o Projeto de Lei do Senado (PLS) n° 102, de 2007,[1147] de autoria do Senador Arthur Virgílio (PSDB/AM).

Após Parecer do Senador Francisco Dornelles (PP/RJ), com oferecimento de Substitutivo ao projeto original,[1148] retirou-se a proposta de participação da sociedade civil no Conselho Monetário Nacional[1149] e foram estabelecidas, como novidade, a regra de mandato[1150] de seis anos para o Ministro-Presidente[1151] e para os Diretores[1152] do Banco Central do Brasil, com prestação quadrimestral de contas de seu Ministro-Presidente ao Congresso Nacional,[1153] a instituição de taxa de fiscalização em favor da autarquia[1154] e o reforço normativo do poder sancionador do Banco Central do Brasil.[1155]

[1147] Fonte: http://www.senado.gov.br/atividade/materia/detalhes.asp?p_cod_mate=80169. Acesso em 01.09.2014.

[1148] O Relator do projeto, Senador Francisco Dornelles, embora tenha feito relatório favorável ao PLS n° 102, de 2007, apresentou Substitutivo e manifestou entendimento contrário às propostas contidas nos PLSs de n° 072, de 2007, 497, de 2007, 595, de 2007, 678, de 2007 e 019, de 2009, que estão em apenso. O conteúdo do parecer está disponível em: http://legis.senado.leg.br/mateweb/arquivos/mate-pdf/124912.pdf. Acesso em 01.09.2014.

[1149] No projeto original do PLS° 102/2007, previa-se a escolha de duas pessoas da sociedade civil para integrar a composição do Conselho Monetário Nacional, com mandato de quatro anos.

[1150] Nos termos do art. 15 do Substitutivo, todos os membros da Diretoria Colegiada (Presidente e Diretores) só podem perder o mandato nas seguintes hipóteses: (i) renúncia; (ii) aposentadoria compulsória; (iii) condenação judicial transitada em julgado; e (iv) demissão pelo Presidente da República, devidamente justificada e previamente aprovada pelo Senado Federal, mediante votação secreta, nas hipóteses de: (a) gestão conducente a grave prejuízo à economia nacional; ou (b) descumprimento de metas estabelecidas pelo Conselho Monetário Nacional.

[1151] O art. 12 do Substitutivo tem a seguinte redação, *in verbis*: "Art. 12. O Presidente do Banco Central será nomeado pelo Presidente da República e aprovado pelo Senado Federal em votação secreta, após avaliação de currículo e argüição pública, para mandato de seis anos, admitida uma recondução".

[1152] O art. 13 do Substitutivo tem a seguinte redação, *in verbis*: "Art. 13. Os Diretores serão nomeados pelo Presidente da República e aprovados pelo Senado Federal em votação secreta, após avaliação de currículo e argüição pública, para mandatos de seis anos".

[1153] Vide art. 17 do Substitutivo.

[1154] Vide art. 21, III, do Substitutivo.

[1155] Vide art. 32, *caput*, do Substitutivo, que prescreve, expressamente, a possibilidade de o Banco Central do Brasil fundamentar sanções administrativas em "resoluções do Conselho Monetário Nacional, bem como de outras normas infralegais de sua própria emissão ou cujo cumprimento lhe incumba fiscalizar".

CAPÍTULO 3 – REGULAÇÃO FINANCEIRA SISTÊMICA: FUNDAMENTOS ESPECÍFICOS...

Os avanços institucionais almejados pelo aludido projeto são positivos. No entanto, diante da amplitude institucional do Sistema Financeiro Nacional e das diversas possibilidades de aprimoramento, pode-se dizer que a proposta em tramitação é tímida, eis que se destina a modificar aspectos pontuais do atual desenho institucional previsto, exclusivamente, na Lei n° 4.595, de 1964, que rege somente a atuação do Conselho Monetário Nacional e do Banco Central do Brasil. O presente trabalho adotará uma perspectiva de aprimoramento institucional mais abrangente.

Pois bem, o grande desafio na elaboração de uma proposta ampla de aprimoramento institucional para a regulação financeira sistêmica é impulsionar mudanças que tendam a evitar ou minimizar traumas político-institucionais, além de devidamente fundamentada em razões sistêmicas de ordem prática que demonstrem, de forma clara, que o novo arranjo institucional tem a capacidade de efetuar uma melhor coordenação entre as instituições[1156] e trazer, com isso, melhores resultados sociais ao longo do tempo.[1157]

[1156] As instituições responsáveis pela regulação financeira sistêmica devem ser coordenadas segundo uma lógica de cooperação global em rede, a fim de evitar estruturas institucionais paralelas e espaços deliberativos excludentes. Segundo Luís Guilherme Catarino: *"no domínio financeiro e de capitais desenvolver-se-á sobretudo uma forma de cooperação 'em linha' ou networking – esta característica de funcionamento 'em rede' é uma das características do Estado-regulador e mais concretamente da governance substitutiva do government, que implica um exercício de poder entre diversos actores, com indistinção entre domínios do público e do privado, onde as decisões públicas têm de ser negociadas num ambiente de dependência mútua. Esta cooperação 'em linha' consiste num exercício conjunto de poderes por uma rede de entidades reguladoras reunidas e/ou dialogantes necessariamente entre si e organismos internacionais de concertação no âmbito de mercados ou sectores (estruturas), cujas decisões terão influência (recíproca) obrigando ao cumprimento de uma série de princípios comuns para cobertura de riscos e criação de um campo regulatório uniforme (Level Playing Field). Aí funcionam princípios comuns (Core Principles), o que implica para os reguladores participantes adopção de princípios, características, padrões, necessidades e poderes comuns (regulatory tool box)"* (CATARINO, Luis Guilherme. *Regulação e Supervisão dos Mercados de Instrumentos Financeiros*: Fundamento e Limites do Governo e Jurisdição das Autoridades Independentes. Coimbra: Almedina, 2010, p. 40-41).

[1157] Conforme a advertência de Carlos Ari Sundfeld, qualquer proposta de aprimoramento regulatório, além de gradual, deve ser factível e levar em conta a realidade histórica institucional, nos seguintes termos: "É inevitável reconhecer que a defesa apaixonada de um modelo de agências independentes pode carregar, no mínimo, uma forte carga de ingenuidade. Protótipos abstratos costumam gerar monstrengos no mundo real, cujas complexidades com freqüência se encarregam de distorcer, mesmo sem negá-los explicitamente, todos os belos princípios de que se partiu. Sonhar com autoridades equilibradas, imparciais, tecnicamente preparadas, democráticas, comprometidas com os interesses gerais, respeitadoras do Direito etc., em nada garante que a realidade vá se ajustar aos sonhos. Cada instituição comporta

Vale dizer, aprimorar é melhorar a cooperação e os resultados sociais das instituições, mediante a construção de canais de coordenação aptos a conciliar os aspectos políticos, econômicos e técnicos envolvidos na regulação.

O que se pretende, portanto, não é outorgar independência institucional ou imunizar determinados reguladores dos controles próprios da democracia deliberativa – até porque o grau de autonomia institucional é definido pelo Poder Legislativo[1158] –, mas apresentar propostas em prol da melhora na coordenação regulatória do país, devidamente estruturada em recomendações mais importantes, com foco no objetivo de reforçar a autonomia das autoridades reguladoras financeiras, aumentar a transparência e instituir uma cultura administrativa institucional de controle e acompanhamento público de resultados regulatórios.

Quanto à publicidade dos processos regulatórios, é relevante fazer comentários inicias específicos a respeito da legitimidade das sessões deliberativas internas (ou sigilosas) das Diretorias e Conselhos dos órgãos e entidades reguladoras, sobretudo quando os objetos de deliberação são projetos normativos.

Em relação ao tema, autores importantes defendem que o modelo de sessões internas (ou sigilosas) é o mais adequado para lidar com questões sensíveis de regulação financeira sistêmica. Segundo Gustavo Franco, tal modelo ("Regra de Chatham House") incentiva um debate colegiado interno mais sincero e aberto, sem comprometimento reputacional de nenhum dos integrantes e apto a minimizar os riscos de apropriação política ou atitudes voluntaristas próprias do "jogar para a torcida", o que gera maior eficiência institucional.[1159]

---

um lento e dolorido processo de criação e depuração" (SUNDFELD, Carlos Ari. *Introdução às Agências Reguladoras*. In: SUNDFELD, Carlos Ari (coord.). *Direito Administrativo Econômico*. São Paulo: Malheiros, 2006, p. 25).

[1158] Ao mesmo tempo em que a autonomia reforçada dos Bancos Centrais é uma bandeira mundial, não se pode esquecer que há uma zona cinzenta de confluência das competências próprias do Poder Executivo central com as de um Banco Central, cf. LOMBARTE, Artemi Rallo. *La constitucionalidad de las administraciones independientes*. Madrid: Tecnos, 2004, p. 80. Logo, o equilíbrio entre política orçamentária, fiscal e monetária demanda, necessariamente, uma instituição central de coordenação regulatória.

[1159] V. FRANCO, Gustavo. *As leis secretas da economia*: revisitando Roberto Campos e as leis do Kafka. Rio de Janeiro: Zahar, 2012, p. 124-125.

Por sua vez, Camila Villard Duran entende que o uso do modelo de sessões internas (ou sigilosas), com a não publicação de debates internos ou registro individual de votos, *"permite que cada membro do colegiado não fique preso a determinado papel, favorecendo o debate, a força do melhor argumento e a diversidade cognitiva, na busca do objetivo comum e de uma decisão racional coletiva"*.[1160]

A propósito, respeitáveis ambas as opiniões, a questão deve ser vista, salvo melhor juízo, sob uma perspectiva diferente e mais ampla.

Em termos dogmáticos, a Constituição brasileira de 1988 consagra o princípio da publicidade administrativa, densificado pela Lei de Acesso à Informação (Lei n° 12.527, de 2011), isto é, a adoção do modelo de sessões internas (ou secretas), no mínimo, para fins de adequação normativa, deve se sujeitar a um processo de classificação quanto ao siligo das matérias postas à deliberação nas sessões regulatórias, ainda que, em termos práticos, predominem matérias e sessões sigilosas.

Vista a questão sob aspectos essenciais da ideia de democracia deliberativa, em que a transparência e a prestação pública de contas (*accountability*) são necessárias ao controle político e social das instituições, é preciso perceber a aplicação da famosa teoria das "leis como salsichas" em sociedades democráticas constitucionais. Explico.

A ideia de que as leis são como salsichas surge da constatação de que as leis são o resultado inexorável de um processo multidimensional de interação de variadas opiniões e barganhas políticas entre si, viciadas ou não, e é melhor, nesse sentido, compreender as leis como o resultado final mais vantajoso do processo político enquanto tal, assim como ocorre com o consumo de salsichas, que são produzidas, supostamente, através de processos de fabricação que envolvem a mistura de diversos insumos da variadas origens.

Em linhas gerais, a tese de adoção do modelo de sessões internas (ou sigilosas) gera o mesmo efeito prático da aplicação da teoria das "leis como salsichas", pois a fundamentação dada a tal modelo, simultaneamente, presta deferência ao resultado (conteúdo) e permite prescindir dos aspectos procedimentais envolvidos nas tomadas de decisões regulatórias, que devem ser aceitos enquanto tais.

[1160] DURAN, Camila Villard. *A moldura jurídica da política monetária*: um estudo do Bacen, do BCE e do Fed. São Paulo: Saraiva, 2013, p. 96.

Entretanto, ainda que válida a teoria das "leis como salsichas", os processos políticos de tomada de decisão são públicos em sociedades democráticas constitucionais, ou seja, decisões políticas tomadas de acordo com a teoria das "leis como salsichas" não têm legitimidade ou aptidão para anular ou atenuar a publicidade do processos políticos formais de tomada de decisão, no qual políticos, cidadãos e a sociedade civil de modo geral podem assistir e participar de acordo com o devido processo legal.

Por fim, em termos de incentivos institucionais, é crível supor que os riscos de apropriação política ou atitudes voluntaristas, assim como riscos reputacionais, sejam atenuados através da exposição pública em si e do uso do instituto da quarentena política em âmbito federal,[1161] sem prejuízo de uma visão particular de que o debate não é necessariamente virtuoso somente em ambientes institucionais fechados – nos quais os indivíduos teriam, em tese, maior propensão a ceder para gerar consensos –, em prol das vantagens institucionais decorrentes de um controle público mais intenso da regulação.

Dito isso, as Recomendações serão expostas a partir de agora.

De início, é evidente que a Primeira Recomendação, de ordem abrangente, é a de incluir todas as demais recomendações, formalmente, em lei complementar, tal como dispõe o art. 192 da Constituição brasileira de 1988, com a edição de lei complementar única que consolide toda a legislação sobre o Sistema Financeiro Nacional (SFN).

Além disso, especificamente, deve-se prescrever, em termos institucionais gerais, um período de quarentena profissional e quarentena política em âmbito federal nas hipóteses de nomeações de Diretores e Conselheiros oriundos da sociedade civil,[1162] a instituição de taxa de fiscalização em favor dos reguladores setoriais, assim como a adequação do funcionamento de toda estrutura regulatória às diretrizes da Lei nº 12.527, de 2011 (Lei de Acesso à

[1161] O instituto da quarentena política, sem direito à remuneração, consiste na vedação à participação de ex-Conselheiro ou ex-Diretor em qualquer processo eleitoral de preenchimento de cargo político, em âmbito federal, por determinado período.

[1162] Entende-se razoável, a título sugestivo, a fixação de um período de seis meses de quarentena profissional remunerada, embora tal período possa ser modulado de forma diversa. No que diz respeito à quarentena política, a existência de previsão e o período podem variar de acordo com a natureza do cargo e importância sistêmica do órgão ou entidade reguladora.

CAPÍTULO 3 – REGULAÇÃO FINANCEIRA SISTÊMICA: FUNDAMENTOS ESPECÍFICOS...

Informação),[1163] editada, especificamente, com fundamento no art. 37, §3°, II, da Constituição brasileira de 1988.

Somente assim é possível dar segurança jurídico-institucional e transparência para promover, com maior retidão e eficiência, o ideal da estabilidade financeira sustentável ao longo do tempo.

A propósito, a atual macroestrutura regulatória do Sistema Financeiro Nacional é muito boa e deve ser preservada. É essencial consolidar preocupações orçamentárias (Ministério do Planejamento, Orçamento e Gestão), fiscais (Ministério da Fazenda) e monetárias, creditícias e cambiais (Banco Central do Brasil) no Conselho Monetário Nacional, como órgão central de coordenação política e de definição de diretrizes para a regulação financeira sistêmica.

Composto por Ministros escolhidos pelo Presidente da República, dotado de legitimidade democrática, com base na confiança,[1164] o que fundamenta a possibilidade de exoneração *ad nutum*,[1165] o CMN tem ampla legitimidade democrática para tomar decisões e, simultaneamente, servir como elo de ligação institucional com as propostas técnicas de progresso dos processos regulatórios oriundas de outros Conselhos, de reguladores técnicos setoriais (CNSP-SUSEP e CNPC-PREVIC) e dos demais reguladores financeiros (Banco Central do Brasil e CVM). Além disso, o CMN conta com órgão de assessoria técnica (COMOC).

No entanto, não se compreendem os motivos institucionais pelos quais a atuação técnica do COREMEC e da SUMEF ocorrem em apartado às atividades do CMN. Assim, recomendável é que, à semelhança da COMOC, o COREMEC seja formalmente integrado na estrutura do CMN (Segunda Recomendação: integração legal do COREMEC e, consequentemente, da SUMEF, ao CMN).

[1163] No âmbito federal, a Lei n° 12.527, de 2001, foi regulamentada pelo Decreto n° 7.724, de 2012.
[1164] No caso do Ministro-Presidente do Banco Central do Brasil, a sua legitimidade democrática é maior tendo em vista a aprovação prévia realizada pelo Senado Federal, nos termos do art. 52, III, "d", da Constituição brasileira de 1988.
[1165] Nos termos do art. 84, I, da Constituição brasileira de 1988.

Além disso, há duas circunstâncias que chamam a atenção no desenho institucional da regulação financeira sistêmica brasileira, quais sejam: (i) o BNDES é vinculado ao Ministério do Desenvolvimento, Indústria e Comércio Exterior (MDIC) e (ii) o CNPC e a PREVIC, são respectivamente, órgão e autarquia no âmbito do Ministério da Previdência Social (MPS).

Logo, há duas estruturas de regulação financeira sistêmica formalmente paralelas às atividades do Conselho Monetário Nacional, o que não é desejável. Quanto ao ponto, cinco possibilidades podem ser cogitadas em relação à participação dos Ministros do MDIC e do MPS nas reuniões do CMN que tratem dos assuntos relativos ao BNDES, CNPC e PREVIC, respectivamente: (i) mera convocação a participar, sem direito a voto; (ii) participação obrigatória, sem direito a voto; (iii) participação obrigatória, com direito a voto; (iv) participação obrigatória, com direito de veto sobre as propostas respectivas de Resolução; ou (v) mudança de vinculação institucional do BNDES, CNPC e PREVIC, com seus ingressos no âmbito de vinculação do Ministério da Fazenda.

A despeito de a última possibilidade ser a mais difícil em termos institucionais, por gerar uma mudança significativa na organização da Administração Pública Federal que retira poder político de dois Ministérios, ela é melhor do que as demais. Explico.

A vinculação do BNDES a Ministério estranho ao Ministério da Fazenda causa perplexidades porque significa a aceitação política da ideia de que os efeitos da arbitragem financeira gerada entre TJLP *vis-à-vis* meta da taxa SELIC podem ser geridos sem uniformidade institucional, sem prejuízo de que os bancos públicos federais, vinculados ao Ministério da Fazenda, podem captar recursos financeiros com lastro na TJLP.

Assim sendo, integrar o BNDES aos bancos públicos federais no âmbito do Ministério da Fazenda, evidentemente, facilitará a elaboração de diagnósticos e prognósticos (estudos de impacto regulatório) consolidados a respeito dos resultados pretendidos na economia brasileira em termos de políticas públicas de natureza financeira, além de estimular economias de escala e ganhos de sinergia, com aptidão para atenuar ou eliminar superposições estruturais, o que gera, tendencialmente, mais eficiência e menos custos.

No que diz respeito ao CNPC e a PREVIC, é difícil sustentar, publicamente, por que as instituições fechadas de previdência complementar (EFPCs) são reguladas em estrutura institucional regulatória distinta daquela que regula instituições abertas de previdência complementar – no caso, CNSP e SUSEP –, sobretudo porque as diretrizes de Supervisão Baseada em Risco (SBR) e a matriz de regulação de condutas são, ontologicamente, idênticas.

Logo, vislumbra-se mais eficiência na vinculação da PREVIC ao Ministério da Fazenda ou o seu redesenho para incorporar-se à SUSEP, bem como a inclusão das competências do CNPC nas do CNSP, com a extinção daquele (Terceira Recomendação: vinculação do BNDES e da PREVIC ao Ministério da Fazenda, com a eventual incorporação dessa última à SUSEP, assim como a extinção do CNPC e a incorporação de suas competências pelo CNSP).

Ainda quanto à estrutura institucional do CMN, a inclusão de dois representantes da sociedade civil na sua composição, aprovados pelo Senado Federal[1166] após indicação pelo Presidente da República, é necessária. Com efeito, ao mesmo tempo em que se preserva o princípio político majoritário nas votações do CMN, pois representantes do governo constituem a maioria, a abertura de participação democrática nas atividades do CMN tem um grande potencial para ampliar os horizontes de discussão sobre os temas relevantes de regulação financeira sistêmica.

Desse modo, a legitimidade democrática do CMN subsiste com fundamento na preservação do princípio político majoritário, agregada a opiniões inclusivas de representantes da sociedade civil que fogem à lógica das políticas mais imediatistas de governo.

À evidência, tais representantes devem receber mandatos e cumprir requisitos de imparcialidade pessoal, reputação ilibada e capacidade profissional. Assim, a Quarta Recomendação é a seguinte: a inclusão de dois representantes da sociedade civil na composição do CMN, escolhidos pelo Presidente da República e aprovados pelo Senado Federal, dentre cidadãos de, no mínimo, trinta e cinco anos, com experiência comprovada de dez anos no âmbito do Sistema Financeiro Nacional, sem filiação político-partidária ou participação em órgãos de representação corporativa ou sindical de empregados ou patronal nesse mesmo âmbito nos últimos oito anos, para o exercício do mandato de

---

[1166] Escolher o Senado Federal presta deferência à tradição constitucional brasileira e à lógica da Constituição brasileira de 1988 (vide art. 52, III, especialmente as alíneas "d" e "f"), mas nada obsta que outro órgão do Poder Legislativo integrante do Congresso Nacional delibere a respeito da escolha.

oito anos,[1167] sem direito à recondução,[1168] com hipóteses rígidas de perda de mandato previstas em lei, em procedimento instaurado no âmbito do Senado Federal, assegurando-se o direito de defesa e à motivação da decisão, além de quarentena profissional de seis meses e quarentena política em âmbito federal de quatro anos.[1169]

Outra deficiência institucional que chama a atenção no CMN é a desatenção com a eficácia do regra constitucional de publicidade na Administração Pública,[1170] devidamente reforçada pela necessidade, via de regra, de motivação e publicidade das sessões de deliberação administrativa, à semelhança da regra prescrita, em especial, para as decisões administrativas dos tribunais, nos termos do art. 93, X, da Constituição brasileira de 1988.[1171]

Nesse sentido, é urgente que o CMN se adeque à normatividade constitucional, recentemente reforçada pelas diretrizes legais contidas no regime jurídico da Lei n° 12.527, de 2011 (Lei de Acesso à Informação).

A propósito, tal lei se aplica, indistintamente, a todos os órgãos e entidades da Administração Pública[1172] e contém as seguintes diretrizes fundamentais: (i) a publicidade como regra e o sigilo a exceção; (ii) divulgação ampla de informações institucionais; (iii) utilização dos meios eficientes de comunicação viabilizados pela tecnologia da informação, com a obrigatoriedade de construção de sítio eletrônico na *internet*;[1173] (iv) fomento ao desenvolvimento

---

[1167] Estima-se que o período de oito anos é um lapso razoável para que o representante exerça seu mister.

[1168] A possibilidade recondução tende a politizar o exercício das funções do cargo no final do mandato, de modo que não se reputa conveniente a sua previsão.

[1169] Como já ressaltado, o instituto da quarentena política serve ao propósito de desestimular o despotismo ou o voluntarismo político. O período de quatro anos é sugestivo e segue a lógica de um único ciclo político-eleitoral.

[1170] Vide art. 37, *caput*, da Constituição brasileira de 1988.

[1171] A motivação judicial dos atos praticados, bem como a instauração de sessões administrativas públicas, constituem a regra constitucional de atuação do Poder Judiciário no Brasil.

[1172] Vide art. 1° da Lei n° 12.527, de 2011.

[1173] Sem prejuízo dos demais meios de comunicação, o uso da *internet*, hoje, é obrigatório na Administração Pública, nos termos do parágrafo 2° do art. 8° da Lei n° 12.527, de 2011, com a observância dos seguintes requisitos (art. 8°, §3°, da Lei n° 12.527, de 2011): (i) conter ferramenta de pesquisa de conteúdo que permita o acesso à informação de forma objetiva, transparente, clara e em linguagem de fácil compreensão; (ii) possibilitar a gravação de relatórios em diversos formatos eletrônicos, inclusive abertos e não proprietários, tais como planilhas e texto, de modo a facilitar a análise das informações; (iii) possibilitar o acesso automatizado

da cultura de transparência na administração pública; e (v) desenvolvimento do controle social da administração pública.[1174]

Sem embargo, o regime jurídico excepcional de sigilo de informações, prescrito, basicamente, no art. 23 da Lei nº 12.527, de 2011, autoriza a não divulgação de determinadas informações "consideradas imprescindíveis à segurança da sociedade ou do Estado", destacando-se, especialmente, assuntos que representam riscos à soberania nacional[1175] ou à estabilidade financeira, econômica ou monetária do País,[1176] o que impõe a classificação de tais informações como: ultrassecreta, secreta ou reservada.[1177]

Ante o exposto, é premente que o CMN: (i) melhore seu sítio eletrônico na *internet* para que esteja à altura da importância do órgão para o país, já que nele há escassas informações, que, em sua maioria, estão defasadas no tempo;[1178] (ii) classifique todos os assuntos que são submetidos à sua esfera de competência, salvo assuntos urgentes que justifiquem uma classificação diferida; (iii) publique suas pautas e atas de reunião com a maior divulgação possível de informações; (iv) e, de acordo com a classificação anteriormente referida, com base na Lei nº 12.527, de 2011, faça sessões públicas para os assuntos públicos.

Portanto, essa é a Quinta Recomendação, a saber: o aperfeiçoamento substancial do sítio eletrônico do CMN na *internet*, com a classificação obrigatória de todos os temas levados à apreciação do órgão segundo a Lei nº 12.527, de

---

por sistemas externos em formatos abertos, estruturados e legíveis por máquina; (iv) divulgar em detalhes os formatos utilizados para estruturação da informação; (v) garantir a autenticidade e a integridade das informações disponíveis para acesso; (vi) manter atualizadas as informações disponíveis para acesso; (vii) indicar local e instruções que permitam ao interessado comunicar-se, por via eletrônica ou telefônica, com o órgão ou entidade detentora do sítio; e (viii) adotar as medidas necessárias para garantir a acessibilidade de conteúdo para pessoas com deficiência, nos termos do art. 17 da Lei nº 10.098, de 19 de dezembro de 2000, e do art. 9º da Convenção sobre os Direitos das Pessoas com Deficiência, aprovada pelo Decreto Legislativo nº 186, de 9 de julho de 2008.

[1174] Vide art. 3º da Lei nº 12.527, de 2011.
[1175] Vide art. 23, I, da Lei nº 12.527, de 2011.
[1176] Vide art. 23, IV, da Lei nº 12.527, de 2011.
[1177] Vide art. 24 a 30 da Lei nº 12.527, de 2011.
[1178] Essas críticas se estendem ao COMOC e ao COREMEC, sendo que, no caso desse último, como a Primeira Recomendação se volta a inclui-lo na estrutura do CMN, a pretensão de maior abertura informacional, por divulgação de suas atividades na *internet*, estende-se a ele.

2001, respeitadas as situações de urgência que justificam uma classificação diferida, assim como a publicação das pautas e atas de reunião com a maior transparência de informações possível e, quando o assunto não for reputado sigiloso, a designação de sessões públicas.

Uma grande preocupação concreta, que deriva da falta de motivação das decisões do CMN, conforme ressaltado acima, é identificar, com transparência, casos em que os projetos de Resoluções enviados pelos demais reguladores do SFN são modificados no âmbito do CMN.

Devido à sua composição eminentemente política, podem haver modificações nas diretrizes técnicas previamente contidas nesses projetos com viés de "falhas de Estado" (*rent-seeking*, principalmente), o que pode gerar distorções ou efeitos indesejados, de modo que, se houver modificação nos projetos de Resolução enviados ao CMN, deve haver motivação explícita em relação às alterações efetuadas (Sexta Recomendação: exigência de motivação pública do CMN, para filtro através do ideal de razão pública, em caso de modificação nos projetos de Resolução enviados pelos demais órgãos e entidades de regulação financeira sistêmica).

Quanto à execução da política monetária no país, é evidente que a consolidação, por lei, do Sistema de Metas para Inflação, é uma exigência pautada no ideal de razão pública, notadamente por ser a estabilidade monetária uma questão de justiça básica e o planejamento público transparente e sustentável uma exigência própria de democracia deliberativa.

Sendo assim, a Sétima Recomendação é a consagração legal do Sistema de Metas para a Inflação (SMPI), que pode assumir o mesmo formato vitorioso do Decreto n° 3.088, de 1999, em que o CMN, dotado de legitimidade política, permanece a instituição responsável pela definição de tais metas e dos intervalos de tolerância.

Para finalizar, a última recomendação endereçada ao CMN é, em verdade, um reforço ao dever de prestação públicas de contas à sociedade civil (*accountability*). Desde o advento da Lei n° 9.069, de 1995, evidencia-se uma grande preocupação política com as atividades do Banco Central do Brasil, em razão do que o Ministro-Presidente da autarquia tem o dever específico de prestação periódica de contas perante o Congresso Nacional desde então.

Ora, na medida em que o CMN é o protagonista da regulação financeira sistêmica do país, vai ao encontro dos ideais de democracia deliberativa a

CAPÍTULO 3 – REGULAÇÃO FINANCEIRA SISTÊMICA: FUNDAMENTOS ESPECÍFICOS...

imposição do dever de prestação pública periódica de contas das atividades do CMN no âmbito do Congresso Nacional, em período semestral. Logo, a Oitava Recomendação consiste na imposição do dever de prestação pública periódica de contas ao Presidente do CMN (a rigor, o Ministro de Estado de Fazenda) perante o Congresso Nacional.

Em relação a sugestões de aprimoramento institucional para o Banco Central do Brasil, é notória a existência de uma ampla discussão acerca da previsão de mandato para o Presidente e os Diretores da autarquia no Brasil, a despeito de o modelo de previsão de mandatos ser internacionalmente consagrado como forma de proteção ou blindagem institucional da autoridade monetária contra tentações políticas imediatistas que não trazem bons resultados sociais no longo prazo, assim como em relação à regulação financeira sistêmica propriamente dita.

Quanto ao ponto, não se adere, completamente, à sugestão de outorga de mandato a todos os membros da Diretoria Colegiada porque a posição institucional do Ministro-Presidente do Banco Central do Brasil, enquanto líder institucional apto a articular decisões consensuais no âmbito da Diretoria Colegiada e elo pessoal de equilíbrio dinâmico entre os aspectos políticos e técnicos envolvidos nos assuntos integrantes da esfera de competência administrativa da autarquia, tem forte legitimidade política.

Por tal razão, a sugestão é no sentido da previsão de mandatos somente aos oito Diretores do Banco Central do Brasil, mantida a possibilidade de exoneração *ad nutum* do Ministro-Presidente do Banco Central do Brasil, nos termos do art. 84, I, da Constituição brasileira de 1988, com o reforço institucional do COPOM e do COMEF, que devem ter suas estruturas básicas dispostas em lei.

Nesse sentido, os Diretores da autarquia devem ter mandato de oito anos, sem recondução, estabelecido um regime de rodízio anual,[1179] sendo seus

---

[1179] O regime de rodízio anual têm muitas vantagens em relação aos demais modelos. Além de oxigenar, constantemente, a composição da Diretoria Colegiada do Banco Central do Brasil, os assuntos relacionados à regulação financeira sistêmica do país são, sistematicamente, submetidos à agenda oficial do Congresso Nacional, especialmente porque o Senado Federal tem que deliberar sobre nomes para compor Diretorias e Conselhos relacionados à regulação financeira sistêmica, estimulando o controle social e o aperfeiçoamento das instituições.

nomes aprovados pelo Senado Federal[1180] após indicação pelo Presidente da República.

Essa é a Nona Recomendação, qual seja, a que os oito Diretores do Banco Central do Brasil, escolhidos pelo Presidente da República e aprovados pelo Senado Federal, devem ter, no mínimo, trinta e cinco anos, com experiência comprovada de dez anos no âmbito do Sistema Financeiro Nacional, sem filiação político-partidária ou participação em órgãos de representação corporativa ou sindical de empregados ou patronal nesse mesmo âmbito nos últimos oito anos, para o exercício do mandato de oito anos,[1181] sem direito à recondução,[1182] com hipóteses rígidas de perda de mandato previstas em lei, em procedimento instaurado no âmbito do Senado Federal, assegurando-se o direito de defesa e à motivação da decisão, além de quarentena profissional de seis meses e quarentena política em âmbito federal de quatro anos, paralelamente à estruturação básica, em lei, do COPOM e do COMEF.

Por sua vez, a Décima Recomendação vai ao encontro de algumas reformas institucionais já feitas em outras entidades de regulação financeira. Nesse sentido, deve-se estabelecer, expressamente, em relação à autarquia: (i) o dever legal de realização de audiências e/ou consultas públicas em projetos de atos normativos com impactos sociais relevantes,[1183] devidamente acompanhados de estudos prévios de impacto regulatório, em que o projeto final de Circular ou Resolução (controle *ex* ante) seja disponibilizado ao público para o controle de modificações posteriores por outras instâncias, notadamente pelo CMN (controle *ex post*); (ii) a possibilidade expressa de celebração de Termos de Compromisso ou de Cessação de Condutas; e (iii) a instituição formal de ambientes para solução consensual de conflitos.

[1180] Escolher o Senado Federal presta deferência à tradição constitucional brasileira e à lógica da Constituição brasileira de 1988 (vide art. 52, III, especialmente as alíneas "d" e "f"), mas nada obsta que outro órgão do Poder Legislativo integrante do Congresso Nacional delibere a respeito da escolha.

[1181] Estima-se que o período de oito anos é um lapso razoável para que o representante exerça seu mister.

[1182] A possibilidade recondução tende a politizar o exercício das funções do cargo no final do mandato, de modo que não se reputa conveniente a sua previsão.

[1183] Atos internos à organização administrativa da autarquia, por não resultar em efeitos externos, estão fora dessa lógica de controle social.

CAPÍTULO 3 – REGULAÇÃO FINANCEIRA SISTÊMICA: FUNDAMENTOS ESPECÍFICOS...

No que diz respeito à Comissão de Valores Mobiliários, enquanto instituição mais bem estruturada do Sistema Financeiro Nacional, na qual todos os integrantes da Diretoria têm mandatos legais de cinco anos, em regime de rodízio anual, e há instâncias deliberativas adequadas, a única sugestão, sem prejuízo de uma readequação das hipóteses de perda de mandato dos Diretores a um regime jurídico distinto,[1184] é a de fazer acompanhar os projetos de atos normativos com impactos sociais relevantes (minutas de Resolução ou de Instrução, principalmente) com estudos prévios de impacto regulatório, em que o projeto final de Instrução ou Resolução (controle *ex* ante) seja disponibilizado ao público para o controle de modificações posteriores por outras instâncias, notadamente pelo CMN nos casos de projetos de Resoluções (controle *ex post*). Essa é a Décima Primeira Recomendação.

Quanto ao Conselho de Seguros Privados (CNSP), que deve incorporar as competências do CNPC[1185] segundo a proposta ora defendida, é razoável sugerir que sua estrutura seja simplificada.

Dessa forma, sugere-se seja o conselho composto de cinco integrantes, indicados pelo Presidente da República, com aprovação prévia da nomeação pelo Senado Federal, todos com, no mínimo, trinta e cinco anos e, pelo menos, dez anos de comprovada experiência no âmbito do Sistema Financeiro Nacional, sem filiação político-partidária ou participação em órgãos de representação corporativa ou sindical de empregados ou patronal no âmbito do Sistema Financeiro Nacional nos últimos cinco anos.

Os cinco integrantes do CNSP devem exercer mandato legal de cinco anos, em regime de rodízio anual, sem direito à recondução, com hipóteses rígidas de perda de mandato previstas em lei, em procedimento instaurado no âmbito do Senado Federal, assegurando-se o direito de defesa e à motivação da

---

[1184] O procedimento de perda de mandato na CVM (art. 6º da Lei nº 6.385, de 1976) deve ser adaptado ao padrão sugerido na presente proposta, em que tal procedimento é instaurado perante o Senado Federal, assegurando-se o direito de defesa e à motivação da decisão, a fim de assegurar um padrão isonômico para a integridade do desenho institucional da regulação financeira sistêmica brasileira, sem prejuízo de tornar tal procedimento mais público se comparado com o regime atual de instauração de comissão especial no âmbito do Ministério da Fazenda.

[1185] Como estratégia subsidiária, podem ser adotadas as considerações relativas ao CNSP no CNPC, se mantida a sua existência em proposta alternativa.

decisão, além de quarentena profissional de seis meses e quarentena política em âmbito federal de quatro anos. Essa é a Décima Segunda Recomendação.

Além disso, deficiências institucionais identificadas no CMN também estão presentes na estrutura institucional do CNSP, razão pela qual se deve exigir do CNSP que: (i) melhore seu sítio eletrônico na *internet* para que esteja à altura da importância do órgão para o país, já que nele há escassas informações, que, em sua maioria, estão defasadas no tempo; (ii) classifique todos os assuntos que são submetidos à sua alçada, salvo assuntos urgentes que justifiquem uma classificação diferida; (iii) publique suas pautas e atas de reunião com a maior divulgação possível de informações; (iv) e, de acordo com a classificação anteriormente referida, com base na Lei n° 12.527, de 2011, faça sessões públicas para os assuntos públicos. Trata-se da Décima Terceira Recomendação.

Sem embargo, outra recomendação vai ao encontro da necessidade de identificar, com transparência, casos em que os projetos de Resoluções enviados ao e pelo CNSP são modificados. No caso de envio de projetos de atos normativos pela SUSEP, se houver modificação pelo CNSP, deve haver motivação explícita em relação às alterações efetuadas, assim como o projeto de Resolução enviado pelo CNSP ao CMN deve ser amplamente divulgado, para o exercício do controle das alterações porventura feitas pelo CMN.

Assim, a Décima Quarta Recomendação refere-se à exigência de motivação pública do CNSP, para filtro através do ideal de razão pública, quanto a modificações em projetos de atos normativos socialmente relevantes enviados pela SUSEP para apreciação do CNSP, assim como a divulgação do conteúdo dos projetos de Resoluções enviados pelo CNSP ao CMN.

Por fim, à semelhança do Presidente do CMN e do Banco Central do Brasil, deve o Presidente do CNSP se submeter à prestação periódica pública de contas perante o Congresso Nacional, a fim de esclarecer, publicamente, os planos institucionais de regulação sobre os setores por ele regulados (Décima Quinta Recomendação).

As recomendações relativas à Superintendência de Seguros Privados (SUSEP) e Superintendência de Previdência Complementar (PREVIC) podem ser feitas de forma conjunta, pois, segundo a presente proposta, ambas as autarquia são similares e, inclusive, é plausível que as competências da PREVIC sejam incorporadas às da SUSEP.

A propósito, a Décima Sexta Recomendação é a atribuição de mandato legal de cinco anos aos Diretores, em regime de rodízio anual, sem direito à recondução, com hipóteses rígidas de perda de mandato previstas em lei, em procedimento instaurado no âmbito do Senado Federal, assegurando-se o direito de defesa e à motivação da decisão, além de quarentena profissional de seis meses.

Todos os integrantes da Diretoria devem ter, no mínimo, trinta e cinco anos e dez anos de comprovada experiência no âmbito do Sistema Financeiro Nacional, sem filiação político-partidária ou participação em órgãos de representação corporativa ou sindical de empregados ou patronal nesse âmbito, nos últimos cinco anos. Escolhidos pelo Presidente da República, os nomes devem ser submetidos à aprovação pelo Senado Federal.

Quanto à estrutura institucional, deve ser consolidado: (i) o dever legal de realização de audiências e/ou consultas públicas em projetos de atos normativos com impactos sociais relevantes,[1186] devidamente acompanhados de estudos prévios de impacto regulatório, em que o projeto final de Circular, Instrução ou Resolução (controle *ex* ante) destinado ao CNSP seja disponibilizado ao público para o controle de modificações posteriores por outras instâncias, notadamente CNSP ou CMN nos casos de projetos de Resoluções (controle *ex post*); (ii) a possibilidade expressa de celebração de Termos de Compromisso ou de Cessação de Condutas; e (iii) a instituição formal de ambientes para solução consensual de conflitos. Essa é a Décima Sétima Recomendação.

Por derradeiro, quanto ao Conselho Administrativo de Defesa Econômica, é importante frisar que a defesa da concorrência é diretriz fundamental de *better regulation*, de modo que a atuação institucional coordenada complementar entre regulador a autoridade concorrencial, preferencialmente disciplinada em lei, constitui o pensamento doutrinário majoritário, além de ser uma necessidade internacionalmente reconhecida, inclusive, pela Organização para a Cooperação e Desenvolvimento Econômico (OCDE) no documento "*OECD Guiding Principles for Regulatory Quality and Performance*"[1187].

[1186] Atos internos à organização administrativa da autarquia, por não resultar em efeitos externos, estão fora dessa lógica de controle social.
[1187] Disponível em: http://www.oecd.org/fr/reformereg/34976533.pdf. Acesso em 01.09.2014.

Logo, via de regra, condutas anticoncorrenciais e atos de concentração econômica no âmbito do Sistema Financeiro Nacional não podem ficar imunes a essa diretriz regulatória de atuação concertada complementar. Adicionalmente, nos termos do art. 9º, §3º, da Lei nº 12.529, de 2011, todos os órgãos e entes da Administração Pública Federal são obrigados a colaborar com o CADE.

Assim, entende-se que a melhor proposta é a de manter-se um ambiente de intenso diálogo institucional antes do julgamento do caso pelo CADE, ou seja, fortalecer a coordenação institucional *ex ante* em relação à decisão a ser tomada, com uma única sugestão, em favor do Banco Central do Brasil, em caráter *ex post*, no diz respeito à hipótese em que a operação envolver ato de concentração econômica de instituição considerada sistemicamente relevante.

Nessa situação, a título sugestivo, além do fortalecimento do diálogo institucional *ex* ante, é adequada a criação de um mecanismo legal de avocação excepcional *ex post* pelo Banco Central do Brasil em relação à decisão do CADE, sujeita à motivação específica (norteada pelo ideal de razão pública), na hipótese em que o ato de concentração econômica envolver questões sistêmicas e instituições financeiras sistemicamente importantes. Trata-se da Décima Oitava Recomendação.

CAPÍTULO 4 - O CONTROLE JURISDICIONAL DA REGULAÇÃO FINANCEIRA SISTÊMICA DOS MERCADOS

A regulação financeira sistêmica dos mercados, complexa, dinâmica e mutável por natureza, praticada através de atos regulatórios do Poder Público, está sujeita à impugnação judicial, nos termos do art. 5º, XXXV, da Constituição brasileira de 1988 (*"a lei não excluirá da apreciação do Poder Judiciário lesão ou ameaça a direito"*), que consagra, de forma ampla, o direito fundamental instrumental de acesso à justiça para a tutela de direitos.

Mas qual será o papel institucional desejável do Poder Judiciário quanto ao tema, que envolve a implementação de políticas públicas no âmbito do sistema financeiro nacional?

Historicamente, examinada a questão antes da promulgação da Constituição atual, percebe-se a quase inexistência de precedentes judiciais no que diz respeito à regulação financeira sistêmica dos mercados, sobretudo no Supremo Tribunal Federal.

De importante, somente é digno de menção o enunciado da Súmula nº 596 do Supremo Tribunal Federal, que afasta a aplicação das disposições da Lei de Usura (Decreto nº 22.626, de 1933)[1188] aos agentes integrantes do Sistema

---

[1188] Prescreve a "Lei de Usura" que é: "vedado, e será punido nos termos desta lei, estipular em quaisquer contratos taxas de juros superiores ao dobro da taxa legal (Código Civil, art. 1062)" (art. 1º), sendo que, nos termos do § 3º do mesmo artigo, dispôs-se que "a taxa de juros deve ser estipulada em escritura publica ou escrito particular, e não o sendo, entender-se-á que as partes acordaram nos juros de 6% ao ano, a contar da data da propositura da respectiva

Financeiro Nacional,[1189] além de uma discussão, em 1987, a respeito de uma alegação específica sobre práticas abusivas em cláusulas contratais sobre "cheque especial",[1190] em sede de Conflito de Atribuições, resultante, na origem, de Ação Civil Pública proposta pelo Ministério Público do Estado do Rio de Janeiro,[1191] com fundamento na recentemente editada, àquela época, Lei nº 7.347, de 1985 (Lei de Ação Civil Pública).

Mesmo após o seu advento, os principais casos julgados pelo Supremo Tribunal Federal estavam focados, novamente, na discussão sobre a limitação de taxas de juros reais em contratos bancários, com fundamento no revogado §3º do art. 192 da Constituição brasileira de 1988[1192] e na Lei de Usura, bem

---

ação ou do protesto cambial". Logo, segundo tal decreto, as taxas de juros contratadas no Brasil não poderiam ultrapassar doze por cento ao ano.

[1189] Eis o enunciado da Súmula nº 596 do Supremo Tribunal Federal: "As disposições do Decreto 22626/1933 não se aplicam às taxas de juros e aos outros encargos cobrados nas operações realizadas por instituições públicas ou privadas, que integram o Sistema Financeiro Nacional".

[1190] "Cheque especial" é espécie de contrato de abertura de crédito, com cláusulas previamente estabelecidas, que gera uma operação financeira imediata de crédito para a cobertura de ordens de pagamento que ultrapassam o saldo disponível em conta corrente do cliente bancário. Como a captação financeira dos recursos é imediata, o preço pelo serviço, principalmente taxa de juros, é relativamente maior do que o preço pago pelas demais operações convencionais de concessão de crédito.

[1191] Nos termos do art. 119, I, 'f', da Emenda Constitucional nº 1, de 1969 (Constituição brasileira de 1969), cabia suscitar conflito de atribuições perante o Supremo Tribunal Federal para que houvesse a resolução de "conflitos de atribuições entre autoridades administrativas e judiciárias da União ou entre autoridades judiciárias de um Estado e as administrativas de outro, ou do Distrito Federal e dos Territórios, ou entre as dêstes e as da União". No mérito, julgou-se procedente o pedido, com o reconhecimento de que o Poder Judiciário teria extrapolado suas funções institucionais ao dispor, genericamente, sobre a regulação do contrato bancário de "cheque especial", em afronta, principalmente, às competências do Conselho Monetário Nacional. A propósito, destacou o Relator, Ministro Sydney Sanches, em termos gerais, que: "esse poder de criar o direito material é, em princípio, do Legislativo, segundo as competências constitucionalmente distribuídas, cabendo, em outros casos, delegação de poderes normativos complementares a órgãos administrativos, que os exercem com atribuições. É o que acontece com o Conselho Monetário Nacional e o Banco Central do Brasil, no campo ora focalizado" (fl. 29 do inteiro teor de acórdão). V. STF, Conflito de Atribuições nº 35, Tribunal Pleno, Relator: Ministro Sydney Sanches, j. 02.12.1987, DJ 01.12.1989.

[1192] O texto, revogado pela Emenda Constitucional nº 40, de 2003, tem a seguinte redação: "Art. 192. O sistema financeiro nacional, estruturado de forma a promover o desenvolvimento equilibrado do País e a servir aos interesses da coletividade, será regulado em Lei Complementar, que disporá sobre: (...) § 3º As taxas de juros reais, nelas incluídas comissões

como em impugnações formais de atos normativos de reorganização administrativa e de reestruturação sistêmica editados, principalmente, na segunda metade da década de 1990, quando o país passava por intensas transformações político-institucionais de natureza financeira, notadamente a concretização do projeto de estabilidade monetária (Plano Real) e a reestruturação do sistema bancário.[1193]

Trata-se, portanto, de uma experiência judicial pouco rica para um estudo mais substancial sobre o exercício prático das capacidades institucionais do Poder Judiciário brasileiro no controle de atos de regulação financeira sistêmica dos mercados, o que não impedirá um esforço de sistematização da interpretação constitucional para o futuro a partir do estabelecimento de parâmetros institucionais e materiais de decisão judicial, com a pretensão de teste desses parâmetros em alguns precedentes selecionados proferidos no contexto do atual paradigma democrático constitucional.

Sendo assim, o objetivo do presente capítulo é inserir a temática da regulação financeira sistêmica no intenso debate acerca da importância e das vantagens institucionais do Poder Judiciário em democracias constitucionais, nas quais a força normativa da Constituição tem a pretensão de garantir eficácia aos direitos fundamentais[1194] e assegurar as condições necessárias ao

---

e quaisquer outras remunerações direta ou indiretamente referidas à concessão de crédito, não poderão ser superiores a doze por cento ao ano; a cobrança acima deste limite será conceituada como crime de usura, punido, em todas as suas modalidades, nos que a lei determinar".

[1193] Em linhas gerais, a tarefa de investigação e análise dos precedentes sobre o tema no Supremo Tribunal Federal, julgados após o advento da Constituição brasileira de 1988, foi pouco trabalhada pela doutrina brasileira. Sob uma perspectiva mais crítica, Jean-Paul Veiga Rocha enfatiza que *"os debates jurídicos doutrinários posteriores à Constituição de 1988 sobre o SFN, em sua maioria, revelaram-se incapazes de lidar com a complexidade da moeda e do crédito, ficando, mesmo, aquém da qualidade acadêmica dos trabalhos sobre a regulação dos demais setores. Oscilaram entre teses interpretativas formalistas, de um lado, e a militância doutrinária, de outro"* (ROCHA, Jean-Paul Veiga. *Direito e Moeda no Debate Constitucional.* In: SUNDFELD. Carlos Ari; ROSILHO, André (Org.). *Direito da Regulação e Políticas Públicas.* São Paulo: Malheiros, 2014, p. 242).

[1194] Há significativo consenso sobre a vinculação entre as concepções de Estado Constitucional de Direito e direitos fundamentais, enquanto elementos nucleares da Constituição material, na medida em que a função dos direitos fundamentais é, simultaneamente, limitar e legitimar o exercício do poder no Estado Constitucional de Direito, cf. SARLET, Ingo Wolfgang. *A eficácia dos direitos fundamentais*: uma teoria geral dos direitos fundamentais na perspectiva constitucional. Porto Alegre: Livraria do Advogado, 2009, p. 27-33, *passim*.

exercício adequado da democracia,[1195] que deve ocorrer segundo um modelo de dialógo institucional entre Poderes que seja funcionalmente eficiente perante o fenômeno da constitucionalização do Direito.

Em outras palavras, o intento volta-se a apresentar os limites e as vantagens institucionais do Poder Judiciário na sua missão de guardião dos direitos fundamentais e da democracia, que são, essencialmente, os fundamentos de legitimidade e elementos estruturantes do Estado democrático de direito,[1196] sempre tendo em vista os riscos inerentes à judicialização dos processos regulatórios financeiros, que envolvem políticas públicas definidas, prioritariamente, pelos demais Poderes, dotados de maior legitimidade democrática, *expertise* técnica e capacidade normativa de conjuntura econômica.

[1195] Segundo Luís Roberto Barroso, as duas funções principais da Constituição de um Estado democrático de direito compreendem: (i) veicular consensos mínimos, essenciais para a dignidade das pessoas e para o funcionamento adequado de um regime efetivamente democrático, o que não impede variações em função de circunstâncias políticas, sociais e históricas de cada país, de modo a garantir a efetividade dos direitos fundamentais, a separação e a organização dos Poderes constituídos e a fixação de determinados fins de natureza política ou valorativa; e (ii) garantir o espaço próprio do pluralismo político, assegurando o funcionamento adequado dos mecanismos democráticos. V. BARROSO, Luis Roberto. *Curso de Direito Constitucional Contemporâneo*: Os conceitos fundamentais e a construção do novo modelo. 1. ed., São Paulo: Saraiva, 2009, p. 89.

[1196] Cf. BINENBOJM, Gustavo. *Uma Teoria do Direito Administrativo*. Rio de Janeiro: Renovar: 2006, p. 49. O resultado da conjugação das ideias de direitos fundamentais e democracia são os seguintes, *in verbis*: "*A partir do que se convencionou chamar virada kantiana, dá-se uma reaproximação entre ética e direito, com o ressurgimento da razão prática, da fundamentação moral dos direitos fundamentais e do debate sobre a teoria da justiça fundado no imperativo categórico, que deixa de ser simplesmente ético para se apresentar também como um imperativo categórico jurídico. A ideia de dignidade da pessoa humana, traduzida no postulado kantiano de que cada homem é um fim em si mesmo, eleva-se à condição de princípio jurídico, origem e fundamento de todos os direitos fundamentais. A centralidade moral da dignidade do homem, no plano dos valores, corresponde a centralidade jurídica dos direitos fundamentais, no plano do sistema normativo. A democracia, a seu turno, consiste em um projeto moral de autogoverno coletivo, que pressupõe cidadãos que sejam não apenas os destinatários, mas também os autores das normas gerais de conduta e das estruturas jurídico--políticas do Estado. Em um certo sentido, a democracia representa a projeção política da autonomia pública e privada dos cidadãos, alicerçada em um conjunto básico de direitos fundamentais. A própria regra da maioria só é moralmente justificável em um contexto no qual os membros da comunidade são capacitados como agentes morais emancipados e tratados com igual respeito e consideração. Seu fundamento axiológico é o valor igualdade, transubstanciado juridicamente no princípio da isonomia, do qual se origina o próprio princípio da maioria como técnica de deliberação coletiva*" (BINENBOJM, Gustavo. *Op. Cit.*, p. 49-50).

Em suma, trata-se de um estudo específico do fenômeno da "judicialização da política"[1197] aplicado à realidade dinâmica e complexa dos mercados financeiros e a regulação a eles subjacente.

A propósito, pode-se adiantar que a exaltação interpretativa exagerada em torno da eficácia normativa da Constituição pode gerar consequências sociais imprevisíveis e um dos principais fatores de risco é o voluntarismo judicial potencializado pela natureza axiológico-normativa da Constituição, a ponto de se afirmar que "vive-se hoje um ambiente de 'geleia geral' no direito público brasileiro, em que princípios vagos podem justificar qualquer decisão".[1198]

Posto isso, reputada a Constituição brasileira de 1988 como base normativa de conexão entre o Direito e a Política, a temática da separação de poderes deve ser tida como elemento essencial do Estado democrático de direito (art. 2º da Constituição atual)[1199] no debate sobre a judicialização de processos regulatórios financeiros, a fim de viabilizar a construção racional de um projeto de construtivismo político-institucional baseado em capacidades institucionais.

Somente a partir de uma ideia fundamental de divisão dinâmica e eficiente de funções estatais, necessariamente acompanhada da desconcentração de

---

[1197] Conforme Alexandre Garrido da Silva, "é difícil imaginar atualmente alguma questão política, econômica, cultural ou ambiental que não possa ser debatida em termos constitucionais e que, mais cedo ou mais tarde, não venha a ser objeto de um pronunciamento pelos ministros do Supremo Tribunal Federal" (SILVA, Alexandre Garrido da. *Minimalismo, democracia e expertise*: o Supremo Tribunal Federal diante de questões políticas e científicas complexas. Revista de Direito de Estado, nº 12, 2009, p. 107). Ou seja: "*a judicialização da Constituição econômica é inevitável nos Estados que adotam o modelo de controle judicial das leis e atos administrativos*" (BINENBOJM, Gustavo; CYRINO, André Rodrigues. *Parâmetros para a Revisão Judicial de Diagnósticos e Prognósticos Regulatórios em Matéria Econômica*. In: SOUZA NETO, Cláudio Pereira de; SARMENTO, Daniel; BINENBOJM, Gustavo (Coord.). *Vinte Anos da Constituição Federal de 1988*. Lumen Juris, 2009, p. 744).

[1198] SUNDFELD, Carlos Ari. *Direito Administrativo para Céticos*. São Paulo: Malheiros, 2012, p. 60. Assim, conforme será explicado a seguir, a proposta mais apta a lidar com voluntarismos ou subjetivismos interpretativos, oriundos das diversas pré-compreensões sobre a Constituição, é o recurso ao ideal de razão pública (que dá conteúdo à razão prática) como "filtro" de legitimidade da interpretação constitucional, cf. SARMENTO, Daniel. *Interpretação Constitucional, Pré-compreensão e Capacidades Institucionais do Intérprete*. In: SOUZA NETO, Cláudio Pereira de; SARMENTO, Daniel; BINENBOJM, Gustavo (Coord.). *Vinte Anos da Constituição Federal de 1988*. Lumen Juris, 2009, p. 312-317, *passim*.

[1199] A separação de Poderes é da essência de uma Constituição. V. BARROSO, Luis Roberto. *Op. Cit.*, p. 82.

poderes nas instâncias políticas oficiais, é que são minimizados os risco de abusos de poder, o que tende a gerar, por outro lado, um razóavel equilíbrio institucional entre os Poderes para a obtenção dos melhores resultados sociais práticos possíveis.[1200]

Como se percebe, o "controle judicial de políticas públicas é mais do que uma singela questão de interpretação constitucional",[1201] pois envolve a análise das capacidades institucionais das instituições em lidar com questões relacionados aos direitos fundamentais e à democracia no contexto dinâmico e complexo de avaliação racional das políticas públicas, pois, efetivamente, as instituições políticas majoritárias, suas respectivas legitimidades e capacidades técnicas devem ser racionalmente levadas a sério pela interpretação constitucional,[1202] e, ao mesmo tempo, deve-se ter cuidado com teorias filosóficas ou dogmáticas excessivamente abstratas e/ou abrangentes.[1203]

Pois bem. A separação de poderes é uma concepção fluida, com relativo caráter contingente e se fundamenta na razão prática própria do construtivismo político, de modo que as teorias de interpretação constitucional, por si só, são insuficientes se não consideram elementos institucionais, isto é, para

---

[1200] Dito de outro modo, conforme Cláudio Pereira de Souza Neto, *"não há, portanto, uma separação estanque das funções estatais, mas uma ampla e imbricada rede de implicações recíprocas, a qual tem como objetivo evitar o arbítrio, eventualmente decorrente de uma concentração excessiva de poder"* (SOUZA NETO, Cláudio Pereira de. *Teoria constitucional e democracia deliberativa*: um estudo sobre o papel do direito na garantia das condições para a cooperação na deliberação democrática. Rio de Janeiro: Renovar, 2006, p. 33).

[1201] FONTE, Felipe de Melo. *Políticas públicas e direitos fundamentais*: elementos de fundamentação do controle jurisdicional de políticas públicas no estado democrático de direito. São Paulo: Saraiva, 2013, p. 157.

[1202] Ao invés de buscar uma inatingível concepção perfeita de separação de poderes, melhor é atentar para a busca, na maior medida possível, de uma forma racional de distribuição eficiente de funções, segundo capacidades técnicas, a fim de *"atender a imperativo de racionalidade das atividades públicas, função especialmente importante se considerada a ampliação demasiada de tarefas do Estado nos últimos séculos e a escassez de recursos para concretizá-las"* (FONTE, Felipe de Melo. *Op. Cit.*, p. 157).

[1203] À evidência, teorias filosóficas ou dogmáticas excessivamente abstratas e/ou abrangentes não respeitam o fato do pluralismo razoável e tendem a pautar, excessivamente, o conteúdo das decisões sobre questões políticas fundamentais, com o inconveniente de desconsiderar aspectos contextuais, históricos e consequencialistas na interpretação constitucional. A interpretação do Direito, seguida a lógica da melhor interpretação jurídica possível, é uma atividade humana de construção jurídica aberta de soluções fundamentada no sistema jurídico, cf. FREITAS, Juarez. *A Interpretação sistemática do Direito*. 4. ed. São Paulo: Malheiros, 2004, p. 68.

uma adequada interpretação constitucional, "é preciso respeitar o espaço de cada instituição, comparar normas e opções, estudar causas e consequências, ponderar as vantagens e desvantagens".[1204]

Quanto ao ponto, a filosofia política de John Rawls é importante para compreender a atividade de interpretação feita por um Tribunal Constitucional, enquanto *locus* institucional propício à aplicação do ideal de razão pública em sociedades democráticas.

Segundo John Rawls, o Tribunal Constitucional, que deve possuir independência funcional e se sujeitar ao dever essencial de motivação pública de suas decisões,[1205] é instituição capaz de garantir a eficácia dos direitos fundamentais e das condições necessárias ao funcionamento adequado da democracia se aplicar, de forma eficaz, o ideal de razão pública e a justiça dessa aplicação concreta poderá ser constatada, em termos de legitimidade discursiva, na medida em que o resultado da interpretação constitucional contiver a razoabilidade própria do critério imparcial da reciprocidade, que preza pelo tratamento de todos os cidadãos como livres e iguais.

No entanto, John Rawls faz questão de frisar que o Tribunal Constitucional, embora intérprete constitucional de última instância, não é o único ou o exclusivo intérprete da Constituição de um país,[1206] isto é, ainda que o Tribunal Constitucional tenha legitimidade para proteger a Constituição,[1207]

[1204] SUNDFELD, Carlos Ari. *Direito Administrativo para Céticos*. São Paulo: Malheiros, 2012, p. 61.

[1205] Conforme Gustavo Binenbojm, *"A maior contribuição de uma Corte Constitucional ao desenvolvimento civilizatório não está na verdade ou bondade intrínseca de seus julgados, mas na forma pela qual eles energizam o diálogo público e incrementam o seu grau de racionalidade. Acreditamos que os juízes possam fazê-lo melhor, atuando de forma paralela e complementar aos agentes políticos eleitos, por razões de filosofia política, mas também por razões empíricas e históricas"* (BINENBOJM, Gustavo. *A nova jurisdição constitucional* – Legitimidade democrática e instrumentos de realização. 2. ed. Rio de Janeiro: Renovar, 2004, p. 119).

[1206] RAWLS, John. *O liberalismo político*. Trad. Álvaro de Vita. São Paulo: WMF Martins Fontes, 2011, p. 273-275. No mesmo sentido, com ênfase na noção de sociedade aberta de intérpretes da Constituição formulada por Peter Haberle, v. SOUZA NETO, Cláudio Pereira de; SARMENTO, Daniel. *Direito constitucional*: teoria, história e métodos de trabalho. Belo Horizonte: Fórum, 2013, p. 399-400.

[1207] O tema da legitimidade da jurisdição constitucional é extremamente complexo e amplo. Não obstante, o importante, por ora, é afirmar que a dificuldade contramajoritária do Poder Judiciário pode ser ultrapassada, em termos de legitimidade, quando envolvidos, substancialmente, direitos fundamentais e aspectos essenciais da democracia.

a "Constituição não é o que a Suprema Corte diz que é",[1208] daí a necessidade de uma abordagem complementar, fundada em razões práticas inerentes à própria filosofia política de John Rawls, das capacidades institucionais dos demais Poderes em tutelar direitos fundamentais e a democracia.

Adicionalmente, no que diz respeito à regulação econômica de maneira geral, pode-se dizer que uma "razão pública constitucional útil ao Direito Econômico" significa uma "uma razão prática que, sem apelar a premissas empíricas ou filosóficas contestáveis, trata igualmente a todos os participantes de um debate público a respeito da Constituição Econômica com respeito e consideração".[1209]

Sendo assim, em síntese conclusiva, é possível afirmar, por um lado, que a regulação financeira sistêmica dos mercados, independentemente do seu componente político, envolve o exercício prático racional de capacidades institucionais pelas autoridades regulatórias financeiras, dotadas de conhecimentos técnicos oriundos de diversas ciências sociais aplicadas e de corpos técnicos qualificados, sendo legítima e relevante a lembrança de que "é preciso ter humildade para reconhecer que o direito tem um espaço próprio, mas limitado, não podendo pretender dar conta de toda a realidade social, sob pena de distanciar-se de seu propósito".[1210]

Por outro lado, embora não seja protagonista,[1211] o Poder Judiciário é capaz de contribuir para o aperfeiçoamento da regulação financeira sistêmica dos mercados,[1212] desde que atue, de forma justificada, com amparo no ideal de

---

[1208] RAWLS, John. *Op. Cit.*, p. 281.

[1209] MENDONÇA, José Vicente Santos de. *Op. Cit.*, p. 155.

[1210] BARCELLOS, Ana Paula de. *A eficácia jurídica dos princípios constitucionais*: O princípio da dignidade da pessoa humana. 3. ed. Rio de Janeiro: Renovar, 2011, p. 9.

[1211] No mesmo sentido: RAGAZZO, Carlos Emmanuel Joppert. *Regulação jurídica, racionalidade econômica e saneamento básico*. Rio de Janeiro: Renovar, 2011, p. 242.

[1212] Segundo Felipe de Melo Fonte, *"não é totalmente procedente a afirmação de que o Poder Judiciário não tem qualquer função a desempenhar em matéria de políticas públicas simplesmente porque não tem visão sistêmica, ao passo que a Administração Pública pode dela dispor. Ora, basta que a Administração tome decisões premidas pelo tempo e sem o devido acesso à informação técnica, e então não haverá qualquer razão institucional para que ela seja privilegiada. Uma decisão administrativa nestas condições pode se revelar mais desastrosa para o público do que decisões judiciais esparsas e pontuais. Além disso, o travamento da agenda sistêmica em razão de impasses nas forças políticas pode ser campo propício para a intervenção judicial. Porém, não menos importante é afirmar que a deferência institucional às decisões administrativas decorre também da visão de que o processo de escolha em políticas públicas é essencialmente político, e não*

razão pública e segundo a perspectiva dos diálogos constitucionais, sobretudo em face de atos regulatórios manifestamente arbitrários, mediante o recurso à proporcionalidade como critério substancial de controle de juridicidade dos atos regulatórios financeiros e tendo em vista aprimoramentos à transparência e *accountability* dos processos regulatórios.[1213]

4.1 – A interface entre o Direito Constitucional e políticas econômicas: a Constituição Econômica como base normativa de conexão

Recentemente, no ano de 2011, surgiu uma discussão política na Comissão de Assuntos Econômicos do Senado Federal: a inclusão do objetivo de crescimento econômico e de geração de empregos no rol de atribuições institucionais legais do Conselho Monetário Nacional e do Banco Central do Brasil, ainda que, especificamente quanto à geração de empregos, a busca do pleno emprego já seja princípio constitucional geral da atividade econômica (art. 170, VIII, da Constituição brasileira de 1988),[1214] à semelhança dos Estados Unidos da América.[1215]

---

puramente técnico. O que não impede que algumas correções sejam judicialmente efetuadas, pois há de ser observada alguma juridicidade na gestão do poder público" (FONTE, Felipe de Melo. *Op. Cit.*, p. 57).

[1213] RAGAZZO, Carlos Emmanuel Joppert. *Op. Cit.*, p. 255-264, *passim*.

[1214] Tal discussão foi provocada pela inclusão em pauta, na Comissão de Assuntos Econômicos do Senado Federal, do Projeto de Lei do Senado (PLS) n° 477, de 2011, de autoria do Senador Lindbergh Farias (PT/RJ), que pretende alterar a redação do art. 3° da Lei n° 4.595, de 1964, para incluir o "crescimento econômico e a geração de empregos" como objetivos institucionais do Conselho Monetário Nacional e do Banco Central do Brasil. O último ato do processo legislativo está datado em 21.11.2011. Fonte: http://www.senado.gov.br/atividade/materia/detalhes.asp?p_cod_mate=101621. Acesso em 31.08.2014.
Quanto ao assunto, encontra-se também em tramitação, na Câmara de Deputados, o Projeto de Lei nº 3865, de 2012, de autoria do Deputado Federal Paulo Rubem Santiago (PDT/PE), com último ato do processo legislativo datado de 28.05.2012, que pretende incluir o crescimento econômico e a geração de empregos como objetivos institucionais adicionais do Banco Central do Brasil, atribuindo-se nova redação ao art. 9º da Lei nº 4.595, de 1964. Fonte: http://www.camara.gov.br/proposicoesWeb/fichadetramitacao?idProposicao=544618. Acesso em 31.08.2014. Por fim, deve-se mencionar, a título ilustrativo, outro Projeto de Lei do Senado (PLS) n° 301, de 2011, em trâmite e com último ato do processo legislativo datado de 21.11.2011, de autoria do Senador Inácio Arruda (PCdoB/CE), que pretende a inclusão do objetivo de "plena utilização da capacidade produtiva nacional" no mesmo art. 3° da Lei n° 4.595, de

Naquele país, o FED possui autonomia institucional fundamentada em lei e seus integrantes exercem mandatos, sendo vedada a exoneração *ad nutum*. Além disso, a busca do pleno emprego, evidentemente, é conjugada com os demais objetivos de estabilidade monetária, todos com foco institucional na sustentabilidade dos fundamentos econômicos de longo prazo do país.

Qual seria, então, a intenção e a necessidade prática subjacente à proposta acima mencionada? É difícil explicar.

Em primeiro lugar, instituições políticas razoáveis e cidadãos livres e iguais jamais seriam capazes de sustentar, racionalmente, que o Estado deve ser indiferente ao crescimento econômico ou ao desemprego.

Em segundo lugar, os empregos são gerados, primordialmente, no mercado de trabalho,[1216] no qual os empregadores não necessariamente investirão na produção ou na contratação de mais pessoas por que a meta para a taxa SELIC aumentou ou diminuiu, ou seja, o nexo de causalidade entre a facilitação do acesso sistêmico relativamente mais barato ao crédito e o crescimento econômico com geração de empregos é indireto, servindo apenas como um estímulo, no caso de diminuição, que se agrega a diversos outros fatores que influenciam uma decisão empresarial de produção, contratação ou manutenção de empregos, sem prejuízo do dilema inevitável entre a tentativa de estimular o crescimento econômico com geração de empregos pela ampliação da oferta monetária *vis-à-vis* os potenciais efeitos inflacionários gerados nos contratos empresariais e nos salários dos já empregados.

Por fim, ter crescimento econômico e gerar empregos não pode levar à leniência com o fenômeno sistêmico da inflação, pois isso representa uma violação às liberdades econômicas básicas (liberdade) e prejudica os economicamente menos favorecidos (igualdade), conforme amplamente sustentado ao longo da obra.

1964. Fonte: http://www.senado.gov.br/atividade/materia/detalhes.asp?p_cod_mate=100492. Acesso em 31.08.2014.

[1215] Segundo o *Federal Reserve Act*, na Seção 2.A, que trata dos objetivos de política monetária, institui-se, como objetivos essenciais do *Board of Governors of the Federal Reserve System* e do *Federal Open Market Committee*, a busca efetiva do pleno emprego, da estabilidade de preços e de taxas de juros moderadas no longo prazo (tradução livre).

[1216] Diz-se primordialmente porque a contratação de pessoas para trabalhar não segue sempre a lógica do mercado, como, por exemplo, no caso de abertura de concursos públicos para provimento de cargos na Administração Pública.

CAPÍTULO 4 - O CONTROLE JURISDICIONAL DA REGULAÇÃO FINANCEIRA SISTÊMICA...

Portanto, a proposta política, além de praticamente irrelevante porque a execução da política monetária não prescinde, obviamente, de análises de conjuntura econômica atual e futura,[1217] camufla supostas "boas intenções políticas" de crescimento econômico e geração de empregos que são, na verdade, uma estratégia política discursiva de tensão unidirecional em prol da ampliação de oferta de moeda e do crédito na economia que tende a pressionar a inflação, em prejuízo a todos os cidadãos, livres e iguais (liberdade e igualdade).

Dito isso, nada obstante as críticas formuladas acima, esse é um exemplo excelente para demonstrar a afirmação de que existe uma conexão necessária entre o Direito constitucional e políticas econômicas.

Em linhas gerais, as políticas econômicas de um Estado jamais podem ser descontextualizadas das demandas sociais mais importantes, das principais instituições e dos anseios públicos voltados ao crescimento e desenvolvimento econômico de um país, daí a interface entre Direito e Economia, cuja repercussão, no Estado Constitucional de Direito, se dá entre Direito constitucional e economia política,[1218] intermediada pela força normativa da Constituição. Em outras palavras, conforme sustenta João Bosco Leopoldino da Fonseca, "a constituição econômica e a constituição política se entremeiam no texto constitucional".[1219]

Nesse sentido, a economia política é expressão que designa a imbricação necessária do fenômeno econômico com aspectos políticos, institucionais e sociais do Estado,[1220] a fim de ordenar a atuação estatal no âmbito econômico,

---

[1217] A título ilustrativo, é importante frisar que as atas de COPOM possuem capítulos próprios destinados à análise da conjuntura econômica atual e futura.

[1218] Não existe política independente do Direito, cf. GRIMM, Dieter. *Constituição e Política*. Belo Horizonte: Del Rey, 2006, p. 3.

[1219] FONSECA, João Bosco Leopoldino da. *Direito Econômico*. Rio de Janeiro: Forense, 2010, p. 37, com comentários adicionais no sentido de que *"não existe um capítulo em que estejam reunidos os princípios fundamentais econômicos e outros em que se concentrem os princípios políticos. Os princípios se entrecruzam e se fundem, se autosustentam pela sua própria interseção"* (*Ibid.*, p. 37).

[1220] Acerca da origem do termo economia política, assim se posiciona Fábio Nusdeo, *in* verbis: *"A origem do termo prende-se à ideia de estarem os fenômenos econômicos inextricavelmente imbricados aos de cunho político, institucional e social, e, portanto, ele se destinaria a retratar todas essas vinculações com a justaposição de economia e política"* (NUSDEO, Fábio. *Curso de Economia*: Introdução ao direito econômico. São Paulo: RT, 2010, p. 92).

a qual será orientada por normas jurídicas definidas pelas instituições estatais responsáveis, segundo o desenho institucional do Estado.[1221]

A estrutura institucional básica da sociedade resulta, em grande parte, de decisões sobre questões políticas fundamentais de natureza econômica, cujo fundamento normativo principal é a Constituição.

Sendo assim, se é certo que os bens são escassos e as necessidades humanas ilimitadas, é possível inferir ser justo, de acordo com noção contemporânea de democracia e de tutela dos direitos fundamentais, que os cidadãos, livres e iguais, integrantes de um arranjo social, através das formas institucionais de deliberação pública escolhidas por eles, sejam os responsáveis pela definição de políticas públicas[1222] que expressem o modo pelo qual os bens produzidos no âmbito social serão protegidos e destinados, assim como poderão estipular meios direcionados a estimular a expansão da produção de bens e serviços.

Essa é a síntese do modelo de organização política mais endossado no mundo contemporâneo,[1223] o qual assumiu, atualmente, a forma de Estado constitucional de Direito na grande maiores dos países no mundo. Mas nem sempre foi assim.

Em termos históricos, Estado é adotado como arranjo social básico a partir da Era Moderna, o qual passa a ser o centro de poder de decisão política e, consequentemente, de produção do Direito.[1224] Após as revoluções ocorridas nos séculos XVII e XVIII, inicia-se a moldagem do desenho institucional do

---

[1221] Vejamos outra definição de econômia política, *in verbis*: "*Economia política, pois, seria a expressão da atividade do Estado no campo econômico. Toda a ação do Estado, ainda que seja denominada classicamente ou popularmente como política, deve-se encontrar definidade e orientada por normas jurídicas, podendo-se falar, quando da atuação econômica do Estado, de uma política econômica*" (TAVARES, André Ramos. *Direito Constitucional Econômico*. 3. ed. Rio de Janeiro: Forense, 2011, p. 69).

[1222] BARCELLOS, Ana Paula de. *Constitucionalização das políticas públicas em matéria de direitos fundamentais*: o controle político-social e o controle jurídico no espaço democrático. Revista de Direito do Estado, nº 7, 2006, p. 23.

[1223] A propósito do tema, digna de nota é a passagem da Amartya Sen, *in verbis*: "*O século XX estabeleceu o regime democrático e participativo como o modelo preeminente de organização política. Os conceitos de direitos humanos e liberdade política hoje são parte da retórica prevalente*" (SEN, Amartya. *Desenvolvimento como liberdade*. São Paulo: Companhia das Letras, 2000, p. 9).

[1224] O Direito anterior ao constitucionalismo moderno não possuía uma origem única, quanto à produção de normas jurídicas, que conferisse unidade e sistematicidade suficiente à ordem jurídica, haja vista a diversidade de fontes normativas à época, oriundas de instituições diferentes e concorrentes. Assim, a formação do Estado moderno traz consigo a pretensão de centralidade político-jurídica na produção e estabelecimento do Direito,

modelo de organização política dos Estados contemporâneos, baseado nos pilares da limitação do poder estatal e na separação funcional de poderes.

Portanto, a Constituição é escolhida, essencialmente, como solução política instrumental de consenso, com conteúdo positivo,[1225] destinada ao objetivo de limitação de poderes políticos ao positivar uma estrutura institucional em que os Poderes assumem funções distintas,[1226] o que inclui a de definição e execução de políticas econômicas conforme o modelo constitucional definido para o Estado.

A propósito, no mesmo período histórico, a Economia, até então estudada no âmbito da filosofia moral, passa a concretizar sua pretensão de autonomia científica. Partindo-se da obra referencial *A riqueza das nações* de Adam Smith, publicada em 1776, dá-se impulso determinante à corrente do liberalismo econômico, a qual se funda em ideais voltados à contestação do mercantilismo (baseado na concessão de privilégios e monopólios econômicos) à época, em prol de uma maior liberdade nos mercados.

Logo, percebe-se, claramente, um processo histórico conjunto de ascensão e evolução do constitucionalismo moderno atrelado a ideias liberais, que fundamentam, principalmente, a necessidade de proteção à liberdade contratual e propriedade privada como pressupostos políticos para o crescimento e desenvolvimento econômico, enquanto incentivos determinantes à expansão da oferta de bens e serviços na economia.

No que diz respeito ao sistema jurídico, entendia-se que a Constituição somente continha o desenho institucional da estrutura organizativa do Estado e não possuía força normativa porque documento exclusivamente político,

---

cf. FERRAJOLI, Luigi. Pasado y futuro del Estado de derecho. In: CARBONELL, Miguel (Coord.). *Neoconstitucionalismo(s)*. Madrid, Trotta, 2003, p. 15.

[1225] A Constituição serve-se do positivismo para se tornar o principal documento jurídico do Estado, ou seja, *"a solução apresentada pelo direito constitucional não deixou a base do direito positivo"*, cf. GRIMM, Dieter. *Constituição e Política*. Belo Horizonte: Del Rey, 2006, p. 10.

[1226] A afirmação da Constituição como solução política moderna é desenvolvida por Dieter Grimm da seguinte forma, *in verbis*: *"A pretendida limitação da disposição política sobre o direito só podia ser novamente alcançada por intermédio do direito. Esse direito devia ser superior ao direito estabelecido, mas não podia ser válido como suprapositivo. A solução para o problema foi oferecida pela Constituição. Diferentemente do direito natural, a Constituição era direito positivo. (...) A política manteve sua competência de prescrever o direito sobre a sociedade, mas não gozava mais da liberdade dos monarcas absolutistas e era, ela própria, destinatária das condições legais"* (GRIMM, Dieter.*Op. Cit.*, p. 9).

vale dizer, a democracia externada no âmbito dos poderes políticos majoritários[1227] não era influenciada, de forma significativa, pelo Poder Judiciário, eis que restrito a ser a "boca da lei".

No entanto, ao longo do século XIX e início do século XX, o processo de expansão democrática, caracterizado pela concessão de direitos políticos a setores sociais até então excluídos dos processos políticos de tomada de decisão e acompanhado de reivindicações pela extensão e garantia de direitos, tensiona mudanças na estrutura política do Estado, que gera, dentre seus principais efeitos, uma maior atuação do Estado na economia sob uma base mais complexa e ampla de destinatários (cidadãos) das políticas públicas.

Posteriormente, já na segunda metade do século XX, com o fim da Segunda Guerra Mundial e disseminada uma descrença moral na capacidade normativa majoritária do Estado, o Poder Judiciário, legitimado pela construção teórica em favor da força normativa da Constituição,[1228] ascende, institucionalmente, como instância política apta a reintroduzir os valores éticos e morais na dogmática jurídica, mediante o uso da argumentação e do discurso jurídico racional prático.

Dito de outro modo, assiste-se à construção de um novo modelo de desenho institucional estatal rotulado de "Estado constitucional de Direito", representativo de uma nova concepção de Direito reaproximada da moral, em que a Constituição se torna o fundamento axiológico-normativo do sistema

---

[1227] Conforme Gustavo Binenbojm, *"em passado não muito distante, considerava-se que a Constituição não seria autêntica norma jurídica, dotada de cogência e imperatividade, mas antes uma proclamação retórica de valores e diretrizes políticas. Os preceitos constitucionais deveriam inspirar o legislador, mas não poderiam ser diretamente aplicados pelos juízes na resolução de controvérsias judiciais. Os magistrados e operadores do Direito em geral deveriam fundamentar suas decisões exclusivamente nas leis em vigor, consideradas autênticas expressões da soberania popular"* (BINENBOJM, Gustavo. *Uma Teoria do Direito Administrativo*. Rio de Janeiro: Renovar: 2006, p. 61).

[1228] Dotar a Constituição de força normativa representou uma alternativa ao fracasso histórico do positivismo jurídico legalista em países da Europa Continental. Conforme Jane Reis Gonçalves Pereira, *"esse fenômeno emergiu de forma muito clara na Europa Ocidental, onde as experiências traumáticas de países que passaram por regimes totalitários desembocaram na adoção de Constituições com amplos catálogos de direitos fundamentais, dotados de forte dimensão ética e prospectiva, cuja garantia foi atribuída à jurisdição constitucional. O mesmo ocorreu na América do Sul, quando os países egressos de ditaduras militares adotaram textos constitucionais fortemente inspirados nas constituições europeias do pós-guerra"* (PEREIRA, Jane Reis Gonçalves. *Interpretação constitucional e direitos fundamentais*: uma contribuição ao estudo das restrições aos direitos fundamentais na perspectiva da teoria dos princípios. Rio de Janeiro: Renovar, 2006, p. 22).

jurídico, instaurando-se uma nova hermenêutica jurídica caracterizada por uma interpretação racional aberta e axiológica de um conjunto de direitos fundamentais aplicáveis a todos os cidadãos livres e iguais, cuja expressão sintética é o pós-positivismo.

Em suma, pode-se dizer que o Estado constitucional de Direito é caracterizado pela supremacia formal e material da Constituição, que subordina leis e atos normativos primários à aferição de constitucionalidade,[1229] com a circunstância especial da ascensão institucional do Poder Judiciário em virtude do reconhecimento da importância da jurisdição constitucional como instância relativamente independente de controle de políticas públicas definidas e executadas pelo Estado,[1230] o que altera, necessariamente, o modelo de deliberação democrática até então adotado.[1231]. Essa é, sem dúvida, a grande mudança institucional resultante das consequências políticas do fenômeno da constitucionalização do Direito.

Logo, independentemente da ideia segundo a qual "a jurisdição constitucional não é nem incompatível nem indispensável à democracia",[1232] deve-se

---

[1229] Conforme Luis Roberto Barroso, *"A Constituição é o primeiro documento na vida jurídica do Estado, do ponto de vista cronológico como hierárquico. Dotada de supremacia, suas normas devem ter aplicação preferencial, condicionando, ademais, a validade e o sentido de todos os atos normativos infraconstitucionais. Uma Constituição, ao instituir o Estado, (a) organiza o exercício do poder político, (b) define os direitos fundamentais do povo e (c) estabelece determinados princípios e traça fins públicos a serem alcançados"* (BARROSO, Luis Roberto. *A doutrina brasileira da efetividade*. In: *Temas de direito constitucional*. Rio de Janeiro: Renovar, Tomo III, 2005, p. 72).

[1230] ENTERRÍA, Eduardo Garcia de. *La Constitución española de 1978 como pacto social y como norma jurídica*. Madrid: Inap, 2003, p. 5.

[1231] FERRAJOLI, Luigi. *Op. Cit.*, p. 18-19.

[1232] Dieter Grimm sustenta, com propriedade, que a escolha sobre o modelo de controle de constitucionalidade em qualquer país é relativamente pragmática, cultural e contingente. Assim, com respaldo em um conceito substancial de democracia, que preza pela importância dos espaços públicos de deliberação democrática, o autor citado argumenta que a jurisdição constitucional possui vantagens e desvantagens teóricas que podem ser sopesadas pela própria deliberação democrática sobre as instituições, cf. GRIMM, Dieter. *Jurisdição constitucional e democracia*. Revista de Direito do Estado nº 4, 2006, p. 6-9. Com relação à crítica relacionada à ausência de legitimidade democrática do Poder Judiciário, não se pode ignorar que *"a maior parte dos Estados democráticos do mundo reserva uma parcela do poder político para ser exercido pelo Judiciário, isto é, por agentes públicos que não são eleitos"*, o que demonstra o relativo sucesso do desenho institucional básico do Estado constitucional de Direito, cf. BARROSO, Luis Roberto. *Constituição, democracia e supremacia judicial: direito e política no Brasil contemporâneo*. Revista Jurídica da Presidência, n° 96, 2010, p. 19.

reconhecer que a jurisdição constitucional, inclusive no Brasil, tem apresentado contribuições à democracia.[1233]

No entanto, não podem ser ignorados pontos de tensão na relação entre Poderes no Estado constitucional de Direito, eis que a essência normativa da Constituição torna mais complexa a formação de consensos, sobretudo quando há discussões sobre o acerto moral e eficiente dos atos do Poder Público.

Portanto, a grande perplexidade trazida por esse novo desenho institucional diz respeito à necessidade de convivência da democracia majoritária com um sistema normativo aberto de direitos fundamentais em que o Poder Judiciário, dotado de capacidade institucional de interpretação e aplicação do Direito, poderá se pronunciar sobre os limites da democracia majoritária mediante a definição do conteúdo e alcance desses direitos fundamentais, inclusive em casos onde diversas soluções moralmente plausíveis podem ser postas à deliberação no âmbito da jurisdição constitucional, o que impõe cautela na escolha judicial da melhor decisão, seja para confirmar ou não, à luz da sua capacidade institucional e da proporcionalidade, a legitimidade do ato estatal impugnado.

Nesse contexto, aceita a premissa de que a jurisdição constitucional deve resguardar o processo democrático e promover os direitos fundamentais, superando o déficit de legitimidade dos demais Poderes (quando for o caso),[1234] o exercício da função jurisdicional somente é reputada legítima, sob o ponto de vista institucional e democrático, quando o dever público de prestação de contas (fundamentação das decisões judiciais) é cumprido através de argumentação jurídica[1235] consistente e coerente, capaz de fundamentar, de forma adequada, as razões decisórias adotadas.

[1233] Quanto ao ponto, digna de nota é a observação de Luís Roberto Barroso, *in verbis*: "*A jurisdição constitucional pode não ser um componente indispensável do constitucionalismo democrático, mas tem servido bem à causa, de uma maneira geral. Ela é um espaço de legitimação discursiva ou argumentativa das decisões políticas, que coexiste com a legitimação majoritária, servindo-lhe de 'contraponto e complemento'*" (BARROSO, Luis Roberto. *Constituição, democracia e supremacia judicial*: direito e política no Brasil contemporâneo. Revista Jurídica da Presidência, nº 96, 2010, p. 15).

[1234] V. BARROSO, Luis Roberto. *Vinte anos da Constituição brasileira de 1988*: o Estado a que chegamos. Revista de Direito do Estado, nº 10, 2008, p. 57.

[1235] Segundo Luis Roberto, a "*argumentação é a atividade de fornecer razões para a defesa de um ponto de vista, o exercício de justificação de determinada tese ou conclusão. Trata-se de um processo racional e discursivo de demonstração da correção e da justiça da solução proposta, que tem como elementos fundamentais: (i) a linguagem, (ii) as premissas que funcionam como ponto de partida e (iii) regras norteadoras*

Pois bem. A Constituição brasileira de 1988, marco histórico do modelo do Estado constitucional de Direito no Brasil,[1236] promulgada dentro de um processo mais amplo de redemocratização do país, também se sujeita aos dilemas desse novo desenho institucional.

Conforme já frisado, a ascensão institucional do Poder Judiciário se relaciona à expansão da jurisdição constitucional, que se manifesta, concretamente, no Brasil, através da: (i) ampliação dos instrumentos de provocação do controle concentrado de constitucionalidade perante o Supremo Tribunal; (ii) ampliação do rol de legitimados à propositura desses instrumentos; (iii) com a consagração constitucional dos processos coletivos; e a (iv) a manutenção de um sistema amplo de controle difuso de controle de constitucionalidade pela Constituição brasileira de 1988.

Além disso, tal ascensão é acompanhada por uma nova hermenêutica constitucional consagradora da normatividade dos princípios, da reabilitação da razão prática, da argumentação jurídica e da sistematização de uma teoria dos direitos fundamentais centralizada na dignidade da pessoa humana,[1237] cujo texto, nas palavras de Oscar Vilhena Vieira, "transcendeu os temas propriamente constitucionais e regulamentou pormenorizada e obsessivamente um amplo campo das relações sociais, econômicas e públicas, numa espécie de compromisso maximizador".[1238]

Isto é, assuntos como "ponderação de valores, princípios ou moralidade, tornaram-se temas comuns aos estudos de direito constitucional",[1239] eis que a Constituição se torna o texto normativo fundamental do Estado brasileiro e o Poder Judiciário assume o *status* institucional de avaliador eventual de escolhas estatais regulatórias sob os aspectos substantivos e procedimentais.

---

da passagem das premissas à conclusão" (razão prática)" (BARROSO, Luís Roberto. *Curso de direito constitucional contemporâneo: os conceitos fundamentais e a construção do novo modelo.* São Paulo: Saraiva, 2009, p. 339). Segundo o doutrinador, os parâmetros argumentativos exigíveis são: (i) a necessidade de fundamentação normativa, (ii) o necessário respeito à unidade do sistema e (iii) a atribuição adequada de peso (relativo) dado às consequências concretas da decisão.

[1236] V. BARROSO, Luis Roberto. *Vinte anos da Constituição brasileira de 1988*: o Estado a que chegamos. Revista de Direito do Estado, nº 10, 2008, p. 62-63).

[1237] BARROSO, Luis Roberto. *Vinte anos da Constituição brasileira de 1988*: o Estado a que chegamos. Revista de Direito do Estado, nº 10, 2008, p. 61.

[1238] VIEIRA, Oscar Vilhena. *Supremocracia*. Revista de Direito do Estado, nº 12, 2009, p. 62.

[1239] BARROSO, Luis Roberto. *Vinte anos da Constituição brasileira de 1988*: o Estado a que chegamos. Revista de Direito do Estado, nº 10, 2008, p. 56.

Em suma, pode-se dizer que a judicialização da política é uma decorrência do modelo do Estado constitucional de Direito, no qual é possível a submissão de questões políticas de toda ordem à jurisdição constitucional, o que revela uma estratégia de "transferência de poder para as instituições judiciais, em detrimento das instâncias políticas tradicionais, que são o Legislativo e o Executivo"[1240] nesse modelo institucional, o que impõe uma nova concepção de separação de poderes.[1241]

Dito isso, algumas ideias conclusivas quanto ao ponto podem ser postas. Segundo o modelo institucional do Estado constitucional de Direito, a Constituição brasileira torna-se a base normativa vinculativa da qual se extrai o fundamento de legitimidade da atuação de todos os Poderes, servindo como base normativa de conexão política para o diálogo constitucional entre eles.

Face à autonomia relativa entre Direito constitucional e economia política, a Constituição baliza a economia política e lhe coloca uma moldura, a fim de vincular constitucionalmente os Poderes majoritários sem suprimir a sua atuação política no âmbito econômico,[1242] de modo que a Constituição legitima e limita, simultaneamente, o poder de definir e executar políticas econômicas a fim de proteger direitos fundamentais e a democracia,[1243]

[1240] BARROSO, Luis Roberto. *Constituição, democracia e supremacia judicial*: direito e política no Brasil contemporâneo. Revista Jurídica da Presidência, n° 96, 2010, p. 6.

[1241] Pertinente é a ideia de que *"a Constituição faz a interface entre o universo político e o jurídico, instituindo o Estado de direito, os poderes constituídos e fazendo a distinção entre legislar, administrar e julgar. A atuação de juízes e tribunais é preservada do contágio político por meio da independência do Judiciário em relação aos demais Poderes e por sua vinculação ao direito, que constitui um mundo autônomo, tanto do ponto de vista normativo quanto doutrinário"* (BARROSO, Luis Roberto. *Constituição, democracia e supremacia judicial*: direito e política no Brasil contemporâneo. Revista Jurídica da Presidência, n° 96, 2010, p. 3).

[1242] A ideia de moldura constitucional ao exercício da política é desenvolvida por Dieter Grimm da seguinte forma, *in verbis*: "*A Constituição não pode realizar uma total juridicização da política. Se for tarefa da política adaptar a ordem social a exigência variáveis, ela necessita então de uma área de atuação que a Constituição pode delimitar de maneira diferenciada, mas não suprimir totalmente. A política como produtora do direito positivo transcende necessariamente este. Por conseguinte, a Constituição não elimina a política, apenas lhe coloca uma moldura*" (GRIMM, Dieter. *Constituição e Política*. Belo Horizonte: Del Rey, 2006, p. 10).

[1243] BARROSO, Luis Roberto. *Constituição, democracia e supremacia judicial*: direito e política no Brasil contemporâneo. Revista Jurídica da Presidência, n° 96, 2010, p. 17.

CAPÍTULO 4 - O CONTROLE JURISDICIONAL DA REGULAÇÃO FINANCEIRA SISTÊMICA...

o que não descaracteriza ou diminui a importância dos poderes majoritários na deliberação prioritária sobre políticas econômicas.[1244]

Sob a perspectiva da jurisdição constitucional, o Poder Judiciário se deparará com a "Constituição Econômica" como objeto material normativo,[1245] entendida como o conjunto de normas constitucionais, inclusive princípios,[1246] que possuem intensa relação com as questões políticas fundamentais relativas aos processos econômicos de alocação e distribuição de recursos sociais. Quanto ao tema, é importa frisar que o texto constitucional não é apenas o ponto da partida, mas o aspecto fundamental de limitação da interpretação constitucional.[1247]

Ademais, a análise judicial das questões políticas fundamentais no âmbito econômico com substrato constitucional deve ser efetuada com a devida consideração às capacidades institucionais dos demais poderes, em atenção ao fato

---

[1244] *"A constituição estrutura a ação política organizando-a, guiando-a e limitando-a. Mas ela não dispõe de tal modo que a política estaria reduzida a mera execução de ordens constitucionais"*, cf. GRIMM, Dieter. *Jurisdição constitucional e democracia*. Revista de Direito do Estado nº 4, 2006, p. 18.

[1245] Se efetivar "Constituição Econômica" é um objetivo voltado a interferir nos processos políticos com repercussão na economia brasileira, deve-se delimitar, como ponto de partida, a "Constituição Econômica" sob o aspecto formal, compreendida como os preceitos constitucionais que guardam intensa pertinência com a economia, cf. CYRINO, André Rodrigues. *Direito Constitucional Regulatório* – elementos para uma interpretação institucionalmente adequada da Constituição econômica brasileira. Rio de Janeiro: Renovar, 2010, p. 70-71.

[1246] Logo, a "Constituição Econômica" insere-se no debate sobre a normatividade dos princípios constitucionais e a eficácia de métodos abertos de interpretação constitucional, em que a "teoria dos princípios" tem se consagrado como a melhor forma de interpretar a Constituição, inclusive a "Constituição Econômica". V. CYRINO, André Rodrigues. *Op. Cit.*, p. 13-14. A propósito, tal teoria vai ao encontro da tese de abertura econômica da Constituição adotada pelo Tribunal Constitucional Federal alemão, cf. GRAU, Eros Roberto. *A Ordem Econômica na Constituição de 1988*. São Paulo: Malheiros, 2003, p. 74. Sobre a definição de princípios, adota-se na presente obra a formulação feita por Humberto Ávila, *in verbis*: "*Os princípios são normas imediatamente finalísticas, primariamente prospectivas e com pretensão de complementaridade de parcialidade, para cuja aplicação se demanda uma avaliação da correlação entre o estado de coisas a ser promovido e os efeitos decorrentes da conduta havida como necessária à sua promoção*" (ÁVILA, Humberto. *Teoria dos Princípios*: da definição à aplicação dos princípios jurídicos. 3. ed. São Paulo: Malheiros, 2008, p. 78-79).

[1247] Cf. PEREIRA, Jane Reis Gonçalves. *Interpretação constitucional e direitos fundamentais*: uma contribuição ao estudo das restrições aos direitos fundamentais na perspectiva da teoria dos princípios. Rio de Janeiro: Renovar, 2006, p. 46.

de que a ordem econômica não se esgota no nível constitucional[1248] (mundo do dever-ser) *vis-à-vis* a realidade sistêmica dos mercados (mundo do ser).[1249]

Políticas econômicas, conforme já frisado, envolvem escolhas a respeito da tutela, distribuição e expansão de recursos sociais com substrato econômico e devem estar fundamentadas na Constituição brasileira de 1988, máxime os princípios gerais da atividade econômica enunciados no art. 170 da Carta Magna, dotados de eficácia normativa expansiva em relação a todas as instituições e pessoas em razão da constitucionalização do Direito.[1250]

Quanto ao ponto, importa destacar que, embora se tenha dedicado um título exclusivo no texto constitucional à Ordem Econômica, os princípios enunciados no art. 170 da Constituição brasileira são corolários de fundamentos (art. 1º), objetivos (art. 3º) e direitos fundamentais (arts. 5º e 6º, principalmente) previstos na primeira parte (Título I e II) da Constituição brasileira de 1988.

Não se pode deixar de mencionar, em complementação, que o exercício da soberania nacional (art. 170, I) é regido pelos princípios humanitários e cooperativos extraídos dos incisos do art. 4º da Constituição brasileira de 1988, segundo o desenho institucional dinâmico e dialógico de divisão de funções públicas entre Poderes (art. 2º),[1251] com especial enfoque no objetivo principal de

---

[1248] GRAU, Eros Roberto. *Op. Cit.*, p. 77.
[1249] A distinção da ordem econômica como "mundo do ser" e "mundo do dever-ser" é tributária, na doutrina brasileira sobre direito econômico, dos estudos de Eros Roberto Grau. V. GRAU, Eros Roberto. *Op. Cit.*, p. 57.
[1250] Segundo Luís Roberto Barroso, *"a ideia de constitucionalização do Direito aqui explorada está associada a um efeito expansivo das normas constitucionais, cujo conteúdo material e axiológico se irradia, com força normativa, por todo o sistema jurídico. Os valores, os fins públicos e os comportamentos contemplados nos princípios e regras da Constituição passam a condicionar a validade e o sentido de todas as normas do direito infraconstitucional. Como intuitivo, a constitucionalização repercute sobre a atuação dos três Poderes, inclusive e notadamente nas suas relações com particulares"* (BARROSO, Luis Roberto. *Neoconstitucionalismo e constitucionalização do Direito*: O triunfo tardio do direito constitucional no Brasil. In: Temas de Direito Constitucional. Rio de Janeiro: Renovar, Tomo IV, 2009, p. 77).
[1251] O título da Constituição brasileira relativo à Ordem Econômica contém diversas disposições normativas específicas sobre temas que, embora relacionados aos "princípios gerais da atividade econômica", são formalmente constitucionais, pois não estão dotados, materialmente, de alto grau de fundamentalidade constitucional, mas foram elevados, mesmo assim, ao *status* constitucional pelo legislador constituinte originário. Um exemplo evidente dessa afirmação é a regra revogada de aplicação de "taxas de juros reais" em, no máximo, doze por

desenvolvimento econômico (art. 3º, II), o que se almeja seja obtido através de atividade deliberativa inclusiva dos cidadãos, livres e iguais, no âmbito democrático (art. 1º, caput, II e IV) para a efetivação, no maior grau possível, da justiça social, que traduz uma sociedade livre, justa e solidária (art. 3º, I e IV, e 170, *caput, in fine*).[1252]

Tal enunciação é de extrema importância, na medida em que a interpretação constitucional não pode ser formalmente arbitrária em termos normativos, porque o mínimo que se pode esperar do intérprete constitucional são as referências normativas que embasam as justificativas do resultado da interpretação constitucional.[1253]

Nada obstante, as questões que se põem são desafiadoras, a saber: diante da abertura axiológica das normas constitucionais, como determinar a melhor política econômica possível? Se a interpretação constitucional é aberta e envolve elementos cognitivos e volitivos, qual o melhor método de interpretação no âmbito econômico, onde as ideologias e pré-compreensões são fatores importantes de influência?[1254]

---

cento ao ano, no Sistema Financeiro Nacional, que será analisada no último tópico do Capítulo com maior detalhamento, tendo em vista a judicialização da questão sobre sua eficácia no âmbito do Supremo Tribunal Federal. Sobre o momento histórico de elaboração do capítulo destinado à Ordem Econômica e a relação tensa entre os denominados "conservadores" e "progressistas" no debate constituinte, da qual resultou na prescrição normativa de algumas regras específicas, v. PILATTI, Adriano. *Constituinte de 1987-1988*: Progressistas, Conservadores, Ordem Econômica e Regras do Jogo. Rio de Janeiro: Lumen Juris, 2008, p. 176-194, *passim*.

[1252] Em linhas gerais, essa é a receita liberal-igualitária de justiça, endossada na filosofia política de John Rawls, o que vai ao encontro da ideia segundo a qual *"na justificativa da intervenção do Estado na economia, caminham lado a lado premissas (i) de maximização e distribuição de riqueza – traduzida como desenvolvimento –, numa receita de igualdade, (ii) de democracia, bem como (iii) de realização dos direitos fundamentais, os quais, repita-se, têm um custo, e sua implementação é essencial para a criação de um ambiente deliberativo saudável"* (CYRINO, André Rodrigues. *Op. Cit.*, p. 51-52).

[1253] A racionalidade e a legitimidade da interpretação constitucional estão diretamente relacionadas à capacidade do intérprete de reconduzir os fundamentos normativos da decisão interpretativa ao sistema jurídico, com pretensão de universalidade e levando em consideração as consequências da decisão interpretativa na realidade subjacente, cf. BARROSO, Luís Roberto. *Neoconstitucionalismo e constitucionalização do Direito*: O triunfo tardio do direito constitucional no Brasil. In: Temas de Direito Constitucional. Rio de Janeiro: Renovar, Tomo IV, 2009, p. 75.

[1254] As observações de Dieter Grimm são de extrema relevância a propósito das questões levantadas, *in verbis*: *"Consequentemente, em todo ato de aplicação judicial do direito, elementos cognitivos e volitivos contraem uma ligação indissolúvel. As influências subjetivas assim vinculadas ficam*

Por expressar consensos mínimos fundamentais sobre a economia, as normas constitucionais relacionadas à economia política estão abertas às múltiplas visões ideológicas, políticas e sociais no ambiente democrático e plural brasileiro, o que possibilita uma grande margem de interpretação constitucional acerca da tarefa de definição e execução da melhor política econômica possível.

Embora a Constituição possua a virtude de estabelecer consensos econômicos mínimos vinculantes à atuação do Estado, a fim de exonerar "o processo político do ônus de uma rediscussão contínua acerca das premissas substanciais e procedimentais das decisões políticas",[1255] variadas possibilidades interpretativas, passíveis de justificação argumentativa de acordo com as circunstâncias econômicas do caso concreto, podem se mostrar plausíveis.

Adicionalmente, a própria complexidade e dinamismo econômico da sociedade contemporânea aumentam a necessidade de mensuração dinâmica e adaptativa dos riscos econômicos relacionados à implementação de políticas públicas, o que torna quase impossível construir soluções subjacentes a políticas econômicas com rigidez decisória, vale dizer, a sociedade atual, complexa por natureza, não se mantém de forma adequada com "poucas regras ou regras jurídicas simples".[1256]

---

delimitadas pelo método jurídico. Todavia, não existe nenhum método interpretativo obrigatório e nem o legislador pode prescrever para o aplicador do direito um determinado método. Em geral, há a concorrência de diferentes ideias metodológicas, de modo que a escolha entre elas já exige uma decisão. Além disso, o método não é nenhum recurso tecnicamente neutro para a investigação de um sentido normativo estabelecido. Pelo contrário, na escolha do método, são tomadas pré-decisões acerca da compreensão do conteúdo das normas. Destarte, o conteúdo político da aplicação do direito é inevitável e, na mesma medida, a própria justiça se constitui em um poder político" (GRIMM, Dieter. *Constituição e Política*. Belo Horizonte: Del Rey, 2006, p. 15-16). Com relação à pré-compreensão, deve-se dizer que ela *"envolve não apenas a concepção particular de mundo do intérprete, mas, sobretudo, os valores, tradições e preconceitos da comunidade em que ele está inserido. Afinal, os seres humanos não são desenraizados, mas compartilham, em geral, visões de mundo com aqueles que vivem no mesmo contexto histórico e cultural"* (SOUZA NETO, Cláudio Pereira de; SARMENTO, Daniel. *Direito constitucional*: teoria, história e métodos de trabalho. Belo Horizonte: Fórum, 2013, p. 418).

[1255] GRIMM, Dieter. *Jurisdição constitucional e democracia*. Revista de Direito do Estado nº 4, 2006, p. 8.

[1256] GRIMM, Dieter. *Constituição e Política*. Belo Horizonte: Del Rey, 2006, p. 18.

Sendo assim, efetivar a "Constituição Econômica" no maior grau possível é uma tarefa institucional que não é trivial e o Poder Judiciário deve tratá-la assim.

Ademais, se é possível extrair um dever geral de eficiência da Constituição brasileira de 1988[1257] e se a judicialização da "Constituição Econômica" é inevitável,[1258] a resposta à questão sobre qual é a decisão regulatória mais eficiente em termos econômicos deve levar em consideração, necessariamente, a *expertise* e a legitimidade democrática das instituições envolvidas.

Logo, imperiosa é a inclusão do tema das capacidades institucionais na interpretação constitucional,[1259] sobretudo diante da complexidade e dinamicidade da regulação financeira sistêmica dos mercados.

4.2 – Parâmetros institucionais e materiais para um controle jurisdicional adequado da regulação financeira sistêmica: separação de poderes e diálogos constitucionais

Em 1987, conforme já citado, o Supremo Tribunal Federal julgou procedente o pedido no Conflito de Atribuições nº 35,[1260] em que se discutia a possibilidade de controle jurisdicional sobre cláusulas contratuais do "cheque especial".

Nesse caso, foi apreciada, principalmente, a capacidade normativa do Conselho Monetário Nacional e afirmou-se que o pedido deduzido na ação civil

---

[1257] O dever de eficiência estatal é imposição constitucional, nos termos do que sustenta André Rodrigues Cyrino, *in verbis*: "*Seu status constitucional nos parece bastante claro, decorrendo: (i) da necessidade de máxima realização do amplo e custoso rol de direitos fundamentais previstos na Constituição; (ii) do dever de escolhas adequadas e necessárias sobre quais direitos serão realizados, em cada momento, em maior ou menor intensidade; (iii) da análise de custo-benefício sobre tais escolhas, decorrente do dever de proporcionalidade; (iv) da verificação da melhor intensidade da intervenção estatal a partir dos princípios gerias da ordem econômica, isto é, na busca da intervenção mais eficiente, ou sensata; bem como (v) da existência de dispositivos específicos de desenvolvimento e bem-estar (art. 3º), eficiência (art. 37) e economicidade (art. 70)*" (CYRINO, André Rodrigues. *Op. Cit.*, p. 161-162).
[1258] Cf. CYRINO, André Rodrigues. *Op. Cit.*, p. 208.
[1259] Portanto, não se pode conceber a interpretação constitucional econômica sem atentar para a capacidade institucional de quem pratica o ato regulatório impugnado, bem como sua eficiência em aferir as consequências ou efeitos sistêmicos resultantes da decisão que fundamentou o ato regulatório. V. CYRINO, André Rodrigues. *Op. Cit.*, p. 209.
[1260] STF, Conflito de Atribuições nº 35, Tribunal Pleno, Relator: Ministro Sydney Sanches, j. 02.12.1987, DJ 01.12.1989.

pública ia de encontro à competência de autoridades administrativas reguladoras. Posto isso, independentemente (i) de o julgamento ter sido realizado antes da vigência da Constituição brasileira atual, (ii) dos detalhes processuais do caso e (iii) do resultado em si do julgamento, há uma passagem interessante no voto do então Ministro Fracisco Rezek.

Ao acompanhar o voto do Ministro Relator Sydney Sanches, aquele Ministro fez questão de inserir em seu voto uma hipótese extremada de pedido, ilustrativa dos limites de postulação a que estaria sujeito o autor de uma ação civil pública em sua ótica, cujo objeto hipotético fosse o pedido de prestação jurisdicional no sentido da exoneração judicial do Ministro da Fazenda e a subsequente nomeação de uma determinada pessoa em substituição, conforme currículo em anexo.[1261]

A propósito, pergunta-se: se as circunstâncias do caso não eram complexas, por que o Ministro preocupou-se em trazer essa hipótese ilustrativa para reforçar a fundamentação, bastante por si só, do voto do Ministro Relator? A despeito das diversas respostas possíveis, uma conclusão é evidente: além do Poder Judiciário, fez-se questão de frisar que as demais instituições estatais importam.

Entretanto, tais instituições não estão livres para decidir questões políticas fundamentais, eis que a legitimidade do Direito, hoje, impõe um compromisso racional de justificação pública discursiva das ações do Estado e o Poder Judiciário pode exercer sua função institucional de aferição da juridicidade dos atos regulatórios se eventualmente provocado para tanto. E quanto maior a capacidade de persuasão racional e maior a credibilidade pública das decisões judiciais, maior a legitimidade política da jurisdição constitucional.[1262]

Anteriormente, quando se falou do Tribunal Constitucional como instituição capaz de concretizar o ideal de razão pública, fez-se um comentário

---

[1261] A passagem a que se faz alusão é a seguinte, *in verbis*: *"Figuro a situação seguinte: amanhã o curador de interesses difusos, no Rio de Janeiro, dirige-se a uma das varas cíveis da capital, com toda a forma exterior de quem pede a prestação jurisdicional, e requer ao juiz que, em nome do bem coletivo, exonere o Ministro da Fazenda e designe em seu lugar outro cidadão, cujo luminoso curriculum viria anexo. Não é o fato de alguém dirigir-se ao foro que indica, a meu ver, que este alguém esteja pedindo a prestação jurisdicional, e sim o exato teor daquilo que se pede"* (fl. 60 do inteiro teor do acórdão).
[1262] Cf. PEREIRA, Jane Reis Gonçalves. *Interpretação constitucional e direitos fundamentais*: uma contribuição ao estudo das restrições aos direitos fundamentais na perspectiva da teoria dos princípios. Rio de Janeiro: Renovar, 2006, p. 3 e 53-59, *passim*.

CAPÍTULO 4 - O CONTROLE JURISDICIONAL DA REGULAÇÃO FINANCEIRA SISTÊMICA...

adicional essencial à compreensão do papel das demais instituições políticas segundo uma concepção política razoável de justiça: se a razão pública dá conteúdo à razão prática como defendido por John Rawls, é possível inferir que se inclui na legitimidade discursiva do Tribunal Constitucional, ao utilizar-se do padrão racional de argumentação extraído ideal de razão pública, o devido respeito e consideração em relação à legitimidade e capacidade institucional dos demais Poderes, os quais estão mais próximos do contexto político do ato regulatório judicialmente impugnado e, em regra, têm maior capacidade dinâmica de mensuração dos efeitos sistêmicos, além de contar com equipes técnicas capazes de construir diagnósticos e prognósticos regulatórios.

Em outras palavras, para além de considerações substanciais sobre a proporcionalidade dos atos regulatórios impugnados judicialmente,[1263] devem ser incluídos no debate judicial os aspectos institucionais envolvidos na edição de ato regulatório, segundo o modelo político de separação de poderes racionalmente construído para o país, em conformidade com uma perspectiva de diálogo constitucional.[1264]

Nesse sentido, espera-se a instauração judicial de um debate circular de ponderação *lato sensu* sobre aspectos institucionais e substanciais do caso que produza os melhores resultados sociais possíveis, vale dizer, não é um debate sequencial, em que a decisão institucional é, necessariamente, antecedente

---

[1263] No âmbito da Administração Pública, o Estado constitucional de direito assume a forma de *"Estado das escolhas administrativas legítimas"*, não se admitindo a *"discricionariedade pura, intátil, sem limites"*, de modo a que se enfrente o *"'demérito' ou antijuridicidade das escolhas e políticas públicas, para além do exame adstrito a aspectos meramente formais"*, cf. FREITAS, Juarez. *Discricionariedade administrativa e o direito fundamental à boa administração pública*. São Paulo: Malheiros, 2009, p. 9. Quanto ao tema, cumpre fazer menção à teoria dos graus de vinculação à juridicidade defendida por Gustavo Binenbojm, em que são estabelecidos graus de intensidade de controle da juridicidade dos atos administrativos com base no seu fundamento normativo, que podem ser: (i) regras, (ii) conceitos jurídicos indeterminados e (iii) princípios, cf. BINENBOJM, Gustavo. *Uma Teoria do Direito Administrativo*. Rio de Janeiro: Renovar: 2006, p. 193-238, *passim*.

[1264] As teorias sobre diálogo institucional *"defendem que não deve haver competição ou conflito pela última palavra, mas um diálogo permanente e cooperativo entre instituições que, por meio de suas singulares expertises e contextos decisórios, são parceiros na busca do melhor significado constitucional (...) Separação de poderes, nesse sentido, envolveria circularidade e complementaridade infinitas"* (MENDES, Conrado Hubner. *Direitos fundamentais, separação de poderes e deliberação*. São Paulo: Saraiva, 2011, p. 31).

à avaliação da juridicidade do ato regulatório,[1265] dado o enfoque no diálogo constitucional.

A separação de poderes, que não é um fim em mesmo, enquanto produto contingente do construtivismo político voltado à distribuição eficiente de funções entre instituições estatais para a organização do Estado,[1266] não é uma ideia nova,[1267] tem caráter fluido e se presta, basicamente, à definição equilibrada e dinâmica de competências entre os Poderes.[1268] E o Poder Judiciário não é e não deve ser, na maioria dos casos, o protagonista de políticas públicas e das estratégias regulatórias delas resultantes.[1269] Mas por quê?

[1265] Possivelmente, essa é a principal crítica à escola institucionalista clássica, capitaneada por Adrian Vermeule e Cass Sunstein, que preconiza a necessária análise antecedente de qual instituição política é mais apta a decidir determinada questão (questão subordinante) para afirmar a juridicidade de atos regulatórios (questão subordinada). A propósito do assunto, V. SUNSTEIN, Cass; VERMEULE, Adrian. *Interpretations and Institutions*. Chicago: Public Law and Legal Theory Working Paper nº 28, 2002.

[1266] Conforme ressalta Conrado Hubner Mendes, "*desenhar instituições é um exercício de balanceamento, de compensações, de trade-offs entre diversos valores que não se realizam por inteiro sem interferir em outro também importante. Seja pelo sopesamento de princípios, seja pela análise mais crua do custo-benefício, deve-se encontrar algum ponto de equilíbrio entre os vários fatores*" (MENDES, Conrado Hubner. *Op. Cit.*, p. 59).

[1267] Nas palavras de Ana Paula de Barcellos, "*A ideia básica de distribuir o exercício do poder político entre várias pessoas ou grupos, em vez de mantê-lo concentrado em um só indivíduo, é consideravelmente antiga. Os registros sobre o tema, ainda que indiretos, remontam à teoria da Constituição mista de Aristóteles, posteriormente retomada por Políbrio e Cícero. O percurso histórico sobre o tema passa ainda pela obra de Maquiavel, detendo-se em seguida nos dois autores que se tornaram referências na discussão moderna acerca da separação de poderes: John Locke (1632-1704) e Montesquieu (1689-1755). Por fim, não se pode deixar de mencionar também os escritos de Kant sobre o assunto*" (BARCELLOS, Ana Paula de. *A eficácia jurídica dos princípios constitucionais*: O princípio da dignidade da pessoa humana. 3. ed. Rio de Janeiro: Renovar, 2011, p. 256-257).

[1268] Quanto ao ponto é digna da nota a passagem de David Duarte, a seguir transcrita: "*O princípio da separação de poderes continua a ser um dos pontos fundamentais da moderna compreensão da organização estadual, apresentando-se, ainda hoje, como um dos estandartes do Estado constitucional contemporâneo. Em bom rigor, e sem prejuízo das multidiferenciadas proposições constantes das doutrinas originárias – e das distintas fórmulas aplicativas –, a separação de poderes é predominantemente, na actualidade, uma forma de distribuição técnica do trabalho que cabe efectuar à organização política da comunidade, materializando-se, por isso, numa distribuição de funções*". (DUARTE, David. *Procedimentalização, Participação e Fundamentação*: Para uma Concretização do Princípio da Imparcialidade Administrativa como Parâmetro Decisório. Coimbra: Almedina, 1996, p. 19).

[1269] A ideia de que o Poder Judiciário não é protagonista, mas complemento institucional em prol das políticas públicas estruturadas pelos demais poderes, é encontrada em RAGAZZO, Carlos Emmanuel Joppert. *Op. Cit.*, p. 242. Em certa medida, as teorias sobre capacidades

Porque é possível afirmar que a legitimidade política e a capacidade institucional dos demais poderes em temas dinâmicos, complexos e controversos, o que é o caso notório da regulação financeira sistêmica dos mercados, tende a gerar melhores resultados, o que não significa, à evidência, um óbice ao controle jurisdicional dos atos regulatórios, mas uma deferência *prima facie* à escolha regulatória feita pelo Estado.[1270]

Se a efetivação da Constituição demanda, em termos institucionais, senso de realidade, segurança jurídica e democracia substancial,[1271] a postura institucional do Poder Judiciário deve, consequentemente, levar tais aspectos em consideração ao exercer a jurisdição constitucional, com vistas a prestar deferência *prima facie* aos demais poderes no Estado constitucional de Direito, detentores de legitimidade democrática majoritária e estruturas técnicas de concepção e gestão especializada de políticas públicas, salvo quando houver

---

institucionais representam uma evolução do que a doutrina denomina de "princípio da correção funcional" ou do "princípio da presunção de constitucionalidade das leis e atos normativos", com vistas a impor um ônus argumentativo forte a quem sustenta uma alegação de inconstitucionalidade. A propósito da experiência constitucional norte-americano sobre o assunto, Cláudio Pereira de Souza Neto e Daniel Sarmento apontam que *"no constitucionalismo norte-americano, a graduação da presunção de constitucionalidade e do ativismo judicial legítimo é uma característica central da jurisprudência constitucional. A jurisprudência consolidou parâmetros diferentes para o exercício do controle de constitucionalidade, que envolvem graus variáveis de deferência em relação às decisões legislativas ou administrativas. Existe o 'teste da racionalidade' (rationality test) caracterizado pela extrema autocontenção judicial, utilizado, por exemplo, para o controle da regulação das atividades econômicas; o 'teste intermediário' (intermediate test), mais rigoroso do que o primeiro, usado, por exemplo, para controle de possíveis discriminações de gênero; e o teste do escrutínio estrito (strict scrutiny), extremamente rigoroso, em que ocorre praticamente uma inversão na presunção de constitucionalidade do ato normativo", empregado para leis restritivas de direitos fundamentais"* (SOUZA NETO, Cláudio Pereira de; SARMENTO, Daniel. *Direito constitucional*: teoria, história e métodos de trabalho. Belo Horizonte: Fórum, 2013, p. 459).

[1270] Quanto às agências reguladoras, dotadas de flexibilidade decisória e especialização técnica, a opinião de Luis Roberto Barroso é no sentido de que *"a posição do Judiciário deve ser de relativa autocontenção, somente devendo invalidá-las quando não possam resistir aos testes constitucionalmente qualificados (...) no que diz respeito a decisões informadas por critérios técnicos, deverá agir com parcimônia, sob pena de se cair no domínio da incerteza e do subjetivismo"* (BARROSO, Luis Roberto. *Agências Reguladoras, Constituição, Transformações do Estado e Legitimidade Democrática*. In: BINENBOJM, Gustavo (coord.). *Agências Reguladoras e Democracia*. Rio de Janeiro: Lumen Juris, 2006, p. 81-82).

[1271] BARROSO, Luis Roberto. *A doutrina brasileira da efetividade*. In: *Temas de direito constitucional*. Rio de Janeiro: Renovar, Tomo III, 2005, p. 71.

violação evidente a direitos fundamentais ou condições essenciais ao funcionamento adequado da democracia.

Nesse sentido, a pretensão de efetividade constitucional deve considerar não só a mútua relação de conexão e interdependência entre a Constituição e as consequências do resultado da interpretação constitucional sobre a realidade econômica subjacente[1272], mas sua própria capacidade institucional de dar a melhor resposta à situação concreta submetida à jurisdição constitucional em alguns casos, nos quais se tenha sérias dificuldades institucionais em deliberar acerca da realidade fática e normativa e, em razão disso, mensurar as consequências resultantes, mormente os efeitos sistêmicos prováveis decorrentes de eventual invalidação de um ato regulatório.

Ora, quando se indaga sobre a estratégia regulatória subjacente ao desenho político-institucional inerente à separação de poderes, razões práticas de ordem consequencialista assumem relevância, isto é, apelos genéricos a "*large claims*" constitucionais[1273] sobre direitos fundamentais e democracia, próprios das teorias tradicionais de interpretação constitucional, não resolvem o dilema inicial, qual seja, estabelecer quem irá decidir determinada questão política, por que e quais as razões para a atribuição de responsabilidade decisória prioritária àquela instituição, bem como os efeitos sistêmicos que decorrem dessa decisão de responsabilização institucional no equilíbrio dinâmico entre Poderes.[1274]

Notadamente, em relação a questões socialmente relevantes que exigem conhecimentos técnicos e agilidade decisória, o Poder Público é provocado a criar instituições funcionalmente capazes de lidar com os dilemas regulatórios. Tais instituições, tal como ocorre no Sistema Financeiro Nacional, possuem quadros de profissionais qualificados e estruturas de execução e acompanhamento das políticas regulatórias, sobretudo para a avaliação

---

[1272] HESSE, Konrad. *La fuerza normativa de La Constitución*. In: HESSE, Konrad. *Escritos de derecho constitucional*, 1983, p. 64-67.

[1273] SUNSTEIN, Cass; VERMEULE, Adrian. *Interpretations and Institutions*. Chicago: Public Law and Legal Theory Working Paper nº 28, 2002, p. 2.

[1274] Embora o grau de aceitação das teorias sobre capacidades institucionais não seja total, trata-se da melhor diretriz dentre todas as apresentadas, conforme a doutrina majoritária norte-americana. Para maiores detalhes a respeito de diretrizes formalistas, ativistas e institucionalistas de interpretação constitucional no âmbito econômico, v. CYRINO, André Rodrigues. *Op. Cit.*, p. 188 e ss.

CAPÍTULO 4 – O CONTROLE JURISDICIONAL DA REGULAÇÃO FINANCEIRA SISTÊMICA...

dinâmica e eficiente dos impactos regulatórios das decisões tomadas, com a capacidade de produção de análises do custo-benefício de cada uma delas segundo os objetivos previamente traçados.

Adicionalmente, todo esse processo deve estar sujeito à prestação pública de contas (*accountability*) para o controle social e democrático da regulação. Essa é a lógica institucional, por sinal, que justifica a criação de agências reguladoras especializadas para setores econômicos importantes.

No contexto contemporâneo complexo e dinâmico, no qual se enquadra a realidade sistêmica dos mercados financeiros, a "pulverização" do direito legislado e a multiplicação de leis setoriais com alto grau de abertura normativa[1275] são o resultado inexorável da necessidade de especialização institucional e flexibilidade decisória para permitir que a Administração Pública Policêntrica, dentro de um espectro funcional amplo de objetivos a cumprir, possa decidir sobre a execução e acompanhamento de políticas públicas com a maior eficiência possível, de acordo com as leis respectivas habilitadoras de competência administrativa, com fiscalização ulterior dos resultados pelo Poder Legislativo.

Sem embargo, o tema das capacidades institucionais também encontra desdobramentos diante da globalização e da existência de organismos internacionais técnicos produtores de *soft law* e de recomendações aos países. A propósito, como a pluralidade de fontes normativas em diversos setores econômicos específicos possui alcance transnacional, somente instituições com conhecimento técnico seriam capazes de compreender, de forma dinâmica, o conteúdo das deliberações internacionais nesses diversos organismos, que podem atuar de forma descoordenada, em concorrência e/ou superposição de objetivos.

Em suma, todas as questões acima postas claramente ultrapassam os limites teóricos da dogmática tradicional de interpretação constitucional, impondo-se a construção de parâmetros institucionais de atuação judicial, em que a regra deve ser a deferência institucional *a priori* às escolhas regulatórias dos poderes políticos majoritários, especialmente das agências reguladoras.[1276]

[1275] Cf. ZAGREBELSKY, Gustavo. *El derecho dúctil. Ley, derechos, justicia*. Trad. Marina Gascòn. São Paulo: Lael, 1999, p. 34.

[1276] O tema sempre foi muito discutido nos Estados Unidos da América. Após a edição do *Administrative Procedure Act* (APA) em 1946, desenvolveu-se, judicialmente, uma *hard-look*

Nada obstante, não há dúvidas de que a postura institucional do Poder Judiciário em prestar deferência *prima facie* às escolhas regulatórias dos demais Poderes traz riscos. Conforme já explanado, por um lado, a eventual apropriação da *expertise* técnica pelos agentes administrativos decisórios para obter benefícios próprios e os processos de captura pelos regulados são riscos não negligenciáveis. Por outro lado, em termos institucionais, os riscos

doctrine, que servia ao propósito de *"exigir das agências a demonstração de que as vantagens da regulação justificam as suas desvantagens, ora para invalidar ou devolver para a agências medidas regulatórias que não atendam aos objetivos da lei, ora para exigir melhores explicações da agência acerca de críticas ou comentários feitos por partícipes do processo de consulta pública"* (BINENBOJM, Gustavo. *Agências Reguladoras Independentes e Democracia no Brasil*. In: BINENBOJM, Gustavo (coord.). *Agências Reguladoras e Democracia*. Rio de Janeiro: Lumen Juris, 2006, p. 93). Assim, o Poder Judiciário assumia o papel de curador jurídico da racionalidade dos compromissos subjacentes aos processos regulatórios, cf. BINENBOJM, Gustavo. *Op. Cit.*, p. 94. Tal postura institucional do Poder Judiciário norte-americano, muito criticada por asfixiar as políticas regulatórias definidas por instâncias políticas majoritárias, foi atenuada, em intensidade de controle, na década de 1980, a partir do *Chevron case (Chevron USA, Inc. v. National Resources Defense Concil, Inc.*, 467 U.S. 837 (1984)), no qual se estabeleceu uma regra de deferência no sentido de que *"a menos que o Congresso tenha 'tratado diretamente da questão analisada', os juízes devem dar deferência à 'construção que o Executivo fez da legislação que ele é incumbido de aplicar'"* (SUNSTEIN, Cass R. *O Constitucionalismo após o The New Deal*. In: MATTOS, Paulo (coord.). *Regulação Econômica e Democracia*: o debate norte-americano. São Paulo, 34, 2004, p. 164-165), com fundamento na legitimidade da supervisão presidencial sobre os processos regulatórios, que, ao contrário dos juízes, detém responsabilidade política direta. Em outras palavras, o *Chevron case* significou a aceitação judicial da *"delegação de poderes normativos para as agencies, mesmo que de forma vaga ('implícita'), quando tais delegações permitam que as agencies façam 'policy choices' através de decisões que: (i) visem resolver 'competing interests', (ii) não sejam 'arbitrary, capricious, ou manifestly contrary to the statute', e (iii) desde que o escopo da competência esteja fixado e os poderes regulatórios ofereçam adequada protecção procedimental"* (CATARINO, Luis Guilherme. *Regulação e Supervisão dos Mercados de Instrumentos Financeiros*: Fundamento e Limites do Governo e Jurisdição das Autoridades Independentes. Coimbra: Almedina, 2010, p. 102). Cass Sunstein, a despeito de críticas feitas sobre a falta de clareza desse *leading case* e em relação a teses genéricas pró-deferência, sustenta que uma *hard-look doctrine* moderada é a melhor postura institucional a ser adotada pelos juízes (*Ibid.*, p. 165-169), vale dizer, uma certa dose de ativismo judicial seria desejável e, inclusive, os juízes podem se valer de *experts* ou *amici curiae* para orientá-los, cf. CYRINO, André Rodrigues. *Op. Cit.*, p . 213. Em síntese, *"nos países anglo-saxónicos, e particularmente nos EUA, a questão de deferência judicial (self restraint) perante as decisões das agencies decorre de um entendimento menos rígido que o continental da teoria da separação dos poderes. A doutrina aceita o facto de o Congresso, de forma mais ou menos expressa, criar nos estatutos legais das agências (statutes) uma ampla margem de liberdade normativa e interpretativa no que respeita aos standards decisórios e quanto à resolução de controvérsias ou selecção de procedimentos de actuação"* (CATARINO, Luis Guilherme. *Op. Cit*, p. 343).

relacionados a possíveis equívocos do Poder Judiciário em questões dinâmicas, complexas e controversas são altos.

Sinteticamente, o Poder Judiciário apresenta algumas desvantagens institucionais, a saber: (i) o juiz é generalista,[1277] isto é, sua formação e atuação jurídica profissional, em regra, não é especializada, o que prejudica julgamentos sobre assuntos tecnicamente controversos e complexos, o que traz riscos de subjetivismo na interpretação constitucional com consequências sistêmicas imprevisíveis,[1278] o que é agravado, em algum grau, pela pressão social por expansão judicial imediata de direitos; (ii) o juiz deve ser provocado e está limitado pela lógica estática do processo,[1279] que está limitado às partes – embora haja algumas atenuações processuais hoje em dia a isso e o *amicus curiae* seja um bom exemplo –, o que pode gerar problemas sistêmicos na medida em que atos regulatórios importantes estão conectados a múltiplas dimensões políticas em termos macroeconômicos, além de o processo judicial ser estático quanto ao seu resultado, eis que o Poder Judiciário não tem o dever institucional, em regra, de acompanhar as consequências sistêmicas de

---

[1277] Essa circunstância é especialmente relevante nos processos individuais (microjustiça), julgados por um único juiz.

[1278] Os marcos regulatórios, enquanto estruturas normativas desenhadas para setores econômicos específicos, são definidos em termos globais, de modo que qualquer mudança afeta a regulação como um todo. Uma decisão judicial aparentemente pontual pode, nesse sentido, desestabilizar todo o marco regulatório, cf. RAGAZZO, Carlos Emmanuel Joppert. *Op. Cit.*, p. 241.

[1279] Quanto às limitações pertinentes à dinâmica dos processos judiciais para lidar com questões complexas próprias de políticas públicas, Cláudio Pereira de Souza Neto e Daniel Sarmento fazem as seguintes considerações, *in verbis*: *"Para equacionar conflitos desta natureza, a tomada de boas decisões pressupõe a capacidade do agente de formar uma adequada visão de conjunto, o que é muito difícil de se conseguir no âmbito da jurisdição. Essa, com os prazos, formalidades e limitações a que se sujeita, está longe de ser o ambiente mais propício para isso, por não proporcionar pleno acesso à gama de informações, dados e pontos de vista existentes sobre aspectos controvertidos, nem possibilitar a participação de todos os agentes que têm algo a ganhar ou a perder. Na verdade, o processo judicial tende a gerar uma 'visão de túnel', em que diversos elementos importantes para uma decisão bem informada tendem a ser eliminados do cenário, enquanto o foco se centra sobre outros – não necessariamente os mais relevantes. É claro que este déficit pode e deve ser atenuado com a adoção de medidas como a realização de audiências públicas e perícias, a admissão de amici curiae etc. Ainda assim, para muitas questões que hoje são judicializadas, as ações judiciais permanecem sendo uma via deficiente"* (SOUZA NETO, Cláudio Pereira de; SARMENTO, Daniel. *Direito constitucional*: teoria, história e métodos de trabalho. Belo Horizonte: Fórum, 2013, p. 434).

suas decisões, gerando o risco de "ossificação" dos processos regulatórios;[1280] (iii) é notório que o processo judicial é muito mais lento se comparado com os processos regulatórios, o que gera um descasamento temporal entre a produção de eficácia do ato regulatório e o julgamento definitivo do caso, o que tensiona, por sinal, a provocação judicial de pedidos liminares em quase todos os casos; (iv) o juiz, em comparação com os demais Poderes, tem uma estrutura técnica precária para auxiliá-lo, na qual, em regra, a força de um laudo pericial de um único perito será confrontada com atos regulatórios respaldados por equipes técnicas qualificadas;[1281] e (v) a lógica de participação processual, se comparada, por exemplo, com processos legislativos regulatórios, é menos inclusiva,[1282] sem esquecer que os juízes não têm responsabilidade política direta e não há controle social direto dos resultados judiciais.[1283]

[1280] Segundo Carlos Emmanuel Joppert Ragazzo, "*políticas públicas são intrinsecamente escolhas, ou melhor, processos de escolhas para realizar objetivos governamentais. Juízes podem ter visões particulares a respeito dessas escolhas, o que gera o risco de osssificação da edição de novas regulações (esse risco é o mesmo para legislações primárias), tendo em vista a probabilidade de lítigio*" (RAGAZZO, Carlos Emmanuel Joppert. *Op. Cit.*, p. 245), além da maior capacidade institucional dos demais poderes em planejar e acompanhar o resultado dos processos regulatórios. Por fim, não se pode perder de vista que a lógica "não sistêmica" do processo judicial produz, frise-se, uma "visão de túnel", pois as partes manipulam dados e informações relevantes a seu favor, resultando, tendencialmente, na limitação cognitiva de julgamento pelos juízes sobre todas as consequências e alternativas plausíveis, além das dificuldades próprias de deliberação judicial em votações colegiadas, que ocorre sem qualquer padronização institucional. Sobre o ponto, v. RAGAZZO, Carlos Emmanuel Joppert. *Op. Cit.*, p. 246.

[1281] Cf. SOUZA NETO, Cláudio Pereira de; SARMENTO, Daniel. *Direito constitucional*: teoria, história e métodos de trabalho. Belo Horizonte: Fórum, 2013, p. 433.

[1282] No âmbito do Poder Legislativo, a lógica de decisão se dá pela formação majoritária de consensos, enquanto resultado institucional de um processo relativamente mais fácil e amplo de participação com condições razoavelmente igualitárias, cf. FONTE, Felipe de Melo. *Op. Cit.*, p. 173-177, *passim*.

[1283] A propósito, Stephen Breyer traz razões importantes para explicitar as desvantagens institucionais do Poder Judiciário para decidir sobre questões técnicas complexas. Embora sua abordagem seja favorável a um maior ativismo judicial em matéria econômica, vale a pena mencionar as razões trazidas pelo autor supracitado, que dizem respeito às deficiências de capacidade institucional do Poder Judiciário: (i) os juízes são generalistas, ou seja, não são, necessariamente, especialistas; (ii) quando um juiz, por algum motivo, é especialista, há uma limitação institucional relativa em prestar deferência à posição desse por algum outro juiz, eis que a *expertise* não é determinante para a decisão; (iii) a limitação de tempo dos juízes para decidir questões complexas torna difícil a tarefa de dissentir, além de a maioria dos juízes tender a resistir à mudança institucional de entendimentos; e (iv) questões importantes

No entanto, o Poder Judiciário cumpre função essencial no Estado constitucional de direito, qual seja, a de proteger a eficácia dos direitos fundamentais e as condições necessárias ao exercício adequado da democracia. Como compatibilizar essa função sem ir de encontro à legitimidade e a capacidade institucional dos demais Poderes, justificando, assim, o ativismo judicial no caso concreto?

Quanto ao tema, a despeito de intensa controvérsia, pode-se dizer que a utilização da "máxima da proporcionalidade",[1284] ou, simplesmente, a proporcionalidade, foi consagrada como o critério mais eficiente de análise substancial do atos regulatórios pelo Poder Judiciário através do método da ponderação, apto, inclusive, a servir de meio de inserção de elementos econômicos na interpretação constitucional, assemelhando-se, por isso, a uma análise de custo-benefício de atos regulatórios do Poder Público.[1285]

podem ser consideradas secundárias, passando despercebidas do debate. V. BREYER, Stephen. *Economic Reasoning and Judicial Review*. Washington, DC: AEI-Brookings Joint Center for Regulatory Studies, 2004, p. 3-4. Por sua vez, Daniel Sarmento afirma que as principais dificuldades institucionais do Poder Judiciário brasileiro são as seguintes: (i) o excesso de trabalho gerado pela jurisdição de massa no Brasil; (ii) falta de conhecimento técnico dos juízes sobre questões extrajurídicas; e (iii) a lógica do processo judicial, cf. SARMENTO, Daniel. *Interpretação Constitucional, Pré-compreensão e Capacidades Institucionais do Intérprete*. In: SOUZA NETO, Cláudio Pereira de; SARMENTO, Daniel; BINENBOJM ,Gustavo (Coord.). *Vinte Anos da Constituição Federal de 1988*. Lumen Juris, 2009, p. 318-321.

[1284] O uso da "máxima da proporcionalidade" se deve à influência de Robert Alexy, conforme explicado na Introdução, tomada como sinônimo para a razoabilidade, independentemente da categorização da proporcionalidade como regra, princípio ou postulado normativo aplicativo. Não obstante, é possível aderir, em termos mais práticos, à posição de Jane Reis Pereira Gonçalves sobre o tema, *in verbis*: *"A possibilidade ou não de tratar os princípios da razoabilidade e da proporcionalidade como noções equivalentes é controvertida. Sem embargo, há consenso no sentido de que ambos estão vinculados à ideia de justiça material, de moderação e racionalidade, servindo como parâmetro de aferição da legitimidade constitucional dos atos administrativos, das decisões judiciais e das leis"* (PEREIRA, Jane Reis Gonçalves. *Op. Cit.*, p. 312).

[1285] Conforme Carlos Emmanuel Joppert Ragazzo, há uma semelhança muito grande entre as características fundamentais das análises de custo-benefício e os propósitos dogmáticos relativos à proporcionalidade, a partir dos quais elementos econômicos podem ser inseridos na atividade de interpretação jurídica. Diz o citado estudioso que *"adequação, necessidade e proporcionalidade em sentido estrito permitem a introdução de elementos econômicos na análise jurídica. É desnecessário cair em detalhes, mas a alocação racional entre medida e objetivo regulatório (adequação), além da descrição das alternativas viáveis para se verificar qual delas é a menos restrititva (necessidade), constituem etapas preliminares de qualquer análise de custo e benefício. Embora a doutrina brasileira ainda não tenha visto dessa forma, uma das possíveis maneiras de se interpretar a proporcionalidade em*

Basicamente, a ponderação pelo recurso à proporcionalidade é concretizada mediante a aplicação de três vetores de análise, que dizem sobre: (i) a adequação do ato regulatório aos fins pretendidos; (ii) a necessidade de edição do ato regulatório, medida em termos de custos e benefícios das alternativas disponíveis e plausíveis, capazes de onerar, em menor intensidade, direitos fundamentais e aspectos democráticos envolvidos; e (iii) a proporcionalidade em sentido estrito, cujo objeto é a mensuração líquida das vantagens e desvantagens decorrentes do ato regulatório.

Segundo já ressaltado, a grande limitação do Poder Judiciário, no âmbito da jurisdição constitucional, é a consideração simultânea de suas próprias desvantagens institucionais e das capacidades institucionais dos demais poderes em avaliar questões extrajurídicas e efeitos sistêmicos.[1286] Mas tais fatores prejudicam a aplicação judicial da proporcionalidade na interpretação constitucional? De acordo com a perspectiva do diálogo constitucional, a resposta é negativa.

O Poder Judiciário possui vantagens deliberativas muito importantes no Estado democrático de direito. Proteger a eficácia dos direitos fundamentais e a democracia demanda imparcialidade e independência funcional para justificar, de forma racional, qual o sentido e o alcance razoável dos direitos essenciais à sociedade democrática constitucional, daí ser o Tribunal Constitucional, conforme John Rawlsm, a instância política propícia à concretização do ideal de razão pública, o que lhe confere legitimidade democrática na medida em que deve atuar de forma motivada, segundo o critério da reciprocidade, em prol dos cidadãos livres e iguais, nos casos de abusos e desvios pelos demais Poderes.

A propósito, é importante destacar algumas desvantagens institucionais dos demais Poderes, a saber: (i) os atos legislativos, embora possam estar acompanhados de exposição de motivos, não estão sujeitos ao ônus de motivação pública; (ii) os resultados do processo legislativo nem sempre coincidem com a vontade dos cidadãos, pois os representantes políticos, ao assumirem a titularidade de mandatos, descolam-se relativamente da vontade popular

---

sentido estrito seria justamente o resultado líquido de uma escolha regulatória, o que representa a alma de qualquer relatório de impacto regulatório" (RAGAZZO, Carlos Emmanuel Joppert. *Op. Cit.*, p. 239).
[1286] CYRINO, André Rodrigues. *Op. Cit.*, p . 214.

e são capazes de perseguir interesses próprios, de forma obscura ou não; (iii) as minorias, simplesmente, podem ser excluídas de deliberações importantes mediante acordos políticos majoritários que não atendem ao critério da reciprocidade; (iv) nem sempre os políticos, burocratas e técnicos oficiais estão alinhados com a normatividade constitucional; e (v) a existência de riscos de captura ou a busca de interesses privados (*rent-seeking*), de modo geral, a partir da regulação.

Logo, se a legitimidade do Direito é essencial na sociedade democrática constitucional, o Poder Judiciário pode contribuir para o aperfeiçoamento dos processos regulatórios, à luz do método da ponderação pelo recurso à proporcionalidade.

Conforme afirma Jane Reis Gonçalves Pereira, "a Constituição de 1988, como diversas outras Cartas, nada diz sobre a possibilidade de sopesar os bens por ela protegidos",[1287] vale dizer, o método da ponderação não está expresso em nenhuma Constituição, mas se mostra necessário diante da multiplicidade de direitos fundamentais protegidos constitucionalmente, cuja colisão normativa pode ocorrer em questões mais controvertidas, próprias de pluralidade social em um contexto democrático.[1288]

À evidência, o advento da Constituição brasileira de 1988 e a consagração das teorias dos princípios geraram uma grande euforia dogmática no Brasil. Segundo enfatiza Ana Paula de Barcellos, "embora o direito sempre tenha convivido com a questão das antinomias, nunca se falou tanto de colisões normativas e necessidade de ponderação como nas últimas décadas".[1289] Mas o que é a ponderação?

Em sentido amplo, a ponderação é uma técnica de resolução de antinomias normativas, isto é, ponderação e subsunção não se opõem quanto ao objetivo

---

[1287] PEREIRA, Jane Reis Gonçalves. *Op. Cit.*, p. 215.

[1288] Nesse sentido, a tarefa de interpretação constitucional se torna mais difícil e especialmente intensificada pela técnica legislativa de prescrição de "conceitos jurídicos indeterminados" ou "cláusulas abertas". Esse é o desafio a ser enfrentado no contexto plural democrático, pois *"o mesmo texto constitucional consagra valores diferentes, opções e interesses políticos diversos e direitos que, em vários de seus desenvolvimentos, poderão se chocar reciprocamente. Essa pluralidade exigirá do intérprete um esforço todo especial – e também técnicas próprias – a fim de preservar cada uma das disposições envolvidas, definir-lhes os contornos e manter a unidade da Constituição"* (BARCELLOS, Ana Paula de. *Ponderação, racionalidade e atividade jurisdicional*. Rio de Janeiro: Renovar, 2005, p. 10-11).

[1289] BARCELLOS, Ana Paula de. *Op. Cit.*, p. 6.

principal. No entanto, metodologicamente, entende-se que a ponderação é um método complementar ou alternativo à subsunção para casos difíceis, que são identificados quando os métodos clássicos de interpretação para resolver antinomias não são suficientes.[1290] No Brasil, entende-se que o fundamento da proporcionalidade é a cláusula do devido processo legal e o Estado de Direito.[1291]

A ideia essencial do método de ponderação pela proporcionalidade, de matriz alemã, surgiu na segunda metade do século XX no contexto do advento do pós-positivismo, da atribuição de força normativa à Constituição e da ascensão do Poder Judiciário como instituição de controle dos atos abusivos praticados pelos poderes políticos majoritários, a fim de proteger a higidez do sistema de direitos fundamentais e da democracia, enquanto reforço de juridicidade para além da reserva de lei formal.

Em outras palavras, sem prejuízo da necessidade de fundamentação legal e/ou constitucional formal da ação do Estado, que serve de limite à atuação regulatória estatal, há um outro limite dogmático adicional de índole material pautado na proporcionalidade, do qual se extrai a legitimidade de agir nos casos de restrições estatais a direitos fundamentais e à democracia, enquanto "limite dos limites", o que significa um "recurso à ideia de que a atividade limitadora do Estado deve ser, também, uma atividade limitada".[1292]

Assim, no caso da regulação financeira sistêmica dos mercados, além da fundamentação constitucional e da verificação dos limites políticos de autorização legal para agir concedidos pelo legislador, o que não é fácil em razão das

---

[1290] Cf. BARCELLOS, Ana Paula de. *Op. Cit.*, p. 119. No mesmo sentido: PEREIRA, Jane Reis Gonçalves. *Op. Cit.*, p. 289-290.

[1291] PEREIRA, Jane Reis Gonçalves. *Op. Cit.*, p. 321.

[1292] PEREIRA, Jane Reis Gonçalves. *Op. Cit.*, p. 297. O surgimento da expressão "limite dos limites" é assim descrito, *in verbis*: *"a expressão limites dos limites, que se difundiu na dogmática germânica sob a égide da Lei Fundamental de Bonn, visa a designar os diversos obstáculos normativos que restringem a possibilidade de o poder público limitar os direitos fundamentais. Tal locução originou--se de uma conhecida conferência sobre os limites dos direitso fundamentais proferida por Karl August Betterman, na sociedade jurídica de Berlim, em 1964. Segundo Betterman, as limitações aos direitos fundamentais, para serem legítimas, devem atender a um conjunto de condições materiais e formais estabelecidas na Constituição, que são os limites dos limites dos direitos fundamentais. Consoante seu pensamento, as condições mais importantes estabelecidas na Lei Fundamental são a garantia do conteúdo essencial (art. 19, 2) e a dignidade da pessoa humana (art.1, 1), sendo também relevante o imperativo de que todas as limitações aos direitos fundamentais devem objetivar a promoção do bem comum"* (Ibid., p. 298).

CAPÍTULO 4 – O CONTROLE JURISDICIONAL DA REGULAÇÃO FINANCEIRA SISTÊMICA...

diversas "cláusulas gerais" e "conceitos jurídicos indeterminados" empregados nas respectivas leis habilitadoras de competência administrativa, deve-se apurar a proporcionalidade dos atos das autoridades regulatórias financeiras com base na adequação, necessidade e proporcionalidade em sentido estrito da restrição regulatória a ser analisada.

A análise da adequação da restrição regulatória tem conteúdo fático, empírico e finalístico, com o propósito de avaliar se o meio escolhido é idôneo à finalidade pretendida. A despeito de alguma divergência, tem prevalecido o entendimento doutrinário, com tendência de adesão nas Cortes Constitucionais, no sentido de que se deve adotar uma concepção fraca de idoneidade,[1293] o que mostra deferência à capacidade institucional de avaliação empírica e técnica subjacente à decisão regulatória, justificadora da edição do ato regulatório.

Nesse sentido, o parâmetro de adequação deve seguir uma "lógica de evidência", que consiste na autorização para invalidação judicial de atos regulatórios somente quando o meio escolhido é manifestamente inapto a atingir a finalidade pretendida, dispondo o legislador e as autoridades reguladoras da Administração Pública de certa "margem de livre apreciação" para definir qual a medida mais idônea.[1294]

Em seguida, faz-se a aferição judicial da necessidade do ato regulatório, que também tem natureza fática, empírica e finalística, e tem por objeto avaliar se há outros meios alternativos menos onerosos com igual ou maior eficácia para o alcance do fim pretendido. Como essa avaliação é complexa na medida em que a afirmação de menor onerosidade exige, a rigor, *expertise* técnica, aplica-se, igualmente, um juízo de evidência, pois os demais poderes têm

---

[1293] Cf. PEREIRA, Jane Reis Gonçalves. *Op. Cit.*, p. 329-330. No mesmo sentido: SOUZA NETO, Cláudio Pereira de; SARMENTO, Daniel. *Direito constitucional*: teoria, história e métodos de trabalho. Belo Horizonte: Fórum, 2013, p. 472-473.

[1294] A síntese do ponto ora abordado é a seguinte, *in verbis*: "*o controle judicial do requisito da idoneidade deve pautar-se por uma 'lógica de evidência', isto é, os Tribunais devem invalidar decisões legislativas apenas naqueles casos em que se revelem manifestamente inadequadas para a obtenção dos fins colimados. De acordo com a maior parte da jurisprudência constitucional e da doutrina, o legislador democrático deve dispor de uma margem de apreciação quando se trata de determinar se uma medida é adequada. Nos casos em que a verificação da idoneidade da medida restritiva está relacionada com prognósticos feitos pelo legislador, o princípio democrático impõe que o Judiciário só venha a desconstituir as decisões legislativas quando o conhecimento técnico-empírico vigente permita afirmar com total segurança que o meio é inapto para implementar o fim*" (PEREIRA, Jane Reis Gonçalves. *Op. Cit.*, p. 331).

maiores capacidades institucionais para efetuar tal avaliação,[1295] ainda que seja possível o recurso a peritos judiciais, audiências públicas e *amici curiae*.

Por fim, a proporcionalidade em sentido estrito, enquanto categoria jurídica que define a estrutura normativa da ponderação, volta-se à organização racional da argumentação discursiva do método. A partir dela, opera-se: (i) a identificação da intensidade de restrições a direitos fundamentais; (ii) a afirmação da importância da eficácia de normas constitucionais potencialmente colidentes no caso; e (iii) a análise das razões que fundamentam as restrições geradas pela eficácia do ato regulatório.[1296] Aqui também há uma margem de apreciação – agora normativa – em favor dos poderes políticos majoritários, mormente porque assuntos controversos e complexos são uma realidade nas sociedades democráticas constitucionais e decisões precisam ser tomadas sobre as questões políticas fundamentais com base no princípio majoritário.

Posto isso, é bom frisar que a proporcionalidade não é uma autorização geral para o ativismo judicial. A proporcionalidade deve ser integrada ao ideal de razão pública e compatibilizada com a razão prática, de modo que a fundamentação pública da decisão judicial, racionalmente externada pela argumentação jurídica, deve considerar aspectos institucionais e materiais, que outorgam margem empírica e normativa de atuação *prima facie* aos poderes políticos majoritários para implementar processos regulatórios.

Sem embargo da possibilidade de auxílio judicial por peritos, audiências públicas e *amici curiae*, a separação de poderes e a democracia impõem relativa deferência institucional às escolhas regulatórias majoritárias, assumindo o Poder Judiciário o papel de depurador dos atos e processos regulatórios, em que a proporcionalidade assume relevância para identificar inconsistências, abusos ou desvios claros na condução das políticas regulatórias.

Nesse sentido, a proporcionalidade, como parâmetro material de atuação jurisdicional, terá por foco de análise a repercussão de eficácia do ato ou processo regulatório sobre o conteúdo mínimo dos direitos fundamentais e/ou a garantia do direito essencial de participação democrática nas políticas regulatórias.[1297]

[1295] PEREIRA, Jane Reis Gonçalves. *Op. Cit.*, p. 339-342.
[1296] PEREIRA, Jane Reis Gonçalves. *Op. Cit.*, p. 346.
[1297] BARCELLOS, Ana Paula de. *Constitucionalização das políticas públicas em matéria de direitos fundamentais*: o controle político-social e o controle jurídico no espaço democrático. Revista de Direito do Estado, nº 7, 2006, p. 26.

CAPÍTULO 4 - O CONTROLE JURISDICIONAL DA REGULAÇÃO FINANCEIRA SISTÊMICA...

Em suma, tomando-se em consideração a relatividade e contingência das inúmeras opções políticas possíveis no âmbito econômico, as escolhas regulatórias devem, em regra, ser privilegiadas quando não afetam, significativamente, os direitos fundamentais ou as condições para o exercício substancial da democracia,[1298] com a adoção preferencial de uma postura minimalista[1299] e contingente no âmbito da jurisdição constitucional, já que discussões sobre atos regulatórios com repercussão sistêmica, em regra, são específicas de cada caso (*case-by-case approach*).

Em outras palavras, a atuação judicial se submete ao ônus da competência e ao ônus do regulador[1300] na hipótese de decisão pela invalidação do ato regulatório, isto é, além de considerar os elementos institucionais na interpretação constitucional, o órgão jurisdicional deve "formular de modo explícito a regra geral que se vai aplicar, justificando-a com a análise profunda das alternativas existentes, de seus custos e, ainda, de seus possíveis efeitos positivos e negativos",[1301] respectivamente.

[1298] Trata-se de uma solução *a contrario sensu*, o que facilita a argumentação institucionalista com base na razão prática, vale dizer, se não há risco evidente à eficácia de direitos fundamentais ou violação a condições necessárias para o funcionamento adequado da democracia, os órgãos integrantes da jurisdição constitucional devem *"acatar as escolhas legítimas feitas pelo legislador, assim como ser deferentes com o exercício razoável de discricionariedade pelo administrador, abstendo-se de sobrepor-lhes sua própria valoração política por razões ligadas à legitimidade democrática, como também em atenção às capacidades institucionais dos órgãos judiciários e sua impossibilidade de prever e administrar os efeitos sistêmicos das decisões proferidas em casos individuais"* (BARROSO, Luis Roberto. *Constituição, democracia e supremacia judicial*: direito e política no Brasil contemporâneo. Revista Jurídica da Presidência, n° 96, 2010, p. 16).

[1299] Com fundamento na doutrina do minimalismo decisório, é possível sustentar que *"o minimalismo decisório (decisional minimalism) possui dois atrativos principais: em primeiro lugar, diminui a dificuldade na tomada de uma decisão colegiada em questões polêmicas, deixando-as, justamente, em aberto, tornando desnecessário obter sempre um amplo acordo sobre todas as questões difíceis em debate. Em segundo lugar, o minimalismo é capaz de reduzir a frequência dos erros judiciais, tornando-os, ainda, menos danosos"* (SILVA, Alexandre Garrido da. *Minimalismo, democracia e expertise*: o Supremo Tribunal Federal diante de questões políticas e científicas complexas. Revista de Direito de Estado, n° 12, 2009, p. 115).

[1300] SUNDFELD, Carlos Ari. *Direito Administrativo para Céticos*. São Paulo: Malheiros, 2012, p. 61.

[1301] SUNDFELD, Carlos Ari. *Op. Cit.*, p. 61.

Ou seja, além do respeito e consideração institucional em relação aos demais Poderes (ônus da competência),[1302] o ônus do regulador torna absolutamente ilegítimas decisões judiciais genéricas de invalidação de atos regulatórios, principalmente se fundadas em alegações vagas sobre a eficácia de "textos indeterminados" ou princípios.

Mesmo que a proporcionalidade possibilite algum grau de intervenção judicial quanto ao controle de arbitrariedades dos demais poderes, o Poder Judiciário "não é o Legislativo nem a Administração, e não pode substituí-los em tudo"[1303] e, em razão disso, o uso substantivo da proporcionalidade pelo Poder Judiciário é acompanhado por um ônus argumentativo forte quanto à análise empírica e normativa dos impactos regulatórios da decisão judicial, preferencialmente a partir da apresentação de diagnósticos e prognósticos econômicos prováveis sobre as consequências sistêmicas da decisão.[1304]

Agindo dessa forma, o Poder Judiciário torna-se um agente virtuoso de reforço e estímulo ao progresso dos processos regulatórios. Assim, espera-se que o controle judicial estimule a transparência, a justificação e a participação social na regulação em benefício de todos, a fim de racionalizar projetos eficientes e inclusivos de gestão das políticas regulatórias (*accountability*).[1305]

Quanto ao ponto, é importante destacar, por fim, que pretensões materiais não atendidas no processo legislativo ordinários e nos processos regulatórios em geral podem se deslocar para o âmbito institucional do Poder Judiciário, isto é, a jurisdição constitucional poderá ser provocada como "ferramenta de

---

[1302] Quanto ao ônus da competência, "é preciso que o juiz reflita e decida expressamente sobre o problema preliminar de sua legitimação, examinando, inclusive, as possíveis conseqüências negativas e positivas de sua intervenção na matéria, em lugar do legislador ou do administrador" (SUNDFELD, Carlos Ari. *Op. Cit.*, p. 75).

[1303] SUNDFELD, Carlos Ari. *Op. Cit.*, p. 72.

[1304] A sujeição ao ônus de argumentação forte quanto à aplicação dos princípios serve, principalmente, para provocar uma autorreflexão judicial (os juízes não podem ficar "nas nuvens") sobre o seu efetivo papel institucional *vis-à-vis* a difícil tarefa de regulação sistêmica, além de forçar uma análise judicial técnica, consequencialista e realista de suas decisões. Conforme Carlos Ari Sundfeld, "é preciso que o Judiciário, transformado em regulador, comporte-se como tal, com todos os ônus que isso envolve" (SUNDFELD, Carlos Ari. *Op. Cit.*, p. 84).

[1305] BARCELLOS, Ana Paula de. *Constitucionalização das políticas públicas em matéria de direitos fundamentais*: o controle político-social e o controle jurídico no espaço democrático. Revista de Direito do Estado, nº 7, 2006, p. 36-45, *passim*.

luta política"[1306] em prol de "grupos sociais que dificilmente teriam acesso adequado ao sistema político, mas que podem inserir suas pretensões no debate público a partir da arena judicial",[1307] bem como grupos políticos de oposição ou vencidos no âmbito do processo político majoritário, de modo que o Poder Judiciário deve estar preparado para enfrentar tal possibilidade.

Dito isso, a partir de agora passa-se a enunciar os parâmetros institucionais e materiais de atuação judicial[1308] e uma importante observação é a de que nenhum dos parâmetros – que se comunicam – possui supremacia hierárquica sobre os demais, em prol do diálogo constitucional e da separação de poderes.

Os parâmetros são os seguintes: (i) a atuação regulatória do Poder Legislativo e das autoridades financeiras regulatórias deve receber deferência institucional *prima facie* pelo Poder Judiciário, autorizada a intervenção judicial, com base em uma concepção fraca de proporcionalidade, impositiva de um ônus argumentativo forte de justificação amparada por razões públicas, somente quando houver violação flagrante, por ação ou omissão, a direitos fundamentais ou condições necessárias ao exercício adequado da democracia, sendo fatores relevantes de decisão: (i.1) a complexidade técnica da matéria e a capacidade institucional de avaliação dos efeitos sistêmicos do ato regulatório editado pela respectiva instituição; (i.2) o grau inclusivo de participação política e/ou social no procedimento normativo cujo resultado é o ato regulatório impugnado; (i.3) o nível de consistência ou sustentabilidade empírica

---

[1306] O uso do Poder Judiciário pode ser subvertido pelas minoriais, enquanto estratégia de deslocamento institucional de questões políticas em relação às quais são ou serão vencidos, a fim de: (i) dificultar o estabelecimento e a execução de projetos regulatórios; (ii) manipular os meios publicos de comunicação de massa; ou (iii) para negociar benefícios políticos em troca. Ou seja, os Tribunais devem estar preparados para esse fenômeno, já que podem haver tentativas de uso do Poder Judiciário como instrumento de barganha política por *"grupos que não conseguem um papel preponderante na via legislativa ou administrativa de criação da autoridade ou da execução da regulação, para alterar ou paralisar policies com as quais não concordam ou como meio de negociar com a autoridade uma solução com a qual consigam viver"* (CATARINO, Luis Guilherme. Regulação e Supervisão dos Mercados de Instrumentos Financeiros: Fundamento e Limites do Governo e Jurisdição das Autoridades Independentes. Coimbra: Almedina, 2010, p. 345).

[1307] MENDONÇA, Eduardo. *A constitucionalização da política*: entre o inevitável e o excessivo. Revista da Faculdade de Direito da UERJ, nº 18, edição eletrônica, 2010, p. 9.

[1308] A ideia de construção de parâmetros segue, em linhas gerais, os *standards* formulados em CYRINO, André Rodrigues. *Op. Cit.*, p. 307-310, e SOUZA NETO, Cláudio Pereira de; SARMENTO, Daniel. *Direito constitucional*: teoria, história e métodos de trabalho. Belo Horizonte: Fórum, 2013, p. 460-523, *passim*.

e normativa subjacente à motivação do ato regulatório, com maior grau de deferência se houver estudo prévio e/ou posterior de impacto regulatório destinado a avaliar, de forma dinâmica, as consequências geradas pela regulação; e (i.4) o grau de adesão percebido no conteúdo do ato regulatório impugnado ao *soft law* ou a recomendações internacionais; (ii) a preferência pela construção de soluções *ex ante* e *ex post* baseadas no diálogo constitucional, com prioridade para estratégias judiciais decisórias prospectivas e maleáveis ao longo do tempo, já que decisões no âmbito da regulação financeira sistêmica estão fortemente presas à conjuntura econômica, sobretudo no momento da prática do ato regulatório impugnado; e (iii) uma preferência deliberativa *prima facie* por órgãos judiciais colegiados, em processos coletivos ou de controle concentrado de constitucionalidade, em que as consequências sistêmicas das decisões são levadas à apreciação em um ambiente relativamente mais plural de macrojustiça.

A propósito do primeiro parâmetro, muito já foi dito anteriormente, cabendo complementar que a especialização funcional e a credibilidade pública das instituições regulatórias financeiras pode ser submetida a testes judiciais, onde a tecnicidade e a complexidade da regulação financeira sistêmica será confrontada com o sistema de direitos fundamentais e os valores substanciais da democracia da Constituição brasileira de 1988 segundo o ideal de razão pública, o que exige dos reguladores a apresentação justificada de todos os aspectos relacionados à elaboração do ato regulatório impugnado, sem prejuízo de considerações sobre: (i) os estudos técnicos realizados para sustentar a política regulatória; (ii) a participação política e social no processo regulatório; (iii) a sustentabilidade dos motivos geradores da regulação; e (iv) se as razões da edição do ato regulatório estão fundamentadas em razões que transcendem a lógica da soberania nacional por constar de diretrizes internacionais consensualmente firmadas em organismos internacionais dos quais o Brasil integra.

O segundo parâmetro, de natureza dialógica e procedimental, influencia o processo judicial de decisão de forma *ex ante* e *ex post*. Quanto à eficácia *ex ante*, o Poder Judiciário pode se valer do recurso amplo à oitiva das autoridades reguladoras financeiras, designação de audiências públicas e/ou peritos, bem como a permissão de intervenção de *amici curiae*, a fim de reunir subsídios e elementos de informação aptos a uma devida justificação da decisão judicial, o que reforça a legitimidade da atuação jurisdicional.

No que diz à eficácia *ex post*, estritamente ligada à sua eficácia temporal, espera-se que haja uma preferência *prima facie* por decisões prospectivas. A propósito, sabe-se que tal postura consiste em uma flexibilização do dogma tradicional da eficácia retroativa de uma decisão judicial de invalidação de ato jurídico, que assume relevância no controle de constitucionalidade na medida em que a regra é a eficácia *ex tunc* da declaração de inconstitucionalidade.

Quanto ao ponto, segundo entendimento doutrinário e jurisprudencial majoritário,[1309] sustenta-se a ideia de que a declaração de inconstitucionalidade é hipótese de nulidade *ex tunc* e traduz princípio constitucional implícito fundamentado na supremacia da Constituição, "embora não haja na Constituição Federal nenhum dispositivo atribuindo expressamente eficácia *ex tunc* às decisões proferidas no controle jurisdicional de constitucionalidade das leis".[1310]

No entanto, a experiência histórica dos Tribunais constitucionais demonstrou que a percepção do fenômeno da juridicidade constitucional é problemática, eis que a "eliminação retroativa de normas vigentes no ordenamento pode gerar situações de verdadeiro 'caos' jurídico ou de injustiça flagrante, ocasionando tremenda insegurança para aqueles que pautaram seus atos pelo lei inconstitucional",[1311] com potencial para gerar situações de instabilidade ou injustiça.

[1309] Gilmar Ferreira Mendes compartilha do entendimento e faz as seguintes considerações, *in verbis*: "*O dogma da nulidade da lei inconstitucional pertence à tradição do Direito brasileiro. A teoria da nulidade tem sido sustentada por praticamente todos os nossos importantes constitucionalistas. Fundada na antiga doutrina americana, segundo a qual 'the inconstitutional statute is not law at all', significativa parcela da doutrina brasileira posicionou-se em favor da equiparação entre inconstitucionalidade e nulidade. Afirmava-se, em favor dessa tese, que o reconhecimento de qualquer efeito a uma lei inconstitucional importaria na suspensão provisória ou parcial da Constituição*" (MENDES, Gilmar Ferreira; COELHO, Inocêncio Mártires; BRANCO, Paulo Gustavo Gonet. *Curso de Direito Constitucional*. São Paulo: Saraiva, 2009, p. 1296-1297)

[1310] SARMENTO, Daniel. *A Eficácia Temporal das Decisões no Controle de Constitucionalidade*. In: SARMENTO, Daniel. (org.). *O Controle de Constitucionalidade e a Lei 9.868/99*. Rio de Janeiro: Lumen Juris, 2001, p. 101.

[1311] SARMENTO, Daniel. *Op. Cit.*, p. 103. Assim, "*nada obsta que a inconstitucionalidade de uma norma jurídica só seja reconhecida muitos anos depois da sua edição, após a consolidação de um sem-número de relações jurídicas constituídas sob a sua égide. Nestes casos, a supressão retroativa da lei contrária à Constituição pode acarretar tremendas injustiças, lesionando outros interesses e valores também tutelados pela ordem constitucional*" (*Ibid.*, p. 103). Nos Estados Unidos, no *leading case* sobre o tema (*Likletter v. Walker*), firmou-se o entendimento de que a questão da eficácia temporal dos

Logo, hoje prevalece o entendimento de que a modulação de eficácia temporal de uma decisão de inconstitucionalidade é uma técnica de decisão independente de previsão constitucional expressa que pede a aplicação do método da ponderação pelo recurso à proporcionalidade, a despeito da existência do art. 27 da Lei nº 9.868, de 1999,[1312] que ocorrerá de acordo com os elementos relevantes do caso submetido a julgamento. Sendo assim, é possível a flexibilização do dogma da eficácia *ex tunc*.[1313] Nesse sentido, o Tribunal Constitucional pode construir estratégias judiciais dinâmicas e flexíveis para a solução de questões complexas.

Ante o exposto, como o processo de regulação financeira sistêmica é intensamente afetado por circunstâncias fáticas que se modificam ao longo do tempo segundo a conjuntura econômica, não faz sentido institucional, via de regra, dentro da perspectiva do diálogo constitucional, atribuir eficácia retroativa a declarações judiciais de invalidação de atos regulatórios financeiros importantes, que alimentaram, ao longo do tempo, expectativas sistêmicas de uma infinidade de pessoas e instituições sociais, por isso a preferência por soluções prospectivas, em que a atribuição da eficácia temporal, devidamente justificada, se sujeitará à análise dos fatores relevantes do caso.

efeitos da declaração de inconstitucionalidade de uma lei não deriva de norma constitucional, de modo que "*a natureza dos efeitos da decisão judicial (ex tunc ou ex nunc), não emerge de princípio ou de preceito sediado na Constituição, configurando, isto sim, uma questão de política judicial (judicial policy), desse modo sujeita a livre valoração jurisdicional a ser feita em cada caso concreto, segundo as multivariáveis hipóteses em que são ministrados, na via da jurisdição, os valores da justiça constitucional*", o qual foi consolidado em Stovall v. Denno. Ao longo dos anos, "*a jurisprudência americana evoluiu para admitir, ao lado da decisão de inconstitucionalidade com efeitos retroativos amplos ou limitados (limited retrospectivity), a superação prospectiva (prospective overruling), que tanto pode ser limitada (limited prospectivity), aplicável aos processos iniciados após a decisão, inclusive ao processo originário, como ilimitada (pure prospectivity), que nem sequer se aplica ao processo que lhe deu origem*" (MENDES, Gilmar Ferreira; COELHO, Inocêncio Mártires; BRANCO, Paulo Gustavo Gonet. *Op. Cit.*, p. 1146).

[1312] Segundo a melhor doutrina, "*o art. 27 da Lei nº 9.868/99 não será, em verdade, o fundamento das decisões do Supremo Tribunal Federal que venham a restringir a eficácia temporal da declaração de inconstitucionalidade de determinadas leis. Seu fundamento será a proteção de outros valores e princípios constitucionalmente assegurados – ligados à segurança jurídica ou a excepcional interesse social – e que seriam colocados em risco por uma decisão retroativa. Ao assim decidir, não estará o Supremo Tribunal sobrepondo uma lei ordinária – a Lei nº 9.868/99 – à Constituição, mas, diversamente, estará ponderando valores e princípios de mesma hierarquia e igual dignidade constitucional*", cf. BINENBOJM, Gustavo. *A nova jurisdição constitucional* – Legitimidade democrática e instrumentos de realização. 2. ed. Rio de Janeiro: Renovar, 2004, p. 204.

[1313] SARMENTO, Daniel. *Op. Cit.*, p. 124.

O último parâmetro, por sua vez, dirige-se a questões internas próprias da estrutura e deliberação judicial, segundo o desenho institucional do Poder Judiciário no Brasil. Com efeito, os juízes brasileiros de primeira instância, conquanto isso não seja muito ressaltado nas obras jurídicas sobre o tema, possuem um grande poder em suas mãos.

Atos regulatórios sistemicamente importantes podem ser questionados judicialmente com muita facilidade, isto é, o resultado de uma atuação múltipla concertada de equipes de técnicos especializados de autoridades reguladoras financeiras e/ou consensos políticos difíceis firmados no âmbito do Poder Legislativo sobre assuntos regulatórios muitas vezes controversos podem ser submetidos à apreciação, por exemplo, de um único juiz de primeira instância.

Ora, sem desmerecer a função do juiz de primeira instância, que oxigena a interpretação constitucional feita pelo Poder Judiciário, não há dúvidas de que, em questões mais complexas e controvertidas, a deliberação judicial pública tende a se desenvolver com mais debate e diálogo em órgãos judiciais colegiados, que encontram-se em instâncias superiores.

Nada obstante, em processos coletivos ou de controle concentrado de constitucionalidade, as consequências sistêmicas envolvidas no ato regulatório impugnado são postas de forma mais adequada em um ambiente mais plural. Assim, em termos práticos, o juiz de primeira instância tem legitimidade mais forte para prestar deferência ao conteúdo do ato regulatório impugnado, já que o ônus argumentativo próprio do exame de proporcionalidade da regulação financeira sistêmica pode mostrar-se pesado para um único juiz, que, aliás, possui um espectro limitado de informações disponíveis.

4.3 – Uma análise da jurisprudência selecionada dos Tribunais brasileiros sobre regulação financeira sistêmica: o teste dos parâmetros

Estudar precedentes no Brasil não é uma tarefa fácil.[1314] Embora a jurisprudência brasileira tenha avançado, não se vê critérios objetivos e claros de

---

[1314] Sobre a temática dos precedentes no Direito Constitucional contemporâneo, v. MELLO, Patrícia Perrone Campos. *Precedentes*: o Desenvolvimento Judicial no Direito no Constitucionalismo Contemporâneo. Rio de Janeiro: Renovar, 2008.

julgamento.[1315] Se o fenômeno da constitucionalização do direito traz complexidades, como entender o papel institucional do Poder Judiciário, no exercício da jurisdição constitucional, se as decisões não são, necessariamente, padronizadas ou seguem uma unidade básica na forma deliberativa?

No âmbito dos Tribunais superiores, sobretudo no Supremo Tribunal Federal, a questão é extremamente grave, sobretudo tendo em vista a postura institucional de permitir votos livres individuais pelos Ministros, o que, não raro, gera uma falta de compreensão sobre o resultado dos julgamentos, o que gera muita insegurança jurídica.

Não obstante, tal situação não impede uma tentativa de investigação das razões fundamentais de alguns precedentes, relacionados à regulação financeira sistêmicam, mediante um exercício de "criptoconsequencialismo",[1316] a fim de apontar os fatores relevantes, evidenciar os enfoques argumentativos e identificar as estratégias judiciais adotadas em cada caso.

Como se verá, os testes demonstram, em termos de responsabilidade política quanto à implementação de políticas públicas, uma tendência estratégica clara de deferência judicial implícita à capacidade institucional dos demais Poderes quanto à regulação financeira sistêmica no discurso jurídico dos Ministros do Supremo Tribunal Federal, o que demonstra por que doutrinadores renomados sustentam que "os Tribunais Superiores, e muito especialmente o STF, assumiram compromisso com a governabilidade e o mantiveram, nestes anos todos".[1317]

Com relação aos dois outros parâmetros, não é possível fazer inferências, pois, em nenhuma das decisões selecionadas, os atos normativos submetidos

---

[1315] PEREIRA, Jane Reis Gonçalves. *Op. Cit.*, p. 7.

[1316] Tal expressão serve para designar o propósito de identificar razões consequencialistas não expressas no conteúdo das decisões judiciais e está formulada em: SOUZA NETO, Cláudio Pereira de; SARMENTO, Daniel. *Direito constitucional*: teoria, história e métodos de trabalho. Belo Horizonte: Fórum, 2013, p. 444.

[1317] SUNDFELD, Carlos Ari. *Op. Cit.*, p. 58-59. Quanto ao ponto, é interessante a seguinte passagem, *in verbis*: "*Direito e governabilidade não são, em princípio, antagônicos. Entretanto, a lógica da governabilidade, ligada à capacidade de uma estrutura de poder de implementar efetivamente planos e programas em face das demandas sociais e econômicas presentes no meio governado, pode, em situações extremas que exigem medidas céleres, drásticas e eficazes para a manutenção da estrutura organizacional e de poder, posicionar-se em pólo oposto ao direito*" (PEREIRA JUNIOR, Ademir Antônio. *Legitimidade e Governabilidade na Regulação do Sistema Financeiro*. Revista Direito GV, **São Paulo**, **nº 8**, 2008, p. 521).

à apreciação judicial foram invalidados, prejudicando, com isso, a análise da eficácia temporal e adaptativa da decisão, bem como não houve a gradação da capacidade deliberativa dos órgãos jurisdicionais envolvidos, até porque a maioria dos casos foi processada, originariamente, no Supremo Tribunal Federal.[1318]

4.3.1 – A eficácia normativa da expressão "taxas de juros reais" do revogado § 3º do art. 192 da Constituição brasileira: uma autocontenção judicial em face do Poder Constituinte Originário?

A promulgação da Constituição brasileira atual ocorreu em 05 de outubro de 1988. Dentre seus diversos dispositivos havia o §3º do art. 192, que prescrevia a limitação da taxas de juros reais a doze por cento ao ano no Sistema Financeiro Nacional, incluídas "comissões e quaisquer outras remunerações direta ou indiretamente referidas à concessão de crédito", sob pena de cometimento do crime de usura.

Em 12 de outubro de 1988, a questão relativa à eficácia do referido dispositivo constitucional já estava judicializada no Supremo Tribunal Federal, com a atribuição de relatoria ao Ministro Sydney Sanches.

Tratava-se da Ação Direta de Inconstitucionalidade nº 4, proposta pelo Partido Democrático Trabalhista (PDT), com legitimidade ativa *ad causam* fundada no art. 103, VIII, destinada a impugnar conteúdo do Parecer SR-70 da Consultoria Geral da República, datado de 06 de outubro de 1988 e publicado em 07 de outubro de 1988, que fundamentou a edição da Circular n° 1.365 do Banco Central do Brasil, de 1988, e dotado de caráter normativo em razão de ter sido aprovado por ato do Presidente da República, no qual a conclusão afirmara a eficácia limitada do dispositivo sob exame.

[1318] Conforme será visto, as principais Ações Diretas de Constitucionalidade foram propostas por partidos políticos de oposição na época. Para um levantamento minucioso dos assuntos julgados pelo Supremo Tribunal Federal com alguma ligação com o Sistema Financeiro Nacional, v. DURAN-FERREIRA, Camila. *O STF e a Construção Institucional das Autoridades Reguladoras do Sistema Financeiro*: um Estudo de Caso de ADINs. Revista de Direito GV, São Paulo, nº 5, 2009, p. 75-84.

Isto é, de acordo com o Parecer aludido acima, a aplicação da limitação da taxa de juros reais a doze por cento ao ano estaria condicionada à regulamentação através de lei complementar a ser editada para disciplinar o Sistema Financeiro Nacional, nos termos do *caput* do art. 192 da Constituição brasileira de 1988. Ainda nos termos do mesmo Parecer, sustentou-se a tese de que o *caput* do art. 192 prescrevia a necessidade de uma reforma integral da estrutura normativa do Sistema Financeiro Nacional por lei complementar única.[1319]

A propósito, é importante mencionar que tal Parecer estava acompanhado de um estudo de diagnóstico e prognóstico feito pelo Banco Central do Brasil, no qual havia um prognóstico muito negativo sobre as consequências sistêmicas geradas pela aplicação imediata da referida limitação, cujos principais efeitos decorrentes, em um cenário de intensa inflação, seriam os seguintes: (i) incentivos à destinação de recursos financeiros a setores financeiros marginais mais especulativos ou fora do sistema bancário; (ii) incentivos ao desenvolvimento de um mercado informal de crédito, enquanto fenômeno tendencial de desintermediação financeira sistêmica; (iii) o estímulo ao endividamento sistêmico; (iv) o desestímulo à poupança interna; (v) riscos evidentes de hiperinflação; (vi) a inviabilidade da execução de uma política monetária equilibrada; (vi) repercussão sistêmica intensa no sistema finaceiro da habitação; e (vii) a inviabilidade econômica de captação internacional de recursos financeiros, segundo o valor das taxas de empréstimos externos à época.[1320]

O PDT, na petição inicial, afirmou-se "desassombrado defensor da limitação de juros extorsivos cobrados pelos bancos e financeiras",[1321] que estava

---

[1319] Sobre o "mito da lei complementar única" e a "falácia do tratamento global", v. SILVA, Virgílio Afonso da; ROCHA, Jean Paul Cabral Veiga da. *A regulamentação do sistema financeiro nacional*: o art. 192 e o mito da lei complementar única. Revista de Direito Mercantil, nº 127, 2002. A propósito, pode-se adiantar que consta da ementa do julgado ora analisado, favorável à tese do parecer, que uma "futura lei complementar" disciplinará o "tratamento global do sistema financeiro nacional". A tese da "lei complementar única" foi ultrapassada, definitivamente, em termos normativos, pela Emenda Constitucional n° 40, de 2003, que modificou a redação textual do *caput* do art. 192 para substituir "lei complementar" (singular) por "leis complementares" (plural).
[1320] As informações estão contidas no relatório da ADI-4 (fl. 65-74 do inteiro teor do acórdão). STF, Ação Direta de Inconstitucionalidade nº4, Tribunal Pleno, Relator: Ministro Sydney Sanches, j. 07.03.1991, DJ 25.06.1993.
[1321] Conforme relatório constante do inteiro teor do acórdão da ADI/MC nº 4 (fl. 5). STF, Medida Cautelar em Ação Direta de Inconstitucionalidade nº4, Tribunal Pleno, Relator: Ministro Sydney Sanches, j. 19.10.1988, DJ 17.02.1989.

"lado a lado com as classes populares e trabalhadoras",[1322] de maneira que o controle da inflação não poderia obstar a luta contra "os lucros exorbitantes do grande capital",[1323] em favor da democratização social da economia e da equânime distribuição da riqueza nacional,[1324] nos termos do art. 3º e 192 da Constituição brasileira de 1988.

Além disso, baseado nos debates ocorridos na Assembléia Nacional Constituinte, aduziu que: (i) a "vontade constitucional" voltava-se à aplicação imediata do dispositivo em comento,[1325] (ii) que a expressão "juros reais" seria definida como "a remuneração direta ou indireta do capital devida ao banqueiro pelo tomador do empréstimo",[1326] (iii) que não eram procedentes os argumentos *ad terrorem* relativos às consequências sistêmicas imprevisíveis da aplicação normativa imediata da limitação,[1327] (iv) sem prejuízo de alusão à doutrina sobre a autoplicabilidade de normas constitucionais proibitivas,[1328] (v) do desacerto da interpretação topográfica do §3º do art. 192 em relação ao *caput* e, por fim, (vi) que sua pretensão é uma forma de externar as "aflições impostas ao povo brasileiro pelas elites conservadoras encimadas no grande capital",[1329] "ávidas por manter os lucros da miséria e da fome de nossa gente".[1330]

O pedido liminar foi indeferido por ausência de urgência (*periculum in mora*), sem nenhuma consideração sobre a plausibilidade jurídica do pedido (*fumus boni iuris*), em decisão unânime.[1331]

Foram prestadas informações pelo Consultor-Geral da República, que opinou, preliminarmente, pela impossibilidade de o Supremo Tribunal Federal atuar como "legislador positivo" no caso, haja vista a separação de poderes, pois a estrutura e os elementos componentes da definição de "juros reais",

---

[1322] Fl. 5 do inteiro teor do acórdão da ADI/MC nº 4.
[1323] Fl. 5 do inteiro teor do acórdão da ADI/MC nº 4.
[1324] Fl. 5 do inteiro teor do acórdão da ADI/MC nº 4.
[1325] Cf. fl. 8 do inteiro teor do acórdão da ADI/MC nº 4.
[1326] Fl. 9 do inteiro teor do acórdão da ADI/MC nº 4.
[1327] Fl. 12 do inteiro teor do acórdão da ADI/MC nº 4.
[1328] Fl. 13-15 do inteiro teor do acórdão da ADI/MC nº 4.
[1329] Fl. 18 do inteiro teor do acórdão da ADI/MC nº 4.
[1330] Fl. 18-19 do inteiro teor do acórdão da ADI/MC nº 4.
[1331] STF, Medida Cautelar em Ação Direta de Inconstitucionalidade nº4, Tribunal Pleno, Relator: Ministro Sydney Sanches, j. 19.10.1988, DJ 17.02.1989.

de caráter normativo, não podem ser fixados judicialmente;[1332] no mérito, ressaltou a situação topográfica do §3º em relação ao *caput* do art. 192, bem como a imprescindibilidade de intermediação legislativa para a integração normativa do conteúdo da noção de "juros reais", o que seria tema "absolutamente estranho ao direito constitucional".[1333]

Por sua vez, a Advocacia-Geral da União ressaltou que, em termos políticos, a autoaplicabilidade do preceito constitucional não obteve consenso na Assembléia Nacional Constituinte[1334] e a matéria requer intermediação legislativa integradora, pois há vários métodos econômicos de cálculo dos "juros reais".[1335]

O Ministério Público Federal, não obstante ter frisado: (i) o fato de a quase unanimidade dos economistas de diferentes correntes de pensamento e o Banco Central do Brasil terem reprovado, em termos sistêmicos, a aplicação imediata de limite aos "juros reais";[1336] (ii) o fato da inexistência, no ordenamento positivo, de um conceito jurídico de juros reais[1337]; e (iii) a conveniência de normas integradoras de conteúdo para a definição dos "juros reais",[1338] definir "juros reais" não seria difícil[1339] e a eficácia imediata das normas constitucionais é a regra geral na teoria constitucional, o que permitiria a integração dogmática através de "princípios de interpretação admitidos pelo Direito".[1340]

No mérito, o pedido foi julgado improcedente, por maioria de votos (6 a 4).[1341] Desconsiderados aspectos processuais do caso, vejamos a opinião dos Ministros acerca do mérito.

O Ministro Relator Sydney Sanches, em voto repleto de citações à doutrina e pareceres jurídicos ofertados para o caso, assentou que o *caput* do art. 192 estava conectado a todo o dispositivo, de modo que os elementos normativos

---

[1332] Fl. 27 do inteiro teor do acórdão da ADI nº 4.
[1333] Fl. 28-29 do inteiro teor do acórdão da ADI nº 4.
[1334] Fl. 37 do inteiro teor do acórdão da ADI nº 4.
[1335] Fl. 38 do inteiro teor do acórdão da ADI nº 4.
[1336] Fl. 42 do inteiro teor do acórdão da ADI nº 4.
[1337] Fl. 43 do inteiro teor do acórdão da ADI nº 4.
[1338] Fl. 45 do inteiro teor do acórdão da ADI nº 4.
[1339] Fl. 43 do inteiro teor do acórdão da ADI nº 4.
[1340] Fl. 45 do inteiro teor do acórdão da ADI nº 4.
[1341] STF, Ação Direta de Inconstitucionalidade nº4, Tribunal Pleno, Relator: Ministro Sydney Sanches, j. 07.03.1991, DJ 25.06.1993.

dos incisos e parágrafos serão "observados, necessariamente, na futura lei complementar",[1342] cabendo ressaltar a existência do Projeto de Lei Complementar nº 162, de 1989, à época em trâmite, cuja mora na aprovação não poderia ser imputada ao Poder Judiciário,[1343] assim como afirmou a irrelevância dos debates na Assembléia Nacional Constituinte para a decisão.[1344]

Posteriormente, exposta a controvérsia econômica e jurídica sobre o conceito de "juros reais", frisou que seria tarefa do Poder Legislativo deliberar politicamente a respeito.[1345] Tal entendimento foi acompanhado, quase na íntegra, pelos Ministros Célo Borja, Octávio Gallotti, Aldir Passarinho e Moreira Alves. A propósito, constou da ementa do julgado que a "futura lei complementar" disciplinará o "tratamento global do sistema financeiro nacional".

Em sentido contrário, o Ministro Marco Aurélio, em alusão aos princípios constitucionais gerais da atividade econômica (art. 170)[1346] e à dignidade do homem,[1347] entendeu pela autonomia normativa – ou "vida própria"[1348] – do §3º em relação ao *caput*. Em seguida, afirmou que "a necessidade de lei que discipline o que são juros reais contraria a ordem natural da coisas"[1349] e isso "implica relegar à lei a definição do que, pela própria natureza, pelo sentido do vernáculo pátrio, já está suficientemente definido",[1350] pois seria evidente que a expressão "juros reais" significa "juros líquidos",[1351] nos termos da Lei de Usura.[1352]

Nesse sentido, votou pela procedência do pedido, com eficácia *ex nunc* da decisão a partir da propositura da ação, em razão da natureza constitutiva da decisão e da estabilidade das relações jurídicas.[1353]

[1342] Fl. 136 do inteiro teor do acórdão da ADI nº 4.
[1343] Cf. fl. 137 do inteiro teor do acórdão da ADI nº 4.
[1344] Fl. 138 do inteiro teor do acórdão da ADI nº 4.
[1345] Fl. 138 do inteiro teor do acórdão da ADI nº 4.
[1346] Fl. 154 do inteiro teor do acórdão da ADI nº 4.
[1347] Fl. 155 do inteiro teor do acórdão da ADI nº 4.
[1348] Fl. 155 do inteiro teor do acórdão da ADI nº 4.
[1349] Fl. 159 do inteiro teor do acórdão da ADI nº 4.
[1350] Fl. 160 do inteiro teor do acórdão da ADI nº 4.
[1351] Fl. 160 do inteiro teor do acórdão da ADI nº 4.
[1352] Fl. 163 do inteiro teor do acórdão da ADI nº 4.
[1353] Fl. 163-164 do inteiro teor do acórdão da ADI nº 4. Embora compreensível a preocupação com a atribuição de eficácia temporal prospectiva, não parece lógica essa decisão, pois: (i) uma nova Constituição aplica-se de forma prospectiva, salvo disposição constitucional

O Ministro Carlos Veloso, com base na regra de autoaplicabilidade das normas constitucionais e na tese de eficácia imediata de regras proibitivas, julgou procedente o pedido. Assim como o Ministro Marco Aurélio, dissertou que os juros reais são de fácil mensuração, diferenciando-se da noção econômica de juros nominais,[1354] vale dizer, podem ser definidos como juros nominais deflacionados e descontados os "custos permitidos", tal como tributos, enquanto remuneração efetiva do capital.[1355]

Por sua vez, o Ministro Celso de Mello aderiu ao entendimento de que os debates da Assembléia Nacional Constituinte não eram importantes à decisão, a despeito da importância do elemento histórico na interpretação constitucional,[1356] e endossou a opinião de que a estrutura jurídica do §3º do art. 192 não tinha densidade normativa suficiente, o que deveria ser integrado pelo Congresso Nacional.[1357]

Em sentido contrário, o Ministro Paulo Brossard afirmou que o dispositivo supracitado tinha todos os elementos normativos necessários à aplicação imediata, com adesão aparente à noção de juros reais formulada pelo Ministro Carlos Veloso, no que foi acompanhado, também, quanto ao conteúdo do voto, pelo Ministro Neri da Silveira.

De interessante, o Ministro Paulo Brossard consignou, expressamente, (i) a irrelevância do estudo de impacto regulatório feito pelo Banco Central do Brasil para o caso,[1358] (ii) a afirmação genérica de que a rentabilidade das instituições financeiras é muito alta se comparada com a dos demais setores econômicos[1359] e (iii) que a escolha do índice de correção monetária, para fins de cálculo dos juros reais, deveria ser feita pelo Banco Central do Brasil.[1360]

---

expressa em sentido contrário, o que não era o caso; e (ii) a propositura da ação ocorreu em 12 de outubro de 1988, ou seja, o período de 05 a 11 de outubro de 1988 não seria atingido pela eficácia da decisão.

[1354] Fl. 170 do inteiro teor do acórdão da ADI nº 4.
[1355] Fl. 172 do inteiro teor do acórdão da ADI nº 4.
[1356] Fl. 175-181 do inteiro teor do acórdão da ADI nº 4.
[1357] Fl. 183 do inteiro teor do acórdão da ADI nº 4.
[1358] Fl. 203 do inteiro teor do acórdão da ADI nº 4.
[1359] Fl. 204 do inteiro teor do acórdão da ADI nº 4.
[1360] Fl. 210-211 do inteiro teor do acórdão da ADI nº 4.

Pois bem, antes de analisar, estritamente, os votos dos Ministros do Supremo Tribunal Federal, é importante estabelecer o que estava, efetivamente, em jogo no julgamento desse caso.

Com a recente promulgação da Constituição à época, seria ingênuo esperar uma declaração expressa de autocontenção judicial, sob o ponto de vista institucional, pelo Supremo Tribunal Federal, máxime quando a interpretação recai sobre dispositivo formulado pelo Poder Constituinte Originário. Muito pelo contrário. A tendência era de clara afirmação institucional do Poder Judiciário, diante dos amplos poderes outorgados pela nova Constituição, em um cenário político de recente redemocratização.

Sendo assim, a deliberação centrou-se, em termos dogmáticos, na discussão sobre a eficácia de um dispositivo constitucional politicamente controverso, cujo resultado seria a autoaplicação ou o reconhecimento de que os elementos normativos eram insuficientes e precisariam, por isso, ser integrados pelo Congresso Nacional para a sua eficácia, através de lei complementar.

Logo, não houve, em nenhum momento, deliberação sobre as consequências sistêmicas da decisão no âmbito do Sistema Financeiro Nacional, notadamente em relação ao ideal da estabilidade financeira sistêmica no longo prazo.

Quanto à temática das capacidades institucionais, os argumentos vencedores foram utilizados no sentido de que caberia ao Poder Legislativo, com fundamento aparente no princípio democrático, disciplinar assunto tão controverso, com o estabelecimento dos parâmetros normativos de integração e não é possível inferir, com clareza, se houve algum efeito persuasivo decorrente do estudo de impacto regulatório feito pelo Banco Central do Brasil para o julgamento, o que revela uma falta de compromisso com a ideia de diálogo constitucional.

Também não é possível afirmar se o risco de "ossificação" regulatória foi considerado, eis que a revogação do preceito, à evidência, só poderia ocorrer pelo procedimento mais rígido de emenda constitucional. E mais. Também impossível saber se houve uma estratégia de deslocamento institucional no sentido do retorno da questão ao Congresso Nacional, a fim de evitar responsabilidades públicas pelas consequências da decisão. Por derradeiro, há de se enfatizar que o Ministro Paulo Brossard, vencido, ignorou, por completo, o estudo feito pelo Banco Central do Brasil, com consignação judicial expressa nesse sentido. Portanto, são muitas obscuridades imputáveis ao

Supremo Tribunal Federal, que deveria ter deliberado melhor sobre o objeto do processo.

À evidência, o estudo de impacto regulatório apresentado pelo Banco Central do Brasil não foi elaborado para discutir, estritamente, elementos econômicos e normativos do conceito de "juros reais", mas, principalmente, para informar as consequências daquela decisão isolada no funcionamento global do sistema financeiro nacional, ainda que fosse "fácil" definir "juros reais". E isso não foi analisado em nenhum momento.

A propósito, não se pode perder a oportunidade de analisar, com base no ideal de razão pública, a intenção constitucional na prescrição da limitação de taxa de juros reais a doze por cento ao ano.

Trata-se, essencialmente, de dispositivo formalmente constitucional que não guarda nenhuma relação com a fundamentalidade da Constituição, de modo que a alusão a princípios é inadequada à discussão. Ao contrário, esse dispositivo é um resultado autêntico do fenômeno, já mencionado, do "constitucionalismo chapa branca" brasileiro. Explico.

O sentimento de hostilidade social em relação ao sistema financeiro é evidente no Brasil e foi frisado ao longo da obra. Ademais, a "bandeira social" de limitação da taxa de juros no sistema financeiro nacional é antiga, como se infere dos pronunciamentos judiciais que deram origem ao Enunciado da Súmula n º 596 do Supremo Tribunal Federal.

Ora, diante do quadro conjuntural de intensa instabilidade financeira causada pelo desorganização institucional do Estado brasileiro e vivo o "sentimento constituinte", muitos políticos, burocratas e categorias corporativas bem organizadas encontraram uma estratégia interessante aos seus próprios interesses: inserir na Constituição tal limitação.

Escolhido o vilão ou "bode expiatório" ("banqueiros"), que, embora politicamente influente, não teria força suficiente para obstar as influências: (i) da elite empresarial brasileira, notória beneficiária, sobretudo, das "ajudas financeiras" estatais do BNDES e dos bancos públicos; (ii) das categorias corporativas bem organizadas, principalmente conselhos profissionais e associações representativas de servidores públicos de classe média e alta, também beneficiária histórica de financiamentos oficiais, especialmente os imobiliários habitacionais; e (iii) de políticos e burocratas que buscavam aproveitar o

CAPÍTULO 4 – O CONTROLE JURISDICIONAL DA REGULAÇÃO FINANCEIRA SISTÊMICA...

momento constituinte para auferir benefícios políticos diretos, estava montada a estratégia política a ser levada ao domínio público.

Promulgada a Constituição, houve-se por bem publicar, imediatamente e felizmente, um Parecer com conteúdo normativo, lastreado, politicamente, em ato do Presidente da República e em estudo sistêmico de impacto regulatório feito pelo Banco Central do Brasil, a fim de conter os ânimos[1361] e restaurar a racionalidade do processo regulatório no sistema financeiro nacional.

Diz-se isso por vários motivos.

É mais do que claro que a aplicação imediata da referida limitação causaria consequências sistêmicas negativas e imprevisíveis em um cenário conjuntural de intensa instabilidade pela inflação à época, pois, além de contribuir para a aumentar a instabilidade sistêmica e gerar mais insegurança jurídica, a solvabilidade e a liquidez do sistema financeiro ficariam comprometidas.

Obviamente, a adaptação do sistema financeiro nacional a essa regra seria traumática, por exemplo: (i) para instituições com menores margens de retorno financeiro, (ii) com o comprometimento da expansão do crédito de longo prazo, que carrega mais riscos e, consequentemente, maiores taxas de juros e (iii) para a confiança necessária dos mercados interbancários, além da (iv) pressão sistêmica por mais inflação, já que a inflação seria, em tese, expurgada dos juros reais, sendo que o desenho institucional da regulação financeira sistêmica brasileira, à época, estava em fase inicial de estruturação.

Ademais, muito provavelmente, o sistema financeiro nacional seria atrofiado, ficaria mais concentrado e se tornaria mais instável, o que comprometeria o próprio objetivo do dispositivo, que, aparentemente, destinava-se à expansão sustentável do crédito bancário a menores taxas de juros.

Não obstante, a aplicação imediata beneficiaria somente a elite brasileira empresarial e individual, em prejuízo aos economicamente menos favorecidos. A título ilustrativo, uma pesquisa[1362] feita pelo Instituto de Pesquisa Econô-

---

[1361] Quanto ao resultado do julgamento, não há dúvidas de que o precedente ora analisado representou, no início de funcionamento do Supremo Tribunal Federal após a Constituição brasileira de 1988, uma verdadeira "contenção de ânimos", cf. ROSILHO, André. *A Constituição de 1988 e suas Políticas em Quatro Atos*. In: SUNDFELD. Carlos Ari; ROSILHO, André (Org.). *Direito da Regulação e Políticas Públicas*. São Paulo: Malheiros, 2014, p. 27.

[1362] Disponível em: http://www.ipea.gov.br/portal/images/stories/PDFs/SIPS/110112_sips_bancos.pdf. Acesso em 02.03.2013.

mica Aplicada (IPEA), dentro do programa de Sistema de Indicadores de Percepção Social (SIPS), intitulada "Bancos: Exclusão e Serviços" e realizada com dados da Pesquisa Nacional por Amostragem de Domicílios (PNAD), de 2008, do Instituto Brasileiro de Geografia e Estatística (IBGE), mostra que o Brasil tem uma quantidade expressiva de excluídos do sistema bancário, notadamente a população de baixa renda e de pouca escolaridade. Imagine-se o grau de exclusão bancária em 1988!

Essa constatação demonstra, claramente, a apropriação do sentimento constitucional pela elite brasileira em seu próprio benefício econômico, aproveitando-se da hostilidade social contra "banqueiros" para perseguir interesses próprios. A aplicação da referida limitação, claramente, geraria concentração de renda ao longo do tempo, em prejuízo à estabilidade financeira do sistema e dos economicamente menos favorecidos, que sequer estão incluídos no sistema bancário e sofreriam mais com os efeitos intensos do aumento de inflação, dentro do contexto conjuntural econômico conturbado da década de 1980.

Por fim, cabe ressaltar que, diante da mora legislativa em promulgar a lei complementar para o sistema financeiro nacional a que se refere o *caput* do art. 192, até a revogação do §3º do dispositivo pela Emenda Constitucional nº 40, de 2003, alguns Mandados de Injunção foram impetrados no Supremo Tribunal Federal, mas todos sem sucesso.

Mesmo assim, o Supremo Tribunal Federal sentiu a necessidade de editar o Enunciado da Súmula nº 648, que dispõe que "a norma do § 3º do art. 192 da Constituição, revogada pela EC 40/2003, que limitava a taxa de juros reais a 12% ao ano, tinha sua aplicação condicionada à edição de lei complementar", com redação idêntica no posterior Enunciado de Súmula Vinculante nº 7, de 11 de junho de 2008, após o reconhecimento da repercussão geral do tema e a manutenção da jurisprudência pelo Plenário, em julgamento datado de 16 de abril de 2008.[1363]

[1363] STF, Questão de Ordem em Recurso Extraordinário nº 582.650, Tribunal Pleno, j. 11.06.2008, DJ 24.10.2008.

4.3.2 – Reestruturações regulatórias no Sistema Financeiro Nacional em momentos de instabilidade financeira sistêmica: relevar formalismos constitucionais e gerir a pauta de julgamentos é uma "virtude judicial passiva"?

Em 1994, foi iniciada a execução de um efetivo projeto brasileiro de estabilidade monetária, com o objetivo de controlar, definitivamente, o fenômeno inflacionário no país (Plano Real). Editada a Medida Provisória nº 482, de 28 de abril de 1994, instituidora da URV (convertida na Lei nº 8.880, de 1994), também se editou, em seguida, a Medida Provisória nº 542, de 30 de junho de 1994 (convertida na Lei nº 9.069, de 1995).

Esse projeto, devidamente acompanhado por outras medidas regulatórias,[1364] foi amplamente questionado pelos partidos políticos de oposição à época, o que deu ensejo à judicialização de algumas questões no Supremo Tribunal Federal.

O primeiro precedente digno de menção diz respeito à Ação Direta de Inconstitucionalidade nº 1.312, proposta pelo Partido dos Trabalhadores (PT), com legitimidade ativa *ad causam* fundada no art. 103, VIII, destinada a impugnar os arts. 8º,[1365] 9º,[1366] 10[1367], e 11[1368] da Lei nº 9.069, de 1995, que alterou a estrutura do Conselho Monetário Nacional.

[1364] Em linhas gerais, a estrutura do presente tópico segue a lógica de apresentação feita no seguinte trabalho, embora com abordagem distinta: PEREIRA JUNIOR, Ademir Antônio. *Legitimidade e Governabilidade na Regulação do Sistema Financeiro*. Revista Direito GV, **São Paulo**, nº 8, 2008, p. 524-531.

[1365] "Art. 8º – O Conselho Monetário Nacional, criado pela Lei n º 4.595, de 31 de dezembro de 1964, passa a ser integrado pelos seguintes membros: I – Ministro de Estado da Fazenda, na qualidade de Presidente; II – Ministro de Estado do Planejamento e Orçamento; III – Presidente do Banco Central do Brasil. § 1 o O Conselho deliberará mediante resoluções, por maioria de votos, cabendo ao Presidente a prerrogativa de deliberar, nos casos de urgência e relevante interesse, ad referendum dos demais membros. § 2 º Quando deliberar ad referendum do Conselho, o Presidente submeterá a decisão ao colegiado na primeira reunião que se seguir àquela deliberação. § 3º – O Presidente do Conselho poderá convidar Ministros de Estado, bem como representantes de entidades públicas ou privadas, para participar das reuniões, não lhes sendo permitido o direito de voto. § 4º – O Conselho reunir-se-á, ordinariamente, uma vez por mês, e, extraordinariamente, sempre que for convocado por seu Presidente. § 5º – O Banco Central do Brasil funcionará como secretaria-executiva do Conselho. § 6º – O regimento interno do Conselho Monetário Nacional será aprovado por decreto do Presidente da

A fundamentação da impugnação cingia-se à alegação de exigência de reserva de lei complementar para dispor sobre o sistema financeiro nacional (art. 192 da Constituição brasileira de 1988), além de um suposto "viés autoritário" na modificação da composição do Conselho Monetário Nacional, eis que foram excluídos membros da sociedade civil que participavam das deliberações desse órgão, permanecendo, somente, o Ministro da Fazenda, o Presidente do Banco Central do Brasil e o Ministro do Planejamento e Orçamento.

O pedido liminar foi submetido ao Ministro Presidente do Supremo Tribunal Federal no recesso forense e indeferido.

O Ministro Presidente, Sepúlveda Pertence, indeferiu o pedido liminar por entender que a alegação de reserva de lei complementar não era de "procedência evidente" no caso, sobretudo porque o dever de coerência inerente à decisão pediria a análise da incidência de outros dispositivos constitucionais sobre organização administrativa, notadamente o art. 84, VI, da Constituição

República, no prazo máximo de trinta dias, contados da publicação desta Lei. § 7º A partir de 30 de junho de 1994, ficam extintos os mandatos de membros do Conselho Monetário Nacional nomeados até aquela data".

[1366] "Art. 9º É criada junto ao Conselho Monetário Nacional a Comissão Técnica da Moeda e do Crédito, composta dos seguintes membros: I – Presidente e quatro Diretores do Banco Central do Brasil; II – Presidente da Comissão de Valores Mobiliários; III - Secretário-Executivo do Ministério do Planejamento e Orçamento; IV – Secretário-Executivo e Secretários do Tesouro Nacional e de Política Econômica do Ministério da Fazenda. § 1º A Comissão será coordenada pelo Presidente do Banco Central do Brasil. § 2º O regimento interno da Comissão Técnica da Moeda e do Crédito será aprovado por decreto do Presidente da República".

[1367] "Art. 10. Compete à Comissão Técnica da Moeda e do Crédito: I – propor a regulamentação das matérias tratadas na presente Lei, de competência do Conselho Monetário Nacional; II – manifestar-se, na forma prevista em seu regimento interno, previamente, sobre as matérias de competência do Conselho Monetário Nacional, especialmente aquelas constantes da Lei nº 4.595, de 31 de dezembro de 1964; III – outras atribuições que lhe forem cometidas pelo Conselho Monetário Nacional".

[1368] "Art. 11. Funcionarão, também, junto ao Conselho Monetário Nacional, as seguintes Comissões Consultivas: I – de Normas e Organização do Sistema Financeiro; II – de Mercado de Valores Mobiliários e de Futuros; III – de Crédito Rural; IV – de Crédito Industrial; V – de Crédito Habitacional, e para Saneamento e Infra-Estrutura Urbana; VI – de Endividamento Público; VII – de Política Monetária e Cambial. § 1º A organização, a composição e o funcionamento das Comissões Consultivas serão objeto de regimento interno, a ser aprovado por Decreto do Presidente da República. § 2º Ficam extintos, a partir de 30 de junho de 1994, os mandatos dos membros das Comissões Consultivas".

CAPÍTULO 4 – O CONTROLE JURISDICIONAL DA REGULAÇÃO FINANCEIRA SISTÊMICA...

pátria,[1369] segundo a jurisprudência à época, além de não haver urgência na concessão liminar da medida, pois as alterações na estrutura do Conselho Monetário Nacional, por ocasião do Plano Real, tinham ocorrido há mais de um ano antes do ajuizamento.[1370]

Distribuído o processo à relatoria do Ministro Moreira Alves, foi referendado o indeferimento do pedido de liminar pelo Plenário, por unanimidade, com consignação do Ministro Relator no sentido de que, a despeito da plausibilidade jurídica do pedido, não haveria justificativa para autorizar um "excepcional deferimento de liminar".[1371] O julgamento do mérito não ocorreu.

Em 2004, devido ao advento da Emenda Constitucional nº 40, de 2003, e em razão de reatribuição de relatoria, por aposentadoria do Ministro Moreira Alves, ao Ministro Joaquim Barbosa, houve a decretação de perda do objeto do processo, em decisão monocrática,[1372] pelo fato de o parâmetro jurídico de controle, qual seja, o art. 192, ter sofrido alteração substancial. Ou seja, a discussão foi prejudicada e a reestruturação do Conselho Monetário Nacional, que agora é exclusivamente composto por representantes estatais, foi mantida.

Outro precedente importante é a Ação Direta de Inconstitucionalidade nº 1.376, proposta pelo Partido dos Trabalhadores (PT), com legitimidade ativa *ad causam* fundada no art. 103, VIII, destinada a impugnar os três artigos da Medida Provisória nº 1.179, que tratava de "medidas de fortalecimento do Sistema Financeiro Nacional".[1373]

[1369] Cf. fl. 8 do inteiro teor do acórdão. STF, Medida Cautelar em Ação Direta de Inconstitucionalidade nº 1.312, Tribunal Pleno, Relator: Ministro Moreira Alves, j. 19.10.1995, DJ 24.11.1995.

[1370] Fl. 8 do inteiro teor do acórdão da ADI nº 1.312/MC.

[1371] Cf. fl. 12 do inteiro teor do acórdão.

[1372] STF, Ação Direta de Inconstitucionalidade nº 1.312, Decisão monocrática, Relator: Ministro Joaquim Barbosa, j. 02.08.2004, DJ 10.08.2004.

[1373] A impugnação original se dirigia aos seguintes dispositivos: "Art. 1º. O Programa de Estímulo à Reestruturação e ao Fortalecimento do Sistema Financeiro Nacional, instituído pelo Conselho Monetário Nacional com vistas a assegurar liquidez e solvência ao referido Sistema e a resguardar os interesses de depositantes e investidores, será implementado por meio de reorganizações administrativas, operacionais e societárias, previamente autorizadas pelo Banco Central do Brasil. § 1º O Programa de que trata o caput aplica-se inclusive às instituições submetidas aos regimes especiais previstos na Lei nº 6.024, de 13 de março de 1974, e no Decreto-Lei nº 2.321, de 25 de fevereiro de 1987. § 2º O mecanismo de proteção a titulares de créditos contra instituições financeiras, instituído pelo Conselho Monetário Nacional, é parte integrante do Programa de que trata o caput. Art. 2º. Na hipótese de incorporação, aplica-se às instituições participantes do Programa a que se refere o artigo anterior o seguinte

Além de questões tributárias e a alegação de inexistência de urgência na edição do ato normativo, o fundamento principal de impugnação, novamente, era a alegação de inconstitucionalidade formal pelo fato de a Medida Provisória tratar de matéria sujeita à reserva de lei complementar. Reeditada a Medida Provisória sob o nº 1.214, de 1995, com alteração no art. 3º, houve o aditamento da petição inicial, sem alteração substancial nas alegações, e prejudicada a impugnação sobre aquele artigo, eis que substancialmente modificado.

Em sede liminar, o Ministro Relator Ilmar Galvão, ao ressaltar, nos termos da Lei nº 4.595, de 1964, a legitimidade quanto ao exercício da competência normativa do Conselho Monetário Nacional para regular a implementação de reorganizações administrativas, operacionais e societárias em instituições financeiras autorizadas pelo Banco Central do Brasil, defendeu que a Medida Provisória impugnada não havia inovado a ordem jurídica, mas apenas autorizava, em verdade, a aplicação de Resoluções do Conselho Monetário Nacional sobre o assunto, o que não encontrava qualquer óbice legal, eis que a referida lei foi recepcionada pela Constituição brasileira de 1988 como lei complementar,[1374] no que foi acompanhado pela maioria dos votantes.

tratamento tributário: I – a instituição a ser incorporada deverá contabilizar como perdas os valores dos créditos de difícil recuperação, observadas, para esse fim, normas fixadas pelo Conselho Monetário Nacional; II – as instituições incorporadoras poderão registrar como ágio, na aquisição do investimento, a diferença entre o valor de aquisição e o valor patrimonial da participação societária adquirida; III – as perdas de que trata o inciso I deverão ser adicionadas ao lucro líquido da instituição a ser incorporada, para fins de determinação do lucro real e da base de cálculo da Contribuição Social sobre o Lucro Líquido; IV – após a incorporação, o ágio a que se refere o inciso II, registrado contabilmente, poderá ser amortizado, observado o disposto no inciso seguinte; V – para efeitos de determinação do lucro real, a soma do ágio amortizado com o valor compensado dos prejuízos fiscais de períodos-base anteriores não poderá exceder, em cada período-base, trinta por cento do lucro líquido, ajustado pelas adições e exclusões previstas na legislação aplicável; VI – o valor do ágio amortizado deverá ser adicionado a lucro líquido, para efeito de determinar a base de cálculo da Contribuição Social sobre o Lucro Líquido. § 1º O disposto neste artigo somente se aplica às incorporações realizadas até 31 de dezembro de 1996, observada a exigência de a instituição incorporadora ser associada à entidade administradora do mecanismo de proteção a titulares de crédito, de que trata o § 2º do art. 1º. § 2º O Poder Executivo regulamentará o disposto neste artigo. Art. 3º. Nas reorganizações societárias decorrentes de processos de incorporação, fusão e cisão ocorridos no âmbito do Programa de que trata o art. 1º não se aplica o disposto nos arts. 230 e 254, § 1º, da Lei nº 6.404, de 15 de dezembro de 1976".

[1374] Cf. fl. 9-10 do inteiro teor do acórdão. STF, Medida Cautelar em Ação Direta de Inconstitucionalidade nº 1.376, Tribunal Pleno, Relator: Ministro Ilmar Galvão, j. 11.12.1995, DJ 31.08.2001.

CAPÍTULO 4 - O CONTROLE JURISDICIONAL DA REGULAÇÃO FINANCEIRA SISTÊMICA...

Em sentido contrário, o Ministro Marco Aurélio entendeu pela inconstitucionalidade dos preceitos normativos impugnados, haja vista a necessidade de lei complementar para organizar o Sistema Financeiro Nacional, no que foi acompanhado pelos Ministros Néri da Silveira e Celso de Mello.

Sem embargo, há passagem interessante no voto do Ministro Maurício Corrêa quanto ao objeto do processo. Ao frisar que o cenário da instabilidade financeira à época justificava a edição do ato normativo, o Ministro fez questão de citar o caso do sistema financeiro venezuelano, inclusive presenciado por ele próprio, que havia se desorganizado totalmente com a quebra do Banco Latino, de modo que não haveria nenhuma inconstitucionalidade no ato normativo.[1375]

O processo permaneceu parado de 1995 a 2003, quando houve a decretação de perda do objeto devido ao não aditamento da petição inicial, tendo em vista a reedição da Medida Provisória impugnada.[1376]

Um último precedente do mesmo período histórico é a Ação Direta de Inconstitucionalidade nº 1.398, proposta pelo Partido dos Trabalhadores (PT), com legitimidade ativa *ad causam* fundada no art. 103, VIII, destinada a impugnar a integridade das Resoluções do Conselho Monetário Nacional de nº 2.197 e 2.211, ambas de 1995, relacionadas à constituição do Fundo Garantidor de Créditos (FGC) e a aprovação de seu estatuto e regulamento, respectivamente.

Nesse caso, o fundamento de inconstitucionalidade formal era forte, pois o inciso VI do art. 192 da Constituição, antes de sua revogação pela Emenda Constitucional nº 40, de 2003, incluía dentre os assuntos a serem regulados por lei complementar a regulação sobre "a criação de fundo ou seguro, com o objetivo de proteger a economia popular, garantindo créditos, aplicações e depósitos até determinado valor, vedada a participação de recursos da União".

No julgamento do pedido liminar, em sessão do Plenário, o voto do Ministro Relator Francisco Rezek determinou o resultado do julgamento.

Em seu voto, se por um lado foi afirmada a plausibilidade jurídica do pedido, pois a regulação de um sistema de seguro de depósitos, através de Resoluções do Conselho Monetário Nacional, seria inconstitucional à época

---

[1375] Cf. fl. 25 do inteiro teor do acórdão da ADI/MC nº 1376.
[1376] STF, Ação Direta de Inconstitucionalidade nº 1.376, Decisão monocrática, Relator: Ministro Ilmar Galvão, j. 24.02.2003, DJ 05.03.2003.

mesmo à luz da Lei nº 4.595, de 1964,[1377] por outro lado, consignou-se que não havia urgência quanto a quase integralidade do pedido de suspensão de eficácia normativa, "sob pena de gerar tumulto, desordem e insegurança na comunidade dos correntistas e dos poupadores",[1378] em proteção aos pequenos investidores, com a tão só suspensão da eficácia de dispositivos que destinavam recursos públicos ao patrimônio do FGC.[1379] Não houve julgamento do mérito, pois, quando a revogação das Resoluções foi comunicada ao Supremo Tribunal Federal em 2003, houve a decretação de perda do objeto do processo.[1380]

Em síntese, os três precedentes acima analisados receberam, aparentemente, o mesmo tratamento deliberativo procedimental e consequencialista no sentido da abstenção judicial de interferir em políticas públicas majoritárias. Além disso, após as decisões de indeferimento das medidas liminares pleiteadas, os processos aguardaram anos nos gabinetes até que algum motivo processual superveniente causasse a perda de objeto. Será coincidência?

No caso da mudança de composição do Conselho Monetário Nacional, houve uma decisão política clara para reduzir o número de membros de sua composição, com a permanência exclusiva de integrantes do governo, a fim de facilitar a implementação das reformas institucionais relativas à regulação financeira sistêmica na época.

Em relação às reestruturações financeiras autorizadas por Medida Provisória e complementadas por Resoluções do Conselho Monetário Nacional, é possível perceber uma autocontenção judicial evidente nos votos dos Ministros, que prestaram deferência às escolhas políticas feitas para lidar com os problemas de solvência e liquidez de instituições financeiras autorizadas a funcionar pelo Banco Central do Brasil naquele momento histórico.

[1377] Cf. fl. 17-19 do inteiro teor do acórdão. STF, Medida Cautelar em Ação Direta de Inconstitucionalidade nº 1.398, Tribunal Pleno, Relator: Ministro Francisco Rezek, j. 13.03.1996, DJ 18.10.1996.
[1378] Fl. 24 do inteiro teor do acórdão da ADI/MC nº 1398.
[1379] Cf. fl. 27 do inteiro teor do acórdão da ADI/MC nº 1398.
[1380] STF, Ação Direta de Inconstitucionalidade nº 1.398, Decisão monocrática, Relator: Ministro Nelson Jobim, j. 03.12.2003, DJ 10.12.2003.

Quanto à instituição do FGC, foi clara a demonstração de que os Ministros mostraram-se excessivamente autocontidos, pois a inconstitucionalidade formal era evidente segundo o texto constitucional original, prestigiando-se a iniciativa de instituição de um sistema de seguros de créditos em prol dos pequenos investidores. Assim, "convalidou-se", "provisoriamente", o texto das Resoluções do Conselho Monetário Nacional sobre o FGC até uma hipotética decisão ulterior de mérito.

Houve, portanto, a execução concomitante de estratégias judiciais de autocontenção, com vistas a prestar deferência implícita à capacidade institucional normativa de conjuntura do Poder Executivo federal e do Conselho Monetário Nacional para a execução de medidas regulatórias adotadas naquele contexto de reestruturação do sistema financeiro brasileiro, com a postergação do julgamento do mérito dos casos para um futuro indefinido. Quando surgiram fatos processuais supervenientes que poderiam prejudicar o julgamento de mérito, não houve hesitação: deixou-se de julgar o mérito.

Entretanto, alguns anos mais tarde, em 2002, tal estratégia não foi seguida pelo Supremo Tribunal Federal no caso do setor de resseguros, não havendo, frise-se, mudança significativa na composição do Tribunal.

Nesse caso, pretendeu-se, por lei ordinária (Lei nº 9.932, de 1999), a transferência de funções, antes atribuídas ao Instituto de Resseguros do Brasil (IRB-Brasil RE), à Superintendência de Seguros Privados (SUSEP), tendo em vista o fim do monopólio do IRB-Brasil RE no setor de resseguros devido ao advento da Emenda Constitucional nº 13, de 1996, que suprimiu a referência a "órgão oficial ressegurador" do inciso II do art. 192 da Constituição brasileira de 1988.

Assim, considerada a jurisprudência do Supremo Tribunal Federal no sentido de que o Decreto-Lei nº 73, de 1966, disciplinador das atribuições institucionais da SUSEP, teria sido recepcionado pela atual ordem constitucional como lei complementar, nos termos do inciso II do mesmo art. 192, não poderia o legislador, por lei ordinária, ampliar suas funções e modificar as do IRB-Brasil RE, o que comprometia a eficácia dos dispositivos impugnados que tratavam da nova regulação pretendida para o setor de resseguros.

Foram propostas três Ações Diretas de Inconstitucionalidade em relação a essa lei, cabendo frisar que a Ação Direta de Inconstitucionalidade nº 2.174, proposta pelo Partido Democrático Trabalhista (PDT), não foi conhecida, por maioria de votos, tendo em vista a deficiência de fundamentação quanto à impugnação integral do ato normativo acima mencionado.[1381]

Assim, restaram a Ação Direta de Inconstitucionalidade de nº 2.223 e de nº 2.244, propostas, respectivamente, pelo Partido dos Trabalhadores (PT) e Partido Comunista do Brasil (PC do B), com o julgamento dos pedidos liminares na mesma sessão datada de 10 de outubro de 2002, sendo ambos os processos de relatoria do Ministro Maurício Corrêa. Digno de ressalva é que a Ação Direta de Inconstitucionalidade nº 2.244 só não foi completamente prejudicada porque impugnava os incisos do art. 3º da Lei nº 9.932, de 1999, o que não integrava o objeto da de nº 2.233.

Em suma, o objeto do processo, mais uma vez, dizia respeito à alegação de reserva de lei complementar para a regulação do setor de resseguros. Tanto na Ação Direta de Inconstitucionalidade nº 2.233[1382] quanto na Ação Direta de Inconstitucionalidade nº 2.244[1383] houve o deferimento do pedido liminar, por maioria, para suspender a eficácia dos dispositivos da Lei nº 9.932, de 1999.

Em momento posteior, ambas não tiveram o mérito apreciado em razão do advento da Emenda Constitucional nº 40, de 2003, que modificou a estrutura normativa do art. 192 e, por isso, a mudança significativa no parâmetro de controle de constitucionalidade constituiu razão suficiente a autorizar a decretação de perda do objeto.[1384]

Portanto, nesse último caso, o Supremo Tribunal Federal mostrou-se completamente insensível aos objetivos regulatórios pretendidos com a reorganização da estrutura regulatória para o setor de resseguros. A urgência na concessão das medidas liminares foi reputada automática, enquanto decorrência lógica do juízo liminar em controle concentrado de constitucionalidade, o que

---

[1381] STF, Ação Direta de Inconstitucionalidade nº 2.174, Tribunal Pleno, Relator: Ministro Maurício Corrêa, j. 14.04.2002, DJ 07.03.2003.

[1382] STF, Medida Cautelar em Ação Direta de Inconstitucionalidade nº 2.223, Tribunal Pleno, Relator: Ministro Maurício Correa, j. 10.10.2002, DJ 05.12.2003.

[1383] STF, Medida Cautelar em Ação Direta de Inconstitucionalidade nº 2.244, Tribunal Pleno, Relator: Ministro Maurício Corrêa, j. 10.10.2002, DJ 07.02.2003.

[1384] V. STF, Ação Direta de Inconstitucionalidade nº 2.223, Decisão monocrática, Relator: Ministro Marco Aurélio, j. 10.10.2009.09.2004, DJ 15.09.2004; e STF, Ação Direta de Inconstitucionalidade nº 2.244, Decisão monocrática, Relator: Ministro Marco Aurélio, j. 07.06.2004, DJ 11.06.2004.

CAPÍTULO 4 – O CONTROLE JURISDICIONAL DA REGULAÇÃO FINANCEIRA SISTÊMICA...

vai de encontro à estratégia de autocontenção judicial nos três primeiros casos, em que se permitiu a subsistência da eficácia dos atos normativos impugnados.

Posto isso, só uma conclusão é plausível: o Supremo Tribunal Federal "escolheu não decidir" imediatamente os primeiros casos, mais sensíveis no contexto da segunda metade da década de 1990, e "escolheu decidir" o caso do setor de resseguros por não representar, aparentemente, um foco de risco sistêmico, enquanto estratégia de política judiciária despida de transparência, embora os motivos determinantes dessa estratégia sejam compreensíveis em termos consequencialistas.

Em verdade, ninguém ignora que os Tribunais e, especialmente, o Supremo Tribunal Federal, diante de vários processos importantes, é estimulado, por vários fatores, a priorizar, de forma discricionária, o julgamento dos processos mais relevantes de cada contexto histórico ou, simplesmente, se for conveniente, deixar o julgamento de determinados casos para um momento mais oportuno.

Nessa última hipótese, a decisão de não decidir, enquanto postura forte de autoconteção judicial, pode ser considerada uma "virtude judicial passiva"[1385] justificável de acordo com as circunstâncias políticas envolvidas.

Nos três primeiros casos analisados, as alegações de inconstitucionalidade formal dos dispositivos impugnados, embora verossímeis, foram desconsideradas, com vistas a facilitar o exercício imediato da capacidade normativa de conjuntura econômica do Poder Executivo, em um contexto político relativamente instável de reorganização estrutural da regulação do Sistema Financeiro Nacional.

[1385] A expressão é tributária dos estudos de Alexander Bickel. Esse autor, baseado na ideia de que toda instituição politica tem alguma margem de discrição para definir sua agenda e os atos que serão praticados, pode adotar técnicas ("virtudes passivas") para evitar a emissão de sua opinião imediata sobre algum tema mais controvertido e o Poder Judiciário estaria incluído nessa lógica, cf. MENDES, Conrado Hubner. *Op. Cit.*, p. 110-111. Logo, a melhor solução pode ser não decidir naquele momento, por conveniência política. Segundo enfatiza Conrado Hubner Mendes, *"a participação da corte na política é mais sutil e imaginativa do que o senso comum admite (...) Nada disso é captado por teorias de interpretação, que não nos permitem ler a rica teia estratégica em que a corte está enredada"* (MENDES, Conrado Hubner. *Op. Cit.*, p. 117). As "virtudes passivas" podem ser enquadradas, sem prejuízo, como estratégias minimalistas, cf. MENDES, Conrado Hubner. *Op. Cit.*, p. 120.

Sob outro enfoque, se admitida a correção da tese de inconstitucionalidade formal nos três primeiros casos, o Supremo Tribunal Federal, ao "decidir não decidir", prestou forte deferência à capacidade institucional de conjuntura econômica dos poderes políticos majoritários, endossando, implicitamente, uma atuação normativa *contra legem*, em termos formais, por razões consequencialistas, através de fundamentação substancial relacionada à importância prática e/ou urgência dos atos normativos impugnados, legitimando um fenômeno similar ao que Paulo Otero denomina de "Estado de Necessidade Administrativa".[1386]

4.3.3 – Juridicidade dos planos econômicos de estabilização monetária: a jurisdição constitucional está preparada para se sujeitar ao "ônus do regulador financeiro"?

A década de 1980 e o início da década de 1990 foram marcados pelo descontrole da inflação no Brasil e a incerteza jurídica gerada foi tão intensa que provocou, como circunstância agravante, diversos processos legais e contratuais de indexação econômica ou de correção monetária do valor nominal dos contratos ou ativos financeiros. Não havia nenhuma confiança social na capacidade estatal de controle da oferta monetária, o que era extremamente negativo para a economia do país. Era preciso restabelecer a estabilidade monetária no país.

[1386] A propósito da permissão para atuação administrativa excepcional *contra legem* em contextos de crises ou cenários conjunturais de instabilidade social, Paulo Otero faz as seguintes considerações, *in verbis*: "*Integrando uma dimensão alternativa da legalidade administrativa, o estado de necessidade pressupõe a existência de circunstâncias de facto extraordinárias que, gerando uma necessidade e urgência de actuação, envolvem a ameaça ou a continuação de uma efectiva situação de perigo ou de dano a valores, bens ou interesses públicos cuja essencialidade da tutela exige uma intervenção administrativa que só pode ser alcançada com preterição das regras que normalmente pautam a actividade da Administração Pública*" (OTERO, Paulo. *Legalidade e Administração Pública*: O Sentido da Vinculação Administrativa à Juridicidade. Coimbra: Almedina, 2011. 997). Nesse sentido, "*o estado de necessidade administrativa mostra-se passível de incidir (i) sobre as normas de competência, habilitando intervenções substitutivas extraordinárias, (ii) sobre as normas formais e procedimentais, permitindo a sua preterição, ainda (iii) sobre normas definidoras da validade do objecto ou do conteúdo material das decisões, possibilitando a adopção de actos que normalmente estariam feridos de violação de lei*" (OTERO, Paulo. *Op. Cit.*, p. 999).

CAPÍTULO 4 - O CONTROLE JURISDICIONAL DA REGULAÇÃO FINANCEIRA SISTÊMICA...

Até a execução bem sucedida do projeto político do Plano Real, houve uma sucessão de planos econômicos de estabilidade monetária que não foram bem sucedidos: o Plano Cruzado,[1387] o Plano Bresser,[1388] o Plano Verão[1389] e os Planos Collor I[1390] e II,[1391] geralmente viabilizados por Decretos-Lei ou, posteriormente, por Medidas Provisórias, com conversão posterior em lei. Em geral, tais atos normativos eram complementados por Resoluções do Conselho Monetário Nacional e Circulares do Banco Central do Brasil.

A rigor, um plano de estabilização monetária visa a mudar o padrão monetário, com a execução de ajustes nos lastros financeiros das relações econômicas para efetivar um "choque monetário" que impeça a transmissão sistêmica da inflação passada para o novo regime monetário, evitando a contaminação dos processos de formação de preços que ocorrem concomitantemente à execução do novo padrão monetário. Além disso, o cálculo de inflação é sempre retrospectivo no tempo, pois é impossível calcular inflação em tempo real.

Pois bem. Os planos econômicos da estabilização monetária executados na década de 1980 não deram certo, o que gerou um sentimento social difuso hostil e de desconfiança política. Com a implementação dos planos econômicos de estabilização monetária no início do governo Collor, que envolveram, adicionalmente, o bloqueio de recursos e a transferência escritural ao Banco Central do Brasil dos valores depositados em cadernetas de poupança superiores a NCz$50.000,00,[1392] nos termos do §2º do art. 6º da Lei nº 8.024, de 1990,[1393] a hostilidade e a desconfiança social aumentaram significativamente.

[1387] Sua execução foi iniciado com a edição do Decreto-Lei nº 2.283 e nº 2.284, ambos de 1986.
[1388] Implementado através do Decreto-Lei nº 2.335, de 1987.
[1389] O seu advento se deu com a edição da Medida Provisória nº 32, de 1989, convertida na Lei nº 7.730, de 1989.
[1390] Conforme a Medida Provisória nº 168, de 1990, convertida na Lei nº 8.024, de 1990.
[1391] O Plano Collor II foi executado através da Medida Provisória nº 294, de 1991, convertida na Lei nº 8.177, de 1991.
[1392] A justificativa apresentada para o bloqueio dos valores depositados em contas de caderneta de poupança era a de que isso produziria uma retração de oferta monetária na economia, inibindo, imediatamente, o efeito inercial próprio do processo de inflação.
[1393] Prescreve o dispositivo, *in verbis*: "Art. 6º Os saldos das cadernetas de poupança serão convertidos em cruzeiros na data do próximo crédito de rendimento, segundo a paridade estabelecida no § 2º do art. 1º, observado o limite de NCz$ 50.000,00 (cinqüenta mil cruzados novos). § 1º As quantias que excederem o limite fixado no *caput* deste artigo serão convertidas, a partir de 16 de setembro de 1991, em doze parcelas mensais iguais e sucessivas, segundo a

Para acirrar os ânimos, por outros motivos, foi decretado o *impeachment* de Collor em 1992, o que impactava, em algum grau, a credibilidade pública dos atos praticados durante seu mandato político.

Nesse contexto, milhares de ações foram ajuizadas no Brasil inteiro, questionando tanto o fato do bloqueio quanto a forma de aplicação e escolha dos índices de correção monetária, segundo os atos normativos instituidores dos planos econômicos de estabilização monetária.

No que diz respeito à forma legal de aplicação e escolha dos índices de correção monetária relativos aos planos econômicos de estabilidade monetária da década de 1990, as decisões judiciais eram, quase sempre, favoráveis às pretensões dos correntistas, fundamentadas, sobretudo, na inconstitucionalidade da mudança de índices de correção monetária previamente pactuados em contratos bancários, o que violaria a garantia constitucional do direito adquirido (art. 5º, XXXVI, da Constituição brasileira de 1988).

Nos processos judiciais, não se fazia questão de discutir os objetivos regulatórios, a proporcionalidade das modificações legais ou as prováveis consequências sistêmicas das decisões, em um ambiente predominante de micro justiça. De igual modo, não havia interesse institucional em promover processos coletivos, máxime porque as decisões eram, majoritariamente, favoráveis às pessoas.

Ademais, nenhuma instituição se insurgiu para afirmar a constitucionalidade dos planos econômicos de estabilidade monetária em controle concentrado de constitucionalidade, talvez em razão do desinteresse em enfrentar o sentimento social e político negativos sobre o tema e/ou pela falta de instrumentos processuais aplicáveis ao controle de constitucionalidade de atos normativos com eficácia exaurida ou revogados.[1394]

---

paridade estabelecida no § 2º do art. 1º desta lei. (Redação dada pela Lei nº 8.088, de 1990); § 2º As quantias mencionadas no parágrafo anterior serão atualizadas pela variação do BTN Fiscal, verificada entre a data do próximo crédito de rendimento e a data do efetivo pagamento das parcelas referidas no dito parágrafo, acrescidas de juros equivalentes a seis por cento ao ano ou fração *pro rata* (Redação dada pela Lei nº 8.088, de 1990)".

[1394] Essa é a tese da jurisprudência do Supremo Tribunal Federal. Com o advento da Lei nº 9.882, de 1999, que traz a cláusula de subsidiariedade (art. 4º, parágrafo único), tornou-se possível levar a questão ao Supremo Tribunal Federal através de Arguição de Descumprimento de Preceito Fundamental. Nesse sentido, foram propostas a Arguição de Descumprimento de Preceito Fundamental nº 77 (Plano Real) e a Arguição de Descumprimento de Preceito

CAPÍTULO 4 - O CONTROLE JURISDICIONAL DA REGULAÇÃO FINANCEIRA SISTÊMICA...

Posto isso, a discussão específica sobre a juridicidade do Plano Collor I, enquanto *leading case*,[1395] chega ao Supremo Tribunal Federal pela via do controle difuso de constitucionalidade no Recurso Extraordinário nº 206.048.[1396] Quanto ao uso de um novo índice legal de correção monetária aplicável aos saldos de caderneta de poupança, a pretensão recursal insurgia-se contra a alegação de inconstitucionalidade por violação à isonomia[1397] e ao direito adquirido (ou ato jurídico perfeito). No que diz respeito à eficácia temporal da decisão, o julgamento foi realizado no ano de 2001, isto é, mais de dez anos

---

Fundamental nº 165 (Planos Bresser, Verão, Collor I e II), ainda não julgadas, mas com a determinação de suspensão de todos os processos que tratam do assunto no Brasil até o julgamento definitivo do mérito pelo Supremo Tribunal Federal.

[1395] O Supremo Tribunal Federal já havia analisado casos importantes relativos a planos econômicos de estabilização monetária. Anteriormente, o Supremo Tribunal Federal havia se deparado com a arguição de inconstitucionalidade do "bloqueio de cruzados novos" pelo Plano Collor I (Lei n° 8.024, de 1990). Em julgamento realizado em 1991, resolveu-se indeferir o pedido liminar, por maioria, sob o argumento de que o ajuizamento da Ação Direta de Inconstitucionalidade teria sido tardio e, por isso, não havia *periculum in mora* (STF, Medida Cautelar em Ação Direta de Inconstitucionalidade n° 534, Tribunal Pleno, Relator: Ministro Celso de Mello, j. 27.06.1991, DJ 08.04.1994). Com a devolução integral dos ativos bloqueados e a conversão em cruzeiros no ano de 1992, o Supremo Tribunal Federal decretou a perda superveniente do objeto do processo porque a eficácia material da norma questionada havia se exaurido (STF, Ação Direta de Inconstitucionalidade n° 534, Tribunal Pleno, Relator: Ministro Celso de Mello, j. 28.08.1992, DJ 08.04.1994). Em outro precedente, a Primeira Turma do Supremo Tribunal Federal, com relação ao Plano Verão, adotou, sem maiores considerações, sua tese tradicional, fundada na *ratio* da decisão proferida na Ação Direta de Inconstitucionalidade n° 493, no sentido de que o direito adquirido é protegido para fatos que ocorrem antes do advento do novo regime jurídico (conta com contratação ou renovação em data anterior a do advento da Medida Provisória n° 32, de 1989, convertida na Lei n° 7.730, de 1989). V. STF, Recurso Extraordinário n° 200.514, Primeira Turma, Relator: Ministro Moreira Alves, j. 27.08.1996, DJ 18.10.1996.

[1396] STF, Recurso Extraordinário nº 206.048, Tribunal Pleno, Relator: Ministro Marco Aurélio; Relator para acórdão: Ministro Nelson Jobim, j. 15.08.2001, DJ 19.10.2001.

[1397] A alegação de isonomia era muito frágil, porque se sustentava no fato de que os saldos de cadernetas de poupança com "aniversário" na primeira quinzena do mês de março de 1990 teriam sido corrigidos pelo índice antigo de correção monetária, enquanto os saldos de cadernetas de poupança com "aniversário" na segunda quinzena do mês de março de 1990, já sob a égide da lei instituidora do Plano Collor I, foram corrigidas pelo novo índice, que era percentualmente bem menor. Em conta de caderneta de poupança, como o fato gerador do direito à incidência de correção monetária ocorre no dia do fim do período aquisitivo de 30 dias (aniversário), a nova lei monetária se aplicaria para frente de forma sucessiva, não havendo desigualdade jurídica de tratamento.

após o início da execução do referido plano, que ocorreu em 1990. Note-se, por fim, que a discussão sobre o Plano Collor I, ao contrário dos planos econômicos anteriores, envolvia a inclusão do Banco Central do Brasil no polo passivo das demandas.

Nesse precedente estavam em jogo, para além da reafirmação da tese pretoriana consagrada no Brasil de que não há direito adquirido a regime jurídico e, consequentemente, a inexistência de direito adquirido a regime monetário, a análise da legitimidade democrática do conteúdo da Lei n° 8.024, de 1990, resultante de Medida Provisória editada pelo Presidente da República, por um lado, e a alegação de violação a direito fundamental, de outro.

No entanto, fez-se uso, mais uma vez, de considerações estritamente dogmáticas para afirmar-se que, *a contrario sensu*, não se visualizava violação aos princípios da isonomia e do direito adquirido. Assim, prestou-se "deferência implícita" à escolha política majoritária com o provimento ao recurso, por maioria de votos.[1398]

Após o resultado do julgamento, o Superior Tribunal de Justiça, que decidia em sentido contrário, mudou integralmente sua jurisprudência por deliberação de sua Corte Especial.[1399]

Tal estratégia judicial dogmática foi seguida em outros precedentes posteriores à decisão em comento em relação a outros planos econômicos de estabilidade monetária, com destaque para o Recurso Extraordinário nº 141.190, em 2005,[1400]

[1398] Esse resultado deu ensejo à edição do Enunciado da Súmula nº 725 do Supremo Tribunal Federal, segundo a qual o art.6º, §2º, da Lei nº 8.024, de 1990, é constitucional.

[1399] V. STJ, EREsp n° 168599, Corte Especial, Rel. Ministro Nilson Naves, Rel. p/ Acórdão Ministro Edson Vidigal, j. 24.06.2002, DJ 04.10.2004; e EREsp n° 169.940, Corte Especial, Rel. Ministro José Delgado, j. 28.11.2002, DJ 24.02.2003.

[1400] STF, Recurso Extraordinário nº 141.190, Tribunal Pleno, Relator: Ministro Ilmar Galvão; Relator para acórdão: Ministro Nelson Jobim, j. 14.09.2005, DJ 26.05.2006. Eis a ementa: "APLICAÇÕES EM CERTIFICADOS DE DEPÓSITOS BANCÁRIOS COM VALOR DE RESGATE PRÉ-FIXADO – CDB. DL 2.335 DE 12.6.1987 (CONGELAMENTO DE PREÇOS E SALÁRIOS POR 90 DIAS). PLANO BRESSER. DEFLAÇÃO. TABLITA. APLICAÇÃO IMEDIATA. ALTERAÇÃO DE PADRÃO MONETÁRIO. ALEGAÇÃO DE OFENSA AO ATO JURÍDICO PERFEITO. O plano Bresser representou alteração profunda nos rumos da economia e mudança do padrão monetário do país. Os contratos fixados anteriormente ao plano incorporavam as expectativas inflacionárias e, por isso, estipulavam formas de reajuste de valor nominal. O congelamento importou em quebra radical das expectativas inflacionárias e, por conseqüência, em desequilíbrio econômico-financeiro dos contratos. A manutenção íntegra dos pactos importaria em assegurar ganhos reais não compatíveis com

os Recursos Extraordinários nº 136.901 e n° 164.836, em 2006,[1401] assim como na Ação Direta de Inconstitucionalidade nº 608, em 2007.[1402]

Pois bem. O uso de estratégias judiciais estritamente dogmáticas para resolver questões com repercussão sistêmica gera algumas dúvidas. Além disso, o Supremo Tribunal Federal adotou tese que ia de encontro à jurisprudência que havia se formado ao longo dos anos nos demais Tribunais brasileiros, inclusive no Superior Tribunal de Justiça.

Pergunta-se: será mera questão dogmática? Quem estava certo? As consequências da decisão, em termos de contingências a serem pagas pelo Banco Central do Brasil no caso de condenação ao pagamento de valores relativos a expurgos, foram levadas em conta? Se não há direito adquirido a regime jurídico monetário, o Estado está livre para decidir? Qual a eficácia dos direitos fundamentais no âmbito do direito monetário? Enfim, é possível cogitar de

---

a vontade que deu origem aos contratos. A tablita representou a conseqüência necessária do congelamento como instrumento para se manter a neutralidade distributiva do choque na economia. O decreto-lei, ao contrário de desrespeitar, prestigiou o princípio da proteção do ato jurídico perfeito (art. 5º XXXVI, da CF) ao reequilibrar o contrato e devolver a igualdade entre as partes contratantes".

[1401] STF, Recurso Extraordinário nº 136.901, Tribunal Pleno, Relator: Ministro Marco Aurélio; Relator para acórdão: Ministro Nelson Jobim, j. 15.03.2006, DJ 02.06.2006. Eis a ementa: "TABLITA. PLANO CRUZADO. REGRA DE DEFLAÇÃO DO DECRETO-LEI 2.284/86. PRINCÍPIOS DO DIREITO ADQUIRIDO, DO ATO JURÍDICO PERFEITO E DA COISA JULGADA. ALTERAÇÃO DE PADRÃO MONETÁRIO. 1. No julgamento do RE 141.190, o plenário do STF entendeu que o fator de deflação veio a preservar o equilíbrio econômico-financeiro inicial dos contratos, diante da súbita interrupção do processo inflacionário. A manutenção dos contratos então vigentes – que traziam embutida a tendência inflacionária – importaria em ganhos irreais, desiguais e incompatíveis com o pacto firmado entre as partes antes da alteração radical do ambiente monetário e econômico. 2. Também por isso se confirmou a tese de que normas de ordem pública que instituem novo padrão monetário têm aplicação imediata em relação aos contratos em curso como forma de reequilibrar a relação jurídica antes estabelecida. 3. O Plano Funaro (Cruzado) também representou mudança de padrão monetário e alteração profunda dos rumos econômicos do país e, por isso, a esse plano econômico também se aplica a jurisprudência assentada no julgamento do RE 141.190. Negado provimento ao recurso." O Recurso Extraordinário n° 164.836, referente ao fator de deflação de Plano Collor II, foi julgado no mesmo dia segundo a mesma razão de decidir. V. STF, Recurso Extraordinário nº 164.836, Tribunal Pleno, Relator: Ministro Marco Aurélio; Relator para acórdão: Ministro Nelson Jobim, j. 15.03.2006, DJ 02.06.2006.

[1402] STF, Ação Direta de Inconstitucionalidade nº 608, Tribunal Pleno, Relatora Ministra Carmen Lúcia, j. 31.05.2007, DJ 16.08.2007.

diversas perguntas e o certo é que o Supremo Tribunal Federal adotou uma postura minimalista, amparada em argumentos estritamente dogmáticos.[1403]

Por fim, deve-se frisar que a questão ainda não está superada, pois ainda pendem de julgamento pelo Supremo Tribunal Federal a Arguição de Descumprimento de Preceito Fundamental nº 77[1404] (Plano Real) e a Arguição de Descumprimento de Preceito Fundamental nº 165 (Planos Bresser, Verão, Collor I e II), assim como recursos nos quais houve o reconhecimento de repercussão geral.[1405]

[1403] Sob um ângulo distinto da ideia de minimalismo judicial, é razoável afirmar que o Supremo Tribunal Federal, também em relação à temática dos planos de estabilização monetária, "decidiu não decidir", cf. DURAN, Camila Villard. *Direito e moeda*: o controle dos planos de estabilização monetária pelo STF. São Paulo: Saraiva, 2010, p. 126-127.

[1404] Interessante é destacar trecho da decisão liminar de suspensão dos processos em curso, em que são feitas considerações sobre o regime monetário de transição para o Plano Real (art. 38 da L. 8.880, de 1994), *in verbis*: *"(...) São patentes a relevância jurídica e econômico-financeira da controvérsia, acerca da validez, ou não, da regra legal de transição questionada, assim como a existência, a propósito, de decisões jurisdicionais divergentes, algumas das quais já em processo de execução, outras, pendentes de julgamento de ações rescisórias. A seriedade da questão de mérito é inequívoca, sobretudo na medida em que envolve pendências judiciais vultosas, não apenas entre agentes econômicos privados, mas também com o Tesouro Nacional. Assim, da decisão dela pode resultar o surgimento – dos armários até aqui aparentemente tranquilos do Plano Real – de um novo "esqueleto" de dimensões imprevisíveis".* STF, Medida Cautelar em Arguição de Descumprimento de Preceito Fundamental nº 77, Decisão monocrática, Rel. Ministro Sepúlveda Pertence, j. 21.08.2006, DJ 24.08.2006. Tal decisão liminar foi referendada pelo Plenário na sessão do dia 19 de novembro de 2014, com a publicação da referida decisão em 11 de fevereiro de 2015.

[1405] Os recursos nos quais houve o reconhecimento de repercussão geral são os seguintes: STF, Agravo de Instrumento n° 722.834, Relator: Ministro Dias Toffoli, j. 15.04.2010, DJe 30.04.2010, substituído como paradigma pelo seguinte recurso: STF, Recurso Extraordinário n° 626.307, Relator Ministro Dias Toffoli, j. 27.08.2010, Dje 01.09.2010 (Planos Bresser e Verão); STF, Recurso Extraordinário n° 591.797, Relator: Ministro Dias Toffoli, j. 15.04.2010, DJe 30.04.2010 (Plano Collor I, para valores não bloqueados pelo Banco Central do Brasil); STF, Agravo de Instrumento n° 751.521, Relator: Ministro Gilmar Mendes, j. 13.08.2010, DJe 24.09.2010, substituído como paradigma, em 03.04.2012, pelo seguinte recurso: Recurso Extraordinário n° 631.363, Relator: Ministro Gilmar Mendes (Plano Collor I, para valores bloqueados pelo Banco Central do Brasil); STF, Agravo de Instrumento n° 754.745, Relator: Ministro Gilmar Mendes, j. 13.08.2010, DJe 20.05.2011, substituído como paradigma, em 03.04.2012, pelo seguinte recurso: RE 632.212, Relator: Ministro Gilmar Mendes (Plano Collor II, para valores não bloqueados pelo Banco Central do Brasil); e STF, Recurso Extraordinário n° 595.107, Relator: Ministro Menezes Direito, j. 28.05.2009, DJe 28.08.2009 (Plano Real). Em 28 de maio de 2014, o Plenário do Supremo Tribunal Federal converteu o julgamento da APDF n° 165, em conjunto com o julgamento dos Recursos Extraordinários

CAPÍTULO 4 – O CONTROLE JURISDICIONAL DA REGULAÇÃO FINANCEIRA SISTÊMICA...

A propósito, a tendência judicial nesses casos pendentes é a manutenção de uma postura minimalista fundada em argumentos dogmáticos, basicamente através da sustentação da tese de inexistência de direito adquirido a regime jurídico monetário, embora a questão pertinente à eficácia temporal da decisão seja problemática, já que diversos processos individuais e coletivos sobre o tema encontram-se em trâmite ou com trânsito em julgado.

Logo, por não estar institucionalmente preparado para tanto, a reafirmação de sua tradicional jurisprudência sobre o tema é uma tendência forte e é razoável esperar que o Supremo Tribunal Federal não assuma um amplo "ônus do regulador financeiro", pois sua função constitucional não é essa. Vale dizer, em termos de estratégia judicial, é provável e desejável que o Supremo Tribunal Federal mantenha sua coerência institucional e adote uma postura minimalista quanto à matéria.

4.3.4 – A interpretação do art. 25, §1º, I, do ADCT da Constituição pelo Supremo Tribunal Federal: o risco sistêmico pode resultar de decisão judicial?

Com alguma razão, as chamadas "delegações legislativas" sempre foram criticadas pelos doutrinadores do Direito Público clássico por duas razões fundamentais: (i) o modelo de separação de poderes impede a concentração excessiva ou a transferência de funções essenciais de um Poder a outro; e (ii) tais delegações representam um convite à arbitrariedade administrativa e uma afronta à proteção do administrado conferida pelo princípio da legalidade, principalmente se não houver a previsão de instrumentos eficientes de controle da discricionariedade administrativa.

A solução dada à questão pelo Poder Constituinte Originário foi a inserção, no art. 25 do Ato de Disposições Constitucionais Transitórias (ADCT) da Constituição brasileira de 1988, da prescrição de revogação de "todos os dispositivos legais que atribuam ou deleguem a órgão do Poder Executivo competência assinalada pela Constituição ao Congresso Nacional", a partir

---

de nº 626.307, nº 591.797, nº 631.363 e nº 632.212, em diligência para nova manifestação da Procuradoria-Geral da República.

de cento e oitenta dias de sua promulgação, "sujeito este prazo a prorrogação por lei", especialmente quanto à "ação normativa" (inciso I).

No âmbito da regulação do Sistema Financeiro Nacional, diversos órgãos e entidades exerciam função normativa fundamentada em legislação editada em momento anterior à Constituição brasileira de 1988, notadamente o Conselho Monetário Nacional, com fundamento no art. 4º da Lei nº 4.595, de 1964. Daí a questão: como viabilizar a subsistência da habilitação legal para o exercício das atribuições institucionais desses órgãos e entidades com função normativa? A resposta política, lastreada em interpretação estrita daquele dispositivo do Ato de Disposições Constitucionais Transitórias, foi autorizar a prorrogação da "ação normativa" por lei, conforme preceituado constitucionalmente.

Após a edição de leis que prorrogavam, por tempo determinado, a eficácia normativa dos dispositivos legais que haviam atribuído ou delegado, ao Conselho Monetário Nacional e ao Conselho Nacional de Seguros Privados, competências assinaladas pela Constituição ao Congresso Nacional (Lei nº 7.892, de 1989, Lei nº 8.056, de 1990, Lei nº 8.127, de 1990, e Lei n° 8.201, de 1991), editou-se a Lei nº 8.392, de 1991, na qual o art. 1º preceitua que a prorrogação se dará "até a data da promulgação da lei complementar de que trata o art. 192 da Constituição Federal", o que foi confirmado pela nova redação dada, sem alteração substancial, pelo art. 73 da Lei nº 9.069, de 1995.

Pois bem. Conforme já explicado, o Supremo Tribunal Federal, no julgamento da Ação Direta de Inconstitucionalidade nº 4, havia decidido que a limitação de taxas de juros reais a doze por cento ao ano no sistema financeiro nacional estava sujeita, para sua plena eficácia, à edição de lei complementar.

No entanto, criou-se uma tese, com grande aceitação nos Tribunais brasileiros, especialmente no Tribunal de Justiça do Estado de Minas Gerais, no sentido de que teria havido a revogação da Lei nº 4.595, de 1964, pelo art. 25 do Ato de Disposições Constitucionais Transitórias da Constituição brasileira de 1988, na parte em que estabelece a competência do Conselho Monetário Nacional para efetuar a regulação de taxas de juros bancários. Logo, segundo essa tese, a Lei de Usura tinha restaurado sua eficácia no âmbito do Sistema Financeiro Nacional.

CAPÍTULO 4 – O CONTROLE JURISDICIONAL DA REGULAÇÃO FINANCEIRA SISTÊMICA...

O *leading case* da questão é o Recurso Extraordinário nº 286.963, de 2005,[1406] que foi julgado pela Primeira Turma do Supremo Tribunal Federal.

O Ministro Relator, Sepúlveda Pertence, ao dar provimento ao recurso interposto pela instituição financeira bancária, argumentou que o objeto da revogação estabelecida pelo referido art. 25 seria "a competência atribuída ou delegada a órgão do Poder Executivo pela legislação pré-constitucional",[1407] não incidindo sobre as normas editadas durante a delegação, o que validaria as conclusões do Parecer SR-70 da Consultoria Geral da República e a Circular do Banco Central do Brasil que havia sido editada sobre taxas de juros em 1988 – tanto o Parecer quanto a Circular foram editados durante o lapso de 180 dias prescrito no mesmo artigo da Constituição brasileira de 1988 –, não havendo, no Direito Constitucional brasileiro, o fenômeno da inconstitucionalidade formal superveniente,[1408] no que foi acompanhado pelo Ministro Cezar Peluso.[1409]

Não obstante, após debates orais com o Ministro Marco Aurélio, o Ministro Relator esclareceu que, em primeiro lugar, não houve a revogação da Lei nº 4.595, de 1964, e, em segundo lugar, mesmo que houvesse a revogação da delegação após o prazo de 180 dias, as normas editadas com base na delegação não estariam revogadas.[1410]

Em sentido contrário, o Ministro Marco Aurélio dissentiu. Sustentou o Ministro que não era razoável aceitar uma "sucessividade de leis elastecendo um prazo de 180 dias de forma indeterminada"[1411] no período de mais de dezesseis anos do advento da Constituição brasileira de 1988, de modo que deveria ser declarada, incidentalmente, além da revogação da Lei nº 4.595, de

---

[1406] STF, Recurso Extraordinário nº 286.963, Primeira Turma, Relator Ministro Sepúlveda Pertence, j. 24.05.2005, DJ 20.10.2006.

[1407] Fl. 5 do inteiro teor do acórdão do RE nº 286.963.

[1408] Fl. 9 do inteiro teor do acórdão do RE nº 286.963.

[1409] Ou seja, "o Supremo Tribunal Federal, no RExt 286.963/MG, analisando, de forma objetiva, a literalidade do dispositivo transitório, considerou que este destinava-se às leis anteriores à CF88 que delegavam ou atribuíam competência normativa aos órgãos do Poder Executivo, porém não aos atos regulamentares expedidos com base nelas", cf. WILLHELM, Camila Neves. *O Poder Normativo do Conselho Monetário Nacional e do Banco Central diante do Artigo 25 do Ato das Disposições Constitucionais Transitórias da Constituição Federal de 1988*. In: Revista da Procuradoria-Geral do Banco Central, v. 5, nº 2, 2011, p. 74.

[1410] Fl. 12 do inteiro teor do acórdão do RE nº 286.963.

[1411] Fl. 16 do inteiro teor do acórdão do RE nº 286.963.

1964, a inconstitucionalidade da Lei nº 9.069, de 1995, por ser a última lei de prorrogação,[1412] sob a premissa de que o texto constitucional pôs um "ponto final nas delegações",[1413] no que foi acompanhado pelo Ministro Carlos Britto.

O Ministro Eros Grau, por sua vez, assentou que o caso da regulação das taxas de juros não se refere à delegação normativa, mas se trata de "mera atribuição de função normativa".[1414] Assim, o art. 25 permite o exercício de capacidade normativa de conjuntura econômica pelo Conselho Monetário Nacional e Banco Central do Brasil "enquanto não houver lei regulando a matéria, mediante ação do Poder Executivo ou órgão do Poder Executivo",[1415] para não se "instalar a desordem",[1416] isto é, devia-se decidir o caso com prudência[1417] e não "instalar o caos" em nome da razoabilidade,[1418] tendo em vista as consequências sistêmicas negativas para o país decorrentes da revogação da Lei nº 4.595, de 1964.[1419]

Durante os debates orais, é possível perceber uma grande discordância entre o Ministro Eros Grau, que se mostrou preocupado com as consequências práticas da revogação da Lei nº 4.595, de 1964, para a política econômica do país, e entre o Ministro Marco Aurélio, que afirmou estar comprometido com a Constituição e que não estava no Supremo Tribunal Federal "para ser um prático".[1420]

A despeito da importância sistêmica do resultado do julgamento, o precedente gera perplexidades, pois o julgamento em si não foi afetado ao Plenário do Supremo Tribunal Federal e a decisão foi dada por maioria (3 a 2). Além disso, ainda que o resultado desse julgamento seja seguido, amplamente, pelos demais Ministros do Supremo Tribunal Federal nos anos seguintes, que, inclusive, decidem de forma monocrática com base nele, por pouco o Tribunal Constitucional brasileiro deixou de dar sustentação jurídica a toda

---

[1412] Fl. 17 do inteiro teor do acórdão do RE nº 286.963.
[1413] Fl. 35 do inteiro teor do acórdão do RE nº 286.963.
[1414] Fl. 24 do inteiro teor do acórdão do RE nº 286.963.
[1415] Fl. 25 do inteiro teor do acórdão do RE nº 286.963.
[1416] Fl. 25 do inteiro teor do acórdão do RE nº 286.963.
[1417] Fl. 26 do inteiro teor do acórdão do RE nº 286.963.
[1418] Fl. 28 do inteiro teor do acórdão do RE nº 286.963.
[1419] Cf. fl. 29 do inteiro teor do acórdão do RE nº 286.963.
[1420] Fl. 38-39 do inteiro teor do acórdão do RE nº 286.963.

CAPÍTULO 4 – O CONTROLE JURISDICIONAL DA REGULAÇÃO FINANCEIRA SISTÊMICA...

a atividade normativa exercida pelas principais autoridades reguladoras financeiras do país.

De um lado, é importante enfatizar que a tese vencedora não afirma, peremptoriamente, a juridicidade da Lei nº 4.595, de 1964, a partir da Constituição brasileira de 1988, com base no art. 25, I, do Ato de Disposições Constitucionais Transitórias, conjugado com o art. 73 da Lei nº 9.069, de 1995. Isto é, nada impede que a juridicidade da Lei n° 4.595, de 1964, seja, novamente, judicialmente contestada com base nos mesmos argumentos.[1421]

Por outro lado, a corrente minoritária dissidente não fez alusão, em nenhum momento, a eventual modulação temporal da eficácia da decisão, além de ignorar as advertências feitas nos debates orais sobre as consequências sistêmicas da decisão.

O Brasil, nesse julgamento, correu um sério risco sistêmico, com consequências sociais imprevisíveis. Segundo a tese minoritária, a estrutura regulatória disposta na Lei nº 4.595, de 1964, não teria fundamento constitucional e o Congresso Nacional deveria regular o assunto, por tempo indeterminado, até deliberação legislativa sobre a lei complementar a ser editada com fundamento no art. 192, gerando, potencialmente, um estado intenso de insegurança jurídica.

Portanto, adotada a tese minoritária, o país ficaria sem suas principais autoridades reguladoras financeiras, além de despidas de eficácia quase toda a regulação por elas editada após o advento da Constituição vigente.

[1421] Tal preocupação é externada por Jean-Paul Veiga Rocha da seguinte forma, *in verbis*: "*A decisão final do STF não tratou da competência atual do CMN e do Banco Central para criar normas, limitando-se a estabelecer o seguinte: independentemente de o poder normativo do CMN ainda ser válido, o que importa, para o caso concreto, é que as normas sobre limites de juros editadas pelo CMN surgiram na época em que a competência normativa ainda não era questionada – ou seja: mesmo que o poder normativo tenha sido revogado, não foram revogadas as normas criadas no seu exercício, dentro do referido prazo de 180 dias. A tese do vácuo regulatório, portanto, pode retornar a qualquer momento no Judiciário brasileiro*" (ROCHA, Jean-Paul Veiga. *Direito e Moeda no Debate Constitucional*. In: SUNDFELD. Carlos Ari; ROSILHO, André (Org.). *Direito da Regulação e Políticas Públicas*. São Paulo: Malheiros, 2014, p. 244).

4.3.5 – Desenho institucional e blindagem de dirigentes de autoridades reguladoras financeiras: o caso do Ministro-Presidente do Banco Central do Brasil e a eficácia argumentativa dos Core Principles do Comitê de Supervisão Bancária de Basiléia

Em 2004, houve uma grande polêmica de natureza política: foi editada a Medida Provisória nº 207, posteriormente convertida na Lei nº 11.036, de 2004, que atribuiu, de acordo com o art. 2º, *caput*, o *status* de Ministro de Estado ao Presidente do Banco Central do Brasil e uma das principais consequências decorrentes seria a extensão do direito à prerrogativa de foro ao Presidente do Banco Central do Brasil, que é própria de todos os Ministros de Estado segundo a Constituição brasileira de 1988.

Tal disposição normativa foi impugnada através das Ações Diretas de Inconstitucionalidade de nº 3.289 e 3.290, propostas, respectivamente, pelo Partido da Frente Liberal (PFL) e Partido da Social Democracia Brasileira (PSDB), que eram partidos de oposição ao governo naquele momento.

Os fundamentos jurídicos apresentados eram similares e diziam respeito, principalmente, à alegação de que a medida afrontaria o modelo de estrutura administrativa preconizado na Constituição brasileira de 1988, que, em especial, sujeitava a disciplina de organização administrativa dos reguladores do Sistema Financeiro Nacional à reserva de lei complementar (art. 192). Ambos os processos foram julgados em conjunto no mesmo dia[1422] pelo Ministro Relator Gilmar Mendes.

Por ser estritamente formal, o objeto da arguição de inconstitucionalidade não teria muita relevância, haja vista o entendimento de que a organização dos Ministérios (art. 87) estaria sujeita à displina por lei ordinária, não fosse a ênfase dada pelo Ministro Relator ao papel institucional do Presidente do Banco Central do Brasil para o país,[1423] bem como a necessidade de sua proteção insitucional conforme os "'Princípios Essenciais da Basiléia' ou 'Princípios Essenciais para uma Supervisão Bancária Eficaz'",[1424] pois o Brasil tem com-

---

[1422] STF, Ação Direta de Inconstitucionalidade nº 3.289, Tribunal Pleno, Relator: Ministro Gilmar Mendes, j. 05.05.2005, DJ 03.02.2006; e STF, Ação Direta de Inconstitucionalidade nº 3.290, Tribunal Pleno, Relator: Ministro Gilmar Mendes, j. 05.05.2005, DJ 03.02.2006.
[1423] Fl. 12 do inteiro teor do acórdão da ADI nº 3.289.
[1424] Fl. 21-22 do inteiro teor do acórdão da ADI nº 3.289.

CAPÍTULO 4 – O CONTROLE JURISDICIONAL DA REGULAÇÃO FINANCEIRA SISTÊMICA...

promisso institucional com os "princípios fundamentais que regem o Banco de Compensações Internacionais".[1425]

Ora, a alusão a diretrizes internacionais de regulação financeira sistêmica é um avanço institucional relevante na forma de deliberação do Supremo Tribunal Federal, assim como o seu uso como argumento decisivo para reforçar a juridicidade da interpretação constitucional realizada no caso concreto, com base no texto constitucional.

Nesse sentido, a análise formal das razões políticas voltadas à proteção institucional do Presidente do Banco Central do Brasil, com base, principalmente, no art. 87 da Constituição brasileira de 1988 (razões formais), foram conjugadas com razões materiais fundadas em deliberações internacionais sobre padrões a serem seguidos pelo Brasil para uma adequada regulação financeira sistêmica.

4.3.6 – A exigência de reputação ilibada para agentes do sistema financeiro nacional: presunção de não culpabilidade e o controle de proporcionalidade de autorizações administrativas para atuação no mercado financeiro

O último caso, que ainda não foi submetido à apreciação pelo Supremo Tribunal Federal, mas somente às instâncias judiciais ordinárias, diz respeito à normatividade da exigência de reputação ilibada para agentes do Sistema Financeiro Nacional,[1426] especificamente o exercício de cargos em órgãos estatutários de instituições autorizadas a funcionar pelo Banco Central do Brasil.

No âmbito das atribuições institucionais do Banco Central do Brasil, o tema foi inicialmente objeto de regulação pela Resolução nº 3.041 do Conselho Monetário Nacional, de 2002, que estabelece, no inciso I do art. 2º, além de outros requisitos obrigatórios, a exigência de reputação ilibada para os pretendentes a cargos que envolvem a gestão das instituições autorizadas a funcionar pela autarquia.

[1425] Fl. 23 do inteiro teor do acórdão da ADI nº 3.289.
[1426] A exigência capacidade técnica e reputação ilibada constava do texto do §1º do art. 192 da Constituição brasileira de 1998, revogado pela Emenda Constitucional nº 40, de 2003.

491

Tal regulação foi aprimorada pela Resolução nº 4.122 do Conselho Monetário Nacional, de 2012, que, no Regulamento Anexo II, dispõe que a exigência de reputação ilibada permanece (art. 2º), sendo a avaliação (art. 3º) sujeita à verificação de "situações e ocorrências", tais como: processo crime ou inquérito policial a que esteja respondendo o eleito ou o nomeado, ou qualquer sociedade de que seja ou tenha sido, à época dos fatos, controlador ou administrador (inciso I); processo judicial ou administrativo que tenha relação com o Sistema Financeiro Nacional (inciso II); e outras situações, ocorrências ou circunstâncias análogas julgadas relevantes pelo Banco Central do Brasil (inciso III), tendo em vista o "interesse público" no caso concreto (Parágrafo único).

Dito isso, é possível inferir que a exigência normativa de reputação ilibada contém uma forte racionalidade regulatória fundada na moralidade, pois pretende-se regular o acesso ou entrada, nos órgãos ou quadros estatutários de instituições fiscalizadas pela autarquia, de pessoas que não externam confiança na gestão de recursos financeiros.

Se o elemento fundamental do mercado financeiro é a confiança, gerada pela credibilidade e atuação proba dos agentes financeiros entre si, a reputação ilibada é adequada ao objetivo de inibir o acesso ou entrada de pessoas cuja atuação profissional possa ser moralmente contestável.[1427]

A propósito, cumpre mencionar interessante precedente sobre tema tão recente nos Tribunais. Trata-se do Agravo de Instrumento

---

[1427] Quanto ao tema, Gustavo Franco sustenta haver evidências históricas sobre uma tendência forte de reincidência dos mesmos agentes financeiros em praticar "ilícitos financeiros", o que justificaria a imposição regulatória de reputação ilibidada, nos seguintes termos: *"Numa certa época, dizia-se que nove entre dez trampolinagens financeiras descobertas pelas Autoridades envolviam as mesmas instituições e, em vários casos, as mesmas pessoas. A espantosa reincidência em tudo parecia confirmar a sabedoria da expressão cunhada pelo chefe de polícia, capitão Louis Renault, no final de Casablanca: 'Suspeitos de sempre'"* (...) *"O assunto aqui é o mesmo que tanto foi debatido na questão da chamada 'ficha limpa'. O indivíduo não foi ainda condenado na última instância judicial, o que pode demorar muitos anos para ocorrer, mas já acumula uma quantidade expressiva de infrações às regras a ponto de a Autoridade considerar que já não possui 'reputação ilibada', um pré-requisito reconhecidamente subjetivo para o exercício de cargo de direção no sistema financeiro e que equivale à 'ficha limpa'. Espera-se que, uma vez consagrado diante da opinião pública, o princípio da 'ficha limpa' para a seleção de pessoas que podem concorrer a cargos no Legislativo possa ser estendido ao mundo financeiro"* (FRANCO, Gustavo. *As leis secretas da economia*: revisitando Roberto Campos e as leis do Kafka. Rio de Janeiro: Zahar, 2012, p. 100-101).

CAPÍTULO 4 - O CONTROLE JURISDICIONAL DA REGULAÇÃO FINANCEIRA SISTÊMICA...

nº 2010.02.01.009780-7,[1428] julgado monocraticamente no âmbito do Tribunal Regional da 2ª Região.

Nesse caso, os administradores e o controlador de sociedade em constituição para atuar no mercado de câmbio haviam sido denunciados por crimes contra o Sistema Financeiro Nacional e lavagem de dinheiro, e reputou-se válido, ainda que em sede liminar, o ato administrativo que reconheceu a inexistência de reputação ilibada.

A propósito, fez-se questão de frisar que "a autorização para funcionamento de instituição submetida a controle e fiscalização pelo BC sofre limitações ao livre exercício da atividade econômica (CF art. 170, parágrafo único e 192 *caput*)", o que fragilizaria a eficácia do princípio da presunção de inocência, conforme alguns precedentes esparsos do Superior Tribunal de Justiça e do Supremo Tribunal Federal citados na referida decisão.

Recentemente, foram proferidas cinco sentenças no âmbito da Seção Judiciária do Estado do Rio de Janeiro sobre o tema e em todas foi reconhecida a legitimidade da exigência de reputação ilibada, reputando-se hígidos os atos administrativos de indeferimento de pedidos de homologação de nomes para compor órgãos societários de instituições fiscalizadas pelo Banco Central do Brasil.

No processo de nº 0003782-26.2012.4.02.5101, foi reconhecida a validade do ato administrativo que indeferiu a homologação do nome do autor para o exercício do cargo de conselheiro fiscal de cooperativa, tendo em vista a aplicação da pena de inabilitação temporária por um ano (art. 44, §4º, da Lei n° 4.595, de 1964). No trecho principal da fundamentação da sentença, consignou-se que "o autor, ao juízo de discricionariedade técnica[1429] do BACEN, não possui reputação ilibada, em vista do conjunto do seu histórico no trato com o sensível e complexo sistema financeiro nacional".[1430]

Sem embargo, cita-se o processo de nº 0043134-88.2012.4.02.5101, no qual eleito para o cargo de Diretor Financeiro de cooperativa se insurge contra o

---

[1428] TRF 2ª Região, Agravo de Instrumento nº 2010.02.01.009780-7, Decisão monocrática, Relator Juiz Eugênio Rosa Araújo, j. 29.07.2010. DJ 29.07.2010.

[1429] Sobre a noção de discricionariedade técnica, v. ROMAN, Flávio José. *Discricionariedade técnica na regulação econômica*. São Paulo: Saraiva, 2013.

[1430] JFRJ, Processo nº 0003782-26.2012.4.02.5101, 17ª Vara Federal Cível, Juiz Eugênio Rosa de Araújo, DJe 28.09.2012.

indeferimento administrativo do pedido de homologação do seu nome por ter sido apenado com pena de inabilitação temporária por três anos, ainda pendente recurso no âmbito do Conselho de Recursos do Sistema Financeiro Nacional (CRSFN). Quanto ao requisito da reputação ilibada, consta na sentença que "(...) essa exigência constitui o mais basilar requisito para aquele que pretenda exercer função que possa comprometer a higidez do sistema financeiro".

Em seguida, o juiz afirma não haver "excesso de poder regulamentar, por parte da autoridade, ou mesmo ausência de razoabilidade a legitimar a atuação do Poder Judiciário", sendo "salutar a conduta zelosa empreendida pela autoridade coatora, com vistas a assegurar o caráter de respeitabilidade e credibilidade, através do afastamento de situações que coloquem em risco a estabilidade do sistema".[1431]

No processo de nº 0046384-32.2012.4.02.5101, em que o autor, eleito para exercer o cargo de Diretor Administrativo de cooperativa, também foi apenado com pena de inabilitação temporária por três anos, ainda pendente recurso no CRSFN, entendeu-se que, "se não há direito subjetivo algum à nomeação, não há que se falar em arbitrariedade praticada pela autoridade apontada como coatora, posto que a não nomeação do candidato eleito foi devidamente fundamentada".[1432]

Nada obstante, no processo de nº 0041277-07.2012.4.02.5101, discute-se o indeferimento da homologação do nome do impetrante, eleito para o exercício do cargo de Diretor Vice-Presidente de cooperativa, tendo em vista a pena de inabilitação temporária por três anos a ele aplicada, pendente recurso administrativo no CRSFN. No caso, afastou-se a alegação de presunção constitucional de inocência por não ter pertinência com aspectos regulatórios, eis que "a confiança que a gestão do impetrante deve inspirar na entidade em que atua e, também, no seio do sistema financeiro restou irremediavelmente maculada pela punição de inabilitação temporária".[1433]

[1431] JFRJ, Processo nº 0043134-88.2012.4.02.5101, 22ª Vara Federal Cível, Juiz Rafael de Souza Pereira Pinto, DJe 01.03.2013.
[1432] JFRJ, Processo nº 0046384-32.2012.4.02.5101, 15ª Vara Federal Cível, Juíza Carmen Silva Lima de Arruda, DJe 25.03.2013.
[1433] JFRJ, Processo nº 0041277-07.2012.4.02.5101, 17ª Vara Federal Cível, Juíza Marianna Carvalho Bellotti, DJe 29.04.2013.

CAPÍTULO 4 – O CONTROLE JURISDICIONAL DA REGULAÇÃO FINANCEIRA SISTÊMICA...

Por fim, no processo de n° 0032023-73.2013.4.02.5101, em que se discute o indeferimento administrativo da homologação do nome de eleito para o cargo de Conselheiro Fiscal de Cooperativa tendo em vista a existência de condenação por crime ambiental e de usurpação de patrimônio da União, houve o reconhecimento judicial de que "a medida adotada pelo Banco Central não afronta a presunção de inocência do Impetrante, tão-somente, resguarda a instituição e o interesse público", pois, "a despeito do que alega o impetrante, a existência de condenação em ação criminal, ainda que na figura de sócio de pessoa jurídica, é um fato relevante acerca da valoração dos bons antecedentes, conduta ilibada, não fugindo à razoabilidade a interpretação do Banco Central, descaracterizando a abusividade alegada".[1434]

Logo, infere-se dos casos uma clara aplicação fraca da proporcionalidade ou uma postura jurisdicional de deferência institucional à avaliação regulatória do Banco Central do Brasil quanto à aplicação da aludida Resolução, a fim de definir, à luz do caso concreto, se o pretendente poderá integrar órgãos ou o quadro societário de instituições fiscalizadas pela autarquia.

A rigor, o poder normativo do Conselho Monetário Nacional para disciplinar a questão não parece contestável, tendo em vista o aspecto sistêmico da exigência de reputação ilibada, ou seja, a validade normativa da Resolução parece evidente.

No entanto, a avaliação concreta da reputação ilibada não é uma tarefa fácil, pois envolve a consideração de aspectos jurídicos que fogem à lógica técnica das capacidades institucionais e se aproximam, mais intensamente, da discussão acerca da eficácia dos direitos fundamentais, notadamente a presunção de não culpabilidade (art.5º, LVII)[1435] e o direito ao livre exercício de atividade profissional, "atendidas as qualificações profissionais que a lei estabelecer" (art. 5º, XIII),[1436] sendo certo que a jurisprudência do Supremo Tribunal Federal não é clara a respeito do alcance e conteúdo da eficácia de ambos os direitos fundamentais, o que dificulta a aferição de proporcionalidade

---

[1434] JFRJ, Processo nº 0032023-73.2013.4.02.5101, 27ª Vara Federal Cível, Juíza Carla Teresa Bonfadini de Sá, DJe 04.09.2014.

[1435] Artigo 5º, LVII, da Constituição brasileira de 1988: "ninguém será considerado culpado até o trânsito em julgado de sentença penal condenatória".

[1436] Artigo 5º, XIII, da Constituição brasileira de 1988: "é livre o exercício de qualquer trabalho, ofício ou rofissão, atendidas as qualificações profissionais que a lei estabelecer".

da regulação pretendida, destinada a impedir o acesso ou entrada de pessoas sem "reputação ilibada" nos órgãos e quadros societários de instituições fiscalizadas pelo Banco Central do Brasil.

No entanto, os precedentes favoráveis à autarquia citados acima demonstram que a tendência de aplicação mais forte da proporcionalidade como parâmetro material de decisão judicial não ocorreu, pois, de modo geral, entendeu-se válida e razoável a motivação dos atos administrativos quanto à inexistência de "reputação ilibada", em deferência à capacidade institucional do Banco Central do Brasil.

CONCLUSÃO

Nas últimas décadas, o Brasil vem passando por processos institucionais significativos de evolução das políticas públicas no âmbito financeiro, cujo resultado é a instauração de um novo paradigma econômico de razoável estabilidade financeira ao longo do tempo. Hoje, os fundamentos da economia brasileira são mais fortes do que em passado muito recente.

No entanto, os processos institucionais de progresso regulatório no âmbito da regulação financeira sistêmica não são simples. Em relação ao ponto, podem ser destacadas três controvérsias fundamentais de ordem moral, política e jurídico-dogmática sobre o sistema financeiro.

O sentimento social hostil, derivado da falta de compreensão da funcionalidade do sistema financeiro para o crescimento e desenvolvimento econômico do país, prejudica o debate sobre propostas de aprimoramento regulatório, o que é agravado pela dificuldade de exercício da cidadania quanto ao tema, tendo em vista o baixo nível de educação e inclusão financeira do brasileiro (controvérsia moral).

Sem embargo, a importância do sistema financeiro para a sociedade como um todo é um foco intenso de atração de condutas políticas oportunistas imediatistas, considerados especialmente os ciclos político-eleitorais, sendo certo que diversos segmentos políticos não se conformam, principalmente, com o amplo poder normativo outorgado às autoridades reguladoras financeiras.

Quanto ao ponto, o que se pode afirmar é que a estabilidade financeira sustentável ao longo do tempo é uma questão de justiça básica e a inércia política em se instituir o modelo de agências reguladoras financeiras no Brasil, sobretudo a outorga de autonomia legal ao Banco Central do Brasil, é prejudicial ao país porque, dentre outros efeitos, representa um risco adicional que tornam mais onerosos os custos de financiamento público e privado no âmbito doméstico e internacional, em um país que ainda sofre pressões inflacionárias sistêmicas provenientes de processos de indexação em diversos vínculos jurídicos socialmente importantes (controvérsia política).

Por fim, a subsistência da defesa do legalismo maximalista no Direito Administrativo brasileiro, com alta carga dogmática sob o aspecto jurídico-formal, é fator impeditivo à contribuição mais efetiva do Direito para o aperfeiçoamento dos processos regulatórios. Atualmente, a Administração Pública está sob um novo paradigma de *better regulation*, predominantemente voltado a resultados e aberto à participação democrática para a construção das melhores soluções regulatórias possíveis. Não faz mais nenhum sentido, à luz da Constituição brasileira de 1988, o "entrincheiramento" dos operadores jurídicos no discurso da legalidade estrita ou do legalismo maximalista (controvérsia jurídico-dogmática).

Pois bem. O objeto inicial do primeiro capítulo é a apresentação das características essenciais das atividades financeiras, sucedida por uma análise do processo histórico de criação de Bancos Centrais e do surgimento da regulação financeira dos mercados.

A compreensão das características essenciais das atividades financeiras pode ser inferida de um "esquema financeiro básico", em que captadores superavitários (poupança) e tomadores deficitários (investimento ou consumo) interagem, em regra, através de intermediários financeiros, notadamente as instituições financeiras bancárias. No âmbito do "esquema financeiro básico", as relações financeiras sujeitam-se ao fenômeno do monetarismo, em que o valor da moeda está lastreado, basicamente, na confiança depositada na capacidade financeira do emissor.

Quanto às instituições financeiras bancárias, cujas atividades envolvem o uso do multiplicador bancário com moeda escritural, exigências fundamentais de solvência e liquidez são essenciais ao funcionamento socialmente adequado do sistema financeiro. Nada obstante, no que diz respeito à moeda, dotada de reciprocidade, espera-se que ela seja apta a cumprir suas funções básicas de unidade de conta, meio de troca e reserva de valor, embora a moeda não seja uma garantia intrínseca de valor haja vista sua variação nominal ao longo do tempo.

A propósito, o desenvolvimento do capitalismo no século XVII impulsiona o início de um processo histórico de ascensão dos bancos modernos, que utilizam o multiplicador bancário com moeda escritural, assim como se observa a criação do Banco da Inglaterra, reputado o primeiro Banco Central, inicialmente instituído para servir como banco do governo e, posteriormente, como monopolista no controle de emissão de moeda.

Durante os séculos XVII a XIX, há a assunção de funções típicas por Bancos Centrais, quais sejam: (i) gerir o monopólio de emissão de moeda (*central banking system*), a oferta de crédito na economia e o meio circulante; (ii) ser banqueiro do governo; (iii) coordenar sistemas interbancários de pagamentos e compensações (bancos dos bancos); (iv) atuar como prestamista de última instância; e (v) assessorar o governo.

Na segunda metade do século XX, substituído o padrão ouro-libra pelo ouro-dólar como referência monetária internacional após o final da Segunda Guerra Mundial (acordo de *Bretton Woods*), observa-se uma notável expansão do sistema financeiro internacional.

Tal expansão resultou da globalização dos mercados financeiros, impulsionada a partir da década de 1960 e 1970 conjuntamente com o fim do acordo de *Bretton Woods*, que institucionaliza um "mercado de moedas fiduciárias internacionais".

Concomitantemente, assiste-se à ascensão de grandes conglomerados financeiros mundiais, bem como o surgimento e evolução de novos produtos e mercados financeiros paralelos à estrutura bancária tradicional, cujo processo é acelerado pela revolução dos meios de comunicação e informática, segundo uma conjuntura política e econômica mundial favorável à desregulação e liberalização dos mercados que se manteve forte até a crise do segmento imobiliário *subprime* norte-americano, ocorrida em 2007, que constituiu o motivo determinante da última crise financeira mundial.

A propósito, a crise do segmento imobiliário *subprime* norte-americano contém aspectos relevantes ao estudo da regulação financeira sistêmica, razão por que se reputa extremamente útil expor uma análise detalhada das razões que levaram à sua eclosão, que implica em abordar aspectos regulatórios, questões macroeconômicas e microeconômicas referentes à história econômica norte-americana desde a ocorrência da crise da Bolsa de Valores de Nova Iorque em 1929.

Após o *crash* de 1929, edita-se nos Estados Unidos da América o *Glass--Steagall Act* em 1933, que, dentre diversas medidas, estabelece a segregação da estrutura regulatória para bancos comerciais e bancos de investimento, com vistas a controlar, com mais intensidade, por restrições regulatórias prudenciais, as atividades dos bancos comerciais, consideradas mais arriscadas à higidez do sistema financeiro.

Ao longo dos anos seguintes, foram efetuadas diversas reformas regulatórias liberalizantes que abrandaram a intensidade regulatória sobre todo o sistema financeiro norte-americano e, nas últimas décadas, é possível perceber um processo claro de concentração de poder econômico em razão da consolidação de grandes conglomerados financeiros, incentivados pela retirada de proteções normativas a associações de poupança e empréstimo (S&Ls) e a autorização de grandes operações de fusões e aquisições de instituições financeiras, principalmente durante a década de 1990.

Em 1999, seguindo-se a tendência política de desregulação sobre os mercados financeiros, é editado o *Gramm-Leach-Billey Act*, que dá fim à obrigatoriedade de segregação da estrutura regulatória para bancos comerciais e bancos de investimento, o que contribuiu, de forma expressiva, para a expansão do *shadow banking system*, pouco sujeito a restrições regulatórias prudenciais.

No âmbito macroeconômico, aproveitando-se de um período histórico de relativa estabilidade econômica (Era da Grande Moderação), os Estados Unidos da América passam a praticar políticas públicas financeiras expansionistas através da redução de tributos e aumento de incentivos ao consumo e endividamento das famílias, sem prejuízo do aumento significativo do endividamento público, o que só foi possível, sem provocar inflação, porque havia uma grande demanda mundial por ativos norte-americanos, principalmente títulos públicos. O país tornava-se, então, cada vez mais, o principal gastador e tomador de recursos financeiros no mundo.

A Era da Grande Moderação gerou insensibilidade política em relação a diversos fatores críticos, mutuamente relacionados, sob os aspectos macroeconômicos e microeconômicos, a saber: (i) o elevado endividamento dos norte-americanos e a correspondente redução da poupança interna, ligados aos incentivos ao consumo e às baixas taxas de juros praticadas pelo FED; (ii) os riscos de desaceleração do crescimento econômico do país e de aumento do desemprego; (iii) a eficácia limitada da política monetária do FED em um cenário de elevada liquidez internacional e demanda por ativos norte-americanos; e (iv) leniência na regulação financeira sistêmica, sobretudo em relação à arbitragem regulatória que se estabeleceu nas instituições financeiras não bancárias (*shadow banking system*).

Em relação ao último ponto acima mencionado, dentro de uma conjuntura político-institucional em favor da desregulação dos mercados financeiros, o *shadow banking system*, estrategicamente, focou sua atuação no segmento imobiliário norte-americano *subprime*, provavelmente porque o setor imobiliário habitacional é objeto de evidente apelo político ou proteção estatal implícita, sendo notoriamente fomentado por instituições "quase públicas" como a *Fannie Mae* e a *Freddie Mac* (GSEs).

Sem embargo, como o sistema bancário tradicional não tinha incentivos para financiar o segmento *subprime* devido às restrições regulatórias prudenciais, o processo de securitização de recebíveis imobiliários, atrelado a derivativos, que segue a lógica da emissão-distribuição, foi escolhido para viabilizar a atuação financeira no setor, cujos preços de mercado estavam em expansão em longo período de tempo.

No entanto, tal processo de financiamento foi conduzido de modo extremamente arriscado, obscuro e assimétrico, pois a baixa carga regulatória no âmbito do *shadow banking system* permitiu a criação de produtos financeiros peculiares e exóticos sob uma base de créditos imobiliários de baixa qualidade, sem que houvesse restrições substanciais quanto à concentração e alavancagem em relação a tais produtos financeiros na carteira de ativos das instituições financeiras não bancárias, que, em tese, confiavam nos seus métodos técnicos de avaliação de riscos financeiros e cujas informações, muitas vezes, estavam lastreadas em avaliações de agências de *rating*.

Nada obstante, somava-se a isso certa complacência regulatória em aplicar, de forma rígida, as diretrizes normativas de Basiléia II no âmbito do sistema bancário tradicional norte-americano, o que permitiu estratégias de concessão de liquidez para financiamento bancário das operações do *shadow banking system* sem comprometimento contábil ou "fora do balanço" (*off-balance sheet*), a fim de transferir riscos financeiros dos contratos imobiliários gerados no sistema bancário tradicional às instituições financeiras não bancárias.

Em 2007, com a queda de crescimento econômico norte-americano, acompanhado da redução do preço dos imóveis, alto endividamento das famílias, inadimplementos sistêmicos de financiamentos e aumento do desemprego, prejuízos financeiros intensos no segmento *subprime* geraram uma grande tensão que afetou a liquidez nos mercados interbancários, consolidando um cenário de estresse e aversão a risco porque não havia confiança quanto à solvência das instituições financeiras umas em relação às outras, cujo ápice foi a decretação de falência do *Lehmann Brothers* em 2008, materializando-se o risco sistêmico.

Em linhas gerais, a crise do segmento *subprime* foi gerada por quatro razões determinantes, mutuamente relacionadas, a saber: (i) razões políticas; (ii) razões comportamentais; (iii) razões de teoria econômica; e (iv) razões técnicas.

Quanto às razões de estratégia política, é mais do que evidente a existência de um grande apelo político em relação ao setor imobiliário habitacional, que afetou tanto governos democratas quanto republicanos.

Os políticos e burocratas são agentes racionais maximizadores de "lucros políticos" e, por isso, aproveitaram-se do aparente consenso sobre a correção dos processos de desregulação financeira na "Era da Grande Moderação" para obter "ganhos políticos", decorrentes da "ilusão da prosperidade sem limites" que legitimava interferências nas GSEs em relação ao segmento *subprime* e ia ao encontro do *lobby* político do sistema financeiro no âmbito do Congresso norte-americano, notório financiador de campanhas políticas.

Sendo assim, percebe-se a ocorrência de um processo de "captura inversa" que não pretendeu reverter diretamente os resultados da regulação estatal em privilégios aos regulados, mas, sobretudo, impedir esforços políticos de reforço da regulação financeira sistêmica. E, se tudo desse errado, seria fácil argumentar publicamente no sentido de transferir responsabilidades por problemas às autoridades reguladoras financeiras, cujas competências não se legitimam, diretamente, pelo voto.

Por sua vez, as razões comportamentais dizem respeito à estrutura econômica de incentivos do sistema financeiro norte-americano à época. Como se sabe, os agentes financeiros atuam para maximizar lucros próprios de curto prazo e o regime regulatório atributivo de responsabilidades e sanções faz toda a diferença quanto ao alinhamento razoável dos incentivos econômicos ao ideal de estabilidade financeira sustentável ao longo do tempo, mormente porque o sistema financeiro possui alto grau de externalidades e assimetrias de informação, com tendência clara à transferência de riscos a terceiros, inclusive ao Estado.

No caso do segmento *subprime*, permitiu-se ao sistema bancário tradicional transferir riscos financeiros ao *shadow banking system* via processos não padronizados de securitização, muitas vezes atrelados a derivativos, com ganhos substanciais para agentes financeiros, intermediários de toda ordem e acionistas, aproveitando-se da falha de alcance e coordenação regulatória das autoridades reguladoras financeiras do país, o que foi agravado por regimes regulatórios fracos de responsabilização pessoal dos participantes do mercado financeiro.

Nada obstante, razões de teoria econômica foram relevantes à consumação da crise. Por influência expressiva e importante da Escola monetarista de Chicago, os fundamentos teóricos em prol de estratégias de desregulação legitimaram decisões políticas a respeito da liberalização dos mercados financeiros.

Ocorre que, mesmo admitida a relevância prioritária evidente do valor da livre iniciativa econômica para o funcionamento socialmente adequado dos mercados financeiros, os efeitos sistêmicos negativos de falhas de mercado e/ou falhas de Estado são reais e não podem ser ignorados nos processos regulatórios, sob pena de assunção de riscos aos próprios mecanismos de formação de preços. Nesse sentido, até mesmo estratégias de desregulação devem ser acompanhadas de forma adequada pelo Estado.

Logo, quanto à crise no segmento *subprime*, não há como atribuir, pelos fatos já narrados, responsabilidade exclusiva ao Estado ou ao mercado, pois ambos, em certa medida, falharam.

Por fim, há razões técnicas que contribuíram, diretamente, para a intensificação dos riscos sistêmicos materializados na crise em comento. Com efeito, segundo diretrizes técnicas importantes de Basiléia II, os processos financeiros de securitização de recebíveis imobiliários exigem seja avaliada a essência econômica de todo o processo, bem como a aferição quanto à existência de suporte contratual implícito pelo sistema bancário tradicional, a fim de incluir os valores objeto de securitização no cálculo de capital regulatório mínimo dos bancos.

Como tais regras não foram observadas de forma adequada, o sistema bancário norte-americano conseguiu operar transferências de riscos financeiros ao *shadow banking system*, que não estava sujeito a restrições regulatórias prudenciais, principalmente, quanto à alavancagem financeira de suas posições. Sendo assim, a transferência de riscos a estruturas financeiras não bancárias liberava capital regulatório aos bancos para a realização de outras operações financeiras, que, não obstante, estruturaram canais de liquidez financeira de suporte dos processos de securitização sem comprometimento contábil (*off-balance sheet*).

Além disso, os métodos técnicos de cálculo de riscos financeiros não se mostraram sensíveis à concentração de posição em ativos do setor imobiliário *subprime*, cujos produtos financeiros eram complexos e não padronizados, além de seguida a lógica pró-cíclica da marcação a mercado de ativos cuja qualidade, muitas vezes, era avaliada de forma equivocada pelas agências de *rating*.

Enfim, são essas as razões reputadas determinantes ao advento da última crise mundial.

Com relação ao Brasil, pode-se dizer que um conjunto de medidas regulatórias tomadas ao longo dos últimos anos proporcionou resiliência ao sistema financeiro para o enfrentamento dos efeitos da crise, somadas a diversas circunstâncias particulares do desenho institucional regulatório e características do sistema financeiro do país.

A propósito, os processos regulatórios brasileiros no âmbito financeiro estão razoavelmente alinhados às diretrizes normativas e recomendações internacionais, sem prejuízo de uma clara tendência evolutiva de aprimoramento regulatório em diversas etapas e objetos relevantes à regulação financeira sistêmica.

Em seguida, o segundo capítulo se destina a introduzir as bases filosóficas de sustentação da tese de que a estabilidade financeira sustentável ao longo do tempo é questão de justiça básica que deve influenciar o desenho político-institucional do Brasil, que é uma sociedade democrática constitucional desde o advento da Constituição brasileira de 1988.

Historicamente, o Brasil é um país caracterizado pela instabilidade financeira, o que quase sempre revela estruturas político-institucionais frágeis porque incapazes de preservar a estabilidade social. A título ilustrativo, basta constatar que o Brasil somente iniciou um processo institucional de estabilidade financeira no final da década de 1980, com sua consolidação efetiva no início da primeira década do século XXI, quase vinte anos depois.

Ora, partindo-se da premissa racional de que a instabilidade social em sentido amplo é extremamente prejudicial às pessoas e instituições, tendo em vista os impactos negativos evidentes na segurança e na transparência dos processos de alocação e distribuição de recursos sociais subjacentes às relações econômicas firmadas entre as pessoas ao longo do tempo, sem prejuízo de favorecer condutas políticas oportunistas e afetar os menos favorecidos com mais intensidade, é justo que o desenho político-institucional seja sensível ao projeto de estabilidade financeira sustentável ao longo do tempo.

Coincidentemente ou não, o início das reformas institucionais contemporâneas ocorreram no Brasil em paralelo ao processo de redemocratização do país e do advento da Constituição brasileira de 1988, em que se inaugura um novo paradigma de decisão sobre questões políticas fundamentais, norteado pelos ideais democráticos e a pretensão de proteção, no maior grau possível, de direitos e liberdades fundamentais, além da garantia de oportunidades equitativas a todos os cidadãos.

Hoje, o Brasil é uma sociedade democrática constitucional com aspirações de justiça social, cujo principal desafio, no contexto de pluralidade e complexidade brasileira, é construir instituições aptas a conduzir um processo político-institucional harmonioso de regulação da estrutura básica da sociedade a partir de padrões deliberativos de natureza cooperativa e inclusiva de todos os cidadãos livres e iguais, com razões universalizáveis (razões públicas), a fim de gerar resultados razoáveis, conforme o critério da reciprocidade.

Nesse sentido, deve-se almejar uma concepção política razoável de justiça, autossustentável e aplicável ao desenho das instituições, devidamente amparada por razões públicas, capaz de catalisar, de forma imparcial, para dar conteúdo à razão prática, consensos sobrepostos entre adeptos de doutrinas abrangentes razoáveis existentes na sociedade para se atingir os objetivos cooperativos de estabilidade financeira de longo prazo. Daí a escolha da filosofia política do John Rawls no presente trabalho, que vai ao encontro dos principais fundamentos e objetivos constantes da Constituição brasileira de 1988.

O ideal de razão pública é buscado, para ter aplicabilidade enquanto padrão argumentativo imparcial, sem apelo a conceitos abstratos de verdade ou valores morais genéricos, com destaque para a importância do contexto decisório e da análise consequencialista do desempenho das instituições para os objetivos regulatórios pretendidos, valendo-se de evidências empíricas e científicas de investigação incontroversas ou amplamente majoritárias (ideia de razão prática).

À evidência, a lógica dessa concepção está centrada na ideia de democracia deliberativa, através da qual a discussão pública sobre questões políticas fundamentais, em caráter procedimental e substantivo, destina-se à avaliação constante das instituições e procedimentos políticos, bem como das consequências do desenho institucional estabelecido para obter-se os resultados regulatórios pretendidos, o que só pode ser viabilizado a partir de instrumentos de transparência informacional e prestação pública de contas (*accountability*), em prol da melhora regulatória da estrutura básica da sociedade (*better regulation*). Ademais, a democracia deliberativa não se cinge à lógica dos ciclos político-eleitorais.

Nesse sentido, o construtivismo político fundamenta a criação de instituições especializadas, voltadas à gestão dos processos econômicos sob os aspectos alocativos e distributivos, cujo desenho pode descolar-se, em algum grau, dos processos políticos cíclicos ordinários de curto prazo, o que justifica iniciativas de blindagem dessas instituições, com propósitos de longo prazo, para preservar sua imparcialidade regulatória em prol da estabilidade financeira sustentável ao longo do tempo.

Adicionalmente, a ideia de construtivismo político pressupõe que a estrutura básica da sociedade é fechada, autossuficiente e se molda pela atuação política que ocorre no interior da sociedade entre doutrinas abrangentes razoáveis, pois assim se viabiliza a necessária coesão social a respeito dos propósitos regulatórios e se legitima a coercitividade das instituições.

Sendo assim, questões de justiça básica próprias da regulação financeira sistêmica devem ser estritamente tratadas em conformidade com as necessidades sociais internas, o que não impede influências internacionais também pautadas em razões públicas, desde que submetidas a processos internos de filtragem estabelecidos para o desenho das instituições, mediante avaliações públicas justificadas quanto à adequação das recomendações e diretrizes internacionais aos objetivos regulatórios do país.

Pois bem, no que diz respeito à estabilidade monetária como questão de justiça básica, é possível inferir que o fenômeno inflacionário é extremamente negativo à sociedade, pois distorce processos alocativos de formação de preços, prejudica a livre iniciativa econômica, desestimula projetos financeiros de longo prazo e prejudica, com mais intensidade, os economicamente menos favorecidos.

CONCLUSÃO

Assim, aplicado o critério da reciprocidade, próprio do ideal de razão pública e de uma concepção política razoável de justiça, é possível inferir a possibilidade de geração de um consenso sobreposto sobre a necessidade institucional de uma autoridade monetária com competências para definir, controlar e planejar, no longo prazo, a oferta monetária no país, sendo vedada a possibilidade de uso de instrumentos monetários para o financiamento do Estado, conforme a Constituição brasileira de 1988.

Além disso, tal tarefa deve se submeter ao dever de prestação pública de contas por meio de instrumentos públicos (*accoutanbility*), no qual sejam estabelecidas e acompanhadas metas preestabelecidas de inflação, que significam um compromisso institucional de longo prazo relativamente a todos os cidadãos livres e iguais em prol da estabilidade financeira, daí a justificativa para a blindagem institucional, em algum grau, de integrantes de autoridades regulatórias monetárias.

Quanto à regulação financeira propriamente dita, também questão de justiça básica, o conteúdo da ideia de razão prática demanda o desenho claro de competências para uma adequada coordenação cooperativa regulatória de instituições no longo prazo, com atribuição de responsabilidades a entidades dotadas de autonomia funcional reforçada e *expertise* técnica para lidar com distorções financeiras alocativas e distributivas próprias dos mecanismos de formação de preços, sem prejuízo do uso de técnicas de imposição de restrições à assunção de riscos pelas instituições financeiras, além da proteção dos consumidores financeiros, tratados como livres e iguais, sem paternalismos excessivos.

Sendo assim, cogita-se a possibilidade de formação de um consenso sobreposto voltado à necessidade de concretizar o desenho institucional acima explicado, devidamente acompanhado pelo dever de mensuração, a partir de diagnósticos e prognósticos contidos em estudos públicos de impacto regulatório, dos custos e benefícios envolvidos em estratégias regulatórias, a fim de apontar distorções causadas pela própria regulação aos mercados financeiros, com sujeição do procedimento regulatório à participação pública.

Sem embargo, os propósitos institucionais domésticos de regulação financeira sistêmica, atualmente, estão inseridos na realidade contemporânea do sistema financeiro global, no qual há diversas redes globais de governo institucionalmente destinadas à deliberação cooperativa sobre a definição de padrões regulatórios financeiros internacionais, o que gera uma tendência à harmonização para homogeneização da regulação financeira sistêmica.

Com efeito, esse processo internacional de desenho institucional regulatório se enquadra, de forma adequada, na proposta de extensão das ideias do *Liberalismo Político* de John Rawls ao plano internacional, no qual a razão pública pode ser aplicada, juntamente com o critério da reciprocidade, como padrão de verificação da adequação das diretrizes regulatórias internacionais ao objetivo primordial de cooperação para o progresso da regulação sobre o sistema financeiro global.

Nesse sentido, observado o limite da "utopia realista" e as possibilidades políticas práticas de consenso internacional, pode-se afirmar, no que diz respeito à regulação financeira sistêmica, que as redes globais de governo têm aptidão para definir padrões comuns de estratégias regulatórias segundo deliberações cooperativas consensuais, haja vista a evidência de que questões pertinentes a estratégias regulatórias financeiras são igualmente relevantes a todos.

Ainda que a globalização econômica tenha ocorrido antes e seja muito mais intensa do que o projeto incipiente de globalização política, existe um espaço deliberativo interessante de cooperação regulatória entre os países que está sendo preenchido pelas redes globais de governo, instituídas para estipular recomendações e definir, por instrumentos de *soft law*, propostas normativas de regulação para a coordenação uniformizada de esforços regulatórios eficientes a evitar crises sistêmicas.

Embora tais redes globais de governo estejam formalmente descoordenadas, diversas conexões informais foram estabelecidas entre elas ao longo do tempo, de modo que se pode verificar a ascensão de "redes de redes globais de governo", notadamente os Comitês no âmbito do BIS, além da necessária menção ao FMI e aos recentemente criados FSB e G-20.

À evidência, os Estados ainda são protagonistas de suas políticas públicas no âmbito financeiro, mas estão sujeitos ao "paradoxo da globalização", ou seja, a globalização financeira dos mercados e a ascensão de organismos financeiros internacionais fortes impõem uma relativa perda de soberania aos Estados, mas, ao mesmo tempo, isso provoca a adoção de posturas político-institucionais ativas de adaptação regulatória nacional à realidade contemporânea, o que vai ao encontro das tendências contemporâneas de formação de uma

Administração Policêntrica do Estado, integradas por entidades reguladoras especializadas, com autonomia reforçada e funções normativas.

Diante de todo o cenário acima narrado, há de se questionar sobre a existência de um Direito Administrativo Global. Controversa a questão, tendo em vista a fragilidade da fundamentação normativa formal das recomendações internacionais e instrumentos de *soft law* por um lado, eis que as Constituições não os contemplam como fontes normativas e, por isso, não são formalmente vinculantes, por outro lado, não se pode ignorar a fundamentação substancial forte decorrente da eficácia persuasiva e argumentativa das diretrizes e recomendações estabelecidas em organismos financeiros internacionais, de modo consensual e cooperativo, mormente aqueles integrados pelo Brasil, sendo muitas delas incorporadas ao sistema jurídico brasileiro, por sinal, através de sua integração normativa por Resoluções do Conselho Monetário Nacional e Circulares do Banco Central do Brasil, por exemplo.

Posto isso, com fundamento na noção de juridicidade administrativa, aliada à legitimidade técnica e democrática das autoridades reguladoras financeiras, é possível sustentar a tese de que as decisões regulatórias de não aplicação das recomendações e diretrizes normativas produzidas nas redes financeiras globais de governo das quais o Brasil participa, conquanto tais decisões internacionais sejam insuscetíveis de impugnação formal, exigem motivação pública pelas autoridades reguladoras financeiras nacionais para que possam ser controladas (controle informacional dos processos de integração normativa).

E os fundamentos constitucionais de controle jurídico-político de caráter informacional se fundam, sobretudo, no princípio democrático e no princípio da motivação e da eficiência administrativa das decisões regulatórias, além da vinculação constitucional do Brasil aos projetos de cooperação internacional entre países, em prol do progresso mundial.

Por sua vez, o terceiro capítulo constitui etapa subsequente de aplicação prática dos fundamentos político-filosóficos da estabilidade financeira sustentável ao longo do tempo, como questão de justiça básica, ao desenho regulatório institucional brasileiro.

À evidência, devido à amplitude das aspirações de justiça contidas nas prescrições da Constituição brasileira de 1988, somente estratégias sustentáveis de gestão pública são aptas a conjugar as pretensões constitucionais com as reais possibilidades do mercado financeiro em efetivá-las sem afetar a estabilidade social. A título exemplificativo, mostrou-se como o financiamento de um único direito fundamental social à moradia é capaz de impactar todo o sistema global de direitos fundamentais.

Nesse sentido, o paradigma de sustentabilidade revela-se a melhor estratégia racional e razoável de estabilidade financeira no longo prazo, sobretudo a partir da eleição pública de prioridades inclusivas, com vistas aos melhores resultados possíveis.

Quanto ao ponto, deve-se frisar que a dificuldade em estabelecer consensos democráticos mínimos em matéria econômica transforma a discussão sobre o tamanho ideal do Estado na economia em uma questão de intensidade regulatória, sendo certo que o princípio constitucional da subsidiariedade, fundamentado na dignidade da pessoa humana e livre iniciativa econômica, próprios de um direito fundamental geral para a liberdade, tem a aptidão de garantir a prioridade da liberdade sobre valores perfeccionistas e exigências de bem comum.

No entanto, a prioridade da livre iniciativa econômica não significa a sua hegemônia ou um Estado fraco, pois há falhas de mercado que exigem processos complementares de coordenação coletiva pela regulação estatal. Por outro lado, há limites para a interferência coercitiva do Estado, que pode ser inadequada e, muitas vezes, tende a gerar resultados sociais ruins.

Sendo assim, adotada uma concepção ampla de regulação, há o recurso à ideia de razão prática regulatória como paradigma sustentável de ação do Estado no sentido da busca pragmática, com base em razões públicas, de aprimoramentos regulatórios os mais eficientes possíveis em termos de resultados (*better regulation*).

Logo, se os mercados são complexos, contêm falhas de mercado e podem sofrer falhas de Estado, regular de forma sustentável é construir estratégias inclusivas e transparentes, baseadas em diagnósticos e prognósticos em matéria econômica, com avaliações periódicas sobre impactos alocativos e distributivos de recursos sociais, em que o empirismo e as evidências teóricas e científicas amplamente aceitas são fatores relevantes, cujo foco é o progresso dos processos regulatórios.

A propósito, a mera instituição pública de um projeto regulatório não é o suficiente em democracias deliberativas. É preciso observar exigências complementares de transparência, prestação pública de contas (*accountability*) e o uso de análises quantitativas e qualitativas adequadas de custo e benefício (*cost-benefit analysis*).

As análises de custo e benefício contêm elementos informativos de fundamentação e complementação de políticas regulatórias importantes ao controle dinâmico (*ex ante, ongoing* e *ex post*) do conteúdo e dos resultados regulatórios, cujas vantagens evidentes são as seguintes: (i) redução dos riscos de distorções alocativas e distributivas indesejadas; (ii) facilitação da identificação de captura ou *rent-seeking*; (iii) fortalecimento do controle da regulação; e (iv) aplicação específica quanto à identificação de focos de risco sistêmico.

Embora haja algumas desvantagens, notadamente: (i) problemas cognitivos em interpretar as informações disponíveis; (ii) dificuldades deliberativas em cenários instáveis ou de crise; (iii) dificuldades de avaliação de consequências sistêmicas; e (iv) riscos e limites de participação democrática, entende-se que as vantagens do método de análise de custo e benefício superam claramente as desvantagens, em prol do aprimoramento dos resultados dos processos regulatórios.

Outra etapa fundamental à afirmação da ideia de razão prática regulatória é rejeitar o legalismo maximalista como paradigma normativo de atuação administrativa, com a consagração da concepção de juridicidade administrativa.

À luz da ideia de razão prática regulatória, o legalismo maximalista é uma teoria estática não plural, que ignora a dinamicidade do funcionamento das instituições e o contexto contingente de decisão regulatória em uma realidade complexa, além de despreocupado com resultados porque excessivamente dogmático e formalista.

Ademais, a hipotética virtude do Poder Legislativo como instância heterovinculativa exclusiva de limitação da atuação estatal é falsa e/ou não é aplicável ao cenário político contemporâneo por quatro razões fundamentais, a saber: (i) historicamente, o Poder Executivo sempre influenciou a pauta e o conteúdo das deliberações legislativas, além de contar com a prerrogativa da jurisdição administrativa em alguns países da Europa Continental, o que afastava o controle externo da atuação administrativa; (ii) as concepções teóricas sobre separação de poderes não atribuem subordinação integral do Poder Executivo ao Legislativo, na medida em que todos os poderes possuem uma margem legítima de atuação, com destaque para a percepção de Montesquieu acerca da legitimidade de ação do Poder Executivo em questões conjunturais; (iii) a incompatibilidade do legalismo maximalista com a pluralidade da sociedade democrática constitucional, na qual se instarou, de forma mais eficiente, um modelo especializado de Administração Pública Policêntrica; e (iv) a incompatibilidade do legalismo maximalista em lidar com a constitucionalização do Direito Administrativo.

No que diz respeito à legitimidade democrática de desenho institucional segundo o modelo padrão de agências reguladoras, não há óbices ao desenho de instituições com autonomia reforçada, com vistas a privilegiar arranjos imparciais especializados com atuação em caráter continuado no tempo, especialmente no âmbito da regulação financeira sistêmica dos mercados.

Tal afirmação se fundamenta na ideia de que a democracia é valor que transcende os ciclos político-eleitorais e que o processo político de outorga de autonomia reforçada vem acompanhado, em regra, de exigências mais rigorosas de prestação pública de contas e mecanismos adicionais de supervisão política indireta quanto aos objetivos e resultados regulatórios pretendidos.

Isto é, não se trata de atribuir autonomia integral ou independência absoluta às agências reguladoras financeiras, na medida em que: (i) há uma cadeia de conexões dialógicas formais e informais com as demais instituições integrantes da Administração Pública; (ii) subsiste o controle indireto pelo Poder Executivo central; (iii) permanece a supervisão pelos Ministérios e, especificamente, pelo Conselho Monetário Nacional (CMN); (iv) mantém-se o controle social da regulação; e (v) há a previsão normativa de instrumentos de controle pelos demais poderes.

Em síntese, a atribuição de autonomia legal reforçada para a aplicação do modelo padrão de agências reguladoras às autoridades reguladoras financeiras brasileiras é legítima porque há a preservação de meios de supervisão política das atividades das agências reguladoras sob um formato mais indireto, a fim de proteger o exercício técnico-funcional dessas instituições (eficiência), priorizando-se projetos regulatórios de longo prazo (sustentabilidade), o que deve ser legitimado pela previsão de procedimentos inclusivos de participação no conteúdo da regulação.

De igual modo, é legítima a concessão de poder normativo às agências reguladoras. Ao contrário do que sustenta a doutrina clásica do Direito Administrativo brasileiro, com fundamento na Constituição brasileira de 1988 e na respectiva lei habilitadora de competência administrativa, geralmente dotada de baixa densidade normativa, a estratégia política consistente em legitimar o exercício administrativo de poderes normativos permite sejam estabelecidos parâmetros normativos transparentes, complementares e universalizáveis de atuação administrativa a fim de privilegiar a *expertise* técnica dos reguladores (eficiência administrativa), o que tende a reforçar a juridicidade administrativa e a facilitar o controle do conteúdo da regulação.

A propósito, tal estratégia política, que se manifesta em razão da erosão da configuração estrutural totalmente linear e integral da relação hierárquica formal "Constituição-lei-ato administrativo", é um fenômeno histórico mundial voltado a flexibilizar a atividade normativa do Estado que vai ao encontro dos fundamentos de um modelo de Administração Pública Policêntrica, que, atualmente, é influenciado por: (i) processos internacionais diversos de harmonização para homogeneização de padrões regulatórios, (ii) onde há múltiplas fontes normativas articuladas em rede, (iii) sem prejuízo da interação dialógica entre poderes.

Especificamente, há de se notar que os Tribunais Superiores brasileiros têm reconhecido a legitimidade do poder normativo – leia-se, a capacidade normativa de conjuntura econômica – das autoridades reguladoras no âmbito do Sistema Financeiro Nacional (SFN).

Quanto à estrutura de modelo regulatório para o desenho institucional aplicável ao mercado financeiro, nota-se da experiência mundial que, a despeito de alguns modelos específicos, não há um modelo estrutural ideal universalmente aplicado, salvo no que diz respeito à atribuição da execução da política monetária a um Banco Central. Assim, os países têm estruturado a regulação financeira sistêmica de acordo com circunstâncias institucionais de caráter histórico e contextual.

Nada obstante, em seguida, foram apresentadas as características de desenho institucional regulatório dos órgãos e entes integrantes do SFN, com destaque para os seguintes aspectos: (i) fundamento normativo de competência e autonomia normativa; (ii) estrutura administrativa e formas de interação com os demais integrantes do sistema; (iii) modo de escolha dos dirigentes e autonomia decisional; (iv) grau de participação social; (v) motivação e transparência procedimental para a tomada de decisões regulatórias; e (v) acessibilidade de informações através da *internet*.

Sendo assim, observadas as características do desenho institucional da estrutura regulatória brasileira, são formuladas dezoito propostas de aprimoramento institucional, basicamente fundamentadas no modelo padrão para as agências reguladoras, nas diretrizes principais do paradigma de *better regulation* e conforme a perspectiva de análise de custos e benefícios, conjuntamente a exigências de aprimoramento quanto à transparência e prestação pública de contas (*accountability*), conforme a recente Lei de Acesso à Informação.

Por fim, o último capítulo é destinado à avaliação das vantagens, limites e riscos envolvidos no controle jurisdicional de atos de regulação financeira sistêmica dos mercados, isto é, trata do fenômeno de judicialização dos processos regulatórios financeiros em democracias constitucionais, pois, conforme a Constituição brasileira de 1988, o direito fundamental instrumental de acesso à justiça viabiliza a impugnação judicial de atos do Poder Público, independentemente de sua natureza.

Antes de 1988, nota-se a quase inexistência de precedentes sobre o tema no Supremo Tribunal Federal. Após, percebe-se uma experiência judicial pouco rica, o que não impede um esforço de sistematização da interpretação constitucional quanto à matéria.

De início, faz-se questão de enfatizar que a exaltação da eficácia normativa dos princípios constitucionais pode gerar consequências sociais graves e imprevisíveis em razão do voluntarismo judicial.

Nesse sentido, é preciso ter cuidado com pretensões filosóficas ou dogmáticas excessivamente abstratas ou abrangentes e, simultaneamente, levar a sério a temática da separação de poderes e das capacidades institucionais, em razão da qual se pode afirmar que o Poder Judiciário, embora possa contribuir para aperfeiçoamentos, não deve ser o protagonista dos processos regulatórios.

Pois bem. Deve-se ter presente que a Constituição é a base normativa de conexão entre a economia política e o Direito Constitucional no modelo do Estado constitucional de Direito, em que, basicamente, opera-se uma reaproximação do Direito com valores éticos e morais, há o reconhecimento da força normativa da Constituição e ocorre a ascensão institucional do Poder Judiciário.

Com efeito, tal modelo apresenta focos de tensão, pois as sociedades constitucionais são complexas e há dificuldades em estabelecer os limites de legitimidade da jurisdição constitucional na medida em que a democracia majoritária passa a conviver com um sistema normativo amplo de direitos fundamentais.

A propósito, os fatores de ascensão institucional do Poder Judiciário no Brasil são os seguintes: (i) a ampliação dos instrumentos de provocação do controle concentrado de constitucionalidade; (ii) a ampliação do rol de legitimados à propositura desses instrumentos; (iii) a consagração constitucional dos processos coletivos; e (iv) a manutenção de um sistema amplo de controle difuso de constitucionalidade.

Logo, o modelo do Estado constitucional de Direito traduz uma estratégia de transferência e fortalecimento institucional de poderes ao Judiciário, em que a Constituição se presta a servir de moldura para a atuação política dos poderes majoritários, a fim de proteger direitos fundamentais e a democracia. Especificamente quanto às políticas econômicas, a "Constituição econômica" é o objeto material normativo, sendo o texto constitucional o ponto de partida e o limite fundamental de interpretação constitucional.

Ocorre que há motivos institucionais para afirmar que o Poder Judiciário não deve ser o protagonista de políticas regulatórios, sobretudo porque as escolhas regulatórias dos poderes majoritários são *prima facie* dotadas de maior legitimidade e externam maior capacidade técnica de avaliação sobre temas dinâmicos, complexos e controversos.

Com relação ao ponto, são desvantagens institucionais claras do Poder Judiciário as seguintes circunstâncias: (i) o juiz é generalista; (ii) a lógica do processo é estática; (iii) o processo judicial é relativamente lento; (iv) a estrutura técnica de auxílio aos juízes é mais precária; e (v) a participação democrática no processo é mais excludente, sobretudo se comparada com processos legislativos.

Por outro lado, uma grande vantagem institucional do Poder Judiciário é seu desenho voltado a preservar a imparcialidade e garantir a independência funcional ao longo do tempo, atrelado ao dever de motivação judicial das decisões. Ademais, há desvantagens institucionais dos demais poderes, a saber: (i) os atos legislativos não exigem motivação pública; (ii) o resultado do processo legislativo não coincide, necessariamente, com a vontade majoritária dos cidadãos; (iii) há riscos de exclusão de minoriais face o princípio político majoritário; (iv) a normatividade constitucional pode ser, eventualmente, negligenciada; (v) há riscos regulatórios de captura ou *rent-seeking*; e (vi) há a possibilidade de decisões manifestamente desproporcionais.

Aliado a questões institucionais, o Poder Judiciário, dotado de legitimidade discursiva para proteger o conteúdo material mínimo de direitos fundamentais e condições necessárias ao funcionamento adequado da democracia, pode invalidar atos regulatórios manifestamente injustos, o que ocorre, segundo opinião dominante, pelo uso do método da ponderação pelo recurso à proporcionalidade.

Em outras palavras, a proporcionalidade serve como limite aos limites ("limite dos limites") de atuação estatal na esfera normativa nuclear dos direitos fundamentais e condições necessárias ao exercício adequado da democracia, segundo os sub-vetores da adequação, necessidade e proporcionalidade em sentido estrito, a fim de afastar decisões regulatórias claramente arbitrárias ou excessivas.

A propósito, em respeito à ideia de razão prática e às capacidades institucionais dos poderes políticos majoritários, entende-se aplicável uma concepção fraca de proporcionalidade no controle judicial de atos de regulação financeira sistêmica dos mercados, com a adoção preferencial de uma postura minimalista e contingente no âmbito da jurisdição constitucional, sem prejuízo da atenção especial do Poder Judiciário quanto à manipulação política da jurisdição constitucional pelos vencidos nos processos políticos majoritários.

Ante todo o exposto, os parâmetros institucionais e materiais de atuação judicial são os seguintes: (i) a atuação regulatória do Poder Legislativo e das autoridades financeiras regulatórias deve receber deferência institucional *prima facie* pelo Poder Judiciário, autorizada a intervenção judicial, com base em uma concepção fraca de proporcionalidade, impositiva de um ônus argumentativo forte de justificação amparada por razões públicas, somente quando houver violação flagrante, por ação ou omissão, a direitos fundamentais ou condições necessárias ao exercício adequado da democracia, sendo fatores relevantes de decisão: (i.1) a complexidade técnica da matéria e a capacidade institucional de avaliação dos efeitos sistêmicos do ato regulatório pela respectiva instituição; (i.2) o grau inclusivo de participação política e/ou social no procedimento normativo cujo resultado é o ato regulatório impugnado; (i.3) o nível de consistência ou sustentabilidade empírica e normativa subjacente à motivação do ato regulatório, com maior grau de deferência se houver estudo prévio e/ou posterior de impacto regulatório destinado a avaliar, de forma dinâmica, as consequências geradas pela regulação; e (i.4) o grau de adesão percebido no conteúdo do ato regulatório impugnado ao *soft law* ou a recomendações internacionais; (ii) a preferência pela construção de soluções *ex ante* e *ex post* baseadas no diálogo constitucional, com prioridade para estratégias judiciais decisórias prospectivas e maleáveis ao longo do tempo, já que decisões no âmbito da regulação financeira sistêmica estão fortemente presas à conjuntura econômica, sobretudo no momento da prática do ato regulatório impugnado; e (iii) uma preferência deliberativa *prima facie* por órgãos judiciais colegiados, em processos coletivos ou de controle concentrado de constitucionalidade, onde as consequências sistêmicas das decisões são levadas à apreciação em um ambiente plural de macrojustiça.

Ao final, são apresentados precedentes relativos a seis questões consideradas importantes ao estudo da judicialização de questões sobre regulação financeira sistêmica no Brasil, nos quais se percebe o uso explícito ou implícito dos parâmetros expostos acima.

REFERÊNCIAS

ABREU, Marcelo de Paiva (org.). *A ordem do progresso*: dois séculos de política econômica no Brasil. 2. ed. Rio de Janeiro: Elsevier, 2014.

ACEMOGLU, Daron; ROBINSON, James. *Por que as nações fracassam*: as origens do poder, da prosperidade e da pobreza. Tradução de Cristiana Seera. Rio de Janeiro: Elsevier, 2012.

ACKERMAN, Bruce. *A Nova Separação de Poderes*. Rio de Janeiro: Lumen Juris, 2009.

AGUILLAR, Fernando Herren. *Direito econômico*: do direito nacional ao direito supranacional. 2. ed. São Paulo: Atlas, 2009.

AKERLOF, George; SHILLER, Robert. *O espírito animal*: como a psicologia humana impulsiona a economia e a sua importância para o capitalismo global. Tradução de Afonso Celso da Cunha Serra. Rio de Janeiro: Elsevier, 2009.

ALEXY, Robert. *Teoria dos Direitos Fundamentais*. Tradução de Virgílio Afonso da Silva. São Paulo: Malheiros, 2008.

ALMEIDA, Alberto Carlos. *A cabeça do brasileiro*. 2. ed. Rio de Janeiro: Record, 2007.

ANDRADE, Rogério Emílio de. *Direito Homogêneo*: mercado global, administração nacional e o processo de harmonização jurídica. Belo Horizonte: Fórum, 2011.

ARAGÃO, Alexandre Santos de. *Agências reguladoras e a evolução do direito administrativo contemporâneo*. 2. ed. Rio de Janeiro: Forense, 2009.

_____. *Atividades Privadas Regulamentadas*. In: ARAGÃO, Alexandre Santos de (coord.). *O Poder Normativo das Agências Reguladoras*. 2. ed. Rio de Janeiro: Forense, 2011, p. 167-203.

_____. *A Legitimidade Democrática das Agências Reguladoras*. In: BINENBOJM, Gustavo (coord.). *Agências Reguladoras e Democracia*. Rio de Janeiro: Lumen Juris, 2006, p. 1-20.

ARAÚJO, Fábio de Almeida Lopes; SOUZA, Marcos Aguerri Pimenta. *Educação Financeira para um Brasil Sustentável – Evidências da necessidade de atuação do Banco Central do Brasil em educação financeira para o cumprimento de sua missão*. Banco Central do Brasil. Trabalhos para Discussão nº 280, Julho 2012.

ARENDT, Hannah. *A condição humana*. Trad. Roberto Raposo. 11. ed. Rio de Janeiro, Forense Universitária, 2011.

ARIDA, Pérsio. *A pesquisa em Direito e em Economia*: em torno da historicidade da norma. In: ZYLBERSZTAJN, Décio; SZTAJN, Rachel (org.). *Direito e Economia*: Análise Econômica do Direito e das Organizações. Rio de Janeiro: Elsevier, 2005, p. 60-73.

ARISTÓTELES. **Ética a Nicômaco**. São Paulo: Martin Claret, 2011.

ARNAUD, André-Jean. O direito contemporâneo entre regulamentação e regulação: o exemplo do Pluralismo Jurídico. In: ARAGÃO, Alexandre Santos de (coord.). *O Poder Normativo das Agências Reguladoras*. 2. ed. Rio de Janeiro: Forense, 2011. p. 3-15.

ÁVILA, Humberto. *Teoria dos Princípios*: da definição à aplicação dos princípios jurídicos. 3. ed. São Paulo: Malheiros, 2008.

BAPTISTA, Patrícia. *A evolução do Estado Regulador no Brasil* – Desenvolvimento, Globalização, Paternalismo e Judicialização. In: FREITAS, Daniela Bandeira de; VALLE, Vanice Regina Lírio do (Coord.) *Direito Administrativo e Democracia Econômica*. Belo Horizonte: Forum, 2012. p. 63-76.

_____. Direito Administrativo – Retrospectiva 2008: a crise econômica mundial e o papel da regulação estatal, os vinte anos da constitucionalização do direito administrativo no Brasil, a emergência do direito administrativo global e outras questões. *Revista de Direito do Estado*,[S.l], n. 13, p. 31-45, 2009.

_____. *Transformações do Direito Administrativo*. Rio de Janeiro: Renovar, 2003.

BARCELLOS, Ana Paula de. *A eficácia jurídica dos princípios constitucionais*: o princípio da dignidade da pessoa humana. 3. ed. Rio de Janeiro: Renovar, 2011.

_____. *Constitucionalização das políticas públicas em matéria de direitos fundamentais*: o controle político-social e o controle jurídico no espaço democrático. *Revista de Direito do Estado*,[S.l.], n. 7, p. 17-54, 2006.

_____. *Ponderação, racionalidade e atividade jurisdicional*. Rio de Janeiro: Renovar, 2005.

BARROSO, Luis Roberto. *Curso de Direito Constitucional Contemporâneo*: Os conceitos fundamentais e a construção do novo modelo. São Paulo: Saraiva, 2009.

_____. *Constituição, democracia e supremacia judicial*: direito e política no Brasil contemporâneo. Revista Jurídica da Presidência, Brasília, n. 96, p. 1-41, 2010.

_____. *Neoconstitucionalismo e constitucionalização do Direito*: o triunfo tardio do direito constitucional no Brasil. In: TEMAS de Direito Constitucional. Tomo IV. Rio de Janeiro: Renovar, 2009, p. 61-119.

_____. *Vinte anos da Constituição brasileira de 1988*: o Estado a que chegamos. *Revista de Direito do Estado*, [S.l.], n.10, p. 25-66, 2008.

_____. *Agências Reguladoras, Constituição, Transformações do Estado e Legitimidade Democrática*. In: BINENBOJM, Gustavo (coord.). *Agências Reguladoras e Democracia*. Rio de Janeiro: Lumen Juris, 2006. p. 59-87.

_____. *A doutrina brasileira da efetividade*. In: TEMAS de direito constitucional. Rio de Janeiro: Renovar, 2005. p. 61-77. Tomo III.

_____. *O direito constitucional e a efetividade de suas normas* – limites e possibilidades da Constituição brasileira. 7. ed. Rio de Janeiro: Renovar, 2003.

BECK, Ulrich. *Sociedade de risco*: rumo a uma outra modernidade. São Paulo: 34, 2010.

BECK, Ulrich. *World Risk Society*. Cambridge: Polity Press, 1998.

BINENBOJM, Gustavo. *Uma Teoria do Direito Administrativo*. Rio de Janeiro: Renovar: 2006.

REFERÊNCIAS

_____. *A nova jurisdição constitucional* – Legitimidade democrática e instrumentos de realização. 2. ed. Rio de Janeiro: Renovar, 2004.

_____; CYRINO, André Rodrigues. *Parâmetros para a Revisão Judicial de Diagnósticos e Prognósticos Regulatórios em Matéria Econômica.* In: SOUZA NETO, Cláudio Pereira de; SARMENTO, Daniel; BINENBOJM ,Gustavo (Coord.). *Vinte Anos da Constituição Federal de 1988.* Lumen Juris, 2009, p. 739-760.

BREYER, Stephen. *Economic Reasoning and Judicial Review.* Washington, DC: AEI-Brookings Joint Center for Regulatory Studies, 2004.

BRUNA, Sérgio Varella. *Procedimentos normativos da Administração e desenvolvimento econômico.* In: SALOMÃO FILHO, Calixto (coord.). *Regulação e Desenvolvimento.* São Paulo: Malheiros, 2002, p. 231-262.

CALADO, Luiz Roberto. *Regulação e autorregulação do mercado financeiro.* São Paulo: Saint Paul, 2009.

CALSAMIGLIA, Albert. *Eficiencia y Derecho.* Doxa, Cuadernos de Filosofia Del Derecho, v. 4, 1987, p. 267-287.

CALSAMIGLIA, Xavier. *Racionalidade Individual e Coletiva*: Mecanismos Econômicos e Jurídicos de Articulação. Doxa, Cuadernos de Filosofia del Derecho, v. 13, 1993, p. 69-88.

CAMARGO, João Laudo de. *Supervisão Baseada em Risco* – a Recente Experiência da CVM. In: CANTIDIANO, Luiz Leonardo; MUNIZ, Igor (Org.). *Temas de Direito Bancário e do Mercado de Capitais.* Rio de Janeiro: Renovar, 2014, 17-52.

CAMARGO, Margarida Lacombe. *O Pragmatismo no Supremo Tribunal Federal Brasileiro.* In: SOUZA NETO, Cláudio Pereira de; SARMENTO, Daniel; BINENBOJM, Gustavo (Coord.). *Vinte Anos da Constituição Federal de 1988.* Lumen Juris, 2009, p. 363-385.

CAMILO JUNIOR, Ruy Pereira. *A reforma do sistema financeiro norte-americano.* Revista de Direito Bancário e do Mercado de Capitais, ano 14, v. 54, 2011, p. 59-95.

CAMPILONGO, Celso Fernandes. *Globalização e Democracia.* In: CAMPILONGO, Celso (org.). A Democracia Global em construção. Rio de Janeiro: Lumen Juris, 2005, p. 5-23.

CAMPILONGO, Celso Fernandes; ROCHA, Jean Paul C. Veiga; MATTOS, Paulo Todescan Lessa (Coord.). *Concorrência e Regulação no Sistema Financeiro.* São Paulo: Max Limonad, 2002.

CARVALHO, Fernando Cardim de (et. al.). *Economia monetária e financeira*: teoria e prática. Rio de Janeiro: Campus, 2000.

CARVALHO, Fernando José Cardim de. *Inovação Financeira e Regulação Prudencial*: da Regulação de Liquidez aos Acordos de Basiléia. In: SOBREIRA, Rogério (Org.). *Regulação Financeira e Bancária.* São Paulo: Atlas, 2005, p. 121-139.

CARVALHO, José Murilo de. *Cidadania no Brasil*: o longo caminho. 15. ed. Rio de Janeiro: Civilização Brasileira, 2012.

CARVALHO, Luís Paulo Figueiredo de. *Os Sistemas de Supervisão Prudencial na União Européia.* Coimbra: Almedina, 2003.

CASSESSE, Sabino. *La Crisis del Estado.* Trad. Pascual Caiella y Juan González Moras. Buenos Aires: Abeledo-Perrot, 2003.

CASTRO, Marcelo. *O que aprendemos com a crise?* In: GIAMBIAGI, Fábio; GARCIA, Marcio (org.). *Risco e regulação*: por que o Brasil enfrentou bem a crise e como ela afetou a economia mundial. 3. ed. Rio de Janeiro: Elsevier, 2010, p. 79-97.

CATARINO, Luis Guilherme. *Regulação e Supervisão dos Mercados de Instrumentos Financeiros*: Fundamento e Limites do Governo e Jurisdição das Autoridades Independentes. Coimbra: Almedina, 2010.

CITTADINO, Gisele. *Pluralismo, Direito e Justiça Distributiva*. 4. ed. Rio de Janeiro: Lumen Juris, 2009.

COOTER, Robert; ULLEN, Thomas. *Direito & Economia*. 5. ed. Porto Alegre: Bookman, 2010.

CORAZZA, Gentil. *Os Dilemas da Supervisão Bancária*. In: SOBREIRA, Rogério (Org.). *Regulação Financeira e Bancária*. São Paulo: Atlas, 2005, p. 82-95.

CYRINO, André Rodrigues. *Direito Constitucional Regulatório* – elementos para uma interpretação institucionalmente adequada da Constituição econômica brasileira. Rio de Janeiro: Renovar, 2010.

DELFIM NETTO, Antônio. *A agenda fiscal*. In: GIAMBIAGI, Fábio; BARROS, Octavio (org.). *Brasil pós-crise*: agenda para a próxima década. Rio de Janeiro: Elsevier, 2009, p. 25-40.

DUARTE, David. *Procedimentalização, Participação e Fundamentação*: Para uma Concretização do Princípio da Imparcialidade Administrativa como Parâmetro Decisório. Coimbra: Almedina, 1996.

DURAN, Camila Villard. *A moldura jurídica da política monetária*: um estudo do Bacen, do BCE e do Fed. São Paulo: Saraiva, 2013.

_____. *Direito e moeda*: o controle dos planos de estabilização monetária pelo STF. São Paulo: Saraiva, 2010.

DURAN-FERREIRA, Camila. *O STF e a Construção Institucional das Autoridades Reguladoras do Sistema Financeiro*: um Estudo de Caso de ADINs. Revista de Direito GV, São Paulo, nº 5, 2009, p. 67-94.

ENTERRÍA, Eduardo García de. *La Constitución española de 1978 como pacto social y como norma jurídica*. Madrid: Inap, 2003.

_____. *Revolución Francesa y Administración Contemporánea*. Madrid: Thomson Civitas, 1998.

ERLING, Marlos Lopes Godinho. *A compatibilidade da estabilidade monetária com os princípios de Justiça de John Rawls*. Revista de Direito Bancário e do Mercado de Capitais, ano 14, v. 54, 2011, p. 45-57.

FARHI, Maryse; PRATES, Daniela Magalhães. *O shadow banking system no "pós-crise"*. In: MODENESI, André de Melo et. al. (orgs.). *Sistema financeiro e política econômica em uma era de instabilidade*: tendências mundiais e perspectivas para as economia brasileira. Rio de Janeiro: Elsevier, 2012, p. 91-95.

FARIA, José Eduardo. *Democracia sem Política? Estado e Mercado na Globalização Econômica*. In: CAMPILONGO, Celso (org.). *A Democracia Global em construção*. Rio de Janeiro: Lumen Juris, 2005, p. 99-111.

FERGUSON, Niall. *A ascensão do dinheiro*: a história financeira do mundo. Trad. Cordelia Magalhães. São Paulo: Planeta do Brasil, 2009.

_____. *A lógica do dinheiro*. Trad. Maria Teresa Machado. Rio de Janeiro: Record, 2007.

FERRAJOLI, Luigi. *Pasado y futuro del Estado de derecho*. In: CARBONELL, Miguel (Coord.). *Neoconstitucionalismo(s)*. Madrid, Trotta, 2003, p. 13-29.

REFERÊNCIAS

FERREIRA, António Pedro A. *O Governo das Sociedades e a Supervisão Bancária* – Interacções e Complementaridades. Lisboa: Quid Juris, 2009.

FIDALGO, Carolina Barros. *O estado empresário*: regime jurídico das tradicionais e novas formas de atuação empresarial do estado na economia brasileira. Dissertação de mestrado apresentada ao Programa de Pós-Graduação da Faculdade de Direito da Universidade do Estado do Rio de Janeiro como requisito parcial para a obtenção do título de Mestre em Direito. Rio de Janeiro, 2012.

FONSECA, João Bosco Leopoldino da. *Direito Econômico*. Rio de Janeiro: Forense, 2010.

FONTE, Felipe de Melo. *Políticas públicas e direitos fundamentais*: elementos de fundamentação do controle jurisdicional de políticas públicas no estado democrático de direito. São Paulo: Saraiva, 2013.

FRANCO, Gustavo. *A Primeira Década Republicana*. In: ABREU, Marcelo de Paiva (org.). *A ordem do progresso*: dois séculos de política econômica no Brasil. 2. ed. Rio de Janeiro: Elsevier, 2014, p. 29-44.

_____. *As leis secretas da economia*: revisitando Roberto Campos e as leis do Kafka. Rio de Janeiro: Zahar, 2012.

_____; ROSMAN, Luiz Alberto Colonna. *A crise bancária norte-americana*: algumas lições da experiência brasileira. In: GIAMBIAGI, Fábio; GARCIA, Marcio (org.). *Risco e regulação*: por que o Brasil enfrentou bem a crise e como ela afetou a economia mundial. 3. ed. Rio de Janeiro: Elsevier, 2010, p. 157-169.

_____. *O desafio brasileiro*: ensaios sobre desenvolvimento, globalização e moeda. São Paulo: 34, 1999.

FREITAS, Juarez. *Sustentabilidade*: direito ao futuro. Belo Horizonte: Fórum, 2011.

_____. *O controle dos atos administrativos e os princípios fundamentais*. 4. ed. São Paulo: Malheiros, 2009

_____. *Discricionariedade administrativa e o direito fundamental à boa administração pública*. São Paulo: Malheiros, 2009.

_____. *A Interpretação sistemática do Direito*. 4. ed. São Paulo: Malheiros, 2004.

FREITAS, Maria Cristina Penido de. *Racionalidade da Regulamentação e Supervisão Bancária*: Uma interpretação Heterodoxa. In: SOBREIRA, Rogério (Org.). *Regulação Financeira e Bancária*. São Paulo: Atlas, 2005, p. 19-43.

FRIEDMAN, Milton; SCHWARTZ, Anna J. *A Monetary History of the United States, 1867–1960*. Princeton University Press, 1963.

FURTADO, Celso. *Formação econômica do Brasil*. São Paulo: Companhia Editora Nacional, 1998.

GARCIA, Julio V. González. *De La Administración Soberana del Estado Nacional a La Administración del Marco Supraestatal Difuso*. In: SADDY, André (coord.). Direito Público Econômico Supranacional. Rio de Janeiro: Lumen Juris, 2009, p. 3-18.

GARGARELLA, Roberto. *As teorias de justiça depois de Rawls*: um breve manual de filosofia política. Trad. Alonso Reis Freire. São Paulo: WMF Martins Fontes, 2008.

GIAMBIAGI, Fábio; BARROS, Octavio. *Brasil pós-crise*: seremos capazes de dar um salto? In: GIAMBIAGI, Fábio; BARROS, Octavio (org.). *Brasil pós-crise*: agenda para a próxima década. Rio de Janeiro, Elsevier, 2009, p. 3-23.

GIAMBIAGI, Fábio; LEAL, Gil Bernardo Borges; MOREIRA, Maurício Mesquita; FAVERET FILHO, Paulo de Sá Campello. *O financiamento de longo prazo e o futuro do BNDES*. In: GIAMBIAGI, Fábio; BARROS, Octavio (org.). *Brasil pós-crise*: agenda para a próxima década. Rio de Janeiro, Elsevier, 2009, p. 267-287.

GIAMBIAGI, Fábio; GARCIA, Marcio (org.). *Risco e regulação*: por que o Brasil enfrentou bem a crise e como ela afetou a economia mundial. 3. ed. Rio d Janeiro: Elsevier, 2010.

GICO JUNIOR, Ivo. *Introdução ao Direito e Economia*. In: TIMM, Luciano Benetti (Org.). *Direito e Economia no Brasil*. 2. ed. São Paulo: Atlas, 2014, p. 1-33.

GOMES, Joaquim Barbosa. *Agências Reguladoras*: A "Metamorfose" do Estado e da Democracia. In: BINENBOJM, Gustavo (coord.). *Agências Reguladoras e Democracia*. Rio de Janeiro: Lumen Juris, 2006, p. 21-57.

GONÇALVES, Reinaldo. *O nó econômico*. Rio de Janeiro: Record, 2003.

GOODHART, Charles (et.al.). *Financial Regulation*: why, how and where? London: Routledge, 2001.

GRAU, Eros Roberto. *O Direito Posto e o Direito Pressuposto*. 7. ed. São Paulo: Malheiros, 2008.

_____. *A Ordem Econômica na Constituição de 1988*. São Paulo: Malheiros, 2003.

_____. *As agências, essas repartições públicas*. In: SALOMÃO FILHO, Calixto (coord.). *Regulação e Desenvolvimento*. São Paulo: Malheiros, 2002, p. 25-28.

GREENSPAN, Alan. *O mapa e o território*: risco, natureza e o futuro das previsões. São Paulo: Portfolio-Penguin, 2013.

_____. *A era da turbulência*: aventuras em um novo mundo. Epílogo. Trad. Afonso Celso da Cunha Serra. Rio de Janeiro: Elsevier, 2008.

GRIMM, Dieter. *Constituição e Política*. Belo Horizonte: Del Rey, 2006.

_____. *Jurisdição constitucional e democracia*. Revista de Direito do Estado, nº 4, 2006, p. 3-22.

GUERRA, Glauco Martins. *Princípio da Legalidade e Poder Normativo*: Dilemas da Autonomia Regulamentar. In: ARAGÃO, Alexandre Santos de (coord.). *O Poder Normativo das Agências Reguladoras*. 2. ed. Rio de Janeiro: Forense, 2011, p. 71-94.

GUIMARÃES, André Luiz de Souza; LIMA, Jorge Cláudio Calvalcante de Oliveira. *Avaliação do risco de crédito no Brasil*. In: GIAMBIAGI, Fábio; GARCIA, Marcio (org.). *Risco e regulação*: por que o Brasil enfrentou bem a crise e como ela afetou a economia mundial. 3. ed. Rio de Janeiro: Elsevier, 2010, p. 207-222.

HESSE, Konrad. *La fuerza normativa de La Constitución*. In: HESSE, Konrad. *Escritos de derecho constitucional*, 1983, p. 59-84.

HISTÓRIA DO BANCO DO BRASIL. 2. ed. rev. Belo Horizonte: Del Rey, 2010.

HOLMES, Stephen; SUNSTEIN, Cass R. *The Costs of Rights*: Why Liberty Depends on Taxes. New York: W.W. Norton & Company, 1999.

JANSEN, Letácio. *A Moeda na Fronteira da Economia e do Direito*. Rio de Janeiro. 2013. Disponível em: http://www.economiajuridica.com/a-moeda-na-fronteira-da-economia--e-do-direito/. Acesso em 01.05.2014.

_____. *Esboço de uma História Jurídica do Real*. Disponível em: http://www.economiajuridica.com/historia-juridica-do-real/. Acesso em 01.05.2014.

REFERÊNCIAS

JUSTEN FILHO, Marçal. *Agências Reguladoras e Democracia*: Existe um Déficit Democrático na "Regulação Independente"? In: ARAGÃO, Alexandre Santos de (coord.). *O Poder Normativo das Agências Reguladoras*. 2. ed. Rio de Janeiro: Forense, 2011, p. 227-250.

KRUGMAN, Paul. *A crise de 2008 e a economia da depressão*. Trad. Afonso Celso da Cunha Serra. Rio de Janeiro, Elsevier, 2009.

_____. *Um basta à depressão econômica!*: propostas para uma recuperação plena e real da economia mundial. Trad. Afonso Celso da Cunha Serra. Rio de Janeiro: Elsevier, 2012.

KYMLICKA, Will. *Filosofia política contemporânea*: uma introdução. Trad. Luís Carlos Borges. São Paulo: Martins Fontes, 2006.

LASTRA, Rosa Maria. *Banco Central e regulamentação bancária*. Belo Horizonte: Livraria Del Rey, 2000.

LEITE, Karla Vanessa; FILHO, Paulo Fernando. *Crise do Euro*: origem, desdobramentos e a nova ordem financeira global. In: MODENESI, André de Melo et. al. (orgs.). *Sistema financeiro e política econômica em uma era de instabilidade*: tendências mundiais e perspectivas para as economia brasileira. Rio de Janeiro: Elsevier, 2012, p. 80-88.

LOMBARTE, Artemi Rallo. *La constitucionalidad de las administraciones independientes*. Madrid: Tecnos, 2004.

LOWENKRON, Alexandre. *As falhas nos modelos de gestão de risco durante a crise*. In: GIAMBIAGI, Fábio; GARCIA, Marcio (org.). *Risco e regulação*: por que o Brasil enfrentou bem a crise e como ela afetou a economia mundial. 3. ed. Rio de Janeiro: Elsevier, 2010, p. 125-141.

LOYOLA, Gustavo. *O futuro da regulação financeira*. In: GIAMBIAGI, Fábio; GARCIA, Marcio (org.). *Risco e regulação*: por que o Brasil enfrentou bem a crise e como ela afetou a economia mundial. 3. ed. Rio de Janeiro: Elsevier, 2010, p. 61-78.

MALAN, Pedro Sampaio. *Uma visão abrangente sobre a crise e o processo de sua superação*. In: GIAMBIAGI, Fábio; GARCIA, Marcio (org.). *Risco e regulação*: por que o Brasil enfrentou bem a crise e como ela afetou a economia mundial. 3. ed. Rio de Janeiro: Elsevier, 2010, p. 49-60.

MAJONE, Giandomenico. *Do Estado Positivo ao Estado Regulador*: causas e conseqüências da mudança no modo de governança. In: MATTOS, Paulo Todescan L. (coord). *Regulação Econômica e Democracia* – o debate europeu. São Paulo: Singular, 2006, p. 53-85.

MANDELBROT, Benoit; HUDSON, Richard. *The (mis) Behavior of Markets*. New York: Basic Books, 2008.

MARQUES, Maria Manuel Leitão; ALMEIDA, João Paulo Simões de; FORTE, André Matos. *Concorrência e regulação (a relação entre a autoridade da concorrência e as autoridades de regulação sectorial)*. Coimbra: Coimbra, 2005.

MARQUES, Maria Manuel Leitão; MOREIRA, Vital. *A Mão Visível* – Mercado e Regulação. Coimbra: Almedina, 2008.

MARQUES NETO, Floriano Peixoto de Azevedo. *Limites à Abrangência e à Intensidade da Regulação Estatal*. Revista Eletrônica de Direito Administrativo Econômico. Salvador, Instituto de Direito Público da Bahia, nº 4, 2006, p. 1-21.

_____. *Regulação Estatal e Interesses Públicos*. São Paulo: Malheiros, 2002.

MARTINS, Guilherme Waldemar d'Oliveira; RODRIGUES, Nuno Cunha. *Sobre o Financiamento das Entidades Reguladoras do Sistema Financeiro em Portugal*. In: MARTÍNEZ,

Aurilivi Linares; SADDY, André (coord.). *Estudos sobre Regulação e Crises dos Mercados Financeiros*. Rio de Janeiro: Lumen Juris, 2011, p. 195-211.

MATTOS, Paulo Todescan Lessa. *Autonomia Decisória, Discricionariedade Administrativa e Legitimidade da Função Reguladora do Estado no Debate Jurídico Brasileiro*. In: ARAGÃO, Alexandre Santos de (coord.). *O Poder Normativo das Agências Reguladoras*. 2. ed. Rio de Janeiro: Forense, 2011, p. 251-274.

_____. *Agências reguladoras e democracia*: participação pública e desenvolvimento. In: SALOMÃO FILHO, Calixto (coord.). *Regulação e Desenvolvimento*. São Paulo: Malheiros, 2002, p. 182-230.

MEDAUAR, Odete. *A processualidade no direito administrativo*. 2. ed. São Paulo: Revista dos Tribunais, 2008.

_____. *O Direito Administrativo em evolução*. São Paulo: Malheiros, 2003.

MELLO, João Manoel Pinho de. *Estrutura, concorrência e estabilidade*. In: GIAMBIAGI, Fábio; GARCIA, Marcio (org.). *Risco e regulação*: por que o Brasil enfrentou bem a crise e como ela afetou a economia mundial. 3. ed. Rio de Janeiro: Elsevier, 2010, p. 111-123.

MELLO, Patrícia Perrone Campos. *Precedentes*: o Desenvolvimento Judicial no Direito no Constitucionalismo Contemporâneo. Rio de Janeiro: Renovar, 2008.

MENDES, Conrado Hubner. *Direitos fundamentais, separação de poderes e deliberação*. São Paulo: Saraiva, 2011.

_____. *Reforma do Estado e Agências Reguladoras*: Estabelecendo os Parâmetros de Discussão. In: SUNDFELD, Carlos Ari (coord.). *Direito Administrativo Econômico*. São Paulo: Malheiros, 2006, p. 99-139.

MENDES, Gilmar Ferreira; COELHO, Inocêncio Mártires; BRANCO, Paulo Gustavo Gonet. *Curso de Direito Constitucional*. São Paulo: Saraiva, 2009.

MENDONÇA, Eduardo. *A constitucionalização da política*: entre o inevitável e o excessivo. Revista da Faculdade de Direito da UERJ, nº 18, edição eletrônica, 2010, p. 1-46.

MENDONÇA, José Vicente Santos de. *A Captura Democrática da Constituição Econômica*: uma proposta de releitura das atividades públicas de fomento, disciplina e intervenção direta na economia à luz do pragmatismo e da razão pública. Tese de doutorado apresentada ao Programa de Pós-Graduação da Faculdade de Direito da Universidade do Estado do Rio de Janeiro como requisito parcial para a obtenção do título de Doutor em Direito. Rio de Janeiro, 2010.

MESQUITA, Mário Magalhães Carvalho; TORÓS, Mário. *Gestão do Banco Central no pânico de 2008*. In: GIAMBIAGI, Fábio; GARCIA, Marcio (org.). *Risco e regulação*: por que o Brasil enfrentou bem a crise e como ela afetou a economia mundial. 3. ed. Rio de Janeiro: Elsevier, 2010, p. 189-206.

MONCADA, Luís de Cabral de. *Manual elementar de direito público da economia*: uma perspectiva luso-brasileira. Coimbra: Almedina, 2012.

MORAES, Germana de Oliveira. *Controle Jurisdicional da Administração Pública*. São Paulo: Dialética, 2004.

MORANDI, André; FIRMO, Márcio Gold. *Regulação: errada, incompleta ou não aplicada?* In: GIAMBIAGI, Fábio; GARCIA, Marcio (org.). *Risco e regulação*: por que o Brasil enfrentou bem a crise e como ela afetou a economia mundial. 3. ed. Rio de Janeiro: Elsevier, 2010, p. 29-45.

REFERÊNCIAS

MOREIRA NETO, Diogo de Figueiredo. *Poder, direito e Estado*: o direito administrativo em tempos de globalização – in memoriam de Marcos Juruena Villela Souto. Belo Horizonte: Fórum, 2011.

_____. *Quatro paradigmas do direito administrativo pós-moderno*: legitimidade, finalidade, eficiência, resultados. Belo Horizonte: Forum, 2008.

_____. *Curso de Direito Administrativo*. Rio de Janeiro: Forense, 2005.

NOBREGA, Mailson. *Origens da Crise*. In: GIAMBIAGI, Fábio; GARCIA, Marcio (org.). *Risco e regulação*: por que o Brasil enfrentou bem a crise e como ela afetou a economia mundial. 3. ed. Rio de Janeiro: Elsevier, 2010, p. 3-18.

_____. *Brasil*: um novo horizonte. In: ZYLBERSZTAJN, Décio; SZTAJN, Rachel (org.). *Direito e Economia*: Análise Econômica do Direito e das Organizações. Rio de Janeiro: Elsevier, 2005, p. 284-309.

NORTH, Douglass C. *Institutions, Institutional Change and Economic Performance*. Cambridge: Cambridge University Press, 2011.

NUNES, António José Avelãs. *Noção e objecto da Economia Política*. Coimbra: Almedina, 2008.

_____. *Uma leitura critica da actual crise do capitalismo*. Coimbra: Coimbra, 2011.

NUSDEO, Fábio. *Curso de Economia*: Introdução ao Direito Econômico. 6. ed. São Paulo: RT, 2011.

_____. *Desenvolvimento econômico* – Um retrospecto e algumas perspectivas. In: SALOMÃO FILHO, Calixto (coord.). *Regulação e Desenvolvimento*. São Paulo: Malheiros, 2002, p. 11-24.

OTERO, Paulo. *Legalidade e Administração Pública*: O Sentido da Vinculação Administrativa à Juridicidade. Coimbra: Almedina, 2011.

PALLEY, Thomas. *Intepretações alternativas sobre a crise econômica*: a luta pelo futuro. In: MODENESI, André de Melo et. al. (orgs.). *Sistema financeiro e política econômica em uma era de instabilidade*: tendências mundiais e perspectivas para as economia brasileira. Rio de Janeiro: Elsevier, 2012, p. 15-25.

PELTZMAN, Sam. *A Teoria Econômica da Regulação depois de uma década de Desregulação*. In: MATTOS, Paulo (coord.). *Regulação Econômica e Democracia*: O debate norte-americano. São Paulo, 34, 2004, p. 81-127

PEREIRA, Jane Reis Gonçalves. *Interpretação constitucional e direitos fundamentais*: uma contribuição ao estudo das restrições aos direitos fundamentais na perspectiva da teoria dos princípios. Rio de Janeiro: Renovar, 2006.

PEREIRA JUNIOR, Ademir Antônio. *Legitimidade e Governabilidade na Regulação do Sistema Financeiro*. Revista Direito GV, **São Paulo**, nº 4, 2008, p. 517-538.

PEREIRA NETO, Caio Mário da Silva; LANCIERI, Fillippo Maria; ADAMI, Mateus Piva. *O Diálogo Institucional das Agências Reguladoras com os Poderes Executivo, Legislativo e Judiciário*: uma Proposta de Sistematização. In: SUNDFELD. Carlos Ari; ROSILHO, André (Org.). *Direito da Regulação e Políticas Públicas*. São Paulo: Malheiros, 2014, p. 140-185.

PILATTI, Adriano. *A Constituinte de 1987-1988*: Progressistas, Conservadores, Economia e Regras do Jogo. Rio de Janeiro: Lumen Juris, 2008.

POSNER, Richard. *Teorias da Regulação Econômica*. In: MATTOS, Paulo (coord.). *Regulação Econômica e Democracia*: O debate norte-americano. São Paulo, 34, 2004, p. 49-80.

POTO, Margherita. *The Supervisory Authorities of the Financial Sector*. In: MARTÍNEZ, Aurilivi Linares; SADDY, André (coord.). *Estudos sobre Regulação e Crises dos Mercados Financeiros*. Rio de Janeiro: Lumen Juris, 2011, p. 169-193.

PRADO JUNIOR, Caio. *Histórica econômica do Brasil*. São Paulo: Brasiliense, 2008.

RAGAZZO, Carlos Emmanuel Joppert. *Regulação jurídica, racionalidade econômica e saneamento básico*. Rio de Janeiro: Renovar, 2011.

RAWLS, John. *Uma teoria da justiça*. 2. ed. São Paulo: Martins Fontes, 2002.

_____. *O direito dos povos*. São Paulo: Martins Fontes, 2004.

_____. *A ideia de razão pública revista*. In: RAWLS, John. *O direito dos povos*. São Paulo: Martins Fontes, 2004, p. 171-235.

_____. *O liberalismo político*. Trad. Álvaro de Vita. São Paulo: WMF Martins Fontes, 2011.

REICH, Norbert. *Intervenção do Estado na Economia*: Reflexões sobre a Pós-Modernidade na Teoria Jurídica. Cadernos de Direito Econômico e Empresarial, Revista de Direito Público, v. 94, 1990, p. 265-282.

_____. *A Crise Regulatória*: ela existe e pode ser resolvida? In: MATTOS, Paulo Todescan L. (coord). *Regulação Econômica e Democracia* – o debate europeu. São Paulo: Singular, 2006, p. 17-51.

REINHART, Carmen M.; ROGOFF, Kenneth S. *Oito séculos de delírios financeiros*: desta vez é diferente. Trad. Afonso Celso da Cunha Senra. Rio de Janeiro: Elsevier, 2010.

ROCHA, Jean-Paul Veiga. *Direito e Moeda no Debate Constitucional*. In: SUNDFELD. Carlos Ari; ROSILHO, André (Org.). *Direito da Regulação e Políticas Públicas*. São Paulo: Malheiros, 2014, p. 240-255.

RODRIGUES, Vasco. *Análise Econômica do Direito*: uma introdução. Coimbra: Almedina, 2007.

ROMAN, Flávio José. *Discricionariedade técnica na regulação econômica*. São Paulo: Saraiva, 2013.

_____. *A Função Regulamentar da Administração Pública e a Regulação do Sistema Financeiro Nacional*. In: JANTALIA, Fabiano (coord.). *A Regulação Jurídica do Sistema Financeiro Nacional*. Rio de Janeiro: Lumen Juris, 2009, p. 57-98.

ROSE-ACKERMAN, Susan. *Análise Econômica Progressista do Direito* – e o Novo Direito Administrativo. In: MATTOS, Paulo (coord.). *Regulação Econômica e Democracia*: O debate norte-americano. São Paulo, 34, 2004, p. 243-280.

ROSILHO, André. *A Constituição de 1988 e suas Políticas em Quatro Atos*. In: SUNDFELD. Carlos Ari; ROSILHO, André (Org.). *Direito da Regulação e Políticas Públicas*. São Paulo: Malheiros, 2014, p. 17-44.

ROUBINI, Nouriel; MIHM, Stephen. *A economia das crises*: Um curso-relâmpago sobre o futuro do sistema financeiro internacional. Rio de Janeiro: Intrínseca, 2010.

SADDI, Jairo. *Crise e Regulação Bancária*. São Paulo: Textonovo, 2001.

SADDY, André. *Formas de Atuação e Intervenção do Estado Brasileiro na Economia*. Rio de Janeiro: Lumen Juris, 2011.

SALOMÃO FILHO, Calixto. *Regulação da Atividade Econômica (Princípios e Fundamentos Jurídicos)*. 2. ed. São Paulo: Malheiros, 2008.

_____. *Direito concorrencial*: as estruturas. São Paulo: Malheiros, 2002.

REFERÊNCIAS

_____. *Regulação e desenvolvimento.* In: SALOMÃO FILHO, Calixto (coord.). *Regulação e Desenvolvimento.* São Paulo: Malheiros, 2002, p. 29-63.

SALOMÃO NETO, Eduardo. *Direito Bancário.* São Paulo: Atlas, 2007.

SANTOS, António Carlos dos; GONÇALVES, Maria Eduarda; MARQUES, Maria Manuel Leitão. *Direito Económico.* 6. ed. Coimbra: Almedina, 2011.

SANTOS, Selma Oliveira Silva dos. *A posse e a propriedade de títulos públicos federais nas operações de mercado aberto.* Rio de Janeiro: Banco Central, do Brasil, 2012.

SARLET, Ingo Wolfgang. *A eficácia dos direitos fundamentais*: uma teoria geral dos direitos fundamentais na perspectiva constitucional. 10. ed. Porto Alegre: Livraria do Advogado, 2009.

SARMENTO, Daniel (Org.). *Interesses Públicos versus Interesses Privados*: Desconstruindo o Princípio de Supremacia do Interesse Público. Rio de Janeiro: Lumen Juris, 2010.

_____. *Interpretação Constitucional, Pré-compreensão e Capacidades Institucionais do Intérprete.* In: SOUZA NETO, Cláudio Pereira de; SARMENTO, Daniel; BINENBOJM ,Gustavo (Coord.). *Vinte Anos da Constituição Federal de 1988.* Lumen Juris, 2009, p. 311-322.

_____. *A Eficácia Temporal das Decisões no Controle de Constitucionalidade.* In: SARMENTO, Daniel. (org.). *O Controle de Constitucionalidade e a Lei 9.868/99.* Rio de Janeiro: Lumen Juris, 2001, p. 101-138.

SARMIENTO, Daniel. *El Soft Law Administrativo*: Um estudio de los efectos jurídicos de las normas no vinculantes de La Administración. Madrid: Thomson Civitas, 2007.

SAUTER, Wolf; SCHEPEL, Harm. *State and Market in European Union Law.* Cambridge: Cambridge University Press, 2009.

SEN, Amartya. *A ideia de justiça.* Trad. Denise Bottmann. São Paulo: Companhia das Letras, 2011.

_____; KLIKSBERG, Bernardo. *As pessoas em primeiro lugar*: a ética do desenvolvimento e os problemas do mundo globalizado. São Paulo: Companhia das Letras, 2010.

_____. *Desenvolvimento como liberdade.* São Paulo: Companhia das Letras, 2000.

_____. *Sobre ética e economia.* Trad. Laura Teixeira Motta. São Paulo: Companhia das Letras, 1999.

SHILLER. Robert. *Finanças para uma boa sociedade*: como o capitalismo financeiro pode contribuir para um mundo mais justo. Trad. Afonso Celso da Cunha Serra. Rio de Janeiro: Elsevier, 2012.

_____. *A solução para o subprime*: saiba o que gerou a atual crise financeira e o que fazer a respeito. Trad. Eliana Bussinger. Rio de Janeiro: Elsevier, 2009.

SILVA, Alexandre Garrido da. *Minimalismo, democracia e expertise*: o Supremo Tribunal Federal diante de questões políticas e científicas complexas. Revista de Direito de Estado, nº 12, 2009, p. 107-142.

SILVA, Virgílio Afonso da; ROCHA, Jean Paul Cabral Veiga da. *A regulamentação do sistema financeiro nacional*: o art. 192 e o mito da lei complementar única. Revista de Direito Mercantil, nº 127, 2002, p. 79-92.

SLAUGHTER, Anne-Marie. *Global Government Networks, Global Information Agencies, and Disaggregated Democracy.* Harvard Law School Public Law. Working Paper nº 18, p. 1-41.

SOBREIRA, Rogério; SILVA, Tarcisio Gouveia de. *Basiléia III*: Longe de uma panacéia. In: MODENESI, André de Melo et. al. (orgs.). *Sistema financeiro e política econômica em uma era de instabilidade*: tendências mundiais e perspectivas para as economia brasileira. Rio de Janeiro: Elsevier, 2012, p. 96-104.

SOUTO, Marcos Juruena Villela. *Direito Administrativo Regulatório*. 2. ed. Rio de Janeiro: Lumen Juris, 2005.

_____. *Extensão do Poder Normativo das Agências Reguladoras*. In: ARAGÃO, Alexandre Santos de (coord.). *O Poder Normativo das Agências Reguladoras*. 2. ed. Rio de Janeiro: Forense, 2011, p. 95-107.

SOUZA NETO, Cláudio Pereira de; SARMENTO, Daniel. *Direito constitucional*: teoria, história e métodos de trabalho. Belo Horizonte: Fórum, 2013.

_____; MENDONÇA, José Vicente Santos de. *Fundamentalização e Fundamentalismo na Interpretação do Princípio Constitucional da Livre Iniciativa*. In: SOUZA NETO, Cláudio Pereira de; SARMENTO, Daniel (Coord.). *A Constitucionalização do Direito*: Fundamentos Teóricos e Aplicações Específicas. Rio de Janeiro: Lumen Juris, 2007, p. 709-741.

_____. *Teoria constitucional e democracia deliberativa*: um estudo sobre o papel do direito na garantia das condições para a cooperação na deliberação democrática. Rio de Janeiro: Renovar, 2006.

SZTAJN, Rachel. *Sistema Financeiro*: entre estabilidade e risco. Rio de Janeiro: Elsevier, 2011.

SUNDFELD. Carlos Ari; ROSILHO, André (Org.). *Direito da Regulação e Políticas Públicas*. São Paulo: Malheiros, 2014.

_____; ROSILHO, André. *Direito e Políticas Públicas: Dois Mundos?* In: SUNDFELD. Carlos Ari; ROSILHO, André (Org.). *Direito da Regulação e Políticas Públicas*. São Paulo: Malheiros, 2014, p. 45-79.

_____. *Direito Administrativo para Céticos*. São Paulo: Malheiros, 2012.

_____. *Fundamentos de Direito Público*. São Paulo: Malheiros, 2012.

_____. *Introdução às Agências Reguladoras*. In: SUNDFELD, Carlos Ari (coord.). *Direito Administrativo Econômico*. São Paulo: Malheiros, 2006, p. 17-38.

_____. *Concorrência e Regulação no Sistema Financeiro*. In: CAMPILONGO, Celso Fernandes; ROCHA, Jean Paul C. Veiga; MATTOS, Paulo Todescan Lessa (Coord.). *Concorrência e Regulação no Sistema Financeiro*. São Paulo: Max Limonad, 2002, p. 29-47.

SUNSTEIN, Cass R. *O Constitucionalismo após o The New Deal*. In: MATTOS, Paulo (coord.). *Regulação Econômica e Democracia*: O debate norte-americano. São Paulo, 34, 2004, p. 131-242.

_____. *The Cost-Benefit State*: The Future of Regulatory Protection. Chicago: American Bar Association, 2002.

_____; VERMEULE, Adrian. *Interpretations and Institutions*. Chicago: Public Law and Legal Theory Working Paper nº 28, 2002, p. 1-55.

_____. *After the Rights Revolution*: reconceiving the regulatory state. Cambridge: Harvard University Press, 1991.

_____. *Paradoxes of the Regulatory State*. The University of Chicago Law Review, v. 57, n° 2, 1990, p. 407-441.

STIGLER, George. *A Teoria da Regulação Econômica*. In: MATTOS, Paulo (coord.). *Regulação Econômica e Democracia*: O debate norte-americano. São Paulo, 34, 2004, p. 23-48.

STIGLITZ, Joseph E. *Globalização*: como dar certo. Trad. Pedro Maia Soares. São Paulo: Companhia das Letras, 2007.

REFERÊNCIAS

_____. *O mundo em queda livre*: Os Estados Unidos, o mercado livre e o naufrágio da economia mundial. Trad. José Viegas Filho. São Paulo: Companhia das Letras, 2010.

TAVARES, André Ramos. *Direito Constitucional Econômico*. 3. ed. Rio de Janeiro: Forense, 2011.

TAYLOR, John. *Risco sistêmico e papel do governo*. In: GIAMBIAGI, Fábio; GARCIA, Marcio (org.). *Risco e regulação*: por que o Brasil enfrentou bem a crise e como ela afetou a economia mundial. 3. ed. Rio de Janeiro: Elsevier, 2010, p. 19-27.

TOMÁS DE AQUINO, Santo. *A prudência*: a virtude da decisão certa. Trad. Jean Lauand. São Paulo: Martins Fontes, 2005.

TURCZYN, Sidnei. *O sistema financeiro nacional e a regulação bancária*. São Paulo: Revista dos Tribunais, 2005.

VARIAN, Hal. *Microeconomia*: princípios básicos. 4. ed. Rio de Janeiro: Campus, 1999.

VIEIRA, Oscar Vilhena. *Supremocracia*. Revista de Direito do Estado, nº 12, 2009, p. 55-75.

_____. *Globalização e Constituição Republicana*. In: CAMPILONGO, Celso (org.). *A Democracia Global em construção*. Rio de Janeiro: Lumen Juris, 2005, p. 25-52.

VITA, Álvaro de. *O liberalismo igualitário*: sociedade democrática e justiça internacional. São Paulo: WMF Martins Fontes, 2008

_____. *A justiça igualitária e seus críticos*. 2. ed. São Paulo: WMF Martins Fontes, 2007.

WELCH, John H. *Futurologia financeira global: implicações do pós-crise*. In: GIAMBIAGI, Fábio; BARROS, Octavio (org.). *Brasil pós-crise*: agenda para a próxima década. Rio de Janeiro: Elsevier, 2009, p. 41-52.

WILLHELM, Camila Neves. *O Poder Normativo do Conselho Monetário Nacional e do Banco Central diante do Artigo 25 do Ato das Disposições Constitucionais Transitórias da Constituição Federal de 1988*. In: Revista da Procuradoria-Geral do Banco Central, v. 5, n° 2, 2011, p. 51-76.

WOLF, Martin. *A reconstrução do sistema financeiro global*. Trad. Afonso Celso da Cunha. Rio de Janeiro: Elsevier, 2009.

YAZBEK, Otávio. *Os Derivativos e seu Regime Jurídico* – Modalidades Contratuais, Problemas de Interpretação e Riscos Legais. In: CANTIDIANO, Luiz Leonardo; MUNIZ, Igor (Org.). *Temas de Direito Bancário e do Mercado de Capitais*. Rio de Janeiro: Renovar, 2014, p. 423-470.

_____. *Regulação do mercado financeiro e de capitais*. 2. ed. Rio de Janeiro: Elsevier, 2009.

ZAGREBELSKY, Gustavo. *El derecho dúctil. Ley, derechos, justicia*. Trad. Marina Gascòn. São Paulo: Lael, 1999.

ÍNDICE

PREFÁCIO 7

SUMÁRIO 11

INTRODUÇÃO 15

CAPÍTULO 1 – A ATIVIDADE FINANCEIRA COMO ELA É:
DOS PRIMÓRDIOS AO CENÁRIO CONJUNTURAL MUNDIAL
PÓS-CRISE SUBPRIME NORTE-AMERICANA 45

CAPÍTULO 2 – FUNDAMENTOS POLÍTICO-FILOSÓFICOS
DE REGULAÇÃO FINANCEIRA: A ESTABILIDADE
FINANCEIRA SUSTENTÁVEL AO LONGO DO TEMPO
COMO QUESTÃO DE JUSTIÇA BÁSICA 143

CAPÍTULO 3 – REGULAÇÃO FINANCEIRA SISTÊMICA:
FUNDAMENTOS ESPECÍFICOS E PARÂMETROS
INSTITUCIONAIS DE DESENHO REGULATÓRIO PARA O BRASIL . . . 251

CAPÍTULO 4 – O CONTROLE JURISDICIONAL DA REGULAÇÃO
FINANCEIRA SISTÊMICA DOS MERCADOS 413

CONCLUSÃO 497

REFERÊNCIAS 519